# HISTOIRE & GÉNÉALOGIE

## DE LA MAISON

# DE GRAMONT

5

Im $\frac{3}{1333}$

# HISTOIRE & GÉNÉALOGIE

## DE LA MAISON

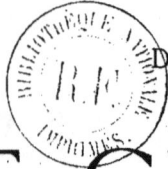

# DE GRAMONT

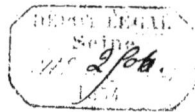

PARIS

SCHLESINGER FRÈRES, LIBRAIRES-ÉDITEURS

12, RUE DE SEINE

—

1874

# AVANT-PROPOS

---

C E LIVRE *eſt extrait en grande partie des Archives de la Maiſon de Gramont, & on y retrouvera ſouvent le ſtyle un peu ſuranné des Documens dont il n'eſt pour ainſi-dire que la reproduction.*

*Il eut été difficile en effet de refondre ſous une forme plus correcte l'enſemble des récits dont il ſe compoſe, ſans leur enlever le caractère particulier qu'ils empruntent aux diverſes époques contemporaines.*

*La Maiſon de Gramont poſſédoit en pleine ſouveraineté la Seigneurie de Bidache ſur la frontière de la Navarre*

Espagnole. Elle y a régné jusqu'en 1789, y exerçant tous les droits Régaliens sans aucune exception & reconnue comme Souveraine par les États limitrophes de France & d'Espagne. La révolution ayant entraîné dans une chûte commune la Monarchie Françoise & la petite Souveraineté de Bidache, les Gramont bannis avec toute la noblesse de France furent dispersés dans l'exil.

Le Château de Bidache avoit cependant résisté à la fureur de destruction qui s'attachoit aux dernières traces de la féodalité; il avoit traversé les plus mauvais jours de cette époque néfaste dite la Terreur, sans que les habitans du pays eussent songé à renverser ses antiques murailles. Ce fut une circonstance particulière que nous rapporterons plus loin, qui causa l'incendie au milieu duquel s'écroula une partie de ce vaste édifice. Les Archives transportées pêle-mêle dans un corps de logis des dépendances y furent sauvées & conservées presqu'en entier par un hasard providentiel. Les éléments de ce travail s'y trouvoient à l'état de documens épars; il restoit à les coordonner, & c'est ce qu'a entrepris l'auteur de cet ouvrage.

# HISTOIRE & GÉNÉALOGIE

DE LA

# MAISON DE GRAMONT

––––––––––

PREMIÈRE PARTIE

# CHAPITRE PREMIER

*Origine de la Maison de Gramont. — Source commune des principales familles féodales du Pays des Pyrénées. — Maisons d'Aure & de Comminges. — Distinction entre la Maison Ducale de Gramont de Navarre & d'autres familles de ce nom. — Titres & Armoiries.*

---

A Maïson de GRAMONT a toujours figuré au premier rang parmi les principales Maisons d'Aragon, de Navarre, de Béarn & de Guyenne. Jusqu'à la fin du quinzième siècle les GRAMONT se sont appelés AGRAMONTES, & sont ainsi désignés dans toutes les anciennes chroniques & les archives de la famille. Vers l'an 1639, Marca, dans son Histoire de Béarn, se servoit encore indifféremment & tour à tour du nom de GRAMONT ou d'AGRAMONTE, « afin, écrit-il, que j'en exprime le nom « selon la prononciation des Basques, que l'on nomme ailleurs communément « Gramont. » (Marca, page 588).

Les Seigneurs d'AGRAMONTE, ou LOS AGRAMONTES, tiroient leur nom des vastes domaines qu'ils possédoient sur les bords de la rivière *Arga* en

1

*Aragon*, & comptoient au nombre des douze Barons de ce Royaume dits *Ricos ombres de natura*. Le château d'Agramont, berceau de la famille & dont on voit encore les ruines, s'élevoit au sommet d'une montagne escarpée, près du bourg de ce nom, sur les frontières de l'Aragon & de la Navarre.

Comme la plupart des anciennes familles féodales de race Gasconne, les Agramontes sont issus des premiers Ducs de Gascogne, dont les descendans, vaincus & dispersés par Charlemagne & ses successeurs, s'étoient réfugiés, avec les débris de leurs forces, au delà des Pyrénées.

*Scimin* (appelé également Ximin & Siguin), fils d'*Adalric*, Duc de Gascogne, avoit péri en 816 dans un combat contre l'armée de Louis le Débonnaire, commandée par son fils Pépin. Les Gascons lui substituèrent *Garsimir* (appelé également Garsias-Ximin), son fils, qui périt aussi dans un combat en 818 (Marca, page 129). Ses enfans s'étant retirés au delà des Pyrénées, du côté de l'Aragon, les peuples du pays les élurent pour leurs chefs. Parmi eux se trouvoit *Garsie-Arnaud*, appelé aussi Garsuand, qui gouvernoit la contrée située près de la rivière d'Arga ou Araga, possédoit le château d'*Agramonte* & en portoit le nom en 880. (Voir *Chron. du Couvent de Saint-Maur.*)

Par suite de troubles & de guerres intestines, les Agramontes se partagèrent en deux branches distinctes : la branche aînée passa en Navarre, où elle possédoit déjà des biens considérables. Elle y fut accueillie avec distinction par les Souverains de ce Royaume, contracta des alliances avec leur famille & s'y établit sans retour. La branche cadette occupa encore quelque temps le château d'Agramont; mais, vers l'an 1063, après la défaite de Ramiro I$^{er}$, Roi d'Aragon, battu devant Graos par l'armée de Fernando de Castille, elle fut dépossédée de ses domaines par les Castillans &, forcée de s'expatrier, elle vint se rallier à la branche aînée établie en Navarre. (Voir *Archives de Lérida, de Saragosse; Histoire d'Aragon & d'Espagne*, par le Père Condé.)

Les Agramontes demeurèrent en Navarre jusqu'à la mort de la Reine Blanche, qui eut lieu en 1441. A cette époque ils prirent parti pour le Roi de Navarre, contre le Roi Ferdinand d'Aragon, & lorsque celui-ci par ses usurpations contraignit le Roi Jean d'Albret à se réfugier en France, *Roger de Gramont* sacrifia ses domaines de la Haute Navarre & entraîna tous les siens avec lui. A partir de ce temps les *Agramontes*, qui commencèrent à s'appeler *Gramont*, réfidèrent exclufivement à Bidache, petit État dont ils étoient Souverains, & pour lequel ils ne relevoient d'aucun autre Prince.

La Maifon de Gramont a fubfifté de mâle en mâle, depuis *Garsie-Arnaud*, qui vivoit en 880, jusqu'en 1528, que mourut au fiége de Naples *Jean II de Gramont*, feul fils de *François II*, sans laiffer de poftérité. La fucceffion de la Maifon paffa alors à *Claire de Gramont*, fa fœur, qui avoit époufé fon coufin *Menaud, Comte d'Aure & Vicomte d'After*, par contrat du 23 novembre 1525. Par ce même contrat & par fubftitution faite & confentie, en ce qui les concernoit, par les Rois Henri II de Navarre & François Ier de France, il fut dit que le mariage fe faifoit fous condition que Menaud d'Aure prendroit, lui & fes defcendans, à perpétuité, les noms, titres, armes & domaines de la Maifon de Gramont.

Depuis 1525 jufqu'à nos jours, la defcendance de Claire de Gramont & de Menaud s'eft continuée de mâle en mâle fans interruption, de forte que la Maifon de Gramont réunit en elle aujourd'hui la lignée des deux familles d'Aure & d'Agramonte.

La Maifon d'Aure avoit d'ailleurs, avec celle de Gramont, une même origine & d'étroites & nombreufes alliances. Les Comtes d'Aure defcendoient des Rois d'Aragon & remontoient ainfi à la fouche commune de la haute féodalité Pyrénéenne, c'eft-à-dire aux anciens Ducs de Gafcogne.

Pour fe faire une jufte idée de cette communauté d'origine, il faut revenir au temps de Loup ou Lupus II, Duc de Gafcogne, lequel en 778 défit l'armée de Charlemagne à la bataille de Roncevaux & fut plus tard pris & pendu par l'Empereur. Ses deux fils Adalric & Loup Sanche partagèrent la fucceffion de leur père, & c'eft de la defcendance de ces deux Princes, ainfi que nous le verrons plus tard, que font fortis les Vicomtes & les Princes de Béarn, les Comtes & les Princes de Foix, les Comtes de Bigorre, les Comtes d'Aragon, les Rois d'Aragon, de Navarre & de Caftille, les Comtes de Comminges, les Comtes d'Aure, les Comtes de Labarthe & les Seigneurs de Gramont.

Il fe fit entre cès diverfes familles des alliances nombreufes, des partages de fiefs, des divifions & des subdivifions de territoire, dont la multiplicité eft telle qu'il eft impoffible d'en fuivre la trace fimultanément. Il eft donc néceffaire d'adopter à cet effet un certain ordre que nous allons expofer.

Remontant aux temps les plus reculés de l'hiftoire des contrées

Pyrénéennes, pour y chercher la première fouche des familles royales & feigneuriales, nous rappellerons en quelques lignes la généalogie des Ducs de Gafcogne jufqu'à la réunion de ce grand fief à la couronne de Charlemagne; puis, féparant les diverfes maifons dont l'hiftoire comme le fang fe font fondus dans la Maifon de Gramont, nous traiterons tour à tour de ce qui les concerne, & conduirons parallèlement leurs annales jufqu'à la fufion qui s'opéra en 1526, dans la perfonne de Menaud d'Aure, Comte d'Aure & de Gramont, Vicomte d'After & de Larbouft, lequel repréfentoit également la defcendance de la branche cadette de Comminges, devenue première du nom après l'extinction de la branche aînée & le retour du Comté de Comminges à la Couronne de France.

La feconde partie de ce mémoire comprendra l'hiftoire de la Maifon de Gramont, depuis 1524 jufqu'à nos jours.

Diftinction entre les Gramont de Navarre, Ducs de Gramont & d'autres familles de ce nom.

Il exifte d'autres familles qui portent le nom de Gramont, mais elles ne font pas apparentées avec la Maifon de Gramont de Navarre. Une d'entre elles fe diftingue par fon illuftration & le titre de *Duc de Caderouffe,* qui fut reconnu & inftitué comme titre de Duché françois, par lettres-patentes du Roi Charles X, le 28 avril 1827, fous la dénomination de Duc de Caderouffe. Cette ancienne Maifon avoit été titrée *Marquis de Vachères* en 1688, la Seigneurie de Vachères ayant été érigée en Marquifat, en faveur de Philippe-Guillaume de Gramont-Vachères. En 1707, Marie-Philippe de Gramont-Vachères, Marquis de Vachères, hérita, par le teftament de fon aïeul maternel, du *Duché de Caderouffe,* créé par le Saint-Siége dans le Comtat d'Avignon. Ce n'étoit pas un Duché françois, mais il le devint en 1827, comme il eft dit plus haut.

Quelques auteurs affurent que l'origine de cette Maifon remonte à un cadet des Gramont de Navarre, qui au quinzième fiècle feroit venu s'établir en Dauphiné, & y auroit acquis la Seigneurie de Vachères; mais rien ne juftifie cette affertion, & l'erreur en eft manifefte. Ce n'eft pas qu'il foit de l'intérêt des familles de contefter une communauté d'origine qui ne fauroit qu'ajouter au luftre de chacune d'elles, mais il eft néceffaire cependant de reconnoître la vérité des faits telle qu'elle eft conftatée par une foule de documens.

Gramont - Vachères, Ducs de Caderouffe.

Il exiftoit au quinzième fiècle, dans le Velay, une famille déjà ancienne du nom de Gramont, & La Chenaye rapporte qu'un de fes membres, nommé *Robert*, s'étoit attaché au Roi Charles VII, lorfqu'en 1441 & 1447 il vint avec le Dauphin faire le fiége de Dax & de Tartas. Ce Seigneur Robert paroît avoir, plus tard, rempli des emplois à la cour du Roi de France, & eft confidéré comme un des auteurs de la Maifon de Gramont du Dauphiné, connue fous le nom de Gramont-Vachères & de Gramont-Caderouffe. Mais il n'avoit aucune parenté avec les Gramont de Navarre, & on fait par Guy Allard, qui vivoit & écrivoit en 1571, que ce Robert étoit originaire du Velay. Il avoit époufé Claude de Chatelard (du Dauphiné), & fa famille étoit établie dans le Valentinois depuis deux fiècles.

D'Expilly, dans son Dictionnaire géographique de la France, a confondu ce Seigneur *Robert de Gramont* du Velay & du Dauphiné, avec fon contemporain *Roger de Gramont*, Souverain de Bidache, & pouffe l'erreur jufqu'à citer l'érection de la Baronnie de Came comme ayant été faite en 1479 en faveur du dit Robert de Gramont. Cette méprife paroît avoir fervi de base au rapprochement qu'on a voulu établir entre les deux defcendances, mais il eft facile d'en conftater l'inexactitude. En effet, Roger de Gramont a joué un rôle affez important dans la Navarre, pendant une partie du quinzième fiècle, pour qu'il ne puiffe fubfifter aucun doute fur fon nom patronymique. Tous les documens de cette époque le défignent fous fon vrai nom de *Roger*, & on ne peut en trouver un feul où il foit appelé *Robert*, ce nom de Robert (comme le fait fort bien remarquer M. Laifné dans son *Dictionnaire véridique des origines des maifons nobles de France*) n'étant guère plus ufité en Navarre que celui de *Sans* ou de *Garcie* en Bretagne. — Il n'exifte d'ailleurs, dans toute la lignée des Gramont de Navarre, qu'un feul *Robert*. Il étoit fils d'*Arnaud Guilhem III de Gramont,* chef de la Maifon en 1300, & de Miramonde d'Afpremont, de la famille d'Orte, en Gafcogne. Ce feigneur *Robert* fut tué, avec trois de fes gentilshommes, pour le fervice du Roi Philippe de Valois, par le Seigneur d'Albret, tenant le parti du Roi d'Angleterre. Ce fait eut lieu en 1345, pendant la trêve des deux Rois, à raifon de quoi le Roi Philippe de Valois témoigna fon mécontentement & demanda au Comte de Lifle, fon Lieutenant-Général en Languedoc, de fommer le Sénéchal de Bordeaux & les députés du Roi d'Angleterre de faire rendre raifon au Seigneur de Gramont pour ce meurtre. Robert mourut fans poftérité, &, comme on le voit, fa mort précède de plus d'un fiècle l'époque où vivoit Roger de Gramont, & où fut érigée en fa faveur la Baronnie de

Came. ( Voir *Archives de Pampelune* & Oyhenart, *Hift. utriufque Vafconiæ.* ) Là famille de Gramont poffède dans fes archives, en original, les lettres-patentes de Louis XII, du 28 mars 1499, portant confirmation de celles accordées par les Rois fes prédéceffeurs au Seigneur Roger de Gramont, & notamment les lettres-patentes du Roi Louis XI de 1479, inexactement citées par d'Expilly. A ces lettres royales font joints deux extraits de l'enregiftrement qui en a été fait en 1500, en la Chambre des Comptes & au Bureau des Tréforeries de France.

Il eft donc impoffible d'admettre une corrélation entre les Gramont de Navarre & les Gramont du Dauphiné, appelés Gramont-Vachères ou Gramont-Caderouffe, attendu que l'hiftoire des deux familles ne préfente aucun point de jonction, & le Duché de Caderouffe eft fans rapport direct ni indirect avec le Duché-Pairie de Gramont érigé en 1648. C'eft à tort également que l'on défigne quelquefois le Duc de Caderouffe fous le nom de Duc de Gramont-Caderouffe, car il n'y a pas de Duché de ce nom en France, mais bien feulement le Duché de Caderouffe, qui doit être dénommé, ainfi qu'il a été inftitué par le Souverain, en faveur d'Emmanuel de Gramont, Duc de Caderouffe, Maréchal de Camp (Général de Brigade), décédé en 1841.

Nous citerons encore les Grammont de Franche-Comté, Maifon illuftre par elle-même & par fes alliances, & dont le nom fe diftingue facilement de celui des Gramont de Navarre, attendu que celui-ci dérivant de l'efpagnol (*Agramonte*), ne s'écrit qu'avec une feule *m*, tandis que l'autre s'écrit avec deux *m*, & auroit, dit-on, pour étymologie les mots latins *Gramen-montis*.

On trouve auffi quelques familles du nom de Gramont en Touraine, & dans d'autres parties de la France. Gabriel de Barthélemi étoit Seigneur de Gramont ou de Gramond (en latin *Gramundus*) en 1634, Préfident du Parlement du Touloufe & hiftorien affez connu. Il tiroit ce nom de Gramond d'une terre fituée près de Touloufe. — Scipion de Grandmont, dont le nom eft plus connu en italien comme Scipione di Grandimonte, d'origine provençale, étoit Secrétaire du Cabinet de Louis XIII; mais aucune de ces familles n'eft alliée ni parente avec la famille ducale de Gramont, qui feule a droit aux titres de *Duc de Gramont*, pour le chef de la Maifon, & de *Comte de Gramont* pour les fils & defcéndans de ce chef.

**Armoiries des Ducs de Gramont.** Les armes des Gramont rappellent celles des trois Maifons dont la famille réunit la lignée ; favoir : *Aure, Aster & Comminges.*

En voici la defcription :

I. Écartelé, au premier d'or au lion d'azur, armé & lampaffé de gueules, qui eft l'écuffon de Gramont.

II. Écartelé, au deuxième & au troifième de gueules, à trois flèches d'or, ferrées & emplumées d'argent, en pal, la pointe en bas, qui eft d'After.

III. Écartelé, au quatrième d'argent au lévrier rampant, colleté d'azur, le lévrier de gueules; brifé d'une bordure de fable, chargée de huit befans d'or, qui eft d'Aure.

IV. Sur le tout d'argent, à la croix pattée de gueules, formant indifféremment de gueules à quatre otelles d'argent, adoffées en fautoir, qui eft des premiers Comtes de Comminges.

Les *Supports* font deux lions debout & affrontés, la tête contournée, & portant la couronne ducale ouverte. En deffous huit drapeaux, dont quatre de chaque côté, blancs à croix d'azur & bleus à croix blanche, qui font les drapeaux des gardes françoifes donnés par le Roi, en fouvenir de la bataille de Fontenoy, où périt un Duc de Gramont.

La devife de la Maifon, telle que la portoit le Maréchal de Gramont à la cour de Louis XIV, eft : *Gratiâ Dei fum id quod fum*. Elle date de 1585 & avoit été portée en 1350 par Gafton Phœbus, Comte fouverain de Béarn. Mais la plus ancienne eft en efpagnol, & ainfi conçue : *Soy lo que soy* (je fuis ce que je fuis). Dans les guerres de Navarre, la bannière des Gramont portoit auffi la devife fuivante : *Lo que ha de fer no puede faltar ;* & le cri de guerre étoit : *Dios nos ayude!*

La couronne qui furmonte le manteau eft une couronne ducale & princière pour le chef de la Maifon; c'eft-à-dire une couronne de Duc fermée d'une toque rouge, cerclée de quatre cercles perlés, dont trois vifibles fur une face. Sur l'écuffon fe trouve une couronne de Duc ouverte. Les autres membres de la famille portent fur l'écuffon la couronne du chef de la Maifon, & fur le manteau celle de leur titre.

Le manteau eft rouge, doublé d'hermine.

Les couleurs font : 1° jaune; 2° rouge; 3° bleu.

Nous terminerons ce chapitre par l'énumération des divers titres qui appartiennent & ont appartenu à la Maifon des Ducs de Gramont, en indiquant les dates qui s'y rapportent :

1° Seigneur de *Gramont*, qui fe difoit *Agramontes* (905);

2° *Ricombre,* en Aragon, jufqu'en 1522;

3° *Ricombre* & *Maréchal héréditaire de Navarre,* jufqu'en 1644;

4° *Prince souverain de Bidache,* depuis 1203 (la fouveraineté s'éteignit en 1789) ;

5° *Comte de Gramont,* & Comte d'Aure, depuis 1525;

6° *Duc de Gramont,* Duché-Pairie héréditaire depuis 1648, comprenant le Comté de Guiche & les neuf Baronnies de Bergoey, d'Efcos, de Villenave & Errefty, de Camé, de Sames, de Lérin, de Saint-Pey ou Saint-Pé, de Bardos & d'Urt;

7° *Comte de Guiche,* titre porté par le fils aîné du Duc de Gramont, jufqu'en 1687, époque où fut créé, par lettres-patentes du Roi, le titre héréditaire de Duc de Guiche;

8° *Duc de Guiche,* Duché fans Pairie, d'abord à brevet, puis héréditaire, créé en 1687, & depuis lors toujours porté par le fils aîné du Duc de Gramont;

9° *Comte de Louvigny.* Ce Comté, créé en 1555 par le Roi Henri II, en faveur de Paul d'Andoïns, eft entré dans la Maifon de Gramont en 1567, par le mariage de Diane Corifande d'Andoïns, fille et héritière univerfelle de Paul d'Andoïns, avec Philibert, Comte de Gramont. Il comprenoit, avec l'ancienne Vicomté de Louvigny, la Baronnie de Hagetmau;

10° *Baron d'Andoïns* & de *Lucmendous,* depuis 1567, comme le titre de Louvigny;

11° *Duc de Louvigny,* Duché à brevet, créé une fois pour la vie & donné par le Roi à un des fils du Duc de Gramont en 1720;

12° *Duc de Lefparre,* Duché à brevet, établi fur la Sirerie ou Seigneurie de Lefparre, & accordé par le Roi aux feconds fils des Ducs de Gramont, en plufieurs occafions, notamment en 1720, en 1736 & en 1763.

13° *Baron d'Arᴣac & Baron de Tilh;* ces titres ont difparu avec les fiefs;

14° *Vicomte d'After.* Ce titre, qui eft un des plus anciens de la famille, date de 1285; il eft porté par la feconde branche, qui fe diftingue de la première, en ajoutant le nom de d'After à celui de Gramont;

15° *Marquis de Séméac.* Ce titre a été porté par Henry de Gramont, Comte de Toulongeon, mais il a difparu, avec la Seigneurie de Séméac, en même temps que les Baronnies des Angles & de Hiis;

16° *Comte & Duc de Toulongeon*. Ces titres ont été portés par des fils des Ducs de Gramont, mais n'ont pas été relevés par leur deſcendance.

La Maiſon de Gramont compte dans ſa lignée :

Quatorze Maréchaux de Navarre ;

Deux Maréchaux de France ;

Un Duc de Gramont, tué à Fontenoy, & ayant reçu à ſa mort les honneurs de Maréchal de France ;

Deux Cardinaux de la Sainte - Égliſe.

Le Duc actuel eſt le dixième Duc de Gramont & le trente-quatrième chef de ſa Maiſon.

## CHAPITRE II

---

ᴇs *Vafcons* ou *Gascons* étoient établis dans le pays des Pyrénées, aux quatrième & cinquième fiècles. Après avoir longtemps réfifté aux attaques de leurs voifins, & maintenu leur indépendance contre les peuples Vifigoths & Gallo-Romains, dont ils ravageoient fans ceffe le territoire, ils firent, en l'an 602, un traité avec *Thierry*, Roi de Bourgogne, & *Théodebert*, Roi d'Auftrafie, tous deux fils de *Childebert*, Roi des Francs. Par ce traité, les Gafcons reçurent pour chef un Duc de race Gallo-Romaine & du nom de Gᴇɴɪᴀʟɪs.

Genialis, 1ᵉʳ Duc des Gafcons (602.)

A la mort de Thierry (612), Clotaire II, Roi de Soiffons, s'empara de fes États, deftitua Genialis & donna aux Gafcons un nouveau Duc de race franque, appelé Aɪɢʜɪɴᴀɴ (626).

Aighinan, 2ᵉ Duc des Gafcons (626.)

Amand, 3ᵉ Duc (628.)

Les Gafcons s'étant révoltés contre ce Duc étranger, ils élurent pour chef un nouveau Duc Gallo-Romain, appelé AMAND, qui vivoit en 628. Amand avoit pour femme Amantia, fille de Serenus, Gouverneur d'Aquitaine, mais non pas Duc d'Aquitaine, car cette vafte province étoit alors en partie fous l'autorité des Rois de France, & en partie fous celle des Ducs de Gafcogne.

Amand eut une fille nommée GISÈLE, qui époufa CARIBERT, Roi de Touloufe, lequel étoit fils de Clotaire II & frère du Roi Dagobert. Par un traité avec fon frère Dagobert, fait en 630, Caribert obtint le Royaume d'Aquitaine, qui paffa après fa mort à Childéric, fon fils aîné. — Il eut encore de Gifèle deux autres fils, Boggis & Bertrand, qui furent Ducs d'Aquitaine. Childéric, Roi de Touloufe & d'Aquitaine, avoit fuccédé fort jeune à fon père Caribert. Il mourut bientôt après d'une mort violente, dont plufieurs auteurs accufent fon oncle Dagobert, qui réunit auffitôt à fes États ceux de Touloufe & d'Aquitaine. Il eût auffi dépouillé Boggis & Bertrand de l'héritage de leur père, fi Amand, Duc de Gafcogne, leur aïeul maternel, ne fût venu à leur fecours. Amand, bien que battu dans une première rencontre, fit avec Dagobert un traité qui affura l'Aquitaine à Boggis & à Bertrand, à titre de Duché héréditaire, sur lequel Dagobert ne fe réferva que la fuzeraineté, avec un tribut annuel.

Boggis & Bertrand, Ducs d'Aquitaine.

BOGGIS ET BERTRAND s'allièrent à deux fœurs iffues d'une grande famille du pays de Liége, en Auftrafie. — Ode, l'aînée, époufa Boggis, & Philiberte, la feconde, époufa Bertrand. Celui-ci n'eut qu'un fils, connu depuis fous le nom de Saint Hubert, Évêque de Liége, mort en 737. — Boggis eut deux fils, Imitarius, mort fans poftérité, & Eudes, qui porta fort loin la gloire de fa maifon. Il avoit époufé Waltrude, fille du Duc Walachife & fœur de Saint Wandrille.

Eudes, Duc d'Aquitaine (688.)

EUDES (appelé auffi Odo & Odon dans quelques chroniques) fuccéda à fon père en 688, & réunit fur fa tête le Gouvernement de la Gafcogne & de l'Aquitaine, tant par l'héritage de fon aïeul Amand que par la ceffion de fon coufin Hubert. Il fut célèbre par fes alliances & fes querelles avec Charles Martel, ainfi que par fes guerres contre les Sarrafins. La plupart des hiftoriens lui donnent le titre de Roi, & les chartes d'Aquitaine dreffées de fon temps juftifient cette qualification. Il mourut en 735, laiffant trois fils : 1° Hunald ou Hunold, qui lui fuccéda comme Duc d'Aquitaine ; 2° Hatton, qui eut en partage le Gouvernement de Poitou ; 3° Rémiftan, mêlé aux difcordes & aux guerres qui agitèrent le règne de Pépin le Bref. — L'an 768, Rémiſtan, fait priſonnier, fut pendu à Saintes par ordre de Pépin, pour crime de lèſe-majeſté.

HUNALD, fils aîné du Duc Eudes, lui ſuccéda, non ſans oppoſition de la part de Charles Martel, qui vint en Aquitaine pour lui diſputer cet héritage. L'an 736, il fit avec ce Prince un traité, par lequel Charles Martel le reconnut comme Duc d'Aquitaine. Son frère Hatton, ne l'ayant pas ſecouru dans cette lutte inégale, Hunold pour s'en venger l'attira dans un piége, s'empara de ſa perſonne & lui fit crever les yeux. Peu de temps après, ſuccombant ſous le poids de ſes remords, Hunald abdiquoit en faveur de ſon fils *Waifre* (745), & ſe retiroit pour faire pénitence dans un monaſtère où il vécut vingt-trois ans. Il en ſortit en 768, à la mort de ſon fils, pour défendre l'Aquitaine contre les entrepriſes des Rois de France, Charlemagne & Carloman. Vaincu & forcé de s'expatrier, il ſe retira en Italie, auprès de Didier, Roi de Lombardie, & périt en 774 au ſiége de Pavie.

*Hatton* n'avoit ſurvécu que peu de temps au cruel traitement que lui avoit fait ſubir ſon frère Hunold, & il avoit laiſſé de ſa femme *Valtrude* trois fils : *Loup* ou Lupus ou Lope, qui fut Duc de Gaſcogne, ſous le nom de Loup Ier ; *Itérius,* qui eut un commandement en Auvergne, & ne paroît pas avoir laiſſé de poſtérité ; *Artalgarius,* dont nous parlerons plus loin.

WAIFRE, fils d'Hunold, régna comme Duc ſur toute l'Aquitaine & la Gaſcogne, après la retraite de ſon père en 745. Il avoit épouſé la Ducheſſe Adèle, fille de ſon couſin, Loup Ier, fils d'Hatton, qui lui avoit porté en dot cette dernière province, & ſon fils, appelé Loup II, fut comme ſon père Duc de Gaſcogne & d'Aquitaine. Les vingt-trois années du règne de Waifre ne ſont qu'une lutte continuelle contre Pépin, & le 2 juin 768, il périt aſſaſſiné pendant la nuit par ſes ſerviteurs, que ſon ennemi avoit ſoudoyés.

LOUP II, encore en bas âge à la mort de Waifre, vécut ſous la tutelle de ſon aïeul maternel Loup Ier. Il ſuccéda à ce dernier vers l'an 772, & quelques années plus tard, en 778, il défit l'armée de Charlemagne à Roncevaux. Cette victoire ſi célèbre dans les faſtes de la Gaſcogne ne tarda pas à attirer ſur Loup II de terribles repréſailles. Charlemagne s'empara de ſa perſonne & le fit étrangler. Mais ſa vengeance ne pourſuivit pas les deux fils de Loup II, *Adalric* & *Loup-Sanche ;* ce dernier fut même, ſelon quelques auteurs, élevé à la Cour de l'Empereur. Il eſt d'ailleurs certain qu'il

Hunald, Duc d'Aquitaine (736.)

Waifre, Duc d'Aquitaine (745.)

Loup II, Duc de Gaſcogne & d'Aquitaine (768.)

partagea entre eux les débris de l'héritage de leur père. — *Adalric* eut la partie la plus voisine des Pyrénées, la Gascogne occidentale, comprenant la Basse Navarre, une partie du Bigorre, le Béarn & tout le pays jusqu'à l'Adour. *Loup-Sanche* eut l'autre partie du Bigorre, le pays d'Aure, les vallées de Magnoac, de la Neste, de Barousse, d'Arné, d'Aragonet, de Larboust & de Campan, &c., qui faisoient partie de la Gascogne citérieure.

ADALRIC ne tarda pas à se soulever contre les Francs, & ayant attaqué Louis le Débonnaire, à son retour de Pampelune, comme l'avoit fait son père à Roncevaux, il fut battu & périt dans le combat, ainsi que son second fils Centule, l'an 812.

SCIMIN, son fils aîné, continua la guerre après la mort de son père, & périt comme lui dans une bataille livrée en 816 contre Pépin, fils aîné de Louis le Débonnaire. Il avoit partagé la succession d'Adalric avec son neveu *Loup-Centule,* fils de son frère *Centule,* tué en 812, & comme cet héritage correspondoit en maintes parties au territoire Aragonois, plusieurs auteurs contemporains ont donné à Scimin la qualification de Comte d'Aragon. Ils le désignent aussi sous les différens noms de Ximin, Siguin & Semeno. Scimin avoit deux fils, Garsias-Ximin & Fortunio.

Après la mort de Scimin, les Gascons lui substituèrent immédiatement son fils GARSIAS-XIMIN, appelé aussi GARSIMIR. Cette élection, faite sans consulter le Monarque Franc, & sans demande d'investiture, étoit un nouvel acte d'hostilité. Bientôt la Gascogne entière courut aux armes, & pour la réduire il ne fallut pas moins que toutes les forces du Royaume d'Aquitaine, aidé du reste de l'Empire. Cette guerre dura près de trois ans. Pépin, fils de Louis le Débonnaire & Roi d'Aquitaine, attaqua Garsimir qui se défendit longtemps avec courage, & périt enfin dans un combat. (*Vitam cum principatu amisit anno 818.* Voir *Chronique de Moissac.*)

Ses enfans s'étant retirés au delà des Pyrénées, du côté de l'Aragon, les peuples du pays les élurent pour chefs, & l'un d'eux s'établit au lieu dit *Agramonte* ou *Agramunt,* sur les bords de la rivière *Arga,* appelée aussi *Araga* par quelques auteurs. Il s'appeloit Garsie-Arnaud selon les uns, Garsuand selon d'autres, & portoit le nom de Seigneur d'Agramont.

GARSIE-ARNAUD SENOR DE AGRAMONT est le premier de sa race mentionné sous le nom d'*Agramont*, dans les chroniques du temps ou dans les archives de la Maison de *Gramont.* Il peut donc être considéré comme la fouche de la famille dont nous fuivrons la defcendance jufqu'à nos jours. Garfie Arnaud vivoit en 880.

Pendant que le Roi d'Aquitaine exterminoit les derniers reftes de l'armée de Garfimir, un fecond corps de Francs commandés par Bérenger, Comte de Touloufe, & Warin, Comte d'Auvergne, attaquoit Loup Centule, neveu de Scimin & petit-fils d'Adalric. Aidé de fon frère Gerfand, Loup Centule offrit une vive réfiftance à l'armée ennemie, mais l'an 819 il fut pris & détrôné à la fuite d'un combat où fon frère perdit la vie. Ainfi fe termina en 819 cette longue lutte des Gafcons contre les Francs. Loup Centule laiffoit deux fils en bas âge, *Donat Loup* & *Centule Loup (Donatum Lupi* & *Centulum Lupi)*. Le vainqueur leur fit grâce & donna au premier le Bigorre, & le Béarn au fecond.

A partir de ce temps la fidélité de ces Seigneurs envers les Rois de France affura à leur defcendance la paifible poffeffion de ces fiefs. Le Comté de Bigorre, relevant direftement du Roi, paffa fucceffivement par alliance & inveftiture dans les Maifons de Foix & de Béarn. Les Vicomtes de Béarn, devenus plus tard Princes de Béarn, fe fondirent dans les Maifons de Foix & de Navarre, & le Roi Henri IV réunit tous ces fiefs à la couronne de France, en l'an 1607.

Pour compléter ce qui concerne la defcendance d'Adalric, il nous faut encore mentionner un frère de Garfimir qui eft cité dans plufieurs chroniques fous le nom de *Fortunio*, en 883, & défigné comme *Comte d'Aragon*. Fortunio ne paroît pas avoir pris part aux guerres fanglantes qui avoient coûté la vie à fon frère & à fes aïeux. Il fut la fouche d'une branche établie en Aragon, & dont l'hiftoire eft peu connue.

Son fils *Aznar* étoit Comte en 900, & fon petit-fils *Endregot*, dit *Galindo*, en 910. Celui-ci laiffa une fille qui fut mariée l'an 920, à *Sance Garcie Abarca*, Roi de Navarre.

Plufieurs auteurs font remonter à ce mariage la réunion du Comté d'Aragon à la Navarre. Il eft de fait que Sans Garcie eft qualifié de Roi de Navarre & d'Aragon par plufieurs chroniques contemporaines, & ainfi nommé dans quelques cartulaires. Mais le territoire Aragonois étoit alors partagé entre plufieurs Seigneurs, & chacun d'eux fe qualifioit de Comte, en forte qu'il feroit plus jufte de confidérer Sance Garcie comme Roi de Navarre & d'une partie de l'Aragon. Sans Garcie avoit été proclamé Roi après

Donat Loup, 1er Comte de Bigorre (820.)

Centulfe ou Centulle, Vicomte de Béarn (820.)

Fortunio, Comte d'Aragon (883.)

Aznar, Comte d'Aragon (900.)

Sans-Garcie, Roi de Navarre (905.)

l'abdication de fon frère Fortunio, qui s'étoit retiré dans un monaftère.

On apprend par l'hiftoire manufcrite de Diego Ramires de Pifcina *(lib.* II, *chap. VII)*, ainfi que par d'autres chroniques contemporaines, que *Arnao* ou *Arnauld d'Agramont*, fils de Garfie Arnaud, fut élu le premier entre les douze Ricombres que les États choifirent, pour leur remettre l'adminiftration du Royaume, en attendant qu'ils euffent procédé à l'élection du nouveau Roi, en 905.

Nous venons de voir comment la defcendance d'Adalric avoit donné naiffance aux fouches de Bigorre, de Béarn, d'Aragon & d'Agramont. Il nous faut maintenant remonter à Loup Sanche, frère d'Adalric & Duc de la Gafcogne citérieure, qui vivoit de 778 à 812. Ce Prince n'avoit pas pris part aux guerres fi ardemment & malheureufement foutenues par fon frère & fes neveux. Demeurant fidèle au parti des Francs, il avoit vu fes enfans recevoir des commandemens & des faveurs de Charlemagne & de fes fucceffeurs.

Loup-Sanche, Duc de la Gafcogne citérieure, eut deux fils, *Afnarius* ou *Aznar* & *Sanche-Sancion.*

Aznar ayant fuccédé à fon père dans fa portion du Duché de Gafcogne, fut envoyé l'an 823 avec le Comte Ebles par Louis le Débonnaire, pour pacifier les troubles que les Gafcons réfugiés au delà des Pyrénées avoient excités aux environs de Pampelune. Au retour de cette expédition, les deux Généraux tombèrent dans une embufcade & furent faits prifonniers, mais Aznar fut relâché par les Gafcons, parce que, difent les chroniques, « il étoit « de leur race & parent de leurs chefs. » (Voir Çurita, *Annales*, tome I.)

L'an 824, il fut établi Comte de Jaca en Aragon, & devint un des Comtes d'Aragon. Ayant pris les armes contre Pépin en 831, il périt dans un combat, l'an 836, laiffant un fils nommé *Galindo Aznar* & une fille nommée *Marie*, qui époufa *Wandrille*, fils d'Artalgarius, lequel partageoit avec Donat Loup le Comté de Bigorre en l'an 820. Galindo Aznar, Comte d'Aragon, mourut fans poftérité en 858. Nous reviendrons plus tard sur la defcendance de Marie & de Wandrille.

Après la mort d'*Aznar*, fon frère *Sanche Sancion* s'étant fauvé dans la Navarre, en fut élu Comte par les Seigneurs du Pays, comme étant leur parent & de race royale. Bientôt après il fut proclamé Roi de Navarre, & plufieurs auteurs le confidèrent comme le premier Souverain de ce Royaume, plaçant fon élection en l'année 829. On lui donne auffi dans les chroniques les noms & surnoms de *Eneco* & *Eneco Arifta*. Ses succeffeurs font dans l'ordre chronologique : *Semeno* ou *Scimin*, qui eft le même nom que *Ximin* & *Ximènes*, deuxième Roi de Navarre (835) ; *Eneco Eneconis* ou *Ximin Inniguès*, troifième Roi de Navarre, 842-858 ; *Garcias Semenonis* ou Garcie Ximènes, frère du précédent, quatrième Roi de Navarre, mort fans poftérité, 858 - 867 ; *Garcias Eneconis* ou Garcie Ineguès, cinquième Roi de Navarre, 867 - 880 ; *Fortunio*, fixième Roi, qui fe fit moine après avoir régné vingt ans, 885 ; *Sans Garcie* dit Abarca, frère de Fortunio, dont nous avons parlé plus haut, qui époufa la fille d'Endregot Galindo, Comte d'Aragon, & fut élu feptième Roi de Navarre en 905, après un interrègne de plufieurs années.

Sept Rois de Navarre (829-605.)

Nous arrêterons ici cette nomenclature des Rois de Navarre & la reprendrons plus tard pour la conduire jufqu'à la formation des trois Royaumes d'Aragon, de Navarre & de Caftille, dont les fouverains font tous iffus de Loup Sanche, Duc de la Gafcogne citérieure. Quelques auteurs prétendent que *Félix Auréolus,* qui tenoit avec le Comte Ebles & Aznar un grand commandement fur la frontière d'Efpagne, étoit un troifième fils de Loup Sanche. Le Comte Auréolus mourut fans poftérité l'an 809, & le fait n'a d'autre importance que la fimilitude du nom d'*Auréolus* avec celui du pays d'*Aure*, qui correfpond avec le territoire poffédé par ce Comte. On lit en effet dans les Annales d'Eginhard : « DCCCIX. *Aureolus comes qui in confinio Hifpaniæ atque Galliæ trans Pyreneum refidebat defunctus eft.* »

Félix Auréolus (809

Revenons maintenant à Marie, fille d'Aznar, Comte d'Aragon, & petite-fille du Duc Loup Sanche, qui avoit époufé Wandrille, fils d'Artalgarius.

WANDRILLE, appelé auffi WANDRÉGISILLE, étoit, par fon père, petit-fils d'Hatton, Duc de Gafcogne. Après la mort du Comte Aureolus il fut chargé par Charlemagne de combattre Amoroz, chef des Sarrafins. L'an 823 il époufa MARIE D'ARAGON], & reçut de Charlemagne une partie du pays de Bigorre, dont il fut le premier Comte conjointement avec Donat Loup, dont nous avons parlé plus haut. Il eut auffi le gouvernement du pays de Comminges.

. Vandrégifille, 1ᵉ Comte de Bigorre ave Donat Loup (820.)

Le mariage de Wandrégifille avec la Comteffe Marie, fut une alliance importante, car elle réunit fous une même autorité des fiefs depùis longtemps féparés. Wandrégifille poffédoit par fa femme les pays d'Urgel & de Jaca ; il y fonda le monaftère d'*Alaon*, convoqua autour de lui, à cette occafion, les

---

*Ricos-Ombres* les plus influents de ces vallées, & l'on fixa dans la charte donnée à la nouvelle abbaye l'origine & les droits de la plupart des Seigneurs de ces montagnes. La *Charte d'Alaon* donnée à Quiercy, près Compiègne, en l'an 845, par le Roi Charles le Chauve, eft un des monumens les plus curieux & les plus inftruétifs de cette époque. Elle eft publiée *in extenfo*, dans l'*Hiftoire de la Gafcogne*, par l'abbé Monlezun, Chanoine du Diocèfe d'Auch (Vol. 2, p. 431, édition de 1846.)

*(marginal: Charte d'Alaon (845.))*

Wandrégifille eut quatre enfans de la Comteffe Marie : Aznar, Vicomte de Soule & de Louvigny, qui avoit époufé la Vicomteffe Gerberge ; Bernard, qui fut Comte des Marches de Gafcogne, marié à la Comteffe Tende ; Athon, Comte de Pailhas, au diocèfe d'Urgel, dont la femme s'appeloit Eynzeline ; Antoine, Vicomte de Béziers, dont la femme s'appeloit Adoyre.

AZNAR hérita du Comté de Comminges. Il fut un de ceux qui fignèrent la Charte d'Alaon, vécut jufqu'en 900, & partagea fes domaines entre fes deux fils *Arnaud* & *Aznar II.*

*(marginal: Arnaud, 1er Comte d'Aure (900.))*

ARNAUD reçut les quatre vallées d'Aure, de la Nefte, de Magnoac & de Barouffe, & pour cette raifon il portoit le titre de *Comes totius Aureæ*. Il poffédoit encore les pays d'*Arné*, d'*Aragonet*, de *Larbouft* & de *Campan*, ainfi que d'autres fiefs pour lefquels il relevoit de la Navarre. Il eft le *premier Comte d'Aure*, & la fouche des Maifons d'*Aure* & de *Labarthe*, dont nous fuivrons la defcendance.

*(marginal: Aznar II, 1er Comte de Comminges (900.))*

AZNAR II, également connu fous les noms de *Afnarius* & de *Lupus Afnarius* ou *Loup Afnaire*, fut le premier *Comte de Comminges*, & la fouche de cette antique Maifon, dont une branche fe fondit en 1150 avec celle des Comtes d'Aure.

Nous voici arrivés au but que nous nous étions propofé dans ce chapitre. Après avoir fuivi dans fes nombreufes ramifications la defcendance des premiers Ducs de Gafcogne, il nous refte maintenant à réfumer l'hiftoire des branches dont la Maifon des *Ducs de Gramont* eft iffue. La plupart des familles féodales, d'origine Gafconne, remontent, comme on le voit, aux fils du Duc Loup II, Adalric & Loup Sanche. Il eût été trop long de les citer toutes, & nous avons dû nous borner à celles qui fe rattachent à notre fujet, favoir : les Vicomtes & Princes de Béarn, les Comtes de Bigorre, les Seigneurs de Gramont, les Comtes d'Aragon, les Princes de Navarre, fouche des Rois de Navarre, d'Aragon & de Caftille, les Comtes d'Aure & de Labarthe & les Comtes de Comminges. Le cadre de cet ouvrage nous oblige à écarter des détails nombreux qui cependant ne font pas dépourvus d'intérêt, & qui ajoutent de l'autorité aux récits. Auffi croyons-nous bien faire en indiquant les fources où ils peuvent être puifés & auxquelles nous avons fouvent recouru nous-même. Nous mentionnerons, à cet effet, les ouvrages fuivans, indépendamment des archives originales du Duc de Gramont : 1º *Hiftoire du Béarn,* par le Père Marca ; 2º *l'Art de vérifier les dates,* par un religieux de Saint-Maur ; 3º *Hiftoire des Pyrénées,* par M. Cénac Moncaut; 4º *Hiftoire de la Gascogne,* par l'abbé Monlezun.

# CHAPITRE III

*Chronologie historique des Comtes de Comminges jusqu'à l'extinction de la Branche aînée en 1443 & la réunion du Comté de Comminges à la Couronne de France, en 1498. — Fusion de la seconde Branche dans la Maison d'Aure, tige de la Maison de Gramont. — Origine des différentes Branches de la Maison de Comminges.*

L E pays de *Comminges*, appelé auffi le Commingeois, étoit borné au nord-eft par le Languedoc, au fud par l'Aragon & la Catalogne, à l'eft par le pays de Foix & de Cauferans ou Conferans, à l'oueft par le Nébouzans, les Quatre-Vallées, c'eft-à-dire Aure, la Nefte, Magnoac & Barouffe, & par l'Aftarac. Il s'étendoit sur dix-huit lieues de long & quinze de largeur & faifoit partie de la Gafcogne dite citérieure. Il eut des Comtes particuliers dès le commencement du dixième fiècle, ainfi que nous l'avons vu dans le chapitre précédent.

AZNAR (également défigné comme ASNARIUS & ANÉRIUS), le premier des fils de Vandrégifille & de la Comteffe Marie d'Aragon, & l'un des fignataires de la célèbre charte d'Alaon, avoit partagé fes vaftes domaines entre fes deux fils Arnaud & Aznar II.

Comté
de Comminges

Arnaud avoit eu le Comté d'Aure, & Aznar celui de Comminges.

Tous deux portèrent le titre de Comte, ainfi que le conftatent les chroniques du temps & les cartulaires de plufieurs Églifes. Le titre de Comte de Comminges fut depuis lors un apanage commun à chaque Seigneur de cette Maifon, ce qui en maintes circonftances tend à jeter de la confufion entre les différentes branches de la famille.

Aznar II s'appeloit communément Lope-Aznar, nom que les divers hiftoriens ont écrit de différentes manières, fuivant qu'ils adoptoient la défignation méridionale, latine ou gallo-romaine, ce qui fe faifoit alors indifféremment, chacune de ces variantes n'étant à vrai dire qu'une traduction facile à reconnoître.

*Aznar II, 1ᵉʳ Comte de Comminges (900.)*

I. AZNAR II, premier Comte de *Comminges*, eft donc défigné dans les chroniques par les noms fuivants : *Loup-Aznaire, Lupus Afnarius, Lope Aznar* & auffi *Anérius*. C'eft fous ce dernier nom qu'il eft cité comme vivant en 900, dans une charte de l'Églife d'Auch de l'an 982. Il fut du nombre des Seigneurs d'Aquitaine & de Gothie qui vinrent faire hommage au Roi Raoul, l'an 932, lorfque ce Prince eut paffé la Loire pour faire reconnoître fon autorité dans cette partie de la France, où jufqu'alors elle étoit méconnue. Frodoard, qui le qualifie de Comte de Gafcogne, dit qu'Aznaire, dans cette rencontre, montoit un cheval qui avoit plus de cent ans & néanmoins étoit encore vigoureux. Son écu portoit de gueules, à quatre ôtelles d'argent en fautoir, fefant indifféremment d'argent, à la croix pattée de gueules.

*Arnaud Iᵉʳ (944.)*

II. ARNAUD Iᵉʳ lui fuccéda comme deuxième Comte de Comminges en 944. Il eft mentionné dans un acte du Cartulaire de l'Abbaye de Leffat en Foix de l'an 950 & dans un autre acte de l'Archevêché d'Auch, qui donne fa filiation. Il eut cinq fils, favoir : Raimond qui fuit, Louis de Comminges, Aimar de Comminges, Garcias de Comminges & Amélius de Comminges.

*Raymond Iᵉʳ (980.)*

III. RAYMOND Iᵉʳ, Comte de Comminges fuccéda à fon père en 980, ainfi qu'il appert d'une charte de l'Églife d'Auch de la même année & d'une autre de l'an 982, par laquelle il fait donation à cette Églife du lieu de Saint-Féréol. Cette Charte mentionne également fes quatre frères, fon père & fon aïeul. Il eut deux fils, Bernard & Roger. Bernard Iᵉʳ du nom, qualifié Comte de Comminges du vivant de fon père, mourut fans enfans avant lui, ainfi qu'il eft rapporté dans l'acte de donation fait par fon père en 980.

*Roger Iᵉʳ (980-1026.)*

IV. ROGER Iᵉʳ du nom, & fecond fils de Raymond, lui fuccéda au Comté

de Comminges. Il eſt également cité dans la Donation de 980, & figure comme
Comte de Comminges dans des aĉtes poſtérieurs de l'Abbaye de Leſſat, des
années 1010 & 1026. On y voit qu'il eut pour fils & ſucceſſeur :

V. ARNAUD II⁰ du nom, Comte de Comminges, qui eſt mentionné dans
pluſieurs aĉtes de fondation & donations religieuſes des années 1048, 1062,
1063 & 1070. Ces titres donnent les noms de ſes trois fils : Roger, Bernard-
Arnaud & Raimond-Arnaud, qui tous trois, ſuivant l'uſage du temps,
s'appeloient Comtes de Comminges.

VI. ROGER II⁰ du nom, ſuccéda à ſon père en 1100, & de lui on ne ſait
rien, ſi ce n'eſt qu'il mourut l'an 1115, laiſſant un fils, Bernard qui ſuit, &
une fille nommée Brune de Comminges, mariée à Geofroi, Sire de Pons.

VII. BERNARD II⁰ du nom, Comte de Comminges, ayant eu une
conteſtation avec Pierre, Évêque de Conſerans, au ſujet d'une partie de la
ville dont il prétendoit être le maître, fit la guerre contre ce dernier, & après
avoir incendié Conſerans, emmena l'Évêque Pierre en captivité, l'an 1120.
Plus tard, ayant reconnu ſes torts, il rendit à l'Évêque de Conſerans ce qu'il
lui avoit enlevé, & répara les dommages cauſés à la ville & à ſes habitans.

L'an 1139, il fit, avec l'aſſentiment de ſa femme & de ſes fils, une
donation à Bernarde ſa fille & à Roger de Béziers ſon mari, du château de
Iſla & de celui de Caſelus dont ils promirent de lui faire hommage.

Il fonda, avec Bernard ſon fils, l'Abbaye de Bonnefons, de l'Ordre de
Citeaux, & en 1145 celle des Feuillans, où il fit venir des Religieux de
Bonnefons ſous le Gouvernement de Thibaud, premier Abbé, comme il eſt
dit dans les archives de l'Abbaye des Feuillans. Il fut tué dans un combat,
ſous les murs de Saint-Gaudens, en 1150, & enterré à Bonnefons.

DIAZ DE MURET, ſa femme, fille de Geoffroy, Seigneur de Muret & de
Samaran, lui avoit apporté en dot ces deux Seigneuries. Il en eut ſept enfans
dont les noms ſont donnés par les divers aĉtes de donation & de fondation
auxquels ils ont tous concouru du vivant de leurs parens, ainſi que c'étoit
la coutume :

1° Bernard de Comminges, mort jeune avant ſon père;

2° Dodon dit Bernard III, qui ſuit;

3° Bertrand de Comminges, cité de nouveau dans un aĉte de ſon frère
Dodon de l'an 1159, relatif à l'Abbaye de Bonnefons;

4° Roger de Comminges, qui portoit le titre de Vicomte de Conſerans &

Arnaud II (1048-1100

Roger II (1100-1115.

Bernard II
(1115 - 1150.)

dont la. defcendance fe continua fous le nom de Conferans & d'Efpagne;

5° & 6° Godefroi & Fortanier, de Comminges, cités dans l'acte du 14 février 1209, de leur neveu Bernard IV, relatif à l'Abbaye des Feuillans;

7° Bernarde de Comminges, mariée, fuivant le titre de l'an 1139, à Roger, Vicomte de Béziers & Comte de Carcaffonne, qui mourut fans enfans.

**Bernard III**
**(1150 - 1181.)**

VIII. DODON dit BERNARD III° du nom, Comte de Comminges, fecond fils de Bernard II, gouverna le Comté de Comminges pendant trente & un ans, de 1150 à 1181, & fe fit alors religieux ciftercien dans l'Abbaye des Feuillans fondée par fon père. Il exifte un acte du mois de janvier 1165, par lequel il fait donation d'un territoire, dans la Seigneurie de Muret, à l'Abbé de Saint-Germier. Les archives de l'Abbaye des Feuillans poffèdent d'autres actes de lui paffés en l'an 1173 & apprennent que, fuivant la coutume, il y fut enterré. Il avoit époufé LAURENCE DE TOULOUSE, fille de Raymond, Comte de Touloufe, & de CONSTANCE DE FRANCE, laquelle étoit fœur du Roi LOUIS le Jeune. Trois enfans naquirent de ce mariage :

1° Bernard IV qui fuit ;

2° Guy de Comminges, qui époufa Bertrande, Comteffe d'Aure & continua la defcendance des Comtes d'Aure, dont il prit le nom & les armes;

3° Bernard de Comminges, Seigneur de Saveffe, qui ne paroît pas avoir laiffé de poftérité.

C'eft ici que fe trouve le point de jonction entre la Maifon de Comminges & la Maifon d'Aure, tige de la Maifon de Gramont.

**Guy de Comminges,**
**Comte d'Aure (1150.)**

GUY DE COMMINGES, fecond fils de Dodon, dit Bernard III, étoit Seigneur des vallées de Lufchon & de Barouffe en Comminges. Il époufa, l'an 1150, BERTRANDE, COMTESSE D'AURE & VICOMTESSE DE L'ARBOUSTE, fœur & héritière d'Odon II, Comte d'Aure, mort fans enfans, & fille de Sanche-Garcie premier du nom, Comte d'Aure, lequel étoit fils d'Odon Ier. La Comteffe Bertrande ayant porté en dot au Seigneur Guy, fon époux, les droits, titres & Seigneuries dont elle étoit unique héritière, celui-ci prit déformais le nom de *Comte d'Aure* qu'il tranfmit à fa defcendance, ainfi qu'il réfulte des actes contemporains & poftérieurs, & entr'autres d'un titre de l'Évêché de Comminges, où il eft dit que Guy, Comte d'Aure, du confentement de fon époufe la Comteffe Bertrande, de Raimond & Odon d'Aure, Seigneurs d'Aure, fes enfans, donna pour l'âme du Comte Bernard, fon père, trois

Hommes de main-morte dans le lieu d'Q, qui eft le principal de la Vicomté de l'Arbouft, à l'Églife de Comminges, fous l'Évefque Arfius, qui fiégea depuis l'an 1179 jufqu'à l'an 1189.

Nous retrouverons la defcendance de Guy de Comminges & de Bertrande d'Aure dans la généalogie de la Maifon d'Aure, & revenant à fon frère aîné Bernard IV, nous allons fuivre cette branche aînée jufqu'à fon extinction & la réunion du Comté de Comminges à la Couronne de France.

IX. BERNARD IV^e du nom, Comte de Comminges, fuccéda à fon père l'an 1181. Il fit confirmer la fondation de l'Abbaye des Feuillans & les donations de fes ancêtres par des Bulles Pontificales, datées des années 1187 & 1199. Il donna enfuite la terre de Saintaraille à la même Abbaye par acte du 3 mai 1201.

Bernard IV, après avoir en vain renouvelé les prétentions de fon père & de fon grand-père fur la ville de Conferans, prit les armes pour défendre le Comte de Touloufe fon parent, contre Simon de Montfort. Il mourut au mois de février 1226 & fut inhumé à Montfavez.

Il avoit époufé : 1° BÉATRIX III, dite auffi STÉPHANIE, COMTESSE DE BIGORRE, qui étoit veuve de Pierre, Vicomte de Dax, & la répudia fans autre forme de procès après en avoir eu une fille nommée Pétronille ; 2° COMTORS, fille d'Arnauld-Guilhem de la Barthe, de laquelle il fe fit féparer en novembre 1197, pour caufe de parenté ; 3° MARIE, Dame de Montpellier, fille de Guillaume, Seigneur de Montpellier, & d'Eudoxe de Commène, fœur de l'Empereur Théodofe. Elle étoit veuve de Baral, Vicomte de Marfeille. En 1204 elle fe fépara du Comte de Comminges & époufa D. Pedre II, Roi d'Aragon. Elle tefta en 1212 & mourut à Rome en 1219, où elle fut enterrée dans l'Églife de Saint-Pierre.

Bernard IV avoit eu fix enfans de ces trois mariages :

De fa première femme Béatrix de Bigorre :

1° Pétronille, appelée auffi Perrone & Perenelle, qui fuccéda à fa mère au Comté de Bigorre, fous la tutelle d'Alfonfe II, Roi d'Aragon. Pétronille, Comteffe de Bigorre, fut mariée cinq fois, favoir : le 1^er juin 1196, à Gafton VI, Vicomte de Béarn ; l'an 1215, à Nugnès-Sanche, Comte de Cerdagne, mariage annulé plus tard ; en novembre 1216, à Gui, fecond fils de Simon de Montfort, Comte de Leicefter ; en 1221, après la mort de Gui de Montfort, à Aymar de Rançon ; & après fa mort en 1228 à Bofon de Maftas,

Bernard IV,
Comte de Comminges
1181 - 1226.)

4

Seigneur de Cognac. Elle mourut l'an 1251, au Monaftère de l'Efcale - Dieu (près de Bagnères de Bigorre), où elle eft enterrée.

De fa feconde femme Comtors de la Barthe :

2° Bernard V qui fuit;

3° Arnaud-Roger de Comminges, Religieux à l'Abbaye de Bonnefons, nommé Évêque de Comminges en 1242. Il fit un accord entre Pierre de Saint-Béat & fes frères, le 15 juin 1243, & mourut l'an 1260 ;

4° Dauphine de Comminges, Abbeffe de l'Efclache, Ordre de Citeaux, diocèfe de Clermont, en 1292.

De fa troifième femme Marie de Montpellier :

5° Mathilde de Comminges, mariée à Sanche de la Barthe, fils d'Arnaud Ier, du nom, Vicomte de la Barthe;

6° Péronne de Comminges, mariée à Centule II, Comte d'Aftarac.

Bernard V,<br>Comte de Comminges<br>(1226-1241.)

X. BERNARD Ve du nom, Comte de Comminges, fuccéda à fon père l'an 1226, & rendit hommage au Roi Louis VIII, dans le Camp d'Avignon au mois d'août de la même année. Il mourut fubitement en dînant à Lantar, le 29 novembre 1241. Il avoit époufé en premières noces CÉCILE DE FOIX, fille de Raymond-Roger, Comte de Foix, dont la dot lui fut affurée après fa mort par acte du mois de mai 1224, & en fecondes noces THÉRÈSE DE BIGORRE, nommée avec fa fille Thérèfe dans un titre de l'an 1245.

Bernard V laiffa fix enfans, favoir :

1° Bernard VI qui fuit;

2° Arnaud-Roger, qui fut Évêque de Touloufe. Élu Évêque le jour de la Touffaint de l'an 1297, il fut facré le quatrième Dimanche du Carême fuivant & mourut la même année en revenant de Rome; il fut enterré aux Cordeliers de Samathan;

3° Mafcarofe de Comminges, mariée à Henri IIe du nom, Comte de Rhodez & Vicomte de Carlat, duquel elle fut la feconde femme, & qui, par fon teftament du 15 août 1303, reconnut en avoir reçu quatre mille livres Rouergeoifes. Elle avoit tefté en 1292;

4° & 5° Seguis & Rouge de Comminges dont on ne connoît que les noms;

6° Thérèfe de Comminges, fille du fecond lit, mentionnée avec fa mère dans l'acte de l'an 1245.

Bernard VI,<br>Comte de Comminges<br>(1241 - 1312.)

XI. BERNARD VIe du nom, Comte de Comminges, auffitôt après la mort de fon père, le 4 décembre 1241, fit hommage au Comte de Touloufe

Raymond VII pour le Château de Muret & autres fiefs qu'il poffédoit dans ce Comté.

L'an 1257 il confia à Roger IV, Comte de Foix, la garde de la ville de Saint-Girons & du pays de Nebouzan, jufqu'à ce que Arnaud d'Efpagne, fon coufin & fon vaffal, à qui ce pays appartenoit, eût atteint l'âge de 25 ans & fût en état de le défendre contre les entreprifes de leurs ennemis. L'an 1294, fe voyant caffé de vieilleffe & hors d'état de gouverner fon Comté, il abdiqua en faveur de fon fils aîné le 21 mars, Dimanche avant l'Annonciation. Il vécut encore près de dix-huit ans après fa retraite, & mourut à Bufette le 15 juillet 1312. Il avoit époufé LAURE DE MONTFORT, fille de Philippe de Montfort, Seigneur de Caftres en Languedoc, & Comte de Squillace au Royaume de Naples, & de Jeanne de Levis.

Elle mourut avant fon mari après lui avoir donné neuf enfans, favoir :

1° Bernard VII, qui fuit ;

2° Pierre - Raymond I$^{er}$ du nom, qui fuit ;

3° Guy de Comminges, Seigneur de Figeac & de Biverre, lequel fut reconnu comme Confeigneur de Lombès, par un acte du 24 avril 1344, & tefta en 1357. Il avoit époufé en premières noces Marguerite de l'Isle Jourdain, & en fecondes noces Indie de Caumont, fille de Guillaume de Caumont, mariée le 17 juillet 1323, & qui tefta le 14 avril 1357 avec fon mari ;

4° Arnaud-Roger de Comminges, élu Évêque de Lombès en 1317, après avoir obtenu difpenfe d'âge pour fes ordres du Pape Jean XXII ; transféré à l'Évêché de Clermont, le 18 février 1320 ;

5° Jean-Raymond de Comminges, Évêque de Maguelonne en 1309. Il affifta en 1310 au Concile de Vienne & fut le premier Archevêque de Touloufe nommé par Bulle du Pape, du 25 juin 1317. Quelques années plus tard il fut élevé à la dignité de Cardinal (du titre de Sainte-Rufine) & mourut le 20 novembre 1348 ;

6° Simon de Comminges, nommé à l'Évêché de Maguelonne, aujourd'hui Montpellier, mourut avant d'être facré ;

7° Cécile de Comminges, mariée à Amanjeu, Comte d'Aftarac.

8° Éléonore de Comminges, mariée à Gafton II, Comte de Foix & Vicomte de Béarn ;

9° Bérengère de Comminges, mariée à Géraud d'Aure, Vicomte d'Aure & de Larbouft & Seigneur de Montalban, tige de la Maifon de Gramont. Le

Le Cardinal de Comminges (1320.)

Bérengère de Comminges, mariée au Comte d'Aure (1310.)

mariage fe fit d'abord par procuration le vendredi avant la fête de Sainte-
Catherine de l'an 1310. Géraud d'Aure étoit parent de Bérengère de
Comminges, car il defcendoit en ligne directe de Guy de Comminges, lequel
étoit fils de Bernard III dit Dodon, leur ancêtre commun.

**Bernard VII,
Comte de Comminges
(1294-1335.)**

     XII. BERNARD VII<sup>e</sup> du nom, Comte de Comminges, gouverna le
Comté du vivant de fon père, à partir de l'an 1294, après l'abdication de
ce dernier. Il fut fait Chevalier à Paris, le jour de la Pentecôte de l'an 1313,
par le Roi Philippe le Bel. L'an 1329 il fit un accord avec fes frères & fœurs
& Aliénor de Montfort, Comteffe de Vendôme, pour le partage de certains
fiefs, & mourut l'an 1335.

     Le Comte Bernard VII avoit époufé, en premières noces, CAPSUELLE
D'ARMAGNAC, fœur de Bernard VI, Comte d'Armagnac; en fecondes noces,
MARGUERITE, VICOMTESSE DE TURENNE, fille & héritière de Raymond VI,
Vicomte de Turenne; & en troifièmes noces, MATHE DE L'ILE-JOURDAIN, fille
de Bernard IV<sup>e</sup> du nom, Seigneur de l'Ile-Jourdain, & de Marguerite de
Foix.

     Il eut fept enfans, favoir :

     1° Marguerite de Comminges, née du premier lit, fiancée à Renaud,
Sire de Pons, & morte avant le mariage.

     Du troifième lit :

     2° Jeanne de Comminges, mariée l'an 1350 à fon coufin Pierre-
Raymond, Comte de Comminges, qui fuit ;

     3° Cécile de Comminges, mariée à Jacques d'Aragon, Comte d'Urgel,
fils d'Alphonfe IV, Roi d'Aragon ;

     4° Aliénor de Comminges, mariée à Guillaume de Beaufort, Vicomte
de Turenne ;

     5° & 6° Mathe & Béatrix de Comminges, qui furent Religieufes ;

     7° Jean, Comte de Comminges, né pofthume & mort en 1339, fous la
tutelle de fa mère.

**La Comteffe Mathe,
tutrice de fon fils
Jean de Comminges
(1335-1339.)**

     XIII. JEAN, Comte de Comminges. Après la mort du Comte Ber-
nard VII, le Comté de Comminges fut gouverné par fa veuve MATHE DE
L'ILE-JOURDAIN, comme tutrice de fon fils Jean, qui avoit également hérité de
la Vicomté de Turenne portée à fon père par fa feconde femme Marguerite.
Le Comte Jean étant mort en 1339, à l'âge de quatre ans, le Gouvernement
du Comté échut à fon oncle Pierre-Raymond.

XIV. PIERRE-RAYMOND Iᵉʳ du nom, Comte de Comminges, ne succéda pas à son neveu sans rencontrer une grande résistance de la part de ses nièces. Il s'en suivit une guerre terrible qui fut fatale au Comté & à la famille, & pendant laquelle le Roi de France Philippe de Valois mit le Comté de Comminges sous sa main & tenta de se l'approprier. Pierre-Raymond Iᵉʳ finit ses jours après une longue maladie, le Dimanche après la Quasimodo de l'an 1342, & fut enterré à Saint-Michel d'Olonis. Son testament est daté du Château de Muret, le Lundi après la Quasimodo de l'an 1339, précisément trois ans avant sa mort. Il avoit épousé FRANÇOISE DE FÉZENZAC, dont il eut un fils & deux filles :

1° Pierre-Raymond II, qui suit ;

2° Éléonore, mariée en premières noces au Vicomte de Pailhas, par contrat du 1ᵉʳ Décembre 1352, & en secondes noces au Chevalier Gailhard de la Mothe, fils de Bertrand de la Mothe, Seigneur de Clermont en Condomois ; elle testa le 3 Décembre 1396 ;

3° Jeanne, mariée à Géraud II d'Armagnac, Vicomte de Fezenzaguet & de Brulhois.

Il eut, de plus, deux bâtards nommés Pierre-Raymond & Guy mentionnés dans son testament de l'an 1339.

XV. PIERRE-RAYMOND IIᵉ du nom, Comte de Comminges, succéda à son père Pierre-Raymond I, malgré les oppositions de JEANNE sa cousine. Cette contestation fut agitée, les armes à la main, avec la dernière fureur entre lui & les Seigneurs de l'Ile-Jourdain prenant fait & cause pour leur parente ; elle se termina en 1350 par la médiation du Cardinal de Comminges, leur oncle, qui fit épouser JEANNE à son cousin.

Pierre-Raymond II accorda différens priviléges à l'Abbaye des Feuillans, par un acte du 11 janvier 1353, dans lequel on voit qu'il étoit aussi Seigneur Vicomte de Serrières. Il testa au château de Muret, le Vendredi d'après la fête de Saint-Luc, 19 octobre 1375, & mourut en 1376, laissant de son mariage trois filles :

1° Éléonore, femme de Bertrand II, Comte de l'Ile-Jourdain, puis de Jean II, Comte d'Auvergne & de Boulogne ;

2 Marguerite, qui suit ;

3° Agnès de Comminges, morte sans alliance avant l'an 1392.

La Comtesse Jeanne survécut à son époux & à ses filles Éléonore &

Agnès. Elle vivoit encore le 29 août 1396 & difpofa du Comté de Comminges en faveur de fa fille Marguerite.

Marguerite, Com-
teffe de Comminges
& Mathieu de Foix
(1400-1443-1453.)

XVI. MARGUERITE, Comteffe de Comminges, Dame de Serrières, fut mariée trois fois :

1° En 1378, à Jean III, Comte d'Armagnac ;

2° Le 4 juin 1384, à Jean d'Armagnac, fils de Géraud III, Vicomte de Fezenzaguet, union malheureufe qui fe termina par la captivité & la mort de fon époux ;

3° Le 5 mai 1419, à Mathieu de Foix, frère de Jean, Comte de Foix.

Marguerite avoit alors remplacé fa mère au Gouvernement du Comté de Comminges, & par fon contrat de mariage, figné le 15 juillet de la même année en l'Églife Cathédrale de Pamiers, elle en fit don à MATHIEU DE FOIX, qui devint ainfi Comte de Comminges. Mais il ne tarda pas à payer de la plus noire ingratitude fon époufe qu'il maltraita & renferma dans le Château de Saverdun, où il la retint prifonnière l'efpace de dix-neuf à vingt ans. Elle ne recouvra fa liberté qu'en 1443, au moyen d'un traité conclu le 9 mars entre le Roi Charles VII & Mathieu de Foix ; traité par lequel il fut dit que Mathieu, après avoir donné la liberté à fa femme, jouiroit d'une partie du Comté de Comminges & Marguerite de l'autre pendant leur vie ; que la jouiffance de tout demeureroit au dernier furvivant, & qu'après leur mort il
Réunion du Comté
de Comminges à la
Couronne de France
(1453.)
feroit réuni à la couronne. Marguerite mourut la même année 1443 ; Mathieu, qui s'étoit remarié à Catherine de Coaraze en Béarn dont il avoit eu deux filles, finit fes jours vers la fin de l'an 1453, & le Comté de Comminges fut réuni à la Couronne pour n'en être jamais féparé.

Ainfi finit la branche aînée des premiers Comtes de Comminges. Plus tard & malgré la claufe du traité de 1443, Louis XI détacha le Comté de la Couronne pour le donner à Odet d'Aidie, Seigneur de Lefcure ; mais fa poftérité mâle étant venue à manquer, le Comté fut de nouveau réuni à la Couronne par lettres de Louis XII, datées de Paris le 25 août 1498. Malgré cette nouvelle réunion, les Seigneurs de Lautrec, de Guiche & d'Aubijoux intentèrent procès au Parlement de Touloufe pour le Comté de Comminges ; mais ils furent déboutés par arrêt du 22 mars 1501, s'appuyant fur la ceffion de Marguerite & de Mathieu au Roi Charles VII.

Le Seigneur de Lautrec tiroit fes titres du mariage de Jean Voifin Vicomte de Lautrec, avec Marguerite de Comminges, fille de Raimond Roger de

Comminges, Vicomte de Burniquel en l'an 1450. Cette Branche de
Comminges-Burniquel defcendoit, comme la Branche d'Efpagne, de Roger de
Comminges, Vicomte de Conferans, frère du Comte Bernard III dit Dodon,
en 1165.

Le Seigneur de Guiche étoit FRANÇOIS DE GRAMONT, qui avoit époufé
CATHERINE D'ANDOUINS, & qui tiroit fes titres du mariage de fa tante Claire de
Gramont avec Roger d'Efpagne en l'an 1400, ainfi que d'autres alliances
entre fa Maifon & les différentes branches de Comminges.

Par fuite de l'extinction de la Branche aînée, celle qui occupoit le premier
rang en 1443, étoit la defcendance de GUY, frère puîné de BERNARD IV; mais
celui-ci, ainfi que nous l'avons vu, avoit époufé en 1150 BERTRANDE,
COMTESSE D'AURE, & avoit par contrat pris déformais le nom & les armes
d'*Aure*, portant fur fon écuffon mi-parti d'*Aure* & mi-parti de *Comminges*.

Il exiftoit encore plufieurs autres branches de la Maifon de Comminges,
qui defcendoient de Roger de Comminges, Vicomte de Conferans, frère de
Bernard III dit Dodon, & oncle de Guy. Les principales portoient les noms
de Conferans, de Pailhas, d'Almazan, d'Efpagne, de Burniquel, de
Montefpan, de Duras, de Durfort & de Ramefort, provenant de feigneuries &
d'apanages échus par mariages ou par fucceffion. D'autres familles qui
s'allièrent à la Maifon de Comminges en ont relevé le nom en y ajoutant celui
de leurs auteurs. De toutes ces branches la plus illuftre fut celle dite d'Efpagne,
& comme nous aurons fouvent à y revenir pour mentionner les alliances
qu'elle contracta avec la MAISON D'AURE & DE GRAMONT, iffue du même fang,
nous indiquerons fommairement les premières phases de fon origine.

*Branches diverfes de la Maifon de Comminges.*

I. ROGER de Comminges, Vicomte de Conferans, frère de Bernard III,
Comte de Comminges dit Dodon, & oncle de Guy de Comminges, Comte
d'Aure, 1150.

II. ROGER II, Vicomte de Conferans, fils du précédent, mort en 1212,
avoit époufé une fille de Roger Bernard, Comte de Foix, dont il eut deux fils,
Roger qui fuit & Arnaud.

*Branches de Conferans, Pailhas, Almazan & Efpagne, iffues de la lignée de Comminges.*

Arnaud de Comminges reçut en partage le fief d'Almazan dont il rendit
hommage au mois de décembre de l'an 1244, à Raymond, Comte de Touloufe.

III. ROGER III, Vicomte de Conferans, époufa la COMTESSE DE PAILHAS,
qui lui porta ce Comté en mariage, ainfi qu'il réfulte d'un acte de 1216, figné
par le Comte de Foix, oncle de Roger. Il fut préfent à l'hommage rendu par

fon frère Arnaud en 1244 au Comte de Touloufe, & il y figure avec le titre & la qualité de Comte de Pailhas, en compagnie des Seigneurs Pierre-Arnaud & Bertrand d'Efpagne. Il mourut en 1256.

C'eft ici qu'il faut placer la féparation de la defcendance de Roger I<sup>er</sup> en trois branches, de Conferans, de Pailhas & d'Almazan.

Roger III eut trois fils qui portèrent tous les trois le titre de Comte de Pailhas, savoir : Roger qui fuit; Arnaud-Roger, marié en 1263 à Irène Lafcaris, fille de Théodofe Lafcaris, Empereur de Conftantinople, & Raimond Roger, mort fans poftérité en 1244.

IV. ROGER IV, Vicomte de Conferans & Comte de Pailhas, furvécut à peine à fon père, étant mort en 1257. Il avoit époufé GRISE D'ESPAGNE, Dame de Montefpan, fille d'Arnaud d'Efpagne, Seigneur de Montefpan, de Monéjan & de Rivière & Baron de Borderas, qui vivoit en 1243.

ARNAUD fon fils prit le nom D'ESPAGNE & époufa PHILIPPE, fille de Roger, Comte de Foix, en 1262.

A partir de cette époque la defcendance d'Arnaud fe partagea les titres & noms de Conferans, Pailhas, Efpagne & Montefpan.

Roger, Vicomte de Conferans, un des fils d'Arnaud, époufa Ifabeau Trouffeau, dite Trouffelle, Vicomteffe de Burniquel & fœur de Marguerite Trouffeau, femme de Pierre de Chevreufe. Il fut l'auteur de la branche dite Comminges-Burniquel.

En l'an 1401, ROGER D'ESPAGNE, defcendant d'Arnaud d'Efpagne de père en fils à la quatrième génération, avoit époufé en premières noces ESCLARMONDE DE MIREMONT, DAME DE DURFORT, qui lui avoit apporté en dot la Seigneurie de Durfort. Devenu veuf après 25 ans de mariage, il époufa en fecondes noces CLAIRE DE GRAMONT, fille de JEAN I<sup>er</sup> DU NOM, SEIGNEUR DE GRAMONT, Souverain de Bidache, & de Marie de Montaut, Dame de Muffidan, lequel Jean de Gramont étoit alors tuteur de Don Carlos, Prince de Viane, petit-fils & héritier préfomptif du Roi de Navarre, Charles III, dit le Noble.

Roger d'Efpagne fit un teftament le 16 juin 1426, par lequel on voit qu'il étoit Seigneur de Montefpan, de Durfort, d'Auragne, en l'Auraguais, de Ruis ou Rieux, de Pelleporc, de Saint-Banzille, d'Orfas ou d'Orfans, de Bénagues, de Ramefort, de Caffagne-Belle, d'Aulon, de Peirouzet, de Séglan, de Garifcan, de la moitié de Valentine, de Villeneuve-de-Rivière, d'Auffon, de la moitié de la ville de Montréal, de Cuguron, des Toureilles, de Belloc,

Arnaud d'Efpagne<br>(1262.)

Roger d'Efpagne, marié à Claife de Gramont (1420.)

de Cafaril, de l'Écuffan, de Saint-Laurent de Mafères, de Saunac, de la troifième partie de Cafères, de toute la vallée de Lauron, contenant vingt villages, &c., &c., & Sénéchal de Touloufe. Il portoit les armes d'Efpagne qui étoient : d'argent, à un lion de gueules, & une bordure de finople, chargée de fix écuffons d'or bordés de gueules, pofés trois en chef, deux en flancs & un en pointe.

Il exifte dans les archives de la Maifon de Gramont un tableau généalogique complet & détaillé, donnant toute la defcendance des Comtes de Comminges, des Vicomtes de Conferans & des branches de Burniquel & d'Efpagne, avec leurs ramifications & leurs alliances jufqu'à l'an 1679 ; mais nous croyons inutile de le reproduire ici, attendu que cette defcendance n'eft plus en rapport qu'indirectement, & à de longs intervalles, avec la branche aînée de Comminges & la Maifon d'Aure, tiges de la Maifon de Gramont.

Les armes de Comminges font d'argent, à la croix pattée de gueules, formant indifféremment de gueules, à quatre otelles d'argent adoffées en fautoir.

# CHAPITRE IV

*Chronologie historique de la Maison d'Aure. — Premiers Comtes d'Aure. — Séparation de la Maison en deux branches. — Vicomtes d'Aure & Vicomtes de la Barthe. — Vicomtes d'Aure jusqu'en 1250. — Fusion de la Maison d'Aster dans celle des Vicomtes d'Aure & de Larboust. — Vicomtes d'Aster, depuis le milieu du neuvième siècle jusqu'en 1250.*

---

Les Comtes d'Aure.

OUS avons vu, à la fin du chapitre II, qu'Aznar ou Afnarius, le premier des fils de Vandrégifille & de la Comtesse Marie d'Aragon, & l'un des signataires de la célèbre Charte d'Alaon, avoit partagé ses vastes domaines entre ses deux fils Arnaud & Aznar II.

Aznar II avoit eu le Comté de Comminges, & nous venons de donner dans le chapitre précédent la chronologie historique de sa descendance.

Arnaud avoit reçu le Comté d'Aure, & fut la tige des Comtes d'Aure dont nous allons suivre la lignée.

Le pays d'Aure.

Le pays d'Aure étoit limitrophe du pays de Comminges, de l'Aragon & du Bigorre, & l'héritage d'Arnaud d'Aure comprenoit aussi plusieurs fiefs qui faifoient partie de ces territoires voifins. C'étoit un démembrement du Duché de la Gafcogne citérieure, & pour plus d'un domaine, Arnaud relevoit comme vaffal de fon oncle le Duc de Gafcogne. Il en étoit de même de la plupart des Seigneurs féodaux, fes parens & contemporains, qui relevoient les uns des autres à divers titres, par fuite des différens partages qui fe faifoient à chaque fucceffion.

I. ARNAUD Ier du nom, Comte d'Aure, poffédoit les vallées de la Nefte, de la Barouffe, du Magnoac & d'Aure, territoire connu fous le nom des Quatre - Vallées. Il étoit Seigneur de la Barthe, de Campan, d'Arné, d'Aragonet, de la Vicomté de Larbouft & d'autres lieux qui étoient du Comté d'Aragon & du Royaume de Navarre, mais foit que la vallée d'Aure tînt le premier rang parmi fes fiefs, foit qu'elle repréfentât la partie de fes domaines, libre de tout hommage, il portoit en l'an 900 le nom de *Comes totius Aureæ*, & c'eft ainfi qu'il eft défigné, notamment dans la Chronique d'Auch. Il eft la tige des Maifons d'Aure & de la Barthe, ainfi que nous le verrons par la fuite.

La Maifon de Gramont, dans laquelle fe font fondues celles d'Aure, de Comminges & d'Afté, poffède encore aujourd'hui une partie du territoire qui formoit le Comté d'Aure. Ces poffeffions étoient d'une étendue immenfe avant la Révolution de 1789 ; quoique confidérablement diminuées, par fuite des mefures révolutionnaires de ce temps, elles repréfentent encore un vafte territoire de montagnes, dont chaque pic eft un fouvenir de traditions les plus reculées, & dont chaque vallon fut le théâtre de quelque événement célébré par les Méneftrels du temps & traduit en romances ou couplets, que chantent encore de nos jours les payfans & les bergers.

La poffeffion conftante, à travers les âges, de ces domaines, qui depuis l'an 900 font reftés de père en fils, jufqu'à nos jours, dans la defcendance des premiers Comtes d'Aure, a permis de recueillir fur leurs origines des documens authentiques & précieux qui forment une partie importante des Archives de la Famille.

Les armes d'Aure font d'argent, au lévrier rampant, colleté d'azur, le lévrier de gueules ; brifé d'une bordure de fable, chargée de huit befans d'or.

Arnaud Ier eut un fils nommé Garfié - Arnaud, qui fuit.

II. GARSIE - ARNAUD Ier du nom, Comte d'Aure, hérita de tous les domaines de fon père comme fils unique. Il époufa en 947 FAQUILÈNE, fille d'Arnaud-Nonnat, lequel étoit troifième fils de Garfie le Courbé, Duc de Gafcògne. Arnaud-Nonnat étoit Comte de l'Aftarac, du Pardiac & du Magnoac. Faqùilène avoit été mariée en premières noces à Raymond-Dat, Comte de Bigorre, mort en 947, & ce fut la même année qu'elle époufa en fecondes noces Garfie-Arnaud, Comte d'Aure, lui portant en dot une partie du Magnoac, ainfi qu'il réfulte d'une charte de cette époque, citée dans l'*Hiftoire de la Gafcogne*, par l'Abbé Monlezun (Tome I, p. 376). De ce mariage font nés : Arnaud II qui fuit, & Guillaume Auriol qui fe fit moine.

III. ARNAUD II⁰ du nom, Comte d'Aure, fils de Garfie-Arnaud, réuniffoit fur fa tête la Seigneurie des quatre vallées d'Aure, de Barouffe, de la Nefte & du Magnoac. Il étoit Comte & Seigneur d'Arné, Vicomte de Larbouft, de Campan & de la Barthe. Il eft appelé dans la Chronique contemporaine du Diocèfe d'Auch : *Dominus & poffeffor totius Aureæ* (Deuxième partie, page 10), ce qui prouve qu'il exiftoit une diftinction entre la Vallée d'Aure proprement dite & le pays d'Aure, lequel défigné par Aurea, dans les chroniques, comprend tout le Domaine qui formoit alors le Comté & le patrimoine d'Arnaud II. Auffi, quand le patrimoine d'Arnaud fut partagé entre fes fils, voyons-nous chacun d'eux porter le titre de Vicomte au lieu de Comte, & prendre le nom du fief particulier, tombé dans fon héritage.

Arnaud II eut trois enfans :

1⁰ Garfie-Arnaud qui fuit ;

2⁰ Auréolus ou Auriol d'Aure, qui fe fit moine;

3⁰ Auriol Menfe ou Auréolus Menfa.

L'an 975 il partagea de fon vivant fes Domaines entre fes deux fils, Garfie-Arnaud & Auriol Menfe.

Garfie-Arnaud eut la vallée d'Aure, celle de Campan & le territoire voifin du pays de Bigorre. Il eft qualifié indifféremment de Comte ou de Vicomte d'Aure.

Auriol Menfe eut la Nefte, la Barouffe, le Magnoac & la Seigneurie d'Arné, qui formèrent plus tard la Vicomté de la Barthe. Il fut le premier Vicomte de la Barthe & l'auteur de la Maifon de ce nom, dont la defcendance s'eft continuée, avec illuftration, jufqu'à nos jours, dans plufieurs branches iffues du même fang. Nous citerons entr'autres celle des Comtes de Thermes, repréfentée par Louis-Ferdinand-Adolphe de la Barthe, Comte de

Arnaud II, Comt d'Aure (975.)

Vicomtes de la Barthe

Thermes, defcendant d'Arnaud-Efparre, fecond fils d'Auger, fils de Sanche de la Barthe & petit-fils d'Auriol Menfe.

Le Comté d'Aure faifoit à cette époque partie du Duché de Gafcogne, ainfi qu'il réfulte de la charte de fondation du Monaftère de Saint - Pé-de-Générès en Bigorre, par Sanche-Guillaume, Duc de Gafcogne en 1010. Le Duc Sanche ayant voulu que tous les Comtes & Vicomtes foumis à fa juridiction, confirmaffent par leurs fignatures & leur ferment les priviléges qu'il accordoit à ce Monaftère, il les y convoqua en l'année 1030; l'affemblée fut nombreufe & brillante, & cette charte de fondation, confervée jufqu'à nos jours, donne les noms des Seigneurs en préfence de qui elle fut octroyée. On y voit, entr'autres : Sance, Prince & Duc de toute la Gafcogne, Garfie-Arnaud, Comte de Bigorre, Bernard, Comte d'Armagnac, Centulle Gafton, Vicomte de Béarn, Guillaume, Vicomte de la Barthe, & Arnaud, Comte d'Aure, ainfi que plufieurs autres. Ce document, écrit en latin, fe trouve en entier dans la *Gallia Chriftiana*, tome I, & dans Marca, page 247; il commence par ces mots : Charta fundationis Monafterii S. Petri Generenfis. Ego Sancius præ ordinatione Dei, totius Gafconiæ Princeps & Dux, &c., &c. Ce fut un des derniers actes du dernier Duc de Gafcogne, dont l'héritage fe fubdivifa après fa mort, qui eut lieu le 4 octobre 1032, d'après le nécrologe de Saint-Sever de Ruftan.

Garfie - Arnaud II, Vicomte d'Aure (1034)    IV. GARSIE - ARNAUD II* du nom, fuccéda à fon père pour le territoire d'Aure, de Campan & de Larbouft. Par fuite du démembrement du Duché de Gafcogne, fe voyant menacé par le Comte de Comminges, qui vouloit envahir fes Domaines, il rendit hommage pour fes terres & châteaux au Comte de Bigorre, en l'an 1067, & mourut peu de temps après, laiffant un fils nommé Odo d'Aure qui fuit.

Odo I, Vicomte d'Aure (1070-1120.)    V. ODO Ier du nom, Vicomte d'Aure, hérita de fon père en 1070. L'année 1080, il s'allia avec fon coufin germain, Sance de la Barthe, pour refufer hommage au Comte Centulle de Béarn, qui avoit époufé en 1078 Béatrix I de Bigorre, & étoit ainfi devenu Comte de Bigorre. Sance, Vicomte de la Barthe, étoit fils d'Auriol Menfe. Après avoir guerroyé pendant quelques temps, les deux coufins firent la paix avec Centulle & le reconnurent, lui rendant hommage à Saint-Pé-de-Générès, le 4 mars de l'an 1082, pour leurs fiefs de Bigorre. Cet accord eft confervé dans les Chartes de Saint-Pé, & la fubftance en eft donnée par Marca, dans fon Hiftoire de Béarn.

Sans-Garcie I,
Vicomte d'Aure et de
Larboust
(1120 - 1130.)

Odo I<sup>er</sup> mourut vers l'an 1120, laiffant pour fils Sance-Garcie qui fuit.

VI. SANCE-GARCIE I<sup>er</sup> du nom, Vicomte d'Aure & de Larbouft, refufa, comme l'avoit fait fon père Odo, l'hommage que réclamoit le Comte de Bigorre, Centulle II. Il étoit foutenu dans fes prétentions par fes parens, Bernard II, Comte de Comminges & Auger de la Barthe, fils de Sance, tous ces feigneurs conteftant au Comte de Bigorre la fuprématie qu'il revendiquoit au nom de fa mère Béatrix.

Cette conteftation fut le fujet d'une guerre affez meurtrière entre le Vicomte d'Aure & le Comte de Bigorre, dont les péripéties ont été confignées aux Chartes du Séminaire d'Auch, & reproduites par Marca. Nous ne faurions mieux faire que de citer un paffage de cette ancienne chronique.

« On apprend du Cartulaire de Bigorre qu'il furvint quelque difpute entre le Comte Centulle & Sans-Gaffie d'Aure, qui fut fuivie d'une guerre, en laquelle les Seigneurs voifins s'intéreffèrent pour les deux parties. Le fujet du différend provenoit de ce que Sans-Gaffie refufoit de reconnoître pour fon Seigneur de fief le Comte de Bigorre, quoique fon père Odo d'Aure eût fait l'hommage de fa terre d'Aure, à Centulle I<sup>er</sup>, père du jeune Centulle (per la fenhoria que Don Odo lo paire de Sans-Gaffie concedo a Centod lo Coms pair de ifto Centullo). Néanmoins enfin, Sans-Gaffie ayant reconnu fon devoir, rendit l'hommage au Comte. De quoi furent entièrement offenfés Arnaud Laudic, coufin du Vicomte d'Aure, & le Comte de Comenge, qui s'étoient déclarés pour lui en cette querelle; en telle forte que Laudic & les amis du Comte de Comenge provoquèrent Sans-Gaffie à un combat; mais ils n'ofèrent fe mettre à la campagne, ni fe trouver au lieu affigné, à caufe que le Comte Centulle entreprit ouvertement la défenfe du Seigneur d'Aure. Enfin Laudic offrit d'efter à droict par devant le Comte de Bigorre, & bailla des oftages pour cet effet; mais le duel ayant été ordonné juridiquement par la Cour du Comte, de perfonne à perfonne entre Sans-Gaffie & Laudic, celui-ci n'ofa fe préfenter & abandonna fes ôtages à la difcrétion du Comte. Toutefois il continua la guerre à main armée, & dépofféda de Larboft le feigneur d'Aure, ce qui obligea le Comte de Bigorre de bâtir le château d'Albefpin, qu'il mit entre les mains de Sans-Gaffie; lequel, fe rendant ingrat de ce bon office, s'accomoda avec Laudic, fans le fceu du Comte. De forte que le Comte lui redemanda le Château d'Albefpin; & néanmoins Sans-Gaffie étant venu le trouver en compagnie de Raimond d'Afpect, il le lui laiffa en main moyennant le ferment de fidélité qu'il lui prêta, & fous l'affurance qu'il lui donna de lui rendre le Château à la première fommation, le Comte le demandant avec colère ou fans colère (irato vel non irato), de quoi il donna douze ôtages. Cependant Sans-Gaffie traita fon accord avec le Comte de Comenge, qui étoit en inimitié avec le Comte de Bigorre: de quoi Centulle témoigna fon reffentiment & requit l'Évêque (Saint Bertrand) & le Comte de Comenge de lui faire rendre fon Château par fon vaffal, qui s'étoit retiré dans leurs terres, ce qu'ils ne lui accordèrent pas, & ce refus donna fujet d'une entière rupture à ces Comtes de Bigorre & de Comenge, lefquels allèrent enfuite à la Cour du Roi d'Aragon. Ils y trouvèrent Laudic, qui s'étoit rendu vaffal du Roi, & Sans-Gaffie qui lui demandoit protection contre le Comte de Bigorre. Le Roi pourvut fur cette plainte, ordonnant au Comte de ne faire aucun dommage à Sans-Gaffie; & d'autant que le Comte infiftoit fur ce que Sans avoit rompu fa foi, en refufant de lui rendre le Château, le Roi, après avoir reçu Laudic pour caution de Sans-Gaffie, ordonna que Sans-Gaffie défendroit fa foi & fa parole en fournissant un cavalier de fa part, qui combattroit avec un cavalier du Comte, à la charge que s'il étoit vaincu au combat, ou qu'il refufât le duel, fon corps feroit forfait. Après cette ordonnance, Sans-Gaffie aima mieux reconnoître fon devoir, que non pas encourir le hafard de perdre fa vie & fon honneur; de forte qu'étant revenu deça les Monts, il fe remit au pouvoir du Comte, lui rendit le Château & le reprit de fes mains, lui prêtant un nouveau ferment de fidélité & lui baillant des ôtages pour l'affurer de fon fervice contre tous les hommes du monde. Néanmoins il ne lui rendit pas fon affiftance lorfque le Comte fut pris, dit la Charte (Cartulaire de Bigorre); de forte qu'après être relâché & mis en liberté, il renouvela fes traités avec Sans-Gaffie, en préfence d'Arnaud de Lavedan & de Ramon Gaffie, fon fils, Auger des Angles, Odo de Bénac, Fortaner d'After, Efpa d'After, Ramon de Bilar, & quelques autres. Ce dernier traité fut fait, *el moneftier davant lo cap del mas de Sent Aventi à Moravivent.* Odo d'Aure, fils de Sans-Gaffie, fit en même temps hommage de toutes fes terres & Châteaux au Comte Centulle. Or il faut remarquer en cet endroit que Sans-Gaffie étoit obligé au Comte, non pour l'hommage d'Aure qui n'étoit pas fujet à tant de rigueur, mais particulièrement pour l'hommage du Château d'Albefpin, qu'il tenoit de la gratification de Centulle. »

En effet, L'origine de toutes ces luttes fanglantes étoit l'incertitude des droits feigneuriaux, que chacun vouloit étendre au-delà de ce qui lui étoit dû. Les véritables fuzerains avoient été jufqu'alors les Ducs de Gafcogne, mais depuis la mort de Sanche & la divifion du Duché, chaque Seigneur étoit à la fois suzerain pour certains fiefs & vaffal pour certains autres, fitués foit en Bigorre, foit dans les pays de Comminges, de Foix, de Béarn, ou même d'Aragon. C'eft pourquoi les parens du Vicomte d'Aure lui avoient reproché d'avoir rendu hommage pour le pays d'Aure au Comte de Bigorre, lequel étoit lui-même vaffal du Roi d'Aragon. Nous voyons également par ce récit, que Sans-Gaffie poffédoit la Vicomté de Larbouft, qui faifoit partie des domaines de fon grand-père, Garcie-Arnaud.

Fortaner d'After & Efpa d'After, qui fignèrent le dernier traité de Sans-Gaffie, avec le Comte Centulle, appartiennent à la Maifon des Vicomtes d'After, qui ne tarda pas à fe fondre dans la Maifon d'Aure, & dont nous aurons à nous occuper très prochainement.

Sans-Gaffie mourut en 1130, laiffant un fils nommé Odo & une fille nommée Bertrande, qui fuivent tous les deux.

VII. ODO II<sup>e</sup> du nom, Vicomte d'Aure & de Larbouft, furvécut peu de temps à fon père, avec lequel il avoit tour à tour combattu & reconnu la fuzeraineté du Comte Centulle de Bigorre. Malgré l'hommage qu'il rendit à ce dernier, ainfi qu'il eft dit dans le Cartulaire de Bigorre, il fe rapprocha du parti des Comtes de Comminges, fes parens, & cimenta cette alliance par le mariage de fa fœur Bertrande, avec Guy de Comminges, fecond fils du Comte Bernard III. Odo mourut en 1150, fans enfans, laiffant tous fes biens à fa fœur Bertrande.

Odo II, Vicomte d'Aure & de Larbouft (1130-1150.)

VIII. BERTRANDE, Vicomteffe d'Aure & de Larbouft, héritière de tous les biens de fon frère, avoit époufé, la même année 1150, GUY, COMTE DE COMMINGES, Seigneur de la Vallée de Lufchon & de Barouffe, dans le pays de Comminges, fecond fils de Bernard III dit Dodon, Comte de Comminges, & de Laurence de Touloufe, fille du Comte de Touloufe, ainfi que nous l'avons vu au chapitre précédent.

Bertrande, Vicomteffe d'Aure & de Larbouft, & Guy de Comminges (1150-1280.)

GUY prit le nom d'Aure, du chef de fa femme, comme Seigneur de la Vicomté, & nous le voyons figurer comme Vicomte d'Aure & de Larbouft dans les actes fubféquens, & notamment dans la donation qu'il fit en 1179, pour l'âme du Comte Bernard fon père, de trois hommes de main-morte,

6

dans le lieu d'O, qui eft le principal de la Vicomté de Larbouft, à l'Églife de Comminges, fous l'Évêque Arfius, qui fiégea jufqu'en 1189. Cette donation fe fit avec le confentement & en préfence de Raymond & Odo d'Aure, fils de Guy, qui font mentionnés dans l'acte & l'ont figné.

Guy & Bertrande laiffèrent quatre enfans :

1° Raimond, qui fuit;

2° Odo, dont il fera parlé après Raymond ;

3° Sance - Garcie d'Aure, Chevalier de l'Ordre de Saint - Jean de Jérufalem & Commandeur de Valdrac en 1168;

4° Guillaume, Seigneur de Caran, qui fit la guerre des Albigeois, fuivant l'hiftoire de Pierre, Moine de Vaux de Cernai (chapitre 59). Il défendit le Château de Quiers, pour Simon de Montfort, contre le Comte de Foix, & força ce dernier à fe retirer après un long fiége de la place, en l'an 1206.

**Raimond, Vicomte d'Aure & de Larbouft (1180-1238.)**

IX. RAIMOND, Vicomte d'Aure & de Larbouft, Seigneur de Barouffe & de Lufchon, fuccéda à fon père & à fa mère; il mourut en 1238, ne laiffant qu'une fille nommée Mathilde d'Aure, qui époufa en 1250 fon coufin Arnaud-Guillaume, Vicomte de la Barthe.

**Odo III, Vicomte d'Aure & de Larbouft (1180-1210.)**

X. ODO III° du nom, frère de Raimond, fuccéda aux Vicomtés d'Aure & de Larbouft, conjointement avec fon frère qui étoit frappé de maladie. Il avoit époufé BÉATRIX DE LAUTREC, fille de Sicard, Vicomte de Lautrec, qui vivoit l'an 1181 & 1187, & tenoit du chef de fa femme la Seigneurie de Montalban. Béatrix donna à l'Abbaye de la Béniffon - Dieu, cinquante fols à prendre fur fon cafal de la Frenai, en l'an 1210, pour le repos de l'âme de fon mari. Odo III d'Aure avoit de fon côté fait, le 6 décembre 1205, donation du Domaine de l'Anglade, en la vallée d'Ol ou d'Oueil, en pays d'Aure, à l'Abbé & aux Religieux de Bonnefons en Comminges. L'acte original de cette donation, fait en latin, fur parchemin, eft dans les archives de la Maifon.

Lautrec porte de gueules au lion d'or, écartelé 1 & 4 de Touloufe.

Odo d'Aure & Béatrix de Lautrec laiffèrent deux enfans :

1° Sance-Garcie d'Aure, qui fuit ;

2° Caftlar d'Aure, qui figna & fervit de caution au traité conclu entre le Comte de Touloufe & le Comte de Foix, lors de la feconde guerre des Albigeois, le 30 feptembre 1226. Le texte de ce traité eft rapporté par Marca ( liv. VIII, chap. XXI).

XI. SANCE-GARCIE II<sup>e</sup> du nom, Vicomte d'Aure & de Larbouſt, Seigneur de Montalban, ſuccéda à ſon père Odo III, l'an 1210. Il épouſa, l'an 1220, BLANCHE-FLEUR D'ASTARAC, fille de Centulle II, Comte d'Aſtarac, & de Séguine, Comteſſe d'Aſtarac. *(Art de vérifier les dates,* vol. IX.) L'an 1221, il fit, avec ſa femme & de ſon conſentement, don à l'Abbaye de Béniſſon-Dieu de ſon caſal de la Roche, & confirma en 1266, à l'Égliſe de Comminges, les dons de ſon père Odo & de ſon aïeul Guy.

Il exiſte auſſi aux archives de Gramont l'acte original ſur parchemin d'une autre donation de Sans-Garcie d'Aure & de Blanche-Fleur d'Aſtarac ſa femme, de cinq ſols morlas de fief annuel & du droit de pâturage, herbage, uſage de bois & eaux, dans leurs terres ſiſes en Nébouzan, en faveur de l'Abbé de Bonnefons, en l'an 1221.

Aſtarac porte de gueules & d'azur accolées de la croix de la guerre ſainte.

Sance-Garcie eut trois enfans, qui ſont :

1° Sans-Garcie-Arnaud, qui ſuit ;

2° Sance-Garcie, qui hérita de la commanderie de Valdrac, de l'Ordre de Saint-Jean de Jéruſalem, qui avoit été tenue par ſon grand-oncle ;

3° Garcie d'Aure, Religieux de l'Ordre de Saint-Dominique, qui périt pour la défenſe de la foi, aſſaſſiné pendant la guerre des Albigeois, le 28 juin 1242.

XII. SANS-GARCIE-ARNAUD I<sup>er</sup> du nom, Vicomte d'Aure & de Larbouſt, Seigneur de Montalban, épouſa en premières noces AGNÈS D'ASTER, Vicomteſſe d'Aſter, fille unique & héritière de Eſpa II, Vicomte d'Aſter, laquelle porta dans la Maiſon d'Aure la Vicomté & les terres qui en dépendoient. Ces domaines ſont reſtés juſqu'à ce jour dans la deſcendance des Vicomtes d'Aure, c'eſt-à-dire dans la Maiſon de Gramont qui les poſſède encore.

La Maiſon d'Aſter étoit une des plus anciennes du Bigorre, & nous donnerons plus loin la ſuite des ancêtres de la Vicomteſſe Agnès.

Aſter porte de gueules, à trois flèches d'or, ferrées & emplumées d'argent, en pal, la pointe en bas.

L'an 1283, Sans-Garcie-Arnaud aſſiſta à l'hommage que quelques-uns de ſes vaſſaux de la Vicomté d'Aure rendirent à Bertrand de Fumel, à cauſe de Bruniſſante de la Barthe, Dame d'Aure, femme de ce dernier.

Sans-Garcie II, Vicomte d'Aure & de Larbouſt (1210-1270.)

Sans-Garcie-Arnaud I, Vicomte d'Aure & de Larbouſt. Agnès, Vicomteſſe d'Aſter 1270-1292.)

Il époufa, en fecondes noces, Brunicende de Lavedan, fille de Raymond-Garcie, Vicomte de Lavedan, & fœur d'Arnaud de Lavedan, lequel reconnut, le 3 juin 1292, que Brunicende fa fœur, veuve de Sans-Garcie-Arnaud, Vicomte d'Aure & de Larbouft, lui avoit payé mille fols morlas, pour lefquels feu fon mari lui avoit engagé les lieux de Portes & de Villère, dans la Vicomté de Larbouft.

Lavedan portoit d'argent, à trois colombes de fable, pofées deux & une.

Sans-Garcie-Arnaud eut un fils de chacune de fes femmes, favoir de la première : Odo d'Aure, IVe du nom, qui fuit, & de la feconde Guillaume d'Aure, qui fut Cardinal.

Le Cardinal<br>d'Aure ( 1338. )

Voué au cloître dès fa naiffance, Guillaume d'Aure prit l'habit religieux dans l'Abbaye de Léfat, d'où le Pape Benoit XII le tira au commencement de fon Pontificat, pour le placer à la tête du monaftère de Montolieu, dans le diocèfe de Carcaffonne. Le Pape qui l'affectionnoit l'appela bientôt auprès de lui & le décora de la pourpre, le 18 décembre 1338, le créant Cardinal du titre de Saint-Étienne in Monte-Cœlio. Guillaume d'Aure mourut en 1346, à Avignon, où il avoit fixé fon féjour. (Duchefne, *Gallia purpurata*, & Monlezun, *Hiftoire de la Gafcogne*.)

Étant arrivés au temps de la fufion de la Maifon d'After dans celle d'Aure, nous placerons ici la chronologie hiftorique des Vicomtes d'After ancêtres de la Vicomteffe Agnès & d'Odo d'Aure, dont il fera parlé ci-après.

La Vicomté d'After.

After étoit une des plus anciennes Vicomtés du Comté de Bigorre, & relevoit des Comtes de ce nom. Elle comprenoit les territoires d'After, Gerde, Lies-devant, Lies-darré, Banios, Marfas, Hauban & une partie des vallées de Bagnères & de Campan.

Les Vicomtes d'After<br>de 900 à 1270.

I. Sanche d'After portoit le titre de Vicomte au neuvième fiècle, du temps de Donat, Comte de Bigorre. (*Charte du monaftère de Saint-Savin.*)

II. Garcie-Fort, qualifié de Vicomte ou Vicomtable d'After, vivoit en 946 & fut mentionné dans la Charte de Saint-Savin, quand Raymond, Comte de Bigorre, rétablit ce monaftère dans la vallée de Lavedan.

III. Guillaume, Vicomte d'After, figna comme témoin une donation du Comte de Bigorre, Bernard II, & de fa femme la Comteffe Clémence, en faveur de l'Églife de Notre-Dame du Puy en Velai, l'an 1062. On trouve cet acte rapporté en entier dans Marca (livre IX, chapitre IV) & il eft extrait du Chartulaire de Bigorre.

IV. Auger, Vicomte d'After, rend hommage de fa terre au Comte Centulle Ier, l'an 1085, à la charge de la redevance annuelle d'un épervier, que le procureur du Seigneur d'After doit porter au Comte de Bigorre, Seigneur de Lorde, le jour de Notre-Dame de Tarbes, & le percher fur l'ormeau de Lorde, ou fournir fix fols à défaut de l'épervier. Cet Auger d'After étoit encore en vie l'an 1127, & affiftoit à la donation de Pavaillan, faite à Centulle II.

V. Fortaner, Vicomte d'After, & fon frère Espa d'After, fils d'Auger, étoient préfens à l'hommage rendu par Sans-Garfie, Vicomte d'Aure, à Centulle II, l'an 1130. (Marca, livre IX, chapitre VII.)

VI. Auger-Calbo, Vicomte d'After, fils de Fortaner, eft témoin de l'hommage rendu par les enfans de Guillaume Arnaud de la Bartère, au Comte Centulle III, l'an 1174.

VII. Arnaud-Guilhem, Vicomte d'After, fils du précédent, eft un des ôtages donnés au Comte de Bigorre, pour la querelle d'Arnaud de Montaner & de Bernard de Caftelbajac, du temps de la Comteffe Stéphanie & du Comte fon mari, l'an 1190.

VIII. Auger II d'After eft mentionné au Chartulaire de Bigorre, comme fils d'Arnaud-Guilhem & ayant deux fils, Efpa & Bernard. Il vivoit en 1245.

IX. Espa II, Vicomte d'After, furvécut peu de temps à fon père ; il mourut vers l'an 1255, laiffant une fille unique nommée Agnès, qui avoit époufé Sans-Garcie-Arnaud, Vicomte d'Aure & de Larbouft, ainfi que nous l'avons vu plus haut, & qui lui porta la Vicomté d'After, dont elle étoit feule héritière. Son oncle Bernard d'After, entré dans les ordres, fut préfent à la réunion des États de Bigorre, qui fe tinrent à Séméac, le 9 octobre 1292, pour défendre & conftater les droits de Conftance, fille aînée de Gafton VII de Béarn.

X. Sans-Garcie-Arnaud, Vicomte d'Aure & de Larbouft, devint Vicomte d'After, du fait de fa femme Agnès. Il figna, en cette qualité, un traité conclu entre le Comte de Bigorre Efquivat, Gafton de Béarn & le Comte de Foix, l'an 1260, lequel traité eft au Tréfor des chartes, à Pau.

(Marca, livre IX, chapitre xii.) Il étoit le dixième Vicomte d'Aſter & le douzième d'Aure.

Ainſi s'accomplit la fuſion de la Maiſon d'Aſter dans celle d'Aure, l'an 1250.

# CHAPITRE V

*Suite des Vicomtes d'Aure & d'After, depuis l'an 1250 jusqu'à l'an 1534. — Nouvelle séparation de la Maison en deux branches. — Vicomtes d'Aure & d'After & Vicomtes de Larbouft. — Subftitution des Vicomtes d'Aure & d'After, au nom & aux armes de Gramont, l'an 1525. — Extinction de la branche d'Aure-Larbouft, & retour de la Vicomté de Larbouft à la branche aînée.*

---

PRÈS avoir donné la filiation de la Maifon d'After jufqu'à fa fufion dans celle d'Aure, nous continuerons la defcendance des Vicomtes d'Aure, à la fuite de Sans-Garcie-Arnaud I, mentionné au chapitre précédent.

XIII. ODO IVᵉ du nom, Vicomte d'Aure, de Larbouft & d'After, fuccéda à fon père Sans-Garcie-Arnaud, au commencement de l'année 1292. Il avoit époufé l'an 1280 ALPAÏS DE L'ISLE, fille de Jourdain VI, Seigneur de l'Ifle-Jourdain, & de Guillemette de Durfort. Le Roi Philippe - le - Bel, par lettres-patentes données à Maubuiffon, le 25 juin 1313, le remit en fa grâce & dans la jouiffance de fes biens qu'il lui avoit confifqués, pour avoir pris le parti d'Édouard, Roi d'Angleterre, en Guyenne, & avoir fait battre monnaie à fon inftigation.

L'Ifle-Jourdain porte de gueules, à une croix d'or pattée.

Odo IV
Vicomte d'Aure, Lar-
bouft & Aster
(1292-1341.)

Il mourut en 1341, laiffant cinq enfans :

1° *Géraud d'Aure,* qui fuit ;

2° *Bernard d'After*, qui avoit époufé *Savarigue de Juxan.* Son teftament du 9 février 1320, & celui de fa veuve, du jeudi avant la fête de la Chaire de Saint-Pierre, l'an 1343, font en original aux archives de la Maifon. Ils inftituent pour leur héritier univerfel leur fils *Arnaud d'After*, & lèguent la troifième partie des biens à leur neveu *Jean d'After.* Arnaud d'After, fils de Bernard, ne paroît pas avoir eu de poftérité;

3° *Odo d'Aure,* Damoifeau qui fervit le Roi de France en Guyenne, contre les Anglois en 1326;

4° *Guillaume d'Aure,* Chevalier Banneret, qui fervoit auffi en Guyenne le Roi de France fous Louis de Poitiers, Lieutenant du Roi en 1339, & en 1340, avec vingt & un Écuyers & vingt-fix Sergens;

5° *Raymond d'Aure,* qui fut un des Seigneurs cautions du traité que fit Gafton de Foix avec les députés du Languedoc, le 9 juillet 1360.

**Géraud I, Vicomte d'Aure, de Larbouft & d'After (1300-1380.)** XIV. GÉRAUD I<sup>er</sup> du nom, Vicomte d'Aure, de Larbouft & d'After, Seigneur de Montalban, fuccéda à fon père en 1341. Il avoit époufé en 1302 fa parente Bérengère de Comminges, fille de Roger de Comminges, Vicomte de Cauferans, & de Dame Grife d'Efpagne, fa femme.

Il y a, aux archives de la Maifon, le parchemin original d'une donation de quarante fols morlas, à prendre fur le lieu de Trébuns, dans la vallée d'Arbouft, diocèfe de Commenge, faite en 1304 par Bérengère, femme de Géraud, Vicomte d'Aure & de Larbouft, lequel acte contient les noms des ancêtres de Bérengère.

Ayant pris parti pour Édouard d'Angleterre en Guyenne, tous fes biens furent confifqués par le Roi de France Philippe IV, dit le Bel, mais comme le Comte de Comminges, père de la Vicomteffe Bérengère, étoit alors fort en faveur auprès du Roi, celui-ci accorda à ladite Dame une fomme de cent livres de petits tournois, à prendre fur le tréfor de Touloufe. Cette donation eft datée de la fin de l'an 1310.

Dix ans après, Géraud d'Aure, revenu au parti du Roi de France, rentroit dans tous fes biens, par lettres de Philippe V, dit le Long, de l'an 1320. Il fit la guerre pour le Roi Philippe VI en Guyenne, fous le commandement du Roi de Bohême, fon Lieutenant-Général, pendant les années 1330, 1340 & 1341, en qualité de Chevalier Banneret, avec quinze Écuyers. Ayant été rappelé dans ſes domaines par la mort de ſon père, en 1341, il eut à ſe défendre contre les entrepriſes du Comte de Foix, qui, par rivalité contre le Comte de Poitiers, avoit embraſſé le parti d'Édouard d'Angleterre & envahi une partie du Bigorre avec des troupes mercenaires, en grande partie angloiſes.

Sa première femme, Bérengère de Comminges, étant morte, il épouſa en ſecondes noces, l'an 1350, Douce d'Espagne, fille d'Arnaud d'Eſpagne, Seigneur de Monteſpan, & de Marquiſe, Dame de Séméac. Arnaud d'Eſpagne étoit de la Maiſon de Comminges & parent du Vicomte d'Aure.

Le Bigorre, ainſi que les pays voiſins, étoient déſolés par la guerre que ſe feſoient les Comtes de Foix & de Poitiers. Le Dauphin, Charles V dit le Sage, conſidérant combien cette querelle nuiſoit à l'État, unit ſes efforts à ceux du Souverain Pontiſe, Innocent VI, & ils chargèrent le Maréchal de Boucicault de négocier un accord entre les deux partis. Un traité fut conclu le 7 juillet 1360, deux mois environ après la paix de Brétigny, par lequel Gaſton de Foix s'engageoit à renvoyer tous les ſoldats anglois qu'il avoit pris à ſon ſervice, & à pardonner au Comte de Comminges & à ſes parens, à Géraud, Vicomte d'Aure, & à Roger Bertrand de Mirepoix, qui s'étoient déclarés contre lui. Deux jours après, le Comte de Foix fit un autre traité avec les députés du Languedoc, dont nous avons parlé plus haut, & pour lequel Arnaud d'Eſpagne, beau-frère de Géraud d'Aure, & Raymond d'Aure, ſon frère, ſervirent de caution. Étant rentré dans la paiſible poſſeſſion de ſes domaines, Géraud d'Aure rendit à Gaſton de Foix le lieu de Sarramezan, comme auſſi à Arnaud d'Eſpagne, ceux de Luſchon, d'Œil, de Loron, de Lériſſe, & un caſal dans le Larbouſt.

D'Eſpagne portoit : d'argent à un lion de gueules, langué & onglé d'azur, & une bordure de ſinople chargée de ſix écuſſons d'or, bordés de gueules, poſés trois en chef, deux en flanc, & un en pointe.

Géraud d'Aure mourut vers l'an 1380, laiſſant de ſa première femme trois fils, & de la ſeconde une fille, qui ſe fit religieuſe. Les trois fils ſont :

1° *Sans-Garcie-Arnaud d'Aure*, qui ſuit ;

2° *Garcie-Arnaud d'Aſter*, qui reçut en partage la *Vicomté d'Aſter*, & la *Baronnie de Hiis* ou *Fiis* (on diſoit indifféremment l'un ou l'autre, à cauſe de la langue du pays, qui remplace ſouvent la lettre *h* du français, par la lettre *f* de l'idiome), qui venoit de leur mère ;

3° *Géraud d'Aure*, Chanoine de Comminges, nommé Évêque de Comminges l'an 1422.

7

La Vicomté d'After fe trouva détachée par ce partage des domaines de la branche aînée, mais elle ne tarda pas à y rentrer.

GARCIE-ARNAUD, Vicomte d'After & Baron de Hiis, mourut en 1400, laiffant un fils nommé *Jean*, & trois filles : *Bruniffende*, *Agnès* & *Blanchefleur*.

Il avoit fait, le 14 octobre 1384, un teftament qui eft en original aux archives de la Maifon, & par lequel il inftitue fon fils Jean héritier univerfel, léguant à fa femme & à fa mère l'ufufruit de fes biens, & à chacune de fes filles, Bruniffende & Agnès, une dot de mille florins. Il faut préfumer que la troifième fille Blanchefleur n'étoit pas née à cette époque, car elle n'eft pas mentionnée dans le teftament, & nous trouvons aux archives un autre parchemin de 1442, duquel il réfulte qu'elle fut dotée par fa mère, fille de Jean, & époufa noble *Jean de Fachan*, Seigneur *d'Artiguedieu* & de *la Mote en Aftarac*, fils de Pierre de *Fachan*, qui fe dit auffi *Hachan*.

JEAN, Vicomte d'After & Baron de Hiis, vivoit en 1380 & 1438.

Il fut chargé par le Comte de Foix de négocier le mariage de fon fils Gafton IV, avec Éléonore, fille de Jean, Roi d'Aragon & de Navarre, ce qui eut lieu en 1434.

Il avoit époufé MARIE DE CAUPÈNE, iffue d'une famille noble de Béarn, dont le château en ruines fe voit encore de nos jours près de Peyrehorade. Il en eut deux filles :

1° *Anne d'After*, qui fut fon héritière univerfelle & époufa fon coufin, *Sans-Garcie-Arnaud III d'Aure*, petit-fils de Géraud I, en l'an 1417;

2° *Annorète d'After*, qui époufa Noble Pierre, Seigneur de *Devèfe*, ainfi qu'il appert d'un acte de l'an 1449, qui eft aux archives de la Maifon, portant quittance de 370 florins pour fa dot.

Par le mariage d'Anne d'After, avec fon coufin Sans-Garcie-Arnaud III, la Vicomté d'After rentra dans les Domaines de la Branche aînée, dont elle avoit été diftraite pendant deux générations.

Revenons maintenant à Sans-Garcie-Arnaud II, fils aîné de Géraud d'Aure, & beau-père d'Anne d'After.

XV. SANS-GARCIE-ARNAUD II° du nom, Vicomte d'Aure & de Larbouft, Seigneur de Montalban, fuccéda à fon père Géraud I vers l'an 1380. La Vicomté d'After & la Baronnie de Hiis ne firent pas partie de fon héritage, ayant été données à fon frère Guillaume-Garcie.

Il fervit le Roi de France à la conquête de la Guyenne, avec dix-neuf Écuyers, fous Jean de Bourbon, Comte de Clermont. Ayant plus tard pris les armes pour Gafton III, Comte de Foix, contre le Comte de Comminges, celui-ci s'empara des Seigneuries de Montalban & de Salles qui étoient de fon fief. En conféquence, le Comte de Foix lui promit de compenfer cette perte par la Seigneurie de Sarramezan, en Nébouzan, & cent livres de rente en toute juftice, ce que Mathieu, Comte de Foix, fucceffeur de Gafton, exécuta le 17 octobre 1391. Il avoit époufé BERTRANDE DE JUSSAN, fille de Bertrand de *Juffan,* Chevalier, & de Sibille de *Cardeillac,* en l'an 1363. Elle vécut jufqu'en 1394, & lui jufqu'en 1419.

Les Archives de la Maifon contiennent une obligation de 500 florins d'Aragon, du 10 may 1393, de Sans-Garcie d'Aure II, en faveur de fon beau-père Bertrand de Juffan & de Cardeillac.

Juffan porte : d'azur, à un croiffant d'argent.

De ce mariage naquirent quatre enfans :

1° *Sans-Garcie-Arnaud,* qui fuit;

2° *Manaud d'Aure,* qui reçut la Vicomté de *Larbouft* & la Seigneurie de *Cardeillac,* venant de fa mère. Il époufa *Marguerite d'Antin,* fille de *Comte-bon, Seigneur d'Antin,* & eut plufieurs enfans, dont il fera parlé plus loin.

3° *Jordain d'Aure,* Chanoine de Tarbes, élu Évêque de Mirepoix & enfuite Évêque de Conferans. Il mourut l'an 1443.

4° *Bertrande d'Aure,* Dame d'une partie de Cardeillac, mariée à Pierre-Arnaud, Seigneur de *Caftelbajac.* Elle tefta l'an 1485.

XVI. SANS-GARCIE-ARNAUD III° du nom, Vicomte d'Aure & d'After, fuccéda à fon père Sans-Garcie-Arnaud l'an 1419, pour la Vicomté d'Aure. Il étoit déjà Vicomte d'After depuis deux ans, par fon mariage avec fa coufine ANNE, VICOMTESSE D'ASTER, & Baronne de Fiis, fille du Vicomte *Jean d'After* & de *Marie de Caupène,* ainfi qu'il a été dit plus haut.

Sans - Garcie - Arnaud III , Vicomte d'Aure & de Larbouft
Vicomte d'After (1419-1458).

Le contrat de mariage exifte en original aux archives de la Maifon, & on ne peut bien précifer fi la date en eft de 1417 ou de 1442, mais il réfulte d'autres rapprochements de dates indiquées par des actes de donations contemporaines, que l'année 1417 doit être celle du mariage & de l'acte des Archives. On voit par ce contrat que Sans-Garcie-Arnaud, III° du nom, eft affifté à fon mariage par fes frères *Manaud (Manaldus),* Vicomte de Larbouft, & *Jordanus Geraldus de Aurà,* alors Évêque de Lombès.

Sans - Garcie - Arnaud III° étoit Sénéchal de Bigorre fous les Rois Charles VI & Charles VII.

Le 19 janvier 1447, il rendit hommage à ce dernier pour la Seigneurie de Hautfayet, qu'il tenoit du chef de fa femme.

Il fut tué au fiége de Garris en Navarre, l'an 1458, où il avoit accompagné Gafton IV, Comte de Foix, dont il étoit grand ami, & dont la fille Jeanne de Béarn époufa fon fils aîné.

Il laiffa deux fils :

1° *Jean,* qui fuit ;

2° *Triftan d'Aure*, Évêque d'Aire & de Conferans, en l'an 1461 & 1472. Il avoit été nommé Évêque de Conferans, le 19 février 1458. L'an 1461, Gafton IV, Comte de Foix, qui l'appeloit fon coufin, le choifit pour traiter en fon nom le mariage de fon fils avec Madeleine de France, fille du Roi Charles VII. Il mourut le 31 octobre 1509, âgé de 90 ans.

XVII. JEAN D'AURE I°ʳ du nom, fuccéda à fon père Sans-Garcie-Arnaud III, l'an 1458, comme Vicomte d'Aure & d'After, la Vicomté de Larbouft étant tenue par fon oncle Manaud & fa defcendance.

Il époufa, le 15 janvier 1483, JEANNE DE FOIX ET DE BÉARN, fille de *Gafton IV*, mort en juillet 1472, *Prince de Navarre, Comte de Foix, Seigneur de Béarn & Comte de Bigorre,* & de *Éléonore, Reine de Navarre.* (fille de Jean II, Roi d'Aragon, & de Blanche, fille de Charles III). (Voir *Annexe 43*.)

Le contrat de mariage eft aux archives de la Maifon en langue Béarnoife. Il fut fait au château de Pau, ainfi qu'il eft mentionné entre les parties, ayant pour témoins : « La très excellente Princeffe & noftre très redoubtable Dame, Madame Magdalene, fille & fœur des Rois de France, Princeffe de Viane & Mère tutrice & Régente le gouvernement de la Séréniffime Reyne, Madame Catherine, par la grâce de Dieu Reyne de Navarre, Comteffe de Foix, Princeffe de Béarn, Comteffe de Bigorre, & pareillement le très illuftre & très révérend Seigneur, Monfeigneur le Cardinal de Foix, enfant de Navarre, fils naturel & légitime du dit Monfeigneur le Prince & la dite Mademoifelle noble & généreufe Jeanne de Foix & de Béarn fa fœur, d'une part, & le dit noble Jean d'Aure, Vicomte d'After, d'autre part. »

Et il eft dit dans l'acte que la Demoifelle eft auffi affiftée de fon oncle Pierre, Vicomte de Lautrec, & qu'elle eft dotée par fa belle-fœur Madeleine de

I , Vicom-
re & d'After
1496).

le de Foix & de
, Vicomteffe
(1483).

France, régente & tutrice de la Reine, & par fa nièce la Reine Catherine de Navarre, avec la permiffion de fa mère, attendu qu'elle eft encore mineure.

Foix porte : écartelé, au 1ᵉʳ & au 4ᵉ d'or, à trois pals de gueules; au 2ᵉ & au 3ᵉ d'or, à deux vaches de gueules paffantes l'une fur l'autre, accornées, accolées, & clarinées d'azur, qui eft de Béarn.

Jean d'Aure & Jeanne de Foix eurent huit enfans :

1° *Jean d'Aure*, Vicomte d'After, qui mourut fans alliance;

2° *Manaud d'Aure*, qui fuit;

3° *Françoife d'Aure*, qui époufa, le 2 février 1517, *Antoine de Carmain*, Seigneur de *Négrepeliffe*, Baron de *Léonar*, père de Louis de Carmain;

4° *Jacques d'Aure*, Protonotaire du Saint-Siége, Archidiacre des Angles, & Archiprêtre de Bagnères de Bigorre en 1525;

5° & 6° *Catherine* & *Agnès* d'Aure, qui fe firent religieufes;

7° *Marguerite* d'Aure, morte fans alliance;

8° *Marie* d'Aure, qui époufa le Seigneur de *Mauléon*, duquel elle fut féparée, & fut enfuite mariée à *Charles d'Efpagne*, Baron de *Ramefort*, le 21 novembre 1501. Elle étoit veuve & tutrice de fes enfans en 1534. Son contrat de mariage eft aux archives de la Maifon.

Les archives de la Maifon contiennent un grand nombre d'actes fur parchemin, concernant Jean d'Aure, Vicomte d'After, parmi lefquels nous citerons :

Une quittance du 19 février 1489, pour la fomme de 1100 écus, payés par lui, Jean d'Aure, Vicomte d'After, entre les mains de fon parent Menaud d'Aure, Évêque de Tarbes, pour la dot de noble Catherine de Béarn, fœur de fa femme;

Plufieurs actes concernant l'achat de divers domaines dans la vallée de Campan & les terres relevant du chapitre de Lombès, de 1478 à 1487.

Jean d'Aure paffa les monts vers la Haute-Navarre en 1496, pour le fervice du Roi & de la Reine de Navarre, dont il étoit l'oncle par alliance, contre le Comte de Lerins & fes adhérens, & il mourut dans ce voyage.

Sa femme Jeanne de Foix & de Béarn lui furvécut à peine deux ans. Elle fit fon teftament le 13 octobre 1498, & mourut peu de jours après.

Par ce teftament, qui eft aux archives de la Maifon, elle confie la tutelle de fes enfans mineurs à fa nièce la Reyne Catherine de Navarre & à l'Évêque de Tarbes, fon parent.

Nous trouvons aux Archives une commiffion de Catherine, Reyne de Navarre, de 1498, & une autre de 1512, au Juge de Bigorre, pour faire inventaire des meubles, effets & biens après le décès de Jeanne de Béarn, fa très aimée tante, & de Jean, Vicomte d'After, fon mari, & les remettre à Manaldus (Manauld ou Menauld) d'Aure, Évêque de Tarbes, tuteur de Jean d'Aure & d'After leur fils aîné, & de leurs autres enfans.

De 1500 à 1501, plufieurs actes fe réfèrent également à l'adminiftration des biens des enfans mineurs. Ils font fignés de Manhaud, Évêque de Tarbes, & de Bernard Daffon, prêtre agiffant comme tuteur délégué.

Le 9 mars 1503, Bernard Daffon, prêtre, procède à la vente d'une pièce de terre fife au lieu de Campan en Bigorre, agiffant comme tuteur délégué & procureur des nobles Jean, Manaud, Catherine, Françoife & Agnès d'Aure, enfans, pupilles de Noble Jean d'Aure, Vicomte d'After, & de Noble Jeanne de Béarn, fa femme.

Marie d'Aure ne figure pas dans cet acte, parce qu'elle étoit mariée depuis l'an 1501.

Jean II d'Aure, Vicomte d'After (1496-1513).

XVIII. JEAN D'AURE IIᵉ du nom, Vicomte d'After, mourut fans poftérité peu de temps après avoir atteint fa majorité.

Menaud d'Aure, Vicomte d'After (1513-1534).

XIX. MENAULD ou MANAULD d'Aure devint Vicomte d'After en 1513, par la mort de fon frère Jean.

Il époufa le 23 novembre de l'an 1525, avec difpenfes du Pape, fa coufine au 4ᵉ degré, CLAIRE DE GRAMONT, fille de *François de Gramont* & de *Catherine d'Andouins*, fœur & héritière de *Jean IIᵉ* du nom, *Seigneur de Gramont* & *Souverain de Bidache*, mort à Naples, le 15 feptembre en 1528, fans poftérité.

Claire de Gramont époufe Menaud d'Aure (1525).

CLAIRE DE GRAMONT porta à fon époux, avec la Souveraineté de Bidache, tous les biens de la Maifon de Gramont.

Subftitution de la Maifon de Gramont (1525).

Il avoit été ftipulé par le contrat de mariage que, fi Jean II de Gramont mouroit fans enfans, Menaud d'Aure prendroit pour lui & fes defcendans à perpétuité les nom, titres & armes de la Maifon de Gramont, & cette fubftitution faite au nom d'Aure fut confentie & approuvée par les Rois Henri II de Navarre & François Iᵉʳ de France, dont les époux relevoient pour tous les fiefs & biens non fitués dans la Principauté Souveraine de Bidache.

L'acte original de mariage & de fubftitution, paffé au château de Bidache, exifte dans les archives de la Maifon fur une grande feuille de parchemin, compofée de plufieurs morceaux coufus, & munis des fceaux & écritures authentiques. Il en exifte auffi plufieurs exemplaires imprimés.

A la mort de Jean II de Gramont, Menaud fut qualifié de Seigneur de Gramont, Prince Souverain de Bidache & Barnache, qui étoit un lieu dans la Souveraineté.

A partir de ce jour, la Maifon d'Aure devint celle des Comtes de Gramont.

Claire de Gramont étoit coufine de fon mari, Menaud d'Aure, par leurs ancêtres communs de la Maifon Royale de Navarre & de la Maifon de Béarn, car elle étoit par fon père petite-fille de Léonore de Béarn & de Foix, & arrière-petite-fille de Marguerite de Navarre, de même que Menaud étoit fils de Jeanne de Foix & de Béarn, & par elle petit-fils de Gafton de Foix, Prince de Navarre; c'eft pourquoi ils durent pour fe marier obtenir des difpenfes du Saint-Siége, qui font rapportées en l'acte de mariage.

Le 3 mars 1528, Menaud partit pour l'Italie, où il fervit pendant les guerres avec le Sire de Lautrec & fon beau-frère Jean de Gramont, fuivi d'une compagnie de cinquante lances, & il mourut le 5 juin de l'an 1534. Son épitaphe, qui eft aux Jacobins de Bagnères, fondés par fes ancêtres, porte : « Ci gift le corps de noble Seigneur & puiffant Chevalier, Meffire Menaud d'Aure, jadis Vicomte d'After & Baron des Angles. » (*Voir aux Annexes n° 26, un paffage d'Oihenart, relatif à Menaud d'Aure.*)

Gramont portoit: d'or au lion d'azur, armé & lampaffé de gueules.

Par fuite de fon mariage & de la fubftitution faite en 1525, Menaud d'Aure portoit :

Écartelé, au 1ᵉʳ d'or, au lion d'azur, armé & lampaffé (onglé & langué) de gueules, qui eft de Gramont;

Au 2ᵉ & au 3ᵉ de gueules, à trois flèches d'or, ferrées & emplumées d'argent, en pal, la pointe en bas, qui eft d'After;

Au 4ᵉ d'argent, au lévrier rampant colleté d'azur, le lévrier de gueules, brifé d'une bordure de fable, chargée de huit befans d'or, qui eft d'Aure;

Sur le toùt d'argent, à la croix pattée de gueules, faifant indifféremment de gueules, à quatre otelles d'argent, qui eft de Comminges.

Depuis 1524 ces armes font demeurées celles de Gramont jufqu'à nos jours.

Du mariage de Menaud & de Claire naquirent un fils & une fille :

1º *Antoine I<sup>er</sup>* du nom, Comte de Gramont, dont il fera parlé plus tard dans la généalogie hiftorique des Seigneurs de Gramont, & dans lequel fe réunit, pour continuer jufqu'à nos jours, la defcendance de Gramont, d'Aure, d'After & de Comminges ;

2º *Caterine de Gramont,* mariée avec François, Seigneur de *Mauléon.*

Seconde branche d'Aure, Vicomtes de Larbouft (1419).

Revenons maintenant à Manaud d'Aure, Vicomte de Larbouft, frère de Sans-Garcie-Arnaud III, & par conféquent grand-oncle de Menaud d'Aure, Vicomte d'After, mari de Claire de Gramont. Ainfi que nous l'avons dit plus haut, il fut la fouche d'une branche diftincte, qui tint le fief de Larbouft.

I. Manaud d'Aure avoit époufé *Marguerite d'Antin,* fille de Comtebon, Seigneur d'Antin, dont il eut deux fils & une fille, favoir :

1º Géraud d'Aure, qui fuit ;

2º Manaud d'Aure, Évêque de Tarbes en 1481, transféré au siége de Conferans en 1498 ;

3º Blanchefleur d'Aure, qui époufa en 1466 Antoine de Montlezun, Seigneur de Saint-Lary, fils de Jean, & de Jacquette de Landorre.

II. Géraud d'Aure, Vicomte de Larbouft, Seigneur de Cardeillac Sarramezan, la Roque, &c., en 1495, eut de fa femme, dont le nom eft ignoré, fept enfans, favoir :

1º Manaud d'Aure, Vicomte de Larbouft, Sénéchal de Nebouzan, mort fans poftérité l'an 1498 ;

2º Jean d'Aure, qui fuit ;

3º Jean Guy d'Aure, Protonotaire apoftolique, Chanoine & Archidiacre de Tarbes en 1542 ;

4º Triftan d'Aure, auffi Protonotaire apoftolique & Prieur d'Antin en 1523 ;

5º Madeleine d'Aure, mariée le 29 janvier de l'an 1498 à Arnaud d'Efpagne IV<sup>e</sup> du nom, Seigneur de Montefpan, fecond fils de Mathieu d'Efpagne, Seigneur de Montefpan, & de Catherine de Foix ; elle étoit veuve en 1510 ;

6º Jeanne d'Aure, mariée au Seigneur de la Motte ;

7º Blanchefleur d'Aure, mariée à Bernard, Seigneur de Caftelbajac.

III. Jean d'Aure, Vicomte de Larbouft, Seigneur de Cardeillac, Sarramezan, la Roque, &c., &c., en 1498, après fon frère Manaud, époufa en premières noces Marie de Savignac, fille de Jean, Seigneur de Belcaftel, en Rouergue, & nièce de Jean, Comte d'Aftarac, l'an 1503; en fecondes noces, Marie-Madeleine de Capdeville, Dame de Saint-Guiraud, morte fans enfans; en troifièmes noces, Isabeau de la Rivière, fille du Seigneur de la Rivière, Vicomte de Labatut.

Du premier lit vinrent quatre enfans, favoir :

1° Gaillard d'Aure, qui fuit;

2° Jean d'Aure, dont il fera parlé après fon frère;

3° Savaric d'Aure, Baron de Larbouft, Seigneur de la Peyre. Il étoit en 1564 Lieutenant de la Compagnie d'Ordonnances d'Antoine Iᵉʳ du nom, Souverain de Bidache, Comte de Gramont & Vicomte d'After, fils de Menaud d'Aure & de Claire de Gramont, lequel le nomma fon procureur, pour paffer le contrat de mariage de fon fils Philibert avec Diane Corifandre d'Andouins, dite la belle Corifandre, le 7 août 1567. Il avoit époufé Andrée d'Antin, veuve de Claude de Caftelnau, Seigneur de la Loubère, & fille d'Arnaud, Baron d'Antin, & de Jeanne d'Andouins, dont il ne paroît pas avoir eu d'enfans;

4° Rofe d'Aure, mariée à Roger de Comminges, Seigneur de Puyguilhem;

Du troifième lit trois autres enfans;

5°, 6°, 7°. Jacques, Adrien, & une fille morte en bas âge, dont on ignore le nom.

IV. Gáillard d'Aure, Vicomte de Larbouft, Seigneur de Cardeillac, Sarramezan, la Roque, Lodes, &c., &c., Sénéchal de Nébouzan, époufa, le 15 janvier 1532, Madeleine d'Aspremont, fille de Pierre d'Aspremont, Vicomte d'Orthez & de Quitterie de Gramont, laquelle étoit fille de Roger de Gramont, Souverain de Bidache, & de Léonore de Béarn. Il mourut fans poftérité l'an 1569.

V. Jean d'Aure, Seigneur du Mont en Aftarac, fecond fils de Jean, & de Marie de Savignac, devint, par la mort de fon frère, Vicomte de Larbouft, Seigneur de Cardeillac, Sarramezan, Lodes, &c., &c. Il avoit époufé, par contrat du 4 février 1553, Aubriette (appelée auffi Ouriette) de Lortez, fille & héritière de Corbeiran, Seigneur de Lortez, Sénéchal des quatre Vallées, & d'Ifabeau de la Rivière. Il fut ftipulé par leur contrat de mariage que l'aîné des enfans fuccéderoit aux biens de la Maifon d'Aure, & que le puîné hériteroit de ceux de la Maifon de Lortez & en porteroit le nom & les armes; mais ces claufes ne purent pas être exécutées, car de cette alliance il ne naquit qu'un fils nommé Corbeiran d'Aure, qui mourut jeune, fans être marié, &

8

une fille nommée Ifabeau, qui époufa Bernard d'Aftorg, Seigneur de Montbartier.

ISABEAU D'AURE porta à fon mari les biens de la Maifon d'Aure & ceux de la Maifon de Lortez, & Bernard d'Aftorg devint Vicomte de Larbouft, Seigneur de Sarramezan, Cardeillac & Lodez, & après lui fon fils portoit le nom de Vicomte de Larbouft; mais ce fief appartenant à la Maifon d'Aure fut revendiqué comme fief mafculin par Philibert, Comte de Gramont, petit-fils de Menaud d'Aure qui l'obtint, laiffant à la defcendance de fa coufine Ifabeau tous les autres domaines de l'héritage de fon père.

Cette branche d'Aure, éteinte en la perfonne de Jean, père d'Ifabeau, portoit pour armes : d'argent au lévrier rampant de fable, ce qui la diftinguoit de la branche aînée, qui portoit d'argent au lévrier de gueules colleté d'azur, & qui écarteloit au 2ᵉ & au 3ᵉ d'After.

Nous avons terminé la chronologie hiftorique des Vicomtes d'Aure, en tant qu'elle fe relie à celle de la Maifon de Gramont, & dans les chapitres fuivans nous retournerons au neuvième fiècle pour y tracer la filiation des Seigneurs de Gramont, jufqu'à la fufion des maifons d'Aure & de Gramont, dans la perfonne d'Antoine Iᵉʳ du nom, en 1534.

# CHAPITRE VI

VANT de remonter au neuvième ſiècle pour y trouver l'origine des Seigneurs de Gramont & en ſuivre l'hiſtoire juſqu'en 1534, nous placerons ici une notice hiſtorique ſur les anciens Domaines & Châteaux de cette Maiſon, ce qui nous permettra plus tard de continuer le récit ſans interruption.

### CHATEAU D'AGRAMONT, en Aragon.

Le Château d'Agramont, dont le nom s'eſt écrit quelquefois Agramant, ſitué en Aragon, ſur les frontières de la Navarre, fut le berceau de la Maiſon

Château d'Agramont en Aragon (1060).

de Gramont. On en voit encore les ruines aujourd'hui, au fommet d'une montagne, près du Bourg de ce nom. Après la défaite des Gafcons par les Francs, vers l'an 880, une partie des débris de l'armée Gafconne fe réfugia fur les bords de la rivière Arga ou Araga, & un de leurs chefs, Garfie-Arnaud, defcendant d'Adalric, qui gouvernoit ce pays de montagnes, en prit le nom, qu'il tranfmit à fes defcendans. Par fuite de troubles & de guerres inteftines, fa famille fe partagea en deux branches diftinctes : la branche aînée paffa en Navarre & la branche cadette occupa encore quelques temps Agramont & les domaines qui en dépendoient. Elle les quitta vers l'an 1063, dépoffédée par la faction de Caftille, & revint en Navarre rejoindre fes aînés. Le domaine Aragonais d'Agramont étoit une des grandes Baronnies du Royaume, & fes Seigneurs étoient à la fois Ricos-hombres d'Aragon & de Navarre, titre qui équivaloit à celui de Grand d'Efpagne, ufité de nos jours ( *Archives de Lérida, Saragoffe, Barcelone & Pampelune ; Hiftoire d'Aragon & d'Efpagne,* par le Père Condé, *Traduction de Manufcrits Arabes.)*

### CHATEAU DE GRAMONT ou AGRAMONT, en Navarre.

Lorfque la branche aînée des Gramont vint fe fixer en Navarre où elle poffédoit déjà de vaftes domaines, fon premier établiffement fe fit en un lieu dit *la Moulari* & *Villenave,* fitué dans le pays de Mixe en Navarre, fur les confins du Béarn. Ce fut là que s'éleva fur une montagne efcarpée le château de Gramont ou d'Agramont, car le nom de Gramont n'a paru dans les actes & les chroniques que vers le dix-feptième fiècle. Il étoit, fuivant l'hiftorien Mathieu Paris : « Bafti fur une montagne prefque inacceffible, environnée de « rochers qui fouftenoient fur leurs pointes les tours du chafteau, qui « commandoit tous les valons d'alentour. » (Mathieu Paris, pages 799 à 806.) Marca, dans fon *Hiftoire du Béarn,* remarque que ce chafteau d'Agramont, que les Anglois appeloient auffi Egremont (à caufe de leur manière de prononcer la lettre *a* comme un *é),* fe nomme ailleurs communément Gramont. (Marca, lib. VII, cap. iv.)

Dès les premières années du onzième fiècle, cette place avoit acquis une grande importance par fa pofition géographique, & les Seigneurs de Gramont prenoient une part active aux querelles qui divifoient alors le Béarn & la

Vicomté d'Acqs. Pendant les guerres de Guyenne, le château de Gramont eut à foutenir de nombreufes attaques de la part des Anglois, & Simon de Montfort, Comte de Leicefter, s'en empara après un fiége en l'année 1249. Un an après, il fut rendu à Arnaud-Guilhem de Gramont, lorfque Henri III fit la paix avec Gafton de Béarn. Mais à partir de cette époque, ce château ceffa d'être la réfidence habituelle des Seigneurs de Gramont qui s'établirent à Bidache, au centre d'une principauté qu'ils tenoient en pleine fouveraineté.

Il exiftoit encore en l'an 1603, ainfi qu'il réfulte d'un dénombrement fait cette année par Philippe III, Roi d'Efpagne, qui tenoit la Haute-Navarre & prétendoit auffi régner fur la Baffe-Navarre. On y voit en effet que cette province contenoit fept contrées, dont la feptième avoit le nom de *Mixa* & dans laquelle figuroit la Cazade de *Agramonte*. Ce château a difparu de nos jours, & quelques ruines feulement en atteftent la place.

En l'an 1860, l'églife de Villenave-la-Moulari menaçant de tomber par vétufté, on dut en relever les murs, & les travaux exécutés pour confolider les fondemens mirent à découvert le tombeau d'Arnaud-Guilhem de Gramont qui y avoit été enterré en 1279, à fon retour de Terre Sainte. Le fquelette étoit encore dans un état de confervation remarquable, & près de lui gifoient dans le caveau une longue épée, une dague & un éperon doré, parfaitement intactes. Ces trois pièces, fouvenirs précieux d'un âge fi reculé, furent extraites après procès-verbal dreffé par le maire de Villenave & remifes au Duc de Gramont, après quoi la tombe fermée & fcellée à nouveau, fut replacée fous le maître-autel de l'Églife.

*Tombeau d'Arnaud-Guilhem I, mort en 1279.*

## CHATEAU & PRINCIPAUTÉ DE BIDACHE

La fouveraineté de Bidache a de tout temps appartenu à la Maifon de Gramont jufqu'à la Révolution de 1789. Elle fe forma vers le milieu du onzième fiècle, à l'époque où les Ducs de Guyenne, les Vicomtes de Béarn & les Vicomtes de Dax ou d'Acqs, guerroyant entre eux avec des forces confidérables, prirent & reprirent les uns fur les autres le pays de *Mixte* & d'*Oftabat*, & celui qui eft entre le gave d'Oléron & la Bidouze, appelée improprement par quelques auteurs la Midouze. (Voir *La Martinière*.)

La Navarre, & plus particulièrement le territoire fitué en-deçà des

*Château & Principauté Souveraine de Bidache.*

Pyrénées, étoit alors le théâtre de luttes continuelles. Centulle III, Vicomte de Béarn, avoit attaqué le Vicomte de Dax & s'étoit emparé en 1032 de la contrée qui s'étendoit de Saliès au pays de Soule. Centulle IV, son petit-fils, continua l'œuvre commencée par son aïeul, & en 1079 il réunissoit au Béarn les Vicomtés de Soule, de Dax & d'Oléron. Il avoit également, par suite de son mariage avec Béatrix de Bigorre, ajouté ce Comté à ses domaines héréditaires. Ainsi la plupart des fiefs féodaux situés au pied des Pyrénées avoient été successivement incorporés par guerres ou par mariages au Béarn ou à la Navarre.

Origine de la Sou- Ce fut alors que prit naissance la Souveraineté indépendante du territoire
veraineté de Bidache. de Bidache. Enfermé dans un demi-cercle que formoient d'une part la Bidouze & l'Ihouri, de l'autre la forêt de Mixe (ou Mixte), les marais & les bois de Bardos & de Guiche, ce domaine étoit situé, pour ainsi dire, dans un coin, entre la Navarre, le Béarn & la Gascogne. Son isolement facilita aux Gramont les moyens de s'y former une retraite, dont ils ne rendirent hommage à aucune des puissances environnantes, en sorte que lorsque la tranquillité succéda à cette longue période de troubles qui avoit agité les pays voisins, Bidache se trouva indépendant, entre la Navarre & le Béarn, & jouissant sous les Seigneurs de Gramont des priviléges de la souveraineté. Maître Loiseau dit en parlant de cette circonstance : « Ceux qui possèdent ces petits États ou terres souveraines, y usent du même pouvoir que les Grands Monarques dans leurs États. » ( Traité des Seigneuries souveraines, chap. II, n° 95.)

Ce ne fut pas cependant sans de grandes difficultés ni sans des combats meurtriers, que les Gramont purent réussir à fonder leur puissance sur des bases solides. Il leur fallut l'acheter au prix du sang, comme on payoit alors
Guerres avec les toutes les grandeurs. A l'origine de leur établissement dans la Navarre, le
Seigneurs de Guiche. Seigneur de Guiche, animé contre eux de toute la haine d'un voisin inquiet & jaloux, vint leur présenter bataille dans la plaine de la Bidouze, qui sépare les deux Châteaux de Guiche & de Bidache. La mêlée fut terrible, si l'on en croit les historiens du temps, & la tradition rapporte que les combattans s'entretuèrent jusqu'au dernier ; il ne survécut personne pour relever les morts, & les paysans, éloignés par l'odeur des cadavres, laissèrent les ronces & les épines envahir ce vaste champ de carnage. Plus tard, lorsque la charrue entreprit de le rouvrir, le soc releva des débris d'armures de toutes sortes, &

dernièrement encore (en 1855), un archéologue put acheter une hache richement damafquinée, qu'un laboureur venoit de découvrir. Cette extermination, digne du moyen âge, ne fit qu'accroître la haine des fils qui fuccédoient aux morts. (Voir *Archéologie Pyrénéenne*, par Cénac Moncaut. *Hiftoire des Pyrénées*, v. 5, page 376, publiée en 1855.)

C'eft par erreur toutefois que les hiftoriens ont écrit que ces haines héréditaires fe perpétuèrent jufqu'au feizième fiècle, & que pour mettre un terme à cette funefte difcorde, il fallut que Jeanne d'Albret, Reine de Navarre, donnât à un Gramont la main de la célèbre Corifandre d'Andoïns, Comteffe & héritière de Guiche. Depuis longtemps déjà la paix exiftoit entre les Seigneurs de Guiche, d'Andoïns & de Gramont, quand fe fit le mariage de Corifandre en 1567, & elle avoit été cimentée par de nombreufes alliances, parmi lefquelles nous citerons le mariage de Raimond Brun II dit le Jeune, Seigneur de Gramont, avec Agnès, Dame de Guiche, Cames & Sâmes, qui eut lieu vers l'an 1200; celui de François de Gramont avec Catherine d'Andoïns, & de fa fœur Hélène de Gramont avec Jean, Seigneur d'Andoïns, qui eurent lieu vers l'an 1480. Il eft vrai cependant que les grands biens & les vaftes domaines que poffédoit la Maifon d'Andoïns en Navarre, ne paffèrent dans la Maifon de Gramont qu'en 1567, par le mariage du Comte Philibert avec Diane Corifandre d'Andoïns, dernière & unique héritière de fon fang.

L'an 1050, les Seigneurs de Guiche fe mirent par un traité fous la protection du Seigneur de Bidache, qui étoit alors Garcie-Bergon de Gramont, un des Ricombres de Navarre, dont la puiffance étoit confidérable; il fut affurer l'indépendance de fon Domaine, & grâce à la prépondérance qu'ils exerçoient en Navarre, fes fucceffeurs virent le fiècle s'écouler fans que le territoire de Bidache eût à tomber fous la fuzeraineté de quelque Prince plus puiffant. Lorfque vers l'an 1215, Guillaume Raimond de Moncade, Souverain de Béarn, fit relever & certifier les limites de fes États, la Souveraineté de Bidache fut alors reconnue par l'acte de délimitation, & le Seigneur de Gramont, dont le nom étoit Arnaud-Guilhem Iᵉʳ, porte parmi fes titres celui de Souverain de Bidache, ce que n'avoient pas encore fait fes ancêtres. Il eft pourtant certain que depuis plus de cent ans déjà, les Seigneurs de Gramont ne rendoient hommage à perfonne pour le territoire de Bidache; mais foit que leur fouveraineté ne fût pas encore reconnue en droit pas leurs puiffans voifins, foit qu'ils n'euffent pas intérêt à s'en prévaloir trop haut, toujours eft-il qu'Arnaud-Guilhem I<sup>er</sup> eſt le premier de la Maiſon de Gramont qu'on trouve en 1205 qualifié dans des actes, Prince Souverain de Bidache, & quelquefois en latin Princ. Bidac.

Depuis cette époque juſqu'en 1789, la Maiſon de Gramont a joui du plein exercice des droits Régaliens dans la Souveraineté de Bidache, & les chefs de la famille y ont ſucceſſivement régné ſans interruption.

Ils faiſoient les loïs pour leurs ſujets, ainſi qu'il ſe pratiquoit dans les Royaumes voiſins, après avoir pris l'avis des trois États. En 1575, la coutûme de la Souveraineté de Bidache fut rédigée, avec les formalités les plus authentiques, en treize titres, & l'on voit par les procès-verbaux des Séances des États, que lorſqu'on n'avoit pu s'accorder ſur quelque point de la rédaction de cette coutume, le Souverain a ſtatué & décrété ſur les difficultés qui y ſont rapportées, prenant & recevant en ces décrets les titres de Hauteſſe ou de Alteſſe.

Les Seigneurs de Gramont avoient comme Souverains le dernier reſſort de la juſtice ſur toute l'étendue de la Principauté, dans toutes les cauſes en matière civile ou criminelle & droit de vie & de mort;

Ils accordoient les grâces, les rémiſſions & les priviléges, naturaliſoient les Aubains, légitimoient les Bâtards, tous priviléges de la Royauté;

Faiſoient des Traités avec les Rois & Princes voiſins, ſoit pour une défenſe réciproque, ſoit pour la liberté de la correſpondance & du commerce, ou pour l'extradition des criminels qui paſſoient d'une ſouveraineté dans l'autre;

Ils avoient un régiment de troupes entretenues, dont ils nommoient les officiers.

Les Rois de France, d'Eſpagne & de Navarre, ont tous, ſans exception, reconnu l'indépendance de la Principauté & l'autorité ſouveraine de ſes Seigneurs, juſqu'à leur médiatiſation en 1789. On ne connoiſſoit à Bidache ni taille, ni capitation, ni gabelle; le papier timbré ni le contrôle des exploits n'y ont jamais été établis, quoiqu'ils le fuſſent dans les pays circonvoiſins en Navarre, en Béarn & en Guyenne. Tout ſe bornoit, en fait d'impôt, à un très faible prélèvement, qui ſe faiſoit au nom du Souverain pour l'exercice de ſon autorité.

A la fin du règne du Roi Louis XIV, le Parlement de Pau, qui comme les autres Parlements de la Monarchie Françoiſe étoit animé d'un eſprit d'empiètement, tendant à accroître ſans ceſſe la ſphère de ſes attributions,

Coutumes & Gouvernement de Bidache.

Le Parlement de Navarre conteſte la Souveraineté au Duc de Gramont (1710).

fouleva une difpute contre le Duc de Gramont, & conteftant la légitimité de
fes droits fouverains, qu'il qualifioit de prétention mal fondée, rendit un arrêt
en date du 9 mai 1710, portant : « Que le juge de Bidache eût à fe rendre à
la barre dudit Parlement, pour répondre aux conclufions de Monfieur le
Procureur-Général, qui a prétendu que la Seigneurie de Bidache eft fituée en
Navarre, & qu'il peut y avoir appel de ce qui eft décidé & réglé par le juge de
cette Seigneurie, & que les appellans doivent être portés devant le Parlement
de Navarre. » Cette conteftation avoit été provoquée par un membre de la
Cour du Parlement, qui, étant en voyage, traverfa Bidache au moment de
l'exécution d'un criminel condamné à mort. S'étant informé de quel Parlement
relevoit la juridiction, il apprit qu'elle jugeoit au Souverain, & de retour à
Pau il porta l'affaire devant fa compagnie. Il en réfulta quelque procédure,
mais le Duc de Gramont, Antoine IV (Charles), en porta plainte au Roi, &
l'affaire fut évoquée au Confeil d'État, où il défendit avec fuccès les droits de
fa Souveraineté.

Il exifte encore dans les archives de la Maifon plufieurs exemplaires du
mémoire imprimé & des preuves préfentées en cette occafion, & dont le dépôt
fut fait à la Bibliothèque du Roi, à Paris. Ce mémoire a été imprimé par
Charles Huguier, rue de la Huchette, à la Sageffe, à Paris, en 1711.

Preuves fournies par le Duc de Gramont.

Le Duc de Gramont rapporta plufieurs efpèces de preuves de l'exercice non
interrompu de fes droits foùverains, & parmi elles il s'en trouve de trois &
quatre fiècles.

L'une des plus remarquables étoit un traité d'alliance défenfive avec
la Reine de Navarre, Jeanne, fille de Louis X le Hutin, Roi de France.
Arnaud-Guilhem III, Seigneur de Gramont & Souverain de Bidache, mettoit
entre fes mains fon Château de Bidache, pour fe défendre contre l'ennemi,
avec inventaire de l'état de la Place, des armes, &c., que la Reine devoit
rendre dans le même état. Ils traitoient de fouverain à fouverain, & en
témoignage de bonne amitié, celui de Bidache baifa la Reine à l'épaule
nue, circonftance qui dans les mœurs du temps montroit l'égalité des
perfonnages.

Ce traité rapporté comme preuve de fouveraineté par le Maréchal de
Gramont en 1712, ne doit pas être confondu avec l'hommage que ce même
Arnaud-Guilhem III de Gramont rendit à la Reine Jeanne le 22 septembre
1329 pour fon Château de Gramont, lequel étoit fitué en Navarre. Si le

9

Seigneur de Gramont étoit Souverain de Bidache, il poſſédoit en dehors de la Principauté de Bidache pluſieurs autres fiefs en Navarre, comme *Gramont*, & auſſi en Béarn & en Guyenne, pour leſquels il relevoit des Souverains du pays où ces fiefs étoient ſitués.

La plupart des autres preuves que rapporta le Maréchal de Gramont devant le Conſeil du Roi étoient puiſées dans l'exercice conſtant & non interrompu de la juſtice rendue en ſon nom & en celui de ſes prédéceſſeurs comme Souverains ; un grand nombre d'actes produits en juſtifioient.

Jugement de Louiſe de Roquelaure (1611). Parmi ces preuves, il en fut préſentée une éminemment ſaillante par l'importance de la perſonne, la gravité du fait qui n'avoit alors que cent-dix ans de date, & par les circonſtances qui le précédèrent & le ſuivirent. Antoine-Antonin de Gramont, fils de Philibert, Comte de Gramont, Souverain de Bidache, &c., & de Coriſandre d'Andoïns, fille de Paul d'Andoïns, Parrain d'Henri IV, avoit épouſé Louiſe de Roquelaure, dont le père fut Duc & Maréchal de France. Elle eut une intrigue galante, & ſon mari ayant acquis les preuves de ſon infidélité, la fit pourſuivre & juger par la Cour de Bidache, qui la condamna à mort. Ce jugement fut exécuté l'an 1611. Pendant l'inſtruction du procès, la Comteſſe de Gramont parvint à faire ſavoir à ſa famille ſa triſte ſituation & à réclamer ſon appui. Ses parens ſe donnèrent des mouvemens, & Monſieur de Gourgues, Maître des Requêtes, fut envoyé par le Roi pour tâcher d'arrêter les pourſuites. Le Comte de Gramont ayant été informé de ſon arrivée alla l'attendre ſur le Pont de Garruich, ſur la Bidouze, qui faiſoit la limite du Royaume de France & de la Souveraineté de Bidache, & lui ayant demandé ce qui l'attiroit, ſur ſa réponſe, qu'il venoit voir la Comteſſe de la part des ſiens, il lui déclara que s'il venoit avec l'intention de déployer quelque autorité, il pouvoit s'en retourner, attendu que lui n'en connoiſſoit aucune à Bidache où il étoit Souverain ; mais que s'il ſe préſentoit comme ami de la famille, il pourroit entrer. Monſieur de Gourgues s'étant borné à ce titre vit la Comteſſe de Gramont, mais il ne put la ſauver, d'autant que ſon crime étoit manifeſte, & qu'il s'aggravoit encore de cette circonſtance, qu'il avoit été commis avec un frère bâtard de ſon époux.

Le Maréchal Duc de Roquelaure porta ſes plaintes contre le Seigneur de Gramont, mais elles ne purent aboutir à rien, & le tribunal des Maréchaux de France en arrêta les ſuites, en dreſſant un acte de réconciliation entre le Comte de Gramont & le Maréchal ; & comme pour ſes fiefs de Guyenne & de

Navarre, le Seigneur de Gramont étoit vaffal de la Couronne de France, il fut adreffé au Parlement de Bordeaux des lettres de rémiffion, ordonnant que toute cette affaire fut mife en oubli. Antoine-Antonin époufa en fecondes noces Claude de Montmorency, le 16 mars 1618, & fut honoré le 13 décembre 1643 de la dignité de Duc & Pair, pour lui & fes defcendans.

Le mémoire publié en 1711 contient plufieurs autres preuves de la Souveraineté, qui préfentent toutes un intérêt hiftorique, mais qu'il eft inutile de rapporter ici, d'autant que la plupart d'entre elles trouveront leur place ailleurs dans le cours du récit; il rappelle entre autres les divers traités & conventions paffées entre les Rois de France & les Seigneurs de Gramont, ainfi que toutes les lettres patentes Royales, lettres de créance, collation des ordres Royaux & autres documens émanés de tous les Rois les uns après les autres, jufqu'à Louis XIV lui même, alors régnant, dans lefquels les Seigneurs de Gramont, indépendamment de leur qualité de Ducs & Pairs de France, font reconnus & qualifiés de Souverains de Bidache; & ledit mémoire fe termine ainfi : « Mgr. le Duc de Gramont attend de la juftice & de la bonté du Roy que fa Majefté ne fouffrira pas qu'on le trouble dans cette jufte poffeffion, & qu'Elle impofera filence à fon Procureur-Général du Parlement de Navarre, en lui défendant de le troubler dans la poffeffion d'un droit fi jufte & fi légitime. » Ce que le Roi fit en effet, ayant reconnu que le droit du Duc de Gramont étoit manifefte.

Le mémoire publié en 1711 contient plufieurs autres preuves de la Souveraineté, qui préfentent toutes un intérêt hiftorique, mais qu'il eft inutile de rapporter ici, d'autant que la plupart d'entre elles trouveront leur place ailleurs dans le cours du récit; il rappelle entre autres les divers traités & conventions paffées entre les Rois de France & les Seigneurs de Gramont, ainfi que toutes les lettres patentes Royales, lettres de créance, collation des ordres Royaux & autres documens émanés de tous les Rois les uns après les autres, jufqu'à Louis XIV lui même, alors régnant, dans lefquels les Seigneurs de Gramont, indépendamment de leur qualité de Ducs & Pairs de France, font reconnus & qualifiés de Souverains de Bidache; & ledit mémoire fe termine ainfi : « Mgr. le Duc de Gramont attend de la juftice & de la bonté du Roy que fa Majefté ne fouffrira pas qu'on le trouble dans cette jufte poffeffion, & qu'Elle impofera filence à fon Procureur-Général du Parlement de Navarre, en lui défendant de le troubler dans la poffeffion d'un droit fi jufte & fi légitime. » Ce que le Roi fit en effet, ayant reconnu que le droit du Duc de Gramont étoit manifefte.

*Le Duc de Gramont réfute victorieufement les prétentions du Parlement & fait reconnoître folennellement fes droits fouverains.*

Le Château de Bidache exiftoit comme réfidence des Seigneurs de Gramont vers le milieu du onzième fiècle, & c'eft dans fes murs que fut conclu le premier accord entre fes maîtres & les Seigneurs de Guiche en 1050. Ce Château fut brûlé en 1523 par l'armée de l'Empereur Charles-Quint, fous les ordres de Inigo Hernandès de Velafco, Connétable de Caftille, & de Philibert de Châlons, Prince d'Orange, dans le même temps que furent ravagés ceux d'Haftingues, de Navarrens, de Guiche & de Gramont. Voici comment Olhagaray raconte cet événement dans fon Hiftoire de Foix, de Béarn & de Navarre, dédiée au Roi Henri IV & imprimée à Paris en l'année 1609.

« L'Empereur vint en Efpagne, & arriva le 16 juillet 1522 en la ville de Saint-Ander, de là il vint à Pampelune d'où il dépêcha le Connétable Inigo Hernandès de Velafco & Philibert de Châlons, Prince d'Orange, avec une grande & forte armée de vingt-quatre mille hommes, lequel ayant paffé le Gave de Béarn, brûla Sordes; ceux de Haftingues fpectateurs des flammes des

*Siége & incendie de Bidache par l'armée de Charles-Quint (1523).*

villes voifines, craignant la même furie de cette armée infolente, abandonnèrent leur ville, mais cette armée n'eut pas fi bon marché de Bidache, place fouveraine du Seigneur de Gramont, qui fut avertie de l'infenfée cruauté de l'ennemi & pour s'en dépêtrer, réfiftant avec toute vaillance à leurs affauts, faifant mourir à tous coups les plus braves & huppés de l'armée, elle fe réfout à ne fe rendre jamais. Sur cette réfolution, l'ennemi preffé, & ceux de dedans n'en pouvant plus, ayant par l'efpace de vingt jours foutenu le choc d'une fi grande & puiffante armée, furent emportés, auffi tout fut mis à feu & à fang, fans grâce ni miféricorde. »

Plufieurs titres & papiers de la Maifon de Gramont ayant péri dans ce défaftre, les cenfitaires de la Baronnie de Lefcun & de la Viguerie d'Oloron, refufèrent en l'an 1585 de payer certains droits feigneuriaux, fous prétexte que Dame Corifandre d'Andoïns, Comteffe de Gramont, de Guiche & de Louvigny, Baronne de Lefcun & de la Viguerie d'Oloron, ne rapportoit pas les originaux qui établiffoient fes droits. Pour pouvoir faire cette preuve, elle préfenta une requête à Catherine de Navarre, Régente pour le Roi Henri de Navarre qui fut enfuite Henri IV, Roi de France, à l'effet d'obtenir une enquête pour remplacer par des témoignages les titres perdus en fon château de Bidache. Cette enquête folennelle fut ordonnée, & après qu'elle eut été faite par le juge d'Oloron commis à cet effet, le Confeil de Navarre juftifia les droits feigneuriaux qui étoient conteftés.

Reconftruction du château par Claire & Corifandre.

Après l'incendie du premier Château de Bidache, Claire de Gramont, qui avoit époufé Menaud d'Aure, en releva les ruines & commença la conftruction d'un nouveau château vers l'an 1530. Elle fut continuée par leur fils Antoine Iᵉʳ de Gramont.

Corifandre d'Andoïns, Comteffe Douairière de Gramont, y ajouta de grandes conftructions après la mort de fon mari Philibert, ainfi qu'Antoine-Antonin leur fils, le même dont nous venons de parler au fujet du procès de fa femme. Antoine III de Gramont, Duc & Pair & Maréchal de France, y fit des augmentations confidérables & le décora. C'étoit un très vafte bâtiment fur de grandes voûtes, avec des murs de cinq pieds d'épaiffeur, & dans une falle fe trouvoit un lit élevé placé fur une eftrade, dont il eft fait peinture dans les hiftoires de ce temps, comme du lit des Souverains.

Le Comte de Guiche Armand, fils du Maréchal, pendant fon exil de la Cour de Louis XIV, motivé par l'attachement qu'il avoit trop ouvertement témoigné pour Madame Henriette d'Angleterre, belle-fœur du Roi, fit élever une terraffe pour communiquer de la ville au château. On conftruifit auffi à cette époque l'orangerie, les baffins, les jets d'eau & de fuperbes écuries qui exiftent encore. Le fronton du portail préfentoit une belle fculpture, deux femmes de groffeur coloffale y fupportoient les armoiries de la Maifon.

Beaucoup de tableaux ornoient le château, & dans une grande galerie étoient les portraits de famille; on y remarquoit : le martyre d'un Gramont, Religieux de l'Ordre de Saint-Dominique, tué par les Albigeois, & l'un des inquifiteurs chargés par le Pape de prêcher la Croifade contre eux au commencement du treizième fiècle; un beau tableau du paffage du Rhin, où le Comte de Guiche avoit vaillamment figuré à la tête de la cavalerie, fait d'armes immortalifé par les vers de Boileau ; le portrait d'Henriette d'Angleterre & ceux de Marguerite & d'Angleffe de Navarre, l'une nièce & l'autre coufine germaine du Roi de Navarre Don Juan II & de Blanche fa femme, mariées en premières & en fecondes noces à Gratien de Gramont. Tous ces tableaux ont péri dans un incendie en 1796, à l'exception de ceux des Princeffes de Navarre. Quant aux autres tableaux de famille, ils avoient été tranfportés à Verfailles & à Paris, vers la fin du règne de Louis XV, & c'eft à cette circonftance qu'on doit de les avoir confervés, avec la plus grande partie des archives de la Maifon.

Une belle bibliothèque étoit placée au haut de la grande tour qui étoit demeurée des premières conftructions & qui fubfifte encore; elle étoit éclairée par le haut & couverte d'un dôme qui a plus de trente pieds de diamètre. Là fe trouvoit auffi un arfenal contenant un grand nombre d'armes qui fervoient à armer les troupes dites Bandes Gramontoifes, formées des habitans des fiefs fitués en Navarre, Larbouft, Béarn & Gafcogne, pour le fervice du Roi, ainfi qu'il fut fait en la guerre de fept ans; ces armes furent enlevées par la municipalité de Bayonne en 1790.

La Reine Marie-Anne de Bavière-Neubourg, Douairière de Charles II, Roi d'Efpagne, habita quelque temps le château de Bidache, & ce fut là que fe fit fa liaifon avec Monfieur de Larretigui qu'elle époufa, dont elle eut deux enfans morts en bas âge, & qu'elle perfécuta lorfqu'elle eut ceffé de l'aimer, pour qu'il lui rendît l'expédition de leur contrat de mariage & les diamans qu'elle lui avoit donnés, valant environ fix cent mille francs.

En 1794, après la Révolution que le château de Bidache avoit traverfée

Deuxième incendie. (1796).

fans malheurs, l'Etat s'en empara, pour y établir un hôpital militaire, dont
l'ufage ceffa à la fin de la même année, & il n'y refta plus que l'adminiftration;
alors commença le pillage & la dévaftation de cette belle réfidence. Elle fut
pouffée fi loin que l'autorité fupérieure dut intervenir & réfolut d'envoyer une
commiffion pour faire une enquête. On affure que, pour échapper à fes
conféquences, le coupable frappé de terreur mit le feu au château & fe noya
dans la Bidouze; toujours eft-il que ce vafte édifice fut incendié pendant la
nuit en mars 1796 & confumé en moins de fix heures; le feu avoit été nourri
de matières combuftibles dans plufieurs points des combles qui s'écroulèrent à
peu près tous à la fois, & il ne refta debout que la tour, un des pavillons & le
portail.

L'Églife de Bidache étoit à la fois Paroiffiale & Collégiale, poffédant un
bénéfice ancien de douze cents livres de rente, ce qui alors étoit confidérable.
La Maifon de Gramont y avoit fondé un Chapitre compofé d'un Doyen, d'un
Sacriftain & de quatre ou fix Chanoines, dont le Curé étoit un de droit; elle
s'en étoit réfervé le patronage, l'avoit doté de la dîme d'Arrançon, & y avoit
ajouté d'autres bienfaits. On y voyoit le tombeau de la famille, monument
fculpté en marbre blanc & noir, à l'entrée d'un caveau qui s'étendoit fous le
maître-autel, & que furmontoient deux anges de bronze doré, tenant un cœur
entre les mains, & au-deffus une infcription fur un marbre blanc. Pendant les
mauvais jours de la Révolûtion, à l'époque dite de la Terreur, le monument
fut dilapidé, fes ornemens volés, le caveau ouvert & les tombes profanées,
en vue de fatisfaire une cupidité facrilége, qui croyoit y trouver des richeffes
cachées.

En l'année 1819, Antoine VIII de Gramont, Duc & Pair de France,
Lieutenant-Général, Capitaine des Gardes du Roi Louis XVIII, & grand-
père du Duc actuel, raffembla dans un même cercueil les reftes de fes ancêtres
qui étoient encore dans le caveau, en partie répandus fur le fol, en partie dans
les tombes ouvertes, & les fit renfermer & fceller. Il fit également placer dans
ledit caveau le cercueil de Louife-Françoife-Gabriel-Aglaé de Polignac, fon
époufe, morte en exil le 30 mars 1803, à Édimbourg en Écoffe, provifoirement
inhumée dans la chapelle du château d'Holyrood, ancienne réfidence des
Stuarts, & transférée à Bidache au mois d'octobre 1825. Suivant le défir qu'il
en témoigna dans fon teftament, fon corps fut tranfporté à Bidache en 1836
& placé à côté de celui de fa femme.

Autour du château de Bidache s'étend un domaine qui appartient au Duc de Gramont actuel. La ville de Bidache est aujourd'hui le chef-lieu du canton de ce nom, dans le Département des Baffes-Pyrénées.

## CHATEAU DE GUICHE

Le Château de Guiche (en latin Guifunum) est situé à l'extrémité du bourg de ce nom, chef-lieu de l'ancien Comté de Guiche, & domine le cours de la Bidouze, affez près du lieu où cette rivière fe jette dans l'Adour. Sa pofition élevée & fes murs, dont l'épaiffeur extraordinaire a réfifté aux flammes & aux injures du temps, devoient en faire une place de guerre très forte, avant que l'artillerie ne fût connue. En l'année 1448, il fut invefti & occupé par Pierre, Vicomte de Lautrec, frère du Comte de Foix Gafton IV, qui battit les Anglois prefque fous fes murs, dans les plaines de la Bidouze. Depuis ce combat, ce lieu porta le nom de Hache. (Voir Fayet de Baure, *Hiftoire du Béarn.*)

En 1523, le Château fut pris & dévafté par Velafco, en même temps que Haftingues & Bidache, après une réfiftance longue & opiniâtre du Baron de Garro qui en commandoit la défenfe. Il fut reconftruit par Corifandre d'Andoïns, Comteffe de Guiche, qui le porta ainfi que le Comté dans la Maifon de Gramont, par fon mariage avec Philibert de Gramont en 1567. Ce fut à Guiche, felon quelques hiftoriens, à Bidache felon d'autres, qu'Henri IV après la bataille de Coutras vint porter à Corifandre les vingt-deux drapeaux qu'il avoit enlevés à l'ennemi. Malgré un abandon qui date de trois fiècles, la tour & les murs du château de Guiche font encore debout. Un petit domaine attenant au château appartient encore, ainfi que les ruines, au Duc de Gramont.

*Domaine & Château de Guiche.*

## CHATEAU DE CAME

Le Château de Câme eft fitué dans la commune de ce nom & formoit un des fiefs des Seigneurs de Guiche. Il n'en refte plus aujourd'hui qu'un maffif de ruines, la tour qui fubfiftoit encore il y a quelques années s'étant récemment écroulée. Il fervoit à la tenue des audiences du Sénéchal, duquel reffortiffoient fix communes de la juridiction du Parlement de Bordeaux. En 1479, la terre

*Château de Câme.*

& la Seigneurie de Câme fut érigée en Baronnie, avec conceſſion du droit de haute-juſtice, par lettres patentes du Roi Louis XI, en faveur de Roger, Seigneur de Gramont, Souverain de Bidache, Ricombre & Maréchal héréditaire de Navarre. En 1648, la Baronnie de Câme fut compriſe parmi les fiefs qui compoſèrent le Duché-Pairie de Gramont.

Les hiſtoriens du Béarn ont rapporté ſur l'origine du Château de Câme une anecdote qui ne manque pas d'intérêt, à cauſe de ſon caractère authentique & des circonſtances qui en ont conſervé la mémoire. Après la mort de Gaſton de Béarn, dit En-Gaſton-le-Bon, les Béarnois avoient envoyé leurs Ambaſſadeurs en Catalogne, pour déférer le commandement & la Seigneurie de Béarn à Guillaume-Raimond, frère & ſucceſſeur légitime de Gaſton. « Cette circonſtance de l'envoi des Ambaſſadeurs en Catalogne a été conſervée dans la dépoſition d'un moine appelé le Frère Raimon-Arnaud de Saint-Martin, lequel, après avoir reçu congé (permiſſion) de ce faire, de ſon Supérieur Frère Arnaud-Sans, Abbé d'Artous, fut ouy en teſmoignage ſur le fait des limites de Béarn, du côté de Câme, environ l'an 1280. Celui-ci ayant eſté interrogé en quel temps le village de Câme avoit eſté baſti, reſpondit, ainſi que l'on apprend de ſon interrogatoire, qu'il y avoit eu ci-devant une Dame à Guiche, dont le frère nommé En-Ramon-Arnaud eſtoit à la ſuite du Vicomte de Tartas, lequel déſirant avoir quelque logement pour ſa retraite, vint au lieu de Guiche, qui eſt aſſis ſur la rivière de Bidouze, avec un batteau, où ſa ſœur alla le recueillir. Mais ce jeune gentilhomme ſe prévalant de l'occaſion, & uſant de voye de fait, dit eſtrouſſement à ſa ſœur, après qu'elle fut entrée dans le batteau, qu'il ne ſouffriroit point qu'elle retournaſt à Guiche, juſqu'à ce qu'elle lui euſt baillé une maiſon pour ſon logement. La Dame lui ayant donné le choix de tel lieu qu'il adviſeroit, il demanda un petit domaine qu'elle poſſédoit au lieu de Câme. Ils furent donc ſur les lieux & y firent quelque baſtiment. Mais les Béarnois qui habitoient près de la rivière du Gave, le démolirent par trois diverſes fois, diſant qu'ils avoient tout exploict de ſervitude ſur ce territoire, qui eſtoit ſitué dans la Seigneurie de Béarn, comme il apparoiſſoit par les anciennes bornes & limites. Alors ce cavalier, reconnoiſſant qu'il ne pouvoit habiter en cet endroit, avec aſſurance, pria ſa ſœur, qui par ſa beauté avoit gagné les affections du Vicomte de Béarn, En-Gaſton-le-Bon, de vouloir bien obtenir de lui qu'il lui pluſt de baſtir le village de Câme. De quoi la Dame fit une telle inſtance envers le Seigneur de

Béarn, qu'à fa prière il le baftit, avec un tel fuccès, qu'il fubfifta & demeura en fon entier, fans que perfonne ofaft depuis y faire aucune violence. » (Voir Marca, livre VI, chapitre xxi, *E. Tabulario Palenfi*.)

Ce témoignage étoit donné en l'an 1280, & le fait qu'il raconte fe paffoit vers le commencement du fiècle, Gafton de Béarn étant mort en 1215. Le Cavalier En-Ramon-Arnaud étoit à proprement parler le beau-frère & non le frère de la Dame de Guiche, ainfi qu'il réfulte de la Généalogie de la Famille, où il eft indiqué d'autre part, comme troifième fils de (Ramon) Raimond-Brun I<sup>er</sup> du nom, & frère cadet de Raimond-Brun II<sup>e</sup> du nom, dit le Jeune, qui avoit époufé Agnès, Dame de Guiche.

Le domaine de Câme étoit fitué fur la limite du Béarn & en féparoit au nord-eft le territoire de Bidache. Les Seigneurs d'Andoïns & de Guiche firent alors de vains efforts pour le fouftraire au vaffelage. Mais ainfi que le fait voir le paffage que nous venons de citer, les Vicomtes de Béarn le retinrent fous leur fuzeraineté.

## CHATEAU DE LOUVIGNY

Le Comté de Louvigny relevoit de la Maifon d'Andoïns, & il fut porté dans la Maifon de Gramont, par Diane-Corifandre d'Andoïns, Comteffe de Louvigny. Elle étoit née dans le Château de ce nom, & l'on voit par divers actes que les nobles de ce Comté lui rendoient hommage & lui prêtoient ferment de fidélité. (Voir Pièces originales, *Archives de la Maifon*.) Pendant les guerres de Religion, les rigueurs de Charles IX, en France & en Béarn, contre les Huguenots ayant pouffé Jeanne d'Albret à exercer dans fes États de triftes repréfailles, ce fut dans l'Église de Saint-Martin de Louvigny, dépendante du Château de ce nom, qu'après leur difperfion, les Chanoines de Lefcar fe réunirent pour célébrer la meffe défendue en Béarn, fous peine de la vie. (Voir *Ordonnances de Jeanne*, du 28 novembre 1569.)

Château de Louvigny.

## CHATEAU D'HAGETMAU

Hagetmau étoit le chef-lieu d'une Baronnie de la Maifon de Gramont, fituée en Gafcogne. C'eft au Château de ce nom que naquit en 1604 le Maréchal de Gramont, Antoine III, dont on a écrit les Mémoires.

En l'année 1572, Henri III de Navarre, depuis Henri IV de France,

Château d'Hagetmau.

10

ayant fous l'influence de la Cour des Médicis publié un édit pour le rétabliffement de la Religion dans fes États, il chargea le Comte de Gramont de le
faire exécuter. En conféquence, celui-ci étant parti pour le Béarn à la tête
d'une armée catholique, il établit fon quartier général à Hagetmau & faillit y
perdre la vie, par fuite d'une trahifon, dont le récit fe verra dans les chapitres
fuivans.

## CHATEAU D'ASTER & DE SÉMÉAC

Château d'After.    After, dans le Comté de Bigorre, eft une petite ville fituée à une lieue
fud-eft de Bagnères, sur la rive droite de l'Adour. C'étoit le chef-lieu de la
Vicomté de ce nom, dont le territoire s'étendoit de la Vallée d'Aure jufqu'au
village de Séméac. Son château étoit la réfidence des Vicomtes d'After, qui
relevoient des Comtes de Bigorre & poffédoient la Vallée de Bigorre & celle
de Campan. Ainfi qu'il a été dit dans les chapitres précédens, la Vicomté
d'After paffa en 1250 dans la maifon d'Aure par le mariage de la Vicomteffe
Agnès avec Sans-Garcie-Arnaud, Vicomte d'Aure, & ces Vicomtes d'Aure
devinrent Comtes de Gramont en 1525.

Depuis lors, la Vicomté d'After eft toujours reftée dans la Maifon de Gramont, qui poffède encore aujourd'hui une partie confidérable de l'ancien
domaine. Le titre de Vicomte d'After eft affecté à la branche cadette de la
Famille, dont le chef, Comte de Gramont d'After, eft propriétaire des reftes du
château. Il étoit conftruit fur une éminence qui domine la ville & la plaine, &
fut habité par Corifandre d'Andoïns. On raconte qu'Henri IV pendant fon
féjour au château de Séméac venoit la vifiter en fuivant les bords du canal
d'Alaric, jufqu'à une très petite diftance de Bagnères, à un village appelé
Ordizan. Il prenoit alors le chemin qu'on nomme encore dans le pays le chemin du Roi, & abreuvoit fon cheval à un petit lac formé par le ruiffeau qui tra-
verfe la commune du midi au nord, & qui en a gardé le nom de Laco-Bourbon.

Château de Séméac.    Le Château de Séméac, où réfidoit quelquefois Henri IV, avoit appartenu
aux Ducs de Gafcogne, & étoit venu par héritage aux Comtes de Bigorre. Il
devint la propriété de la Maifon de Gramont, en 1592, pendant là vie
d'Antoine IIᵉ du nom. Son fils Henri de Gramont, qui portoit le titre de
Marquis de Séméac, avoit remplacé les anciennes conftructions par un fuperbe
château qui fut détruit en 1793.

On remarque à trois cents pas, au levant du château d'After, fur une
colline d'une pente douce, & qui fe termine au quartier de l'Eftable, qui fai-

foit partie des dépendances du château, des murs d'une épaiffeur d'environ neuf pieds, formant plufieurs figures irrégulières. La tradition porte que ce font les ruines d'un temple gaulois confacré à Teutates, & on appelle ces murs, dans l'idiome du pays, Parets de Toton, murailles de Teutès.

## CHATEAU DE BLAYE, DE LESPARRE & DE L'OMBRIÈRE

L'ancien château de Blaye qui a remplacé l'antique Blavia, conftruit fur un îlot formé par la Gironde, commandoit le fleuve entre Bordeaux & la mer. Il étoit du temps des Romains une place de guerre défendue par fon efcarpement fur le fleuve, & protégée fous les autres afpeéts par une enceinte crénelée & flanquée d'énormes tours; l'une d'elle fituée à l'orient s'appeloit la Tour de Diane, parce que de la porte qu'elle dominoit partoit le fignal du réveil.

La Châtellenie de Blaye, grand fief du Duché de Guyenne, étoit d'ailleurs de temps immémorial hors des mains des Ducs de Guyenne, & fut notamment poffédée en 1263 par Noble Baron Meffire de Guirand, Sieur de Blaye, & paffa en 1283 à Geoffre ou Geoffroy-Tadel, fon fils.

La Maifon de Gramont acquit cette place importante en 1406, par le mariage de Jean de Gramont, Prince fouverain de Bidache, Maréchal héréditaire de Navarre, avec Marie de Montaut, fille & unique héritière de Raimond de Montaut, Seigneur de Blaye, & de Marguerite d'Albret. Outre le Comtau & le Padenau de Blaye, divers droits régaliens & féodaux y étoient attachés, tant dans Blaye que dans diverfes paroiffes voifines, qui en faifoient un fief d'une grande importance fous les Rois d'Angleterre, fucceffeurs d'Éléonore de Guyenne, lorfque François de Gramont, fils de Jean, le poffédoit en 1442. Ce fut l'époque où Charles VII, Roi de France, occupé à reconquérir fon Royaume fur les Anglois, fentit toute l'importance d'attirer ce Seigneur dans fon parti, & convint avec lui qu'il fe rangeroit fous fes drapeaux, & lui céderoit les villes, Châtel & Châtellenie de Blaye, à titre d'échange contre des terres, villes & châteaux d'égale valeur, & affis en lieu fûr & convenable. Ce traité d'échange figné & folennellement ratifié, le 9 août 1460, entre le Roi & le Seigneur de Gramont, contribua puiffamment à la conquête de la Guyenne, en rendant le Roi de France maître de la navigation de la Gironde au-deffous de Bordeaux, & affoibliffant d'autant le parti des Anglois, mais il ne fut jamais loyalement exécuté, & à la honte de Charles VII & de fes fucceffeurs,

Ville & Château de Blaye.

la parole Royale fut violée, les engagemens jurés furent méconnus, & les Gramont réclamèrent en vain contre une fpoliation auffi manifeſte. On retrouvera dans la fuite de ce mémoire les phaſes de cette longue revendication; elle fe termina en 1835 par un arrêt de la Cour fuprême, qui oppoſa aux anciens titres de la Maiſon de Gramont l'abolition des droits féodaux & l'anéantiſſement des créances féodales, par la Révolution de 1789. Le manque de foi du Roi Charles VII & celui de fes fucceffeurs trouvèrent donc en 1835 leur fanction définitive dans les principes mêmes qui avoient ébranlé leur dynaftie, & qui en préparoient la chute prochaine.

Le château, fon enceinte & une partie de l'ancienne ville difparurent à l'époque où Louis XIV chargea Vauban de conftruire la citadelle que l'on voit aujourd'hui, & il ne refte des anciens édifices que les cinq tours du vieux château.

Lefparre en Médoc, fitué au milieu d'un marais qui en faifoit la défenfe au nord-nord-eft de Bordeaux, eut une enceinte murée qui fut détruite par Charles VII en 1453. Son château, dont l'exiſtence remonte au huitième fiècle, offre entre autres débris·de fes anciennes conftructions une affez belle tour carrée, avec créneaux, guérite & plate-forme.

**Domaine de Lefparre.** Le domaine de Lefparre étoit confidérable, & portoit le nom de Sirerie de Lefparre. Il fut acheté du Duc de Foix, auquel il appartenoit, le 27 avril 1672 par le Duc de Gramont, Antoine III, Pair & Maréchal de France, & les Rois de France en ont fait, pendant quatre générations, un Duché à Brevet en faveur des fils des Ducs de Gramont.

**Domaine de l'Ombrière.** Le château de l'Ombrière faifoit partie des domaines de la Maiſon de Gramont en Guyenne, & il étoit entretenu au moyen d'un droit fur la coutume de Bordeaux. Les Gramont en furent dépoffédés par les Rois d'Angleterre en 1447, lorfqu'ils fe rallièrent au parti du Roi de France & prirent part à la conquête de la Guyenne. (Voir *Bureau des Finances de Bordeaux. Hiftoire d'Angleterre.*)

# CHAPITRE VII

## I.

**G**ARSIE-ARNAUD, que les Chroniques nomment
auffi Garfuand en divers endroits, eft défigné comme étant
du fang de Garfimir, petit-fils d'Adalric, & tué en 818
dans un combat contre les Francs. On ne dit pas s'il étoit
fon frère ou fon fils. Chef élu par les Gafcons retirés en
Aragon, il emprunta au territoire fur lequel s'étendoit
fon autorité le nom d'AGRAMONT, & fut le premier de fa race qui le porta.

*Garcie – Arnaud,
vers l'an 900.*

## II.

ARNAUD Ier du nom, SENOR DE AGRAMONT, étoit fils de Garfie-
Arnaud, ainfi qu'on le voit dans un acte de donation du Cartulaire du
Monaftère de Sordes, de l'an 1100, dans lequel il eft fait mention de ce Sei-

*Arnaud I.*

gneur Arnaud, de fon fils Bergon, de fon petit-fils Garcie-Bergon & des quatre enfans de ce dernier. Comme nous l'avons dit dans les chapitres précédens, le nom d'AGRAMONT eft fynonyme de GRAMONT, qui en eft une transformation françoife, devenue en ufage vers le dix-feptième fiècle, & pour n'avoir pas à changer dans le cours du récit, nous emploierons dès maintenant le nom de la famille tel qu'il s'écrit & fe prononce aujourd'hui.

Lorfque Fortunio, dit le Moine, un des premiers Rois de Navarre, dégoûté du monde, fe retira dans un couvent & céda la couronne à fon frère Sanche-Garcie I$^{er}$, les Seigneurs de Navarre dits *Ricos-hombrès de natura*, s'affemblèrent pour procéder à l'élection de leur nouveau Souverain. Ils étoient au nombre de douze, & le premier d'entre eux étoit Arnaud de Gramont. Ceci fe paffoit en l'an 905, fuivant Diégo Ramirez de Pifcina dans fon *Hiftoire de Navarre* manufcrite (lib. II, cap. VII). Il eft utile de faire remarquer ici que, dans toutes les anciennes Chroniques du onzième & du douzième fiècle, la particule *en* fe trouve placée avant le nom des Seigneurs, comme celles de *ena*, devant celui des Dames Nobles, ce que la plupart des auteurs confidèrent comme une abréviation de *fen* pour *fenor* ou de *fena* pour *fenora*, & cette interprétation paroît d'autant plus vraifemblable que dans les textes latins de la même époque la traduction les remplace par les mots *Domnus* & *Domna*, qui répondent à *Don* & *Donna* en efpagnol. C'eft ainfi que le Seigneur *Arnau* fe dit *En Arnau*, & le Seigneur *Gafton*, *En Gafton*; devant les noms commençant par des voyelles, on fupprime dans la langue vulgaire la lettre *e* de *en*, de forte qu'au lieu de *En Arnau* on dit *Narnau*, & au lieu de *En Alfonfo*, *Nalfonfo*. Ceci fe voit furtout dans les Chroniques béarnaifes, ainfi que nous aurons l'occafion de le remarquer plus tard.

### III.

BERGON de Gramont, fils d'Arnaud, étoit Ricombre de Navarre en l'an 950. Son nom feul nous eft connu par le cartulaire du Monaftère de Sordes.

### IV.

GARCIE-BERGON de Gramont étoit fils de Bergon. Le cartulaire du Monaftère de Sordes, Abbaye de l'Évêché de Dax, contient un acte qui donne fa filiation & dénombre fes enfans.

Il avoit quatre fils, favoir : *Bergon-Garcie*, qui fuit ; *Ramon* & *Bernard*, dont nous parlerons plus tard, & un autre *Bernard* qui fe fit religieux dans l'Abbaye de Sordes ; & c'eft pour cette caufe que le cartulaire de ce monaftère renferme ces détails fur fa Maifon. On y trouve entre autres un acte par lequel *Bernard de Gramont (Dom. Bernard d'Agramont)* porte en dot à ce Monaftère les terres de Viro & de Braffelay qu'il avoit eues pour partage dans la fucceffion de fon père. Cet acte est de 1100.

Ce fut du temps de Garcie-Bergon que commença le véritable établiffement des Gramont dans la Navarre, & le développement de leur puiffance qui s'accrut confidérablement fous fes fils.

## V.

BERGON-GARCIE de Gramont, fils aîné de Garcie-Bergon, étoit déjà Ricombre de Navarre du vivant de fon père auquel il fuccéda en 1100. Il étoit un des Pairs de la Cour de Gafton IV de Béarn, & l'accompagna à la première Croifade, où il fut le frère d'armes de Godefroy de Bouillon en 1097. De retour de Terre-Sainte il s'unit à Gafton IV, dans fes luttes contre Navarrus, Vicomte d'Açqs, & l'aida'puiffamment dans les guerres qui réunirent au Béarn toute la Vicomté de ce nom, dont fefoient partie les terres de Mixe & d'Oftabat, fur lefquelles Bergon-Garfie tenoit plufieurs fiefs. A ce fujet, nous lifons dans le Père Marca le paffage fuivant :

Bergon-Garcie, 1100.

Pair de Béarn, fe rend en Terre-Sainte.

« C'eft pourquoi depuis ce temps on voit que'les principaux Seigneurs de Mixe, favoir ceux de Gramont & de Luxe, font du corps de la Cour de notre Gafton & de fa femme Talèfe, comme il apert par divers actes qui font au Chartulaire de l'Abbaye de Sordes, particulièrement en la difpute qui furvint touchant la moitié de l'Églife du village d'Arribehaute au préjudice de ce Monaftère. L'Abbé Ainerius en porta fa plainte à Gafton & à Odon, Évêque d'Oloron & Prieur de Morlas, qui ordonnèrent le duel entre les parties : où le Monaftère eut bien l'avantage, néanmoins il bailla à Bénédicte & à fon fils Loup fes parties, deux cents fols Morlas, moyennant quoy ils quittèrent cette moitié d'Églife, confiftant en dîmes, prémices, pains, chandelles & autres oblations, dont les cautions furent Brafc Garfie de Navars & Arnaud Garfie de Munen. Ce qui fut fait en préfence de B. Guilhem d'Efcot, Ramon Efcac de Béfaldin, Brafc Garfie de Luxe & Bergon Garfie d'Agramont, qui étoient des Pairs de la Cour du Seigneur de Béarn. »

« De ces deux Seigneurs d'Agramont & de Luxe defcendent ces deux illuftres Maifons de Gramont & de Luxe, qui font tant recommandées pour leur antiquité & leur puiffance dans l'Hiftoire de Navarre, & qui ont cet avantage d'être connues fans interprètes par tous les endroits du Royaume. »

« Cette affaire de l'Églife de Ribehaute fut remife de rechef au jugement du Vicomte de Béarn, d'autant que les parties refufoient d'obferver le dernier accord, mais il fut confirmé par le jugement de tous les Barons & par le ferment prêté en l'Églife Saint-Lodoire (nommée aujourd'huy Sainte-Gladie) par les intéreffés & par leurs cautions qui furent Bergon Garfes d'Agramont & Arnaud de Leren pour le Monaftère. » (Marca, *Hiftoire de Béarn.* Lib. V, p. 401.)

D'après ce qu'on voit dans l'ouvrage intitulé *Gallia Chriftiana* (Tome I) l'acte dont il eft parlé ci-deffus fut paffé vers l'an 1110. (Pièces & Documents, Annexe 1.)

Bergon-Garfie rejoignit plus tard les Rois de Navarre & d'Aragon dans leurs expéditions contre les Maures & mourut fur le champ de bataille dans les plaines de l'Aragon, en combattant contre les ennemis de la Chrétienté.

Comme nous l'avons dit plus haut, il avoit trois frères, dont l'un Dom Bernard étoit Moine à l'Abbaye de Sordes. Les deux autres Ramon & Bernardin figurent au nombre des Seigneurs de la Cour de Béarn, ainfi qu'il réfulte d'un jugement rendu en 1134 par Talèfe, Vicomteffe de Béarn, que nous citerons plus loin, ayant l'occafion de revenir fur Ramon de Gramont, lequel fuccéda à fon neveu mort fans poftérité.

Bergon-Garcie ne laiffa qu'un fils nommé *Bibian*, qui porte indifféremment dans les vieux auteurs les noms fynonymes de *Vivian*, *Bibian* ou Bibia d'Agramont.

## VI.

Bibian I (1140).

BIBIAN Iᵉʳ de Gramont vivoit en 1140. Il n'a laiffé aucun fouvenir, fi ce n'eft la part qu'il prit, comme Pair de la Cour de Béarn, à plufieurs actes publics, tels que paix, trêves, arbitrages & fondations, dont plufieurs nous ont été tranfmis par les chartes religieufes. Nous citerons parmi ces derniers un acte de donation, remarquable par les circonftances qui le motivèrent.

·'Trois gentilshommes Normands traverſant les Pyrénées pour aller à Saint-Jacques de Compoſtelle en Galice, furent aſſaſſinés par un certain Artérius, dans un lieu nommé Urdos, mais qu'on trouve également écrit Urdios, Ourdios & même Ordios. Le curé de Sainte-Marie de Sendos, pouſſé par le déſir d'une réparation qui lui avoit été ſuggéré par un ſonge, s'adreſſa au Vicomte de Béarn ¡pour qu'il lui donnât le terrain ¦néceſſaire pour l'éreƈtion d'un hôpital ſur le lieu du crime. Bibia de Gramont fut un des témoins de cet aƈte en 1150.

Voici d'ailleurs le récit de la donation, ainſi qu'il eſt rapporté dans l'*Hiſtoire de Béarn:*

« L'aƈte d'Ordios contient l'occaſion de la fondation de ce Prieuré, qui eſt telle qu'un certain voleur, nommé Artérius, tua en compagnie de ſes complices, au lieu d'Urduos, trois gentilshommes de Normandie qui alloient en pèlerinage à Saint-Jacques de Galice, qu'il précipita dans un lac proche de ce lieu. Mais il eut dans peu de temps ſa récompenſe, car il fut pendu par ſentence du juge de la terre : & cependant Raimond Porchet, curé de Sendos, fut adverti de l'endroit où ces bons pèlerins eſtoient cachés & admonneſté de les enſevelir. L'aƈte porte que ce fut l'Ange Gabriel qui lui donna l'avis en ſonge. On peut croire ce que l'on veut de cette circonſtance. Mais la ſubſtance de l'aƈte ne reſte pas d'eſtre fort aſſeurée. Le Preſtre donc les enterra au meſme lieu d'Ourdios, où ils avoient eſté tués, & ayant reçeu de nouveau trois adver-tiſſemens par le meſme Ange de baſtir en cet endroit une maiſon pour la retraiƈte des pauvres & les pèlerins, il en donna connoiſſance à Arnaud-Guillaume de Sort, Eveſque d'Acqs, qui loüa ſon déſir. C'est pourquoi le Preſtre ſupplia Pierre, Vicomte de Béarn & de Gavardan, de lui donner ce lieu, afin de baſtir un hoſpital pour les pauvres & les pèlerins qui feroient le voyage de Sainƈt-Jacques, & changer le lieu de la retraiƈte des voleurs en une demeure aſſeurée pour les pèlerins. Le Vicomte Pierre acquieſçant à ſa demande, lui accorda librement toute la terre d'Orduos, avec tous les paſ-quages, eaux & foreſts, terres cultes & incultes, afin d'y faire un baſtiment pour la retraiƈte & le ſervice des pauvres. Il fit ce don en l'Égliſe Sainƈte-Marie de Sendos, l'an de l'Incarnation M. CL., au mois de May, Férie ¦VI. Lune XI. Epaƈte XIV. Concurrent III. Indiƈtion VII. Regnant Louïs Roi de France, Guillaume Comte de Poitiers & Duc de Gaſcogne; Guillaume Archeveſque d'Aux, Arnaud Guillaume Eveſque d'Acqs, Arnaud Éveſque d'Oléron. — Tesmoins A. Bunio, abbé de Sorde, Martin Saucy, P. Aureilla, Bibia d'Agramont, P. de Luxe, A. Aragon Garris, A. R. deu Leu & son frère, R. Ar. Fortaner d'Efcot, — V. V. de . . . . , Ber de Saces, Gar. Ar. de Domy, R. de Garafto, V. V. de Saut, & toute la Cour du Vicomte. » (Marca, Lib. V, Cap. xxviii.)

On trouve dans la *Gallia Chriftiana* le texte de la Charte de fondation du Prieuré d'Ourdios. (Voir Pièces & Documens, Annexe 2.)

Peu de temps après, Bibian de Gramont mourut fans poftérité, & ce fut fon oncle Ramon, déjà nommé plus haut, qui lui fuccéda.

## VII.

Ramon-Brun<br>(1134 - 1168).

RAMON de Gramont (1134-1168) joignoit à fon nom le furnom de Brun, ce qui l'a fait appeler Raimond-Brun. Il figuroit déjà à la Cour de Béarn en 1134, ainfi qu'il réfulte d'un jugement rendu par Talèfe, Vicomteffe de Béarn, dont les Pairs de la Cour furent témoins & garans, & entre autres Raimon d'Agramont. Arnaud de Leguinge partant pour Jérufalem, avoit vendu à Guillaume Martel, abbé de Sordes, une partie de la difme de l'Églife de Saint-Félix de Garris; un des héritiers attaqua cette vente, & l'affaire fut jugée par Talèfe, Vicomteffe de Béarn, Veuve de Centulle V. Mais une fille de ce même Leguinge, mariée à Guillaume Raimond de Saut, renouvela cette querelle, qui fut terminée par une tranfaction entre les parties. Raimon de Gramont fut un des Seigneurs qui contribuèrent à cet arrangement. Voici comment Marca raconte cet épifode.

Jugement de Talèfe,<br>Vicomteffe de Béarn,<br>sur une difpute rela-<br>tive à l'Églife de Saint-<br>Félix de Garris.

« Comme la Vicomteffe Talèfe travailloit de conferver, après le décès de fon fils Centulle, les droits de la Maifon de Béarn en Efpagne, elle paroift jouiffante de la juridiction de Mixe dans les actes de l'Abbaye de Sorde, où l'on void qu'elle rend juftice avec les Seigneurs de fa cour, fur la difpute de l'Églife Saint-Félix de Garris, qui furvint à cette occafion. Efpagnol de Labourt, défirant aller au fiége de Saragoffe, vendit la moitié de fa difme à Guillaume Martel, abbé de Sorde, pour cent cinquante fols Morlans, fous le cautionnement de Brafc Garfie de Luxe & d'Efpagnol de Donefau. L'autre moitié fut baillée en engagement pour femblable prix à cet abbé par Arnaud de Leguinge qui alloit en Jérufalem. Celui-ci eftant de retour receut encore de l'abbé pour toute la difme quatre cens fols Morlas, & en outre un mulet &

une mule & un goubeau d'argent du poids de cinq marcs, lorsqu'il s'en alloit au fiége de Fraga où il mourut. Après le décès d'Arnaud, un fien parent mit en inftance l'abbé pour raifon de cette difme de Garris, qui fut jugée par la Vicomteffe de Béarn Talèfe & les principaux de fa cour, dit l'acte, à fçavoir, Fortaner de Saut, Fortaner de Domi, Fortaner de Bolmart, & Géraud de Caffaver. Quelque temps après, une fille de Leguinge, mariée à Guillaume-Raimond de Saut en Labour, renouvella ce différend, qui fut terminé par un accord avec l'abbé, qui les affocia au monaftère, comme un de fes moines, & leur bailla deux cens fols de Morlas. La tranfaction fut confirmée par Guillaume Raimon d'Ortes & deux autres cautions, en préfence d'Arnaud-Guillaume, Evefque d'Acqs, Raimon d'Agramont, Raimon de Maufbarraute, Pierre de Caftetarbe & Arromiu d'Ufquein. »

Plus tard Raimon Brun fe lia d'amitié avec Gafton VI, qu'il accompagna dans fes expéditions contre les Anglois en Gafcogne. Il aida puiffamment le Vicomte de Béarn à recouvrer Saint-Gaudens, le Nébouzan & la vallée d'Aure, contre le redoutable Comte de Touloufe. Il fit enfuite la guerre à Richard, Comte de Poitiers & Duc de Guyenne, fils de Henri II, Roi d'Angleterre, en faveur du Duc d'Angoulême & du Vicomte de Limoges.

Pendant cette guerre, qui lui coûta la vie, le Château de Gramont eut à foutenir de nombreufes attaques. Il fervoit de refuge & de quartier général aux Béarnais & aux Gafcons qui y avoient amoncelé grande provifion d'armes & de vivres, & fortoient de cette enceinte fortifiée comme d'un repaire affuré pour inquiéter l'ennemi par des courfes terribles. Quelle que fût cependant la force des défenfes, & l'avantage d'une pofition prefqu'inabordable, cette place devoit quelques années plus tard fuccomber fous les efforts des armées d'Angleterre.

Raimond-Brun mourut en combattant, après avoir vu tomber près de lui fon neveu *Arnaud-Guilhem*, fils de fon frère *Bernard*. Les principaux détails de fa vie font confignés dans une hiftoire manufcrite de la Maifon de Laftoux en Limoufin, dont la copie fut communiquée par Jean de Cardes, Chanoine de Limoges. Ils font d'ailleurs d'un intérêt affez fecondaire. Sa femme s'appeloit *Hilaire* ou *Hilarie*, & lui avoit donné trois fils, favoir :

1° *Arnaud*, qui fuit ;

2° *Ramon-Brun* dit le jeune, dont nous aurons à nous occuper plus tard, à l'occafion des difputes qu'il fufcita à fon neveu, pour l'héritage de fon patrimoine ;

Enfans de Raimon - Brun.

3° *Ramon-Arnaud*, Seigneur de *Câmes*. C'eſt ce même gentilhomme dont nous avons eu l'occaſion de parler dans un chapitre précédent, où il eſt raconté comment il obtint de ſa belle-ſœur *Agnès*, *Dame de Guiche*, qu'elle lui feroit conſtruire un Caſtel au lieu dit de Câme, & comment cette Dame fit élever & aſſurer le dit Caſtel par Gaſton le bon, Seigneur de Béarn, en l'année 1200. (Voir chapitre vi.)

## VIII.

ARNAUD II° du nom ſuccéda à ſon père Raymond-Brun en 1200. Il étoit comme lui *Ricombre de Navarre*, & d'après Diego Ramires de Piscina, au livre IV, chapitre ii, de ſon *Hiſtoire de Navarre*, il joignoit à ce titre celui d'*Alféres-Major* & héréditaire, ce qui étoit, dit-il, une charge d'une grande diſtinction. Il vécut peu de temps après ſon père & laiſſa ſix fils :

1° *Bibian* qui lui ſuccéda de 1200 à 1205 ;

2° *Arnaud-Guilhem* qui ſuccéda à ſon frère Bibian, mort ſans poſtérité ;

3° *Raimond de Gramont* qui fut Abbé de Sordes ;

4° & 5° *Bernard* & *Auger* de Gramont que nous verrons figurer dans divers actes & traités, en compagnie de leurs frères Bibian & Arnaud ;

6° *Bergon* de Gramont, Religieux Dominicain, qui périt en martyr ſur l'autel où il diſoit la meſſe pendant la guerre des Albigeois.

Il ſera parlé de Bibian & d'Arnaud-Guilhem dans des articles ſéparés, mais nous dirons auparavant quelques mots de leurs frères.

*Raimond* de Gramont étoit entré jeune encore dans les Ordres, en cette Abbaye de Sordes, où pluſieurs des ſiens avoient déjà été, & que les chefs de ſa Maiſon avoient protégée & enrichie. Sordes (en latin Sordua) étoit ſitué au Diocèſe & à quatre lieues de Dax ou d'Acqs, ſur le Gave d'Oléron, en Gaſcogne, & l'Abbaye étoit de l'Ordre des Bénédictins. Ayant échoué une première fois en 1212, Raimond fut élu Abbé de Sordes en 1213, ainſi qu'on le voit par le paſſage ſuivant de la *Gallia Chriſtiana* (Tome I, p. 1063) :

« R. Arnaldus III de Bortes electus anno 1212 æmulum videtur habuiſſe Raimundum de Acrimonte, quem ex monacho ſub Arnaldo Boniou abbate anno 1213 Abbatem Sorduenſem lego in donatione viri nobilis Guillelmi de Minſens, de totâ capellaniâ S. Cyrici, ex ſchedis noſtri D. Cl. Eſtiennot char-tularium laudantis fol. 33. »

BERGON DE GRAMONT étoit Religieux de l'Ordre de Saint-Dominique. Doué d'une grande éloquence & d'une ardeur religieufe non moins grande, il fut un des inquifiteurs, qui au commencement du treizième fiècle prêchèrent la Çroifade contre les Albigeois (1208) & prit une part active à cette guerre de religion.

Il étoit chanoine au Chapitre de Pamiers, & ce fut en cette Abbaye qu'il trouva la mort pour avoir réfifté aux déportements des Seigneurs Vaudois, qui, par la tolérance du Comte de Foix, faifoient du château de Pamiers un centre d'héréfie. Raimond-Roger, Comte de Foix, étoit catholique, mais des rivalités politiques & l'ambition mal déguifée des partifans de Montfort lui faifoient tolérer en deffous main l'établiffement des hérétiques Vaudois dans fes domaines ; il étoit auffi de mœurs fort diffolues, & trouvoit fon compte à tenir en échec l'influence des Abbés, qui lui reprochoient fes défordres. Sa femme, nommée Philippe, mais dont on ignore la Maifon, avoit embraffé la religion Vaudoife, & ceci contribuoit encore davantage à le rendre fufpect au parti des Croifés. Voici ce que raconte à ce fujet l'hiftorien Pierre de Valfernay, faifant mention des circonftances de la mort de Bergon de Gramont :

« De plus, il (Raimond-Roger, Comte de Foix) avoit logé fa femme & fes fœurs, Vaudoifes de profeffion, dans le château de Pamiers, contre le gré de l'Abbé & des Chanoines, auxquels ce château appartenoit en propriété, encore qu'ils en euffent accordé la poffeffion au Comte pendant fa vie ; qui s'étoit obligé par ferment fur la Sainte Euchariftie, qu'il ne feroit aucun tort ni au monaftère, ni au château. Et néanmoins, ces Dames attiroient le peuple de la ville à leur erreur. En outre, deux gentilshommes hérétiques, parens familiers & amis confidens du Comte, voulant prouignier plus facilement l'héréfie dans la ville de Pamiers, y avoient mené leur mère qui étoit tante du Comte, & très fort enracinée dans l'erreur. Mais l'Abbé & les Chanoines ne pouvant fouffrir cette injure que l'on faifoit à l'Églife, mirent cette Dame hors de la ville ; de quoi le Comte fut extrêmement indigné. Et l'un des enfans de la Dame, pour venger cet affront, tua & mit en pièces l'un des chanoines, lorfqu'il célébroit la meffe en une chapelle proche de Pamiers, & enfuite il en faifit un autre auquel il creva les yeux. »

« Pour le Comte, il vint peu de temps après dans ce monaftère, accompagné de routiers, de farceurs & de garces, demanda les clefs à l'abbé, qui les lui refufa, & les porta fur l'autel où eftoit le corps de faint Antonin. Le

Bergon de Gramont Dominicain, périt fur l'autel en martyr, dans la guerre des Albigeois.

Comte les alla prendre, enferma l'abbé & les chanoines dans l'Églife, où ils demeurèrent trois jours fans manger. Cependant il ravagea le monaftère, coucha dans l'infirmerie avec fes garces, abatit une partie de l'Églife, du dortoir & du réfeƈtoir, pour baftir quelques fortifications au chafteau de Pámies. Un jour, les Religieux vifitans, fuivant léur couftume, une églife voifine affife fur une terre & conduifans le corps de S. Antonin en proceffion, le Comte fe rencontra, paffant par le chemin avec fa fuite, & fa contenance élevée à fon ordinaire, fans qu'il fe mift en devoir, ni de defcendre de cheval, ni de faluer le corps du Martyr. De forte que l'un des douze abbés des Cifteaux, qui avoient été commis pour prêcher, lui reprocha hautement ce mefpris, & lui prédit que cette faute feroit punie de la perte de cette portion qu'il avoit en ville, appartenante à ce martyr. Eftant entré en armes dans le Comté d'Urgel, il pilla l'Églife cathédrale, n'y laiffant rien que les murailles, & fit payer cin-quante mille fols de rançons aux chanoines. Les routiers rompirent un cru-cifix, pilèrent du poivre avec les tronçons, & firent manger leurs chevaux fur l'autel. En une autre églife un de fes cavaliers chargea un crucifix d'une falade, d'un bouclier, & des efperons, & le pouffant avec fa lance, lui difoit qu'il fe défendift. »

La tante du Comte de Foix, dont il eft parlé dans le récit de Pierre de Valfernay, étoit Bradimène, mariée à Guillaume d'Alone, & ce fut un de fes fils qui fit périr fur l'autel Bergon de Gramont.

Un tableau repréfentant cette mort tragique ornoit la galerie de Bidache, avec cette infcription : « Le Martyr de Bergon de Gramont, Dominicain. »

*Bernard* de Gramont, quatrième fils d'Arnaud II, étoit un des Seigneurs de la Cour de Béarn, & il figure au nombre des vingt-fept chevaliers qui garantirent le traité d'hommage que fon frère Bibian fit avec le Roi de Navarre, le 17 décembre 1203, pour le château de Gramont.

*Auger* de Gramont, cinquième fils d'Arnaud II, eft cité comme *Miles* en 1243, dans un aƈte latin de Roger IV, Comte de Foix, dont il fut le témoin. (*Hiftoire du Languedoc,* tome III.) Nous le verrons auffi figner, avec fon frère Bernard, un traité conclu entre Gafton VII, Vicomte de Béarn & Arnaud-Guilhem de Gramont en 1253.

## IX.

**Bibian II (1200).**

BIBIAN II* du nom, fils aîné d'Arnaud II, fuccéda à fon père en 1200. Il eft qualifié dans les aƈtes publics de cette époque *Ricombre de*

*Navarre & Maréchal héréditaire* du Royaume. Nous voyons en effet cette charge fuprême fe 'perpétuer de père en fils dans la famille, jufqu'à Jean II de Gramont, mort en 1528 au fiége de Naples, ce qui fait une fucceffion non interrompue de quatorze Maréchaux. (*Hiftoire des Pyrénées*, par Cénac Moncaut, onzième partie, chapitre v.)

Bibian II de Gramont jouiffoit d'une grande confidération dans la Navarre, fous le règne de Sanche VII, dit le Fort, & on en trouve le témoignage dans plufieurs actes publics & conventions auxquels il prit part avec ce Souverain: Les Annales de Navarre rapportent entre autres le texte du traité d'hommage & de fidélité, moyennant amitié & protection réciproques qu'il figna avec le Roi Sanche en fon château de Gramont, le 17 décembre de l'an 1203.

Bernard de Gramont, frère de Bibian, figure dans cet acte immédiatement après lui & en tête de vingt-fept Seigneurs de la Baffe Navarre, qui jurèrent avec Bibian fur la croix & l'Évangile. Nous donnons ici la traduction de ce document qui eft aux Archives de la Chambre des Comptes, à Pampelune, telle qu'elle eft rapportée dans les *Annales de Navarre* des Pères Moret & Alefon (*Pampelune*, 1766, tome III, page 62).

« Au mois de décembre de cette année (1203) le Roi étoit dans la Mérindade de la Basse Navarre, de l'autre côté des Pyrénées. Nous le voyons dans un acte où Don Vibien, Seigneur de Gramont, fe reconnoît pour vaffal du Roi Don Sanche & déclare tenir en fon nom le château de Gramont, pour y faire la paix ou la guerre, contre tout homme du monde, à fa volonté. Comme cet acte eft important par lui-même, & qu'il y eft fait mention d'une grande partie de la nobleffe de la Baffe Navarre, fur laquelle nous n'avons pas de fréquentes notions, nous avons cru convenable de le rapporter ici traduit du latin; il eft ainfi conçu :

« Au nom de Notre Seigneur Jéfus-Chrift, voici l'accord qui fut fait entre le Roi Don Sanche de Navarre & Vibien de Gramont. Soit notoire à tous, préfens & à venir, que Vibien de Gramont devient vaffal du Roi de Navarre, en fa perfonne & en fon château de Gramont, de forte que dans toute la fuite des temps il fera la paix ou la guerre à fa volonté, contre tous les hommes du monde, lui & tous fes defcendans, & quiconque poffédera le château de Gramont. Vibien de Gramont reconnoit auffi l'autorité du Roi de Navarre fur fa perfonne & fur le château de Gramont, & déclare que lui, fes defcendans & quiconque poffédera le château de Grámont, remplira les con-

Bibian II rend hommage à Sanche, Roi de Navarre, pour fon Château de Gramont (1203).

ventions ci-deſſus faites avec le Roi de Navarre, & reſpeċtera ſon autorité ou
celle de quiconque le Roi ordonnera, pourvu qu'il ſoit du ſang royal, & fera,
à ſon bon plaiſir, la guerre ou la paix contre tous les hommes du monde.
Vibien de Gramont jura cet accord, & avec lui vingt-ſept chevaliers jurèrent
ſur l'Évangile & ſur la croix qu'ils lui feroient exécuter ce paċte en tout ce qu'il
contient. Ces vingt-ſept Chevaliers ſont Bernard de Gramont, Guillaume-
Arnaud de Beguions, Arnaud Lude Erberaz, Raimond Gaſſie de [Truſſa-
callau, Caſſa Haye de Camo, Arnaud de Manzbarrauta, Gaſſie-Arnaud de
Anciburva, Bernard de Beguions, Arnaud de Zubieta, Raimond-Arnaud de
Magoria, Bernard de Maucuc, Garſie Arnaud Dones, Bernardon de Montue,
Olivier de Barrauta, Raimond Gaſſie Dandaux, Guillera Aſſi de Miramont,
Eſpaniol de Auràs, Guillen Bernard de Bagaz, Sance Arnaud de Baztan,
En Canar de Sendos, Arnaud de Zubieta, En Canart de Balaut, Embergon
de Bagat, Guillen Bernard de Zubieta, Raimond Bernard de Baga, Sanza-
ner de Vaſſavay. Sur quoi Vibien de Gramont rendit hommage à Don Sanche
Roi de Navarre, lui promettant de bonne foi & ſans détours qu'il rempliroit
les engagemens ſuſdits, ſous peine de paſſer pour un traître, qui ne pourroit
ſe ſauver en aucune partie du monde, ni par ſes propres mains, ni avec le
ſecours d'autrui. Outre cela, ſi Vibien de Gramont fait quelque tort ou dommage à quelqu'un des vaſſaux du Roi ou à tout autre, il ſe ſoumettra à ce qui
ſera de droit devant la Cour du Roi de Navarre, comme le Roi l'ordonnera;
mais s'il remplit de bonne foi & ſans ſupercherie les engagemens ſuſdits, le
Roi de Navarre devra le défendre envers & contre tous. Soit encore notoire à
tous que Vibien de Gramont en ſigne de ſon adhéſion à cet aċte a mis la
bannière du Roi de Navarre ſur ſon château de Gramont. Les témoins qui ont
vu & entendu, & en préſence deſquels le dit aċte a été fait ſont : Raimond
Guillaume de Sola, Eſpaniol de Domedan, Guillen Arnaud Dolu, Peċtavin
de Seràn, Arnaud Luc de Erberàz, Pedro de Paga, Arnaud-Sance de Atſa &
tous les autres Barons de la terre de Mixe & de la Soule, & Don Pedro de
Caſcante, Don Ximeno de Aybàr, Don Pedro Martinez de Lehét, Don Zavièl
Morguià, Don Martin Chipia, Don Pedro Garcès de Arroniz. Le préſent aċte
fait à Gramont, le 17 décembre de l'an 1241, depuis l'ère. »

Il eſt eſſentiel d'obſerver qu'on emploie dans cet aċte l'Ère eſpagnole,
qui avance de trente-huit ans pleins ſur l'Ère vulgaire, & que, conſéquemment
cette année 1241 répond à l'an 1203 de J.-C.

Bibian II de Gramont mourut deux ans après, en 1205, fans poftérité, laiffant fes charges & fes biens à l'aîné de fes frères, Arnaud-Guillem.

## X.

ARNAUD-GUILLEM I<sup>er</sup> du nom, Seigneur de Gramont, Ricombre de Navarre, Maréchal de Navarre, devint par la mort de fon frère Bibian II, chef de la Maifon en l'an 1205.

Arnaud-Guilhem I.<br>Souverain de Bidache<br>(1205).

En ce temps la guerre des Albigeois avoit perdu fon caractère religieux, pour devenir une guerre politique & une lutte de race. C'étoit le Nord aux prifes avec le Midi, les Anglois & les Normands, luttant contre les Gafcons, contre le Béarn & la Navarre. Simon de Montfort, Comte de Leicefter, qua-trième fils du premier vainqueur des Albigeois, commandoit en Guyenne les troupes de Henri III, Roi d'Angleterre, & quoiqu'à vrai dire le Duché de Guyenne appartînt nominativement à Édouard, fils aîné de Henri III, cepen-dant Simon de Montfort en tenoit le vrai commandement, & y faifoit partout un ufage févère de fon autorité. Toujours en guerre, harcelant fans ceffe fes voifins, pour étendre les limites de fa domination, preffé d'un côté par les armées de France, & de l'autre par les Gafcons, il épuifoit les reffources de ces belles provinces, & grévoit de lourdes dépenfes le tréfor du Roi d'Angle-terre. Tel étoit l'état de la Gafcogne, quand mourut Bibian II.

Arnaud-Guillem ne put lui fuccéder fans contradiction, car fon oncle Raimond-Brun le jeune, fils de Raimond-Brun I<sup>er</sup>, lui difputa l'héritage de fon père, & ne pouvant venir à bout de faire réuffir fes prétentions, il fit ceffion & tranfport de fes droits à Édouard d'Angleterre, Duc de Guyenne.

Malgré cette ceffion, Arnaud-Guillem I<sup>er</sup> retint la poffeffion de fes biens, tant dans la Haute & Baffe Navarre, que dans le Béarn & à Bidache. Les conteftations dont fon oncle le menaçoit, & le puiffant fecours que les Anglois prétoient à fes prétentions, l'obligèrent à faire un recenfement folennel de fes fiefs & de fes droits, imitant en cela une coutume dont Guillaume de Moncade avoit donné l'exemple aux Seigneurs de fon temps, en faifant revifer les limites du Béarn. En conféquence il partagea fes domaines en trois claffes diftinctes.

La première fe compofoit du territoire de Bidache, dont il fit reconnoître l'indépendance, tant par Gafton VII de Béarn, que par Thibault de Champagne, Roi de Navarre, & il prit le titre de Souverain de Bidache.

La feconde comprenoit les terres de Mixe & de Soule, pour lefquelles il relevoit du Comte de Béarn, & il en rendit hommage à Gafton VII.

La troifième comptoit fes domaines de Haute & Baffe Navarre, avec le château de Gramont & les places qui en dépendoient. Il fit hommage pour ces fiefs, en feptembre 1237, au Roi de Navarre, Thibault de Champagne.

D'après l'acte, dont la fubftance fe trouve dans les Annales de Na \rr il promit de remettre fon château au Roi, à la condition qu'on le lui rendra quarante jours après la paix. Les Pères Moret & Alefon, qui parlent de cet acte comme l'ayant vu environ 450 ans après fa date, vers l'an 1680, obfervent que le fceau du Roi y eft endommagé, mais que celui d'Arnaud-Guillem eft bien confervé, & repréfente le lion rampant qui eft le premier écuffon de la Maifon de Gramont.

Voici le paffage des Annales de Navarre, qui rapporte cette circonftance (Tome III, page 174) :

Hommage d'Arnaud - Guillem I au Roi de Navarre Thibaut, pour fon château de Gramont (1237).

« Au mois de feptembre 1237, Arnaud-Guillaume, Seigneur de Gramont, reconnoiffant pour fon Seigneur avant qui que ce foit dans le monde, le Roi Don Thibault, lui rend hommage par écrit & de vive voix. Il promet que, quand le Roi feroit en guerre, lui & fes fucceffeurs remettroient le château de Gramont au Roi ou à tout autre qui régneroit après lui en Navarre, à condition que quarante jours après la guerre on le lui rendroit, avec toutes fes armes & tous fes effets, dans l'état où le Roi l'auroit reçu, & qu'il ufera de fon château pour faire la paix ou la guerre, conformément à fa volonté; & que fi l'on fort de fon château pour faire quelque vol ou dommage manifefte fur les terres relevant de la couronne de Navarre, il promet s'abandonner la merci du Roi, & en cas de doute, il fe foumettra au jugement de fa Cour de Navarre, fous peine, en manquant à fa promeffe, de paffer pour un traître qui ne pourra fe fauver ni par fes armes ni par celles d'autrui. Il eft également convenu que le Roi en occupant le château y mettra un chevalier qui jurera fur fon âme de le rendre de la manière fufdite à celui qui fera Seigneur de Gramont. Des deux fceaux qu'ils mirent l'un & l'autre fur cet acte, celui du Roi exifte encore, quoique très gâté & brifé; celui d'Arnaud-Guillaume eft dans toute fon intégrité & l'on y voit le lion raviffant (rampant) que les

Ducs, Seigneurs de ce canton, portent dans leurs armoiries. On cite pour témoins de cet acte : Don Garcie Ximenes de Huarris, Don Aznar Lopez de Caparrofo, Don Guidon de Sotor, Don Lambert de Caftellon, Don Juan de Molins, Chevaliers & quelques autres. »

L'appui que le Comte de Leycefter avoit fourni à Raimond-Brun, ainfi que la ceffion faite par ce dernier de fes prétendus droits à Édouard d'Angle-terre, avoient naturellement claffé Arnaud-Guillem parmi les ennemis des Anglois. Auffi, lorfque Gafton VII de Béarn, reprenant les intérêts de la France, fe mit en 1247 à la tête des Gafcons, foulevés contre Simon de Mont-fort, Arnaud-Guillem fe joignit au Comte de Béarn, avec toutes les forces dont il pouvoit difpofer. Le château de Gramont reçut forte garnifon de Gaf-cons & de Béarnais, & s'il faut en croire les écrivains de ce temps, Arnaud-Guillem caufa de grandes pertes aux Anglois, & les inquiéta plus qu'aucun autre Seigneur.

Simon de Montfort ayant reçu de nouveaux fecours d'Angleterre, réfolut de tenter un coup décifif contre cette place dont les forties gênoient & arrêtoient fes mouvemens, & en 1249, après maintes attaques infructueufes, il réuffit à s'emparer à la fois & du château & de la perfonne d'Arnaud-Guillem.

Simon de Montfort, Comte de Leycefter, s'empare du Château de Gramont & de la perfonne d'Arnaud-Guillem I (1249).

Il ne fera pas fans intérêt de favoir comment un écrivain contemporain, Mathieu Paris, rend compte de la prife du Seigneur de Gramont ainfi que des trêves ou fufpenfion d'armes impofées à Gafton de Béarn, par les forces fupérieures des Anglois ; mais avant de citer cet auteur, nous devons obferver que Mathieu Paris étoit un moine d'Angleterre, hiftorien au ftyle violent & paffionné. Il reprochoit amèrement à Henri III d'épuifer les tréfors de fa Couronne dans les guerres ftériles de la Gafcogne, & d'impofer au clergé de fon Royaume de lourds facrifices pour continuer à défendre ces terres d'outremer. Il eft facile de reconnoître, à l'âpreté de fon langage, le méconten-tement qui l'infpire, mais s'il blâme févèrement fon Souverain & fes Lieute-nans, fa colère n'a plus de bornes quand il parle des ennemis, dont la réfif-tance caufe ces dépenfes & épuife la richeffe des couvens. Il accumule les épithètes les plus groffières fur Gafton de Béarn, fur fa mère & fur tous les Seigneurs François ou Gafcons, & il eft regrettable que cet hiftorien fi partial foit cependant le feul écrivain férieux qui nous ait décrit les détails de l'occupation Angloife, dans cette période du treizième fiècle.

Voici comment il raconte les faits que nous venons de mentionner, ainfi qu'il réfulte d'un paffage de fon livre, dont Marca nous donne la traduction en ces termes :

« Si les Anglois ne nous euffent caché les circonftances de ces combats, ou bien fi nos gens euffent été auffi curieux de bien efcrire, comme de bien faire, nous pourrions les repréfenter au menu : mais il fuffit d'eftre inftruits par l'hiftoire de Paris, auteur du temps, que le Roi d'Angleterre & toute fa Cour receurent une joye extraordinaire, d'aprendre que Simon avoit contraint Gafton de Béarn d'accepter une trefve. Voici comme il en parle tourné en françois : Environ la Nativité de Jéfus-Chrift de l'année 1249, le Comte Simon de Liceftre revint des quartiers de Gafcogne avec quelques Seigneurs Chevaliers, & gens de guerre, qui ayans efté employés en ce païs, y avoient fidèlement fervi le Roi. Leur arrivée apporta une joye extraordinaire au Roi, & à toute fa Cour, car ledit Comte avoit contraint un certain traiftre, fçavoir Gafton, fils de la Comteffe de Béarn, d'accepter des trefves contre fon gré : lequel faifant des menées & practiques contre le fervice du Roi, lui avoit fait de grands domages, deftruit & ravagé prefque toute la terre, corrompu fes fujets & diverti frauduleufement & mefchamment de la fidélité qu'ils lui devoient. Or ce Gafton eftoit abondant en argent, qu'il avoit retiré du Roi, lorfqu'il eftoit en Gafcogne, au moyen des trompeufes promeffes qu'il lui faifoit. La mère trompeufe eftoit d'intelligence avec le trompeur de fon fils, laquelle avoit femblablement à mefme temps pris & receu du Roi enchanté un thréfor infini, qui avoit efté puifé de l'Angleterre, pour caufer l'apauvriffement & la ruine des Prélats du Roiaume. Outre cela le dit Comte Simon, affifté du fecours des fidèles fujets du Roi, s'eftoit faifi de la perfonne d'un voleur public, traiftre & très fanglant ennemi du Roi, qui avoit commis beaucoup de maux en Gafcogne, & en fes confins, fçavoir Guillaume d'Agremont, qu'il avoit emprifonné dans la Tour de la Réole, attendant les commandemens de Henri. Mais le Roi au lieu de rendre à Dieu la gloire d'une victoire qui lui eftoit arrivée fuivant fon défir, commença d'inventer, avec plus de foin, les moyens de fouler fes fujets, & de mettre à fec le puits inépuifable des richeffes d'Angleterre. Ce font les propres termes de Matthieu, qui tefmoigne par fon indignation la grandeur du mal que les Anglois recevoient des armes de Gafton, & à mefme temps fait voir le défefpoir qu'ils avoient conceu de conferver la Gafcogne contre lui, puis il nomme victoire arrivée à fouhait, -

celle qui n'avoit causé que la trefve de quelques mois entre Gaston & Simon. »
(Marca, lib, VI, cap. III, & Matthæus Paris, pag. 695, 710, 741, 732, 810.)

Nous voyons d'après ce récit de Mathieu Paris, qu'Arnaud-Guillem de Gramont eut pour prison la Tour de la Réole sur les bords de la Garonne.

Malgré la captivité de leur chef les gens du Seigneur de Gramont continuèrent à tenir campagne, & ne cessèrent pas de causer à l'ennemi de grands dommages, l'inquiétant plus que jamais. Cependant ils ne purent reprendre la place de Gramont, ce qui fut pour eux un grand sujet de regret.

Sur ces entrefaites (1251) le Comte de Leicester ayant appelé Gaston VII, Vicomte de Béarn, dans une entrevue, s'empara de sa personne par trahison & supercherie, & fut en Angleterre pour remettre au Roi Henri III ses prisonniers de marque, ainsi que l'hommage des places qu'il venoit de conquérir.

Captivité de Gaston VII, Vicomte de Béarn.

Nous citerons ici l'Historien Mathieu Paris, ainsi qu'il est traduit par le Père Marca :

« Or l'avantage que Simon receut de cette prise, est expliqué par l'Historien Anglois en ces termes : L'année 1250, la Gascogne fut domptée par le Comte de Licestre, Simon de Montfort, en telle sorte que Gaston de Béarn, le plus puissant, ou bien un des plus puissans ennemis du Roi, ayant esté pris & humilié, vint en Angleterre, par l'ordre du Comte, vers le Roi son Seigneur, qu'il avoit offensé, qui estoit pour lors à Clarendon, afin de lui demander humblement sa grâce, pour sa vie, ses membres & les fiefs qu'il tenoit de lui, se remettant entièrement à la miséricorde & non à la justice du Roi. Ce qu'ayant fait, il trouva au Roi la grâce qu'il n'avoit point méritée; car le sang Royal est pour lors surmonté, quand il voit les rebelles domtés à ses pieds, suivant le dire du Poète Ovide. Le Roi donc receut en ses mains, par le moyen du Comte Simon, quelques chasteaux & forteresses du mesme Gaston, & de ses partisans, sçavoir Fronsaç, *Egremont* & plusieurs autres. Or Gaston après cette submission quoique feinte, fut tellement remis aux bonnes grâces du Roi, par l'entremise de la Reine, de laquelle il se fit parent, *cuius Je fecit consanguineum*, qu'il fut restabli en la possession de sa terre, sous des conditions estroites. Quant au Comte qui désiroit en toutes choses suivre les traces de son père, il dompta en telle sorte l'insolence des rebelles, au Bordelois & en tout le reste de la Gascogne, qu'il chassa de leurs biens Guillaume de Solariis & Rustein & quelques autres rebelles, & en fit pendre plusieurs. » (Marca, lib. VII, cap. IV).

Il ne faut pas s'étonner fi dans le texte de l'écrivain Anglois, le château d'*Agramont* eft écrit *Egremont*. Cela tient à ce que Matthæus Paris écrivoit ce nom comme le prononcent fes compatriotes, qui difent la lettre *a*, ainfi que dans le françois nous difons la lettre *e*. C'eft ce que fait remarquer plus bas le Père Marca lui-même en ces termes : « D'où l'on comprend qu'il parle du chafteau d'Agramont, afin que j'en exprime le nom felon la prononciation des Bafques, que l'on nomme ailleurs communément Gramont. »

Ainfi que nous le voyons, le voyage de Gafton en Angleterre, loin de tourner à fa perte, comme l'avoit défiré Simon de Montfort, Comte de Leycef-ter, lui fut au contraire très avantageux, car Gafton fit valoir fa parenté avec Aliénor de Provence, Reine d'Angleterre, qui étoit fa nièce de la manière fuivante : « La Comteffe Garfende étoit Mère de Raimond-Bérenger, Comte de Provence, qui efpoufa Béatrix, fille du Comte de Savoye, & eut de fon mariage quatre filles Reines, fçavoir : Marguerite, femme du Roi faint Louis; Aliénor, femme de Henri III, Roi d'Angleterre; Sance, feconde femme de Richard, Roi d'Alemagne, & Béatrix, femme de Charles, Duc Danjou frère du Roi faint Louis & Roi de Sicile. La mefme Comteffe Gar-fende engendra de fon fecond mariage, avec Guillaume de Moncade, Noftre Gafton, Seigneur de Béarn, qui eftoit par conféquent oncle des Reines de France & d'Angleterre, de Sicile & d'Alemagne, & Garfende étoit leur grand'mère. »

Béarn & fem re-berté.
Par ce moyen, Gafton de Béarn obtint d'être remis en liberté, avec quel-ques-uns de fes compagnons d'armes, pour lefquels il fe porta caution.

De ce nombre fut le Seigneur de Gramont, pour qui s'ouvrirent les portes de la Tour de la Réole, après une captivité d'environ un an. Il rentra égale-ment en poffeffion de fon château de Gramont, car Henri III commençoit à redouter la puiffance de fon vaffal, & trouvoit fon intérêt à ne pas laiffer en fon pouvoir les places qui le rendoient maître du Pays. Dans cette penfée il détourna les châteaux-forts de la juridiction du Comte de Leicefter, & après les avoir reftitués aux Seigneurs qui les avoient perdus, il obligea ces derniers à en faire hommage à fon fils Édouard invefti Duc de Guyenne. Le Seigneur de Gramont dut fe foumettre à cette condition, & pour le placer encore davantage dans fa dépendance directe, vu l'importance des forts que tenoient toujours fes hommes d'armes, le Roi d'Angleterre exigea de lui la promeffe de fubir jugement en fa Cour, fur le trouble que Raimond-Brun fon oncle lui fufcitoit en la jouiffance des biens & des places de la Maifon de Gramont. Ces détails nous font appris par divers actes qui fe trouvent dans un regiftre de la Connétablie de Bordeaux.

Cependant toutes ces précautions furent vaines, & le foulèvement général des Gafcons entraîna à fa fuite les Seigneurs de Béarn, peu foucieux d'ailleurs de tenir fcrupuleufement des promeffes extorquées par la force. La jaloufie du Roi d'Angleterre contre Simon de Montfort trouvoit auffi quelque peu fon compte dans les défaites qu'il effuya, & lorfque ferré de trop près par les Gafcons, il vint en Angleterre, réclamer du Roi aide & argent, celui-ci ne put cacher fon reffentiment, & lui reprocha même devant toute fa Cour la trahifon qui l'avoit rendu maître de Gafton de Béarn.

Quelque courte qu'eût été l'abfence du Comte de Leycefter, elle fuffit aux Gafcons & aux Béarnais pour remporter fur fes troupes des avantages fignalés. Simon de Montfort accourut auffitôt, mais il trouva fes ennemis préparés à le recevoir & décidés à porter devant le Roi, fon maître, le tableau de fes iniquités.

Les Députés de la Gafcogne fe rendirent en effet à Londres pour accufer le Comte de Leycefter. Henri III les reçut & leur donna raifon; Édouard fon fils fut folennellement invefti du Duché de Gafcogne & de Guyenne, & Simon de Montfort dépofé de fon commandement, malgré l'appui du Parlement & des Seigneurs Anglois qui le foutenoient hautement contre leur Souverain. Ces divers événemens, auxquels fe rattache intimement le fort du Château de Gramont & des places qui en dépendoient, font rapportés en détail par Pierre de Marca, d'après le moine Matthæus Paris, & fon ancien abbréviateur Mathieu Weftmonafter, ainfi qu'il fe nomme lui-même en fes ouvrages, lequel dit entre autres chofes qu'en cette année 1252, les Gafcons après le combat fe retiroient dans les cavernes du mont inacceffible & des forts d'Agramont. (Marca, livre VI, chapitre v).

Cette citation prouve, comme on le voit, qu'en 1252 le château de Gramont & fes forts tenoient de nouveau contre les Anglois, qui n'en étoient plus maîtres depuis 1250, les ayant poffédés environ onze mois.

En ce temps là le Roi de Caftille, Alphonfe X, élevoit des prétentions fur la Seigneurie de Gafcogne, en vertu d'une donation de Henri II d'Angleterre à fa fille Aliénor, mariée à Alphonfe le Noble, Roi de Caftille, donation qui depuis avoit été confirmée par les Rois d'Angleterre, Richard & Jean.

Traité conclu entre
Gaſton de Béarn &
Arnaud - Guillem I
(1253).

Gaſton de Béarn qui n'avoit pu pardonner au Comte de Leiçeſter la trahiſon dont il avoit été victime, ſouleva les Gaſcons en ſaveur d'Alphonſe de
Caſtille, & mit ainſi en pratique à ſon uſage les propres paroles du Roi
d'Angleterre au dit Comte de Leiceſter, ſavoir : « Qu'il étoit permis de rompre
ſa parole envers celui qui l'avoit rompue le premier. » Il chercha dès lors à
s'aſſurer des alliances avec les plus puiſſans Seigneurs de ce temps, & conclut
à cette fin en 1253 avec Arnaud-Guillem un traité par lequel celui-ci s'engageoit à combattre, avec lui, Angleterre ou Caſtille, ſuivant les circonſtances.

Nous donnons ici le texte même du traité, tel qu'il a été écrit & ſigné en
langue Béarnoiſe, le vendredi avant la Pentecôte de 1253. L'original eſt au
tréſor des Chartes à Pau. Comme on le voit, il eſt queſtion dans ce traité des
deux frères d'*Arnaud-Guillem*, *Auger* & *Bernard* d'Agramont.

« Conegude cauſe ſie, que nos Narnau Guilem d'Agramont, ños emen-
combentads. & autrelats, a bona fee, ſes mal engan, ab vos En Gaſton par la
Gratia de Diu Veſcoms de Béarn, en tal maneira que nos ſeguiam & complians
la voſtra voluntat en totes cauſes, à noſtre leial poder & prenciam aquere ſen-
horie, que vos vulhads prener d'Angleterra o de Caſtela; ab aiço que nos
vos ſarads dar rende, o behſeit, à voſtre medixe conegude. Et nos en
Gaſton prometem & autreiam, à vos Narnau Guilem, qu'eus ſiam Bon
Senhor, & dreid & cabal, à noſter leial poder en totes cauſas, & que pats ni
acord no faſam ab nul home ab cui per nos eſeds entrat en guerre, mengs de
vos. Et dam vos & aſignam vos mil ſos Morlas de rende, ſober la Bailie Noſtra de Saùveterra, qu'eus ſie tengut de paguar quiqui Baile ne ſie totes Paſ-
ches. Et per che totes aqueſtes cauſes & ſeucles ſaubem, & compliam, &
tiencam bonaments; ſes tot contraſt que no y metam, avem ac iurat Nos
Narnau Guilem ab v. cauers ſober S. Evangelis de Diu tocats corporalaments
loſquoaus Nauger d'Agramont & En. Bern. noſtres frairs, & Narnau de
Calana, & Narnau Lup de Sent Marti. Et nos en Gaſton avec ac iurat per lo
medix combent. Eſters prometum audit Narnau Guilem, que ſi nuls home lo
faſe mal ni tort, niu tribailhaue, & ed ne fermave dreid en noſtra man, que
nos lon aiudem, eu nemparem bonaments cum au noſter. Et à maior fermetat
& teſtimoni de vertad avem ne partid aqueſtas letras per A. B. C. & Sagera-
des de noſtres ſagels. Aço ſo ſeit à Saubaterra lo dijaus devant Pentacoſte, en
preſentia den Bern. de Iaces & den Vidal de Toloſa, & den per Bern.
ſon frai, & den Bern. de Toloſa, & den per V. v. Bru, & den colom de Bau-

bio Jurats de Saubaterra, & de Bern. de Campuguha, qui de mandament de nos Gafto aqueftas letras efcrivo. Anno Domini M.C.C.LIII. » (Voir la traduction : *Pièces* & *Documents : Annexe* 3.)

Ce document en vieille langue de Béarn nous fait voir que l'emploi de la particule *en*, dont nous avons expliqué le fens au chapitre précédent, donnoit lieu quelquefois à des ellipfes, capables d'altérer les noms. C'eft ainfi que nous lifons dans l'original *Narnau* pour *En Arnau* & *Nauger* pour *En Auger*, à caufe de la voyelle qui commence ces deux noms propres, tandis que la particule *en* refte féparée pour *en Bernard,* ou *en Gafton*, ces deux noms commençant par des confonnes.

Vers la même année (1253) le Roi d'Angleterre vint en Gafcogne pour s'oppofer de fa perfonne aux entreprifes des armées alliées de Caftille & de Béarn, mais après quelques combats partiels la paix fut fignée entre les fouverains, & toutes les conteftations furent aplanies par un double mariage entre les enfants des Rois de Caftille & d'Angleterre.

A partir de cette époque le rôle important qu'avoit tenu le Château de Gramont comme place de guerre, s'amoindrit confidérablement. Ébranlé par les attaques nombreufes qu'il avoit eu à foutenir, démantelé de plufieurs côtés par les Anglois, pendant qu'ils l'avoient eu en leur pouvoir, cette forterefle ne préfentoit plus, en temps de paix furtout, les avantages qui l'avoient rendue fi précieufe jufqu'alors. Son accès n'étoit pas facile, & le féjour ne pouvoit en être fort riant, au milieu des contrées défolées qu'elle étoit deftinée à couvrir. Aufli le Seigneur de Gramont fe contenta-t-il d'en faire relever les défenfes, fans plus fonger à l'habiter de nouveau.

*Abandon du Château de Gramont après la paix.*

Ce fut vers Bidache qu'il tourna fes regards, & depuis lors le château de Bidache devint la réfidence des Gramont. Le fuperbe pays qu'il domine, cette belle vallée de la Bidouze, convenoit davantage à l'inauguration d'une ère pacifique, après tant d'années de luttes fanglantes.

Nous avons vu qu'Arnaud-Guillem avoit été obligé, en recouvrant la liberté, de faire hommage à Édouard d'Angleterre pour fes fiefs de Gafcogne, & de s'engager à fubir en fa cour jugement, entre lui & fon oncle Raimond-Brun. La guerre s'étoit chargée, d'une part de rompre fes engagemens, & de l'autre, la mort de Raimond-Brun avoit mis fin à toute conteftation. Les chofes étoient donc reftées dans cet état, fans qu'il fût donné fuite à un hommage extorqué par la force. Mais l'efprit ardent & guerrier d'Arnaud-Guillem

13

supportoit difficilement les loisirs de la paix. Après en avoir employé les premières années à l'agrandissement de Bidache, il chercha de nouveau, malgré son âge avancé (il avoit environ 65 ans) les agitations de la guerre. On préparoit alors la seconde croisade, & Thibault II, Roi de Navarre, devoit y accompagner son beau-père, Saint Louis, Roi de France (1266).

Arnaud-Guillem se dispose aussitôt à partir en Terre Sainte, & pour assurer auparavant l'État de ses fiefs de Gascogne, il en fait hommage à de certaines conditions au Roi de Navarre.

Arnaud - Guilhem
rend hommage au Roi
de Navarre, pour ses
fiefs de Gascogne.

Les Annales de Navarre contiennent à ce sujet beaucoup de détails, & entre autres que le Roi Thibault II fit mettre le Seigneur de Gramont sur l'État pour dix cavaleries, dont le revenu fut assigné sur le Péage & Droits Royaux des Bourgs de Roncevaux & de Hescoa, & qu'en cas de mort elles passeroient à son fils, Arnaud-Guillem II.

Nous donnons ici le texte de ce traité d'hommage & d'un autre subséquent traduit des Annales de Navarre (tome III, page 288) tel qu'il y est rapporté d'après les originaux qui sont aux Archives de la Chambre des Comptes, à Pampelune. Ces actes sont signés par Arnaud-Guillem, Ricombre de Navarre, par ses deux fils Dom Arnaud-Guillem II & Auger de Gramont, Seigneur de Soraburu, par les principaux Seigneurs de Navarre & l'Infant Don Henri, frère du Roi, qui lui succéda quatre ans plus tard, sous le nom de Henri Ier dit le Gras.

« Au mois de septembre, le Roi (Thibaut II) parcouroit la Basse Navarre. A Saint-Jean-Pié-de-Port, capitale de cette Mérindade, qu'on appelle d'Ultrapuertos, Arnaud Guillaume, Seigneur de Gramont, accompagné de ses fils, lui rendit hommage pour le Château de Gramont, promettant qu'il le serviroit envers & contre tous, & que quiconque seroit Seigneur de Gramont, devroit lui remettre le Château, toutes les fois que le Roi le lui demanderoit pour faire la guerre ou la paix. Si le Roi de Navarre ou le Seigneur de Gramont viennent à mourir, celui qui succédera à ce dernier devra, dans l'espace de trente jours, se rendre auprès du Souverain qui règnera alors en Navarre, pour lui prêter serment de fidélité. Aucun Seigneur de Gramont ne pourra exercer ni conseiller un acte d'hostilité dans ledit Château, ni en aucun endroit relevant de la couronne de Navarre, excepté contre son ennemi connu. Si le délit est évident, le Seigneur de Gramont se remettra, lui & son Château, avec toutes ses dépendances, à la disposition du Roi. S'il n'est pas évident, le Seigneur de Gramont fe foumettra au jugement de la Cour du Roi de Navarre. Il eft dit que dans l'efpace de quarante jours après la guerre, le Roi doit rendre au Seigneur de Gramont fon Château, avec toutes fes dépendances, dans l'état où il étoit au moment de l'occupation, & s'il ne remplit pas les engagemens qu'il a contractés, le dit Seigneur fera réputé traître, tel qu'il ne pourra fe fauver, ni par fes armes, ni par celles d'autrui, il octroye & jure tout cela fur la croix & les évangiles, ainfi que fes fils Arnaud-Guillaume & Oger de Sazburu. On cite pour témoins préfents l'Infant Don Henri, Don Clément Launay, Sénéchal de Navarre, Don Bernard Daaffa, Don Martin Garces de Eufa, Don Ximenes de Sores, Chevaliers; & tous trois, le père & les fils appofent leurs fceaux à l'acte qui eft fait à Saint-Jean-Pié-de-Port, le premier famedi après la Sainte-Croix de Septembre (qui répond au 18 de ce mois) de l'an de notre Seigneur 1266. »

À la date du furlendemain, lundi veille de faint Matthieu, & dans la même ville de Saint-Jean, car tout y eft fpécifié, on trouve dans les Archives de la Chambre des Comptes un autre acte analogue au précédent. Le Roi Thibault y dit: « Nous donnons à notre amé Ricombre D. Arnaud-Guillaume Seigneur de Gramont, pour le refte de fes jours, dix chevaleries que nous ne pourrons lui ôter ni diminuer, nous, ni aucun Roi de notre race qui viendra à régner dans la fuite fur la Navarre, tant qu'il remplira les engagemens qu'il a contractés avec nous, & dont nous gardons l'acte muni de fon fceau & de ceux de fes fils, Arnaud-Guillaume & Auger de Soraburu, & qu'il nous fervira comme les autres Ricombres de la Navarre, quand nous en aurons befoin. Et aux dix chevaleries fufdites nous affectons le péage & bourg de Roncevaux qui comptent toujours pour dix chevaleries. En cas de décès, nous donnons ces dix chevaleries à Don Arnaud-Guillaume fon fils, pour en jouir fa vie durant, à condition qu'il remplira à notre égard les obligations contractées par fon père. Et pour l'avenir nous donnons fix chevaleries à tout autre Seigneur de Gramont. » Il continue en défignant leur fituation & en appofant à l'acte fon fceau royal. Deux jours après il ajoute immédiatement: « Nous prions le vénérable père en Jéfus-Chrift, par la grâce de Dieu Évêque de Pampelune, & l'Infant Don Henri notre frère, Don Gonfalve Juaynnes de Baztan, notre porte-enfeigne en Navarre, D. Pedre Sanchez, Seigneur de Cafcant, Don Garcia Almoravit, Don Fortuné Almoravit, Don Clément Launay, Sénéchal de Navarre, d'appofer leurs fceaux à cet acte. » Ce qu'ils firent dans le même ordre que le Roi le leur demanda. Le double de cet acte en original, fur parchemin, eft aux Archives de la Maifon.

Arnaud-Guilhem I part pour la Croifade en Terre Sainte, avec Thibault II, Roi de Navarre (1267).

Un an après (1267) Arnaud-Guillem partit avec le Roi Thibault II, & d'après Pifcina, il l'accompagna en fon voyage d'outre-mer, vers la Terre-Sainte, & ne le quitta plus jufqu'à la mort de ce malheureux Prince. Les Annales de Navarre donnent la lifte des principaux Seigneurs Navarrois & Bafques qui fe croifèrent avec Thibault, & l'on y lit en tête : *Los Senores de Agramont con los de fu bando,* ce qui fait croire que les frères d'Arnaud-Guillem, Auger & Bernard étoient avec lui.

« El Doctor Picîna hace la lifta de muchos che pondremos a qui para confuelo de los que fon o pretenden fer defcendientes de tan iluftres caballeros. Dice que fueron llamados y efcogidos por el Rey (algunos irian, ante que los llamaffe) muchos hidalgos, y caballeros de fu Reyno, como fueron los Senores de Agramont con los de fu Bando de la parte de Vafcos, y de las Montanas el Senor de Lufa con los fuyos, D. Corboran de Lehet con fu cafa, y parientes, D. Juan de Uerta con los fuyos, el Senor de Montagudo, y D. Diego Velafquez de Rada : el Senor de Aybar con los gentes de la Ribera, Don Inigo Velez de Guzman, y don Ladron de Guevara fu Hermano : Don Inigo de Avalos con los de la Divifa, D. Martin de Avalos Senor de Leyva, Don Aznar de Torres Senor de Cortes, Don Diego Fernandez de Ayanz, Don Pedro Perez de Lodofa, Don Inigo Velaz de Medrano, Don Sancho Remirez de Arellano, Senor de la cafa de Bidaurreta y tierras de la Solana, y otros muchos Nobles, y Caballeros de nò menor calidad, con Don Juan Gonzalez de Agoncillo Alferez. »

(*Annales de Navarra* por los padres de Moret y Alefon. En Pamplona, 1776, t. III, p. 340.)

Arnaud-Guillem revint en Navarre après la mort de Thibaut qui eut lieu à Trapani en Sicile l'an 1270. Il avoit alors 69 ans & jouiffoit d'un grand pouvoir, comme d'une grande confidération, tant à la Cour de Navarre qu'à celle de Béarn. Il étoit à la fois haut dignitaire dans les deux États, & il conferva cette pofition jufqu'à un âge très avancé.

Lettre des États de Navarre à la Reine Jeanne & à Philippe-le-Bel, fcellée par Arnaud-Guillem (1279).

Nous en trouvons la preuve dans un acte qui exifte au Tréfor des Chartes, à Paris. C'eft une lettre écrite à la Reine Jeanne & au Roi Philippe-le-Bel fon époux, par les États de Navarre, fur la promotion du Sieur Guérin d'Amplepluits, à la charge de Gouverneur de Navarre. Cette lettre, qui eft datée du jour de la Saint-Luc (18 octobre 1279), est scellée par Arnaud-Guillem d'Agramont, en qualité de Ricombre & Maréchal héréditaire de Navarre.

Ce fut le dernier acte public d'Arnaud-Guillem, & il mourut cette même année à l'âge de 78 ans. Nous avons voulu retracer, avec quelques détails, les événemens d'une vie aussi agitée & aussi longue, parce qu'elle offre un type curieux de ces existences du moyen-âge. Grand de corps, doué d'une force & d'une santé à toute épreuve, plein d'ardeur, de courage & d'énergie, possesseur de fiefs considérables en Béarn, en Navarre & en Gascogne, ce Seigneur fut dès son enfance lancé au milieu des luttes les plus acharnées, & débuta dans la carrière des armes en disputant son héritage à un oncle ambitieux qui cherchoit à l'en dépouiller.

Arnaud-Guillem I<sup>er</sup> fut enterré en l'Église de Villenave-la-Moulari, qui est le lieu du Château de Gramont, & nous avons dit au chapitre précédent comment sa sépulture fut mise à découvert en l'année 1860, c'est-à-dire 581 ans après sa mort. Sa longue épée, sa dague & un éperon d'or retirés du tombeau par les soins du Maire de Villenave, furent remis au Duc de Gramont, & la tombe scellée à nouveau fut replacée après un procès-verbal officiel & authentique sous le maître-autel de l'Église où elle étoit depuis six siècles.

Son tombeau ouvert en (1860).

Il existe, dans la galerie des tableaux de famille, le portrait du Seigneur Arnaud-Guillem. Quoiqu'il soit peint d'une manière grossière & permette à peine de croire à une ressemblance, il reproduit néanmoins une physionomie qui s'accorde assez avec l'idée du personnage, telle que nous l'ont transmise les chroniques du temps & les Archives de la Maison.

Arnaud-Guillem I<sup>er</sup> laissa trois enfans : *Guillem-Arnaud*, mort jeune, *Arnaud-Guillem II* qui lui succéda, & *Auger*, Seigneur de *Soraburu ;* tous déjà mentionnés dans les actes dont nous avons donné le texte.

# CHAPITRE VIII

---

## XI.

A RNAUD-GUILLEM IIᵉ du nom, Ricombre de Navarre, succéda à son père comme *Prince Souverain de Bidache & Maréchal de Navarre,* à la fin de l'année 1279.

Il n'étoit plus jeune quand il devint chef de sa Maison, car, la plus grande partie de sa vie s'étoit écoulée dans les combats & les entreprises dont nous venons de rendre compte. Aussi, ne trouvons-nous que peu de traces de lui, pendant les dix années qu'il survécut à son père. Un acte de 1282, qui est au Trésor des Chartes, à Paris, le mentionne, avec le Seigneur de Câme, qui étoit un de ses parens. Il mourut en 1290, laissant un fils nommé *Raymond-Brun.*

Arnaud - Guillem I
(1279-1290).

## XII.

Raimon - Brun III
(1290-1312).

RAIMOND-BRUN de Gramont III᷎ du nom, Souverain de Bidache, Ricombre & Maréchal de Navarre (1290), a laiffé peu de fouvenirs. Un acte de 1290 & un autre de 1303, relatifs à des règlemens pour dîmes religieufes, le mentionnent avec les qualités de Ricombre & de Maréchal. Il mourut en 1312 laiffant deux fils : *Arnaud-Guillem* & *Auger*, dont il fera parlé ci-après. Auger eft auffi appelé dans les chroniques *Oger* & *Hugues*, noms qui paraiffent fynonymes.

Avant de paffer à la defcendance de Raimond-Brun III, il eft néceffaire de parler ici de certains Sires de Montaut, qui pendant près d'un fiècle portèrent à divers intervalles le nom de Gramont, en Guyenne, & dont la famille finit par fe fondre, en 1406, dans celle des Gramont de Navarre.

De quelques Sires de Montaut, appelés auffi Seigneurs de Gramont (1290-1406).

Malgré l'hommage qu'Arnaud-Guillem I᷎ᵉʳ avoit rendu en 1266 au Roi de Navarre pour fes fiefs de Gafcogne, le Roi d'Angleterre maintenoit fon droit de Suzeraineté fur ces domaines, & bien que les terres & le Château de Gramont euffent ceffé depuis longtemps d'être au pouvoir des Anglois, Simon de Montfort donna l'inveftiture honorifique de la Seigneurie de Gramont à un noble de la Lomagne, nommé Othon ou Odon de Montaut.

Les Sires de Montaut tenant au parti des Anglois, ajoutèrent le nom de Gramont au leur, jufqu'en 1406, époque à laquelle *Jean de Gramont* époufa *Marie de Montaut*, Dame de Mucidan, de Blaignac & de Blaye.

Le premier de cette famille qui paraiffe dans les actes publics contemporains, avec le nom de Gramont, eft Othon de Montaut, lequel étoit préfent, au mois de mai 1294 à l'affemblée de la nobleffe de Lomagne, réunie pour reconnoître la ceffion de cette Vicomté, faite par la Vicomteffe Marquèfe, à fon père. (Monlezun, *Hiftoire de Gafcogne*, livre IX, chapitre II.)

Cependant, comme nous le verrons par la fuite, les Domaines & Château de Gramont étoient toujours reftés entre les mains des Gramont de Navarre, & relevoient comme fiefs des Rois de ce pays.

Les regiftres de Montauban, de la Collection Doat, &c., citent l'hommage rendu au Comte d'Armagnac, en 1320, par Othon de Montaut pour la Baronnie de Montaut & le Château de Ramoufens, & dans cet acte le Baron de Montaut ne porte pas le nom de Seigneur de Gramont. Il en eſt de même de ſes frères Galix et Pierre de Montaut dans l'hommage qu'ils font au dit Comte d'Armagnac en 1377.

Mais en 1343, quand la Lomagne fut rendue au Comte d'Armagnac par Philippe de Valois, à qui elle avoit été cédée antérieurement, Othon de Montaut, Seigneur de Gramont, figure avec les nobles de Lomagne, qui renouvelèrent leur hommage au Comte.

Le 16 mars 1373, Jean, Comte de Foix, épousa la fille du Comte d'Armagnac, terminant ainſi, par cette union, la diſpute & la guerre des deux Maiſons. Le mariage fut célébré avec pompe dans le château de Lectoure, &, parmi les témoins qui ſe rendirent caution pour la dot promiſe par le Comte d'Armagnac, ſe trouvoient : Arnaud-Guillaume, Comte de Pardiac; Jean de Labarthe, Seigneur d'Aure; Odon de Montaut, Seigneur de Gramont, & quelques autres. ( Monlezun, *Hiſtoire de Gaſcogne*, liv. XII, chap. IV.)

Il y avoit donc alors, en Lomagne, des Sires de Montaut qui ne s'appeloient pas Gramont, & d'autres qui en portoient le nom. Cependant ils étoient tous de la même ſouche, c'eſt-à-dire de celle qui, demeurée du côté des Anglois, avoit reçu de grandes faveurs de Simon de Montfort & des Rois d'Angleterre. La preuve en eſt dans la ſimilitude de leurs armes. En effet, les Montaut de Lomagne qui ſont appelés par quelques auteurs *Montaut de Mauveſin*, & par d'autres, *Gramont de Mauveſin,* portoient : *d'argent au ſautoir dentelé d'aʒur, cantonné en chef & en pointe d'un lion de ſable & à dextre & à ſeneſtre d'une tour de même.*

Les Montaut de Gaſcogne, ceux qui étoient établis au nord de la Guyenne, près de Blaye, & qu'on nommoit *Montaut-Mucidan,* avoient pour armes : *d'argent au ſautoir dentelé d'aʒur,* c'eſt-à-dire le même blaſon que ceux de Lomagne, moins la partie relative à la tour de Mauveſin, & *le Lion de ſable,* qui rappelle, ſauf la couleur, celui de Gramont.

En 1406, le mariage de *Marie de Montaut,* Dame de Mucidan, de Blaye, de Blaignac & de pluſieurs fiefs de Lomagne, confondit ces domaines avec ceux de *Jean de Gramont,* ainſi que nous le verrons plus tard, mais il étoit néceſſaire de faire précéder notre récit par les obſervations que nous venons de préſenter ſur la lignée des Sires de Montaut, afin d'expliquer comment on rencontre quelquefois, à cette époque, le nom de Gramont parmi ceux des

14

Seigneurs Gafcons qui tenoient pour les Anglois, tandis que la plupart du temps les chefs de la Maifon combattent pour la France ou pour la Navarre contre l'occupation Angloife.

## XIII.

ARNAUD-GUILLEM de Gramont, III<sup>e</sup> du nom, fuccéda, en 1312, à fon père, comme *Souverain* de Bidache, *Ricombre* & *Maréchal* de Navarre.

Les Annales de Navarre font mention d'Arnaud-Guilhem III, en 1312, à l'occafion de la mort de Louis-le-Hutin.

Philippe-le-Long, frère de Louis, qui lui avoit fuccédé au trône de France, en vertu de la loi falique, fe fit reconnoître comme Roi de Navarre au préjudice de fa nièce Jeanne. Les inftitutions Navarroifes n'excluoient pas les femmes du trône, & Jeanne avoit des droits inconteftables à la couronne, mais elle ne put les faire valoir que quelques années plus tard. Les États de Navarre étoient loin d'approuver cette ufurpation ; toutefois la réfiftance n'étoit guères poffible, & fur l'expreffion formelle de la volonté du Roi de France, ils durent nommer, en 1319, une députation de quarante-deux nobles Navarrois pour aller lui prêter ferment de fidélité, & recevoir celui que les Rois de Navarre avoient coutume de faire à leurs fujets en montant fur le trône. Philippe-le-Long, retenu en France, ne pouvoit alors fe rendre en Navarre, & la députation devoit aller le chercher dans fes États. Le détail de ces événemens eft rapporté dans les Annales de Navarre, qui nous ont même confervé les noms des Seigneurs qui faifoient partie de cette députation. On y trouve trois Prélats, fix Ricombres, parmi lefquels *Don Arnalt Guillelmo, Senor de Agramont v de Bidajon,* huit Chevaliers, &c., &c. ( *Annales de Navarre*, t. III, p. 564. )

Toutefois, cet acte, arraché par la force, plutôt que fpontané de la part des Navarrois, ne reçut pas fon exécution. La nobleffe & les États de Navarre qui craignoient, à jufte titre, de devenir une province de France, trouvèrent mille prétextes pour retarder le départ de cette députation, & ni Philippe-le-Long, ni fon frère & fucceffeur Charles-le-Bel, ne purent jamais obtenir, de la part des Navarrois, une reconnoiffance explicite de leur fouveraineté.

Charles-le-Bel étant mort en 1327, Philippe de Valois, Roi de France, fit de vaines tentatives pour conferver, au même titre que fes prédéceffeurs, la couronne de Navarre. Les Ricos-Ombres, les jurats & le clergé, fe réunirent à Puente de la Reyna, & prononcèrent folennellement la déchéance du Roi de France, reconnoiffant pour leur Reine légitime Jeanne, fille unique de Louis-le-Hutin, femme de Philippe-le-Bon, Comté d'Évreux. Une députation fut chargée d'apporter à la Comteffe d'Évreux le décret de proclamation, & les deux époux s'empreffèrent de répondre aux vœux des Navarrois. Philippe de Valois, en préfence de cette démonftration nationale, comprit que ce qu'il avoit de mieux à faire étoit de renoncer au trône de Navarre en faveur de fa coufine, & la Navarre reprit, fous le fceptre de Jeanne, le cours de fon exiftence indépendante.

Au retour de Jeanne, la joie des Navarrois fut extrême, & il fut auffitôt procédé à la folennité du couronnement de la nouvelle Reine, fuivant les formes prefcrites par les fueros du Royaume (1328). Arnaud-Guilhem affifta à ce couronnement, qui eut lieu à Pampelune, & fuivant les Annales de Navarre, il fut un de ceux qui, en qualité de Ricos-Ombres, reçurent entre leurs mains le ferment de la Reine & du Roi.

*Arnaud - Guilhem reçoit entre fes mains, en qualité de Ricombre, le ferment de la Reine Jeanne & de fon mari (1328).*

« L'année fuivante, le 22 feptembre 1329, Arnaud-Guillaume III, Seigneur de Gramont, renouvela à Pampelune, devant le Roi Don Philippe III le Noble & la Reine Jeanne, fa femme, les hommages de fes prédéceffeurs pour *Gramont*, le tout en préfence de nobles perfonnes : Aymero, Seigneur d'Arthiat, envoyé des Rois auprès des États, & Don Jean Martiniz de Medrano & autres..... » (*Annales de Navarre*, t. III, p. 615.)

A cette époque la ville de Bayonne ayant pratiqué quelques exactions fur des habitans du territoire de Bidache, Arnaud-Guilhem s'arma contre elle & il y eut guerre entre eux pendant près de fix mois. Cette querelle fe termina par un jugement arbitral de l'an 1328, rendu par le Vicomte d'Orte, parent, par alliance, du Seigneur de Gramont, & qui étoit arbitre commun des deux parties.

Cependant, quelques années plus tard, les vexations commencèrent de plus belle, & la difpute prit des proportions beaucoup plus étendues. La ville de Bayonne s'étant liguée avec plufieurs Seigneurs de la Navarre, voulut interdire à la Seigneurie de Bidache l'aecès de fon port, en empêchant la navigation de la Bidouze. Parmi les alliés de Bayonne fe trouvoient les Seigneurs

*Guerres entre Arnaud-Guilhem, Seigneur de Gramont, & la ville de Bayonne alliée aux Seigneurs de Luxe, d'Albret & de Guiche (1340).*

d'Albret, déjà puiffans en Navarre, & les Seigneurs de Luxe, dont la famille avec celle de Donnefain, compofoit prefque toute la Nobleffe bafque. Oihe-nart, Avocat au Parlement de Navarre, auteur de l'ouvrage intitulé : *Noticiæ utriufque Vafconiæ,* imprimé à Paris, en 1639, dit, à la page 549, en parlant des Maifons de Gramont & de Luxe, qu'il en écrira l'hiftoire ; « *In inferiori Navarrâ, duæ vetuftiffimæ & nobiliffimæ familiæ etiam nunc clarent, Acrimontana & Luxetana de quibus alias ex profeffo agendum erit.* »

Mais on n'a jamais retrouvé cette hiftoire parmi fes œuvres.

L'ancienne animofité des Seigneurs de *Guiche* contre leurs voifins de *Bidache,* devoit naturellement les claffer au nombre des alliés de Bayonne, & les avantages particuliers qu'ils retiroient de la pofition géographique du château de Guiche, dominant le confluent de l'Adour & de la Bidouze, en faifoient, pour le Seigneur de Gramont, de formidables adverfaires.

Cependant, Arnaud-Guilhem leva, fur fes domaines, une armée affez nombreufe pour réfifter à la ligue qui s'étoit formée contre lui. Le Roi & la Reine de Navarre reftèrent longtemps étrangers à ces luttes féodales, car, en 1335, le Seigneur de Gramont jouiffoit encore de toute leur confiance. Son frère Oger étoit, à cette époque, Mérin de la Mérindade de Sangueffa (*Hiftoire d'Efpagne,* par Loys de Mayenne, *Turquet,* 1635, t. I, p. 607, & Garibay *Hiftoire de Navarre,* liv. XXVII, chap. IV).

En 1342, Arnaud-Guilhem ayant rançonné quelques terres relevant de la Couronne, le Roi de Navarre fit faifir fon Château de Gramont, ainfi que les produits des péages de Roncevaux.

Gafton IX, Comte de Foix & Vicomte de Béarn, dont Arnaud-Guilhem avoit fu fe ménager l'appui, s'entremit auprès du Roi en fa faveur, & le Seigneur de Gramont, rentré en grâce, ne tarda pas à recouvrer ce qui lui avoit été enlevé.

La même année, il renouvela, entre les mains du Roi de Navarre, les hommages rendus par fes ancêtres pour le Château de Gramont & fes domaines de Haute-Navarre. L'acte eft daté de Pampelune, le 10 juillet 1342, & figné, entre autres Seigneurs, par *Auger* ou *Oger* de Gramont, frère du dit Arnaud-Guilhem. Dans le texte efpagnol, on donne à Auger la qualification de *Doncel,* c'eft-à-dire Damoifeau ou afpirant Chevalier. (*Archives de la Chambre des Comptes à Pampelune, Annales de Navarre,*

Le Seigneur de Gramont renouvelle envers le Roi fon hommage pour le Château de Gramont & fes Domaines de Haute & Baffe-Navarre (1342).

t. III, page 641.) Il exifte en double dans les Archives de la Maifon.
Nous en donnerons ici la traduction françoise :

« En l'année 1342, pour quelques excès commis ou imputés à Arnaud-
Guillaume, Seigneur de Gramont & de Bidache & à fes compagnons, fur
les terres & dans la juridiction du Roi de Navarre, le Roi Don Philippe
ordonna qu'on mît le féqueftre fur les châteaux de Gramont & de Bidache
& fur les produits du péage de Roncevaux, qui lui avoient été donnés par les
Rois, fes prédéceffeurs. Cependant, malgré fon mécontentement, le Roi ne
put s'empêcher de faire éclater fa bonté. Car, à la prière du Comte de Foix
& de quelques autres parens du Roi, il s'apaifa & ordonna fla levée du
féqueftre, & Arnaud-Guillaume renouvela & jura les anciens hommages
dont l'Archevêque de Sens, Lieutenant & coufin-germain du Roi, prit texte
pour lui faire une petite réprimande. Entre autre chofes, le Seigneur de
Gramont jura qu'il ne changeroit rien aux armes du Roi, qui étoient fur le
Château de Gramont, qu'il arboreroit d'autres bannières, toutes les fois que
le Roi ou fon Gouverneur le lui ordonneroit, & qu'il tiendroit toujours fon
Château à leur difpofition. L'acte fut fait le 10 de juillet de l'an 1342, dans
la Chapelle Saint-Grégoire, en préfence de l'Archevêque, Lieutenant du Roi,
Meffire Robert Mayllart Lieutenant du Gouverneur, Don Jean Periz de
Arbeyza, Don Michel Ortiz de Miranda, Chevaliers, Don Michel de Sanguès
Alcade de la Cour, Auger de Gramont, Doncel, frère dudit Seigneur de
Gramont & autres. »

Il fuffiroit de cet acte d'hommage, s'il n'étoit fuivi de plufieurs autres,
pour prouver que les Sires de Montaut, qui figurent, avec le nom de Gramont, parmi les Seigneurs de Lomagne, ne poffédoient pas, & n'ont jamais
poffédé les fiefs de la Maifon en Navarre.

Malgré la reftitution, pour ainfi dire immédiate, de fes domaines de
Navarre, un inftant féqueftrés, cette atteinte, portée par le Roi de Navarre
aux propriétés d'un de fes plus anciens & fidèles Seigneurs, engagea Arnaud-
Guilhem à offrir fes fervices au Roi de France, & à partir de ce moment, il
fuivit Philippe de Valois dans fes guerres contre Édouard d'Angleterre, tant
en Guyenne qu'en Normandie, & Philippe VI le tenoit à fa cour & dans fes
armées en grande confiance & grand honneur.

Arnaud-Guilhem III avoit époufé MIRAMONDE D'ASPREMONT DE LA
MAISON D'ORTE, qui eft une des plus anciennes & des plus célèbres

Mariage d'Arnaud-Guilhem III, avec Miramonde d'Afpremont & d'Orte. Ses enfans.

de la Gafcogne. Afpremont porte : de gueules à la croix d'argent.

De ce mariage font nés quatorze enfans, favoir : dix fils & quatre filles :

1° *Robert*, l'aîné, fut tué avec trois de fes gentilfhommes, pour le fervice du Roi de France, Philippe de Valois, par le Seigneur d'Albret, tenant le parti du Roi d'Angleterre, durant la trêve des deux Rois; à raifon de quoi le Roi Philippe de Valois témoigna fon mécontentement & manda au Comte de Lifle, fon Lieutenant-Général en Languedoc, de fommer le Sénéchal de Bordeaux & les Députés du Roi d'Angleterre, de faire rendre raifon au Seigneur de Gramont pour ce meurtre. Ce Robert eft mort fans poftérité, & c'eft celui dont il eft fait mention au chapitre Ier de cette hiftoire, comme étant le feul de ce nom dans toute la lignée de la Maifon de Gramont.

Les autres enfans d'Arnaud-Guilhem III font :

2° *Brunat*, qui, d'après une chronique contemporaine, céda, pour raifon de fanté ou autrement, fon droit d'aîneffe à Arnaud-Raimon, fon frère, fe réfervant feulement une penfion viagère pour fon entretien. Il vivoit en 1352.

3 *Arnaud Raimond*, qui fuit.

4°, 5°, 6°, *Bernard, Arnaud-Guilhem* & *Fortaner* de Gramont, Seigneur de Videgain, qui furent tous les trois Chevaliers, & fe trouvent mentionnés aux diverfes montres d'hommes d'armes de Béarn & de Navarre.

7° *Auger, Oger* ou *Hugues* de Gramont, qui étoit Seigneur de *Bardos* dans le Pays Bafque, non loin de Bidache.

8°, 9°, 10°, *Bernard, Martin* & *Jean* de Gramont, qui furent d'Église aux Abbayes de Sordes & de Pamiers.

Martin de Gramont eft mentionné comme témoin dans une charte du 2 février 1358, fur parchemin, qui eft aux Archives de la Maifon, par laquelle la Dame de Câme, fa fœur, fait valoir fes droits & priviléges de libre Baronnie, pour refufer de faire concourir par corvée fes vaffaux & payfans pour l'érection des forts que le Duc d'Aquitaine, Édouard d'Angleterre, vouloit faire conftruire à Haftingues.

Les filles étoient :

1° *Doffe* ou *Douce*, mariée à fon coufin le Seigneur de *Câme*, fief dont nous avons donné l'origine dans un chapitre précédent.

2° Une autre, mariée au Seigneur de *Laus* en Béarn.

3º Une autre qui époufa le Vicomte de *Blaignac*, de la Maifon de Montaut.

4º Une autre, mariée au Seigneur de *Dapate*.

Les Archives de la Maifon contiennent :

Une ancienne charte de 1357 fur parchemin, relative à un accord entre le Seigneur de Câme & Pierre de Poyhaud, au fujet d'un litige territorial. dans laquelle il eft queftion de Douce, Dame de Câme ;

Une autre charte du 1er Mai 1371, qui eft un arrêt donné par Édouard (fils d'Édouard III, Roy d'Angleterre & de France?), dit le Prince Noir, Prince de Galles & d'Aquitaine, en faveur de la Dame de Câme, Doulce de Gramont, veuve du Seigneur de Câme, contre le Seigneur Bernard Dax. (Parchemin original.)

Arnaud-Guilhem III mourut en l'an 1345.


## XIV.


ARNAUD-RAIMON de Gramont, Ier du nom, Souverain de Bidache, Ricombre & Maréchal de Navarre, troifième fils d'Arnaud-Guillem III, lui fuccéda par fuite de la mort prématurée de Robert & de la renonciation de Brunat, fes deux frères aînés.

Arnaud Raimon I
(1345-1389).

Les guerres féodales fe fuivoient pour ainfi dire fans interruption dans la Navarre, & le Souverain, que commençoit à inquiéter la puiffance croif-fante des grands vaffàux, évitoit de fe déclarer dans les difputes des Seigneurs, croyant trouver fon avantage à les laiffer ainfi s'entre-détruire les uns les autres.

Guerres féodales
entre les Seigneurs.

Parmi les griefs que le Roi de Navarre nourriffoit contre les Seigneurs de Gramont étoit leur refus de joindre l'hommage pour le territoire de *Bidache (Bidajon)*, à celui qu'ils avoient rendu pour *Gramont* & leurs autres fiefs. Bidache, s'il eût relevé de quelque Souverain, eût été placé fous la fuzeraineté des Vicomtes de Béarn, car fon territoire étoit pour ainfi dire enclavé dans le Béarn; mais ce domaine, comme nous l'avons dit plus haut, étoit un fief libre, & le Seigneur de Gramont en refufoit l'hommage aux Princes fes voifins, recevant, dans fa réfiftance, appui de l'un ou de l'autre, fuivant que fon refus s'adreffoit au Béarn ou à la Navarre.

En 1342, Gaſton IX de Béarn avoit ſoutenu Arnaud-Guillem contre Charles II de Navarre, & lui avoit fait rendre les terres ſaiſies par le Roi. La reconnoiſſance & l'intérêt avoient depuis lors lié le Seigneur de Gramont à Gaſton de Béarn, & tous deux avoient guerroyé enſemble pour la France & contre les Anglois.

Pluſieurs Seigneurs Navarrois ſe rangent ſous la bannière des Anglois.

Par contre, pluſieurs Seigneurs Navarrois, que de vieilles rancunes héréditaires ſéparoient toujours des Gramont, s'étoient jetés avec empreſſement du côté des Anglois. On les vit même paſſer en Angleterre & ſupplier le Roi d'envoyer en Guyenne un Capitaine aſſez fort pour y combattre les François. « Et aſſez toſt après ordonna le Roy le Comte d'Erby ( Derby ), ſon couſin. Et dit le Roy à ſon couſin qu'il prînt aſſez or & argent, & en départiſt largement aux Chevaliers & Eſcuyers, par quoy il eut l'amour & la grâce d'eux. » Parmi ces Seigneurs ſe trouvoient ceux d'Albret, de Luſe ( ou Lux ), de Guiche, de Doneſain, & toute cette partie de la nobleſſe qui avoit déjà paru dans la ligue formée par les Bayonnois contre Arnaud-Guilhem de Gramont. ( Froiſſart, liv. I, chap. CIII & CIV. )

Quant au Roi de Navarre, tantôt avec la France, tantôt avec l'Angleterre, ſuivant les variations continuelles de ſa politique incertaine, il retrouvoit ſes grands vaſſaux alternativement dans chaque camp, & ſavoit fort bien, quand l'intérêt de ſa couronne le lui conſeilloit, ſurpaſſer en généroſité les Rois de France & d'Angleterre, de manière à les rappeler en Navarre & les garder près de lui.

Inimitiés entre les Seigneurs de Gramont & de Luxe.

Ce n'eſt pas dans les grandes queſtions qui s'agitoient alors entre la France & l'Angleterre, ni dans les inimitiés de race ou de nationalité qu'il faut chercher les cauſes qui engageoient les Seigneurs de Navarre dans un camp plutôt que dans un autre. L'orgueil & l'ambition des familles, quelquefois la cupidité de leurs chefs, mais ſurtout les haines héréditaires engendrées par de longues rivalités, jetoient les uns d'un côté, par cela ſeul que les autres ſuivoient un parti différent. En Navarre, il exiſtoit alors deux camps bien diſtincts, & rien ne peut donner une idée de l'animoſité qu'ils entretenoient l'un contre l'autre. Voici comment en parle l'écrivain Lucius Marineus Siculus : « Il eſt néceſſaire que nous faſſions connoître qui ſont les Luxetains & les Gramont. ( *Qui Luſetani ſint & Agramontani* ), preſque tous les nobles de Navarre ſont partagés en deux camps, dont l'un poſſède la place de Luſe, & l'autre la place de Gramont. Ces deux partis ſont toujours en lutte & fe pourfuivent, foit en bataille rangée, foit en combats finguliers, autant à caufe du voifinage de leurs châteaux forts, car il n'y a que trois milles de diftance entre les Châteaux, & que deux entre les autres villes, dont l'une eft Saint-Jean-Pied-de-Port, & l'autre Saint-Pé (*Alterum nomini Sancti - Joannis Pedis - Portus & alterum Sancti Pelagii*), autant à cause de la vieille haine qu'ils tiennent de leurs ancêtres. Ils font appelés Agramontais d'Agramont & Lufetains de Lufe. » (*Hiftoriæ Hifpaniæ Scriptores*. Francofurti, *1603*.)

Nous verrons plus tard le nom de Lufetains remplacé par celui de Beaumontois, & ces deux factions des *Gramont* & des *Beaumont* fe difputer la Navarre pendant près d'un fiècle. C'eft pourquoi nous avons jugé utile de fignaler les premières phafes de cette rivalité fans exemple, dont le trifte fruit devoit être, pour la Navarre, la perte de fon indépendance.

La nombreufe poftérité d'Arnaud-Guilhem & les alliances acquifes aux Gramont par le mariage de fes filles, avoient contribué au développement de la puiffance de cette Maifon, de forte que Charles II, dit Charles-le-Mau-vois, Roi de Navarre, voyant le parti de Lufe fe ranger fous le commande-ment direct d'Édouard d'Angleterre, trouva utile de fe rapprocher du Seigneur de Gramont & de l'attacher à fa couronne.

L'an 1350, il lui donnoit, par lettres patentes, la ville de la Baftide & d'au-tres biens de grande importance.

« Charles, Roy de Navarre, &c., &c. Comme nous, au temps de notre couronnement, euffions créé pour Ricombre de notre dit Royaume au noble & notre bien-aymé *Arnault Ramon de Gramont*, & à fa fupplication, les fix cavalleries que lui avons donné & octroyé en honeur come à *Ricombre*, avons ordonné qu'il les reçoyve en la manière qui s'en fuit : c'eft à fçavoir que le dict noble ayt pour manière de tribut pour tant qu'il nous plaira, notre ville de la Baftide, & les confifcations & les meubles & rentes, &c. Fait en septembre 1350. » (Oihenart, *Notitiæ utriufque Vafconiæ*, p. 107.)

Charles II de Na-varre donne à Arnau Raimon la ville de Baftide & d'autr biens (1350).

Depuis lors, Arnaud-Raimon refta auprès de Charles de Navarre & lui rendit de grands fervices dans fes guerres avec fes voifins. Auffi lorfque, par l'entremife de Gafton de Béarn, Charles, retenu prifonnier en France, retrouva la liberté en 1355, il fit comprendre le Seigneur de Gramont dans fon traité avec le Roi Jean, & de retour en Navarre, il lui accorda de grands avantages, au fort mécontentement des Seigneurs de Lufe.

15

A peine rentré en Navarre, Charles ne penſa qu'à briſer les liens qui l'uniſſoient à la France; &, peu ſoucieux de tenir des promeſſes qui lui avoient été impoſées pour prix de ſa liberté, il leva dix mille hommes, les conduiſit à Bayonne, & équipa une flotte pour ſeconder l'invaſion Angloiſe. Mais Gaſton, attaché au Roi de Navarre quand il s'agiſſoit de l'arracher au pouvoir du Roi Jean, ne pouvoit le ſuivre dans ſon animoſité contre la France. Arnaud-Raimon imita l'exemple du Vicomte de Béarn ; & pendant cette triſte campagne il ſe tint éloigné de la Cour, laiſſant à ſes rivaux le champ libre pour reconquérir la faveur du Roi de Navarre, qui les retrouvoit tous ſous les drapeaux du Prince de Galles.

La fortune ſe plaiſoit alors à donner des exemples frappans de ſon inconstance; quelques années plus tard (1361.), le Roi de France revenoit d'Angleterre, après une courte captivité, & Charles, pourſuivi par les revers, traitoit de nouveau avec ſon beau-père, renouvelant ſes anciens ſermens d'amitié tant de fois répudiés.

Arnaud-Ramon ſe joignit à la Nobleſſe de Navarre pour l'accueillir à ſon retour dans ſon Royaume, & ce Roi haï des uns, mais adoré des autres, dit le Père Moret, dans les Annales, revenant chez lui après dix ans d'abſence, fut reçu avec de véritables ovations de la part des Navarrois.

Il n'eſt pas d'époque où les traités de paix ſe ſoient croiſés & ſuperpoſés, avec une confuſion auſſi regrettable. A peine la France avoit-elle fait la paix avec la Navarre, que nous la voyons ſe liguer contre elle avec l'Aragon, puis, un an après, la Navarre & l'Aragon s'unir de nouveau contre la Caſtille & la France.

En effet, Pedro-le-Cruel, Roi de Caſtille, ſe préparoit à recommencer la lutte avec ſes voiſins, & reformoit ſon armée, épuiſée par les guerres précédentes. Pedro IV, Roi d'Aragon, & Charles de Navarre prévoyant ſes deſſeins, ſe réunirent à Sos & s'empreſſèrent de former une ligue offenſive & défenſive, non ſeulement à l'égard de la Caſtille, mais encore contre la France. Pedro IV s'engageoit à fournir ſix cents hommes d'armes contre Pedro-le-Cruel, & mille contre le Roi Jean. Il donnoit à Charles cinquante mille florins pour dégager ſes terres hypothéquées à Gaſton-Phœbus, ſon beau-frère, & lui cédoit à perpétuité Sos, Salvatierra & Villaréal, trois places importantes des montagnes, dont les Navarrois venoient de s'emparer. De ſon côté, Charles-le-Mauvois, promettoit de faire la guerre à Pedro-le-Cruel, & donnoit en garan-

Arnaud - Raimon ſigne le Traité de Sos, conclu entre les Rois de Navarre & d'Aragon (1364).

tie les villes de Sangueſſa, de Gallipienſa, d'Unoa, d'Ainar, de Cazeras, de Petilla & de Lapenna échelonnées ſur le cours de l'Aragon, depuis les Pyrénées juſqu'aux rives de l'Èbre. Ce traité fut négocié & les préliminaires en furent arrêtés le 21 février 1364 au château d'Uncaſtillo, & contreſignés par les Comtes de Ribagorça & de Tranſtamarre, ainſi que pluſieurs Ricos-Ombres de Navarre & d'Aragon, au nombre deſquels figure *Arnaud-Raimon de Gramont*.

Quelques jours après, le 2 mars de la même année, les deux Rois ſe rencontrèrent de nouveau à Sos, & après avoir ratifié cet accord ils convinrent: « qu'aucun d'eux ne feroit ni paix, ni même de trêve avec le Roi de Caſtille, ſans le conſentement de l'autre, & que le Roi Don Charles ne feroit aucun accord avec le Roi de France, ſans que celui d'Aragon y fût compris; & pour mieux aſſurer ce traité, le Roi d'Aragon donna en ôtage l'Infant Don Martin ſon fils, & celui de Navarre, un fils de l'Infant Don Louis, ſon frère. Il donna auſſi les fils de Don Juan Ramires d'Arellano, de Don Martin Henriquez de Lucarra, du Seigneur de Gramont, de Don Beltram de Guevara, &c.... » (*Annales de Navarra*, t. IV, p. 108.)

Ce fils du Seigneur de Gramont étoit *Arnaud-Raimon II*, qui devoit plus tard ſuccéder à ſon père.

Le traité de Sos, malgré la ſolennité qui avoit préſidé aux engagemens réciproques des contraćtans, ne fut pas de longue durée. Une année s'étoit à peine écoulée que le Roi d'Aragon ſe tournoit de nouveau vers la France, & Charles V s'allioit avec lui pour ſoutenir Henri de Tranſtamarre contre ſon frère Pedro-le-Cruel, Roi de Caſtille.

Du Gueſclin commandoit les forces du Roi de France; Gaſton-Phœbus marchoit à la tête des Béarnois; Pedro IV d'Aragon le rejoignit avec le Comte d'Oſſona, les Vicomtes d'Ille & de Villenur, & Bernard de Béarn; le Roi de Navarre s'obſtinoit à garder la neutralité, mais un grand nombre de Navarrois, & à leur tête Arnaud-Raimon, Seigneur de Gramont, avec ceux de ſa famille & de ſes domaines s'étoient rangés ſous les drapeaux des Béarnois.

Pedro de Caſtille ne put réſiſter à cette ligue formidable, & forcé de fuir devant Tranſtamarre, il ſe réfugia à Bayonne auprès des Anglois, ſes conſtans alliés. Le Prince de Galles venoit d'y convoquer la Nobleſſe de Guyenne & les Seigneurs des autres pays, qui lui avoient promis leur concours.

Charles II de Navarre, inquiet des ſuccès de Tranſtamarre, ſe décida à

Le Roi de Navarre donne en ôtage au Roi d'Aragon le fils du Seigneur de Gramont (1364).

fortir du rôle paffif qu'il s'étoit impofé, & fe rendit à Bayonne où, après douze
jours de féjour, il figna un traité avec Pedro-le-Cruel & le Roi d'Angleterre
(1366). Le Sire d'Albret & le Comte d'Armagnac, ennemis irréconciliables de
Gafton de Béarn, en adoptèrent les conclufions; plufieurs autres Seigneurs,
tels que ceux de Lufe, de Montaut, de Guiche, d'Andouins, &c., adhérèrent
à ces conventions, & on prit la réfolution de renverfer Tranftamarre. Mais ils
devoient échouer fur le champ de bataille.

Le triomphe de Tranftamarre fut complet, Pedro-le-Cruel perdit la vie
dans un combat, le 23 mars 1367, & la défaite de fes troupes valut à Henri
la Couronne de Caftille.

Charles II de Navarre comprit alors qu'il étoit temps de revenir fur fes
pas, & fit de grands efforts pour ramener à lui les Seigneurs qui s'en étoient
éloignés, pour marcher avec les Béarnois. Il rechercha particulièrement
Arnaud-Raimon, & pour l'attirer par la reconnoiffance, il lui fit don des moulins & péages de Saint-Jean-Pié-de-Port. L'acte de cette donation, fait
en efpagnol, eft aux Archives de la Maifon, ainfi que la traduction françoife.
Il eft de 1368.

Mais à peine Henri II, Comte de Tranftamarre, fut-il monté fur le trône,
que tous les États qui avoient contribué à l'y établir s'inquiétèrent de fa puiffance & fe tournèrent contre lui.

Arnaud - Raimon figne le traité de 1370 entre les quatre Rois de Navarre, d'Aragon, de France & de Portugal.

La Navarre ne tarda pas à fe liguer avec l'Aragon, pour réfifter aux
conquêtes que paroiffoit vouloir faire le nouveau Roi (13 juillet 1369). Par ce
dernier traité, Pedro IV rendoit à Charles II, Herrera & Moncayo & quelques
autres places; celui-ci reftituoit Salvatierra & Villaréal. Les deux Rois fe rendirent auffi de part & d'autre les otages qu'ils gardoient à leurs cours, depuis
le traité de Sos, & au nombre defquels fe trouvoit, comme nous l'avons vu,
le fils du Seigneur de Gramont. Pedro IV étendit ce traité d'alliance au
Portugal, & quelques mois plus tard, en 1370, la France fe joignoit à la ligue
de la Navarre, de l'Aragon & du Portugal.

« Le Docteur Don Jean de Cruzad, envoyé de la Reine (Jeanne, fille de
Jean II, Roi de France, & femme de Charles II, Roy de Navarre), retourna à
Tortofe où fe trouvoit alors le Roi d'Aragon, pour conclure l'alliance qui fe
traitoit déjà depuis quelque temps entre l'Aragon & la Navarre. Elle fut conclue comme on le défiroit, au mois de février de l'année fuivante 1370. Les
deux Rois fe liguoient contre le Roi Henri de Caftille & contre tous les autres

Princes du monde, moins ceux qui étoient exceptés de part & d'autre. Du côté du Roi de Navarre, ce furent les Rois de France & celui d'Angleterre, & son fils le Prince de Galles, l'Infant de Navarre, Don Louis de Durazo, ainsi que le Roi de Portugal, le Duc de Bretagne & le Comte de Foix. Il fut arrêté qu'aucun des deux Rois ligués ne pourroit faire la paix sans la volonté & le consentement de l'autre. Cet accord fut juré, de la part du Roi Don Charles, par l'Évêque de Pampelune, le grand prieur de l'Ordre de Saint-Jean en Navarre, le prieur de Roncevaux & les Abbés des Monastères de Saint-Sauveur de Leyre & de Saint-Sauveur d'Urdax, par les Seigneurs de Gramont & de Luze, Don Rodrigue Uriz, Chambellan du Roi, Don Pedre Alvarez de Rada, Gouverneur du territoire de Sanguessa, & au nom des villes par les jurés de Pampelune, Estelle, Tudèle, Sanguessa & Olite qui sont les capitales des Mérindades du Royaume, en deçà des montagnes. Ce traité fut envoyé au Roi, qui étoit à Cherbourg. Il en parut très satisfait sur tous les points ; & il le jura & le ratifia, le 9 avril de la même année. » (*Annales de Navarra*, t. IV, p. 161.)

Environ neuf ans après la conclusion du traité des quatre Rois, la paix étoit rétablie entre la Navarre & la Castille, ou du moins les inimitiés paroissoient suspendues pour quelque temps. La Cour du Roi de Navarre fut alors grandement émue par une de ces querelles particulières que la noblesse de ce temps épousoit avec toute l'ardeur de ses rivalités. Les deux adversaires étoient Arnaud-Raimon II, fils du Seigneur de Gramont, & Don Ramire Sanchez, Seigneur d'Asiayn, & représentoient, l'un & l'autre, les factions ennemies des Gramont & des Beaumont.

Dispute entre Arnaud-Raimon II, dit Fillot, & Don Ramire Sanchez d'Asiayn (1379).

Les historiens de Navarre ont tous raconté cet épisode avec un luxe de détails qui témoigne de la sensation qu'il produisit. Garibay, les Pères Moret & Aleson, Olhagaray, &c., le reproduisent d'une manière à peu près identique, ainsi que le lecteur pourra s'en convaincre, en parcourant le texte de ces auteurs. (*Pièces & Documents, Annexe* 4 & 5.)

Parmi les récits anciens, nous en choisirons un entre tous, non pas parce qu'il présente les faits sous un jour différent des autres, mais parce qu'il possède par ses détails plus d'intérêt &, par sa source estimée, un plus haut degré d'autorité. C'est celui des Annales de Navarre, l'ouvrage le plus authentique & le plus complet qui ait été écrit sur la Navarre, & dont le mérite a été unanimement reconnu & apprécié par tous les auteurs plus modernes. Le

Père d'Orléans, qui écrivoit en 1734 une Histoire des Révolutions d'Espagne, exprimoit ainsi son jugement : « J'ajouterai que l'*Histoire de Navarre* avoit été très négligée jusqu'aux Pères Moreto & Aleson, qui se sont appliqués de nos jours à la débrouiller & à la mettre en ordre. Quand on a lu leurs ouvrages, on est tenté de croire que Garibay, en Espagne, & André Favin en France, ont *travaillé d'imagination* sur la même matière. » *(Histoire des révolutions d'Espagne* par les PP. d'Orléans, d'Arthuys & Brunoy, 1734, t. III, page 11.)

Il est à regretter qu'André Favin ne soit pas le seul des historiens françois qui aient ainsi, en plus d'une occasion, travaillé d'imagination; toutefois, si l'erreur est excusable, elle ne sauroit l'être davantage que dans le classement & la reproduction d'une série d'événemens aussi mal définis & mal expliqués que ceux de cette époque, véritable dédale historique, où la vérité ne peut se trouver qu'après de longues & pénibles recherches.

Voici la traduction des *Annales de Navarre* :

« Après s'être débarrassé de la guerre de Castille, & l'avoir terminée conformément à ses désirs, le Roi Don Charles éprouva dans l'intérieur de son Royaume un chagrin bien cuisant. *Fillot de Gramont, fils de Messire Arnaud Raimond, Seigneur de Gramont dans la Basse Navarre,* eut un vif démêlé avec Don Ramir-Sanchez, Seigneur d'Asiayn. Il s'étoit permis quelques propos contre lui, sur un article très sensible & très délicat, puisqu'il s'agissoit de la fidélité que les vassaux & principalement les nobles doivent à leur Roi, & avoit avancé qu'il avoit mal parlé du Roy & avoit même conspiré contre sa vie. Cela occasionna un défi entre eux, & l'affaire fit tant de bruit que l'on convoqua cette année-là même, à Pampelune, une assemblée où comparurent l'accusateur & l'accusé. Celui-ci qui étoit Fillot de Gramont, muni d'un sauf-conduit qu'il avoit obtenu du Roi, cita son adversaire à sa Cour. Après qu'ils eurent l'un & l'autre exposé leurs griefs en présence du Roi, l'Alcade du Marché de Pampelune & toute la Cour les condamnèrent unanimement à prouver la vérité de ce qu'ils avançoient par un combat singulier. Les armes & le jour furent déterminés, conformément au droit injuste de ce temps-là, & l'on choisit pour le lieu de combat la place d'armes de l'ancien château de Pampelune. Les deux adversaires s'y rendirent bien exactement, & après avoir fait en présence du Roi, qui voulut aussi y assister, les sermens & les protestations ordinaires, le Seigneur de Gramont arma son fils Chevalier, comme si cette cérémonie religieufe eût dû le faire aller droit au ciel, en cas qu'il eût été tué dans le combat ; en un mot l'on n'omit aucune des formalités qui s'obfervoient fcrupuleufement dans les duels publics, tant on étoit loin de connoître, comme aujourd'hui, le droit canonique, ou tant la loi de Dieu étoit alors mal interprétée. Déjà les deux Chevaliers alloient en venir aux mains, quand les fpectateurs qui étoient en grand nombre & de la première noblefse du Royaume (car elle fe trouvoit prefque toute à Pampelune, à l'occafion de la tenue des États), en eurent tant de compaffion, que fe précipitant en foule de deffus les échafauds, ils fe jetèrent au milieu d'eux & arrêtèrent le combat, en obtenant du Roi qu'ils fe remiffent à fa merci & à fa difcrétion. Le Roi ordonna que Fillot de Gramont fût conduit en prifon au château de Saint-Jean-Pié-de-Port, de l'autre côté des Pyrénées, & le Seigneur d'Afiayn à celui de Tafalla. Mais ce Chevalier fe conduifit fi mal dans fa prifon qu'il donna à fon adverfaire un triomphe que peut-être il ne lui auroit pas laiffé fur le champ de bataille; car, par une action déteftable, il donna à entendre au monde que les propos tenus fur fon compte par Fillot de Gramont ne manquoient pas de fondement. Au bout de fix mois il conçut le projet de fortir de fa prifon, & gagna quatre des foldats picards qui étoient de garde, pour l'aider à fe rendre maître du château. D'après les mefures concertées entre eux, ces foldats s'emparèrent de la perfonne du commandant, André d'Anfu, qui étoit également originaire de Picardie, & l'enfermèrent, bien garotté, dans une chambre, fans que le Seigneur d'Afiayn permît cependant qu'on le mît à mort. C'eft ainfi qu'il fe rendit maître du château de Tafalla. Auffitôt que cette trahifon fut connue dans la ville, fes habitans prirent les armes, & appelant les voifins à leur aide, ils affiégèrent le château. Après quelques affauts, ils le reprirent le troifième jour par la trahifon, dont un des quatre foldats fufdits fe rendit coupable envers le Seigneur d'Afiayn & fes autres camarades, car c'eft le propre des traîtres de jouer de toutes mains & de fe vendre à ceux qui leur offrent le plus. Cette action jointe aux foupçons qu'on avoit fur fa conduite paffée, fit condamner à mort le Seigneur d'Afiayn, qui fut publiquement décapité dans la même ville de Tafalla au mois de janvier 1379. Tous fes biens furent confifqués, & le Roi, en 1381, en fit don, à perpétuité, à Charles de Beaumont, fils de fon frère, l'Infant Don Louis, Seigneur de Durazo. Les foldats picards, complices de fa trahifon, fubirent le même fort. Au bout d'un certain temps, que quelques-uns étendent à plus de deux ans, un ordre du Roi fit remettre en

liberté Filliot de Gramont, qui expia fuffifamment fon indifcrétion, fi toutefois il s'en étoit rendu coupable. » ( *Annales de Navarra*, t. IV, p. 200.)

Fillot n'eft pas le nom du Gramont dont il eft ici queftion, c'eft un terme
employé pour dire fils, & comme une 'expreffion familière dans la langue du
pays, car ce Fillot de Gramont, fils du Seigneur de ce nom, n'étoit autre que
fon fils aîné, Arnaud-Raimon II, le même qui avoit été donné en otage au
Roi d'Aragon, par Charles de Navarre. Il eft ainfi défigné & nommé dans
la chronique manufcrite du Prince Don Charles de Viane, qui raconte auffi,
de la même manière, l'hiftoire de cette difpute.

Un auteur moderne a repréfenté l'épifode dont nous venons de parler
fous un jour très différent, & prétend que le Seigneur de Gramont & le Seigneur d'Afiayn, ayant comploté enfemble la mort du Roi de Navarre, furent
arrêtés avant l'exécution de leur crime, & condamnés par les juges devant
qui ils s'étoient réciproquement dénoncés. Rien ne juftifie cette verfion contraire à toutes les chroniques du temps; rien n'autorife à confidérer Gramont
comme complice de Don Sanche-Ramire d'Afiayn. L'arreftation des coupables, avant l'exécution du crime, eft inexacte, comme le refte, & la parfaite
conformité de tous les récits contemporains fuffiroit à elle feule pour écarter
le moindre doute. Loin d'être ennemi de Charles II, Arnaud-Raimon,
tout au contraire, en étoit à la fois eftimé & aimé, à ce point que lorfqu'il
dut fe rendre à Pampelune pour y foutenir fa parole, les armes à la main,
le Roi lui donna un fauf-conduit de fa main pour le protéger dans fon
paffage fur les terres & domaines ennemis de fa maifon.

Ceci fe paffoit en 1379. Arnaud-Raimond Ier vécut encore dix ans, &
affifta, en 1388, à la convocation des États de Navarre, réunis à Pampelune
par Charles III, à l'effet de fe prononcer pour l'obédience du Pape Clément VII.

*Mort d'Arnaud-Rai-
mon I. — Son tefta-
ment (1389).*

Il mourut l'année fuivante (1389), après avoir fait fon teftament, &
dans cet acte, qui exifte encore, il eft fait mention de fes frères, Fortaner,
Seigneur de Videgain, Jean de Gramont & Hugues, Seigneur de Bardos,
ainfi que d'un legs particulier fait à Berdot & Bébiot, fes fils puînés. Cet
Hugues de Gramont (appelé auffi *Auger* & *Oger*) fervit fous les ordres de
Pierre de la Palu, Capitaine pour le Roi de France, & fut au fiége de
Puyguilhem. (Voy. *Extrait des gens d'armes & de pied*. Années 1331 &
1355. *Bibliothèque impériale, fection des mauufcrits.*) « Monfeigneur

Hugues, Sire de Gramont, Chevalier Banneret, pour cinq Efcuyers, les deux
montés au moins de près, & deux Meneftrels de fa compagnie, du douzième
jour de décembre de l'an 1338, jufqu'au 26ᵉ jour de janvier fuivant, par
quarante-cinq jours, 35ˡ 6ᵈ par jour : XXIXˡ. XVIIˢ. VIᵈ. »

Arnaud-Raimon I avoit époufé Marie de Gabaston, fille du *Baron de
Gabaſton* en Béarn, & il en eut fept fils & cinq filles.

*Enfans iffus de fon mariage avec Marie de Gabaſton.*

1° *Arnaud-Raimon* II qui lui fuccéda.

2° *Bernard*, dit *Berdot* ou *Verdot*, qui fut le chef d'une feconde
branche, dont nous parlerons plus tard.

3° *Arnaud-Guillem*, mort avant fon père.

4° *Pedro*, appelé auffi *Pierre* & *Peyrot*, qui fe diftingua dans les
guerres de Navarre & d'Aragon.

5° *Bertrand*; 6° *Georges*; 7° *Bebiot* ou *Vébiot*.

Peyrot de Gramont & fes frères figurent parmi les hommes d'armes &
Chevaliers de Gafcogne & Navarre à la montre de Béarn, Bigorre, Foix & Gafcogne, fous le Comte de Foix, en 1376, où on lit : « Lo fenhor de Gramont,
foos companhos, Perros de Gramont, Bertran de Gramont, &c., &c.

Les filles font :

1° *Marie*, qui époufa *Vidan*, Seigneur de *Baẑillac*, en Périgord.

2° *Rofine*, mariée au Seigneur de *Viéla*, en Armagnac.

3° *Margueritte*, mariée à *Pierre*, Baron de *Marfan*, de *Montgaillard, Saint-Loboc*, &c., &c.

4° *Catherine*; 5° *Annore*. Ces deux dernières furent religieufes.

Cette nombreufe poftérité & ces alliances avec les puiffantes familles de
la Gafcogne, de la Navarre, du Béarn & de l'Armagnac, avoient confidérablement accru l'influence des Gramont dans la Navarre & l'Aragon.

D'un autre côté, les Seigneurs de Lufe & de Beaumont leur difputoient
le pouvoir, & rallioient à leur caufe une partie de la Nobleffe Gafconne. Le
Seigneur de Lufe, proche parent du Roi de Navarre, avoit époufé l'héritière
du Comté de Beaumont, dont il avoit pris le nom. Son fils Charles de Beaumont époufa la fille du Vicomte de Mauléon, & ayant fuivi avec conftance la
fortune de Charles II, en reçut de grandes charges & de forts avantages. Il
fut élevé à la dignité de Grand Sénéchal du Royaume, & Alférez-Major, c'eft-
à-dire porteur de la bannière royale.

*Seigneurs de Lufe & de Beaumont. Leur origine.*

A partir de cette époque, les Seigneurs de Lufe prennent prefque tou-

16

La Nobleſſe ſe diviſe
en deux partis, dits de
Gramont & de Beau-
mont.

jours le nom de Beaumont. Autour d'eux s'étoient groupés les Seigneurs
d'Albret, d'Andouins, de Mauléon, de Caumont, la nobleſſe d'Armagnac &
une partie de celle de Lomagne, comme auſſi ceux de la Gaſcogne qui les
avoient connus au camp des Anglois, auxquels ils étoient depuis longtemps
alliés dans la plupart des guerres ſoutenues contre la France.

Le parti de Gramont s'appuyoit davantage ſur le Béarn, & ſuivoit volon-
tiers la fortune de ſes armes. On y comptoit les Seigneurs de la Baſſe-Navarre,
d'Orte, de Videgain, de Bardos, de Laus, le Vicomte de Baignac, les Sires
de Câmes & de Dapate, de Bazillac, de Viela, de Gabaſton, & tous ceux dont
les domaines relevoient à la fois du Béarn & de la Navarre.

Les Rois de Navarre inquiets de la puiſſance de ces deux partis, eurent le
tort de les combattre l'un par l'autre au lieu de chercher à les vaincre tous les
deux. Cette faute fut la ſource fatale des guerres civiles qui enſanglantèrent
les Pyrénées pendant près d'un ſiècle. L'orgueil des familles, leurs rivalités &
leurs rancunes n'euſſent jamais ſuffi pour entretenir une lutte auſſi longue &
auſſi cruelle, ſi le flambeau de la diſcorde n'eût été maintes fois rallumé par
les mains royales qui l'avoient éteint quelques années plus tôt.

Comblant tour à tour de leurs plus hautes faveurs les Gramont & les
Beaumont, les armant à deſſein les uns contre les autres, & ſuivant les caprices
de la fortune, leur donnant en témoignage de leur ſatisfaction d'immenſes
apanages & des domaines étendus, les Souverains de Navarre préparèrent
eux-mêmes la puiſſance des factions dont ils devoient être la victime. Bientôt,
en effet, la rivalité des deux Maiſons diviſa le Royaume, & la nobleſſe, partagée
en deux camps, tout entière aux paſſions de la guerre civile, devint ſourde à
la voix de ſes Souverains. Le pouvoir des grands vaſſaux étoit à cette époque
le danger commun de toutes les couronnes. L'hiſtoire nous apprend comment
Louis XI réuſſit à le conjurer en France, & le triſte détail des guerres civiles de
la Navarre montre aſſez quel eût été le ſort de la Monarchie françoiſe, ſans le
talent, l'aſtuce & la perſévérance avec leſquels le Roi ſut dompter & ſoumettre
ces Seigneurs intraitables.

# CHAPITRE IX

*Les Seigneurs de Gramont de 1390 à 1460. — Arnaud-Raimon II, de 1389 à 1405. —*
*Séparation de la Maison en deux branches. — Jean I, François I & Gratien. —*
*Guerres civiles en Navarre entre Juan II & Don Carlos, Prince de Viane. — Fac-*
*tions des Gramont & des Beaumont. — Guerres en Guyenne de Charles VII contre*
*les Anglois. — François de Gramont prend parti pour Charles VII. — Il cède au*
*Roi de France le château & la ville de Blaye.*

---

## XV.

 RNAUD-RAIMON II⁰ du nom, Seigneur de Gramont, Souverain de Bidache, Ricombre & Maréchal de Navarre, fuccéda à fon père Arnaud-Raimon I⁰ʳ l'an 1389.

Mais bien qu'il fût le chef de fa Maifon & qu'il eût à ce titre la plus grande partie des domaines, néanmoins fon frère *Bernard*, dit *Verdot* ou *Berdot* de Gramont, reçut par le teftament de leur père un patrimoine confidérable, qui s'accrut par de riches & fortes alliances, à tel point que fa puiffance & fon autorité égaloient, pour ainfi dire, celle de fon frère aîné dans la Baffe-Navarre.

Il faut donc diftinguer ici deux branches féparées, mais qui ne tarderont pas à fe réunir de nouveau dans la perfonne du petit-fils de *Verdot*. Nous nous occuperons d'abord de l'aînée.

Séparation de la
Maifon de Gramont
en deux branches.

Arnaud-Raimon II avoit 40 ans quand mourut fon père. Déjà nous l'avons vu à l'âge de quinze ans fervir d'otage en 1364 au traité conclu entre les Rois de Navarre & d'Aragon. Plus tard, en 1379, il eft armé Chevalier avant le combat, lors de la difpute avec le Seigneur d'Afiayn, & après fa captivité il revient auprès de fon père, à la Cour du Roi de Navarre.

Ce Prince mourut en 1387, mais fon fucceffeur, Charles III dit le Noble, ne fut folennellement couronné qu'en 1390, le 25 juillet, à Pampelune.

Arnaud-Raimon II fait partie des Ricombres préfens au couronnement de Charles III.

Arnaud-Raimon II étoit parmi les Ricombres qui affiftoient au couronnement, & qui reçurent le ferment du nouveau Roi, fuivant l'ufage de Navarre.

Le refte de fa vie nous eft peu connu, & il mourut en 1405, ayant vu fuccomber tour à tour les Princes dont les querelles avoient rempli les premières années de fa jeuneffe & agité toute la nobleffe de Gafcogne. En effet, Gafton-Phœbus de Foix & de Béarn étoit mort en 1390; Juan 1er d'Aragon, fucceffeur de Pedro-le-Cruel, en 1395 ; & Richard, Roi d'Angleterre, avoit été remplacé fur le trône par Henri IV, Duc de Lancafter.

Arnaud-Raimon II avoit époufé ANNE ou AGNÈS, DAME DE CAME, SAMES & autres places qui font fituées aux confins de la Souveraineté de Bidache & dépendent du territoire de Béarn. Il en eut deux enfans : un fils nommé *Jean* qui suit, & une fille nommée *Jeanne*, qui fut mariée à Meffire *Bernard de Béarn*, Seigneur des Baronnies de *Gabafton*, *Roquefort*, des lieux de *Clairac*, *Mirepoix*, *Villers* en Béarn, & autres lieux.

Il exifte aux Archives de la Maifon une charte qui fut dreffée en 1519 & 1520, par les foins de la Chambre des Comptes de Navarre, fur l'ordre de Charles-Quint & à la requête de Catherine d'Andoïns, veuve de François de Gramont, pour relever tous les droits féodaux de la Maifon de Gramont dans le Royaume de Navarre. Cette ancienne charte fur parchemin, curieufe par l'énumération des fiefs & des droits de la Maifon, rappelle & reproduit la charte de Pampelune, du 16 feptembre 1368, faite par le Roi Charles de Navarre, pour confirmer les droits de *Don Arnalt-Arremon*, Seigneur *d'Agramont (Domni Arnaldi Raimondi Acrimontis)*, foit Don Arnauld-Raimond II<sup>e</sup> du nom, appelé auffi *Don Narnau-Ramon* ; telle eft la variété des dénominations dans les titres de cette époque.

## XVI.

JEAN DE GRAMONT I<sup>er</sup> du nom, Prince Souverain de Bidache, Ricombre & Maréchal de Navarre, fuccéda à fon père en 1405.

Il époufa en 1406 MARIE DE MONTAUT, fille de *Meffire Raimond de Montaut*, Seigneur de *Muffidan* (ou *Mucidan*), de *Blaignac* & de *Blaye*, & de *Marie d'Albret*, laquelle avoit été promife auparavant à Gafton de Grailly, fils d'Archambaud, Comte de Foix, qui époufa fa fœur Marguerite en 1410. Ce Gafton fit la branche des Comtes de Canaples. Marie d'Albret étoit fille d'Arnaud-Amanieu Sire d'Albret, & de Marguerite de Bourbon, laquelle étoit fille de Pierre, Duc de Bourbon, & fœur de Jeanne de Bourbon, Reine de France, femme du Roi Charles V, qui avoit fait, en 1368, le mariage du Sire d'Albret avec fa belle-fœur,

Par ce mariage, Jean de Gramont devint coufin du Roi de France, Charles VI, étant petit-neveu de Charles V. Cette alliance fut également une fource de parenté entre la maifon de Gramont & celle des Rois de Navarre, iffus de la maifon d'Albret. (V. *Annexe* N° 43.)

Montaut-Mucidan porte : d'argent au chef denché d'azur.

Marie de Montaut porta en dot à Jean de Gramont les terres de Muffidan avec le comté, la ville & le château de Blaye, dont les Seigneurs avoient déjà, comme nous l'avons vu au chapitre précédent, porté, à certaines époques, le nom de Gramont. (Voir *l'acte de conceffion du comté de Blaye, par Édouard III, Roi d'Angleterre, en l'année* 1356, *& les pièces originales aux Archives de la famille.*)

La Seigneurie de Blaye avoit appartenu d'abord à Augier de Montaut, Seigneur de Muffidan, qui l'avoit cédée au Roi d'Angleterre, lequel s'étoit engagé à l'en dédommager ultérieurement. Cet acte, qui eft de 1406, exifte en original dans les Archives de la Maifon; il eft muni du fceau royal en cire verte & bien confervé.

Cette convention ne fut pas exécutée, le Roi n'ayant pas fait l'échange, & la Seigneurie de Blaye refta à la Maifon de Montaut, paffant à Meffire Raimond de Montaut, &, de lui, à fa fille Marie, ainfi qu'il appert des actes poftérieurs de 1409, que nous citons plus bas.

La Guyenne étant alors fous la domination des Anglois, Jean de Gra-

Jean I (1405-1430).

Son mariage avec Marie de Montaut, petite-nièce de Charles V, Roi de France (1406).

mont prêta ferment le 14 feptembre 1409 à Henri IV, Roi d'Angleterre, pour
ces nouveaux fiefs, & on lit au Bureau des Finances de Bordeaux (regiftre E,
fol. 121 verfo) l'article fuivant :

« Gramont (noble homme Jean, Seigneur de Gramont), mari de noble
Damoifelle Marie de Montaut, Dame de Muffidan & de Blaye, fait ferment
de fidélité au Roi d'Angleterre (Henri IV), pour la ville & le château de
Blaye, dont il promet de laiffer le gouvernement à Meffire Bernard de
Lefparre, Seigneur de la Barte, promet auffi qu'il fervira le dit Roi de tout
fon pouvoir envers & contre tous, & que dans le cas de guerre du dit Roi
avec le Roi de Navarre (Charles III, dit le Noble), il fervira l'un & l'autre
avec les fiefs qu'il tient d'eux.

« En préfence de Maître Bertrand d'Afte, Docteur ès loix, Lieutenant de
noble & puiffant Seigneur Meffire Gailhard de Durfort, Seigneur de
Duras & de Blanquefort, Sénéchal d'Aquitaine, Meffire Bertrand, Seigneur
de Montferrant, Meffire Bertrand fon fils, Chevalier, & autres, le 14 feptembre 1409. »

La même année 1409, le Roi Henri IV d'Angleterre confirmoit au
Seigneur de Gramont, la poffeffion des biens & des terres dépendantes de Blaye,
reprifes ou à reprendre fur les rebelles, & qui avoient fait partie des Domaines
de fon beau-père. (Voir le texte latin du décret. Annexe N° 6.)

Par la fuite, Henri V, fils & fucceffeur de Henri IV, qui s'appliquoit à
rechercher les grands Seigneurs de la Guyenne pour les détourner du parti de
fes ennemis, donna à Jean de Gramont divers témoignages d'affection & de
libéralité, dont on trouve la trace dans les actes originaux confervés aux
Archives de la famille, ainfi que dans les Rôles gafcons de Londres & les
Regiftres des finances de Bordeaux de l'an 1416 & 1422. (Voir les textes :
Pièces & Documens. Annexes N°s 7 & 8.)

Bien qu'il fût vaffal d'Angleterre pour fes fiefs de Guyenne, Jean de
Gramont, qui réfidoit en fa Souveraineté de Bidache, appartenoit plutôt à la
Cour de Navarre, dont il relevoit pour fes fiefs patrimoniaux, & le Roi
Charles III, dont il étoit Grand Chambellan, le tenoit en grande eftime &
grande amitié. A cette époque, le Comte d'Armagnac ayant envahi les
domaines de Jean, Comte de Foix, beau-père de Charles III, celui-ci, furpris à l'improvifte, fut obligé de fe réfugier en Navarre, & le Roi Charles
leva une armée pour le fecourir. Il conduifit lui-même fes troupes jufqu'à

Ronceyaux, puis il en confia le commandement à Jean de Gramont & au Seigneur de Luza. Jean refoula le Comte d'Armagnac dans la Gafcogne, & chaffa fes partifans du Comté de Foix. Ceci fe paffoit en 1415, & le fuccès de cette campagne augmenta l'affection du Roi de Navarre pour le Seigneur de Gramont, à ce point que, plus tard, il le choifit pour être le tuteur de fon petit-fils, Don Carlos Prince de Viane, né en 1421, du mariage de fa fille Blanche de Navarre avec Don Juan d'Aragon.

*Jean de Gramont tuteur du Prince de Viane (1421).*

Jeanne de Navarre, fille aînée de Charles III & héritière de la couronne, mariée au comte de Foix, étant morte fans enfans, Blanche, fa fœur, femme de Don Juan d'Aragon, avoit fuccédé à fes droits, & fon fils, Don Carlos, étoit ainfi devenu héritier préfomptif. Son grand-père l'avoit auffitôt après fa naiffance fait tranfporter à Olite, où fe tenoient les États de Navarre, afin de le leur préfenter, fuivant la coutume du Royaume, & d'y faire proclamer fes droits.

Jean de Gramont, en qualité de tuteur du Prince, prêta, devant les États, le ferment de fucceffeur préfomptif; de même qu'il reçut, pour lui, le ferment des États au mois d'août 1421.

De 1422 à 1425, il prit une part active aux guerres que le Roi de Navarre & Don Juan d'Aragon, fon gendre, foutinrent contre le Roi de Caftille, & leur envoya un notable fecours & renfort de gens de guerre qu'il avoit affemblés à fes frais dans le pays des Bafques & dans la Gafcogne, fous la conduite de *Gratian de Gramont*, Seigneur d'*Auns* & d'*Olhaïby*, fon coufin germain, lequel étoit fils de *Verdot* de Gramont, fon oncle, dont nous parlerons ci-après. Auffi lorfque, par la mort de Charles III, furvenue le 8 feptembre 1425, Don Juan d'Aragon devint Roi de Navarre, du chef de fa femme Blanche, fous le nom de Juan II, les nouveaux Souverains choifirent Jean de Gramont pour aller, comme leur Ambaffadeur, notifier leur avénement à Rome, & rendre au Saint-Siége l'obédience, ainfi que leurs prédéceffeurs les Rois de Navarre avoient coutume de faire.

*Il eft nommé Ambaffadeur à Rome pour notifier l'avénement de Jean II & Blanche de Navarre (1425).*

Un des derniers actes de la vie de Charles III avoit été la création du Comté de Lerin, en faveur de Louis de Beaumont, qui avoit époufé une de fes filles nommée Juana, & comme ces terres de Lerin étoient très voifines de Bidache & des autres domaines de la Maifon de Gramont qui y prétendoit des droits, les Seigneurs de Gramont en reffentirent du mécontentement & de la jaloufie, d'autant plus que cette fille de Charles III n'étoit pas légitime, &

que le Seigneur de Beaumont avoit déjà en maintes occafions marqué fon inimitié à leur Maifon.

Il exiftoit depuis longtemps entre ces deux familles une grande rivalité, & comme difent les auteurs du temps, elles s'envioient leurs grands établiffemens. Ces querelles prirent dans la fuite de telles proportions que, pendant un demi-fiècle, elles enfanglantèrent la Navarre, qui fe partagea en deux factions dites de Gramont & de Beaumont. C'eft pourquoi nous avons fignalé ce dernier acte de Charles III, qui contribua puiffamment à faire éclater la difcorde, dont nous retrouverons par la fuite les triftes conféquences.

**Origine des Seigneurs de Beaumont.**

L'origine des Beaumont remontoit à Louis, Seigneur de Lucé en Normandie, troifième fils de Philippe d'Évreux & de Jeanne de France, qui régnèrent en Navarre l'an 1328. Louis de Lucé ayant époufé l'héritière du Comté de Beaumont-le-Roger en Normandie, porta depuis le nom de Beaumont, conjointement avec celui de Lucé, que l'on difoit auffi Luxe & Luz fuivant la coutume du temps qui varioit les écritures. De ce mariage naquit Charles de Beaumont, Seigneur de Luz, qui fuivit la fortune de fon oncle le Roi Charles II dit le Mauvais, & s'établit en Navarre où il époufa la fille du Vicomte de Mauléon. Il fut fait Alférez Major, c'eft-à-dire porteur de la bannière royale, office appartenant au Grand Sénéchal du Royaume, dont il prit les armes & le titre pour le tranfmettre à ceux de fa Maifon. Or les Gramont qui jufqu'alors avoient tenu le premier rang en Navarre, dont ils étoient Maréchaux héréditaires, ne virent pas fans inquiétude s'élever auprès d'eux cette nouvelle & puiffante Maifon venue de l'étranger, & de là naquirent des querelles fréquentes qui ne tardèrent pas à dégénérer en un état d'hoftilité permanente.

La nobleffe de Navarre fe partagea entre les rivaux, de forte qu'à la mort de Charles III on diftinguoit en Navarre deux partis ennemis & fans ceffe aux prifes, qui fe nommoient de Gramont & de Luz, ou Gramontois & Lufetains. « Omnes igitur fere Navarræ nobiles divifi funt in partes duas quarum alii Lufam alii Agramontem oppidum poffident... ab Agramonte itaque Agramontani & à Lufa Lufetani dicuntur. » *(Hiftoriæ hifpaniæ Scriptores. L. M. Siculus.)*

Charles de Beaumont eut un fils bâtard qui fut Louis de Beaumont, lequel époufa Juana, fille bâtarde de Charles III, & reçut en dot le Comté de Lerin.

Jean de Gramont à fon retour de Rome vécut tantôt à Bidache, tantôt à la Cour de Navarre, où le rctenoit l'amitié du Roi & de la Reine. En 1429 il renouvela à Don Juan & à Blanche les hommages de fes prédéceffeurs, pour fon Château de Gramont & fes fiefs navarrois, & ceux-ci lui confirmèrent les deux cent vingt cinq livres de rente de Sanchetes, qu'il avoit fur le péage de Burguete. (*Annales de Navarra*, t. IV, p. 432. Caxon de homenages.) Cet acte eft aux Archives de la Maifon.

Il mourut en 1430, laiffant deux enfans :

Enfans de Jean I & de Marie de Montàut.

1° *François*, qui fuit ;

2° *Claire de Gramont*, mariée à *Roger d'Efpagne*, Sénéchal de Touloufe.

Roger d'Efpagne Iᵉʳ du nom, iffu d'une branche de la Maifon des Comtes de Comminges, étoit fils d'Arnaud d'Efpagne IIIᵉ du nom & de Gaillarde de Miremont, Dame d'Auraigne & de Beaufort. Il étoit Seigneur de Montefpan, de Durfort, d'Auragne, de Ruis, de Pelleporc de Saint-Bauzille, d'Orfas, de Bénagues, de Ramefort, de Caffagne-Belle, d'Aulon, de Pérouzet de Séglan, de Garifcan, de la moitié de Valentine, de Villeneuve de Rivière, d'Auffon, de la moitié de la ville de Montréal, de Cuguron, des Toureilles, de Belloc, de Cafavil, de l'Efcuffan, de Saint-Laurent, de Mazères de Saunac, de la troi-fième partie de Cazères, de toute la vallée de Lauron contenant vingt villages, Sénéchal de Touloufe, &c., &c.

On voit par fon teftament qu'il avoit été marié en premières noces avec Efclarmonde de Miremont de Durfort.

Il eut de Claire de Gramont plufieurs enfans, dont un, Arnaud-Raimond d'Efpagne, fut Évêque d'Oloron de 1420 à 1438. « Arnaldus-Raimundi d'Efpagne Rogero Domino Montifpani Senefcallo Tolofæ, ex Clarâ de Acro-monte genitus memoratur in actis publicis Epifcopus Olorenfis annis 1420, 1436 & 1438, in chartâ Sorduenfi. » (*Gallia chriftiana*, t. I, p. 1275). En 1450 il paffa à l'Évêché de Comminges où il fiégea jufqu'en 1462. (Mon-lezun, *Hiftoire de Gafcogne*, t. V, p. 38.)

Les armes de la Maifon d'Efpagne-Montefpan font : d'argent au lion de gueules, armé & lampaffé d'azur, accompagné de fept écuffons de finople pofés en orle, & chargés chacun d'une fafce d'or.

Enfans des frères d'Arnaud-Raimon II.

Il nous faut retourner maintenant un fiècle en arrière aux frères d'Arnaud-Raimon II, oncles de Jean I de Gramont & parler de deux d'entre eux que nous avons déjà mentionnés au commencement de ce chapitre, favoir : Bernard dit Verdot ou Berdot, qui fut chef d'une feconde branche, & Vébiot ou Bébiot.

**Vébiot de Gramont, feptième fils d'Arnaud-Raimon I.** VÉBIOT de Gramont, auquel fon père, Arnaud-Raimon Iᵉʳ, avoit laiffé par teftament un domaine affez important, eut un fils nommé *Floriftan* qui s'acquit, par fes fervices, la faveur du Roi & de la Reine de Navarre ( Juan II & Blanche ). Il avoit époufé *Éléonore Franget*, & les Annales de Navarre rapportent un acte de 1430, par lequel ces Souverains font à Meffire Floriftan de Gramont & Éléonore Franget, fon époufe, donation du village & château de Montagu avec fes dépendances, rentes, cens & juridiction, excepté la pleine autorité, le reffort & la haute juftice (t. IV, p. 432). Il vivoit encore en 1497 & étoit Gouverneur de Navarre. « *Floriftanus Acrimontanus gubernator fuit Navarræ anno* 1497. » (Oihenart. *Notitia utriusque Vafconiæ*, p. 362.)

**Verdot de Gramont, Seigneur d'Auns & d'Olhaïby, deuxième fils d'Arnaud - Raimon I.** BERNARD dit VERDOT ou BERDOT de Gramont, ce qui, fuivant la coutume du temps & l'idiome du pays, eft une abréviation de Bernardot, étoit le fecond fils d'Arnaud-Raimon Iᵉʳ, &, comme nous l'avons dit, il reçut en partage un héritage confidérable qu'il accrut encore en époufant *Garcie Dame d'Auns & d'Olhaïby*, qui poffédoit de grands & riches domaines. La plupart des noms de ce temps s'écrivant avec des orthographes variables, il eft néceffaire de les mentionner toutes pour éviter autant que poffible la confufion qui en réfulte ; c'eft pourquoi nous dirons que ces domaines d'Auns & d'Olhaïby fe défignoient auffi comme Aox & Olaviès. On le voit dans un acte du 22 feptembre 1415, par lequel *Noble Dame Garcie*, veuve de Verdot de Gramont, Seigneur d'Aox & d'Olaviès, Monfeigneur *Garcie de Gramont*, fon fils, Seigneur des mêmes lieux, & Guilhem-Arnaud de Leu, comme fondé de Noble Monfeigneur Jean, Seigneur de Gramont, de Mucidan & de Blaye, règlent la dot de *Marie de Gramont*, fille de Dame Garcie & de feu Verdot, fœur de *Garcie* (dit Gratien) & coufine germaine de Jean, pour fon mariage avec Noble Baron Meffire Ramond-Arnaud, Seigneur de *Coarafe* & *d'Afpet*. L'acte fait au château de Coarafe, en préfence des parties & d'Archambaud de Foix, Seigneur de Navailles, eft au cabinet de D. Villevieille. ( *Pièces & Documens. Annexe* Nº 9. )

Un autre acte du 27 août 1407, qui eft aux Archives de la Maifon, désigne les mêmes fiefs fous les noms d'Aus & Olhabi. C'eſt une quittance de dîme donnée par l'Évêque d'Oloron à Bernard de Gramont, dit Verdot.

VERDOT de Gramont mourut en 1414, laiſſant deux enfans, qui ſont nommés dans l'acte que nous venons de citer, ſavoir :

1° *Gratien* de Gramont, qui s'appeloit auſſi Garcie, du nom de ſa mère.

2° *Marie,* mariée au *Baron de Coaraſe,* Seigneur d'*Aſpet.*

GRATIEN ou GRATIAN de Gramont ſuccéda à ſes père & mère ès terres d'Auns & d'Olhaïby; il commença, dès ſa jeuneſſe, par ſervir dans les compagnies de guerre, que ſon couſin Jean de Gramont avoit fournies & miſes à la ſolde du Roi d'Angleterre. C'étoit en 1412, alors que pluſieurs prétendans ſe diſputoient la couronne d'Aragon, laiſſée vacante par la mort de Martin. Le comte d'Urgel, l'un d'entre eux, ayant fait abandon de ſes droits au Royaume de Sicile en faveur du Duc de Clarence (Thomas, 2ᵉ fils de Henri IV, Roi d'Angleterre), celui-ci s'engagea à lui envoyer des ſecours pour ſoutenir ſes prétentions en Aragon. Il fut, en conſéquence, convenu que Gratien de Gramont, Capitaine des gens de guerre qui étoient à Bordeaux à la ſolde du Roi d'Angleterre, entreroit en Aragon avec ſes compagnies pour y faire la guerre ; des conventions analogues furent faites avec d'autres Capitaines, &, entre autres, Baſile de Gênes & Anglot. Mais ces troupes raſſemblées à la hâte par Don Antonio de Luna dans tous les pays de la Gaſcogne, étoient tellement diviſées entre elles par des méſintelligences réciproques, qu'on dut leur aſſigner des routes différentes pour entrer en Aragon, & elles furent d'un médiocre ſecours au Comte d'Urgel, qui, vaincu & pris par ſon compétiteur, perdit en outre ſon Comté d'Urgel, qui fut confiſqué & réuni à la couronne d'Aragon par Ferdinand. ( *Pièces & Documens. Annexe* N° 10. )

Gratien, revenu en Navarre, ne tarda pas à reprendre les armes, & il s'acquit un grand renom dans les guerres que la Navarre & l'Aragon ſoutinrent contre le Roi de Caſtille, de 1415 à 1425. En conſidération de ſes ſervices, il fut nommé, par le Roi de Navarre Charles III, Maître d'Hôtel-Major de ſon petit-fils Don Carlos, Prince de Viane, dont Jean de Gramont étoit tuteur, &, à cette occaſion, il reçut en donation les moulins de Saint-Jean & la ville de la Baſtide Clairence. (V. *Tréſor des Chartes* aux Archives de Pau.)

En ce temps, les Gramont joüiſſoient en Navarre de la plus grande

Gratien de Gramont
(1400.)

influence, & les Souverains de ce pays leur donnoient des marques fréquentes de leur amitié & de leur confiance.

Gratien épouſe Marguerite de Navarre (1429.)

Une des plus grandes fut le mariage de Gratien avec Marguerite de Navarre, ſœur puînée de la Reine Blanche, qui eut lieu en 1429, quatre ans après la mort de Charles III. A cette occaſion, Gratien reçut des Domaines très conſidérables qui provenoient des terres de Geoffroy de Navarre, Comte de Cortez, frère naturel de la Reine, & qui avoient fait retour à la couronne par confiſcation, à cauſe de la trahiſon du dit Geoffroy qui avoit embraſſé le parti de la Caſtille. Une autre part de ces domaines avoit été donnée à Pierre de Péralta, parent de Geoffroy. (*Annales de Navarre*, t. IV, p. 432. *Pièces & Documens. Annexe* Nº 11.)

Le mariage de Gratien & cette grande donation qui en faiſoient un des plus puiſſans Seigneurs de Navarre, n'étoient pas, de la part de Juan II & de Blanche, de ſimples actes de faveur ou de libéralité, mais ils ſe rattachoient à la politique de la couronne de Navarre, qui vouloit dominer l'une par l'autre les factions du pays, ne pouvant les dompter enſemble. C'étoit la contre-partie du mariage de Louis de Beaumont avec Juana de Navarre, & de la création du Comté de Lerin par Charles III ; d'autant plus que le Comte de Lerin commençoit à ſe déclarer l'adverſaire de Blanche & de Don Juan, cherchant à ſoulever le pays contre leur autorité.

Peu de temps après, en 1430, Jean de Gramont mourut, ainſi que nous l'avons vu plus haut, & comme ſon fils François étoit mineur, Gratien fut chargé de ſa tutelle & du Gouvernement de la Souveraineté de Bidache juſqu'à ſa majorité, qui vint en 1435. Conſeiller & ami de ſon couſin, Gratien le dirigea pendant toute ſa vie, & tint le premier rôle dans la plupart des événemens qui agitèrent alors la Navarre. Il ſurvécut à François, & comme celui-ci ne laiſſa pas d'enfans mâles, Gratien devint, à ſa mort, chef de la Maiſon & Souverain de Bidache. Nous le retrouverons plus loin en cette qualité, l'an 1454, après avoir expoſé l'hiſtoire des vingt-quatre années qui nous en ſéparent.

## XVII.

François I ( 1430 - 1460).

FRANÇOIS Iᵉʳ du nom, Seigneur de Gramont, Prince Souverain de Bidache, Ricombre & Maréchal de Navarre, Comte de Blaye, Seigneur de Muſſidan, de Blaignac, &c., &c., ſuccéda à ſon père Jean Iᵉʳ, l'an 1430.

Comme il étoit encore mineur, ſa mère, Marie de Montaut, fut nommée tutrice & adminiſtratrice (on lit dans les vieux textes adminiſtrareſſe) de ſes biens, & Gratien de Gramont, Seigneur d'Auns, d'Olhaïby & de Videren, ſon tuteur, chargé du Gouvernement de Bidache & de toutes ſes terres, juſqu'à ce qu'il fût en âge de gouverner lui-même.

Lorſqu'il ſe vit en état de porter les armes, à l'exemple de ſon père, il aſſiſta le Roi Don Juan dans les guerres qu'il eut contre la Caſtille, & dans toutes les difficultés qui lui furent ſuſcitées en deçà des monts. Il prit auſſi une bonne part aux guerres qu'il y eut en Guyenne, & ſuivit, pendant pluſieurs années, le parti du Roi d'Angleterre juſque vers l'an 1441.

« Le 12 avril 1430, le Sénéchal de Guïenne accorde à François, Seigneur de Gramont & de Muſſidan, le Gouvernement des paroiſſes de Bardos, Vert, Aurencoen, Senperet & Aleren, avec une rente de 1200 livres ſterling à prendre ſur icelles, tout ainſi que le Roi d'Angleterre les avoit ci-devant données à vie à feu Jean, Seigneur de Gramont, père du dit François. » (*Bureau des finances de Bordeaux*. Regiſtre E, fol. 136.)

Il étoit un des plus puiſſans Seigneurs de la Province, dans laquelle il poſſédoit une quantité conſidérable de beaux fiefs, qui ſont ſpécifiés dans l'hommage qu'il rendit, en 1439, à Jean, Comte de Huntington, Lieutenant Général du Roi d'Angleterre en Guyenne. Ces terres étoient : Le Comté, la ville & la for/tereſſe de Blaye avec toutes ſes appartenances, Muſſidan & Aubeterre en Périgord, Repaire-Brune, Saint-Chartier, Saint-Privas, Saint-Lados en Bazadois, Saint-Béat & Saint-Louis au diocèse de Périgueux, le Petit Montignac, Gallot, & pluſieurs autres lieux qui ſont déclarés en termes généraux dans cet hommage avec la Seigneurie de Blaignac en Bazadois. (V. *Bureau des finances de Bordeaux*. Regiſtre E, fol. 136.)

L'an 1441, le Roi Henri VI d'Angleterre confirma tous ces fiefs par un acte du 20 octobre qui eſt aux Rolles Gaſcons : « Rotulus vaſconiæ de anno 1441. 20 Henrici VI. Membranæ 22, 21 & 20. N° 5. de confirmatione pro Franciſco Domino de Gramont de caſtris & locis ibi mentionatis. Teſte Rege ut ſupra 20 die octobris. » (*Catalogue des Rolles Gaſcons*, part. I, p. 223.)

L'année ſuivante, 1442, le Roi de France Charles VII ayant porté la guerre en Gaſcogne & en Languedoc pour en déloger les Anglois, François de Gramont & les ſiens ſe rangèrent du parti de la France, qu'ils ne quittèrent plus déſormais. Nous reviendrons plus tard ſur ce ſujet.

François prend parti pour Charles VII, contre l'Angleterre, dans les guerres de Guyenne.

François, devenu majeur en 1435, épouſa ISABEAU DE MONTFERRAND.

Le contrat de mariage, rédigé en béarnois & daté du 4 juin 1435, eſt aux Archives de la Maiſon.

A partir de ce temps, il prit lui-même le Gouvernement de Bidache & de ſes autres Domaines, & accorda la mainlevée de pluſieurs séqueſtres antérieurs à ſa majorité. (*Pièces & Documens. Annexe* N° 12.)

De ſon côté, Gratien de Gramont ayant perdu ſa première femme, Marguerite de Navarre, avoit épouſé en ſecondes noces une autre Princeſſe du Sang Royal, ANGLESSE DE NAVARRE, qui étoit fille de Don Leonel de Navarre, fils de Charles II, &, par conſéquent, couſine germaine de ſa première femme Marguerite, ce qui eſt expliqué tout au long dans les diſpenſes de l'Égliſe qui lui furent accordées pour la célébration du mariage, leſquelles ſont aux Archives de la Maiſon.

Par cette union, Gratien de Gramont ſe lia d'étroite parenté avec le Maréchal Don Pedro de Navarre & tous ceux de ſa famille, de même qu'il étoit lié d'amitié avec les Seigneurs de Péralta, tous partiſans & ſerviteurs des Souverains de Navarre, & diviſés de ſentiment avec les Comtes de Lerin, Seigneurs de Beaumont, & de Lucé, qui avoient vu leur puiſſance & leur faveur diminuer à la mort de Charles III.

En ce temps, le Roi Don Juan, profitant d'une trêve de cinq ans qui avoit mis fin à ſes guerres avec la Caſtille, étoit allé rejoindre ſon frère Alphonſe V, Roi d'Aragon, en Italie, occupé à la conquête du Royaume de Naples. Il avoit laiſſé le Gouvernement de la Navarre à la Reine Blanche, de même que ſon frère avoit laiſſé celui de l'Aragon à la Reine Marie. Le 5 août 1434, Juan II, Alphonſe V, & leur frère Don Henri, avoient été vaincus & faits priſonniers à la bataille navale de Gaëte par le Duc de Milan. Quelle que fût la ſageſſe des deux Reines, elles n'avoient pu maintenir dans l'obéiſſance les puiſſantes factions qui diviſoient alors leurs Royaumes, & leur autorité Royale étoit plus nominale que réelle. Les Seigneurs de Navarre s'étoient partagés en deux camps, dont l'un tenoit pour la Maiſon de Gramont & l'autre pour celle de Lucé, qui étoit de Beaumont & de Lerin, ayant à ſa tête Louis de Beaumont, comte de Lerin. Les deux familles ne tardèrent pas à en venir aux mains & firent de grandes levées d'hommes dans leurs terres, dans le pays des Basques & la Navarre haute & baſſe, de telle ſorte que tout le pays fut en proie à la guerre civile. Ce fut le commencement des querelles ſanglantes qui déſolèrent la Navarre pendant un demi-ſiè-

Gratien épouſe en ſecondes noces Angleſſe de Navarre.

cle , & finalement amenèrent la diffolution & le partage de ce Royaume.

Telle étoit la fituation lorfque le Roi Jean II, mis en liberté par le Duc de Milan, revint en Navarre, & fon premier foin fut de s'appliquer à rétablir la paix. A cet effet, il rendit un décret, conjointement avec la Reine Blanche, pour arrêter les enrôlements & défarmer les factions. Cet acte, daté du 9 avril 1438, eft rapporté dans les Annales de Navarre, &, pour l'intelligence de ce récit, nous reproduirons le paffage qui le concerne.

Décret de Jean II & de Blanche de Navarre pour rétablir la paix entre les Gramont & les Beaumont.

« La divifion s'échauffant entre les deux partis, le feu devint fi ardent que le Roi, après fon retour de Naples en 1438, & la Reine Blanche, fa femme, furent obligés, pour l'éteindre, de rendre un décret que nous rapporterons ici à caufe du grand jour qu'il jette fur ce point obfcur de notre hiftoire. »

« Don Juan, par la grâce de Dieu, Roi de Navarre, Infant d'Aragon & de Sicile, Duc de Nemours, de Candie, de Montblanc, Comte de Ribagorza & Seigneur de la ville de Balaguer, & Dame Blanche, par la même grâce, Reine & héritière-propriétaire du dit Royaume, Ducheffe des dits Duchés, Comteffe des dits Comtés & Dame de la dite ville de Balaguer, à tous ceux qui les préfentes lettres verront & entendront, falut. Nous faifons favoir qu'il eft parvenu à notre connoiffance que les Seigneurs de Gramont & de Lufe, non obftant la paix par nous faite entre eux, leurs partifans & leurs familles, lèvent & enrôlent des hommes de cavalerie & d'infanterie, pour s'en fervir & s'en aider à titre de partifans, ce qui tourne à notre grand préjudice ; nous, voulant remédier à cet abus comme il convient, défendons par la teneur des préfentes ou par une copie faite en due forme à tous & qui que ce foit de notre Royaume, de quelque état, dignité & élévation qu'il foit, d'être affez hardi & affez ofé pour aller fe joindre aux dits Seigneurs de Luxe & de Gramont, ni de fortir de notre Royaume pour raifons des dites factions, par foi ni par d'autres, ni de leur envoyer aucunes perfonnes ; & fi quelques-uns y font allés, nous leur enjoignons de revenir, fous peine d'être regardés, qui que ce foit qui en agiffe autrement, comme coupables de trahifon ; & pour que perfonne ne puiffe prétexter caufe d'ignorance de notre défenfe, nous ordonnons qu'elle foit annoncée & publiée dans les villes & bourgs de notre Royaume aux lieux accoutumés. Donné en notre ville d'Olite, fous notre fceau de chancellerie, le neuvième jour d'avril, l'an de notre Seigneur mil quatre cent trente-huitième, BLANCHE. Par le Roi & la Reine, en leur Confeil. *Simon de Leoz.* »

« Ce décret fe trouve à la Chambre des Comptes à Pampelune, & à la fin eft le certificat qu'il a été publié à Olite & autres lieux du royaume. » ( *Annales de Navarra*, t. IV, p. 493. *Pièces & Documens. Annexe* N° 13.)

Les efforts du Roi & de la Reine obtinrent un fuccès paffager, & le calme fe rétablit, du moins à la furface. Sur ces entrefaites, la Reine Blanche mourut en 1441, &, par fon teftament, elle inftitua fon fils, Don Carlos, Prince de Viane, héritier du Royaume de Navarre, l'engageant à ne gouverner que fous le bon plaifir de fon père, qui confervoit le titre de Roi que lui avoit accordé Charles III. Don Carlos fe foumit, & la concorde régna pendant quelques années dans la famille royale. Quant aux querelles inteftines des Gramont & des Beaumont, elles demeurèrent affoupies pour quelque temps, ces Seigneurs ayant trouvé le moyen de fatisfaire leur rivalité en prenant une part active dans des camps différens à la guerre qui s'allumoit entre la France & l'Angleterre.

Charles VII, tournant tous fes efforts contre les Anglois, avoit porté la guerre en Gafcogne & en Languedoc. L'an 1441 il engagea Gafton IV de Béarn & Mathieu de Foix fon oncle, Comte de Comminges, à le feconder, ce qu'ils firent avec empreffement, & comme la plupart des Seigneurs d'Aquitaine étoient demeurés fous la bannière Angloife, le Roi de France attachoit un grand prix à gagner de fon côté le Seigneur de Gramont, qui tenoit des places de grande importance en Guyenne & près de Bordeaux. A cet effet il employa le Comte de Foix, dont la famille étoit alliée à la fienne, & les Seigneurs de Navailles & de Viéla, pour traiter avec François de Gramont à des conditions qui feroient convenues entre eux.

François cède le château & la ville de Blaye, à Charles VII (1442).

Au commencement de 1442, un traité fut conclu par lequel le Roi Charles VII convint avec François de Gramont, moyennant qu'il lui promettoit de fe mettre de fon parti, de lui rendre après la guerre & de lui remettre entre les mains fon château & fa ville de *Blaye*, les Seigneuries de *Haftingues* & de *Guiche*, avec juftice haute, moyenne & baffe, les terres de Meffire Henri Bouet en Bordelois, les terres de... (le nom eft effacé dans l'acte original) & la terre de Ceffat. De plus, il accorda Trêmes & la Sénéchauffée de Carcaffonne, jufqu'à ce qu'il eût été fait au dit Seigneur affiette de fix cents livres de rente, & lui confirma les rentes & revenus que fes prédéceffeurs poffédoient à la Réole, Saint-Macaire, Marmande & Langon, les naffes fur la rivière de Garonne & généralement toutes les autres terres qui pouvoient lui appartenir, tant de fon chef qu'à caufe de fes autres parens, auxquels il devoit fuccéder. Il fut arrêté de plus qu'en récompenfe de Blaye, place très importante alors par la force de fes défenfes & fa pofition, le Roi donneroit dans un an une ville & château, avec juftice haute, moyenne & baffe, valant autant que Blaye, & en outre le Roi s'engageoit à payer au dit Seigneur mille livres de rente, à prendre fur le Domaine de Languedoc, jufqu'à ce que le traité fait entre eux eût reçu fon entière exécution. (*Tréfor des Chartes*, Regiftre B., Pièces 185 & 288.)

François de Gramont accomplit fidèlement fes promeffes & oncques depuis ni lui ni fes defcendans ne quittèrent le parti de la France, bien que le Roi d'Angleterre en haine de cette réduction au fervice de la France, fît faifir la place de Blaignac & autres terres qu'il poffédoit en Guyenne, ainfi que le château de Lombrières & les droits qu'il prenoit fur la coutume de Bordeaux.

Quant au Roi Charles VII, il nomma François de Gramont fon Confeiller d'État & Chambellan ; mais fous divers prétextes il n'exécuta pas les claufes du traité, & malgré des promeffes réitérées il laiffa fans compenfations la plupart des facrifices que celui-ci avoit fait pour le fervice de fa caufe. Ce manque de foi de la part du Souverain fut l'objet de maintes réclamations qui furent renouvelées en plufieurs occafions, & jufqu'à nos jours, fous les règnes fuivans, par les fucceffeurs de François, mais fans fuccès, comme nous le verrons par la fuite.

Cette même année 1442, François de Gramont prit une part active à la bataille livrée devant Tartas, & dans laquelle les Anglois furent vaincus par l'armée de France & de Béarn. Une trêve de plufieurs années fuivit cette campagne.

Bataille de Tartas (1442).

Trois ans après la mort de la Reine Blanche de Navarre, en 1444, Juan II époufa en fecondes noces l'Amirante de Caftille, Juana Henriquez, femme ambitieufe & violente, qui vint en Navarre & prit en fes mains le gouvernement du Royaume, au détriment de Don Carlos qu'elle pourfuivoit de fa haine & de fa jaloufie. Juan II foit par faibleffe, foit pour d'autres caufes, eut le tort d'autorifer cet empiètement fur les droits de fon fils, & d'un autre côté le prince de Viane pouffé & excité par les factions qui s'étoient groupées autour de lui, eut le tort non moins grand d'outrager fon père & de lui difputer en fon entier l'exercice de l'autorité fouveraine. De là naquit une guerre civile qui fut fatale à la Navarre.

18

Commencement de
la guerre civile dans
la Navarre, qui fe par-
tage en deux camps
dits de Gramont & de
Beaumont (1444).

Le Prince de Viane étoit très lié avec ceux de la faction de Beaumont, &
pendant toutes les guerres qui fuivirent ce furent Louis de Beaumont, Comte
de Lérin, & Jean de Beaumont qui commandèrent fes armées, en forte que le
parti de ce Prince fe nommoit les *Beaumontois Biafmontefes* ou les
*Beaumont.*

Par contre, les Seigneurs de Gramont foutinrent les droits du Roi
Jean II auquel les rattachoient les liens de la reconnoiffance & ceux du
fang, & comme Gratien de Gramont étoit, par fon mariage, allié de Pierre de
Navarre, Marquis de Cortez, de Philippe de Navarre & de Pierre de Peralta,
tous ces Seigneurs étoient autant de chefs dans le parti des *Gramontois,*
*Agramontefes,* que l'on nommoit les *Gramont.*

De là naquit une confufion de quelques auteurs qui ont écrit que les
*Gramont* étoient *Marquis de Cortez,* s'appelant de Navarre & en portant

Marquis de Cortez.

les armes. La vérité eft que le nom de Marquis de Cortez étoit porté par
Pierre de Navarre, dont le frère, Geoffroy de Navarre, Comte de Cortez,
avoit été dépoffédé de fes fiefs pour caufe de trahifon, lesquels fiefs avoient
été donnés en partie à Gratien de Gramont, fon beau-frère, & à Pierre de
Peralta. Suivant un ufage du temps, Gratien de Gramont réuniffoit l'écu de
Navarre à celui de Gramont, du fait de fes deux femmes, qui étoient toutes
deux de Navarre; de forte que la bannière des Gramont portoit les armes de
Navarre avec celles de Gramont, & pour devife les mots : « *Dios nos*
*ayude.* » Mais les armes des Gramont n'étoient pas celles de Navarre, ni
unies à celles de Navarre, &, d'après ce qu'on voit de l'écu de *Roger de*
*Gramont,* fils de Gratien, il ne portoit que le lion d'azur rampant fur un
champ d'or, qui eft de Gramont, avec la devife : « *Soy lo que foy,* » bien
que par fa mère, qui étoit de Navarre, il eût pu écarteler des dites armes.

Ces troubles de la Navarre fe compliquoient encore par la guerre que
Charles VII, Roi de France, avoit recommencée contre les Anglois, en
Guyenne, Gafcogne & Languedoc, à l'expiration de la trêve conclue à Tartas
en 1442. Les Beaumont tenoient pour l'Angleterre, & les Gramont avec les
Béarnois & ceux de Comminges, tenoient pour la France.

Siége & capitulation
de Bayonne (1448).

L'an 1448, Charles de Beaumont, qui avoit reçu de Don Carlos le titre
de Connétable, défendoit Bayonne pour le compte des Anglois. Jean de
Beaumont l'y avoit remplacé en 1451, lorfque Gafton de Béarn vint mettre
le siége devant la place & la prit après une vigoureufe réfiftance. Gratien &

François de Gramont avoient accompagné Gaston en cette expédition & avoient joint leurs troupes aux fiennes. Bernard de Béarn, qui avoit époufé Ifabeau de Gramont, fille aînée de François, périt à ce fiége d'un coup d'arquebufade; nous parlerons de lui ci-après.

Auffitôt après la capitulation de Bayonne, les factions de Navarre reprirent les hoftilités avec une vigueur nouvelle. Les Beaumont s'emparèrent de Pampelune, d'Olite, de Saint-Jean-Pied-de-Port, d'Ayvar & de quelques autres villes, puis vinrent mettre le siége devant Eftella, où fe trouvoit alors la Reine.

Les Gramont, de leur côté, fe difpofoient à reprendre l'offenfive. Les deux armées fe rencontrèrent près de Viana, alors occupée par les Gramont, & Carlos, battu & fait prifonnier, fut conduit à Tafala. L'intervention des Seigneurs Aragonois amena une réconciliation entre le père & le fils, qui dura jufqu'en 1455; mais alors Don Carlos, ayant rompu fa foi & outragé d'une manière fanglante un envoyé du Roi, fon père, la guerre recommença avec acharnement. Juan II, offenfé & irrité contre fon fils, le défhérita ainfi que fa fœur, Blanche de Caftille, &, les déclarant déchus de leurs droits, tranfmit leur héritage à fa feconde fille Éléonore, femme de Gafton de Béarn.

*Bataille de Viana (1449).*

A vrai dire, le Roi Juan II n'avoit pas le droit de difpofer ainfi d'un héritage qui ne dépendoit pas de lui; mais cette déchéance de Don Carlos fournit au Comte de Béarn un prétexte dont il fut tirer parti. S'armant auffitôt pour la défenfe de fon beau-père, il marche fur Eftella & y atteint l'armée de Don Carlos. La bataille fut livrée fous les murs de la place, & Don Carlos, complètement battu, dut prendre la fuite (1455).

*Bataille d'Eftella (1455).*

A partir de ce moment, foit laffitude, foit épuifement, l'ardeur des factions fe modère un peu. Jean de Beaumont, Comte de Lérin, gouvernoit les quelques villes reftées au pouvoir du Prince de Viane, qui s'étoit réfugié en Italie près de fon oncle, Alphonfe d'Aragon; les Gramont tenoient les places du Roi & de la Reine, & Gafton étoit allé à la Cour de France, laiffant le commandement des troupes béarnoifes à Sanche-Garcie d'Aure, Vicomte d'After, dont nous avons déjà parlé au chapitre V, lequel étoit Sénéchal de Bigorre, & périt en cette guerre au fiége de Garris. Le Roi d'Aragon voulant mettre un terme aux difcordes qui défoloient ces Provinces, envoya des Ambaffadeurs à fon frère Juan, ainfi qu'aux Gramont & aux Beaumont ( en

l'an 1457, d'après Faget de Baure), & les fit engager à rendre la paix à la
Navarre & à remettre leurs querelles à fon jugement. Après plufieurs tentatives infructueufes, le Roi de Caftille ayant joint fes efforts à ceux du Roi
d'Aragon, il fut convenu qu'Alphonfe V jugeroit plus tard les différends
d'une manière définitive, & qu'en attendant les partis obferveroient une trêve
fcrupuleufe (1458).

Mort d'Alphonfe V.
— Juan II Roi d'Ara-
gon. — Sufpenfion de
la guerre civile (1458).
Alphonfe V, dit le fage & le magnanime, mourut à Naples la même année,
le 28 juin, & fon frère Juan II, appelé au trône d'Aragon, voulut à cette
occafion oublier fes diffentimens avec Don Carlos. Le 20 novembre 1459,
la réconciliation fe fit entre le père & le fils, & les factions fufpendirent leurs
hoftilités.

François de Gramont mourut au commencement de 1463, ayant dès
fon enfance pris une part active aux événemens de tout genre dont ces
triftes temps ont donné le fpectacle. Son teftament, qui eft aux Archives de
la Maifon, eft daté du 1er décembre 1462.

Enfans de François I.
De fon mariage avec Ifabeau de Montferrand, il ne laiffa pas d'enfans
mâles, mais huit filles, qui font :

1° *Isabeau de Gramont*, qui hérita de plufieurs de fes Domaines. Elle
fut mariée en premières noces à Meffire *Bernard de Béarn*, Seigneur de
*Gerderetz* & de *Haget-Aubin*, Sénéchal du Pays de Béarn, dont elle eut
une fille nommée LÉONORE DE BÉARN, qui époufa, comme nous le verrons
plus tard, fon coufin ROGER DE GRAMONT, fils de Gratien. Bernard de Béarn
étoit veuf de *Catherine de Vialar*, dont il avoit eu un fils nommé *Jean de
Béarn*, lequel époufa *Marguerite de Gramont*, fœur de fa belle-mère.
Après la mort de Bernard de Béarn, tué au fiége de Bayonne, Ifabeau de
Gramont époufa en fecondes noces Meffire *Aymeric de Putz*, qui s'eft écrit
également *Puch* ou *Peuch*. (V. Bibliothèque du Roy.)

Il exifte aux Archives de la Maifon un acte d'échange relatif à certaines
dépendances de Blaye, fait entre le Roi de France Louis XI, d'une part, &
de l'autre, Bernard de Béarn, appelé Sire de Gramont, avec Ifabeau de Gramont, fa femme, fille de François de Gramont. Cet acte, en original fur
parchemin, eft daté du 10 juin 1463 & porte la fignature de Louis XI.

2° *Tonine de Gramont*, mariée premièrement au Seigneur de
*Poyanne*, fecondement à *Arnaud d'Andouins*, fils de *Jean*, *Seigneur
d'Andouins*, qui s'écrit auffi *Andoïns* & *Andoaïn*. Le contrat de ce fecond

mariage, qui eut lieu le 26 juin 1462, eſt aux Archives de la Maiſon.

3° *Claire de Gramont*, qui épouſa Meſſire *Raimond de Salignac*, Seigneur de *Maignac*, du *Chapdeuil*, *Bartillac* & autres places.

4° *Anne de Gramont*, qui épouſa Meſſire *Jean de Caupène*, Seigneur d'*Amond*, de *Saint-Cricq* & *Darricau*.

5° *Marie de Gramont*, mariée à Meſſire *Guillaume de Saint-Félix*, Seigneur de *Montpeʒat* en Languedoc, Diocèſe de Niſmes.

6° *Marguerite de Gramont*, mariée à *Jean de Béarn*, Seigneur de *Gardereſt* ou *Gerdereſt*, fils de ſon beau-frère *Bernard de Béarn*.

7° *Catherine de Gramont*, mariée à *George*, Seigneur de *Caſtelia*.

8° *Léonor de Gramont*, qui fut Religieuſe au coùvent de Sainte-Claire à Bayonne.

François laiſſa auſſi une fille bâtarde, nommée Jeannette, qui fut mariée à François de Gramont, fils de Gratien.

Avant de terminer ce qui regarde la vie de François de Gramont, nous mentionnerons encore quelques actes qui ſe firent entre le Roi Charles VII & lui à l'occaſion de la ceſſion de Blaye, & des ſacrifices qu'il avoit eu à ſubir en Guyenne pour avoir quitté le parti d'Angleterre & ſuivi celui de la France.

Ce fut d'abord un décret du Roi, du mois de mai 1453, par lequel celui-ci confirmant les précédentes conventions, mit à néant toute réclamation & tous griefs antérieurs pouvant provenir des actes d'hoſtilité faits par le dit Seigneur de Gramont, avant que celui-ci eût embraſſé ſa cauſe en 1442, au ſiége de Tartas. Ce décret eſt au Tréſor des Chartes, Regiſtre C, pièce 288. (*Pièces & Documens*, *Annexe N°* 14.)

Le 10 octobre 1459, François de Gramont ayant réclamé contre la non-exécution par le Roi Charles VII des conditionś qui avoient été convenues & acceptées par le dit Seigneur Roy en 1442, pour l'échange par ceſſion de la ville & fortereſſe de Blaye, il fut fait une enquête par devant la Grande Sénéchauſſée de Guyenne, & ayant été prouvé qu'en effet le Roi n'avoit pas rempli ſes engagemens, une ſentence du Grand Sénéchal de Guyenne intervint, par laquelle François de Gramont fut maintenu dans la poſſeſſion de la ville & château de Blaye & de ſes dépendances. Cette ſentence eſt en original & en duplicata aux Archives de la Maiſon.

Le 9 août 1460, Charles VII voulant rentrer en poſſeſſion de Blaye qui lui étoit d'un grand pɪix pour la défenſe de ſon territoire, il conclut un nou-

Contrats & traités entre le Roi Charles VII & le Seigneur de Gramont, relatifs à la ceſſion de la ville & du château de Blaye

veau traité avec François de Gramont, peu de temps avant la mort de ce dernier, par lequel le dit Seigneur Roy s'engage à donner en compenſation provifoire au Seigneur de Gramont les Châtellenies & Seigneuries d'Aurignac & de Saint-Julien en Comminges, ainſi que la terre d'Oeyregane, dont pourtant il ne put jamais jouir, à cauſe des empêchemens que lui donna le bâtard d'Armagnac, pour le regard d'Aurignac & de Saint-Julien, au moyen du don de la Comté de Comminges que le Roi Louis XI lui en avoit fait. (Voyez *Pièces originales* & autres lettres patentes accordées par Charles VII, le 28 mars & le 5 août 1460, aux Archives de la famille.) En raiſon de quoi ces conventions furent l'objet d'un nouvel accord, qui eut lieu longtemps après, en 1485, entre le Roi Charles VIII & Roger de Gramont, ainſi que nous le verrons par la ſuite.

# CHAPITRE X

## XVIII.

RATIEN de Gramont succéda comme chef de la Maison, en 1460, à François de Gramont son cousin, celui-ci n'ayant pas laissé de postérité mâle.

Une partie des biens de François avoit été dévolue par testament à ses filles & surtout à l'aînée, Isabeau, qui avoit épousé Bernard de Béarn, mais la Souveraineté de Bidache revenoit de droit à Gratien, les femmes ne pouvant y régner qu'à

Gratien de Gramont, Souverain de Bidache (1460-1471).

défaut de fuccefleurs mâles. Gratien étoit d'ailleurs, à la mort de François, un Seigneur très riche & très puiffant, tant par fon patrimoine que par les donations & avantages qu'il avoit reçus de divers Souverains dont il avoit foutenu la caufe, & auffi par les alliances Royales qu'il avoit contractées. A cette époque il étoit déjà affez avancé en âge, comme nous en pouvons juger par la part qu'il avoit prife dès l'an 1413 à tous les événemens de Guyenne, d'Aragon, de Navarre & de Béarn.

Sans revenir à ce fujet fur ce que nous avons déjà mentionné dans le chapitre précédent, nous rappellerons qu'ayant débuté dès l'an 1413 par le commandement des troupes de fon coufin en Aragon, il rendit par la fuite des fervices fi fignalés au Roi & à la Reine de Navarre, que ceux-ci lui firent époufer la Princeffe MARGUERITE DE NAVARRE leur fœur & belle-fœur,. & comme Marguerite étoit morte fort jeune & après peu d'années de mariage, il avoit époufé en fecondes noces la Princeffe ANGLESSE DE NAVARRE, laquelle étoit coufine germaine de fa première femme, ainfi qu'il réfulte des difpenfes de l'Églife accordées à cet effet. Il avoit également reçu en ces diverfes circonftances, outre la charge de Maître d'Hôtel Major (Majordome) du Prince de Viane, la donation de la ville de la Baftide-Clairence, les moulins de Saint-Jean & le tiers de tous les immenfes Domaines de Geoffroy de Navarre, Comte & Marquis de Cortez, confifqués pour félonie en 1429.

Ayant perdu fa feconde femme Angleffe de Navarre vers l'an 1448, il avoit époufé en troifièmes noces CATHERINE, DAME DE CASTELPUGEON en Béarn; & de ces trois mariages il avoit eu plufieurs enfans dont nous parlerons ci-après.

Les archives de la Maifon contiennent une charte de 1448 relative à la vente de la Seigneurie d'Efcoffe dans le Diocèfe de Dax, faite par François de Gramont à fon coufin Gratien, à la fuite d'un accord fait entre eux par Gafton de Foix. Cet acte mentionne les trois femmes de Gratien & fes enfans.

Au moment où Gratien de Gramont remplaça François comme chef de la Maifon, & prit avec la Souveraineté de Bidache le Maréchalat de Navarre vacant par la mort de fon coufin, le pays fe préparoit à un nouveau foulèvement. Don Carlos, Prince de Viane, étoit mort fubitement, & le parti de Beaumont accufoit la Reine, fa belle-mère, de l'avoir empoifonné. Il étoit foutenu par Blanche de Caftille, qui avoit envoyé en Navarre des forces confidérables; les Gramont s'étoient armés pour le Roi d'Aragon, & la guerre avoit recommencé. En France, Louis XI avoit fuccédé à Charles VII, & ce Prince voulant fe concilier Gafton de Foix, lui avoit offert la main de fa fœur, Magdelaine de France, pour fon fils aîné. Nous remarquerons ici, pour éviter toute confufion, que Gafton eft à la fois défigné par les anciens auteurs comme Gafton IV de Foix ou Gafton XI de Béarn, fuivant que l'on tient compte des anciens Vicomtes de Béarn, ou que l'on ne commence qu'aux Comtes de Foix. Le fils aîné de Gafton XI fe nommoit Gafton, Vicomte de Caftelbon.

Le contrat fe fit à Saint-Jean-d'Angély le 10 février 1462, & Gratien de Gramont reçut, à cette effet, la procuration de Gafton de Béarn. Il étoit accompagné de Triftan, Évêque d'Aire, Arnaud-Guilhem, Seigneur de Jère, & Oger du Bofc ou du Bofquet, Chancelier de Foix; & le Maréchal d'Armagnac figna avec eux pour le Roi de France. Le mariage fut célébré à Bordeaux, le 7 mars de la même année. (V. Dom Vaiffete, *Hiftoire du Languedoc*, t. V, p. 24. *Pièces & Documens. Annexe* Nº 15.)

Gratien de Gramont conclut le mariage de Gafton de Foix avec Magdelaine de France (1462).

L'an 1463, le Roi Louis XI donna à Gratien le lieu & le bourg de *Monthory*, en la Seigneurie de *Mauléon*, au pays de *Soule* en la Sénéchauf-fée des Lannes. (Bibliothèque de Saint-Germain-des-Prés. M. de Caumartin. *Table alphabétique des dons des Rois*, t. II. M. O.)

La même année 1463, Juan II, Roy d'Aragon & de Navarre, conféra, par lettres patentes à Gratien de Gramont, Souverain de Bidache, les droits Seigneuriaux fur Câmes & Sait-Jean-Pié-de-Port. Ces lettres fur parche-min, qui font aux Archives de la Maifon, portent le fceau en cire de Juan II, bien confervé.

L'an 1468, Gafton ayant réfolu d'enlever la Navarre à fon beau-père le Roi Juan II, s'allia avec les Beaumont & vint, avec le Comte de Lerin, affiéger Tudela occupée par les Gramont. Malgré l'inégalité des forces, Gratien de Gramont, fecondé de fes fils qui déjà portoient les armes, foutint un long fiége & défendit la place jufqu'à ce que le Roi Don Juan put venir à fon fecours. Gafton dut lever le fiége & contraint à battre en retraite; il fe retira en Béarn, d'où il envoya des Ambaffadeurs demander la paix à fon beau-père. Celui-ci fixa Olite pour y donner audience à fa fille Léonor & à fon gendre; mais, fur ces entrefaites, le jeune Gafton, Vicomte de Caftelbon & beau-frère de Louis XI, étant mort dans un tournois, fon père ne put venir à Olite, & les conditions de la paix furent arrêtées & conclues entre Juan II &

Siége de Tudela. — Gratien défend la place & repouffe l'en-nemi (1468).

Léonor. Il fut convenu que Juan d'Aragon confervoit le titre de Roi de Navarre pendant fa vie, pour être tranfmis à fa mort à Léonor & à Gafton. Les Gramont & les Beaumont devoient dépofer les armes & remettre à des arbitres le jugement de leurs querelles. Tel fut le traité d'Olite figné en 1470 par le Roi Juan, fa fille Léonor & les principaux chefs des armées qui venoient de fe combattre.

Le 7 feptembre 1471, Charles, Duc de Guyenne (fils de Charles VII & frère de Louis XI, Rois de France), confirma, par des lettres patentes fur parchemin, qui font aux Archives de la Maifon, encore munies de leur fceau de cire, les droits, priviléges & poffeffions déjà accordés en Guyenne à Gratien de Gramont & à fes ancêtres par fuite des conventions antérieures.

Gratien de Gramont mourut à la fin de 1471. Son teftament, qui eft daté du 12 juillet 1461, c'eft-à-dire dix ans avant fa mort, eft aux Archives de la Maifon.

Il laiffoit, des trois mariages qu'il avoit contractés, cinq fils & quatre filles, favoir :

1º *Roger* de Gramont, qui fuit ;

2º *Brunet-Fabius* de Gramont, qui fut Abbé de Sordes de 1469 à 1473.

3º *Arnaud-Guilhem* de Gramont, Abbé de Sordes de 1486 à 1488.

4º *François* de Gramont, qui époufa *Jeannette*, fille de François I de Gramont, fon coufin, & mourut fans poftérité.

5º *Jean* de Gramont, Protonotaire Apoftolique & Abbé de Sordes en 1505.

( V. *Pièces & Documens. Annexe* Nº 16.)

6º *Suzanne* de Gramont, mariée au Vicomte de *Chaud*.

7º *Magdeleine*, alliée au Seigneur de *Belzunce*.

8º *Léonor*, mariée à *Jean de Garro*, fils de Meffire *Léonel de Garro*.

9º *Ifabeau*, qui époufa *Joannet d'Andaux*, fils & héritier de Bernard de Monein, Seigneur d'Andaux & de Marguerite d'Andaux.

Il eut auffi un fils bâtard nommé *Fortaner*, qui fut Seigneur de Câmes en la Baffe-Navarre.

## XIX.

ROGER DE GRAMONT, Prince Souverain de Bidache, Ricombre & Maréchal de Navarre, fuccéda à fon père Gratien l'an 1471. Il avoit époufé fa coufine Éléonore de Béarn, fille unique & héritière de Meffire *Bernard de Béarn* & d'*Ifabeau de Gramont*, &, par ce mariage, il réuniffoit en fa perfonne la defcendance des deux branches, ainfi que la totalité des Domaines de la Maifon de Gramont, ce qui en faifoit un des plus puiffans Seigneurs de Guyenne, de Navarre & de Béarn.

Il fut en grande réputation fous le règne de Louis XII, qui le fit Sénéchal de Guyenne & l'envoya comme Ambaffadeur à Rome auprès du Pape Alexandre VI.

Roger de Gramont relevoit du Roi de France pour fes fiefs de Guyenne, de même qu'il relevoit de la Navarre & du Béarn pour le refte de fes Domaines; il étoit d'ailleurs Souverain à Bidache, &, à tous ces titres divers, il prit une part fort active aux événemens contemporains.

L'an 1474, le Roi Louis XI lui donna la Baronnie, terre & Seigneurie de Haftingues, à charge par lui de payer dix mille écus; & la même année confirma le don du bourg & du lieu de Monthory au pays de Soule, avec tous les priviléges tels qu'il l'avoit fait en 1463 pour fon père Gratien.

Baronnie d'Haftingues (1474).

L'an 1479, le Roi Louis XI érigea en faveur de Roger de Gramont la terre & Seigneurie de Câme en Baronnie avec haute-juftice. Nous avons déjà mentionné cette érection aux chap. 1 & vi, ainfi que l'erreur commife par quelques auteurs qui ont écrit qu'elle fut faite en faveur d'un Seigneur *Robert*, de la Maifon de Gramont-Caderoufle en Dauphiné. Le Duc de Gramont poffède dans fes Archives en original les Lettres-Patentes de Louis XI, ainfi que celles du Roi Louis XII, du 28 mars 1499, portant confirmation de celles accordées par les Rois fes prédéceffeurs, auxquelles font joints deux extraits de l'enregiftrement qui a été fait des dites Lettres en l'année 1500, en la Chambre des Comptes & au bureau des Tréforeries de de France. (V. *Pièces & Documens. Annexe* N° 17.)

Baronnie de Câme (1479).

Le Roi Charles VIII n'ayant pu réalifer les promeffes & les engagemens de la Couronne de France pour la ceffion de la ville & du château de Blaye faite par François de Gramont à Charles VII, avoit, par lettres-patentes du 26 feptembre 1485, donné à Roger de Gramont la moitié de la coutume de Bayonne, à quelque fomme que le revenu puiffe monter, tant pour lui que pour fes fucceffeurs mâles ou femelles, en remplacement provifoire de la ville, château & revenus de Blaye, de la grande coutume de Bordeaux, Porterie, Tonnage & Geaugeage du château de Lombrières parce que les châteaux d'Aurignac

Charles VIII donne à Roger la moitié de la coutume de Bayonne, en compenfation provifoire, pour la ville & le château de Blaye (1485).

& de Saint-Julien étoient poffédés par le bâtard d'Armagnac & la terre
d'Oeyrégane par le Vicomte d'Orthès. A la même date fut faite la déclaration
du dit Roi Charles VIII, pour entérinement de l'échange provifoire de la
coutume.

Les lettres patentes de Louis XII du 28 mars 1499, déjà mentionnées,
confirmoient celles de Charles VIII, mais ce Soùverain laiffa comme fes prédéceffeurs le contrat inachevé, & Roger de Gramont dut fe contenter de la
compenfation incomplète qui avoit été provifoirement ftipulée.

Depuis cette époque, la Maifon de Gramont réclama conftamment des
Rois de France l'exécution loyale & entière d'un contrat auffi folennel, mais
elle ne put jamais l'obtenir, & en 1784 la ville de Bayonne ayant été déclarée
Port-franc & libre par une ordonnance du Roi Louis XVI, le Duc de Gramont fut ainfi dépouillé des revenus qu'il tiroit de la coutume, à titre de compenfation provifoire. Nous verrons par la fuite comment cette revendication
devint l'objet d'un procès ruineux entre l'État & la Maifon de Gramont, &
comment les Rois de France, fucceffeurs de Charles VII & de Louis XII gardèrent en cette occafion la foi jurée par leurs ancêtres.

Bien qu'il ait pris une part très active aux événemens de la Navarre,
Roger de Gramont vécut longtemps à la Cour de France, & en maintes occafions il accompagna le Roi Charles VIII dans fes guerres, tant en deçà qu'au
delà des monts. Il étoit déjà, fous fon règne, Grand Sénéchal de Guyenne &
Gouverneur de la ville de Bayonne, charge qu'il tranfmit à fes fucceffeurs, &
fes fils, dont nous parlerons plus loin à caufe de l'éclat qu'ils ont apporté à
leur nom, étoient pour la plupart fous le drapeau de la France.

Roger de Gramont faifoit de fes richeffes un magnifique emploi & répan-
doit de grands bienfaits tant dans fa Souveraineté de Bidache que dans fes
autres Domaines. Il étoit charitable envers les pauvres, marioit & dotoit à fes
dépens les filles néceffiteufes de fes terres, & favorifoit grandement les religieux, à caufe de fa piété & de fa dévotion particulière. Ce fut lui qui fonda
les fix Prébendes de l'Églife de Saint-Jacques de Bidache, fur lesquelles bientôt après on érigea l'Églife Collégiale qui fut compofée d'un Doyen & de fix
chanoines. (*Archives de la Maifon.*)

La paix d'Olite avoit fuccédé à plufieurs années de guerre civile en Navarre. Cette trêve ne fut pas de longue durée, & Juan II ne tarda pas à rallumer les factions de Gramont & de Beaumont. Ferdinand, fon fils, étoit devenu

Roi de Caftille en 1474, du chef de fa femme Ifabelle de Caftille, fous le nom de Ferdinand V; il fe réunit à fon père pour régler la fucceffion de Navarre au préjudice de Léonor.

Les Beaumont partifans de Ferdinand attaquèrent les Gramont qui foutenoient la Princeffe, dont les droits venoient d'être folennellement reconnus & proclamés. Les luttes fanglantes reprirent avec une nouvelle ardeur jufqu'en 1477.

Guerres entre les Gramont & les Beaumont.

A cette époque, Madeleine de France, fille de Charles VII, qui gouvernoit le Béarn comme tutrice de fon fils François-Phœbus, convoqua, au château de Pau, les deux chefs de parti, favoir : Roger de Gramont & Jean de Luxe, & obtint par fa médiation qu'ils renonceroient à leurs hoftilités dans fes États. Ce traité de paix, qui eft aux Archives de Pau & aux Archives de la Maifon en double original, Béarnois & François, fut conclu le 26 août 1477. Nous en donnerons ici le préambule & quelques paffages :

« Traité de paix fait entre noble Roger, Seigneur de Gramont, & Jean, Seigneur de Luxe, tant pour eux que pour leurs fubjêtes, compagnons & alliez, par la médiation de noble Dame Magdelaine, fille & fœur de Roys de France, Princeffe de Viane, tutriffe & adminiftrareffe de la perfonne, terres & Seigneuries de François-Phébus, Comte de Foix, Seigneur de Béarn, Pair de France. »

Traité de paix entre Roger de Gramont & Jean de Luxe (1477).

« In nomine Domini, amén, fçachent tous préfens & advenir que comme à caufe des anciennes différentes queftions, débats & controverfes qui, au temps paffé, ont efté, entre les Maifons de Gramont & de Luxe & les Seigneurs alliés, adhérans, compagnons & fubiets Dicelles, & naguères fufcitées, & continuées entre les Nobles En Roger, Seigneur de Gramont & En Jean, Seigneur de Lucfe, à caufe de quoy les mefmes En Roger & En Jean en leur nom & de ceux de leur party, fubiets, compagnons & alliés traitans la trez Excellente Princeffe & trez redoutable Dame Madame Magdelaine, fille & fœur de Roys de France, Princeffe de Viane, mère, tutrice & adminiftrareffe de la perfonne, terres & Seigneuries de très Excellent Prince & très redoutable Seigneur Monfeigneur François Fébus, Prince de Viane, par la grâce de Dieu, Comte de Foix, Seigneur de Béarn, Comte de Bigorre, Vifcomte de Caftelbon, de Marfan, de Gabardan, de Néboufan, de Mauléon, de Soule & Pair de France, & de fon Mandement euffent receu trève & délay de ne s'offenfer ni dommager en corps ni en bien jufqu'au quatriefme jour de feptembre prochain, venant avec propos & délibération que pendant le dit terme fe fiffent de chaque part les fatisfactions & réintégrations deues & qu'ils s'octroyaffent, donnaffent & fermaffent bonne ferme feure & perpétuelle Paix, ainfy que plus amplement eft contenu en certains inftrumens & articles fur ce par eux octroyéz, &c., &c., &c. »

« Et premièrement, les dits Seigneurs En Roger| & En Jean voulant fuivre & accomplir en cette partie la bonne volonté & le dézir de la dite Dame & leurs autres amis & confédérés défirant leur pacification , & confidéré qu'il n'y a point aucun bien fans paix, tant pour eux que pour leurs maifons, lignées, alliés, adhérans, compagnons & fubiects *deça ports*, ont fait & fe font donné & octroyé paix & concorde perpétuelle *deça les dits ports*, &c., &c.»

« Et pour plus grande fermeté, les dits Seigneurs de Gramont & de Lucfe, & chacun d'eux eftant de genoux, jurèrent folennellement fur le Livre Meffel te Igiteur dicelluy & la Saincte Croix qui eft dans le château de Pau & eft du propre bois & une grande partie & pièce de la propre fainctiffime croix en laquelle Jéfus-Chrift voulut prendre mort & paffion pour la Rédemption de nature humáine, tenans leurs mains nues fur les dits , livre & croix, & deux torches eftant là allumées... »

La Princeffe Magdeleine étoit affiftée de Pierre, Cardinal de Foix, & l'accord fut fait en préfence d'un grand nombre de Seigneurs des deux factions, parmi lefquels fe trouvoient, du côté de Gramont, Arnaud-Guilhem, Abbé de Sordes, frère de Roger, ainfi que Fortaner, Seigneur de Câmes, fon frère naturel, & Jean de Béarn, Seigneur de Gerdereft fon oncle.

Il faut remarquer ici que le traité de paix conclu à Pau en 1477 n'engageoit les parties contractantes que pour les territoires *en deça des ports*, c'eft-à-dire en deçà des Pyrénées , car on défignoit fous le nom des *ports* les principaux paffages des montagnes qui donnoient accès au pays, fitués par delà les monts. Cette reftriction n'avoit rien d'extraordinaire, attendu que l'accord ayant été provoqué par le défir de la Princeffe Magdelaine, pour ramener la paix & la tranquillité dans fes États, il ne pouvoit comme de raifon s'appliquer à la Navarre, fur laquelle elle n'exerçoit encore aucune autorité. Cette obfervation eft d'autant plus utile qu'elle explique comment, deux ans plus tard, nous retrouvons la Navarre en proie à la guerre civile & les mêmes factions y guerroyant de nouveau l'une contre l'autre.

Juan II, Roy d'Aragon, mourut en 1479, laiffant la couronne d'Aragon

à fon fils Ferdinand, qui la réunit à celle de Caftille. Léonor ne lui furvécut
que peu de mois, & tranfmit en mourant la couronne de Navarre à fon petit-
fils François-Phœbus, âgé de onze ans & placé, comme nous l'avons vu, fous
la tutelle de fa mère Madeleine de France, fille de Charles VII. Le père de
Gafton-Phœbus étoit Gafton de Foix, Vicomte de Caftelbon, tué en novembre
1470, dans un tournois à Libourne.

La Navarre étoit alors plus divifée que jamais; les deux puiffantes
Maifons de Gramont & de Beaumont s'étoient faifies de prefque toutes les
villes, & leur rivalité ne laiffoit plus de place à l'autorité Royale. Louis de
Lérin s'étoit emparé de Pampelune & de Viana, & dominoit les villes & les
campagnes des Pyrénées; les Gramont, dirigés par le Connétable de Péralta,
par fon fils Philippe & par Roger, tous deux Maréchaux de Navarre, s'étoient
rendus maîtres, à leur tour, d'Olite, de Sanguessa, de Tudela & d'Eftella; fi
bien que Phœbus ne poffédoit, en fouveraineté, que Saint-Jean-Pied-de-Port
& la Baffe-Navarre. Magdeleine envoya des Députés aux deux partis pour
faire reconnoître fon fils; mais, telle étoit l'irritation générale, que ces Députés
ne furent point reçus. Outrée de cette infulte, elle menaça de recourir à la
force & d'appeler à fon aide les Rois de France & d'Aragon. Cette menace,
loin de ramener les efprits, bleffa l'orgueil national, & la Navarre demeura
deux ans livrée à tous les maux qu'entraîne la guerre civile.

Après ce temps (1481), Magdeleine, profitant de l'épuifement des partis
& s'étant ménagé l'appui de Ferdinand d'Aragon, convoqua les États à
Tudela, &, grâce à l'habileté du Cardinal Pierre de Foix, oncle de François-
Phœbus, ce Prince fut reconnu & proclamé par tous les partis.

Les Gramont & les Beaumont cédant à l'entraînement général,
abjurèrent leurs anciennes animofités & fe réconcilièrent publiquement, les
chefs des deux Maifons ayant communié enfemble dans le monaftère de
Tafalla (1482).

Mais la Navarre ne devoit pas jouir longtemps des avantages de la paix.
L'an 1483, François-Phœbus mourut dans la fleur de l'âge, & cette même
année vit Charles VIII fuccéder à Louis XI fur le trône de France. Par un
teftament fait quelques jours avant fa mort (19 janvier 1483), François-Phœbus
inftituoit fa fœur Catherine héritière de tous fes domaines, & fa mère Magdeleine s'étoit empreffée de la faire proclamer Reine de Navarre & Souveraine
de Béarn. Néanmoins, Jean de Foix, Vicomte de Narbonne, fecond fils de

Réconciliation mo-
mentanée.

Gaſton XI & d'Éléonore, & oncle de Phœbus & de Catherine, éleva des prétentio.s au trône & ſoutint que la loi ſalique ayant été établie dans la Maiſon de Foix comme dans celles d'Armagnac & d'Albret, il devoit être préféré à ſa nièce. Catherine venoit d'être mariée par les États de Béarn à Jean d'Albret, fils aîné d'Alain, Sire d'Albret, & ce mariage avoit peu ſatisfoit la Navarre, qui n'avoit pas été conſultée, de même qu'il mécontentoit la nobleſſe en appelant au trône un jeune étranger.

Roger prend parti pour Jean de Foix Vicomte de Narbonne, contre Catherine d'Al-bret.

Attachés au ſang des anciens Souverains, les Gramont ſe rangèrent du parti de Jean de Foix, Vicomte de Narbonne, & Louis de Lérin, chef des Beaumont défendit Catherine dont il convoitoit l'héritage pour l'Aragon. La guerre s'alluma dans toute la Navarre, les vieilles haines à peine aſſoupies ſe réveillèrent avec fureur, & chaque parti ſe renvoya les plus odieuſes accuſations. S'il falloit en croire les récits contemporains, la trahiſon, le poiſon, l'adultère auroient tour à tour ſervi les ambitions des adverſaires; mais il faut faire la part des paſſions & ſe garder d'admettre trop facilement ces accuſations réciproques. Nous reléguerons parmi ces erreurs l'hypothèſe de la mort violente de Phœbus, que certains auteurs diſent avoir été empoiſonné par Ferdinand de Caſtille & d'Aragon, crime dont il n'a jamais exiſté de preuves; nous n'attacherons pas plus de créance aux amours adultères de Catherine d'Albret & de Louis de Lérin, dont le parti de Gramont proclamoit le ſcandale; enfin nous repouſſerons en nous fondant ſur les faits, l'étrange accuſation

Tentative d'empoi-ſonnement contre la Reine Catherine.

dirigée contre Roger de Gramont d'avoir voulu empoiſonner Catherine pour ſeconder les prétentions du Vicomte de Narbonne. Ce récit inventé par l'hiſtorien Favin, ayant été reproduit par quelques auteurs modernes, il eſt néceſſaire d'entrer à ce ſujet dans quelques détails, afin d'en démontrer la fauſſeté.

On lit dans un ouvrage fort eſtimé, qui a pour titre : *Hiſtoire des Révolutions d'Eſpagne* (publié à Paris en 1734. 3 vol. in-4°, t. III, page 11, par le P. d'Orléans), cette phraſe qui eſt caractériſtique : « J'ajouterai que l'Hiſtoire de Navarre avoit été très-négligée juſqu'aux Pères Moreto & Aleſon, compilateurs des *Annales de Navarre*, qui ſe ſont appliqués de nos jours à la débrouiller & à la mettre en ordre. Quand on a lu leurs ouvrages, on eſt tenté de croire que Garibaï en Eſpagne & André Favin en France ont travaillé d'imagination ſur la même matière. » [Ces réſerves poſées, nous citerons le récit d'André Favin.

« Outré de voir que la force ouverte lui profitoit ſi peu, le Vicomte de Narbonne appela le poiſon à ſon aide. Deux des plus grands Seigneurs du Béarn, Roger de Gramont & Jean de Gerdereſt, beau-frère de Roger, entrèrent dans le complot. Gerdereſt gagna Méric de Pouilleau, maître d'hôtel de la Reine, & Thomas Brunet, ſon pâtiſſier, mais ſoit que le poiſon eût été mal préparé, ſoit pour autre cauſe, l'événement trompa l'attente du Vicomte. Néanmoins, ſur quelques vagues ſoupçons, on arrêta les deux ſerviteurs. Ils accuſèrent Gerdereſt qui fut ſaiſi auſſitôt & confiné dans la tour du château d'Orthez. La Reine ordonna qu'on inſtruiſît ſon procès, & le crime ayant été prouvé, les coupables furent condamnés au dernier ſupplice. Le maître d'hôtel & le pâtiſſier furent exécutés à Pau. Gerdereſt ſubit le même ſort à Montaner; Roger de Gramont fut le ſeul épargné, à cauſe de la protection du Roi de France. »

Ce récit eſt rempli d'inexactitudes que nous allons relever. Ce Seigneur de Gerdereſt, qui s'appeloit Jean de Béarn, étoit fils de Bernard de Béarn & de ſa première femme, Catherine de Vialar, lequel Meſſire Bernard de Béarn étoit fils de Jean de Grailly, Comte de Foix. Jean de Grailly étoit père de Gaſton XI & grand-père par conſéquent du Vicomte de Narbonne, d'où il ſuit que Jean de Béarn, Seigneur de Gerdereſt, étoit le couſin-germain du Vicomte de Narbonne. Il étoit, de plus, l'oncle & non le beau-frère de Roger de Gramont, ayant épouſé, comme nous l'avons vu au chapitre précédent, Marguerite de Gramont, fille de François de Gramont & tante de Léonor de Béarn. Ces deux parentés, dont l'une avec le prétendant & l'autre avec le chef du parti hoſtile, en faiſoient un adverſaire déclaré que les Beaumont vouloient perdre. Ainſi s'explique ſon arreſtation ſur de vagues ſoupçons & ſa condamnation ſur la ſimple accuſation de deux ſerviteurs devant un tribunal compoſé excluſivement de ſes ennemis perſonnels. André Favin ſe trompe encore quand il dit que Gerdereſt fut décapité à Montaner. Tout au contraire, le Vicomte de Narbonne ayant eu une entrevue à Tarbes avec la Reine Catherine, ſe diſculpa devant elle & obtint en même temps la miſe en liberté de ſon couſin Gerdereſt. ( *Annales de Navarre*, t. V, p. 47.)

Quant à Roger de Gramont, non-ſeulement il ne fut pas condamné, mais il ne fut jamais accuſé ni cité devant les juges, & ſi ce que l'on ſait de ſon caractère chevalereſque & religieux ne ſuffiſoit à repouſſer la calomnie du parti Beaumontois, on trouveroit une preuve éclatante de ſon innocence dans la confiance & la haute faveur que lui témoignoient, quelques années plus tard, cette même Reine Catherine & fon époux Jean d'Albret, dont il étoit devenu le plus ferme foutien.

Couronnement de Catherine & Jean d'Albret à Pampelune (1494).

La guerre du Vicomte de Narbonne & la crainte d'être mal accueillis en Navarre où les Beaumont, maîtres de Pampelune, continuoient à gouverner en véritables Rois, avoient jufqu'alors retenu Catherine & Jean d'Albret dans le Béarn. Ce fut Roger de Gramont & ceux de fon parti qui, en 1494, décidèrent la Reine à venir fe faire couronner, & l'accompagnèrent avec des forces capables de la défendre. Le Comte de Lerin cependant avoit fait fermer les portes de Pampelune, & ce ne fut pas fans peine que les nouveaux Souverains purent y pénétrer. Le couronnement fe fit avec grande pompe, &, en cette occafion fe fit auffi une nouvelle réconciliation des Seigneurs de Gramont & de Beaumont, mais ni plus fincère ni plus durable que dans les occafions précédentes.

L'an 1495, Magdeleine de France, mère de la Reine Catherine, fut brufquement enlevée à l'amour de fa fille & de fes fujets. Peu de mois après, Jean d'Albret ayant voulu fe venger du Comte de Lerin à caufe de l'oppofition que ce dernier lui faifoit à Pampelune, il s'entendit à cet effet avec le Maréchal de Gramont, dont ce projet fervoit les reffentimens perfonnels. Roger & le Roi s'étant donc rendus à Puente-la-Reyna, voulurent faire enlever le Comte du château de ce nom ; mais la Reine déjoua le complot en faifant prévenir le Comte de Lerin qu'elle appela auprès d'elle à Mendigorria. La calomnie accufa Catherine d'avoir eu des relations coupables avec lui, & Jean, trop facile à perfuader, donna, par fes reffentimens, quelque créance à ces bruits. La vérité eft que la Reine ne vouloit pas s'aliéner la puiffante Maifon de Beaumont, & la ménageoit en conféquence, cherchant ainfi, par un faux calcul, à compenfer la faveur trop marquée que le Roi, fon époux, témoignoit aux Gramont. C'étoit donner une force nouvelle aux factions, & tous les actes de la royauté fe reffentoient de cet antagonifme.

ᶠ Roger de Gramont témoin pour la Reine Catherine, figne le traité de Tarbes, avec le Vicomte de Narbonne (1497).

Le Vicomte de Narbonne étoit allé en Italie avec Charles VIII, laiffant à fes partifans le foin de défendre, tant bien que mal, des prétentions dont il commençoit à fe défifter. A fon retour, il ne tarda pas à comprendre que la lutte n'étoit plus poffible, & s'étant rendu de nouveau à Tarbes où la Cour de Navarre fe tranfporta de fon côté, il renonça, pour lui & fes fucceffeurs, à toutes fes prétentions fur la fucceffion de fon neveu, moyennant certains avantages qui lui furent concédés d'autre part. Cette tranfaction fut fignée le 7 feptembre 1497, par la Reine Catherine & par le Vicomte, en préfence de *Jean de Foix*, Vicomte de Lautrec, de *Charles de Bourbon*, Sénéchal de Touloufe, & de *Roger de Gramont*, témoin pour la Reine de Navarre. ( D. Vaiffette, *Hiftoire du Languedoc*, t. V, p. 91.)

Deux ans plus tard, fous le règne du Roi Louis XII, qui avoit fuccédé en France à Charles VIII, de nouveaux troubles étant furvenus entre le Vicomte de Narbonne & la Cour de Navarre, il fe fit un fecond accord entre les deux partis, & la pacification fut fcellée par un contrat de projet de mariage entre Gafton, fils du Vicomte Jean, & Anne de Navarre, fille de Jean d'Albret & de Catherine de Navarre. Le contrat fut paffé au Château de Pau, le 24 avril 1499, en préfence de Roger, Seigneur de Gramont, comme témoin pour la Reine de Navarre. (D. Vaiffette, *Hiftoire du Languedoc*, t. V, p. 72, 73, 74.)

Ce Gafton périt, comme nous verrons plus tard, à la bataille de Ravenne.

Cependant Louis XII avoit repris les projets de fon prédéceffeur fur l'Italie & dépoffédé du Milanois le Duc Ludovic Sforza ; mais fon retour en France ayant été l'occafion d'un foulèvement général, il avoit renvoyé en toute hâte le brave la Trémouille avec cinq cents lances, quatre mille Gafcons & dix mille Suiffes nouvellement levés. Parmi les Seigneurs qui accompagnoient la Trémouille, fe trouvoient les fils de Roger de Gramont, Louis, Jean, Gratien, Arnaud, Gérard & François, leur aîné, dont les noms figurent aux liftes des revues de l'armée, & fur lefquels nous reviendrons plus tard. (V. *Mémoires de la Trémouille*, chap. x.)

Ifabelle de Caftille mourut l'an 1503, & Ferdinand V, qui n'étoit Roi de Caftille que du chef de fa femme, dut céder fa couronne à fon gendre l'Archiduc d'Autriche, mari de fa fille Juana, ne gardant pour lui que le Royaume d'Aragon. Ce fut pour Catherine & Jean d'Albret une occafion de reprendre les hoftilités, d'autant plus qu'à l'inftigation de Ferdinand, le Comte de Lerin avoit levé ouvertement l'étendard de la révolte. Il s'enfuivit une guerre fanglante, qui fe termina, en 1507, par la déroute des armées Beaumontoifes & la fuite du Comte de Lerin en Aragon, où il mourut en 1508. Mais là ne s'arrêtèrent pas ces luttes déjà féculaires; le Comte laiffoit un fils qui devoit bientôt venger cruellement la défaite de fon père.

On trouvera parmi les Pièces & Documens annexés la lifte des Seigneurs

Roger témoin pour la Reine de Navarre dans le contrat de fiançailles de fa fille Anne de Navarre avec Gafton de Foix (1499).

Nouvelles guerres entre les Gramont & les Beaumont. — Déroute & mort du Comte de Lérin (1508).

de Navarre & de Béarn, qui étoient rangés fous les bannières de Beaumont & de Gramont, ainfi qu'il réfulte des Montres faites à Bayonne par le Seigneur de Gramont, & en Lomagne par le Seigneur de Beaumont. (Voir *Pièces & Documens. Annexe* N° 20.)

L'an 1506, Philippe I$^{er}$, Archiduc d'Autriche, Roi de Caftille par fa femme la Reine Juana, mourut fubitement à Burgos, & la Reine en devint folle de douleur. Il laiffoit plufieurs enfans, dont Charles, l'aîné, fut l'Empereur Charles-Quint. Ferdinand V d'Aragon devint Régent de Caftille & gouverna de nouveau le Royaume jufqu'à la fin de fes jours. Il avoit époufé la même année, en fecondes noces, Germaine de Foix, fœur de Gafton de Foix, Vicomte de Caftelbon, qui avoit été fiancé en 1499 à Anne de Navarre. Gafton avoit fuccédé à fon père Jean, Vicomte de Narbonne, & échangé, l'an 1505, avec Louis XII, la Vicomté de Narbonne contre le Duché de Nemours; il avoit également protefté contre le traité de Tarbes, qui n'avoit pas été exécuté, fon mariage avec Anne de Navarre n'ayant pas eu lieu, & s'appuyant fur l'amitié du Roi de France, il avoit relevé fes prétentions à la couronne de Navarre, lorfqu'il périt à la bataille de Ravenne, avec un nombre confidérable de braves Chevaliers, parmi lefquels François, fils aîné de Roger de Gramont (1512).

La mort de Gafton donnoit à Ferdinand le prétexte qu'il cherchoit pour envahir la Navarre, car fa femme, Germaine de Foix, héritoit des prétentions de fon frère. Raffemblant une puiffante armée, appelant à fon aide les Anglois dans la Guyenne, le Comte Louis de Lerin dans la Haute-Navarre, & jufqu'aux bulles Pontificales du Pape Jules II, il envahit ce royaume avec des forces confidérables. Il feroit trop long de décrire toutes les phafes de cette guerre lamentable, où la fortune fe montre fi contraire à Catherine & à Jean d'Albret. Au mois de juillet 1512, le Roi & la Reine abandonnoient à Ferdinand toute la Haute-Navarre & fe retiroient en Béarn fuivis du Maréchal de Gramont & des Seigneurs de fon parti qui lui étojent reftés fidèles. Roger de Gramont perdit en cette occafion tous les vaftes domaines qu'il poffédoit de l'autre côté des Pyrénées, car ayant refufé d'en rendre hommage au nouveau conquérant, celui-ci les confifqua pour les répartir entre fes courtifans. Plus d'un fiècle après ce défaftre, l'an 1648, Louis XIV, petit-fils de Henri IV, rendoit témoignage de ce facrifice & de cette fidélité dans les Lettres Royales, pour l'éreftion du Duché-Pairie de Gramont où l'on lit : « Confidérant la

*Ferdinand V d'Aragon envahit la Navarre.—Les Gramont perdent leurs biens de la Haute-Navarre.*

nobleffe de fa Maifon, qui eft auffi ancienne que le Royaume de Navarre...
& que pour avoir fuivi le parti des Rois légitimes ils ont perdu les grands biens
qu'ils poffédoient dans la Haute-Navarre, & même à caufe des alliances
qu'ils avoient dans la Maifon des Rois, ils les ont toujours honorés du titre de
coufins & des plus hauts emplois de leur couronne... » (Voir *Erection du
Duché-Pairie de Gramont*, 1648. — *Lettres patentes originales aux
Archives de la Maifon, & Pièces & Documens. Annexe N° 33.*)

Roger de Gramont mourut en 1516.

Nous mentionnerons pour mémoire quelques actes qui le concernent, &
dont les originaux font aux Archives de la Maifon :

Du 16 janvier 1479, le Serment de fidélité prêté par Roger, Seigneur
de Gramont, à Gafton-Phœbus, devenu Roi de Navarre fous la tutelle de fa
mère Madeleine de France, pour tous fes fiefs fitués en Navarre *en deçà
ports*. L'acte eft en béarnois & en traduction françoife. Il exifte en double
aux Archives de Pau.

Du 10 juin 1484, Charte de donation faite par Dona Catalina, Reyne
de Navarre, du Château d'Offe à Roger, Seigneur de Gramont, fur parchemin avec le fceau & la fignature.

Du 28 mars 1487, Provifions de la charge de Sénéchal de Lannes,
données par Charles VIII, Roy de France, à Roger, Seigneur de Gramont,
remplie auparavant par Odès d'Aydie, Comte de Comminges, en récompenfe
des bons fervices de Roger, & de ceux de fa Maifon & de fon parti envers le
Roy vivant & le Roy Louis XI.

Du 23 feptembre 1487, Lettres des Tréforiers de France pour acquitter
les gages de la charge de Sénéchal de Lannes.

Du 29 juillet 1489, Charte de donation de Sire Jean d'Albret, père de
Henry, Roi de Navarre, de la terre de Guiffen, en faveur de Roger, Seigneur de Gramont, pour le remercier de fes bons offices à l'occafion de fon
mariage avec la Reine Catherine.

Du 13 novembre 1498, Sentence donnée en faveur de Roger de Gra-
mont, Seigneur de Gramont, Souverain de Bidache, Baron de Câmes, de
Léonor de Béarn, fon époufe, & de Jehan de Gramont, fon fils, par la Reine
Catherine & le Roi Jean d'Albret. (Grand parchemin avec fceau).

De l'an 1501, fans autre date du mois ni du jour, Bulle Pontificale accordant à Roger de Gramont & à Éléonor de Béarn fa femme certains priviléges

Mort de Roger de
Gramont (1516).

Diverfes chartes
concernant Roger de
Gramont
( 1479 - 1515.)

pour l'exercice du culte & de la religion catholique dans la Principauté de
Bidache, & auprès de leurs perſonnes.

Du 14 juin 1505, Charte de vente faite à Monſeigneur Rogier de Gramont, Seigneur d'Aus & d'Olhaïby (ou Olhary), Chambellan & Conseiller
du Roy de France, Maire & Capitaine de Bayonne, pour deux cents livres
bordelaiſes, de la moitié de la paroiſſe d'Olheza, & de la moitié de la préſen-
tation de la dite paroiſſe.

Du 3 avril 1506, Teſtament de Léonor de Béarn, femme de Roger,
Seigneur de Gramont.

Du 6 novembre 1515, Fondation d'un Collége de quatre Chapelains à
la nomination des Seigneurs & Dames de Gramont, pour le ſervice perpétuel
de l'Égliſe de Saint-Jehan, de Bidache, avec la déſignation des revenus de la
Seigneurie de Buarel, précédemment acquiſe du Seigneur de Caſtelñau, &
deſtinée à l'entretien des quatre chapelains. (Grande Charte ſur fort parchemin).

Mort d'Éléonore de<br>Béarn.

Éléonore ou Léonor de Béarn, femme de Roger de Gramont & ſa
couſine, mourut à peu près à la même époque que ſon mari, mais nous
ignorons la date exaĉte de ſon décès. Par ſon teſtament, qui étoit du 3 avril
1506, elle avoit laiſſé tous ſes biens, qui étoient conſidérables, à Roger, en
cas de ſurvivance, & après lui, à ſon fils François de Gramont, pour être
tranſmis, de mâle en mâle, par ordre de primogéniture, ſauf quelques legs
particuliers de certains domaines, à ſes autres enfants.

Enfans de Roger de<br>Gramont.

Du mariage de Roger & de Léonor naquirent quinze enfans, ſavoir :
dix fils & cinq filles.

Les fils ſont :

1º *François II*º du nom, Baron de Gramont, dont nous parlerons
ci-après.

2º *Louis*, Vicomte de *Lamarque* & *Sanſac*.

3º *Charles*, *Archevêque* & *Primat d'Aquitaine*.

4º *Gabriel*, *Cardinal, Archevêque de Toulo”fe*.

5º *Jehan*, Seigneur de *Roquefort*.

6º *Arnaud* de Gramont.

7º *Gratien* de Gramont.

8º *Gérard* de Gramont.

9º *Michel* de Gramont.

10° *Jeannot* ou *Janolle* de Gramont.

Les filles font :

1° *Hélène* de Gramont, promife à Pierre d'Afpremont, Vicomte d'Orte, mais qui époufa *Jean, Seigneur d'Andoïns*. Pierre d'Afpremont fut marié à fa fœur Quiterie.

2° *Suzanne* de Gramont, mariée au Seigneur de *Caftelnau*, dont un fils, Antoine de Caftelnau, fuccéda, en 1534, à fon oncle Gabriel, Cardinal de Gramont, dans l'Évêché de Tarbes. (V. *Gallia Chriftiana*, t. I, p. 1240. *Pièces & Documens. Annexe* N° 18.) Les Archives de la Maifon contiennent le contrat de mariage de *Catherine de Caftelnau*, fille de *Louis de Caftelnau* & de *Suzanne de Gramont*, avec *Alain, Seigneur de la Mothe*. L'acte fur parchemin eft du 14 avril 1531, avec une copie fur papier en françois, ayant pour témoin & répondant Charles de Gramont, Archevêque de Bordeaux, oncle de Catherine.

3° *Quiterie* de Gramont, qui époufa Pierre d'*Afpremont*, Vicomte d'*Orthez*, le même qui avoit été fiancé à fa fœur Hélène. Quiterie avoit été elle-même fiancée à Gafton d'Andoïns à la même époque. Ils eurent une fille, *Madeleine d'Afpremont*, qui époufa, le 15 janvier 1532, *Gaillard d'Aure*, fils ayné de *Jean, Seigneur d'Aure*, dont la famille étoit étroitement unie avec celle de Gramont, & qui en repréfentoit la branche aînée. L'acte de mariage & le contrat font aux Archives de la Maifon. Charles de Gramont, Archevêque de Bordeaux, y ftipule pour fa nièce Madeleine ; l'acte eft en françois fur papier, & portant les fignatures de Charles de Gramont, Archevêque de Bordeaux, de Jean d'Aure, de Gaillard d'Aure, &c., &c.

4° *Ifeur* de Gramont, mariée à *Jean de Setchécoïn*, Seigneur de *St-Pé* ;

5° *Ifabeau* de Gramont, mariée à *Jean*, Seigneur de *Luxe*.

Roger laiffa auffi une fille bâtarde nommée Gratiane, qui fut mariée au Seigneur de Sorhuet en Labour.

**FRANÇOIS DE GRAMONT II°** du nom, fils ayné de Roger & de Léonor de Béarn, fe diftingua de bonne heure dans le métier des armes. Il accompagna le Roi de France Louis XII dans fes campagnes en Italie & périt avant fes Père & Mère en 1512 à la bataille de Ravenne, auprès du Duc de Nemours. Il portoit le titre de Baron de Gramont, ainfi que fon père Roger le faifoit en France pour les Baronnies qu'il y poffédoit, bien qu'en Navarre &

François II de Gramont, tué à la bataille de Ravennes (1512).

en Béarn les Gramont ne fuffent pas connus autrement que comme Seigneurs de Gramont, Souverains de Bidache, fauf le titre de Maréchal qui appartenoit au chef de la Maifon, avec hérédité. La mort de François de Gramont eft raconté dans l'hiftoire du Chevalier Bayard, par Théodore Godefroy, écrite en 1619. (Voir *Pièces & Documens. Annexe N° 19.*)

Il avoit époufé Catherine d'Andoïns, qui lui donna quatre enfans : *Jean II, Claire, Madeleine & Éléonor,* dont il fera parlé plus loin.

*Louis de Gramont Vicomte de Caftillon.*

Louis de Gramont, fecond fils de Roger, fut *Vicomte de Caftillon, la Marque & Sanfac en Médoc.* Il époufa le 27 mars 1505 *Magdeleine de Lefcun,* dont il eut une fille unique qui mourut avant fes parens. L'an 1490, Louis de Gramont figuroit, avec fon frère Gratien, parmi les Seigneurs & hommes d'armes convoqués & commandés par le Comte de Foix, à Montaut, dans le Comté d'Aft. Quatre ans plus tard, le 17 août 1496, ils étoient fous les ordres de leur père Roger, à la montre qu'il fit à Bayonne comme gouverneur de cette place. (Voir *Lifte des Montres & Revues au Chartier du Séminaire d'Auch. — Hiftoire de Gafcogne,* Monlezun, & *Pièces & Documens. Annexe N° 20.*)

Louis de Gramont, déjà Chevalier, ne tarda pas à partir pour l'Italie où fe rendoit avec empreffement toute la jeune noblefle de Gafcogne. Ses frères Michel & Gérard l'y fuivirent fous les ordres de la Trémouille, mais moins heureux que ces derniers, Louis y trouva la mort fur le champ de bataille.

Les Archives contiennent le contrat de mariage de Louis de Gramont avec Madeleine de Lefcun, Dame de Caftillon, Lamarque & Sanfac, en Béarnois, du 27 mars 1505, & un autre acte du 28 janvier 1515, par lequel Louis de Gramont, Vicomte de Caftillon, déclare à fa nièce Claire de Gramont renoncer à tout fupplément de légitime.

*Charles de Gramont Archevêque de Bordeaux (1500-1544).*

Charles de Gramont, troifième fils de Roger, fe voua à l'Églife & s'adonna aux lettres. Il poffèda l'Abbaye de Sordes de 1528 à 1544, époque de fa mort. Élu Évêque de Cauferans en 1515, il fe démit cinq ans après de cet Évêché, en faveur de fon frère Gabriel, & fut promu à l'Évêché d'Aire. L'an 1530 il devint *Archevêque de Bordeaux* & Primat d'Aquitaine. Pendant tout le temps qu'il occupa ce dernier fiége il gouverna la Guyenne en qualité de Lieutenant-Général d'Odet de Foix Seigneur de Lautrec, puis de Henri d'Albret, Roi de Navarre. Il fut auffi tuteur de fon neveu Jean II de Gra-

mont, & gouverna en fon nom pendant la minorité la Souveraineté de Bidache, où il fit des ordonnances dont il eft parlé dans les mémoires préfentés
au Parlement, lors de l'enquête qui fit reconnoître l'indépendance fouveraine
de cette Principauté. « En 1531, Charles de Gramont, Archevêque de Bordeaux, Primat d'Aquitaine, Tuteur du Seigneur de Gramont fon neveu, fit
une ordonnance pour la Souveraineté de Bidache, pour l'exercice de la juftice
& pour la punition des crimes & délits. Il y a plufieurs articles qui règlent
le dommage des bleffures faites au corps humain fuivant la longueur ou la
largeur de la bleffure & la partie du corps offenfée, comme dans les anciens
capitulaires des Empereurs & de nos Rois. » (V. *Mémoire pour prouver
la Souveraineté de Bidache au Duc de Gramont*, imprimé à Paris, 1711 ).
Charles de Gramont mourut en 1544, & fut enterré à Bidache dans la
fépulture de fa Maifon. (V. *Pièces & Documens. Annexe N° 42.*)

GABRIËL DE GRAMONT, quatrième fils de Roger, connu fous le nom de
CARDINAL DE GRAMONT, fut un des plus illuftres de fa Maifon. Nommé à
l'Évêché de Couferans l'an 1520, par fuite de la ceffion de fon frère Charles,
il permuta ce fiége, l'an 1524, contre l'Évêché de Tarbes ; mais la Cour de
France, qui avoit reconnu fa dextérité dans les affaires, ne lui permit pas de
réfider dans ce diocèfe. Après la bataille de Pavie, elle fe hâta de l'envoyer
en Efpagne pour traiter de la délivrance de François Ier, & quand le Roi,
fon maître, eut recouvré la liberté, il dut refter à Madrid, près de Charles-
Quint, pour l'exécution du traité. Ce féjour étoit plein de périls. En effet,
Charles-Quint ayant appris que François Ier venoit de fe liguer avec
Henri VIII, Roi d'Angleterre, fit arrêter Gabriel de Gramont, qui ne
recouvra fa liberté que parce qu'on ufa de repréfailles fur les Ambaffadeurs
d'Efpagne.

De retour en France, Gabriel de Gramont fut auffitôt renvoyé en
Angleterre. Ses inftructions fecrètes le chargeoient de profiter de l'éloignement d'Henri VIII pour fon époufe, Catherine d'Aragon, afin de l'engager
à jeter les yeux fur Renée de France, feconde fille de Louis XII & belle-
fœur de François Ier. Gabriel confeilla le divorce, qui eut lieu, en effet ; mais
Henri VIII, au lieu d'époufer Renée de France, prit pour femme Anne de
Boulen, dont il étoit vivement épris. Plufieurs écrivains ont fortement
cenfuré la conduite de l'Évêque de Tarbes en cette circonftance, lui repro-
chant d'avoir confeillé à la Cour d'Angleterre un acte contraire à la

Gabriel de Gra-
mont Cardinal de la
S. E. Archevêque de
Touloufe
(1500-1534).

. Il eft envoyé en
Efpagne pour traiter
de la délivrance de
François Ier.

Son ambaffade en
Angleterre. près de
Henri VIII.

difcipline eccléfiaftique & furtout de l'avoir fait en pure perte; mais il faut croire qu'il exiftoit des motifs que le public n'a pu ni connoître ni apprécier, car la Cour de Rome, loin de lui en faire réprimande, continua à lui témoigner fa confiance & fa faveur, de même qu'il conferva toute l'eftime de fes confrères. En effet, peu de temps après, le Pape Clément VII le promut à l'Archevêché de Bordeaux, & quand il eut cédé ce fiége à fon frère, il le

Il eft nommé Car-<br>dinal. — Son ambaf-<br>fade à Rome.

décora de la pourpre en l'an 1530. Il fut nommé *Cardinal du titre de Sainte-Cécile.*

L'année fuivante, le Roi députa le Cardinal de Gramont à Rome comme fon Ambaffadeur, pour prier le Souverain Pontife de déroger à la claufe du Concordat qui exceptoit de la nomination royale les bénéfices déjà en poffeffion de priviléges particuliers. L'habileté du négociateur triompha de tous les obftacles, & le Saint-Père accorda au Prince l'indult qu'il follici-toit; feulement, il le limitoit à la vie de François Ier. Mais la conceffion étant faite, il fut facile d'en obtenir la prolongation, & les Rois de France en ont toujours joui par la fuite. Le Cardinal de Gramont prit part aux négociations tenues à Bologne entre Clément VII & Charles-Quint, & y fit admirer fa haute prudence ainfi que fon habileté. Il négocia le mariage du Duc d'Or-léans, depuis Henri II, avec Catherine de Médicis, nièce du Pape. Il détermina même le Saint-Père, que cette alliance avoit fingulièrement flatté, à fe rendre à Marfeille où il eut une entrevue (1er août 1533) avec le Roi de France. François Ier, pour récompenfer le Cardinal de Gramont, lui donna en 1532 l'Évêché de Poitiers, &, en 1534, l'Archevêché de Touloufe, qu'il garda avec fon premier fiége.

Mais fes travaux avoient épuifé fa fanté. Une fièvre lente acheva de miner fes forces; il s'éteignit le 26 mars 1534, dans le Château de Balma, maifon de plaifance des Archevêques de Touloufe. La Cour de France per-doit en lui un Miniftre fidèle & un politique adroit, zélé défenfeur de fes intérêts & de fa gloire; le Sacré Collége un de fes principaux ornemens; auffi les écrivains de ce temps font-ils obferver que le Roi & le Souverain Pontife témoignèrent un déplaifir extrême de la mort de ce Cardinal. Son corps fut tranfporté à Bidache & inhumé dans le tombeau de fa famille. On conferve à la Bibliothèque Royale le Recueil des lettres relatives à fes diverfes Ambaffades. Il exifte, parmi les tableaux de famille du Duc de Gramont, les portraits de Roger, du Cardinal & de fon frère Charles,

Archevêque de Bordeaux. (V. *Pièces & Documens. Annexe* N° 22.)

JEAN de Gramont, cinquième fils de Roger, fut Seigneur de *Roquefort* en Turfan, & laiffa feulement une fille naturelle nommée Marguerite, qui époufa, en 1531, Meffire Pierre de Carles, Préfident au Parlement de Bordeaux.

ARNAUD de Gramont, fixième fils de Roger, étoit préfent à la bataille de Noayn, perdue en 1521 par le Roi de Navarre contre les Efpagnols, à caufe de l'imprudence du Général Navarrois, le Seigneur d'Afparrault (de Lefparre). Il fut un de ceux qui parvinrent à fe fauver en France avec Don Pedro de Navarre & Don Frédéric de Navarre, fils du Maréchal Don Pedro, qui étoit prifonnier des Efpagnols à Simanca. Dom Arnaud de Gramont mourut fans poftérité des fuites de fes bleffures. (V. *Pièces & Documens. Annexe* N° 23.)

GRATIEN de Gramont, feptième fils de Roger, faifoit partie des Gardes du Corps du Roi Louis XI le 1ᵉʳ octobre 1474. (V. Lifte des dits Gardes. Bibliothèque Royale.) L'an 1496 il étoit revenu auprès de fon père & tenoit fous fes ordres, un commandement à Bayonne, ainfi qu'il appert des revues de cette année. Il prit une part active aux guerres inteftines de la Navarre, & y périt avec plufieurs des fiens.

GÉRARD de Gramont, huitième fils de Roger, étoit un des Capitaines du Maréchal de Foix-Lautrec, à Béfiers, l'an 1525. (V. *Cartulaire du Séminaire d'Auch*, Revue paffée à Béfiers en 1525.)

MICHEL de Gramont, neuvième fils de Roger, étoit avec fon frère Gérard & fon beau-frère, Jean ou Jeannot d'Andoïns, pourvu d'un commandement fous le même Maréchal de Foix-Lautrec à Caftres, & plus tard auffi à Béfiers. (V. *Cartulaire d'Auch.*)

JEANNOT ou JANOLLE de Gramont, dixième fils & dernier enfant de Roger, naquit, en 1513, peu de temps avant la mort de fon père. On le retrouve, en 1569, prenant une part active aux événemens politiques & aux querelles religieufes de cette époque.

Les Archives de la Maifon contiennent plufieurs chartes contemporaines relatives aux fils de Roger de Gramont, ainfi que des Bulles Pontificales, des difpenfes, des conceffions d'autels portatifs, &c., &c., mais nous n'en parlons que pour mémoire, ces actes ne préfentant, pour la plupart, qu'un intérêt fecondaire.

## XX.

Jean II de Gramont
(1516-1528).

JEAN DE GRAMONT, II<sup>e</sup> du nom, Prince Souverain de Bidache, Ricombre & Maréchal de Navarre, Baron de Câmes & d'Haftingues, Seigneur de Monthory, de la Baftide Clairence, d'Auns, d'Olhaïby & d'autres lieux, fils de François de Gramont & de Catherine d'Andoïns, fuccéda, en 1516, à fon grand-père Roger de Gramont. Il n'avoit que 12 ans lorfqu'il perdit fon père, tué à la bataille de Ravenne, & 16 ans lorfqu'il devint chef de fa Maifon fous la curatelle de fa mère & de fon oncle Charles, Évêque de Cauferans.

Vers cette époque, la mort enleva l'un après l'autre les Souverains de France, d'Efpagne & de Navarre. L'an 1515 François I<sup>er</sup> fuccéda à Louis XII, & l'année 1516 vit difparoître fucceffivement, à quelques mois d'intervalle, Ferdinand V d'Aragon & de Caftille, Jean & Catherine d'Albret. La couronne d'Aragon & de Caftille échut à Charles d'Autriche, petit-fils de Ferdinand, devenu Empereur d'Allemagne en 1519, fous le nom de Charles-Quint ; celle de Navarre à Henri II d'Albret, fils de Jean & de Catherine, qui époufa en 1526 Marguerite d'Alençon, fœur de François I<sup>er</sup>.

La guerre recom-
mence en Navarre,
contre les Efpagnols.
— Les Gramont avec
la Navarre. — Les
Beaumont avec l'Ef-
pagne.

Les rigueurs & les exactions des Efpagnols avoient foulevé dans la Haute-Navarre un mécontentement général, & le peuple voyoit avec douleur fe prolonger la captivité de plufieurs Seigneurs Navarrois, foupçonnés de fidélité à leurs anciens fouverains, entre autres le vieux Maréchal Don Pedro de Navarre, que Charles-Quint détenoit en Caftille dans la forterefse de Cimancas. L'occafion parut favorable au jeune Roi de Navarre pour reconquérir par les armes les provinces perdues par fon père. Henri II follicita le fecours de François I<sup>er</sup>, qui lui envoya des troupes commandées par le Maréchal André de Foix, frère d'Odet Comte de Foix & par le Général d'Afparrault (qui eft le nom gafcon de Lefparre). Henri y joignit fix mille Gafcons & Béarnois, & ce fut en cette occafion que Jean II de Gramont fit fes premières armes, l'an 1521.

Le parti des Gramont s'étoit mis en campagne, non pas il eft vrai fous le commandement de Jean, qui n'avoit alors que 21 ans, mais fous celui de Don Pedro de Navarre, fon coufin, fils du vieux Maréchal prifonnier à Cimancas, ainfi que de Dom Arnaud de Gramont, oncle de Jean, & du Sei-

gneur de Navailles. Les Efpagnols étoient commandés par le Vice-Roi
Manriquez de Najara (ou Naxera) & par Don François de Beaumont, fils du
Comte de Lerin. Grâce aux nombreufes intelligences que les Gramont
avoient confervées dans la Navarre, l'armée franco-béarnoife s'empara facilement de Saint-Jean-Pied-de-Port, puis de Pampelune, & au bout d'un mois
la Haute-Navarre étoit rentrée fous le fceptre d'Henri II. Malheureufement
le Géneral françois , Sire de Lefparre, enivré par ces premiers fuccès, entreprit de paffer l'Ebre & d'enlever à la Caftille quelques-unes de fes provinces.
Une famine furvenue dans le pays & caufée en grande partie par l'épuifement
des guerres antérieures, décima fon armée & força plufieurs de fes capitaines
à laiffer leurs foldats fe difperfer pour vivre. Ce que voyant, le Duc de Najara
ayant tiré des approvifionnemens de Caftille, fit une levée très confidérable
dans la Bifcaye & le Guypufcoa, & vint fondre fur l'armée de Lefparre avec
vingt mille combattans.

Malgré la grande infériorité du nombre & le manque d'artillerie, le Seigneur de Lefparre eut l'imprudence & le tort d'accepter le combat dans la
plaine de Gairoux, près d'un bourg appelé Noayn, qui donna fon nom à cette
bataille mémorable livrée le 15 juin 1521. Il y périt plus de cinq mille
hommes, tant François que Navarrois. Le Seigneur de Lefparre y reçut tant
de coups que fon cafque fut brifé, & que la tête fracaffée & ayant perdu la vue
il fe rendit à Dom François de Beaumont. Jean de Gramont fut auffi fait
prifonnier avec le Seigneur de Tournon, le Capitaine de Sainte-Colombe
& Jean d'Aure, Vicomte d'Afté , qui mourut peu de temps après des fuites
de fes bleffures, & dont le fils Menaud d'Aure époufa Claire de Gramont, fœur
de Jean II. Don Arnaud de Gramont, Don Frédéric de Navarre & Don Pedro
de Navarre parvinrent avec le refte de l'armée à fe fauver par les montagnes du côté de la France. Les Sires de Mauléon, de Navailles, de Durfort,
de Saint-Martin & de Rignac reftèrent parmi les morts. Telle fut la bataille
de Noayn qui confomma la perte de la Haute-Navarre. (Voir *Pièces & Documens. Annexe* N° 23.)

L'année fuivante (1522), Jean de Gramont recouvra fa liberté, moyennant le paiement d'une très forte rançon, & il en profita pour courir auprès des
fiens défendre la Navarre contre les armées de Caftille. Le Comte de Lerin
venoit de s'emparer du Château de Maya occupé par des troupes du parti de
Gramont, & les Efpagnols s'avançoient en grand nombre fur Bayonne & fur

BatailledeNoayn.—
Jean de Gramont eft
fait prifonnier (1521)

Fontarabie. Les François & les Navarrois étoient commandés par le Seigneur
de Lautrec, Lieutenant du Roi en Guyenne. Il y eut un grand combat près de
Saint-Jean-de-Luz, où les deux armées engagèrent juſqu'à leurs réſerves.
« La ſeconde ligne des ennemis ſe joignit à leur première & rembarrèrent la
nôtre juſqu'à la ſeconde que Jean de Gramont menoit. Là il y eut grande
bataille, & force gens portés par terre d'un côté comme de l'autre; entre lesquels furent le Seigneur de Gramont, duquel le cheval fut tué ſous lui, de
Luppé guidon de M. de Lautrec, de Poigreffi, qui depuis s'eſt fait huguenot,
de la Faye de Xaintonge, qui eſt encore en vie, & pluſieurs autres. » (Voir
*Mémoires de Blaiſe de Montluc* & *Pièces & Documens. Annexe* N° 24.)

La même année 1523, Jean II de Gramont ſecourut fort à propos la
ville de Bayonne que l'armée de l'Empereur Charles-Quint, conduite par
Velaſco, Connétable de Caſtille & le Prince d'Orange, avoit aſſiégée. Cependant
Charles-Quint ayant réſolu de porter la guerre juſqu'à Bordeaux & Toulouſe,
il voulut commencer par s'aſſurer du Béarn & de la Navarre, & Henri
d'Albret ayant refuſé de ſe joindre à lui & de lui remettre à cet effet les places
fortes de ſon Royaume, il envoya ſes Généraux piller & brûler toutes les villes

qui tenoient encore pour la France. Ce fut alors que Bidache fut pris & incendié, après une réſiſtance de vingt jours, & nous ne pouvons donner un meilleur récit de cette affaire qu'en reproduiſant celui des *Annales de Navarre.*
(t. V, p. 417).

« Ce fut alors que l'Empereur Charles-Quint trouva convenable de
faire en France l'invaſion qu'il méditoit. Il ordonna au Connétable de Caſtille
& au Prince d'Orange, qui étoient dans le Guypuſcoa à la tête d'une armée
de vingt-quatre mille hommes d'élite, & preſque tous Eſpagnols, d'entrer en
France, & ce fut peut-être pour cette raiſon qu'on leva le ſiége de Fontarabie,
plutôt qu'à cauſe du ſecours qui étoit entré dans la place. Ils avoient ordre de
porter le fort de la guerre juſqu'à la Principauté de Béarn & dans les autres
États que Dom Henri d'Albret poſſédoit en France; ce qu'ils exécutèrent en
mettant le feu à tous les endroits qui leur firent réſiſtance comme Sordes,
Haſtingues, Bidache. Cette dernière place appartenoit & appartient encore
maintenant en Souveraineté aux Seigneurs de la Maiſon de Gramont, ſi
célèbres dans la Navarre, que c'eſt bien à juſte titre qu'ils ſont aujourd'hui
Ducs & Pairs de France. C'eſt elle qui ſouffrit le plus, parce que ſon
Château, défendu par trois cents ſoldats, oppoſa aux Eſpagnols une plus

forte réſiſtance. Ils ſe défendirent avec tant de valeur qu'ils arrêtèrent l'ennemi pendant trois jours, juſqu'à ce qu'il pût y mettre le feu. L'incendie fut tel que ſes défenſeurs périrent tous dans les flammes, excepté quelques-uns qui, ſe précipitant du haut des murailles, aimèrent mieux mourir percés par les piques, au bout deſquelles l'ennemi les recevoit. Mauléon de Soule, inſtruite par l'exemple des autres villes, ſe rendit volontairement. »

D'après quelques autres hiſtoriens, & entre autres Olhagaray (p. 485), dont nous avons cité le récit au chapitre VI (Notice ſur Bidache), la place brava pendant vingt jours entiers les efforts des Eſpagnols, défendue par l'oncle de Jean II, Dom Arnaud de Gramont, qui y perdit la vie.

Malgré les ſuccès qui s'attachoient aux armes des Eſpagnols dans la Navarre & dans le Béarn, le Vicomte de Lautrec leur oppoſoit toujours une vive réſiſtance à Bayonne, & arrêtoit les convois d'approviſionnemens qu'ils tiroient de l'Eſpagne. Jean II de Gramont, qui ne pouvoit plus ſe ſéparer d'un chef ſous lequel il avoit grandi dans le métier des armes, s'étoit attaché à ſa fortune & prit part à toutes ſes entrepriſes, pendant que ſon oncle Charles, Archevêque de Bordeaux, gouvernoit la Guyenne en ſon abſence. Bientôt les Eſpagnols, preſſés par la diſette, durent repaſſer la frontière de l'autre côté de la rivière d'Andaye, ſans avoir rien conquis dans les provinces dont ils s'étoient promis de prendre les deux capitales.

François Ier venoit de paſſer de nouveau les Alpes, & Henri II de Navarre l'y avoit ſuivi. On ſait la triſte fin de cette courte campagne, qui ſe termina par la bataille de Pavie, où « tout fut perdu fors l'honneur. » (24 février 1525.) Le Roi de France & le Roi de Navarre devinrent les priſonniers de Charles-Quint, le premier à Madrid où il fut transféré, le ſecond au Château de Pavie. Jean de Gramont n'avoit pas pris part à cette expédition, & profitant du repos que lui avoit laiſſé la retraite des Eſpagnols, il avoit autant que poſſible réparé les déſaſtres de la guerre dans ſes États de Bidache & ſes Domaines de Navarre. Pendant que ſon oncle Gabriel (le Cardinal de Gramont) négocioit à Madrid les clauſes du traité qui devoit rendre à François Ier ſa liberté, il relevoit les murs de Bidache & marioit ſa ſœur *Claire de Gramont* à *Menaud d'Aure, Vicomte d'Aſter*, ſon couſin, fils de *Jean d'Aure, Vicomte d'Aſter,* qui avoit partagé ſa captivité après la bataille de Noayn.

Ce mariage ſe fit le 23 novembre 1525; & il fut arrêté, dans le contrat, que dans le cas où le Seigneur Jean décéderoit ſans poſtérité, Claire de Gra-

mont feroit héritière de tous les biens de la Maifon & de la Souveraineté,
qu'elle porteroit à fon mari, lequel prendroit par fubftitution, pour lui & fes
defcendans, le nom & les armes de Gramont. Ces conditions pofées & rédigées par Charles de Gramont, Archevêque de Bordeaux, oncle de Jean & de
Claire, furent ratifiées, en ce qui les concernoit, par François Iᵉʳ & Henri II
l'année fuivante.

Le 15 feptembre 1526, c'eft-à-dire environ un an après, Jean de Gramont époufa Françoise, Dame de Polignac, à laquelle il affura comme
douaire & pour en jouir fa vie durant, advenant la mort de fon mari, la
Châtellenie & terre de Muffidan.

L'aĉte original du contrat de mariage de Jean II de Gramont avec Noble
Demoifelle Françoife de Polignac eft aux Archives de la Maifon, daté du
15 feptembre 1526, fur papier & en françois. Il porte les fignatures de fes
oncles Charles de Gramont, Archevêque, & Gabriel de Gramont, Cardinal, de
Jean II de Gramont, de Jean d'Aure, du Seigneur de la Force, & de
plufieurs de la Maifon de Pompadour.

Le Roi de Navarre ayant réuffi à tromper la vigilance de fes gardiens,
étoit revenu dans fon Royaume, & François Iᵉʳ avoit, à la fuite de longues &
dures négociations, recouvré la liberté le 16 mars 1526. Henri II ne tarda
pas à le rejoindre, & peu de temps après devint fon beau-frère en époufant fa
fœur Marguerite, veuve du Duc d'Alençon.

Jean de Gramont
meurt au fiége de
Naples.
Sur ces entrefaites, le Vicomte de Lautrec paffoit de nouveau en Italie,
à la tête d'une armée Françoife pour venger les revers de Pavie. Jean de
Gramont n'héfita pas à l'y fuivre & fe diftingua dans toutes les rencontres, &
notamment aux prifes de Pavie, de Gênes & d'Alexandrie, où il commandoit
la compagnie de tous les gens d'armes du Général en chef en qualité de fon
Lieutenant.

Après une campagne glorieufe qui promettoit de plus brillans fuccès, Jean fuccomba fous les murs de Naples, le 15 feptembre 1528, des
fuites de l'épidémie qui enleva, le même mois, Charles d'Albret, frère
d'Henri II de Navarre, & le Vicomte de Lautrec lui-même. (V. *Pièces &
Documens. Annexe* Nᵒ 25.)

Jean II de Gramont ne laiffoit pas de poftérité, & la fucceffion de fa
Maifon paffa, ainfi qu'il avoit été convenu, à *Claire de Gramont*, fa fœur
aînée, qui avoit été mariée à *Menaud d'Aure, Vicomte d'Aſter*, defcendant

de la Maifon d'Aure & des anciens Comtes de Comminges, dont nous avons donné la filiation aux chapitres III., IV & V.

Les deux autres fœurs de *Jean* & de *Claire*, *Magdeleine* & *Éléonore* de Gramont furent Religieufes dans un Monaftère à Alby.

Avant de terminer ce qui concerne Jean II de Gramont, nous rappellerons qu'il exifte des Lettres-Patentes du Roi François I$^{er}$, contenant en fa faveur la confirmation de celles du 26 feptembre 1485, données par Charles VIII à fon grand père Roger, pour la ceffion du château & de la ville de Blaye.

Nous citerons auffi pour mémoire les chartes fuivantes, qui font aux Archives de la Maifon :

Du 18 mars 1522, Provifions de la charge de Maire de Bayonne pour Meffire Jehan de Gramont.

Du 14 avril 1523, Lettre du Chancelier Du Prat au Préfident du Parlement de Bordeaux pour recevoir le ferment de Jehan de Gramont pour la charge que le Roy vient de lui accorder, de Maire & Capitaine de Bayonne, vacante par la mort du Sire James de Sainte-Colombe.

Du 17 avril 1523, Ordre donné par les Généraux Tréforiers de France de payer à Jehan, Seigneur de Grantmont (*fic*), les gages de fon office de Maire & Capitaine de Bayonne.

Du 13 août 1523, Atteftation du Préfident du Parlement de Bordeaux pour le ferment prêté & la poffeffion prife de la Mairie de Bayonne par Jehan, Seigneur de Grantmont.

Du 25 juin 1527, Teftament de Jean II de Gramont & Codicile ajouté au dit teftament. Par cet acte, Claire de Gramont, époufe de Menaud d'Aure, eft déclarée unique héritière de tous les biens de fon frère Jean & de la Souveraineté de Bidache pour en jouir avec fon mari Menaud d'Aure, lequel avoit déjà été fubftitué, en 1525, au nom & aux armes de Gramont.

Du 5 août 1528, Demande de l'ouverture du Teftament de Jean II de Gramont, faite par Charles de Gramont Évêque d'Aire, fon oncle.

# CHAPITRE XI

*Les Seigneurs de Gramont de 1528 à 1580. — Claire de Gramont & Menaud d'Aure,
Vicomte d'After (1528-1534).—Mort de Menaud.Claire tutrice de fon fils Antoine I<sup>er</sup>.
Reconftruction de Bidache.—Antoine I<sup>er</sup>, Comte de Gramont (1534-1576).—Il épouse
Hélène de Clermont (1549). — Erection en Comté des Seigneuries de Guiche
& de Gramont (1563). — Antoine I<sup>er</sup> gouverne la Navarre comme Régent, en
l'abfence de la Reine Jeanne (1564). — Mariage de fon fils Fhilibert de Gramont,
avec Diane Corifandre d'Andoïns (1567). — Il échappe au Maffacre de la Saint-
Barthélemy avec Henri de Navarre qui le nomme fon Lieutenant-Général & Gouverneur en Navarre & Béarn (1572). — Il eft furpris par trahifon à Hagetmau &
fait prifonnier par le Baron d'Arros. — Il défend le Bigorre en 1574. — Mort
d'Antoine I<sup>er</sup> (1576).— Philibert Comte de Gramont (1576-1580).— Ses premières
campagnes avec le Roi Henri.—Il fe fépare du Roi.— Il eft tué en 1580 à la Fère.
— Diane Corifandre d'Andoïns, Comteffe de Gramont.*

---

## XXI.

LAIRE DE GRAMONT, fœur & héritière de Jean II,
lui fuccéda l'an 1528, conjointement avec fon époux,
MENAUD, VICOMTE D'AURE & D'ASTER, & d'après les
claufes ftipulées en 1525 dans fon contrat de mariage,
celui-ci prit pour lui & fes defcendans le nom & les armes
de Gramont.

Ayant déjà mentionné au chapitre V les claufes du contrat & de la fubftitution qui font aux Archives, il eft fuperflu d'y revenir de nouveau.

Par la même raifon, nous renvoyons aux chapitres IV, V & VI

Claire de Gramont
( 1528 - 1561 ).

Menaud d'Aure Vi-
comte d'After (1528-
1534).

pour la filiation des ancêtres de *Menaud d'Aure*, lequel étoit fils de *Jean d'Aure* & de *Jeanne de Foix*, & coufin au quatrième degré de *Claire de Gramont*, comme le conftatent les difpenfes de l'Églife rapportées au contrat de mariage.

Jean de Gramont, en partant pour la guerre d'Italie, paraiffoit avoir eu le preffentiment de fa fin prochaine, car non-feulement il avoit pourvu à l'ordre de fucceffion pour fes Domaines & la Principauté de Bidache, mais un acte tiré des Archives du Château de la Force apprend qu'il avoit, le 15 feptembre 1526, affigné à fa femme Dame Françoife de Polignac, la Châtellenie, terre, &c., &c., de Muffidan pour fon douaire & en jouir fa vie durant, advenant la mort de fon mari.

Les mêmes difpofitions font d'ailleurs confignées dans fon contrat de mariage du même jour, 15 feptembre 1526, qui eft aux Archives de la Maifon.

Deux ans plus tard, Jean ayant péri à Naples, comme nous l'avons dit plus haut, Claire de Gramont propofa à fa belle-fœur d'échanger la Châtellenie de Muffidan contre celle de Blagnac, ce qui fut fait. « Les arbitres Meffire François de la Tour, Vicomte de Turenne, François de Pompadour & Antoine de la Fayette, dirent que comme Muffidan étoit place forte & plus propre & commode pour la demeure de la Dame de Gramont, que n'étoit le dit Blagnac, on donneroit ce lieu-ci à la dite de Polignac en échange pour Muffidan, ce qui fut accepté par Charles de Gramont, Archevêque de Bordeaux, oncle de la dite Gramont, & Meffire Menaud d'Aure, Seigneur d'After, fon mari. » ( V. *Pièces & Documens. Annexe* N° 26. )

Menaud étoit parti avec fon beau-frère Jean pour la guerre d'Italie, &, le 3 mars 1528, il s'y diftinguoit par fa bravoure à la tête d'une compagnie de cinquante lances. Il revint la même année auffitôt après la paix; mais il rapportoit de cette trifte campagne le germe d'une maladie qui ne tarda pas à le conduire au tombeau. Il mourut le 5 juin 1534, laiffant de fon mariage deux enfans :

     1° *Antoine* de Gramont, qui fuit ;

     2° *Catherine* de Gramont, mariée à *François, Baron de Mauléon*.

     ( V. *Pièces & Documens. Annexe* N° 26. )

Mort de Menaud (1534).

Menaud fut enterré à Bagnères, au couvent des frères Dominicains fondé par fes ancêtres, & l'épitaphe de fa tombe porte ces mots : « Ci gift le corps de Noble Seigneur & puiffant Chevalier Meffire *Menaud d'Aure,* jadis *Vicomte d'After & Baron des Angles.* »

Claire de Gramont furvécut longtemps à fon mari, & comme elle tenoit la Principauté de Bidache & les Domaines de la Maifon de fon propre chef, elle en garda le gouvernement fa vie durant, c'eft-à-dire jufqu'en 1561. Ses enfans, Antoine & Catherine, étoient d'ailleurs en bas âge, l'aîné n'ayant que fept ans à la mort de fon père. Elle entreprit & conduifit à belle & bonne fin la reconftruction du Château de Bidache qui avoit été brûlé du vivant de fon frère par l'armée Efpagnole, & confacra le temps de fon long veuvage à rétablir l'ordre & la profpérité dans la Principauté & fes autres Domaines, autant que faire fe pouvoit dans ces temps de luttes inteftines, de guerres civiles & de perfécution religieufe. Elle fe tint en dehors de ces agitations & demeura fidèle au culte de fes pères, malgré l'aveuglement qui entraînoit autour d'elle la Navarre & le Béarn vers le proteftantifme de Luther.

Les Archives de la Maifon contiennent un grand nombre de chartes qui concernent Claire de Gramont. Nous allons rappeler ici les plus intéreffantes par ordre de date.

Diverfes chartes des archives de la Maifon.

Du 31 juillet 1530, Acte de donation par lequel Claire de Gramont donne à fa mère Catherine d'Andoïns, veuve de François de Gramont, l'ufufruit de la terre de Muffidan (fur parchemin.)

Du 18 novembre 1534, immédiatement après la mort de fon mari Menaud d'Aure, d'After & de Gramont, procuration par Dame veuve Claire fie Gramont, Dame de Muffidan, Blaignac, &c., &c., pour la geftion de fes biens.

Du 11 janvier 1538, Dénombrement fourni par Dame Claire de Gramont à Henri II, Roi de Navarre, pour toutes fes Seigneuries & terres, pour tous Domaines & Châteaux qui relevoient à un titre quelconque de la Couronne de Navarre.

Du 28 feptembre 1542, Pleins pouvoirs de Claire de Gramont donnés à Meffire Jean Detchebarre pour adminiftrer la Souveraineté de Bidache en l'abfence de la Souveraine. Fait à Bidache en Béarnois.

Du 14 août 1549, Acte de ceffion temporaire du Domaine d'After & de fon revenu par Claire de Gramont en faveur de fon fils Antoine Iᵉʳ, Comte de Gramont & de Hélène de Clermont, fon époufe, à l'occafion de leur mariage qui eut lieu au mois de feptembre de la même année.

Du 3 octobre 1552, Vente faite par Haute & Puiſſante Dame Madame Claire de Gramont, Dame de Gramont, Muſſidan, &c., &c., des moulins de la ville de Muſſidan à Noble Meſſire Bertrand de Luz ou de Lur, Chevalier, Seigneur de Longo, Villamblard & Roſtilhe.

Du 31 octobre 1552, Quittance datée de Bidache donnée au receveur ordinaire pour le Roi de France aux Lannes (Landes), de 2140 livres tournois pour le payement de la ferme de la moitié de la grande coutume de Bayonne, appartenant à la Dame de Gramont par don & octroy du Roi à elle fait en récompenſe de la Principauté de Blaye, & ce pour une année entière commencée le 1er octobre 1551. La dite quittance ſignée Clère de Gramont & ſcellée du grand ſcel en placard écartelé aux 1er & 4e, un lion; aux 2e & 3e, de flambes en chef & autour ſe lit : *Clère, Dame de Gramont*, & dont le double eſt à la Bibliothèque du Roy, comme il eſt rapporté par le P. Anſelme, t. IV, p. 613.

Du 23 décembre 1553, Teſtament original de Claire de Gramont, ſur parchemin.

Du 3 mai 1558, Ceſſion & tranſport de la Vicomté d'Aſter, la Baronnie des Angles & la Seigneurie de This, faits par Claire de Gramont, Dame douairière, en faveur de ſa belle-fille Hélène de Gramont.

Du 8 octobre 1559, Contrat de ferme de la moitié de la grande coutume de Bayonne, par Claire de Gramont.

Du 16 avril 1560, Quittance délivrée par Claire Dame de Gramont & Antoine Baron de Gramont, ſon fils, à Jehan Baron de la Baſtide.

Situation de la Navarre & de la France, à la mort de Claire de Gramont (1561).

Pendant la vie de Claire de Gramont & la minorité de ſon fils, des événemens importans ſe ſuccédèrent en France & en Navarre, & comme Antoine de Gramont y prit une part active dès qu'il fut en âge de porter les armes, il eſt néceſſaire de les réſumer en quelques mots.

Le 7 janvier 1528, la Reine Marguerite de Navarre donna le jour à une fille nommée Jeanne d'Albret, qui fut plus tard la mère de Henri IV, Roi de France & de Navarre.

A cette époque la Cour de Navarre ſe fit remarquer par une grande irréligion & une tendance prononcée vers le proteſtantiſme, ſans toutefois rompre ouvertement avec le culte catholique. La Reine Marguerite donna elle-même l'exemple de ces fcandales en compofant des ouvrages impies & faifant jouer des fcènes de comédie entremêlées de traits fatyriques contre les moines, les évêques & le pape. Les excès de ce genre furent pouffés fi loin, que le Cardinal de Gramont étant venu vifiter cette Cour ne crut pas pouvoir y féjourner avec décence, & fe hâta de la quitter.

Le Cardinal de Gramont à la cour de Navarre.

François Iᵉʳ mourut le 31 mars 1547, laiffant le trône de France à Henri II.

Jeanne d'Albret époufa le 20 octobre 1548 Antoine de Bourbon, Duc de Vendôme, qui defcendoit de Robert, Comte de Clermont, frère de Philippe III.

Marguerite, Reine de Navarre, mourut à Odos, près de Tarbes, le 2 décembre 1549.

Le 13 décembre 1553, Jeanne d'Albret mit au monde un fils qui fut Henri III de Navarre & plus tard Henri IV Roi de France. Il eut pour parrains les Rois de France & de Navarre & pour marraine la Princeffe Claude de France, mariée dans la fuite au Duc de Lorraine, repréfentée par *Hélène de Gramont*, *Dame d'Andoïns*. Hélène de Gramont étoit fœur de François de Gramont & tante de Claire de Gramont; fa petite-fille Corifandre d'Andoïns époufa Philibert de Gramont, petit-fils de Claire.

Baptême de Henri IV. — Hélène de Gramont, marraine (1553).

Henri d'Albret, Roi de Navarre, mourut le 25 mai 1555, laiffant la couronne à fa fille Jeanne & à Antoine de Bourbon, qui tous deux avoient embraffé avec beaucoup d'ardeur la religion proteftante. La Cour de Navarre & le Béarn devinrent l'afile de tous les huguenots que la Cour de France éloignoit ou perfécutoit, & les chofes allèrent fi loin que l'an 1556 Henri II dut menacer Antoine de lui déclarer la guerre s'il continuoit à entretenir dans fes États un foyer d'oppofition.

L'an 1558 Charles-Quint mourut & le Roi de Navarre équipa une armée pour reconquérir les anciennes provinces de fon Royaume. Cette campagne mal dirigée fut brufquement interrompue le 10 juillet 1559 par la mort du Roi de France Henri II, auquel fuccéda fon fils aîné François II. Ce prince ne régna qu'un an & mourut de maladie le 5 décembre 1560. Il eut pour fucceffeur fon frère Charles IX, & comme il étoit mineur, la Reine-Mère Catherine de Médicis eut l'adminiftration du Royaume de France & le Roi de Navarre, Antoine de Bourbon, en fut déclaré Lieutenant-Général. A cette époque les guerres de religion féviffoient dans tout le midi de la France; &

pendant que Jeanne d'Albret en Béarn foutenoit le parti des huguenots, fon mari Antoine de Bourbon le combattoit en Normandie. Il reçut une bleffure mortelle au fiége de Rouen & expira le 19 novembre 1562.

Jeanne d'Albret régna feule en Navarre après la mort de fon mari, & libre déformais de tout contrôle, elle époufa avec une violence voifine du fanatifme toutes les paffions du parti huguenot.

Telle étoit la trifte fituation du Béarn & de la Navarre, lorfque Antoine de Gramont, alors âgé d'environ 34 ans, prit une part importante dans les événemens.

## XXII.

ANTOINE I<sup>er</sup> du nom, Comte de Gramont & de Guiche, Prince Souverain de Bidache, Vicomte d'Aure & d'Aster, Baron des Angles, Seigneur de Mussidan, Toulongeon, Saint-Chéron & autres lieux, prit le Gouvernement de Bidache & de tous les Domaines de la Maifon à la mort de fa mère, en l'an 1561.

Le 15 juillet 1535, c'eft-à-dire quelques mois après la mort de fon père, le Roi de France François I<sup>er</sup> lui conféra, fous la tutelle de fa mère, la mairie & le gouvernement de Bayonne, bien qu'il ne fût âgé que de neuf ans, ainfi qu'il réfulte d'une commiffion Royale aux Confeillers du Roi, en la Cour du Parlement de Bordeaux, qui eft aux Archives de la Maifon.

Treize ans plus tard, en 1548, Antoine qui venoit d'atteindre fa majorité reçut du Roi de France Henri II commiffion de mettre fur pied deux enfeignes d'infanterie, chacune de trois cents hommes, & fut fait enfuite Capitaine de la première Compagnie des Ordonnances de France, s'employant au fervice du Roi dans toutes fes guerres avec l'Empereur d'Allemagne, jufqu'à ce que la mort de fa mère l'eût rappelé dans fes États de Bidache & en Navarre.

Son mariage avec Hélène de Clermont (1549).

Le 29 feptembre 1549, il époufa Hélène de Clermont, Dame de Traves, de Toulongeon & Saint-Chéron, appelée la Belle de Traves, fille unique de François de Clermont, Seigneur de Traves & de Toulongeon, & d'Anne Hélène de Gouffier, fon époufe, veuve de Louis de Vendôme, Vidame de Chartres, en préfence de Claude de Gouffier fon oncle, Chevalier des Ordres du Roi, Grand-Écuyer de France, & de François de Vendôme fon frère uté-

rin, *Prince de Chabannois* & *Vidâme de Chartres*. Le contrat de mariage
(original) en françois, fur parchemin, fut fait & paffé à Compiègne. Il eft aux
Archives de la Maifon & on y remarque les noms des époux écrits ainfi :
*Anthoine* & *Hélaine*.

Et l'année fuivante, le 7 juin 1550, la fucceffion du Vidâme de Chartres
étant ouverte par la mort de ce dernier, Hélène de Gramont la recueillit, ainfi
qu'il réfulte de la procuration donnée par elle à cet effet, qui eft aux Archives.

Clermont-Traves porte d'azur à trois chevrons d'or, celui du chef rompu.

L'an 1561, Antoine de Gramont fe trouvant empêché par la perte de plufieurs titres détruits aux incendies de Bidache & d'Hagetmau, s'adreffa au Roi
Charles IX pour en obtenir de nouvelles expéditions authentiques . & le 13 janvier de la même année il lui fut délivré des lettres-patentes royales à
cet effet. Ces lettres, qui font en original aux Archives, difent que : « Meffire
*Antoine de Gramont*, Chevalier de l'Ordre (Saint-Michel), Seigneur Baron
du dit lieu, & Dame *Hélène de Clermont* fon époufe , ayant expofé qu'ils poffèdent les terres & Seigneuries de *Gramont, d'After, des Angles, de Séméac,
Lafque, Gabafton, Gaflède, Lalonguère, Actex, Siveren, Ariteins* & nombre d'autres y dénommées & ayant perdu les titres par incendie, le Roy donne
des ordres pour faire délivrer de nouveaux titres valant comme les anciens,
&c., &c. »

Le 23 décembre 1563, le Roi Charles IX érigea en *Comtés* les Seigneuries
de *Guiche* & de *Gramont*, après en avoir le même jour reçu hommage à titre
de fimples baronnies. Cet hommage imprimé en françois eft aux Archives de la
Maifon, de même que l'érection en Comté, qui fut de nouveau confirmée en
juillet 1659 par lettres-patentes du Roi Louis XIV, qui font également aux
Archives en original, fignées par le Roi.

Erection en Comté des Seigneuries de Gramont & de Guiche (1563).

Le *Comté de Guiche* comprenoit, avec la terre & Seigneurie de *Guiche*,
celles de *Bardos, Urt, Sames, Sainct-Pée* & *Brifcoux*, qui furent toutes
plus tard incorporées dans le *Duché-Pairie de Gramont*.

Le dernier acte dans lequel Antoine Ier de Gramont eft qualifié de Baron
eft de 1562. C'eft une charte par laquelle : « Très Honorée & Puiffante
Dame Hélène de Clermont, fondée de procuration de Haut & Puiffant
Seigneur Meffire Antoine de Gramont, Chevalier des Ordres & Gentilhomme
de la Chambre du Roy, Seigneur & Baron de Gramont, &c., &c., &c.,
engage au fieur d'Angos la terre & la Seigneurie d'Olhaïby en Soule pour

23

la fomme de 3000 livres. ( V. *Pièces & Documens. Annexe* N° 27. )

Élevé par fa mère dans la religion catholique, Antoine de Gramont n'abandonna jamais le culte de fes pères, ainfi que quelques hiftoriens l'ont écrit par erreur. Cependant il fut un des chefs du parti huguenot alors qu'on défignoit ainfi ceux qui défendoient le Béarn contre l'invafion des François. En ce temps, les guerres de religion fervoient de prétexte & de mafque aux ambitions politiques des Princes ou aux rivalités perfonnelles des Seigneurs ; les armées de Charles IX envahiffant la Navarre, le Bigorre & le Béarn, s'appeloient catholiques, tandis que les Béarnois & Navarrois, réfiftant à l'invafion étrangère, s'appeloient le parti des huguenots. Mais, parmi les Seigneurs de Navarre rangés fous la bannière de leur Reine Jeanne & de leur futur Roi Henri, on comptoit bon nombre de catholiques. Malgré les caufes de diffidence qui les féparoient de leurs compatriotes proteftans, ils profeffoient tous une égale fidélité envers leur Souverain, quitte à vider entre eux des querelles fréquentes, qui, plus d'une fois, prirent des proportions fatales à leur pays.

Le Comte de Gramont, Régent de Navarre, pendant l'abfence de la Reine Jeanne (1564).

L'an 1564, Jeanne d'Albret, Reine de Navarre, ayant été appelée à Paris avec fon fils pour les affaires de la fucceffion d'Antoine de Bourbon, elle confia fes États au Comte de Gramont pour les gouverner en fon abfence en qualité de Régent & Lieutenant-Général, par lettres-patentes données en la ville de Nérac, la même année.

Antoine de Gramont profita de l'autorité que lui donnoit cette délégation pour fufpendre l'exécution des ordonnances que la Reine avoit lancées, avant fon départ, contre le clergé catholique. Mais aucun effort ne pouvoit calmer l'irritation des partis ; la violence des uns provoquoit la violence des autres, & Jeanne d'Albret, cédant aux confeils des plus emportés, répondit par la perfécution aux remontrances de fes États. Le comte de Gramont, avec les Seigneurs d'Andoïns & d'Arros, déploya en cette circonftance un grand zèle pour la défenfe de fa Souveraine, & ce ne fut qu'après avoir reconnu l'inutilité de fes confeils qu'il fe retira d'une Cour où déformais la voix de la prudence & de la modération ne trouvoit plus d'écho.

Le 13 novembre 1565, il fe démit de fa charge, & les Archives contiennent les lettres-patentes de la Reyne Jeanne d'Albret, par lesquelles ce même jour elle donne décharge à fon cher & bien-aimé coufin Antoine, Comte de Gramont & Souverain de Bidache, des clefs de fon tréfor de Pau, &c., &c.,

qu'elle lui avoit laiffées comme étant Lieutenant-Général & Régent du Royaume de Navarre, en fon lieu & place. Ces lettres font fur parchemin, fignées par la Reyne & munies du fceau de Navarre.

Le Seigneur d'Andoïns imita l'exemple du Comte de Gramont, & ce fut alors que tous deux formèrent l'amitié qu'ils fcellèrent plus tard par le mariage de leurs enfans.

Le 16 août 1567, *Philibert de Gramont*, fils aîné d'Antoine, époufa *Diane Corifandre d'Andoïns*, connue fous le nom de la Belle Corifandre, fille unique & héritière de *Paul d'Andoïns, Vicomte de Louvigny, Baron de Lefcun*, &c., &c., & de *Marguerite de Cauna*.

Mariage de Philibert de Gramont avec Diane Corifandre d'Andoïns (1567.)

Le contrat de mariage, qui eft aux Archives de la famille, fut paffé en préfence de la Reine Jeanne & de fon fils Henri III de Navarre (Henri IV de France), dont il porte les fignatures.

Le Baron d'Arros ne fuivit pas dans leur retraite le Comte de Gramont & Paul d'Andoïns. Proteftant fanatique, il devint au contraire l'inftigateur des vengeances & des fureurs du parti huguenot, ainfi que l'inftrument des rigueurs de fa Souveraine. De là naquit entre eux une inimitié dont nous ne tarderons pas à rencontrer les effets.

Cependant lorfque le Roi Charles IX, voulant fe venger de l'appui que Jeanne d'Albret avoit prêté aux infurgés de la Rochelle, envahit le Béarn en 1569, les diffentimens s'effacèrent. Le Baron d'Arros, Lieutenant-Général du Royaume, défendit la Baffe-Navarre pendant que le Comte de Gramont, convoquant tous les partifans de la Reine en Béarn, marchoit fur Bizanos au-devant de l'armée françoife, commandée par Antoine de Lomagne, Vicomte de Terride.

Ils s'unirent enfuite tous les deux pour affiéger la ville d'Oléron, dont l'ennemi s'étoit emparé par furprife ; mais d'Arros, non content de défendre fa Souveraine, ne laiffoit échapper aucune occafion de févir contre les catholiques, & fes rigueurs devinrent telles que le Comte de Gramont & ceux de fa religion durent s'éloigner d'un camp où leur confcience ne leur permettoit plus de rester.

Ces violences ne tardèrent pas à amener de triftes repréfailles ; quelques femaines s'étoient à peine écoulées, que Terride, vainqueur à fon tour, pourfuivoit de fa vengeance les proteftans battus & difperfés. Ces malheureux, égorgés fans pitié fur les routes & dans les villages, n'eurent d'autre

Générofité du Comte de Gramont envers les victimes de la guerre religieufe.

reſſource que de ſe réfugier auprès des Seigneurs Catholiques, que leurs excès avoient révoltés jadis. Olhagaray, dont le témoignage ne ſauroit être ſuſpeɛt, cite à cet égard la généroſité du Comte de Gramont, qui, dans ſa Souveraineté de Bidache, donna un aſyle aſſuré à tous ceux qui vinrent l'y chercher, ſans jamais les inquiéter pour leurs croyances religieuſes.

Le Béarn & la Navarre étoient occupés par les armées françoiſes, & il ne reſtoit plus à Jeanne d'Albret que quelques villes éparſes défendues par d'Arros & ſes coreligionnaires. Ce fut alors qu'elle fit un ſuprême effort & plaça le Comte de Montgommery à la tête d'une nouvelle armée recrutée dans le pays de Foix. Nouṣ n'avons pas à retracer les ſanglantes péripéties de cette campagne dont le Bigorre garde encore le ſouvenir; quelques mois ſuffirent à ce vaillant capitaine pour rétablir l'autorité de la Reine de Navarre, reprendre Pau, Navailles, & ſucceſſivement la Navarre & le Béarn. Dès le début de la campagne, il avoit député le Sieur de Loubie auprès du Comte de Gramont pour réclamer ſon épée & ſes conſeils, & celui-ci s'étoit empreſſé d'accourir.

En 1570 la paix fut conclue entre Charles IX & Jeanne d'Albret, mais les plaies ſaignantes de ces longues luttes ne furent qu'imparfaitement cica-triſées par l'amniſtie des Souverains.

Cette même année le Comte de Gramont ſe rendit à la Cour de France, dont il étoit vaſſal pour ſes fiefs de Guyenne, & où il étoit en grand honneur, à cauſe de ſes ſervices antérieurs, s'étant diſtingué particulièrement dans les guerres du Bourbonnois & à la priſe de Calais. Henri III de Navarre étoit auſſi à Paris avec ſa mère, la Reine Jeanne, & on négocioit ſon mariage avec la ſœur du Roi de France.

Le 24 août 1572, jour de la Saint-Barthélemy, le Comte de Gramont étoit auprès de Henri de Navarre avec le Prince de Condé & le Seigneur de Duras, lorſque le Roi Charles IX, les mandant près de lui, ſe contente de leur dire « avec un ton de voix & un œil terribles: Meſſe, mort ou Baſtille. » ( V. de Thou & d'Aubigné. )

Henri de Navarre, devenu Roi quelques mois auparavant par la mort ſubite de ſa mère, abjure le proteſtantiſme, ſinon par conviɛtion, du moins par néceſſité. Néanmoins, tenant à prouver la ſincérité de ſes ſentimens, il rendit une Ordonnance pour rétablir l'ancien culte dans le Béarn & dans toutes les terres de ſa domination, d'où la Reine Jeanne l'avoit banni.

Antoine, Comte de Gramont, nommé par lettres-patentes du 16 octobre 1572, Gouverneur & Lieutenant-Général du Roi au Royaume de Navarre & Pays de Béarn, fut chargé de l'exécution de cet édit; mais il rencontra une si forte opposition dans les États du Béarn & le Néboussan, qu'il dut attendre une occasion plus favorable. Sa commission pour tenir les États de Navarre est aux Archives sur parchemin, signée par le Roi Henri & munie de son sceau, datée du 21 décembre 1572. Avec elle se trouvent aussi cent cinquante circulaires datées du même jour, écrites à la main & toutes signées du Roi pour la convocation des différens Membres des États. Ces lettres de convocation n'ayant pu être employées à cause de l'état des esprits, sont restées pour cette raison à Bidache dans les Archives.

Quelques mois plus tard, le Comte de Gramont crut pouvoir profiter, pour en venir à ses fins, de la concentration des forces des réformés autour de la Rochelle, dont le Duc d'Anjou avoit commencé le siége. En conséquence, il s'avança jusqu'à Hagetmau, dont son fils Philibert étoit devenu le maître par son mariage avec Corisandre d'Andoïns. Là il appela à son aide les gentilshommes des environs qui étoient restés fidèles à la religion catholique.

De son côté Henri de Navarre s'adressoit à tous ceux sur lesquels il croyoit pouvoir compter, & leur écrivoit de se rendre auprès du Comte de Gramont pour lui prêter main-forte & obéissance. Plusieurs de ces lettres ont été conservées, & l'une d'elles, adressée au Capitaine d'Espalungue, fait partie de la collection des lettres missives du Roi Henri IV. Elle est datée de Nieul, le 6 mars 1573, lieu situé en face de la Rochelle où Henri de Navarre, obligé d'assister au siége, étoit campé avec le Duc d'Alençon, les Princes de Condé, le Dauphin, les Ducs de Guise, d'Aumale & de Nevers. (Voir les lettres de Henri IV. *Pièces & Documens. Annexe N° 29, lettre 1.*)

Les Seigneurs & Gentilshommes catholiques accoururent en foule à l'appel de leur Roi, & déjà on n'attendoit plus que quelques retardataires, lorsque le bruit de ce qui se préparoit parvint aux oreilles du vieux Baron d'Arros, le huguenot fanatique qui s'étoit fait jadis l'instrument des persécutions religieuses de Jeanne d'Albret, & qui, de plus, étoit un ennemi personnel du Comte de Gramont.

« Le vieillard manda aussitôt le Baron son fils. — Mon fils, lui dit-il, dès qu'il l'aperçut, qui vous a donné la vie? — Dieu & vous, Monsieur, répondit le Baron. — Eh bien! Dieu & votre père vous la redemandent en ce moment:

Dieu qui peut vous la conferver au milieu des plus grands périls & qui vous
la rendra un jour au fein de la gloire; votre père qui vous fuivra de près fi
vous mourez, & qui, après avoir fur la terre applaudi à votre vertu & à votre
obéiffance, en rendra dans le ciel un doux témoignage devant le Très-Haut &
fes Anges. Allez, ne regardez pas le petit nombre de vos compagnons, car
ils font tous braves, & furtout ne confidérez les ennemis que pour les frapper.
Voilà mon épée : Dieu la bénira dans vos mains; &, en lui tendant le fer,
le vieillard l'embraffa. Le Baron fit une révérence & alla fe mettre à la tête
de la petite troupe qui confentoit à le fuivre, & qui n'étoit compofée que de
trente-huit Seigneurs, parmi lefquels on comptoit le jeune de Lons. Peu
d'heures après, il étoit aux portes de Hagetmau. » (D'Aubigné, p. 680.
Poydavant, p. 79.)

Le Comte de Gra-
mont furpris à Haget-
mau par d'Arros eft
fait prifonnier.

On prit les nouveau-venus pour un renfort d'auxiliaires. Grâce à cette
erreur, ils fe gliffèrent fans être reconnus jufque dans la cour du Château.
Tirant alors leur épée, ils frappent, ils bleffent, ils immolent tout ce qui fe
préfente à eux. Au milieu du tumulte, d'Arros pénètre jufqu'à l'appartement
où le Comte de Gramont s'entretenoit avec Etchard, Préfident du Confeil
Souverain. Il égorge le Préfident; & déjà il levoit fon épée fur le Comte lui-
même, lorfque Corifandre tombe à fes pieds éplorée; fes larmes, fa jeuneffe,
fa beauté, fes fupplications, défarment le vainqueur; il fe contente de faifir le
Comte & de le charger de chaînes. Ce fut la feule victime épargnée. Tous
les autres Seigneurs catholiques, dont on fait monter le nombre à deux
cent cinquante, reftèrent étendus fur le carreau ou fe dérobèrent à la mort
par la fuite. Après cet exploit, le jeune Baron fe hâta de reprendre le chemin du Béarn & de conduire fon prifonnier devant fon père. « Mon fils, lui
dit l'impitoyable vieillard, il ne falloit point laiffer fubfifter cet Amalécite,
vous avez fauvé le corbeau qui vous arrachera les yeux. » Néanmoins, il ne
voulut point qu'on maffacrât l'ennemi défarmé, & le Comte de Gramont fut
remis entre les mains de Lacafe, Gouverneur du Béarn pour les infurgés. Il put fe racheter plus tard au prix d'une forte rançon.

Mort de Charles IX
(1574).

Sur ces entrefaites furvint la mort du Roi Charles IX (30 mai 1574),
auquel fuccéda fon frère Henri III.

Henri de Navarre, plus occupé dans ce moment d'intrigues galantes que
de politique, fe tenoit toujours éloigné du Béarn, où fa préfence eût fuffi
pour rétablir le calme. Les catholiques & les religionnaires fe combattoient

avec fureur, & les États de Pau refufoient de reconnoître l'autorité du Roi de Navarre pour les décrets rendus fans leur participation. Le Comte de Gramont, chef du parti catholique, s'étoit retiré dans fes Domaines du Bigorre, où il exerçoit la charge de Lieutenant-Général du Roi de France, tandis que le Baron d'Arros commandoit les huguenots en Béarn.

Dès que les glaces de l'hiver furent fondues, les Béarnois fe préparèrent à envahir le Bigorre. Le Comte de Gramont quitta auffitôt fon Château de Séméac, fe rendit à Tarbes pour repouffer leur attaque, & il réuffit à obtenir un traité de paix du Baron d'Arros. Mais ce traité n'ayant pas empêché d'Arros de s'emparer de Tarbes par trahifon, Gramont, indigné, demanda des fecours à Lavalette, Gouverneur de la Haute-Guyenne, appela près de lui la Nobleffe des environs, & réunit mille cinq cents hommes de pied & fept cents chevaux. Il établit fon quartier général à Soués, & diffémina momentanément fes troupes à Tournay, à Aureillan & dans les Châteaux de Seméac, d'After & de Lafitole, qui lui appartenoient. D'Antras, Seigneur de Cornac, lui amena quatre pièces de canon de la ville de Marciac où il commandoit.

Gramont défend le Bigorre contre d'Arros.

Le Comte de Gramont conduifit auffitôt cette petite armée fous les murs de Tarbes, & le 8 mai 1574, il s'empara de la ville après une. très vive réfiftance. Les huguenots furent fucceffivement expulfés des autres places qu'ils tenoient & tout le Bigorre appartint aux catholiques. Le vieux d'Arros, vaincu par l'âge & abattu par ces revers, fut remplacé par le Baron de Mioffens, dont le premier foin fut de négocier la paix entre le Béarn & le Bigorre.

Il reprend Tarbes, que d'Arros avoit invefti (1574 )

Et, à cette occafion, le Comte de Gramont fit rendre au clergé de la Baffe-Navarre tous les biens qui avoient été faifis par Ordre de la Reine Jeanne, ainfi qu'il réfulte d'un acte qui eft aux Archives de la Maifon, enfemble avec le compte des dits revenus eccléfiaftiques faifis & portant la date du 29 mars 1575.

Henri de Navarre étoit toujours à la Cour de France en compagnie de quelques Seigneurs Gafcons qui ne le quittoient jamais, parmi lefquels les Mémoires du temps citent : Gramont, Roquelaure, d'Épernon, Poudens & Mont-de-Marraft. Ce fut avec ces cinq Gentilshommes qu'il réuffit à tromper pendant une chaffe la vigilance de fes gardiens & à fe fauver en Guyenne. Ce Gramont étoit Philibert, fils aîné d'Antoine, qui venoit de pacifier le Bigorre. Le premier ufage que fit Henri de fa liberté fut de renoncer au catholicifme, bien

Henri de Navarre s'enfuit de la Cour de France avec Philibert de Gramont.

qu'il évitât de fe prononcer ouvertement en faveur de la religion réformée ; de forte que cet a£tè coupable & inconfidéré n'eut d'autre réfultat que de rallumer la guerre dans les provinces du Midi, & de détacher momentané- ment de fon parti tous ceux qui voulurent refter fidèles au culte de leurs pères. De ce nombre étoient Gramont, Duras, Sainte-Colombe, Roquelaure, Lavardins, Mioffens, Baylens, Poyanne, &c., &c. Ce fut un grand fujet de douleur pour le Comte de Gramont, qui avoit pour le jeune Roi l'affeftion d'un père ; il en conçut une triftelle fi poignante que fa fanté, déjà fort ébranlée, ne put y réfifter, & il mourut vers la fin de la même année en 1576.

*Mort d'Antoine Ier Comte de Gramont (1576.)*

Antoine Ier de Gramont s'étoit attiré, pendant fa vie, la confiance & l'amitié générale par fon caractère conciliant & ennemi de la violence, ce qui étoit chofe rare dans ces temps de guerre civile. Les partifans des mefures extrêmes & les fanatiques des deux camps lui reprochoient, en maintes cir- conftances, fon efprit de tranfaâion ; mais, en définitive, après l'affouviffement de leurs fureurs, tous les partis l'un après l'autre recoururent à fes confeils & à fon autorité pour le rétabliffement de la paix.

*Aftes fouverains & ordonnances d'An- toine Ier, dans la prin- cipauté de Bidache.*

Il ne négligea pas les intérêts de fes fujets de Bidache, & plufieurs de fes ordonnances atteftent du foin qu'il mit au gouvernement de cette Soüveraine- té. Le 13 novembre 1570, il en rendit une pour le règlement de la juftice, les formalités de criées & les appellations. Ce dernier titre marque qu'il y avoit deux Juges à Bidache, l'un qui jugeoit en première inftance, l'autre qui jugeoit en caufe d'appel & en dernier reffort, fauf le recours en grâce par devant le Souverain. Cette ordonnance, qui eft reftée en vigueur jufqu'en 1789, commence par ces mots : « Nous, Antoine de Gramont, Seigneur Souverain de Bidache, avons, pour l'abréviation des procès de juftice & foulagement de nos fujets, ordonné & ftatué ce qui fuit : ..... » (V. *Archives de la Maifon* & *Mémoire*, publié à Paris en 1711, par Ch. Huguier, pour le Parlement.)

*Coutume de Bida- che, rédigée en 1575.*

L'an 1575 la coutume de la Principauté Souveraine de Bidache fut rédigée avec les formalités authentiques employées dans de femblables occa- fions, & rapportées ainfi qu'il fuit dans le Mémoire fur la dite Souveraineté, préfenté au Parlement du Roi Louis XIV en 1711, & agréé par la Couronne.

« Les habitans de Bidache remontrèrent à Antoine de Gramont, leur Souverain, que leurs ufages n'étant pas écrits, cela étoit caufe qu'il falloit faire de grandes dépenfes pour les vérifier & prouver par enquête, pourquoi ils lui demandèrent un remède convenable. Antoine de Gramont adreffa fes lettres de commiffion, datées du 1er janvier 1575, à Meffire Charles de Romatet, Juge des appellations & Surintendant de la Juftice de Bidache pour appeler les prudhommes & anciens de la Principauté, s'informer d'eux, de leurs coutumes & ufages & enfuite les réduire & rédiger par écrit & en forme due pour, ce fait, être autorifées & homologuées. »

« Ces lettres font intitulées : Antoine de Gramont, Seigneur du dit lieu & par la grâce de Dieu, Souverain de Bidache, à notre amé & féal Confeiller, Juge des Appellations & Surintendant de la Juftice pour Nous en notre dite Souveraineté, Meffire Charles de Romatet, licentié ès-droit, falut ; — & elles finiffent par ces mots : Donné en notre Château de Bidache fous notre feing & le fcel de nos armes, le 1er janvier 1575. »

En vertu de cette commiffion les anciens de Bidache furent affemblés & rapportèrent leurs coutumes & ufages devant le Commiffaire nommé après avoir fait ferment fur les Saints Évangiles. »

« On voit, par le procès-verbal, que les Affemblées durèrent jufqu'au 6 avril 1575, & enfin, la coutume fut rédigée en treize titres où l'on trouve les plus difficiles queftions de droit juftement décidées, & l'on voit que lorfque ceux qui ont travaillé à rédiger cette coutume n'ont pu s'accorder, ils fe font tranfportés devant Son Alteffe qui a ftatué & décidé par décret Souverain. »

« Voici le titre qui fut donné à cette coutume : Les coutumes de la ville, terre, jurifdiction & Souveraineté de Bidache, rédigées par écrit par nous, Charles de Romatet, licentié ez-loix, Surintendant de la Juftice de Bidache, de par Monfeigneur & Commiffaire à ce député par Son Alteffe. »

« Après la rédaction, il y eut une nouvelle Affemblée en corps & Communauté de tous les habitans, où les coutumes furent lues. Ils les approuvèrent d'un confentement unanime & en demandèrent l'homologation. Le 9 avril 1575, les coutumes furent apportées à Antoine de Gramont, qui les approuva & figna. »

Le Mémoire, imprimé, comme nous l'avons dit, en 1711, ajoute : « Ce font là les circonftances de la rédaction des coutumes des habitans de Bidache fous l'autorité de leurs Souverains. Cette coutume eft actuellement en ufage à Bidache ; on n'en connoît & on n'en obferve point d'autre dans l'Adminif-tration de la Juftice. M. le Duc de Gramont en a fait tirer l'original figné d'Antoine de Gramont & du Commiffaire député, du Gref & dépôt public de la Principauté, en faifant laiffer, dans le même dépôt, une copie en bonne forme. »

Parmi les difpofitions dont cette coutume eft compofée, il en eft une qui fervit de modèle à plufieurs ordonnances rendues poftérieurement en Navarre, en Béarn & dans le Bigorre, & qui avoit pour but d'arrêter l'extenfion de la bâtardife, ainfi que les perturbations apportées dans les héritages par les prétentions toujours croiffantes des enfans nés hors mariage. « Le Titre cinquième porte, à ce fujet, que les bâtards ne fuccèdent & qu'on ne leur fuccède point, & que s'ils décèdent fans laiffer de poftérité de leur loyal mariage ni faire teftament, tous leurs biens font & demeurent à Monfeigneur, fi ce n'eft qu'ils aient été naturalifés & légitimés par refcrit & par lettres de Monfeigneur, vérifiées & entérinées par la juftice devant fon Procureur-Général, auquel cas ils fuccèdent feulement à ceux qui font portés & exprimés nommément par le refcrit, & ceux-là à eux felon, ainfi & en la qualité & tant qu'eft dit expreffément par icelluy refcript & non autrement ni davantage. »

Divers actes & pièces des archives relatives à Antoine Ier.

Parmi les pièces & actes des Archives qui concernent Antoine Iᵉʳ, Comte de Gramont, Prince Souverain de Bidache, nous mentionnerons encore les fuivants :

Du 31 août 1556, une déclaration relative à l'affignation de 3000 livres tournois de rente en terres au bénéfice de Dame Hélène de Clermont, époufe du Comte de Gramont, en préfence de Claude de Clermont & de Toulongeon, fon oncle.

Du 26 août 1557, Teftament d'Antoine Iᵉʳ, Comte de Gramont, Prince Souverain de Bidache, Vicomte d'After, &c., &c., &c.

Plufieurs requêtes & décifions royales relatives aux droits feigneuriaux fur les octrois de Saint-Jean-de-Luz, fur la coutume de Bayonne & fur les terres de Bardos. Ces documens, intéreffans au point de vue fcientifique & archéologique, le font moins au point de vue hiftorique, & il nous paroît inutile de les détailler. Ils vont de 1559 à 1576, & plufieurs d'entre eux portent les fceaux & la fignature des Rois de France Charles IX & Henri III.

Mort de la Comteffe Hélène (1595.)

La Comteffe *Hélène* furvécut à fon mari & à fes enfans. Elle mourut en 1595. Son teftament, qui eft du 23 mars 1594, eft aux Archives en original, fur parchemin. Elle avoit reconnu par acte authentique également confervé, & qui eft du 24 août 1576, les difpofitions teftamentaires de fon mari, confervant pour douaire la terre & Seigneurie de Muffidan, dont elle détacha une partie, pour la vendre le 7 janvier 1580, à Meffire Foucault d'Aubuffon, Chevalier de l'ordre du Roi, Seigneur de Beauregard & de la Rue, en Périgord. (V. *Pièces & Documens. Annexe* N° 27.)

Du mariage d'Antoine I<sup>er</sup> & d'Hélène de Clermont font nés cinq enfans :

Enfans d'Antoine I<sup>er</sup>.

1° *Philibert de Gramont*, qui fuit ;

2° *Jean Antoine* de Gramont, Vicomte d'Affer, qui mourut en bas âge & fans être marié ;

3° *Théophile Roger* de Gramont, dit Amédée (bien que ce nom ne lui appartînt pas), qui fut Seigneur de Mucidan.

Il époufa *Charlotte de Clermont, Dame de Toulongeon*, fille de *Claude, Seigneur de Toulongeon*, & de *Péronne de la Chambre*. Le contrat qui eft du 8 juillet 1588 eft aux Archives, ainfi que celui de Claude de Toulongeon, lequel étoit frère de la Comteffe Hélène, mère de Théophile, de forte que Charlotte de Clermont & de Toulongeon étoit tante à la mode de Bretagne de fon mari.

*Théophile de Gramont* étoit grand ami du Duc d'Angoulême & préfent dans fa chambre à Blois, lorfque le Prince de Joinville y fut arrêté par ordre du Roi. Le Duc d'Angoulême en parle dans fes Mémoires, & rappelle qu'étant devant Paris le 31 juillet 1589, il eut avec le Sieur de Gramont un entretien où celui-ci paroiffant prévoir le crime qui fe tramoit alors contre le Roi Henri III, lui dit : « Mon Maître Greslon (nom qu'il lui donnoit dans l'intimité), vous ne ferez pas demain fi joyeux, » ce qu'il me répéta deux fois, dit le Duc, me demandant fi je l'entendois bien. »

Théophile de Gramont.

Théophile de Gramont mourut fans enfans, d'un coup de moufquet qu'il reçut à Bar-fur-Seine en 1597.

4° *Marguerite* de Gramont, mariée le 14 juin 1572, à *Jean de Durfort, Baron de Duras*, fils aîné de *Simphorien, Seigneur de Duras & de Barbe-de-Cauchon-de-Maupas*. (Voir le contrat aux Archives). — Il fut tué près de Libourne pendant les troubles de la Guyenne, & ne laiffa pas d'enfans ;

5° *Claire Suzanne* de Gramont, mariée le 3 mars 1595 à *Henri des Prez*, Seigneur de *Montpezat*, Capitaine de cinquante hommes d'armes, fils de *Melchior, Marquis de Montpezat & du Fou*, & de *Henriette de Savoie, Marquife de Villars*.

Les Archives contiennent le contrat de mariage original, fur parchemin, ainfi qu'une double expédition également authentique & fur parchemin. On y voit auffi :

Du 30 juin 1623, un brevet du Roi de France Louis XIII, original fur parchemin & figné, portant donation & ceffion de la démolition du château de Muret, en faveur de Suzanne de Gramont, Marquife de Montpézat.

Du 24 mars 1632, le teftament de Suzanne de Gramont, Marquife de Montpézat.

Antoine I<sup>er</sup>, Comte de Gramont, eut encore un fils naturel nommé Marfi- lien de Gramont, qui fut établi dans le Bigorre.

## XXIII.

PHILIBERT DE GRAMONT, SOUVERAIN DE BIDACHE, COMTE DE GRAMONT, DE GUICHE & DE LOUVIGNY, SEIGNEUR DE TOULONGEON, DE MUSSIDAN & DE SAINT-CHÉRON, VICOMTE D'ASTER & BARON DES ANGLES, fuccéda à fon père en 1576.

Il étoit né en 1552, un an avant le Roi Henri de Navarre (Henri IV), dont il fut le compagnon & ami d'enfance.

Marié à l'âge de 15 ans, le 16 août 1567, à la belle & célèbre DIANE CORISANDRE D'ANDOÏNS, il avoit par ce mariage réuni aux domaines de fa Mai- fon les grands biens de la Maifon d'*Andoïns*, dont *Corifandre* étoit héritière, & entre autres les *Comtés de Guiche & de Louvigny*, avec la *Baronnie de Lefcun* & diverfes vigueries dépendant de la Seigneurie d'*Andoïns*. Diane *Corifandre* étoit, comme nous l'avons dit plus haut, fille unique de *Paul d'Andoïns* & de *Marguerite de Cauna*.

Le contrat de mariage, en original, fur papier, eft aux Archives de la Maifon. Il eft en françois, paffé au château de Pau, & porte les figna- tures de : *Jeanne, Reine de Navarre, Henri, Prince de Navarre* (Henri IV), *Catherine de Navarre, fa fœur, Gafton de Béarn, le Seigneur d'Afpremont, Antoine Comte de Gramont, Hélène de Clermont, Comteffe de Gramont, Philibert de Gramont, Diane d'Andoïns (Corifandre)*, &c., &c., &c. Il en exifte plufieurs exemplaires imprimés.

D'Andoïns porte d'or à un lion de finople.

Philibert de Gramont avoit appris de bonne heure le métier des armes. Nommé Sénéchal de Béarn à l'âge de feize ans, il accompagna la Reine Jeanne d'Albret & fon fils Henri à la Rochelle, l'an 1568, pendant que fon père le Comte de Gramont combattoit en Béarn les troupes de Charles IX. Sa femme Corifandre ne l'ayant pas fuivi à la Rochelle fut chargée par la Reine de Navarre d'affurer fa correfpondance aveč les habitans de Navarreins, qui foutenoient un fiége opiniâtre contre Terride, Général de Charles IX.

L'an 1575, Philibert de Gramont fe trouvoit avec le Roi de Navarre à la Cour de France, & il fut un des cinq Seigneurs avec lefquels Henri de Navarre complota & exécuta fa fuite au milieu d'une partie de chaffe, & malgré la furveillance jaloufe que la Reine Mère avoit organifée autour de lui.

Il s'enfuit de la Cour de France avec le Roi de Navarre (1575).

Quand le Roi Henri revint en 1576 à la religion proteftante, Philibert de Gramont refufa de fuivre fon exemple & fe retira de fa compagnie. A cette première caufe de refroidiffement il s'en ajoutoit une autre toute perfonnelle, le jeune Comte de Gramont ayant conçu fur les relations qui s'établiffoient entre le Roi & la Comteffe fa femme, des foupçons que l'avenir ne devoit que trop juftifier.

Il fe joignit à d'Antras & à quelques autres Seigneurs catholiques, pour arrêter en Béarn les rapides progrès du parti calvinifte, & cette armée improvifée en quelques jours s'empara de la ville de Mirande, défendue par Saint-Cric. Les mémoires du temps nous ont confervé les détails de ce fiége, & des efforts infruĉtueux que fit pour reprendre la place le Roi Henri, accouru en toute hâte, & fe trouvant avoir à combattre ces mêmes gentilshommes qui, quelques femaines auparavant, comptoient parmi fes meilleurs défenfeurs.

Le Marquis de Villars, qui commandoit en Guyenne avec le titre de Lieutenant du Roi de France, profita de cet avantage pour faire fa jonĉtion avec les catholiques du Béarn. Le Comte de Gramont avoit pris avec lui le Chevalier d'Antras, Gouverneur de Marciac, & fuivi des Seigneurs de Gondrin, de Bajordan & de Maffès, il porta la guerre dans le Bordelais, ouvrant la campagne par la prife du château de Manciet.

L'année 1577 s'écoula dans ces alternatives de viĉtoires & de défaites; les deux partis combattoient avec des forces à peu près égales, & leurs luttes enfanglantoient le Languedoc & la Gafcogne. Enfin la Reine Mère ordonna de fufpendre les hoftilités & fe réfolut à tenter en perfonne le rapprochement des partis. Elle vouloit auffi ramener fa fille Marguerite auprès du Roi fon époux, comptant fur fon influence pour apaifer fon gendre.

Marguerite & fa mère arrivèrent à Bordeaux le 15 août 1578. Henri de Navarre alla au devant d'elles jufqu'à La Réole, & les accompagna enfuite jufqu'à Nérac, où la paix fut fignée le 28 février 1579. A cette occafion le Comte de Gramont revit le Roi, & quelques bonnes paroles fuffirent à la première entrevue, pour ranimer en fon cœur fon ancien dévouement. Les deux amis d'enfance s'embrafsèrent en pleurant & jurant bien de ne fe plus quitter. Mais la Reine Mère ne l'entendoit pas ainfi, & voulant détacher du Roi de Navarre fes meilleurs partifans, elle n'héfita pas à dénoncer au jeune Philibert ce qu'elle avoit appris de la paffion du Roi pour la belle Corifandre, portant à fa connoiffance & à celle de Jean de Duras, fon beau-frère, la preuve que cet amour étoit partagé par la Comteffe. Ce coup fut décifif; Gramont & Duras quittèrent la Cour, & quelques mois plus tard ils étoient en Guyenne avec leurs compagnies, auprès des Maréchaux de Biron & de Matignon qui combattoient de nouveau les troupes calviniftes.

> *Le Comte de Gramont fe fépare du Roi de Navarre & va rejoindre les troupes catholiques.*

Philibert de Gramont, trompé dans fes plus chères affections, accablé de trifteffe & dégoûté d'une exiftence qui s'annonçoit fous de fi triftes aufpices, cherchoit la mort au milieu des combats; il la trouva le 2 août 1580 au fiége de la Fère. Un boulet lui enleva le bras, & il périt des fuites de fes bleffures à l'âge de 28 ans.

> *Il eft tué au fiége de la Fère (1580).*

La mort prématurée du jeune Comte de Gramont produifit, à la Cour de Henri III, une fenfation très pénible. Il y étoit fort apprécié pour fa valeur & fon intelligence, ainfi que fon caractère chevalerefque. Pierre de l'Eftoile en parle en de fort bons termes dans fon Journal du Roi, & cite à ce propos des vers latins qui furent faits à l'occafion de cet événement. ( V. *Pièces & Documens. Annexe N° 28.* )

> *Enfans de Philibert.*

Il laiffoit deux enfans :

1° *Antoine II* de Gramont, qui fuit;

2° *Caterine* de Gramont, qui fut mariée, le 25 décembre 1591, à *François, Nompar de Caumont, la Force, Comte de Lauzun*, Capitaine de cinquante hommes d'armes, fils de *Gabriel* de Caumont, *Comte de Lauzun*, Chevalier des Ordres du Roi, & de *Charlotte d'Eftiffac*.

Le contrat eft en original aux Archives, paffé au Château de Pau à la date ci-deffus & figné : Lauzun, pour Gabriel Nompar de Caumont; Eftiffac, pour Dame Charlotte, fon époufe; François de Lauzun; Caterine de Gramont; Corifande d'Andoyns, mère de Caterine.

Philibert eut auffi un fils bâtard qui s'appeloit *François*.

Marié à l'âge de quinze ans & n'ayant que deux ans de plus que fa femme,

Philibert de Gramont l'avoit quittée quelques femaines après fon mariage pour fuivre la Cour à la Rochelle; la vie des camps, les agitations de la guerre civile, les tournois & proueffes de chevalerie, le retinrent pendant plufieurs années éloigné du Béarn où Corifandre l'attendoit dans fon Château de Guiche, voyant avec trifteffe & fans doute auffi avec dépit les plus belles années de fa jeuneffe s'écouler ainfi dans l'ifolement & l'abandon. Philibert revenoit à de longs intervalles, mais toujours preffé de repartir, & fur les treize années que dura leur union, il en paffa à peine deux auprès de la Comteffe.

DIANE CORISANDRE D'ANDOÏNS étoit née en 1554 au château d'Hagetmau, dans le diocèfe de Lefcar, quelques mois feulement après la naiffance de Henri IV. Orpheline de bonne heure, elle avoit été placée fous la tutelle de la Reine Jeanne d'Albret, & élevée avec le jeune Henri, dont elle partageoit les jeux & les travaux, double circonftance qui influa certainement fur le développement de fon caractère & de fa deftinée. L'inftruction qu'elle reçut fut folide, férieufe & variée, & elle devint bientôt remarquable par fon favoir, par les charmes de fon efprit & l'agrément de fa parole.

Diane Corifandre
d'Andoïns, Comteffe
de Gramont ( 1554-
1620).

Aucune autre femme ne caufoit avec plus de grâce, d'efprit & de goût : « Vraiment, lui écrivoit Henri, j'achepterois bien cher trois heures de parlement avec vous. » Elle étoit habile à chanter en s'accompagnant fur le luth & faifoit admirablement les vers. Montaigne, qu'elle eut occafion de voir fouvent pendant les fréquens féjours qu'elle fit à Bordeaux, de 1576 à 1580, lui a décerné un précieux témoignage qui fait regretter la perte de fes gracieufes poéfies. « J'ai voulu, lui écrit-il, que ces vers portaffent voftre nom en tefte, pour l'honneur que ce leur fera d'avoir pour guide cette grande Corifande d'Andoïns. Ce préfent m'a femblé vous eftre propre, d'autant qu'il y a peu de dames en France qui jugent mieux & fe fervent plus à propos que vous de la poéfie ; & puis qu'il n'en eft point qui la puiffent rendre vive & animée comme vous faictes par ces beaulx & riches accords, de quoy parmy un million d'aultres beautés, nature vous a eftreinée. » C'eft la dédicace des fonnets d'*Étienne de la Boétie.*

Tant d'attraits d'une part, & de l'autre une enfance commune, des relations intimes & quotidiennes, ne pouvoient manquer de changer en un amour paffionné les fentimens qui, dès leur jeune âge, lioient Corifande & Henri. Si on tient compte de ces circonftances exceptionnelles, & fi on prend en confidération les coutumes du temps & le relâchement qui s'étoit opéré à tous les degrés dans les mœurs fociales fous la pernicieufe influence des diffentimens religieux, on comprendra, fans l'excufer toutefois, cette foibleffe de Corifandre pour un héros qui mettoit à fes pieds fon cœur, fa renommée & par deffus tout cette jeuneffe chevalerefque & glorieufe, dont l'attrait irréfiftible eft attefté par l'hiftoire & jufque dans nos légendes nationales.

**Divers actes & pièces des archives relatives à Philibert de Gramont.** Parmi les pièces dépofées aux Archives, qui concernent Philibert de Gramont, nous citerons les fuivantes :

Du 24 juillet 1578, acte par lequel Philibert, Comte de Gramont, cède à Dame Hélène de Clermont, Dame de Gramont, fa mère, la terre de Séméac, fa vie durant, & celle de Muffidan, pour la fomme de cinquante mille livres, avec pouvoir de difpofer de cette dernière pour ladite fomme ;

Du 10 feptembre 1578, donation faite par le Roi de France Henri III en faveur de Philibert, Comte de Gramont, de tous les droits d'octroi & autres perceptions relatives à la terre de Labourt, en reconnoiffance des fervices rendus par le père défunt du Comte de Gramont & des pertes fubies par le fait des ennemis du Roi.

Du 15 octobre 1576, lettre du Roi de Navarre Henri III, depuis Roi de France Henri IV, à Philibert de Gramont, pour le féliciter fur la belle conduite & le dévouement de cinquante *Loulants* noirs, dont il étoit capitaine.

Du 7 août 1580, teftament du Comte Philibert de Gramont, Souverain de Bidache, &c., &c., par lequel il inftitue Diane Corifande d'Andoyns, fon époufe, pour Régente à Bidache & tutrice de fes enfans mineurs.

# CHAPITRE XII

## XXIV

A NTOINE II DE GRAMONT, dit ANTOINE - ANTONIN, SOUVERAIN DE BIDACHE, COMTE, puis DUC DE GRAMONT, COMTE DE GUICHE & DE LOUVIGNY, VICOMTE D'ASTER, &c., &c., fuccéda à fon père *Philibert* en 1580, à l'âge de onze ans.

Antoine II Comte, puis Duc de Gramont (1569-1580-1644).

 Pendant fa minorité la Comteffe *Corifandre* gouverna la Principauté ainfi que les domaines paternels de fon fils, de même qu'elle avoit confervé le gouvernement de tous les biens qui étoient de fon chef, & venoient de la Maifon d'Andoïns, au nombre defquels étoient les Comtés de *Guiche* & de *Louvigny*. On continuoit encore les travaux commencés par Claire de Gramont en 1528 pour la réédification du château de Bidache, brûlé & démantelé par les Espagnols en 1523 ; ils s'achevèrent pendant la minorité d'Antoine II vers l'an 1590. La Comtesse de Gramont & son fils résidèrent jusqu'à cette époque à *Hagetmau,* à *Guiche* ou dans le Bigorre, aux châteaux d'*After* & de *Séméac.*

L'an 1581, Henri de Navarre revint à Pau avec la Reine Marguerite. Le profond dissentiment qui régnoit à la Cour, la résistance que les États de Béarn opposoient à toutes ses demandes de crédit, éloignoient le Roi d'une ville où il ne retrouvoit plus les gais souvenirs de son enfance. Tout entier au sentiment que lui avoit inspiré Corisandre, il se rendoit souvent à cheval dans la vallée de Bagnères de Bigorre, remontoit jusqu'aux pieds ombreux du Mont Jerris ou de Lierris, appelé aussi Casque de Lieris, à cause de la forme de son sommet, faisoit boir sa monture harassée au ruisseau qui porte encore le nom de *Laca de Bourbon* (la Mare de Bourbon), & alloit visiter la Comtesse dans son château d'After, dont les ruines dominent le village de ce nom. Telles étoient alors les mœurs populaires que ces équipées du jeune Souverain, loin d'être un sujet de scandale, charmoient le peuple de Bigorre, qui chantoit dans ses romances les amours de son brave & bon Henri. Ces chants populaires ont traversé les siècles, & l'un d'eux fort connu dans les campagnes raconte, comme nous venons de le faire, les visites du Roi au château d'After.

Henri dut bientôt quitter Pau, laissant à sa sœur Catherine la Régence du Béarn. La guerre s'étoit rallumée dans le Languedoc où les agitations de la Ligue prenoient un caractère de plus en plus menaçant. Trois partis se disputoient & s'arrachoient successivement les villes & les provinces, les Royalistes sous Henri de France, les Ligueurs sous Henri de Guise, les Huguenots sous Henri de Navarre.

Pendant ce temps Corisandre, s'élevant au-dessus d'une jalousie que les infidélités de Henri auroient pu lui inspirer, pour ne songer qu'aux intérêts politiques du Roi de Navarre, parcouroit le Béarn & la Gascogne, & levoit à ses frais, sur ses Domaines, vingt-trois mille hommes qu'elle s'empressoit de lui envoyer. (Vaissette, chap. IX, p. 167-177.) Ces Gascons & ces Béarnois, rassemblés à Bidache, en partirent au mois de septembre 1582, après avoir défilé devant la Comtesse de Gramont, qui, de la terrasse du château, leur adressa des encouragemens. Elle leur avoit remis une bannière rouge & jaune, qui étoit la couleur de sa Maison, & sur laquelle on lisoit en espagnol ces mots : *Dios nos ayude* ( Dieu nous aide ).

Visites du Roi Henri au château d'After.

La Comtesse de Gramont envoie vingt-trois mille Gascons au Roi Henri.

Henri ne fe montra pas ingrat envers la Comteffe; il revint en Béarn (1583), & le Roi d'Efpagne profita de fa préfence à Hagetmau,.Château de Corifandre, pour lui faire offrir d'époufer fa caufe. Peu confiant dans la fincérité de ces ouvertures, Henri les repouffa, & il repartit pour fe rendre aüprès du Roi de France, qui l'avoit appelé auffitôt après la mort du Duc d'Alençon. Les deux Souverains ne purent s'entendre , & Henri de France s'étant rapproché des Ligueurs, Henri de Navarre tint campagne contre les forces réunies de la Ligue & des Royaliftes.

Catherine de Navarre, fa fœur, gouvernoit alors le Béarn & le pays de Foix en qualité de Régente, & y jouiffoit à un haut degré de l'eftime & de l'amour des populations. L'an 1585, la Comteffe de Gramont dut recourir à fon autorité & lui demander affiftance contre les cenfitaires de la Baronnie de Lefcun & de la Viguerie d'Oloron, qui refufoient de payer certains droits Seigneuriaux, fous prétexte que la Comteffe ne pouvoit en rapporter les titres originaux, ce qui étoit bien le cas, attendu que ces titres avoient été brûlés & détruits lors de l'incendie de Bidache. Une enquête folennelle fut en conféquence ordonnée par la Régente, & eut pour réfultat de remplacer par un acte poftérieur les titres qui manquoient. Cet acte contenoit auffi la reconnoiffance de la Souveraineté des Gramont fur Bidache, laquelle d'ail-leurs n'avoit pas été conteftée.

Enquête pour prou ver les droits féodau de la Comteffe Cori fandre, fur la Baron nie de Lefcun (1585

Le 20 octobre 1587 fut une journée célèbre dans la vie du grand Henri, car il défit, à Coutras, les arméesde la Ligue, & on peut dire que cette victoire le conduifit au trône de France. Les Gafcons & les Béarnois de Corifandre s'y couvrirent de gloire, à tel point que le Roi, auffitôt après la bataille, partit pour le Béarn, & vint trouver la Comteffe au Château de Guiche, dont les ruines féodales s'élèvent encore fur les bords de la Bidouze & de l'Adour. Le galant Béarnois dépofa à fes pieds vingt-deux drapeaux enlevés à Coutras, & lui préfenta, à cette occafion, le Comte de Soiffons qu'il avoit amené avec lui, & dont l'amour devoit être fi fatal à la régente Catherine.

Le Roi Henri vie à Guiche dépofer au pieds de Corifand vingt-deux drapeau pris à Coutras (158)

Cependant le moment des épreuves s'approchoit pour la belle Corifandre. Née en 1554, elle avoit trente-fept ans, & malgré fa beauté encore remar-quable, elle n'étoit plus affez jeune pour un prince de trente-cinq ans, léger, volage & d'un naturel inconftant. D'ailleurs les événemens précipitoient leur cours, & éloignoient à jamais Henri de Navarre du théâtre de fes premiers exploits, pour appeler Henri IV, Roi de France, à de plus hautes deftinées.

L'an 1589 Henri III périſſoit à Blois ſous le poignard de Jacques Clément, & Henri de Navarre, *nouſte Henric* (notre Henri), ainſi que l'appeloient les Béarnois, lui ſuccédoit comme le plus proche héritier de la couronne
de France.

A partir de ce moment, Henri IV, tout entier à la défenſe de ſes droits,
n'a plus d'autre penſée que celle de triompher des ennemis qui l'entourent, &
ſi ſes lettres à Coriſandre témoignent encore une grande confiance, & empruntent parfois le langage de la paſſion, elles ne ſuffirent pas cependant pour
raſſurer les inquiétudes de celle qui lui avoit voué toute ſon exiſtence.

Voici ce qu'il écrivoit le 9 ſeptembre 1589, dans la tranchée d'Arques :

« Mon cœur, c'eſt merveille de quoy je vis au travail que j'ay. Dieu
« aye pitié de moy & me face miſéricorde, béniſſant mes labeurs, comme il
« fait en deſpit de beaucoup de gens ! Je me porte bien & mes affaires vont
« bien au prix de ce que penſoient beaucoup de gens. J'ay prins Eu. Les
« ennemis, qui ſont forts au double de moy, aſteure, m'y penſoient attraper ;
« ayant fait mon entrepriſe, je me ſuis rapproché de Dieppe, & les attends
« en un camp que je fortifie. Ce ſera demain que je les verray, & eſpère, avec
« l'ayde de Dieu, que s'ils m'attaquent, ils s'en retourneront mauvois mar-
« chands. Ce porteur part par mer..... le vent & mes affaires me font finir
« en vous baiſant un million de fois. HENRI. »

Le 16 janvier 1590, il lui écrivoit ainſi :

« Mon cœur, j'ai achevé mes conqueſtes juſques au bord de la mer. Dieu
« béniſſe mon retour, comme il a fait le venir. Il le fera par ſa grâce, car je
« luy rapporte tous les heurs qui m'arrivent. J'eſpère que vous oirés bien
« toſt parler de quelcûnes de mes ſaillies. Dieu m'y affiſte par ſa grâce. Le
« légat, l'Ambaſſadeur d'Eſpagne, le Duc [de Mayenne, tous les chefs des
« ennemys ſont aſſemblés à Paris. Les oreilles me devroient bien corner ; car
« ils parlent bien de moy. Je reçus hier vos lettres par l'homme de Raſtignac ;
« je fus très-aiſe de ſavoir voſtre bon eſtat. Pour moy, je me porte à ſouhait,
« vous aimant plutôt trop qu'autrement. J'ay failly à eſtre tué trente fois à ce
« bordel (coupe-gorge) ; Dieu eſt ma garde. Bon ſoir, mon amie, je m'en vay
« plus dormir ceſte nuiĉt que je n'ay fait depuis huit jours. Je te baiſe un
« million de fois... Liſieux, 16 janvier. HENRI. »

Malgré toutes ces apparences de tendreſſe, l'habile Coriſandre ſut démêler
la froideur réelle ſous les diſſimulations d'un ſtyle paſſionné, & ſa fierté ne

tarda pas à faire entendre quelques plaintes, comme nous l'apprenons par
d'autres lettres de Henri IV, dans lesquelles il lui renouveloit ses proteſtations d'amour.

Le 29 janvier 1590, il lui adreſſoit ces lignes :

« Mon cœur, vous n'avez daigné m'eſcrire par Bycoſe. Penſez-vous
« qu'il vous ſieſe bien d'uſer de ces froideurs ? Je vous en laiſſe à vous-même
« le jugement... Jamais je ne fus ſi ſain, jamais vous aimant plus que je fais.
« Sur cette vérité, je te baiſe, mon âme, un million de fois. HENRI. »

Mais Coriſandre ne ſe laiſſoit pas tromper par ces aſſurances. Il étoit
déjà queſtion de Gabrielle d'Eſtrées, que le Roi avoit rencontrée au Château
de Cœuvres & pour laquelle il avoit conçu une grande paſſion. Gabrielle étoit
née en 1565, fille d'Antoine d'Eſtrées, Grand-Maître de l'Artillerie & Gouverneur de l'Ile-de-France. Elle avoit vingt-cinq ans, un eſprit remarquable
& une beauté incomparable. C'étoit plus qu'il n'en falloit pour effacer l'image
un peu vieillie de Coriſandre, qui avoit contre elle l'éloignement, l'inconſtance
& onze ans de plus que ſa rivale. Çoriſandre le comprit, &, bleſſée dans ſon
orgueil peut-être encore plus que dans ſes affections, elle ſupporta cet
abandon avec une courageuſe réſignation.

Henri IV s'épren
de Gabrielle d'Eſtrée

Catherine de Bourbon, après avoir gouverné le Béarn avec la plus
grande habileté, s'étoit laiſſée prendre aux douces promeſſes du Comte de
Soiſſons, que Henri IV avoit amené dans la Gaſcogne après la bataille de Coutras, & s'étoit décidée à l'épouſer. Mais le Comte de Soiſſons, ardent catholique, s'étant rangé parmi les ennemis du Roi, celui-ci ne voulut pas permettre
que ſa ſœur bien-aimée épouſât un de ſes adverſaires, & il fit oppoſition à ſon
mariage.

La Comteſſe de Gramont, amie de Catherine, étoit favorable à cette
union, non pas par un ſentiment de vengeance comme l'ont écrit quelques
auteurs, mais parce qu'elle plaçoit avant toutes les autres conſidérations les
grandes affections du cœur, & que rien ne lui étoit plus cher que le bonheur
de ſon amie d'enfance. Mais Henri IV attribua ſa conduite à des motifs
moins généreux, & quand il apprit que ſes conſeils engageoient ſa ſœur à
épouſer le Comte, il entra dans une violente colère, & ne gardant plus de
ménagemens, lui écrivit la lettre ſuivante :

« Madame, j'avois donné charge à Lareine de parler à vous touchant ce
« qu'à mon grand regret eſtoit paſſé entre ma ſœur & moy. Tant s'en fault

« qu'il vous ayt trouvé capable de me croire, que tous vos difcours ne ten-
« doient qu'à me blafmer, & fomenter ma fœur en ce qu'elle ne doit pas. Je
« n'euffe pas penfé cela de vous, à qui je ne dirai que ce mot : Que toutes
« perfonnes qui voudront brouiller ma fœur avec moi, je ne leur pardonneroy
« jamais. Sur cette vérité, je vous baife les mains. HENRI. — Mars 1591. »

Ce fut bien pis lorfqu'il fut que le Comte venoit de quitter le fiége de
Rouen fur l'avis de la Comteffe de Gramont, & qu'il fe rendoit à Pau où
tout étoit préparé pour fon mariage. Son irritation étoit d'autant plus grande
que certaines appréhenfions politiques se mêloient au regret de voir fa fœur
lui défobéir avec un éclat fcandaleux.

« Mons de Ravignac, écrivoit-il dans le paroxyfme de la colère, j'ai reçu
« du déplaifir de la façon que le voyage de mon coufin le Comte de Soiffons
« s'eft entrepris. Je ne vous en dirois autre chofe, finon que, s'il fe paffe rien
« où vous confentiez ou affiftiez contre ma volonté, votre tefte m'en répon-
« dra. »

Le Comte de Soiffons fut contraint à s'éloigner du Béarn, & Catherine
de Bourbon, après avoir été retenue prifonnière dans le Château de Pau, fut
conduite auprès de fon frère, qui exigea d'elle qu'elle renonçât à fon mariage.

Quant à Corifandre, cet éclat mit fin à fes relations avec Henri IV ; il
ne fut pas cependant fuivi d'une rupture définitive, & le Roi, bientôt revenu
de fes emportemens, rendit à la Comteffe de Gramont les marques de fa
confiance & de fon amitié. Six ans plus tard, en effet, il recouroit à fes bons
offices & la prioit d'ufer de fon crédit pour faire recevoir, à Bayonne, l'Abbé
Defchaux en qualité d'Évêque, & il le remercioit en ces termes le 21 septembre 1597 :

« J'ai bien recogneu que vous avez efté par delà où vous vous eftes em-
« ployée pour mon fervice. Auffi je fçais bien que votre préfence y eftoit
« néceffaire. »

Il en fut de même auffi longtemps que Henri IV vécut, & il conferva toujours le fouvenir du dévouement que Corifandre lui avoit montré, lorfque,
à la veille de la bataille de Coutras, elle avoit engagé fa propre fortune, fes
Domaines du Béarn, fes parures, fes bijoux pour enrôler & folder les vingt-
trois mille Béarnois qu'elle lui avoit envoyés. Il eftimoit fon caractère, fon
efprit & fon cœur, & on voit, par fa correfpondance, qu'il l'affocioit à fes
penfées, à fes projets & à fes actions politiques ou militaires.

On trouvera dans les Annexes de ce Mémoire plufieurs lettres du Roi à la Comteffe de Gramont, qui ne manquent pas d'intérêt, & dont les originaux font aux Archives de France. (V. *Pièces & Documens. Annexe* Nº 29.)

L'amitié & la confiance furvécurent à l'amour, & le Roi, fi volage dans fes galanteries demeura, jufqu'à fon dernier jour, fidèle à fes affeétions.

Le départ de Catherine de Navarre fut pour Corifandre un coup qui la frappa au cœur; elle étoit liée depuis fon enfance avec cette charmante prin-ceffe & ne l'avoit pour ainfi dire jamais quittée; cette féparation, jointe à l'abandon du Roi, couvrit d'un voile de trifteffe le refte de fa vie, qui fut longue cependant, car elle vécut jufqu'en 1620, dix ans après la mort du Roi, & fut préfente au fecond mariage de fon fils Antoine avec Mademoifelle de Montmorency en 1618.

Il exifte, dans la galerie de famille, un portrait de Corifandre qui la repréfente en pied vêtue d'une robe noire ornée de perles. Il eft dans un parfait état de confervation. Les traits de la Comteffe de Gramont dénotent la fatigue & le chagrin; une main inconnue, peut-être celle de l'artifte lui-même, a écrit fur la toile qu'au moment où elle fut pourtraiétée (*fic*), elle étoit malade & trifte de l'éloignement du Roi Henri.

ANTOINE II, dit *Antonin*, avoit environ vingt ans quand il fut témoin des premières trifteffes de fa mère. Il en garda toute fa vie le fouvenir, & ne put fe défendre plus tard d'un certain éloignement pour la Cour de France, à laquelle il ne voulut jamais fe fixer comme tant d'autres Seigneurs de fon temps. Plein de dévouement & de reconnoiffance pour le Roi, qui lui mar-quoit une grande amitié, il le fervoit avec zèle & avec fidélité, plutôt comme Henri de Navarre que comme Henri de France. Plufieurs hiftoriens citent de lui un trait qui peint fon caraétère. On le difoit fils du Roi & celui-ci le laiffoit dire. Soit qu'il le crût en effet, foit qu'il s'imaginât donner ainfi à fa mère une marque de fa tendreffe, il lui propofa un jour de l'adopter, de le reconnoître & de le légitimer; mais le jeune Antonin n'y voulut pas confentir. « Je remercie le Roi, dit-il, qui veut mon bien & mon plaifir, mais cela ne le fait point, car je fuis bon Seigneur & petit Souverain, qui eft plus pour moi que bâtard d'un fi grand Roi. »

Cette fière réponfe fut loin de lui nuire dans l'efprit de Henri IV, qui, fans faire violence à fes goûts, ne ceffa de veiller fur lui & de lui témoigner de l'intérêt. « Mon naturel eft de l'aimer, » écrivoit le Roi à fa mère en 1597.

Le 7 août 1580 le Roi de France Henri III avoit, par décret royal, donné
à Antoine II de Gramont, bien qu'il ne fût alors âgé que de 11 ans, la compagnie de cinquante hommes d'armes & d'ordonnance du Roy, qu'avoit feu
fon père le Comte Philibert, tué quelques jours auparavant au fiége de la Fère.
Le décret eft aux Archives, fur parchemin, figné par le Roy & contrefigné
*Brulart.*

Cinq ans plus tard, le 9 juillet 1585, le jeune Comte de Gramont recevoit
par ordre du Roy, de Jacques de Matignon, Comte de Thorigny, Maréchal de
France, la conduite d'une autre Compagnie de cavaliers. (V. l'*ordonnance
royale*, en original, aux Archives, t. X, N° 19.)

Mais l'année fuivante, la guerre dite des trois Henri ayant éclaté & partagé la France & la Navarre en trois camps armés les uns contre les autres, le
Comte de Gramont fe rangea du côté du Roi de Navarre, près duquel il fe
trouvoit à la bataille de Coutras en 1587, avec les troupes de Bidache & de
Béarn, envoyées par fa mère. Une lettre du 12 mars de cette année, écrite à
la Comtefſe Corifandre par Henri IV, fe plaint de ce que celle-ci ait envoyé
un meffage à l'armée à fon fils, fans lui avoir en même temps donné de fes
nouvelles. « Par ce laquais vous avès efcript à voftre fils & non à moy. Si je
ne m'en fuis rendu digne, j'y ay faict tout ce que j'ay peu.... »

En 1589, le Roi de Navarre appela près de lui le jeune Comte de Gramont. C'étoit à Montbazon, fon armée campoit en face de celle du Roi de
France ; mais déjà les deux Princes nourriffoient l'idée d'unir leurs forces contre celles des Ligueurs. Voici en effet ce qu'écrivoit Henri de Navarre à la
Comtefſe de Gramont. « Nous fommes à Montbafon, fix lieues près de Tours,
où eft le Roy. Son armée eft logée jufques à deux lieues de la noftre, fans que
nous nous demandions rien ; nos gens de guerre fe rencontrent & s'embraffent
au lieu de fe frapper.... Je crois que Sa Majefté fe fervira de moy ; aultrement
il eft mal & fa perte nous eft un préjugé dommageable.... Je vous prie,
envoyés moy voftre fils. » (Montbafon, 8 mars 1589.)

A la fin du mois d'avril l'alliance des deux Rois étoit en effet réalifée, &
ils marchoient enfemble fur Paris, pour en faire le fiége.

Pendant cette campagne, Antoine II, qui s'étoit montré digne de la confiance du Roi, fut chargé de plufieurs miffions périlleufes dont il s'acquitta à
fon honneur. Le 14 juillet 1589, Henri de Navarre écrivoit à la Comtefſe de
Gramont, du camp de Pontoife : « J'attends voftre fils qui n'eft loin ; toute-

fois, ce qu'il a à faire eſt le plus dangereux ; il s'accompagnera de quelques troupes qui me viennent. Nous ſommes devant Pontoiſe, que je crois nous ne prendrons pas.... »

Dans une de ces expéditions, le jeune Comte reçut une bleſſure qui cependant ne mit pas ſes jours en péril, & le 20 novembre 1589, Henri IV écrivant à ſa mère de devant Vendôme, lui diſoit : « Voſtre fils ſera ici dans huit jours tout guéri. »

Vers le mois de mai 1590, la Comteſſe de Gramont ayant demandé au Roi, pour ſon fils, la ſurvivance d'une charge qui alloit devenir vacante par la mort de M. de Turenne, Henri IV lui repréſentoit que, dans l'intérêt du jeune Comte, il valoit mieux qu'il n'en fît rien. « Je le prie de trouver bon, écrivoit-il, ſi le malheur vouloit que M. de Turenne mourût, que je ne donne pas l'état que vous demandez, à votre fils ; ce n'eſt choſe propre pour luy & ſeroit le rendre inutile ; car depuis qu'ils ſont à cette charge, elle eſt ſi cagnarde que c'eſt la perte d'un jeune homme. Vous me l'avez donné, laiſſez-le-moi nourrir à ma fantaiſie & ne vous donnez peine de lui. J'en aurai tel ſoin que vous connoîtrez combien je l'aime pour l'amour de vous, &c., &c. »

Le Roi tint parole, & depuis lors, il ſe fit accompagner en toute occaſion par le Comte de Gramont, dont il ſe plaiſoit à voir le courage & l'ardeur juvénile. Le 15 juillet de la même année (1590), il écrivoit à la Comteſſe : « Je meine tous les jours voſtre filz aux coups & le fais tenir fort ſubject auprès de moy ; je crois que j'y auray de l'honneur. »

Le Comte de Gramont reſta ainſi près du Roi juſques vers la fin de 1595, prenant part à tous les faits d'armes & recevant de Henri IV les témoignages d'une faveur & d'une amitié toutes particulières.

L'an 1594, il ſe diſtingua au ſiége de Laon, en Picardie, où il commanda, ſous le Maréchal de Biron, la compagnie des cent hommes d'armes des Ordonnances du Roy.

Au mois de juin 1595, il ſe ſignala par ſa bravoure & ſes faits d'armes au combat de Fontaine-Françoiſe, livré par Henri IV contre le Connétable de Caſtille & le Duc de Mayenne. Il avoit près de lui, en cette journée, Antoine de Roquelaure, depuis Duc de Roquelaure & Maréchal de France, dont ſix ans plus tard il épouſa la fille.

Le 14 décembre 1595, le Comte de Gramont reçut la Capitainerie & le Gouvernement de Bayonne par lettres-patentes du Roi (voir les originaux

26

fur parchemin, fignés & contrefignés, aux Archives, t. IV, n° 13 ), &, le 19 du
même mois de la même année, il fut nommé Lieutenant-Général du Roy pour
tous les pays circonvoifins. La commiffion royale qui eft aux Archives eft fur
parchemin, comme les lettres-patentes fignées par le Roi, contrefignée d'un
nom illifible, & offre cette particularité que le Comte de Gramont eft appelé
Anthoine au lieu de Antoine.

L'envoi du Comte de Gramont à Bayonne, où il exerçoit lui & les fiens
une grande influence, avoit pour but de calmer le mécontentement des catholiques qui fe montroient très oppofés au Duc de la Force, de religion proteftante & que Henri avoit nommé fon Lieutenant en Béarn & Vice-Roi de Navarre.

Antoine II profita de fon retour en Béarn pour s'occuper des affaires de
fa Principauté & de fes Domaines, dont fa mère avoit jufques-là confervé
l'adminiftration.

Revenu à Bidache
il y rétablit la religion
catholique (1596).

L'an 1596, il vint à Bidache, où fon premier foin fut de rendre une
Ordonnance pour le rétabliffement de l'exercice régulier de la Religion
Catholique, Apoftolique & Romaine.

« Antoine de Gramont, Seigneur & Comte du dit lieu, Souverain de
Bidache, Comte de Guiche & de Louvigny, &c., &c., à tous ceux qui ces
préfentes lettres verront, falut : Voulant avifer à l'exercice conftant & régulier de la Sainte Religion Catholique, Apoftolique & Romaine dans nos
États, de même que pourvoir à l'élection des Marguilliers en nos Paroiffes, à
la police de notre ville de Bidache & aux impofitions des deniers pour les
réparations des Ponts & autres ouvrages devenus néceffaires, avons ordonné
& ordonnons : » fuivent les divers articles de l'ordonnance qui fe terminent
ainfi : « Sy donnons en mandement, car tel eft noftre plaifir. » La date eft du
22 feptembre 1596.

Après un an de féjour à Bidache & à Bayonne, le Comte de Gramont fe
rendit de nouveau auprès du Roi, qui l'appeloit au camp d'Amiens, ainfi
qu'il l'écrivoit à la Comteffe le 21 feptembre 1597 : « Je mande à Gramont,
puifqu'il n'eft plus néceffaire par delà, de venir me trouver, car il peut toujours apprendre près de moy, & mon naturel eft de l'aimer. » Antoine II
avoit alors 28 ans.

Il refta près du Roi pendant plufieurs années, prenant part à toutes fes
campagnes contre le Duc de Savoie & le Duc de Mercœur, & ne revint à
Bidache qu'après la pacification générale du Royaume.

En 1607, le Roi lui écrivit à Bayonne pour faire rendre aux Efpagnols les débris de quatre galions qui s'étoient perdus fur la côte françoife. Une feconde lettre, fuivant de près la première, lui recommandoit de faire rechercher l'artillerie & les munitions de ces navires (V. *Pièces & Documens. Annexe* N° 29.)

L'an 1608, Antoine II ayant établi en fa ville de Bidache un marché & une foire de grande importance, il s'adreffa au Roi Henri IV à l'effet de ftipuler une convention qui autorifât les Béarnois à venir y négocier les affaires de commerce, &, fur le confentement du Roi, il fut fait & redigé un Traité authentique, fur parchemin, fcellé du grand fceau de cire verte avec lacs de foie rouge & verte, lequel Traité porte les fignatures de Henri IV & d'Antoine. Il eft dit dans le texte que le Roi de France, agiffant en fon nom & pour fes· fucceffeurs, a conclu le dit traité avec le Comte de Gramont, Souverain de Bidache, fe portant pour lui-même & ceux qui lui fuccéderont, afin d'affurer réciproquement à leurs fujets de Navarre, de Béarn & de la Soùveraineté de Bidache, la liberté de négocier en fûreté, voulant que les dits fujets du Roi Henri IV & ceux du Comte de Gramont puiffent paffer & repaffer d'un État dans l'autre fans payement d'aubaine & à leur avantage & utilité commune recherchée par leurs Souverains. Ce fut là l'origine de la foire de Bidache, qui exifte encore aujourd'hui, & jouit d'un certain renom par l'importance de fes tranfactions dans les Baffes-Pyrénées. (V. *Mémoire fur la Souveraineté de Bidache*, & pour l'original, t. IX, n° 15, aux Archives. )

Traité conclu entre Henri IV & Antoine II, relativement à l'établiffement de foires, à Bidache & en Béarn (1608).

L'an 1610, Henri IV mourut affaffiné par le régicide Ravaillac, & laiffant la couronne à Louis XIII, âgé de neuf ans, fous la tutelle de fa mère Marie de Médicis, déclarée Régente du Royaume.

Mort de Henri IV (1610).

La guerre civile avoit de nouveau éclaté dans le Languedoc, & le Béarn s'agitoit à l'occafion des querelles religieufes. Les Seigneurs catholiques vouloient à tout prix fe débarraffer du Duc de la Force qui, proteftant lui-même, favorifoit ouvertement es coreligionnaires.

Sainte-Colombe, Sénéchal de Béarn, étant mort en 1613, le Comte de Gramont voulut obtenir fa charge, afin de pouvoir tenir en échec l'autorité du Duc de la Force. Ce dernier fe mit en garde contre cette tentative, & pria la Reine Régente de ne pas revêtir fon ennemi perfonnel d'une auffi grande autorité dans fon Gouvernement; mais l'influence confidérable des Gra-

Conflit entre le Comte de Gramont & le Duc de la Force (1613).

mont dans le Béarn rendoit un refus très difficile. Marie de Médicis effaya de tranfiger & chargea le Duc de Roquelaure, beau-père de Gramont, de rétablir la paix entre les deux adverfaires; le Duc de la Force s'y refufa. On efpéra pouvoir trancher la difficulté en donnant le Sénéchalat de Béarn au jeune fils du Comte de Gramont, alors âgé de neuf ans; le Duc de la Force fit auffitôt demander la furvivance de fon commandement pour fon fils, comme Montmorency l'avoit obtenue dans le Languedoc pour le fien; & la Reine répondit favorablement aux deux demandes. Mais toutes ces tentatives d'accommodement demeurèrent fans réfultat; après avoir plufieurs fois provoqué le Duc de la Force en duel, le Comte de Gramont prit un parti décifif & s'oppofa à la vérification des lettres de furvivance de fon fils.

Cette guerre de perfonnalités devint fi grave, que le Béarn & prefque toute la Gafcogne furent partagés en deux camps. Les Seigneurs de Bénac & de Mioffens fe liguent avec le Comte de Gramont, & foulevant l'Armagnac, la Chaloffe, le Bigorre, le Comminges; ils fe trouvent bientôt à la tête de fix mille fantaffins, de fix cents chevaux, & prêts à envahir le Béarn, pour en expulfer le Lieutenant du Roi, calvinifte. Cependant le Parlement de Navarre, dévoué aux religionnaires & à la Force, leur fit déclarer qu'ils feroient confidérés comme traîtres aux lois de l'État, s'ils ofoient introduire des troupes étrangères dans le Béarn. Ils crurent fe fouftraire aux fuites de cette menace en affiégeant Pau avec leurs troupes perfonnelles; mais ils ne réuffirent pas à s'en emparer; les provocations continuèrent; les cartels furent échangés; le Seigneur de Bénac & le Sieur de Sariac, décrétés de prife de corps, furent emprifonnés pendant quelques jours, & la Reine finit par appeler tous les compétiteurs à la Cour. (V. *Hiftoire des Pyrénées*, t. V, chap. IV. — *Mémoires de la Force*, t. II. — *Archives de la Maifon.*)

*Antoine II fe rend à la Cour de France.— Il eft nommé Vice-Roi de Navarre & Béarn (1613).*

Le Comte de Gramont mandé à Paris par Marie de Médicis s'empreffa de s'y rendre, & y fut reçu avec de grands honneurs. C'étoit la première fois qu'il paroiffoit à la Cour depuis treize ans, & il n'avoit fallu rien moins que cette circonftance extraordinaire & le défir de triompher de fes ennemis, pour l'y décider. Sous ce rapport il fut amplement fatisfait, car non-feulement il fut approuvé par la Reine, mais elle le nomma Vice-Roi de Béarn & de Navarre, le chargeant d'expulfer de ces deux pays la Force & fes partifans. La même année (31 mars 1613), Antoine II de Gramont reçut le collier de l'ordre du Saint-Efprit & de Saint-Michel, qui fut depuis porté fucceffivement par tous

*Il reçoit le collier du Saint-Efprit & de Saint-Michel (1613).*

les chefs de la famille. Il lui fut expédié à cette occafion, deux commiffions du grand fceau adreffées ainfi : « *Antonin de Gramont & de Toulongeon, Comte de Gramont & de Guiche, Prince Souverain de Bidache.* » La première eft du 31 mars 1613, pour faire preuve de fa nobleffe, & la feconde du 12 novembre 1618, pour faire preuve de la religion Catholique, Apoftolique, Romaine, vie & mœurs. (V. aux Archives, les originaux.)

Dès que le Duc de la Force apprit que le Comte de Gramont, de retour en Béarn, commençoit à fe mettre en campagne, il réunit les États, & méconnoiffant les ordres de la Reine il fe prépara à la réfiftance. Raffemblant les milices qu'il avoit fous fes ordres, il les conduit avec fix pièces d'artillerie contre le Sieur Peyrelage, Capitaine Gramontois, qui occupoit Sordes & Haftingues. Après une réfiftance courageufe, Peyrelage cédant à des forces fupérieures rendit les deux villes, mais la Force n'eut pas le temps de s'en affurer la poffeffion. Au premier bruit de cette perte le Comte de Gramont & le Sieur de Poyanne étoient accourus; ils reprirent Sordes, Haftingues & Ayre qui étoient inveftis, malgré la défenfe opiniâtre qu'oppofa la Force, qui fut contraint de s'éloigner, en lâiffant fur la place fes meilleurs foldats. A la nouvelle de ces évènemens la Régente déclara la Force rebelle, & le deftitua de tout commandement, ordonnant au Confeiller d'État, Caumartin, de chaffer du Béarn lui & tous fes adhérens, ce que Caumartin ne put faire par le manque de forces fuffifantes.

Le Duc de la For
prend les armes po
s'oppofer aux ord
de la Reine - M
Régente.

Sur ces entrefaites, l'an 1615, eut lieu le mariage de Louis XIII avec l'Infante Anne d'Autriche, & celui d'Élifabeth de France avec le Prince des Afturies. L'échange des deux Princeffes fe fit fur la Bidaffoa, à la frontière des deux Royaumes, & la Princeffe françoife fut conduite en cette occafion par la Ducheffe de Nevers & les Comteffes de Gramont & de Lauzun, c'eft-à-dire la femme & la fœur du Comte de Gramont.

La rumeur publique ayant fait craindre pour la fûreté du voyage d'Anne d'Autriche dans les provinces où le parti huguenot comptoit encore des forces confidérables, le Comte de Gramont efcorta la Princeffe avec mille hommes de pied & cent chevaux. Il venoit d'être nommé Vice-Amiral de la Baffe-Guyenne.

Mariage de Louis XI
Le Comte de Gr
mont reçoit en Fran
Anne d'Autrich
(1615).

Le Comte de Gramont revint enfuite dans le Béarn, où il continua, pendant plufieurs années, à tenir en échec les efforts des Proteftans. Tantôt à Pau, tantôt à Bidache & à Bayonne, il déploya dans ces luttes autant d'activité que de courage, ce dont le Roi Louis XIII, & plus tard fon premier Miniftre le Cardinal de Richelieu, lui témoignèrent leur reconnoiffance & leur fatiffaction.

L'an 1636, l'Amiral d'Aragon ayant furpris, au mois d'octobre, la ville de Saint-Jean-de-Luz & affiégé celle de Bayonne, le Comte de Gramont fe porta auffitôt au devant des Efpagnols, & les contraignit à fe retirer précipitamment. Pendant ce temps, fes fils, dont nous parlerons ci-après, fe fignaloient dans les armées du Roi, & l'aîné d'entre eux, le Comte de Guiche, recevoit, en 1641, le bâton de Maréchal de France.

L'an 1643, Louis XIII mourut laiffant la couronne à Louis XIV, fon fils, âgé de cinq ans, fous la tutelle de fa mère Anne d'Autriche. Un des premiers actes de la Régente fut d'élever *Antoine II* de Gramont à la dignité de *Duc & Pair*, ce qu'elle fit par lettres-patentes du 13 décembre 1643.

Le Duc de Gramont ne jouit pas longtemps de cette nouvelle dignité, car il mourut au mois d'août de l'année fuivante, en 1644.

*Antoine II* contribua puiffamment à rétablir, dans fes États de Bidache & dans le pays foumis à fon gouvernement, l'ordre adminiftratif & la régularité des comptes, qui avoient beaucoup fouffert pendant la longue période de troubles & de guerres que la Navarre & le Béarn venoient de traverfer.

L'an 1634, il fit une ordonnance datée du 4 février pour l'abréviation des procès, les requêtes civiles & les appels devant la Cour fouvéraine de Bidache, jugeant en dernier reffort.

Le 15 décembre de la même année 1634, il délivra des lettres-patentes datées du Château de Bidache pour établir en la ville un marché tous les mardis de quinzaine en quinzaine, & tranfporter la foire annuelle au jour de la Saint-André, ce qui s'eft obfervé jufqu'en 1790. Ces lettres portent qu'en vertu du traité fait en 1608 avec le Roi Henri IV, les gens du dehors qui viendront à Bidache ne paieront d'autre droit que le péage, & pourront venir & retourner en toute franchife d'un État dans l'autre.

Le 27 feptembre 1641, *Antoine II*, voulant faire ceffer les interruptions & les lenteurs dans l'exercice de la juftice, qui provenoient de ce que le juge ordinaire ne fiégeoit qu'au fur & à mefure des befoins, il fit examiner cette queftion en fon confeil, &, après en avoir reçu les avis, il rendit, en féance folennelle, un décret fouverain pour fervir de règlement & rétablir l'exercice de la juftice à certains jours & à certaines heures fixes. Ce règlement, enregiftré aux regiftres de la Cour fouveraine de Bidache, fut publié & obfervé dans toute la Principauté pendant plus d'un fiècle après cette date.

Le Duc Antoine II fut le dernier de fa Maifon qui fit de Bidache & du Béarn fa réfidence permanente. Infenfible aux féductions de la Cour, il n'y paroiffoit qu'à de longs intervalles, & malgré la faveur dont on l'entouroit & les dignités qui lui furent toutes fucceffivement conférées, il revenoit toujours à Bidache, & on peut voir, par fes actes & fa correfpondance aux Archives de la famille, qu'il s'en éloignoit rarement & toujours à regret; bien différent en cela de fes fils, qui avouoient franchement ne pouvoir vivre qu'à la Cour, & confidérer comme un exil toute autre réfidence. Il étoit refté vrai Gafcon & bon Béarnois, & fon caractère en avoit toutes les marques, jufqu'à cette humeur enjouée & gaillarde que l'on retrouve fi fouvent dans les réparties de Henri IV lui-même. Voici une anecdote tirée des Mémoires de Pierre de l'Eftoile qui le concerne.

Anecdote tirée d Mémoires de Pier de l'Eftoile en 159r

« Le lundi 29 avril 1591, noftre maiftre de Cœilli, curé de Saint-Germain-l'Auxerrois, alla trouver M. de Gramont pour s'excufer à lui du rapport qu'on lui avoit fait ( & difoit-on que c'étoit Madame de Montpenfier), que le dit curé, pendant le fiége de Chartres où le dit Seigneur de Gramont étoit enfermé avec les autres, l'avoit prefché en pleine chaire comme traître & politique, dont le dit Seigneur s'étoit fort offenfé & fcandalifé, & avoit demandé à parler à lui pour fçavoir comme il l'entendoit. Mais auffitôt qu'il eut vu le dit curé & confidéré la forme de fa tête, il lui demanda feulement : « Est-ce « vous qui eftes le curé de Saint-Germain ? Eh bien ! je fçais tout ce que vous « me voulez dire. Je n'ai que faire de vous ouïr davantage, je vous pardonne « tout, car je vois bien à voftre tefte que vous n'eftes guère fage, & que ce « qu'on m'a dit de vous eft vrai. » Et le renvoia de cefte façon. » (V. Pierre de l'Eftoile. *Mémoires relatifs à l'Hiftoire de France.* S. 1, t. XLVI.)

Bien qu'il ne parût que rarement à la Cour, le Duc Antoine II n'en étoit pas moins dans des relations fuivies avec elle & fort lié avec le Cardinal de Richelieu, dont fon fils, le Maréchal de Guiche, avoit époufé la nièce en 1634. Il avoit pour ce fils, qui lui fuccéda & qui étoit déjà arrivé, de fon vivant, à une haute renommée, une grande affection, fi nous en jugeons par tous les foins qu'il prenoit pour être tenu au courant de fes nouvelles, n'épargnant à ces fins ni dépenfes, ni meffagers. On en trouve maintes traces dans les Archives, &, entre toutes, nous en prendrons une. Voici une lettre qu'il écrivoit au Comte de Guiche quelques jours après que celui-ci eut été promu à la dignité de Maréchal de France, le 22 feptembre 1641, mais fans connoître encore la nouvelle diftinction de fon fils.

Lettre d'Antoine II
à fon fils le Comte de
Guiche (1641).

« A Monfieur le Comte de Guiche, mon fils, Lieutenant-Général pour « le Roy en Normandie & Meftre de Camp du Régiment des Gardes « de Sa Majesté. — Mon cher fils, je fuis fy fort en peine de fçavoir de vos « nouvelles que je ne fcay plus que davnir nen ayant point eu defpuis que vous « eftes party de devant Aire. C'eft pourquoy je vous prie de commander à « quelqu'un des vôtres de men mander afin de mofter toutte forte d'in- « quiettude. Et cependant je ne feray que vous affeurer que je feray toujours « avec la mefme affection que je fuis, mon cher fils, votre bon père, Gramont. « — De Bidache, le 16ᵉ feptembre 1641. » ( L'original aux Archives. )

Mariages d'Antoine II
(1601 & 1618).

Antoine II, dit Antonin, avoit époufé, le 1ᵉʳ feptembre 1601, LOUISE DE ROQUELAURE, fille d'*Antoine, Duc de Roquelaure*, Maréchal de France, & de *Catherine d'Orneçan*, fa première femme. Cette union, fort heureufe pendant une douzaine d'années, eut une trifte fin, que nous avons déjà racontée au chapitre VI. Reconnue coupable & condamnée par le tribunal de la Cour de Bidache, la Comteffe paya de fa vie une faute que certaines circonftances particulières avoient confidérablement aggravée.

Peu de temps après, Antoine de Gramont époufa, en fecondes noces, le 16 mars 1618, CLAUDE DE MONTMORENCY, fille aînée de *Louis de Montmorency, Baron de Bouteville, Gouverneur & Bailli de Senlis*, & de *Charlotte-Catherine de Luxe*. Le contrat porte la date du 29 mars 1618.

Enfans d'Antoine II.

Il eut, de ces deux mariages, huit enfans, favoir, du premier lit :

1° *Antoine* de Gramont, *Comte de Guiche*, qui lui fuccéda & dont il fera parlé plus tard ;

2° *Roger* de Gramont, *Comte de Louvigny.*

Du fecond lit :

3° *Henri* de Gramont, *Comte de Toulongeon & Marquis de Séméac,*

4° *Philibert* de Gramont, dit le *Chevalier de Gramont* du vivant de fon père, & *Comte de Gramont* en 1644;

5° *Suçanne-Charlotte* de Gramont, mariée à *Henri Mitte de Miolans, Marquis de Saint-Chaumont, Comte de Miolans*, fils de *Melchior Mitte, Comte de Miolans, Seigneur de Chevrière*, Chevalier des Ordres du Roi, & d'*Ifabeau de Tournon*. Son mari mourut en 1665, & elle fans enfans, le 31 juillet 1688;

6° *Anne-Louiſe* de Gramont, mariée à Paris, le 26 juin 1647, à *Iſaac de Pas*, *Marquis de Feuquières*, Lieutenant-Général des armées du Roi, Gouverneur de la ville & citadelle de Verdun, Conſeiller d'État & d'Épée, & Ambaſſadeur extraordinaire en Suède & en Eſpagne. De ce mariage ſont nés ſept fils & une fille. Elle mourut le 21 ſeptembre 1666 & lui le 6 mars 1688;

7° *Françoiſe-Marguerite-Bayonne* de Gramont, mariée à *Philippe*, *Marquis de Lons* en Béarn;

8° *Charlotte-Catherine* de Gramont, Abbeſſe de Sainte-Auſonie d'An‑ goulême, puis de Notre-Dame-de-Ronceray d'Angers. Elle eſt morte en 1714.

Antoine II eut auſſi deux enfans naturels, ſavoir : Marianne, dite bâtarde de Gramont, qui fut mariée au ſieur de la Salle-Saint-Pé, Capitaine Gramontois, & François, appelé le Baron de Gramont, lequel épouſa en Béarn une demoiſelle riche, qui lui apporta du bien.

Il exiſte, dans la galerie de famille, pluſieurs portraits du Duc Antoine II, dont l'un eſt peint par le célèbre Porbus, dit le Jeune.

Les Archives de la Maiſon contiennent un grand nombre de pièces & de documens relatifs au Duc Antoine II. Nous nous bornerons à en indiquer ici quelques-uns, & à conſigner, dans une liſte placée aux Annexes, les princi‑ paux parmi les autres. (V. *Annexe* N° 30.)

Du 1ᵉʳ ſeptembre 1601 : Contrat de mariage d'Antoine II, dit Antonin de Gramont, Souverain de Bidache, avec Damoiſelle Loyſe de Roquelaure, fille d'Antoine, Duc de Roquelaure, & de Dame Catherine d'Ornezan, ſon épouſe; original ſur parchemin.

Du 29 mars 1618, Contrat de mariage d'Antoine II, dit Antonin de Gramont, Prince Souverain de Bidache, Comte puis Duc de Gramont, &c., &c., Chevalier des Ordres du Roy, veuf de ſes premières nopces & en ſecondes nopces, avec noble & puiſſante damoiſelle Claude de Montmorency, fille de Louis de Montmorency, Seigneur de Bouteville & de Précy, Comte de Luxe, Vice-Amiral de France, & de Charlotte Catherine de Luxe, fille & héritière de Charles, Comte Souverain de Luxe en Baſſe-Navarre, & de Claude de Saint-Gelais Lauſac, Dame de Précy.

Du 3 juin 1624, Proviſions du Gouvernement de Béarn & de Navarre, en faveur d'Anthoine Anthonin, Comte de Gramont, de Toulongeon, de Gui‑ che & de Louvigny, Chevalier des deux Ordres du Roy, Conſeiller d'État &

27

privé, Capitaine de cent hommes d'armes, Maréchal de Camp, Marie perpétuel, Gouverneur & Lieutenant-Général du Roy à Bayonne & pays circonvoifins. Parchemin figné par le Roy & muni de fon fcel entier.

Du 17 octobre 1634, Conventions & articles accordés & paffés entre le
Cardinal de Richelieu & le Comte de Gramont, Antoine II (depuis Duc de
Gramont) en vue du mariage de fon fils ayné, le Comte de Guiche, Maréchal
de France (depuis Duc Antoine III), avec Damoifelle Françoife-Marguerite
de Chivré, niepce de Monfeigneur le Cardinal. Original fur papier, fait à
Paris, & figné par : le Cardinal de Richelieu, Gramont-Toulongeon
(Antoine II) & Antoine de Gramont (le Maréchal Comte de Guiche).

Du 22 feptembre 1640, Teftament d'Antoine II, Comte de Gramont-
Toulongeon, Souverain de Bidache, Vicomte d'After, &c., &c., fait Duc
en 1643.

Du 2 août 1639, Lettre du Roi Louis XIII au Comte de Gramont, à
Bayonne, pour recommander de ne pas charger à plomb les armes à feu,
canons ou moufquets, dans les exercices de la garnifon.

Du 17 novembre 1643, Lettre du Roy déclarant qu'à l'avenir la terre &
Seigneurie de Guiche érigée en Comté par le bifaïeul du Roi Louis XIV
(Charles IX) en 1563, fera mouvante de la Tour du Louvre, c'eft-à-dire
directement de la Couronne, & non plus du Duché d'Albret. Cette lettre
accordée au Comte de Gramont, Comte de Guiche, Chevalier des Ordres du
Roy, Gouverneur de Navarre & de Béarn, Bayonne & Pays circonvoifins
(Antoine II). Elle avoit pour but de détacher le Comté de Guiche du Duché
d'Albret, pour le placer quelques jours plus tard dans le Duché de Gramont,
ainfi qu'il appert du document fuivant.

Du 13 décembre 1643, Lettres-patentes du Roy Louis XIV mineur,
délivrées & fignées par fa mère Régente, Anne d'Autriche, par lefquelles
Antoine II, Comte de Gramont, &c., &c., Gouverneur & Lieutenant-Général de Navarre & de Béarn, Chevalier des Ordres du Roy, eft informé de
l'Érection en Duché & Pairie de France de fa Seigneurie & Comté de Gramont, pour être cette dignité tranfmife en la perfonne de fon fils ayné, & ainfi
de fuite dans fa Maifon & fes héritiers de mâle en mâle.

Nota. — Pour les autres Documens de quelque intérêt, nous renvoyons le Lecteur à la lifte placée aux Annexes, (V. *Annexe* N° 30.)

# CHAPITRE XIII

---

## XXV.

NTOINE III DE GRAMONT, Prince Souverain de Bidache, Duc de Gramont, Pair et Maréchal de France, Comte de Guiche, de Louvigny et de Toulongeon, Vicomte d'Aster, Baron des Angles & d'Hagetmau, &c., &c., Chevalier des Ordres du Roi, Vice-Roi de Navarre & de Béarn, Gouverneur & Maire héréditaire de Bayonne, naquit à Hagetmau en 1604. Il porta le nom de Comte de Guiche juſqu'en 1644, époque de la mort de ſon père, auquel il ſuccéda comme Duc de Gramont.

Antoine III de Gramont, Prince Souverain de Bidache, Duc & Pair & Maréchal de France (1604-1678)

Le Maréchal de Gramont, connu d'abord fous le nom de Maréchal de Guiche, a joué un grand rôle fous le règne de Louis XIII & une partie de celui de Louis XIV. Il feroit difficile de rencontrer quelqu'un dont la vie ait été plus active, plus occupée & plus remplie d'événemens rares & extraordinaires. Auffi a-t-elle été écrite par plufieurs hiftoriens. En premier lieu fon fils, le Duc de Gramont, qui lui fuccéda, a fait imprimer les Mémoires de fon père en 1676; ils forment deux volumes in-12, publiés à Paris par Michel David; mais cette édition, n'ayant pas été réimprimée, doit avoir à peu près difparu. Ces Mémoires ont été publiés de nouveau en 1826, dans la collection des Mémoires relatifs à l'Hiftoire de France, par MM. A. Petitot & Monmerqué, où ils forment les tomes LVI & LVII de la feconde férie. Ils font précédés d'une Notice fur le Maréchal & fur fes Mémoires, qui les réfume affez correctement. L'Abbé de Bellegarde a auffi écrit la vie du Maréchal de Gramont. (*Hiftoire de plufieurs hommes illuftres & capitaines de France; Paris, 1726, 2 vol. in-12.*) Mais il s'eft borné à faire l'extrait de fes Mémoires fans y ajouter aucune particularité.

Nous ne ferons pas de même, car le récit dépafferoit les limites de cet ouvrage; mais ayant indiqué les fources auxquelles il eft facile de recourir, nous engagerons le lecteur à les rechercher, d'autant plus qu'il y trouvera une foule d'anecdotes & de traits caractériftiques qui donneront une idée complète des mœurs, des habitudes & de l'efprit d'un fiècle qui tient une fi grande place dans notre hiftoire.

Nous nous bornerons ici à indiquer, par ordre de date, les faits principaux, & quelques circonftances particulières qui ne font pas dans les ouvrages cités ci-dessus.

L'an 1618, Antoine III, âgé de quatorze ans, qui s'appeloit alors le *Comte de Guiche*, fut envoyé à Paris, par fon père, pour y fuivre les exercices de l'Académie.

*Ses premières campagnes comme Comte de Guiche (1621).*

Il porta les armes fort jeune & accompagna le Roi Louis XIII en Guyenne, lorfqu'il marcha en perfonne contre les proteftans qui s'étoient révoltés. Dans cette première campagne, qui fe fit en 1621, le Comte de Guiche fut au fiége de Saint-Antonin & de Montpellier. Il fe fit remarquer du Roi & des chefs de l'armée par fon audace & fon fang-froid, & les éloges qu'on lui donna excitèrent en lui une noble ambition; il avoit alors dix-fept ans.

Après la paix de 1622, au lieu de retourner à Paris avec la Cour, il demanda & obtint la permiffion d'aller fervir à l'étranger, & partit pour la Hollande, où il arriva en 1623, au moment où le Marquis de Spinola, à la tête d'une armée efpagnole, venoit d'inveftir Bréda. Il trouva moyen de s'introduire dans la place, & prit une part active à fa longue défenfe, qui dura dix mois, pendant lefquels les Hollandois, le voyant toujours partout & au premier rang, conçurent de lui une haute eftime; les affiégés ayant obtenu une capitulation, il y fut fait une mention fpéciale & honorable du jeune Comte de Guiche.

En 1625, il alla fervir en Piémont fous le Maréchal de Créqui, & revint à la Cour lorfque les troupes prirent leurs quartiers d'hiver.

Pendant fon féjour à Paris, il fe battit en duel avec Hocquincourt, & comme les lois fur le duel étoient exécutées avec rigueur, il fut obligé de fortir de France.

Il fe rendit alors auprès du célèbre général Comte de Tilly, qui commandoit les troupes impériales contre la Confédération, & lui offrit fes fervices qui furent agréés, & quand Tilly, grièvement bleffé, dut céder le commandement à Walftein, il demeura encore quelque temps auprès de ce dernier.

Le Duc de Nevers qui étoit allié à fa famille, l'ayant appelé auprès de lui, **Sa captivité en Italie.** il partit pour Mantoue, & fut auffitôt nommé Lieutenant-Général du Duc dans le Montferrat, puis Capitaine de fes gendarmes. Il fit preuve d'habileté, & dirigea avec fuccès plufieurs expéditions. Pendant le fiége de Mantoue, ayant eu fon cheval tué fous lui dans une fortie, il reçut de graves & nombreufes bleffures, & abandonné de fes foldats, fut laiffé pour mort fur le champ de bataille. Le lendemain, il fut ramaffé par l'ennemi, & enmené prifonnier par un certain Pietro Ferrari, qui l'enferma au château de Gaëte, où il le tint étroitement & lui fit fubir d'odieux traitemens dans le but d'en extorquer une rançon exagérée. (V. *Pièces & Documens. Annexe* N° 31.)

Pietro Ferrari étant mort, le Comte de Guiche, devenu prifonnier du Prince de Bozolo, fut échangé pour le Duc Doria lors du traité de Cherafco en 1631, après une captivité de près de cinq ans.

Toutefois, chacun des deux Seigneurs eut à payer, en outre, une forte rançon. Celle du Comte de Guiche fut de 28,825 livres & avancée par le Cardinal de la Valette, auquel elle fut rembourfée par le Duc de Gramont, le 11 février 1631, ainfi qu'il réfulte de fa quittance qui eft aux Archives.

Louis XIII lui ayant permis de rentrer en France, le Comte de Guiche
se rapprocha du Cardinal de Richelieu, dont l'influence étoit alors toute
puissante. Le Cardinal le prit en grande amitié, & lui donna en mariage, le
26 novembre 1634, sa nièce FRANÇOISE-MARGUERITE DU PLESSIS DE CHIVRÉ,
fille d'*Hector de Chivré*, Seigneur du *Plessis*, du *Frazé* & de *Rabestan*, & de
*Marie de Conan*. Le même jour & en la même cérémonie se firent, en la
présence du Roi, les mariages des deux autres nièces du Cardinal de Richelieu avec les Ducs d'Épernon & de Puylaurens.

Mariage du Comte
de Guiche avec made-
moiselle du Plessis de
Chivré, nièce du Car-
dinal de Richelieu
(1634).

Cette même année 1634, le Comte de Guiche fut envoyé en toute hâte,
par le Cardinal de Richelieu, pour défendre la ville de Calais contre les entreprises du Cardinal Infant & du Marquis d'Aytonne, qui vouloient s'en emparer; ce qu'il fit avec tant de succès que les ennemis furent obligés de se
retirer & d'abandonner leur projet.

En 1635, le Comte de Guiche fut nommé par le Roi pour être Maréchal
de Camp avec le Vicomte de Turenne dans l'armée du Cardinal de la
Valette, qui étoit destinée à soutenir le Duc de Weimar après la perte de la
bataille de Nordlingen. Il fut en cette qualité aux combats d'Hautremont,
de Vandrevanges & de Leffonds, & l'année d'après, en 1636, il secourut
Colmar, Schelestad & Haguenau. En 1637, il se distingua au siége de Landrecies & au combat de Pont-de-Vaux.

Il est nommé Mestre
de Camp des Gardes
Françoises (1638).

En 1638, il fut Général de Cavalerie sous le Maréchal de Créqui, &
nommé Mestre de Camp du Régiment des Gardes-Françoises. Il reçut en
même temps le Gouvernement de Lorraine, ce qui ne l'empêcha pas de se
rendre en Piémont l'année suivante 1639, où il commanda l'armée pendant
l'absence du Cardinal de la Valette, s'empara de Privas & défendit
Pignerol.

En 1640, il eut un commandement dans l'armée du Maréchal de la
Meilleraye, & se distingua au siége d'Arras où il reçut trois blessures. Dans
une des attaques où l'on étoit resté longtemps mêlé les uns avec les autres,
s'étant laissé emporter par son ardeur, il se trouva enveloppé & entraîné dans
l'escadron des ennemis, & ne dut son salut qu'à sa présence d'esprit. Laissant
doucement tomber son écharpe blanche pour ne pas être reconnu, il se mit au
premier rang des Espagnols, & revint en chargeant avec eux vers son propre
régiment, qui, de son côté, s'étoit reformé comme celui des ennemis. Le sieur
de Rouville, qui le commandoit, l'ayant aussitôt reconnu, le dégagea d'avec

fes nouveaux compagnons, & ils battirent les ennemis de manière que tout fut tué ou pris.

L'an 1641, le Comte de Guiche fut nommé Lieutenant-Général dans l'armée du Maréchal de la Meilleraye. Le Maréchal partagea fon armée en deux commandemens, & obtint du Roi que le Comte de Guiche jouiroit dans le fien des honneurs & prérogatives]de Commandant en chef. Cette campagne fut célèbre par la prife d'Aire, de la Baflée & de Bapaume.

Deux jours après la prife de cette dernière place, le Comte de Guiche fut élevé à la dignité de Maréchal de France. Le Maréchal de la Meilleraye lui porta le bâton le 22 feptembre 1641, de la part du Roi, avec le commandement de toutes les armées de Flandres.

Le Comte de Guiche eft élevé à la dignité de Maréchal de France (1641).

Lettre du Cardinal de Richelieu au Maréchal de Guiche (1641).

A cette occafion, le Cardinal de Richelieu qui comptoit employer activement le nouveau Maréchal à la défenfe des frontières de Champagne férieufement menacées, lui écrivit la lettre fuivante que nous reproduifons en entier, à caufe de la circonftance & de fon caractère original :

« Pour Monfieur le Maréchal de Guiche, Lieutenant-Général de l'armée du Roy en Flandres. »

*De Channes, ce 24ᵉ feptembre 1641.*

« Comte, le Roy a beaucoup fait pour vous. Refte que vous faites quel-
« que chofe d'extraordinaire & pour vous & pour fon fervice. Le Maréchal de
« la Melleraie a pris Aire, puifqu'il commandoit feul les armées de Sa Majefté,
« quand cette place eft tombée entre fes mains, refte au Maréchal de Guiche
« à la conferver. Les rofes fe trouvent parmi les épines, les grandes affaires ne
« fe font point fans difficultés. Au nom de Dieu ne vous imaginez point
« impoffible ce qui eft difficile, & ne croyez pas que ceux qui ne mettent point
« la main à l'éfpée, ne fachent pas juger ce que peuvent ou ne peuvent pas
« ceux qui s'en aydent. Les âmes relevées ne fe repaiffent que de chofes
« grandes. Nous allons nous avancer vers vous, pour vous faire faire quelque
« chofe de bon, fi vous avez du fang aux ongles. Mettez-vous devant les yeux
« la grandeur de voftre nom, qui vous élève par deffus les montagnes &
« l'altitonance de celuy qui vous protége. »

« LE CARDINAL DE RICHELIEU. »

Cette lettre, dont l'original eft aux Archives de la famille, fut fuivie de plufieurs autres, mais elle fe diftingue entre toutes par l'élévation & la fingularité du ftyle.

En 1642, le Roi & le [Cardinal de Richelieu ayant pris la réfolution d'attaquer Perpignan, marchèrent en perfonne en Rouffillon, & donnèrent l'armée de Champagne au Maréchal de Guiche. Il n'avoit fous fes ordres que dix mille hommes; les Généraux Melos & le Baron de Bec l'attaquèrent au mois de mai, à Honnecourt, avec vingt-fept mille hommes; il foutint leur choc pendant une partie de la journée, les repouffa plufieurs fois, mais fes troupes étant enfoncées de toutes parts, & fe voyant lui-même fur le point d'être enveloppé, il effectua fa retraite fur Saint-Quentin.

Ses ennemis auxquels fe joignirent ceux du Cardinal de Richelieu, qui étoient nombreux, prétendirent qu'il avoit eu ordre de perdre une bataille pour diminuer la confiance du Roi & le rendre plus docile à l'autorité du Cardinal, que Louis XIII commençoit à fupporter avec quelque contrainte; mais rien n'eft moins fondé que cette perfide accufation, & elle fe trouve parfaitement réfutée & démentie par les relations de Melos & du Baron de Bec. Le Maréchal ne tarda pas d'ailleurs à réparer cet échec; il ramaffa les débris de fon armée, fournit à fes frais de nouvelles armes aux foldats qui avoient perdu les leurs & maintint les Efpagnols de manière à ce qu'ils ne purent tirer aucun fruit de cette victoire. Ayant pris fes quartiers d'hiver & pourvu à tous les befoins de fon armée, il revint à Paris où l'appeloit le dépériffement du Cardinal de Richelieu, dont la mort paroiffoit imminente. Il étoit déjà fort malade en partant pour le Rouffillon, ainfi qu'on en peut juger par fes propres lettres. Nous en avons placé deux parmi les Annexes, qui font datées: la première de Tarafcon, le 29 juillet 1642, & la feconde de Lantilly, près Lyon, le 13 feptembre de la même année, c'eft-à-dire deux mois & demi avant fa mort. Dans cette dernière il annonce en ces termes au Maréchal la prife de Perpignan & la mort de Cinq-Mars & de fon ami de Thou : « Ce gentilhomme « vous dira comme Perpignan eft à préfent ès mains du Roy, & que Mef- « fieurs le Grand & de Thou font en l'autre monde, où je fouhaite qu'ils foient « heureux. » Les originaux de ces lettres font aux Archives de la famille. (Voir la copie. *Pièces & Documens. Annexe* N° 32.)

Le Cardinal de Richelieu mourut le 4 décembre 1642 & peu après lui mourut auffi le Roi Louis XIII, le 14 mai 1643. Anne d'Autriche Régente,

*Maladie du Cardinal de Richelieu. — Autres lettres.*

*Mort du Cardinal (1642).*

gouverna pour fon fils Louis XIV, âgé feulement de quatre ans & demi. Le Cardinal de Mazarin avoit remplacé Richelieu, & comme il étoit déjà fort connu du Maréchal de Guiche, qui l'avoit rencontré en Italie, ils ne tardèrent pas à fe lier d'amitié, & cette liaifon dura toute leur vie.

En 1643, le Maréchal de Guiche partit avec le Duc d'Enghien pour retourner à l'armée des frontières, & ne tarda pas à fe diftinguer de nouveau au combat de Fribourg & à la prife de Philifbourg. Il fut grièvement bleffé au fiége de Saverne avec quatre de fes Gentilshommes nommés Sercane, Bidault, Camin & Seronet, qui périrent à fes côtés ; il demeura lui-même longtemps fans fecours, couché dans les foffés des remparts, jufqu'à ce que Fabert, depuis Maréchal de France, & qui lui étoit fort attaché, le retira d'au milieu des morts & des bleffés.

Le Maréchal de Guiche bleffé à Saverne & fauvé par Fabert (1643).

En 1644, le Maréchal de Guiche reçut la nouvelle de la mort de fon père le Duc de Gramont, dont il prit incontinent le nom & le titre. Il apprit en même temps que la Reine Régente lui en avoit donné tous les Gouvernements, & il fe rendit à la Cour pour remercier Sa Majefté, prêter ferment & prendre poffeffion, après quoi il retourna en toute diligence à l'armée.

Il devient Duc de Gramont par la mort de fon père (1644).

L'année fuivante, 1645, le Maréchal de Gramont commanda l'aile droite à la bataille de Nordlingen. Son infanterie ayant pris l'épouvante, il fe mit à la tête de deux régimens de cavalerie, & fit dans les rangs ennemis une trouée qui décida de la bataille ; mais enveloppé de toutes parts, ayant le corps entrepris fous fon cheval bleffé, & ne pouvant fe dégager il fut fait prifonnier & enmené à Donawerth. Le Duc d'Enghien & Turenne profitant de cette mêlée rallièrent les bataillons & remportèrent une victoire complète. Ayant été échangé contre le Général Comte de Glefne, le Maréchal de Gramont revint en France porteur d'ouvertures de paix, de la part de l'Électeur de Bavière, & un traité de neutralité fut figné un an après.

Il eft bleffé & fait prifonnier à la bataille de Nordlingen (1645).

A peine fut-il de retour à l'armée, que le Duc d'Enghien, dont il étoit grand ami, tomba dangereufement malade & demanda à être transféré à Philifbourg. Cette entreprife, des plus difficiles dans un pays occupé par les armées ennemies, fut exécutée par le Maréchal, avec une habileté & une rapidité, qui fit l'admiration générale. Ce fut en ce temps-là qu'envoyé près du Prince d'Orange, Henri-Frédéric de Naffau, pour combiner avec lui les mouvements des armées, il s'aperçut foudain que le Prince venoit d'être atteint de folie, & courut en prévenir fon fils, le Prince Guillaume, avec lequel il fe lia d'une étroite amitié, & qui mourut à vingt-deux ans de la petite-vérole.

Au printemps de 1647, le Maréchal de Gramont partit pour la Catalogne, où il devoit fervir avec le Duc d'Enghien, devenu Prince de Condé par la mort de fon père ; cette campagne, comme on le fait, demeura fans réfultat.

En 1648, le Maréchal, toujours avec le Prince de Condé, alla faire la guerre en Flandres. Ce fut lui qui décida de la victoire à la bataille de Lens, en rompant avec fon corps d'armée l'aile droite des Efpagnols, fait d'armes éclatant qui fut rappelé dans les lettres-patentes du Duché-Pairie de Gramont.

Peu de temps après éclatèrent à Paris les troubles de la Fronde, & le Maréchal de Gramont reçut un courrier du Cardinal Mazarin, par lequel il lui mandoit de revenir trouver le Roi en diligence, & de ramener avec lui les Gardes-Françoifes & Suiffes & les compagnies de gendarmes & de chevau-légers de la garde.

Érection du Duché-Pairie de Gramont (1648).

A peine fut-il arrivé qu'il reçut les lettres-patentes qui érigeoient en Duché-Pairie de France la terre & Comté de Gramont, lefquelles font datées du mois de novembre 1648. Jufqu'alors le titre de Duc & Pair, dont avoit joui le père du Maréchal, de 1643 à 1644, & le Maréchal lui-même de 1644 à 1648, étoit ce qu'on appeloit un titre à brevet, lequel fe donnoit par faveur Royale, comme avancement d'hoirie, en attendant qu'il plût à Sa Majefté de conftituer le Duché-Pairie & fa circonfcription territoriale, ce qui étoit chofe fouvent longue & difficile, à caufe des nombreufes conditions que devoit réunir un fief de ce rang, de cette étendue, & jouiffant de femblables prérogatives. Nous avons placé aux Annexes, parmi les Pièces & Documens, la copie entière des lettres-patentes de 1648 ; mais il nous paroît néanmoins convenable d'en reproduire ici le préambule, d'autant plus qu'il rappelle plufieurs faits hiftoriques qui appartiennent à notre récit :

« Louis, par la grâce de Dieu, Roy de France & de Navarre, falut. Il n'y
« a rien qui face dauantage efclatter la Maifon des Roys que d'efleuer en
« honneur ceux qui ont bien mérité de leur couronne & particulièrement les
« perfonnes qui ont adjoufté au luftre de leur naiffance celuy de leurs vertus
« & bonnes actions ; c'eft pourquoy les Roys nos prédéceffeurs, pour laiffer
« à la poftérité des marques de leur juftice & de leur grandeur, ont efté foi-
« gneux, non feulement de recognoiftre le mérite par les plus hautes charges
« & par les employs les plus importans ; mais encore de releuer par des tiftres

« & prérogatiues les terres de ceux qui auoient employé leurs vies & leurs biens
« pour la manutention de l'Eſtat, c'eſt ce qui nous a portéz à jeter les yeux
« ſur la perſonne de noſtre très-cher & très-amé couſin Antoine de Gramont,
« Con<sup>er</sup> en noz conſeils, Mareſchal de France, Gouverneur & noſtre Lieute-
« nant-Général en Nauarre & Béarn, Lieutenant-Général en nos armées des
« Flandres, & M<sup>tre</sup> de Camp du Régiment de nos Gardes-Françoiſes, & con-
« ſidérant la nobleſſe de ſa Maiſon, qui eſt auſſy ancienne que le Royaume de
« Nauarre, le nombre de grands & excellens perſonnages qui en ſont iſſus, les
« ſignaléz ſeruices qu'jls ont rendu pour la déffenſe du dit Royaume, où jls ont
« toujours exercé les principales charges, ſoit pour le Gouvernement de l'Éſtat
« ou pour le Commandement des armées, que pour auoir ſuiuy le party des
« Roys légitimes, jls ont perdu les grands biens qu'jls poſſédoient dans la
« Haute-Nauarre, & meſme à cauſe des *alliances* qu'jls avoient dans la Mai-
« ſon des Roys jls les ont toujours honoréz du titre de couſins & des plus hauts
« employs de leur couronne, comme fiſt Jeanne d'Albret noſtre bis-ayeulle,
« qui dépoſa la régence de ſes Eſtats pendant ſon abience à Antoine de Gra-
« mont, Cheuallier de l'ordre du Roy Charles IX, bis-ayeul de noſtre dit cou-
« ſin, le fils duquel fuſt tué en combattant ualeureuſement au ſiége de Laſère
« & le feu S<sup>r</sup> Comte de Gramont, Gouuerneur & noſtre Lieutenant-Général
« de Nauarre & de Béarn, Cheuallier de nos ordres, aiant continué de ſeruir
« les Roys noſtre ayeul & père auec grande paſſion & fidélité, nous lui auons
« donné les aſſurances de l'érection en Duché & Pairie de ſa terre de Gramont,
« par breuet du dernier Décembre 1643. Pour eſtre cette dignité tranſmiſe en
« la perſonne de noſtre dit couſin ſon fils, lequel a eu dans ſa jeuneſſe une
« telle inclination aux armes que durant que la France eſtoit tranquille, il alla
« ſeruir nos alliez en païs eſtranger, où il receuſt des bleſſures honorables, &
« depuis a paſſé par les dégréz des charges militaires en France, où aiant
« exercé huit ans celle de Mareſchal de camp, Général de la cauallerie, de
« Lieutenant-Général en nos armées & au Gouuernement de Normandie &
« de M<sup>tre</sup> de Camp du régiment de nos Gardes-Françoiſes, il fuſt promu à la
« charge de Mareſchal de France, en laquelle il a commandé diverſes fois nos
« armées en chef & depuis ſoubz l'autorité de noſtre très-cher & très-amé
« couſin le Prince de Condé, aiant donné des preuues de ſon courage & de ſa
« conduite, dans les combatz de Fribourg, bataille de Nortlingen, où il fuſt
« bleſſé & pris priſonnier, dans les grands ſiéges qui ont depuis eſté faicts en

« Flandre, ‘Allemagne, Italie & Catalogne & par tout, il a commandé l'une
« des attaques, & nouvellement en la fignalée bataille de Lens, commandant
« l'aifle gauche de noftre armée, il rompift la droite de celle des ennemis com-
« pofée de trouppes efpagnoles, deffift la première & feconde ligne & tout ce
« qui s'oppofa à luy, ainfy que nous en avons efté informéz par Noftre dit coufin
« le Prince de Condé & que les ennemis mefmes l'ont publié, de forte qu'on
« luy peut juftement attribuer beaucoup de part à cette victoire, & uoulant
« recognoiftre tant de grands & recommandables feruices que ledit Sr Maref-
« chal & fes anceftres nous ont rendus & à cet Eftat, en luy laiffant des
« marques d'honneurs qui paffent à fes fucceffeurs. Pour ces caufes &
« autres... , &c., &c. » (V. *Pièces & Documens*, copie des originaux.
*Annexe* N° 33.)

L'original de ces lettres eft aux Archives de la famille, figné par le Roi
Louis, par la Reine Régente fa mère, Anne d'Autriche, & les autres miniftres
compétens. Il porte auffi les actes d'enregiftrement des dites lettres-patentes,
favoir : au Parlement de Paris, le 15 décembre 1663; au Parlement de
Bordeaux, le 27 février 1672, & au Parlement de Pau, le 21 mars 1672.

Enregiftrement des
lettres – patentes au
Parlement.

L'érection par le Roi d'un Duché-Pairie donnoit au titulaire, pour lui &
fes defcendans, le droit de fiéger dans les Parlemens de Sa Majefté, mais les
Parlemens qui avoient de grandes prétentions & les défendoient avec une
perfévérance fouvent voifine de la rébellion, n'admettoient pas un Duc & Pair
à fiéger parmi eux, avant que l'érection de fon Duché-Pairie n'eût été notifiée
à l'Affemblée, & qu'elle eût enregiftré les lettres-patentes du Souverain, ce
qu'en maintes circonftances les Parlemens ne firent que fur un ordre particulier & exprès du Roi. Il eft vrai que fouvent les Ducs & Pairs fe fouciant fort
peu d'aller fiéger, dans des Parlemens qui vivoient en lutte continuelle avec le
Roi & fon gouvernement, ne préfentoient pas leurs lettres-patentes à l'enregiftrement de ces Affemblées, d'autant plus que cette omiffion n'exerçoit aucune
influence fur les honneurs, le rang & les prérogatives qu'ils recevoient à la
Cour, où tout fe régloit d'après la date des lettres-patentes. Ce que voyant, le
Parlement de Paris, bleffé de cette négligence, imagina de prétendre que les
Ducs & Pairs ne devenoient véritablement Ducs & Pairs qu'après avoir fait
enregiftrer leur titre, & comme les autres Parlemens avoient imité celui de
Paris, il en réfultoit qu'un Duc & Pair eût été obligé de fe rendre fucceffive-

ment dans tous les Parlemens des Provinces, pour y faire enregiſtrer ſes lettres, afin d'être reconnu dans tout le Royaume, ainſi qu'il étoit écrit aux dites lettres. Auſſi il en fut de ces prétentions comme de toutes choſes qui ne ſont pas ſages ni juſtes, & elles furent miſes de côté, hormis dans les enceintes des Parlemens qui perſiſtèrent à y tenir la main.

En l'année 1648, il ne pouvoit être queſtion de faire enregiſtrer au Parlement de Paris les lettres du Roi, car on étoit en pleine révolte par le commencement des troubles de la Fronde, & encore moins cela ſe pouvoit-il faire en Guyenne ou dans les Provinces où les Princes rebelles tenoient campagne. D'ailleurs, les Ducs & Pairs formoient, avec les Miniſtres, le Conſeil du Roi, & le Cardinal de Mazarin gouvernoit le Royaume avec l'aſſentiment de la Reine Régente. Cet état de choſes dura juſqu'à la mort de Mazarin arrivée en 1661. Alors le Roi Louis XIV, règnant par lui-même, voulut mettre un terme à l'oppoſition conſtante que ſon Gouvernement rencontroit au Parlement, & il ordonna que toutes les anciennes lettres-patentes des Duchés-Pairies, qui n'avoient pas été préſentées à l'enregiſtrement, le fuſſent incontinent, afin que les Ducs & Pairs puſſent ſiéger dans l'Aſſemblée ſous prétexte d'en rehauſſer l'éclat, mais, en réalité, pour en contenir & en diriger l'eſprit; mais telle étoit la fuſceptibilité ombrageuſe de cette compagnie, qu'elle fit des difficultés & des remontrances pour l'enregiſtrement des titres déjà anciens que les titulaires n'avoient jamais pris la peine de lui notifier, en ſorte que pour éviter de plus grands délais & arriver promptement à ſes fins, le Roi dut délivrer, ſous forme de lettre, un ordre-décret adreſſé à ſon Parlement de Paris. Il y avoit, en 1663, quatorze Duchés-Pairies que le Roi Louis XIV déclara de la ſorte au Parlement, & nous croyons devoir reproduire ici, d'après l'original qui eſt aux Archives de la famille, l'ordre d'enregiſtrement relatif au Duc de Gramont :

« Louis, par la grâce de Dieu, Roy de France & de Navarre, à nos « amez & féaux ſujets, les gens tenant notre Cour de Parlement & Chambre « de nos Comptes à Paris, ſalut :

« Par nos lettres-patentes en forme de Charte du mois de novembre « de l'année 1648, & pour les grandes & importantes conſidérations y « contenues, nous aurions créé & érigé le titre & Comté de Gramont avec « les terres, Baronnies & Seigneuries mentionnées en nos dites lettres en

« titre, nom, dignité & prééminence du Duché & Pairie de France pour
« eftre dorénavant & à toujours poffédés, & en jouir par notre très cher &
« très amé coufin Antoine de Gramont, Maréchal de France & fes fucceffeurs
« mâles en légitime mariage, Seigneurs du dit Duché de Gramont, au dit
« titre de Duché & Pairie de France & aux mêmes honneurs, rang, préémi-
« nence & prérogatives, appartenant au dit titre & dignité de Duché &
« Pairie, & dont jouiffent tous les autres Ducs & Pairs de notre Royaume,
« ainfi qu'il eft plus particulièrement porté dans nos dites lettres. Mais d'au-
« tant que ne vous ayant pas été préfentées dans l'an de l'expédition d'icelles,
« vous pourriez faire difficulté de les enregiftrer & que nous voulons qu'elles
« ayent leur plein entier effet. A ces caufes, nous vous mandons & ordon-
« nons par ces préfentes fignées de noftre main, que fans vous arrefter à la
« furannation de nos dites lettres-patentes du dit mois de novembre de la dite
« année 1648, lefquelles font ci attachées, fous le contrefcel de notre chan-
« cellerie, vous ayez à procéder à l'enregiftrement pur & fimple des dites
« lettres, & à faire jouir à toujours du contenu en icelles notre dit coufin &
« fes fucceffeurs masles en loyal mariage, pleinement, paifiblement & perpé-
« tuellement, ce pour faifant ceffer tous troubles, empêchemens quelconques,
« & nonobftant tous édits & ordonnances règlemens, lettres, arrêts & autres
« chofes à ce contraires auxquelles nous avons dérogé & dérogeons pour ce
« regard, encore que nos dites lois ayant été préfentées dans l'an & jour de
« l'obtention d'icelles; ce que nous ne voulons pouvoir nuire ni préjudicier à
« notre dit coufin & dont en tant que befoin eft ou fera nous l'avons relevé,
« relevons & difpenfons par ces dites patentes. Car tel eft notre plaifir.

« Donné à Paris, le onzième jour de décembre, l'an de grâce mil fix
« cent foixante-trois & de notre Règne le vingtième.    LOUIS. »

En vertu de cet ordre, le Parlement de Paris enregiftra les lettres-
patentes du Duché-Pairie de Gramont, quatre jours après, le 15 décembre.

En 1672, le Maréchal de Gramont étant allé tenir les États pour le Roi
en Guyenne & en Navarre, dont il avoit les Gouvernemens, les dites Lettres
furent de nouveau enregiftrées au Parlement de Bordeaux le 27 février 1672,
& au Parlement de Pau le 21 mars 1672, & la mention de tous ces trois
enregiftremens eft faite fur le parchemin original des lettres-patentes, lequel
eft lié à celui de la lettre Royale ci-deffus rapportée par des lacs de foie verte

& rouge & le grand fceau en cire de la Chancellerie d'État, le tout étant confervé aux Archives de la famille.

Nous avons cru néceffaire d'entrer dans ces détails pour expliquer la différence des dates d'enregiftrement qui font infcrites fur les titres originaux du Duché-Pairie de Gramont, dont la date véritable eft de novembre 1648, & non pas décembre 1663 comme l'ont écrit quelques auteurs, admettant comme loi d'État ce qui n'étoit qu'une prétention des Parlemens, contre laquelle l'autorité fouveraine s'eft toujours élevée, & à laquelle il fut mis un erme par la déclaration du 24 février 1673, enregiftrée au Parlement & à la Chambre des Comptes de Paris, le 23 mars fuivant, portant défenfe aux Cours fouveraines de faire des remontrances fur les lettres-patentes, édits & déclarations qui leur feront envoyés avant que de les avoir enregiftrés purement, fimplement, fans aucune reftriction ni modification.

L'année 1648 s'écoula au milieu des difcordes & des troubles fufcités par la révolte des Princes & des Parlemens. Sans entrer dans le détail de ces événemens qui appartiennent à l'hiftoire, nous dirons feulement que, pendant que la plupart des perfonnages confidérables du royaume changeoient de parti fuivant leurs paffions ou leurs intérêts, le Maréchal de Gramont refta toujours fidèle à la Reine & au Cardinal.

L'an 1649, ce Miniftre lui confia la perfonne du Roi ainfi que la Reine & Monfieur, lorfqu'il fut queftion de les faire fortir de la ville de Paris où la Cour n'étoit plus en fûreté, & de les conduire en fecret au château de Saint-Germain. On s'étoit réuni à l'hôtel de Gramont, le jour des Rois, fous le prétexte d'un fouper, & ce fut de là qu'on partit à minuit pour cette entreprife difficile qui fut cependant conduite avec fuccès. Le Prince de Condé en faifoit partie, car il étoit jufqu'alors refté fidèle au Roi.

Troubles de la Fronde. — Le Maréchal de Gramont conduit la Famille Royale à Saint-Germain (1649)

Le Prince de Condé ne tarda pas à vouloir renverfer Mazarin, &, au commencement de l'an 1650, il étoit à la tête des mécontens; il effaya, mais en vain, d'attirer le Maréchal dans fon parti, foit en lui rappelant l'ancienne amitié qui les uniffoit, foit en offrant à fon ambition la plus vafte perfpective; le Duc de Gramont fut inébranlable, & fe rendit dans fon Gouvernement de Béarn pour intercepter toute communication entre l'Efpagne & les mécontens de Guyenne. La foumiffion de cette province fut due principalement à cette mefure, car les mécontens, ne recevant pas d'Efpagne les fubfides fur lefquels ils avoient compté, furent obligés de capituler.

Pendant l'année 1650, le Maréchal de Gramont fut conftamment employé par la Cour, pour fervir d'intermédiaire & de conciliateur avec les Princes & même avec le Parlement. On trouve dans les mémoires du temps, & notamment dans ceux du Cardinal de Retz & de Madame de Motteville, les détails de ces diverfes tentatives, où fa perfpicacité fut quelquefois mife en défaut, par fuite de la mauvaife foi des deux partis pour lefquels il négocioit.

Il repouffe les ouvertures du Prince de Condé, qui vouloit l'entraîner dans la ligue (1651).

Au mois de juillet 1651, après un rapprochement de peu de durée, le Prince de Condé fe retira à Saint-Maur & trois mois après il fe rendit en Guyenne, où il leva ouvertement l'étendard de la révolte & fe prépara à la guerre civile. Il fit alors de grandes tentatives auprès du Maréchal de Gramont & lui dépêcha un de fes Gentilshommes nommé Saint-Mars, pour lui offrir la Souveraineté indépendante du Béarn, s'il vouloit foulever le pays pendant que lui-même foulèveroit la Guyenne. Le Maréchal ne fe laiffa pas éblouir par ces offres & fe rendit dans fon Gouvernement pour y fervir le Roi, comme il l'avoit fervi pendant la guerre précédente.

A cette occafion il courut le rifque d'être affaffiné en route, car les rebelles ayant eu des avis certains qu'il devoit paffer par Bordeaux pour fe rendre à Bayonne, complotèrent de l'arrêter à fon paffage & de le jeter dans la Garonne, & la chofe eût été exécutée, fi un Confeiller du Parlement de Bordeaux, nommé La Chaife, attaché à lui de père en fils, ayant été averti le foir de ce qui avoit été réfolu contre le Maréchal n'eût pris une chaloupe pour s'en aller à Blaye, où il arriva au moment où le Maréchal alloit s'embarquer pour Bordeaux. Le Maréchal profita fagement de l'avis, gagna Langon fans entrer dans Bordeaux, d'où enfuite, par les Landes, il paffa heureufement à Bayonne.

Auffitôt qu'il fut arrivé dans le Béarn, il appela près de lui tous ceux qui étoient dévoués au Roi, contint les mécontens, intercepta les communications avec l'Efpagne, facilita au Comte d'Harcourt les moyens de faire la guerre avec avantage au Prince de Condé, & ne revint à Paris que lorfque la Guyenne eut été entièrement foumife.

Nous citerons ici comme digne d'intérêt la lettre que le Prince de Condé écrivit au Maréchal de Gramont, & qu'il lui fit porter par M. de Saint-Mars, au mois de feptembre 1651, pour lui faire part de fes réfolutions & l'engager à s'y affocier. L'original eft aux Archives de la famille.

*« A Monfieur le Duc de Gramont, Marefchal de France.*

Monsieur,

« L'amitié que j'ai toute ma vie eue pour vous & celle que je fais que
« vous avez pour moi m'obligent à vous dépêcher Saint-Mars, pour vous
« faire favoir nettement les raifons qui m'ont obligé de fortir de la Cour & les
« réfolutions que j'ai prifes enfuite, & auffi pour favoir les vôtres, ne doutant
« point que vous n'en ufiez devers moi avec votre franchife ordinaire. Je fou-
« haite plus que toutes les chofes du monde que nos intérêts ne foient pas
« féparés, & ferai pour cela tout ce que je dois, mais quoi qu'il arrive,
« je conferverai toujours la mémoire des obligations que je vous ai & ne laif-
« ferai paffer aucune occafion de vous faire connoître que je fuis, avec toute la
« tendreffe imaginable, Votre très affectionné coufin & ferviteur,

Lettre du Prince<br>de Condé au Maréchal<br>de Gramont (1651).

« Louis de Bourbon. »

A la même époque le Maréchal de Gramont avoit adreffé au Prince
de Condé la lettre fuivante, qui fe croifa en route avec celle que portoit
M. de Saint-Mars, & dont la minute exifte également aux Archives de la
famille.

Lettre du Maréchal<br>au Prince de Condé.

« *De Bidache, le 26 feptembre* 1651.

« Monseigneur,

« Je croirois manquer à ce que je vous dois par toute forte de raifons
« fi Votre Alteffe étant fi proche je n'envoyois vers Elle pour lui rendre mes
« refpects, defquels, Monfeigneur, je ne m'éloignerai jamais, étant dans le
« défefpoir de voir des commencemens dont les fuites ne peuvent manquer
« de caufer le coup mortel à l'État, vous proteftant que s'il ne falloit que
« donner ma vie pour remédier aux maux qui vous menacent, je la tiendrois
« auffi bien employée que je m'eftimerois heureux fi je pouvois témoigner à
« Votre Alteffe combien fincèrement & paffionnément je fuis, Monfeigneur,
« votre très humble & très obéiffant ferviteur & coufin,

« Le Duc de Gramont. »

Les troubles de Guyenne apaifés & Bordeaux remis dans l'obéiffance, le Maréchal de Gramont fut rappelé à la Cour où il refta toujours près de la perfonne du Roi jufqu'en 1657.

Ambaffade du Maré- chal de Gramont à Francfort pour l'élec- tion de l'Empereur d'Allemagne ( 1657).

A cette époque, le Roi lui confia une miffion très importante. L'Empe- reur Ferdinand III étant mort, la Diète étoit convoquée à Francfort pour élire fon fucceffeur. Le Maréchal de Gramont y fut envoyé comme Ambaf- fadeur Extraordinaire du Roi avec la miffion de faire tomber le choix des électeurs fur un Prince ami de la France. On lui adjoignit M. de Lyonne, qui étoit rompu aux affaires & qui connoiffoit à fond les intérêts des divers Princes de l'Empire. La relation très détaillée de cette Ambaffade & des circonftances curieufes qui l'accompagnèrent, fe trouve dans les Mémoires du Maréchal & dans un petit livre féparé qui fut publié à Franche-Ville en 1742, qui eft intitulé : « Mémoire du Maréchal, Duc de Gramont, Ambaffadeur de France à la Diète de Francfort, dans le temps de l'élection de l'Empereur Léopold Ier, contenant diverfes particularitez de la dite élection. » Nous ren- verrons donc le lecteur à ces relations, & nous nous bornerons à dire que le zèle énergique & éclairé avec lequel il foutint les intérêts de la France & le fuccès qu'il obtint dans cette miffion importante, valurent au Maréchal de Gramont les témoignages les plus flatteurs de la fatisfaction du Roi.

Les pleins pouvoirs qui lui furent donnés en cette occafion font reftés aux Archives de la famille & ainfi conçus en préambule : » Nous avons cru « ne pouvoir faire une meilleure élection que de notre très cher & bien-aimé « coufin le Duc de Gramont, Pair & Maréchal de France, l'un de nos « Miniftres d'État, Souverain de Bidache, lequel nous avons..... &c., &c. » Un double de ces pleins pouvoirs, ainfi que la minute de la capitulation fignée d'une part par le Roi de Hongrie Léopold Ier, futur Empereur, & de l'autre, par le Maréchal de Gramont, étoient aux Archives du Miniftère des Affaires Étrangères fous le Roi Louis XIV en 1711, & en furent tirés pour fervir de preuve que les Rois de France avoient toujours reconnu la Souveraineté des Ducs de Gramont fur le territoire de Bidache, lorfque cette Souveraineté fut conteftée par les Parlemens de Bordeaux & de Pau. On produifit avec le texte de la capitulation de Francfort de 1657, où le Maréchal eft qualifié de Prince Souverain, plufieurs autres lettres & titres du même ordre, qui mirent à néant les prétentions du Parlement, qui d'ailleurs n'avoit entrepris cette difpute que malgré lui & reconnut l'erreur.

L'an 1659, après la rupture des négociations relatives au projet de mariage entre Louis XIV & la Princeffe de Savoie, la Cour, qui étoit venue à Lyon dans ce but, retourna à Paris, & le Cardinal de Mazarin partit pour Saint-Jean-de-Luz, fur la frontière d'Efpagne, pour y négocier le Traité des Pyrénées. Il fut convenu qu'il s'arrêteroit à Bidache, qui eft à égale diftance de Bayonne & de Saint-Jean-de-Luz, & la Gazette du temps publia la relation « de la magnifique réception faite à Son Éminence par le Maréchal de Gramont à Bidache. » On y remarque entre autres chofes la defcription de la chambre occupée par le Cardinal. « On avoit fait tracer un ameublement de gaze des Indes à fleurs brodées d'or, fur un fond ifabelle doré, tant le lit que la courte-pointe, & tous les fiéges & fauteuils pour garnir l'alcôve d'une chambre de l'appartement où le bois de lit étoit de la Chine avec des ornemens d'ébène à l'efpagnole, & embellis de plaques d'argent vermeil doré.» Le Maréchal vint recevoir le Cardinal avec trois caroffes à fix chevaux, fuivi de toute la nobleffe de la province & de fon régiment d'infanterie qu'il tenoit à Bidache, compofé de mille cinq cents hommes, armés de moufquets de Hollande & de piques de Bifcaye. Les deux fils du Maréchal, dont nous parlerons ci-après, le Comte de Guiche & le Comte de Louvigny, attendoient le Cardinal à la porte du château pour le conduire près de la Maréchale & de fa fille, la princeffe de Monaco. Le lendemain il y eut une grande fête au château & dans la ville, & divers concerts & ballets où les danfes efpagnoles fe mêloient aux danfes françoifes. Mais le Cardinal ne put prolonger fon féjour; Don Luis de Haro étant arrivé à Saint-Sébaftien, il dut partir à la hâte pour Saint-Jean-de-Luz. Enfin, après plufieurs conférences entre le Cardinal & Don Luis dans cette île des Faifans fi renommée, le Cardinal déclara au Maréchal de Gramont que le Roi l'avoit choifi pour aller à Madrid demander en fon nom, au Roi d'Efpagne, l'Infante fa fille en mariage.

On a publié la relation détaillée de cette Ambaffade jufque dans fes moindres circonftances, & nous nous contenterons d'en donner ici le récit fommaire, en indiquant pour le refte les fources auxquelles on peut recourir. Nous citerons donc en premier lieu les Mémoires du Maréchal de Gramont écrits par fon fils, le Duc Antoine IV (Charles), qui faifant partie de la miffion de fon père, en donne un compte fort exact, accompagné d'obfervations intéreffantes fur la Cour & la fociété de Madrid. On trouve une feconde relation de cette Ambaffade dans les Mémoires de Madame de Motteville,

Vifite du Cardinal de Mazarin à Bidache (1659).

Ambaffade du Maréchal de Gramont à Madrid, pour demander la main de l'Infante pour le Roi (1659).

dont le frère accompagnoit auffi le Maréchal de Gramont ; & enfin, on publia dans le même temps, à Madrid & à Touloufe, où fe trouvoit le Roi, une relation officielle datée de Madrid le 22 octobre 1659. Elle eft de cinq pages d'impreffion & la plus courte de toutes, & comme il n'en exifte probablement d'autres exemplaires que ceux qui font aux Archives de la famille, nous la reproduifons parmi les pièces & documens annexés. (V. *Pièces & Documens. Annexe* N° 34.)

Le 20 feptembre 1659, le Roi Louis XIV écrivoit au Maréchal de Gramont une lettre autographe, datée de Bordeaux, pour lui annoncer le choix qu'il avoit fait de fa perfonne pour conclure fon mariage. L'original de cette lettre appartient au Comte de Gramont d'After. (V. *Pièces & Documens. Annexe* N° 35, *pièce* IV.)

Les pleins pouvoirs font du 21 feptembre & commencent ainfi : « Nous « envoyons en qualité d'Ambaffadeur, vers Votre Majefté, notre très cher « & bien-aimé coufin le Duc de Gramont, Pair de notre Royaume & Maré- « chal de France, Souverain de Bidache, Miniftre d'État, Gouverneur de « Navarre, de Béarn & du Pays de Labour... &c., &c. » La minute eft aux Archives du Miniftère des Affaires Étrangères à Paris, & en double à celles de la famille.

Le Maréchal de Gramont partit pour fe rendre à Madrid le 27 feptembre, accompagné de fon frère, le Comte de Toulongeon, & de fes deux fils, le Comte de Guiche & le Comte de Louvigny. Il emmenoit avec lui vingt-cinq Seigneurs de la Nobleffe Françoife & quatorze Gentilshommes de fa fuite, fans compter les Écuyers & Officiers de fes gardes. Les alliances efpagnóles qu'il avoit dans la Maifon des Rois de ce pays devoient contribuer au fuccès & à l'éclat de fa miffion. Auffi, quand il traverfoit les villes, le peuple crioit fur fon paffage : « Viva el Marefcal de Agramont que es de nueftro fangre y « que nos trahe la pas : Vive le Maréchal de Gramont, qui eft iffu du même « fang que nous & qui nous apporte la paix. » (V. *les Mémoires.*)

Et quand après les complimens d'ufage il préfenta fes fils au Roi Philippe IV, ce Prince lui répondit : « Teneis muy buenos y lindos hijos, y « bien fe hecha de ver que los Agramontefes falen de la fangre de Efpana : « Vous avez de bons & beaux enfants, & il eft aifé de voir que les Gramont « font de race efpagnole. »

On fit auffi à Madrid, à l'occafion de cette Ambaffade, des vers, romances & couplets efpagnols, qui fe chantoient de par la ville & la campagne. Nous en avons rapporté un fpécimen aux Annexes. (V. *Pièces & Documens. Annexe* N° 36.)

Ayant complétement réuffi dans fa miffion & arrêté tout ce qui concer-noit le mariage de fon Souverain avec l'Infante Marie-Thérèfe, le Maréchal fit partir le fieur de Gontery avec trois dépêches, l'une pour le Roi, l'autre pour la Reine & la troifième pour le Cardinal ; puis il fit lui-même les prépa-ratifs de fon départ. Ces trois dépêches font citées en entier dans fes Mémoires, & nous y renvòyons le lecteur. Cependant nous placerons aux Annexes la lettre du Maréchal au Roi Louis XIV, en date du 22 octobre 1659, pour la faire fuivre de la réponfe du Roi. Cette réponfe, datée de Touloufe, le 3 novembre 1659, eft tout entière de la main du Roi, y com-pris l'adreffe fur le deffus, & confervée aux Archives de la famille. (V. *Pièces & Documens. Annexe* N° 35. *Lettres V & VI.*)

Lettre du Maréchal au Roi & lettres du Roi au Maréchal.

Quelques jours plus tard, le Cardinal de Mazarin ayant rendu au Roi un compte détaillé de la négociation, Sa Majefté écrivit de nouveau au Maréchal une lettre datée du 10 novembre 1659, qui commence ainfi :

« Je ne puis attendre jufqu'à votre retour à vous témoigner la fatisfac-
« tion que j'ay du fervice que vous venez de me rendre en votre Ambaffade
« d'Efpagne, &c... (& dans la fuite) & comme cette noble manière d'agir
« que j'apprends vous avoir attiré les applaudiffemens de la Cour d'Efpagne,
« eft toute de votre efprit & de l'affection que vous avez toujours fait paroître
« à mes intérêts, l'événement ayant parfaitement répondu au choix que j'avois
« fait de votre perfonne pour une auffi importante affaire, qui affure la paix
« entre les deux couronnes & mon mariage.... J'ai voulu vous témoigner par
« avance les fentimens que j'en ay en attendant que je le puiffe faire de vive
« voix, & que j'aye l'occafion de le faire éclater par les effets de ma recon-
« noiffance. » (V. *Mémoire publié à Paris*, en 1711.)

En cette occafion le Maréchal de Gramont reçut le titre de Grand d'Efpa-gne de première claffe, & Sa Majefté Catholique lui remit, de fes propres mains, le collier de l'ordre de la Toifon d'or.

Le Maréchal de Gramont eft fait Grand d'Efpagne de première claffe & reçoit la Toifon d'or (1661).

Au retour de cette Ambaffade, le Maréchal de Gramont vécut à la Cour dans l'intimité du Roi & du Cardinal de Mazarin, jufqu'à la mort de ce der-nier, qui arriva le 9 mars 1661.

Il reçoit le collier des ordres de Saint-Michel & du Saint-Efprit.

La même année le Roi conféra au Maréchal de Gramont le collier des ordres de Saint-Michel & du Saint-Efprit. Les lettres pour parvenir aux preuves font du 15 juin & celles de Chevalerie, après preuves faites, du 15 décembre.

Le Roi crée en fa faveur la charge de Colonel des Gardes-Françoifes.

En 1662, un an après la mort du Cardinal le Duc d'Épernon qui étoit Colonel-Général de l'Infanterie françoife, venant à mourir, le Roi jugea à propos d'abolir cette charge, dont l'autorité & le crédit étoient trop grands, & il annonça au Maréchal de Gramont qu'il avoit créé en fa faveur la charge de Colonel de fes Gardes-Françoifes, qui, n'étant plus fubordonnée à celle de Colonel-Général, devenoit la première & la plus importante de l'État. En même temps le Roi en accorda la furvivance au fils aîné du Duc de Gramont.

En 1667, le Roi étant parti pour la campagne de Flandres, & le régiment des Gardes-Françoifes ayant fuivi Sa Majefté, le Maréchal de Gramont ne voulut pas s'en féparer & il fervit comme Colonel devant l'ennemi, bien que l'armée fût commandée fous les ordres du Roi par le Maréchal de Turenne, moins ancien que lui.

En 1668 il alla dans fon gouvernement de Béarn & y refta jufqu'en 1671, à caufe des défagrémens que lui caufoient à la Cour les aventures de fon fils aîné le Comte de Guiche, dont nous parlerons plus tard. Il revint à Paris en 1673, mais à peine y étoit-il arrivé, que le Roi, qui étoit parti pour la conquête de la Franche-Comté, lui écrivit que la ville de Bayonne étoit menacée par une flotte hollandoife. Il fe mit fur-le-champ en route fans être arrêté par fes foixante-dix ans ; en arrivant il trouva fon fecond fils, le Comte de Louvigny, qui avoit déjà fait les préparatifs de défenfe, & bientôt les Hollandois furent obligés de renoncer à leur entreprife.

L'an 1677, le Maréchal de Gramont attrifté par l'âge & la maladie, ainfi que par la perte de fon fils aîné, dont il n'avoit jamais pu fe confoler, quitta la Cour pour revenir à Bidache, où il vécut dans la retraite, voulant, difoit-il, mettre un intervalle entre la vie qui s'en alloit & la mort qui venoit. Elle vint plus vite encore qu'il ne l'attendoit, & il rendit le dernier foupir le 12 juillet 1678, à l'âge de foixante-quatorze ans.

Mort du Maréchal de Gramont (1678).

Il avoit perdu un mois auparavant fa fille la Princeffe de Monaco, & nous trouvons à ce fujet plufieurs lettres de condoléance qui lui furent écrites par de hauts perfonnages, & entre autres une de la Reine Marie-Thérèfe qui eft en efpagnol & dont nous placerons la traduction aux Annexes, avec d'autres lettres remarquables. (V. *Pièces & Documens. Annexe* N° 35.)

Le Maréchal de Gramont joignoit aux qualités d'un homme de guerre & d'un homme d'État, une tournure d'esprit vive, enjouée & féconde en saillies. Bien fait de sa personne, somptueux dans ses habits, ses dépenses & la livrée de sa maison ; ses manières étoient nobles & élégantes ; il s'exprimoit avec facilité & avec grâce, & le Roi le retenoit autant que possible à la Cour, sous un prétexte ou sous un autre, parce qu'il en animoit les plaisirs & contribuoit à son éclat par son amabilité, son faste & le grand état de sa maison. La charge de Colonel des Gardes-Françoises, dont il ne se démit qu'en 1672, lui donnoit le premier rang auprès du Roi & un commerce de tous les jours, & pour ainsi dire de tous les instans, avec Sa Majesté.

Anecdotes relatives au Maréchal de Gramont.

On a conservé du Maréchal plusieurs traits fort plaisans qui ne se trouvent pas dans ses Mémoires. Il étoit allé par ordre du Roi voir le Ministre Morus qui étoit à l'extrémité. A son retour le Roi lui en demanda des nouvelles. « Sire, dit-il, je l'ai vu mourir ; il est mort en bon huguenot ; mais je le trouve fort à plaindre d'être mort dans une religion qui n'est maintenant non plus à la mode qu'un chapeau pointu. » Un jour il fut tellement transporté de la beauté d'un sermon de Bourdaloue, qu'il s'écria tout haut : « Mordieu ! il a raison. » Le Maréchal de Créqui, qui vouloit secourir la ville de Trèves assiégée par le Prince de Lunebourg, ayant été battu à Consarbruck, on cherchoit à la Cour à dissimuler les pertes que l'on avoit éprouvées dans cette affaire. On disoit au Roi que chaque jour il rentroit des escadrons & des bataillons entiers à Metz & à Thionville. Louis XIV finit par dire : « Mais en voilà plus que je n'en avois. » — « Oui, Sire, répliqua le Maréchal ; c'est qu'ils auront fait des petits. »

Malgré l'activité avec laquelle Antoine III voua toute son existence aux affaires du Royaume & au service du Roi, il ne négligea pas les intérêts de ses sujets de Bidache.

Ordonnances & Décrets dans sa Souveraineté de Bidache.

Le 20 décembre 1650, il fit une nouvelle ordonnance pour réformer quelques articles des anciennes, sur la demande des Officiers & Conseillers de la Souveraineté.

Le 19 novembre de la même année, il accorda des lettres de légitimation au Sire Pierre de Villeneuve.

Le 15 mai 1657, il fit une ordonnance pour remédier à quelques abus dans l'exercice de la justice en première instance. (V. *Archives de famille.*)

Le 24 feptembre 1659, il fit promulguer une autre ordonnance contre les procédures & jugemens contraires aux ordonnances des Princes fouverains fes prédéceffeurs. A la même date il accorde des lettres de rémiffion à Henry de Chaloffe, praticien, qui étoit accufé de complicité de meurtre, mais dont le crime n'étoit pas fuffifamment prouvé.

Le 31 mars 1660, Antoine III accorda des lettres de grâce à Pierre de Suhigaray, qui avoit été condamné à mort pour avoir tué un homme à Bidache. Il avoit été prouvé que le cas étoit pour ainfi dire celui de légitime défenfe & les lettres font ainfi conçues : « Nous, défirant préférer miféricorde à « rigueur de juftice, avons de notre grâce fpéciale quitté, remis & pardonné « au dit Pierre Suhigaray, la peine tant corporelle que pécuniaire, qu'il auroit « encourue pour raifon du dit meurtre arrivé en la forme ci-deffus expofée, « impofant fur ce filence perpétuel à notre procureur général, vous mandons « & ordonnons, &c., &c., &c., car tel eft notre plaifir. » Ces lettres fignées par le Duc de Gramont font adreffées au Juge Souverain de Bidache & fcellées du grand fceau de la Souveraineté. (V. *Archives de la Maifon.*)

La *Maréchale de Gramont*, née *Dupleffis de Chivré*, furvécut onze ans à fon mari, & mourut le 2 mai 1689.

Elle avoit fait deux teftamens qui font aux Archives, le premier du 20 mars 1683, & le fecond du 31 mars 1688, auquel étoit joint le teftament de fa mère, Marquife de Chivré, du 21 août 1657.

De ce mariage étoient nés :

1º *Armand, Comte de Guiche*, mort en 1774, avant fon père ;

2º *Antoine-Charles, Comte de Louvigny*, qui fuccéda au Maréchal ;

3º *Catherine-Charlotte* de Gramont, mariée à *Louis de Grimaldi, Prince de Monaco ;*

4º *Henriette-Catherine* de Gramont, mariée à *Alexandre de Canouville, Marquis de Raffetot* en Normandie, qui fe fit religieufe après la mort de fon mari.

Nous reviendrons, dans les chapitres fuivans, fur chacun des enfans d'Antoine III.

Pièces & Documens relatifs à Antoine III, qui font aux Archives de la Maifon.

Les Archives de la Maifon contiennent une trop grande quantité de documens relatifs au Maréchal de Gramont, Antoine III, dit le premier Maréchal, pour qu'il foit poffible de les mentionner tous. Nous avons dû faire un choix parmi les plus intéreffans & nous borner à en donner la date & l'analyfe.

La lifte que nous inférons ici indique le titre des principales pièces qui fe rapportent aux événemens les plus marquans de la vie du Maréchal, par ordre de date. On trouvera aux Annexes celle des autres documens, tels que les lettres du Roi Louis XIII, celles de M. de Chavigny, Secrétaire d'État, &c., &c.

Indépendamment de ces pièces, qui ont leur intérêt, nous mentionnons ici les lettres du Maréchal lui-même, & toute fa correfpondance avec les perfonnages les plus marquans de France & de l'Étranger. La reproduction ou même l'analyfe de cette correfpondance formeroit à elle feule un volume, & ne fauroit par conféquent trouver fa place dans ce Mémoire hiftorique & généalogique.

Voici parmi les parchemins, brevets & actes ceux qui fe rattachent directement aux principales phafes de fa vie privée ou publique :

Du 17 février 1607, Contrat de mariage, fur parchemin, d'Hector de Chivré, Seigneur du Pleffis & de Marie de Conan, père & mère de Françoife-Marguerite du Pleffis de Chivré, femme du Comte de Guiche, Maréchal de France, depuis Antoine III, Duc de Gramont & Pair de France.

Du 21 novembre 1634 & du 26 novembre de la même année, Contrat de mariage d'Antoine III de Gramont, Comte de Guiche & Maréchal de France, depuis Duc de Gramont, avec Françoife-Margueritte du Pleffis de Chivré, fur papier.

Du 20 mars 1636, Lettre de Commandement délivrée par Louis de Valois, Colonel-Général de la cavalerie légère de France, pour le Comte de Guiche, Antoine III, à l'occafion de fa nomination par le Roi au commandement d'un régiment de Cavalerie, fur parchemin, figné & fcellé du fceau royal de France avec la barre des Valois.

Du 12 juin 1637, Brevet de Confeiller d'État accordé par Louis XIII à Antoine III de Gramont, Comte de Guiche, Maréchal de Camp.

Du 16 novembre 1637, Provifions du Gouvernement du vieux Palais de Rouen, vacant par la mort du Seigneur de la Mailleraye, données à Antoine de Gramont, Comte de Guiche, Maréchal de Camp.

Du 16 novembre 1637, Provifions de la charge de Lieutenant-Général au Gouvernement de Normandie, en remplacement du Sieur de la Mailleraye, &c., &c., &c.

30

Du 26 novembre 1637, Ratification des dites provifions, par le Duc de Longueville, Gouverneur de Normandie.

Du 20 mars 1638, Provifions de la charge de Capitaine de cent hommes d'armes, donnée par le Roy Louis XIII, au Comte de Guiche, Maréchal de Camp, Lieutenant-Général de la Haute Normandie.

Du 10 février 1639, Deux commiffions de la charge de Capitaine d'une compagnie de chevau-légers, fous le commandement du Prince d'Aletz.

Du 12 février 1639, Brevet de fix mille livres, en faveur du Comte de Guiche, pour compenfer les dépenfes de fa nouvelle charge de Gouverneur de Nancy & Lieutenant-Général de la province de Lorraine.

Du 10 avril 1641, Provifions de la charge de Lieutenant-Général de l'armée de Picardie commandée par le Maréchal de la Mailleraye, avec pouvoir de commander en chef, en l'abfence du Maréchal, données au Comte de Guiche, Meftre de Camp du régiment des Gardes-Françoifes, Maréchal de Camp.

Du 20 janvier 1642, Pouvoir de Lieutenant-Général & commandant l'armée de Champagne, donné au Maréchal de France, Comte de Guiche, Meftre de Camp du régiment des Gardes Françoifes, Lieutenant-Général de la Haute Normandie.

Du 12 février 1643, Lettre de nomination du Maréchal de Guiche, Lieutenant-Général du Roy, à la charge de Commandant militaire de la ville d'Arras, pour le fiége que l'on craignoit.

Du 26 avril 1645, Pouvoirs donnés au Maréchal de Gramont, pour commander l'armée de Flandres, en l'abfence du Duc d'Enghien (le Maréchal de Guiche étant devenu Duc de Gramont par la mort de fon père en 1644, eft défigné déformais comme Maréchal de Gramont.)

Du 9 feptembre 1645, Provifions de la charge de Sénéchal de Béarn, données au Maréchal de Gramont. (Le fceau en eft détaché & brifé.)

Du 4 mai 1646, Pouvoirs donnés à M. le Maréchal de Gramont, Antoine III, Duc & Pair de France, pour commander l'armée, qui fera affemblée aux environs de Marle à la frontière de Champagne, en l'abfence & fous l'autorité de Monfeigneur le Duc d'Anguyen. Grand parchemin de dimenfions plus grandes que de coutume, figné par le Roi Louis XIV, la Reyne Régente préfente, contrefigné Le Tellier, avec le fceau du Roy en bon état.

Du 3 mars 1647, Pouvoirs donnés au Maréchal de Gramont, pour commander l'armée de Catalogne en l'abfence du Prince de Condé.

Du 3 novembre 1648, Erection du Duché de Gramont en Duché-Pairie de France, Parchemins originaux, lettres d'enregiftrement aux divers Parlemens, &c., &c., le tout fcellé, figné & contrefigné.

Du 12 août 1649, Accord fait par le Duc de Gramont (Antoine III), avec les habitans de Sames dans le Comté de Guiche, touchant les padouans communs.

Du 18 février 1656, Commiffion du Roy au Duc de Gramont pour la tenue des États de Béarn & de Navarre.

De 1659 & 1660, Lettres de rémiffion pour le fieur Henri de Chaloffe & autres Ordonnances fouveraines rendues à Bidache par Antoine III.

Du 15 juin & du 15 feptembre 1661, Lettres du Roi Louis XIV ordonnant les preuves, & après preuves faites, conférant l'Ordre du Saint-Efprit à Antoine III, Souverain de Bidache, Duc & Pair & Maréchal de France.

Du 21 juillet 1668, Bulle pontificale ou permiffion donnée par le Pape Clément IX au Maréchal de Gramont pour lire les livres défendus par l'Index.

Du 6 avril 1669, Commiffion du Roi au Duc de Gramont pour la tenue des États de Navarre & de Béarn.

Du 27 avril 1672, Acquifition par le Duc de Gramont de la terre & Sirie de Lefparre.

Du 26 avril 1675, Teftament d'Antoine III, Prince Souverain de Bidache, Duc de Gramont, Pair & Maréchal de France, &c., &c.

Du 9 juillet 1678, Procès verbal de l'ouverture du dit Teftament.

De 1641 & 1642, Vingt-deux lettres du Roi Louis XIII au Duc de Gramont, Antoine III, alors Comte de Guiche & Maréchal de France.

*Lettres de Souverains & de Princes françois & étrangers.*

L'analyfe de ces lettres eft dans les pièces annexées. (V. *Pièces & Documens. Annexe* N° 37.)

De 1641 à 1652, Vingt & une lettres du Secrétaire d'État, Comte de Chavigny, au Duc de Gramont. Elles font analyfées aux annexes. (V. *Pièces & Documens. Annexe* N° 37.)

Le Maréchal de Gramont, Antoine III, ayant toute fa vie confervé à Bidache les minutes de fes lettres ainfi que celles qu'il recevoit, les Archives de la Maifon contiennent, indépendamment de ce qui a été mentionné ci-deffus, un nombre confidérable de correfpondances autographes, dont l'analyfe feule formeroit un volume, & demanderoit un travail fpécial différent de celui qui nous occupe. Nous nous bornerons donc à indiquer ici les principaux perfonnages avec lefquels il correfpondoit, & dont les lettres font claffées aux Archives. '

Lettres de Henri IV, Roi de France.

Lettres de Louis XIII & d'Anne d'Autriche.

Lettres de Louis XIV, nombreufes & toutes de fa main.

Lettres du Duc d'Enghien (le grand Condé), avec lequel le Maréchal étoit lié d'une étroite amitié.

Lettres du Maréchal de Gramont au Roi & aux Princes & Princeffes du fang.

Lettres du Prince Gafton, Duc d'Orléans.

Lettres de la Princeffe de Conti.

Lettres du Duc de Bourbon.

Lettres de la Ducheffe d'Orléans, femme du Régent.

Lettres de Marie Leczinfka, Reine de France.

Lettres de la Reine de Pologne, Louife-Marie, fille de Charles de Gonzague, Duc de Nevers, & femme du Roi Vladiflas VII. Il y a, de cette Princeffe, une douzaine de lettres.

Lettres de l'Électeur Palatin, Charles-Louis.

Lettres de l'Électeur de Mayence, Jean-Philippe.

Lettres des Ducs de Saxe-Weimar, Erneft & Wilhelm.

Lettres de Jacques II, Roi d'Angleterre.

Lettres de Henriette-Adélaïde de Savoie, Ducheffe de Bavière.

Lettres de Céfar, Duc de Vendôme.

Lettres du Cardinal de Richelieu, correfpondance fuivie & autographe.

Lettres du Cardinal de Mazarin, en françois & en italien.

Lettres du Comte Égon de Furftemberg.

Plufieurs correfpondances avec les principaux perfonnages de l'époque, & entre autres: Colbert, Dupleffis, Don Luis de Haro, le Maréchal de Grancey, Mr. de Lionne, le Duc de Noailles, le Cardinal de Noailles, le Marquis de Broglie, le Chancelier Séguier, &c., &c., &c.

# CHAPITRE XIV

---

OGER DE GRAMONT, COMTE DE LOUVIGNY, frère cadet de père & de mère du Duc Antoine III, fut envoyé très jeune à Paris par fon père, le Duc Antoine II, lorfque celui-ci fe remaria en fecondes noces avec Mademoifelle de Montmorency, c'eft-à-dire en l'an 1618. Comme fon frère le Maréchal, il fit campagne dès qu'il fut en âge de porter les armes, & l'avenir s'annonçoit pour lui fous les plus riantes aufpices, lorfqu'il fut tué dans un duel en Flandres, le 18 mars

1629, fervant de témoin au Comte de Villerval, contre le Comte de Saint-Amour, de Bourgogne, & le fieur de Saint-Loup, qui fervoit de témoin à ce dernier. Saint-Loup mourut auffi peu de jours après des bleffures que le Comte de Louvigny lui avoit faites. Le corps du Comte de Louvigny, qui avoit eu le temps de fe confeffer, fut enterré en l'Églife de Notre-Dame-du-Lac, près de Bruxelles.

**Henri,
Comte de Toulongeon**

HENRI DE GRAMONT, COMTE DE TOULONGEON, troifième fils du Duc Antoine II, naquit en 1619, de fon fecond mariage avec Claude de Montmorency.

Il fe deftina d'abord à l'Églife, & entra à cet effet dans les ordres. Toutefois, fes goûts & fes aptitudes le pouffant irréfiftiblement vers la carrière des armes, il s'arrêta, dans les degrés de la hiérarchie eccléfiaftique, à celui de clerc tonfuré, & à l'âge de 21 ans il partit pour l'armée de Flandres, où il fe diftingua particulièrement au fiége d'Arras en 1640.

Le 19 décembre 1645, il fut nommé au Gouvernement de Bayonne, du pays & baillage de Labour, Baronnie de Geffé, Seignans, Maraupré, Cabreton (cap-breton), pays de Boucage, Sorde, Haftingues, Guiffens, Bardos & Vicomté d'Orthe, demeuré vacant par la mort de fon père, Antoine II.

Le 9 juillet 1646, Henry de Gramont, Comte de Toulongeon, fut nommé Confeiller d'État du Roi en fon Confeil privé, & quelques jours plus tard, Maréchal de Camp des armées du Roi.

Le 10 juillet 1652, il reçut du Roi les pouvoirs de Lieutenant-Général à l'armée de Guyenne.

Le Comte de Toulongeon accompagna fon frère le Maréchal de Gramont à Madrid lors de fon Ambaffade pour demander la main de l'Infante.

Le 16 février 1667, il fut nommé Lieutenant-Général pour le Roi en Navarre & en Béarn, & trois ans plus tard (1670), chargé de tenir, pour Sa Majefté, les États de Bigorre.

Henry de Gramont, Comte de Toulongeon, avoit eu en partage le fief de Séméac qui fut en fa faveur érigé en Marquifat, de forte qu'il portoit auffi le titre de Marquis de Séméac, bien qu'il fût connu fous le nom de Comte de Toulongeon.

Il étoit titulaire de plufieurs bénéfices eccléfiaftiques dans les Évêchés d'Acqs, d'Oloron & de Lafcar, & pour cette caufe voué au célibat. Il n'étoit pas rare à cette époque de voir des cadets de famille appartenir à la fois à l'armée & à l'Églife, dont ils recevoient les ordres mineurs.

Le Comte de Toulongeon mourut vers la fin de feptembre 1679. Il avoit fait fon teftament le 15 du même mois, & laiffé fa fortune, qui étoit confidérable, à fa fœur Charlotte-Catherine de Gramont, Dame de Saint-Chaumont.

Nous renvoyons le lecteur aux Annexes pour prendre connoiffance de l'analyfe des principaux documens des Archives de la Maifon, qui fe rapportent à Henry de Gramont, Comte de Toulongeon. (V. *Annexe* N° 38.)

PHILIBERT DE GRAMONT, d'abord connu fous le nom de *Chevalier de Gramont* jufqu'à la mort de fon père en 1644, puis *Comte de Gramont*, quatrième fils du Duc Antoine II, naquit en 1621.

Philibert, Chevalier puis Comte de Gramont (1621-1707).

Le Comte de Gramont étoit un des Seigneurs les plus diftingués de la Cour de Louis XIV. Il avoit une tournure d'efprit originale & piquante, & fe faifoit remarquer par la fineffe de fes réparties. D'un caractère fier & indépendant, il pourfuivoit de fes épigrammes, jufque fur les marches du trône, ceux que leurs prétentions, leurs ridicules ou leur hypocrifie, fignaloient à fes critiques. Le Roi goûtoit fort fon efprit, bien qu'il fût quelquefois le premier à en fentir les traits.

Dans une Cour telle que celle de Louis XIV, un homme du caractère du Comte de Gramont devoit néceffairement foulever de nombreufes inimitiés; elles ne lui manquèrent pas en effet, & parmi les plus marquantes il faut compter celle du célèbre Duc Louis de Saint-Simon, dont les mémoires ont perpétué les haines, les jaloufies & les rancunes. Auffi ce dernier ne s'eft-il pas fait faute de tracer du Comte de Gramont un portrait, habilement deffiné, mais rempli d'accufations auffi injuftes qu'inexactes. Le Comte de Gramont eut les défauts de fon temps, peut-être avec plus d'éclat que le commun des courtifans, à caufe de la fituation marquante qu'il s'étoit faite à la Cour, mais jamais avec la baffeffe ni le cynifme que lui prête fon malin biographe. Jufqu'à la fin de fes jours, & il vécut quatre-vingt-fix ans, il fut en France & à l'Étranger en grande confidération, & le Roi lui témoignoit une amitié toute particulière.

Haine du Duc de Saint-Simon contre le Comte de Gramont.

Loin de nous la penfée de vouloir juftifier ici les défordres & le relâchement moral dont la jeune Cour de Louis XIV a fourni le trifte fcandale; mais nous devons rétablir la vérité des faits altérés par des préventions perfonnelles

& héréditaires. Quoi de plus ridicule, par exemple, que ce reproche de pol-
tronnerie adreffé par Saint-Simon au Comte de Gramont, dont toute la jeuneffe
s'étoit paffée dans les camps, où fa valeur & fa franche humeur lui avoient
gagné l'amitié de Turenne, de Condé, de tous les grands Capitaines & jufqu'à
l'amour prefque enthoufiafte des foldats eux-mêmes. Ne faut-il pas auffi
réduire à leur jufte valeur ces accufations de friponnerie & d'efcroquerie, dans
lefquelles fe complaît le même chroniqueur, & avant de prononcer de fi gros
jugemens, n'eft-il pas à propos de rechercher les faits fur lefquels ils repofent?
C'eft ce que le Duc de Saint-Simon s'eft bien gardé de faire, car il ne cherchoit
pas la vérité, mais feulement une vengeance. Auffi n'a-t-il pas héfité à bâtir
tout un fyftème de tromperie fur quelques aventures burlefques, dont les
Mémoires du Comte de Gramont écrits par Antoine Hamilton, en forme de
roman, donnent le fpirituel récit. Il y a d'ailleurs un fait qui domine toutes les
accufations perfides du Duc de Saint-Simon contre le Comte de Gramont, &
qui leur fervira de réponfe. Pendant toute fa vie, le Comte de Gramont fut
honoré de l'amitié de tous les grands hommes de fon temps, ainfi que le prouvent leurs propres lettres adreffées tant à lui qu'à d'autres. Il étoit dans
l'intimité du Prince de Condé, qui refta fon ami, même lorfqu'il refufa de s'affocier à fa rébellion; Turenne lui témoignoit une affection extrême. Rien ne
peut égaler l'accueil qu'il reçut en Angleterre, à la Cour de Charles II, & la
confidération qu'il acquit dans ce pays, où il s'unit à une des premières familles
de la nobleffe Britannique; enfin le Roi Louis XIV & toute la Cour, où il avoit
es grandes entrées, lui témoignoient une extrême faveur; il étoit logé à Ver-
ailles, fuivoit chaque fois la Cour dans tous fes déplacemens, à moins qu'il
ne fût à l'armée, & recevoit de tous, les témoignages marqués de la plus
grande confidération.

Il feroit difficile de concilier ce traitement, avec les traits dont le Duc de
Saint-Simon s'eft plu à former fon portrait.

**Origine de a mal-
veillance entre Saint-
Simon & les Gramont.**
Nous avons dit que cette malveillance Saint-Simonienne étoit héréditaire
à l'égard des Gramont, & comme nous aurons encore à en relever les effets
quand nous parlerons des enfans du Maréchal de Gramont, neveux du Comte
Philibert, il eft à propos d'en donner ici l'explication.

Le premier Duc de Saint-Simon avoit dû fa fortune à Louis XIII dont il
étoit devenu le favori, par fuite de fon adreffe à lui préfenter comme page le
cheval de relai pendant la chaffe (V. *Pièces & Documens. Annexe* N° 39.)

NomméChevalier de l'Ordre en 1633, à l'âge de vingt-sept ans, & Duc & Pair deux ans plus tard, comblé des bienfaits du Roi jusqu'à son dernier jour, il ne put s'habituer à de nouveaux maîtres, auprès desquels il se sentoit moins en faveur. A la mort de Louis XIII il s'éloigna de la Cour, jeune encore, & prit rang dans cette opposition formidable, contre laquelle la Régente Anne d'Autriche & le Cardinal Mazarin eurent si longtemps à lutter. Le Maréchal de Gramont, son contemporain, étoit au contraire un des plus fermes soutiens de la Reine & du Cardinal, & tous deux se trouvèrent ainsi placés dans des partis contraires. Le Duc de Saint-Simon, auteur des Mémoires, né en 1675, lorsque son père avoit 69 ans, avoit été élevé dans des sentimens hostiles à la Cour de Louis XIV, & nourrissoit avec usure les rancunes paternelles. Cependant cette circonstance n'eût peut-être pas suffi à elle seule pour stimuler sa médisance, sans une aventure qui le blessa profondément & dont il chercha toujours depuis l'occasion de se venger.

Environ cinq ans après la mort de son père, il avoit cru devoir quitter le service militaire, bien que les armées du Roi fussent alors engagées sur toutes les frontières, & ce fait, qui avoit fort déplu à la Cour, avoit été de la part du Comte de Gramont l'objet d'une épigramme sanglante. De là naquit une haine implacable, & d'autant plus acérée que, d'un côté comme de l'autre, pendant de longues années, on ne négligea rien de ce qui pouvoit la nourrir & l'augmenter. Saint-Simon étoit trop fin courtisan pour jamais éclater contre un des Seigneurs les mieux en cour auprès du Roi; ce fut au papier & à ses Mémoires posthumes qu'il confia sa vengeance.

Reprenons maintenant le cours de notre récit. Philibert, Comte de Gramont, Chevalier des Ordres du Roi, Gouverneur du pays d'Aunis, Lieutenant-Général du Gouvernement de Béarn, se distingua jeune encore au siège de Trin en Italie, sous les ordres de Monsieur de Turenne en 1643. Trin ou Trino correspond à la ville qui s'appelle aujourd'hui Novarre, en Piémont. Il fut ensuite, avec son frère le Maréchal, au combat de Fribourg en 1644, à la bataille de Nordlingen en 1645, & à celle de Lens en 1648. L'an 1654, il prit une part active à la campagne qui se termina par la levée du siège d'Arras.

Quelque temps après, ayant déplu au Roi à cause de ses assiduités auprès de Mademoiselle de la Mothe-Houdancourt, fille d'honneur de la Reine-Mère, que Louis XIV avoit distinguée, le Comte de Gramont reçut l'ordre de quitter la Cour & s'en fut en Angleterre, où le Roi Charles II lui

Premières campagnes du Comte de Gramont (1643).

Exilé de la Cour pour une aventure galante, il passe en Angleterre.

fit un accueil des plus fympathiques. Pendant tout le temps que dura fon exil, il ne ceffa d'être l'homme le plus recherché de la Cour de Londres.

Antoine Hamilton, dont plus tard il époufa la fœur, a tranfmis à la poftérité, dans un livre plein de verve & d'efprit, le récit de fes aventures de jeuneffe, & les Mémoires du Comte de Gramont, publiés pour la première fois à Londres, paffent à jufte titre pour un des chefs-d'œuvre du genre. A vrai dire c'eft plutôt une chronique fpirituelle & fcandaleufe de la Cour de Charles II qu'un récit fidèle des aventures du Comte de Gramont. Le Roi Charles II avoit pris un tel goût pour fon hôte qu'il ne négligea aucun moyen de fe l'attacher, jufqu'à l'offre d'une penfion confidérable, & qui ne manquoit pas d'attrait pour le Comte, dont les dépenfes & les largeffes avoient fort épuifé les reffources; mais il ne voulut jamais rien accepter d'un Souverain étranger, & cette circonftance, habilement exploitée par les amis & parens qu'il avoit laiffés à Verfailles, contribua puiffamment à le faire rentrer en grâce auprès de Louis XIV, qui ne tarda pas à le rappeler, & lui rendit fon amitié & fa confiance qu'il garda jufqu'à la fin de fes jours.

Il avoit époufé, en Angleterre, *Élifabeth d'Hamilton*, qui étoit de l'ancienne & illuftre Maifon de ce nom en Écoffe, fille de *George Hamilton*, petit-fils du *Duc d'Hamilton*.

L'an 1668, le Comte de Gramont fuivit le Roi à la conquête de la Franche-Comté, & plus tard, il l'accompagna en Hollande l'année 1672. Il fe trouva au fiége de Maeftricht en 1673, à celui de Cambray en 1677 & de Namur en 1678.

L'an 1679, le Comte de Toulongeon, fon frère, lui laiffa les Seigneuries de Séméac, ainfi que la Baronnie des Angles en Bigorre. Le Roi lui donna, la même année, la Lieutenance-Générale du Gouvernement de Béarn, dont il fe démit plus tard en faveur de fon neveu, le Marquis de Feuquières. Le Comte de Gramont étoit auffi Gouverneur de La Rochelle & du pays d'Aunis, & en 1688, il fut promu à la dignité de Chevalier des Ordres du Roi. Il mourut le 10 janvier 1707, à l'âge de quatre-vingt-fix ans.

La Comteffe de Gramont ne lui furvécut pas longtemps, & mourut l'année fuivante, le 3 juin 1708. C'étoit une perfonne de la plus grande diftinction, & qui jouiffoit à la Cour d'une confidération exceptionnelle. Le Roi avoit pour elle autant d'eftime que d'amitié, & le lui témoigna toute fa vie, malgré le déplaifir de Madame de Maintenon, à qui la Comteffe donnoit

*Antoine Hamilton publie fes Mémoires.*

*Son mariage avec Élifabeth d'Hamilton.*

*Élifabeth d'Hamilton, Comteffe de Gramont. — Sa famille.*

de l'ombrage à caufe de l'influence qu'elle prenoit par fa douceur, fa piété & fes talens. Elle n'en fit cependant jamais ufage, & refta toute fa vie étrangère aux intrigues de la Cour. Son père & fa mère étoient catholiques, & l'avoient fait élever à Port-Royal-des-Champs, ce dont elle garda toute fa vie le fouvenir, & l'attachement qu'elle avoit confervé pour cette maifon, alors fort mal vue de la Cour, fut plufieurs fois la caufe de diffentimens entre elle & le Roi; mais elle s'en tira toujours à fon avantage & fans jamais renier fes premières affections. Les Mémoires du temps racontent ces difputes, & témoignent de l'indépendance & de la fidélité de fon caractère.

La Comteffe de Gramont defcendoit de Jacques Stuart II, Roi d'Écoffe, par fa fille Marie, mariée en 1468 à Jacques Hamilton, Comte d'Arran. De ce mariage naquit Jacques II Hamilton, Comte d'Arran & Régent d'Écoffe fous le Roi Jacques Stuart V, lequel fut père de Jacques III Hamilton, Régent d'Écoffe & tuteur de l'infortunée Marie Stuart, Reine d'Écoffe, dont il fit le mariage avec François II, Roi de France. Jacques III Hamilton, Comte d'Arran, fut, à cette occafion, créé Duc de Châtellerault en France. Il laiffa de fa femme, fille du Comte de Morton, trois fils, dont l'aîné fut Comte d'Arran & Marquis d'Hamilton, & le cadet Marquis de Pafley. Le Marquis de Pafley laiffa plufieurs enfans, parmi lefquels le Comte d'Albecorn, qui époufa Mary Boid & fut père de George Hamilton, Chevalier Baronnet, lequel époufa Mary Buttler, fœur de Jacques Buttler, Duc d'Ormond, Pair d'Angleterre, Vice-Roi d'Irlande, Grand-Maître de la Maifon du Roi Charles II & Chevalier de l'Ordre de la Jarretière. Du mariage de George Hamilton & de Mary Buttler, naquit Élifabeth Hamilton, Comteffe de Gramont.

Le Comte & la Comteffe de Gramont n'eurent que deux filles : *Filles du Comte de Gramont*

1° *Claude-Élifabeth-Charlotte de Gramont*, née en 1662, qui fut fille d'honneur de la Reine, & fort renommée à la Cour par la vivacité de fon efprit. Elle époufa, à trente-deux ans, le 6 avril 1694, *Henry Howard, Marquis de Stafford* en Angleterre, & refta en France jufqu'à la mort de ce dernier. Son contrat de mariage, du 2 avril 1694, eft aux Archives de la Maifon.

Devenue veuve, elle fe retira à Londres, où elle vécut de fon douaire & de la dot que lui avoit affurée le Maréchal de Gramont, fon oncle, laquelle confiftoit en une rente de huit mille livres & une terre qui en rapportoit annuellement fix mille. Elle mourut au mois de mai 1739, âgée de foixante-

dix-fept ans. Son Teſtament, du 13 mai 1729 & l'aĉte de ſon inhumation
du 22 mai 1739, ſont aux Archives.

C'eſt elle qui s'étant brouillée avec Monſieur de la Méſangère, qui lu
étoit attaché, avoit fait une chanſon qui fut longtemps fort en vogue à la
Cour & qui commençoit ainſi :

> « J'ai fait une perte légère, ma chère,
> « J'ai perdu mon amant.
> « Il étoit roux & Bas-Normand.
> « Hélas! c'étoit la Méſangère. »

2° *Marie-Élifabeth de Gramont*, née le 27 décembre 1667, nommée
par le Roi Abbeſſe du Collége Noble de Pouſſai en Lorraine. Il exiſte aux
Archives un procès-verbal des preuves de nobleſſe paternelle & maternelle,
préſentées par la nouvelle Abbeſſe à Madame la Doyenne & Meſdames les
Chanoineſſes du Chapitre de l'Abbaye, accompagné de certificats délivrés &
ſignés pour le côté paternel par le Roi de France, & pour le côté maternel,
par les Rois d'Angleterre, l'un à Édimbourg en Écoſſe, le 29 ſeptembre 1670,
& l'autre à Saint-Germain-en-Laye, près Paris, le 21 janvier 1696, ſcellés du
grand ſceau de ces Princes & contreſignés par leurs Miniſtres.

Vers de Boileau Deſ-
préaux fur le Comte
de Gramont (1705).

Nous terminerons ce qui concerne Philibert, Comte de Gramont, en
citant une anecdote qui montre que juſqu'à la fin de ſa vie il conſerva la
même vigueur d'eſprit & le même caraĉtère. Hamilton, dans une épître qu'il
adreſſoit au Comte & qui précède ſes Mémoires, avoit paſſé en revue les
diverſes perſonnes auxquelles il pouvoit les dédier, & en parlant de Boileau
il avoit placé un trait ſatyrique ainſi conçu :

> Mais ſa muſe a toujours quelque malignité;
> Et vous careſſant d'un côté
> Vous égratigneroit de l'autre.

Ce dernier trait piqua Boileau qui lui répondit :

> « Comme dans l'endroit de votre manuſcript où vous parlez de moi
> « magnifiquement, vous prétendez que ſi j'entreprenois de louer M. le
> « Comte de Gramont, je courrois riſque en le flattant de le déviſager, trouvez
> « bon que je tranſcrive ici huit vers qui me ſont échappés ce matin en faiſant
> « reflexion ſur la vigueur d'eſprit que cet illuſtre Comte conſerve toujours, &

« que j'admire d'autant plus qu'étant fort loin de fon âge, je fens le peu de
« génie que j'ai pu avoir autrefois, entièrement diminué & tirant à fa fin.
« C'eft fur cela que je me fuis écrié :

> « Fait d'un plus pur limon, Gramont, à fon printemps,
> « N'a pas vu fuccéder l'hiver de la vieilleffe :
> « La Cour le voit encor, brillant, plein de nobleffe,
>    « Dire les plus fins mots du temps,
> « Effacer fes rivaux auprès d'une maîtreffe,
> « Sa course n'eft au fond qu'une longue jeuneffe,
> « Qu'il a déjà pouffée à deux fois quarante ans. »

Ces vers ont été faits par Boileau en 1705, à l'âge de foixante-dix ans ;
& le Comte de Gramont étoit alors dans fa quatre-vingt-cinquième année.

ARMAND DE GRAMONT, COMTE DE GUICHE, Lieutenant-Général des
armées du Roi, fils aîné du Maréchal de Gramont, naquit en 1638. Il fut
reçu en furvivance aux Gouvernemens de Navarre & de Béarn & comme
Colonel des Gardes-Françoifes, charges qui étoient tenues par le Duc de
Gramont, fon père.

Enfansd'AntoineIII,
Duc de Gramont &
Maréchal de France.

Armand,
Comte de Guiche.
(1638-1673).

Le Comte de Guiche étoit du même âge que Louis XIV, & dès fon
enfance, il avoit vécu à la Cour dans la compagnie du Roi & de Monfieur,
fon frère. Ce dernier l'avoit pris en grande affection, mais les deux caractères
étoient fi différens que cette amitié ne tarda pas à dégénérer en profonde
antipathie. Il n'en fut pas de même du Roi, qui, malgré la févérité qu'il
marqua en plufieurs circonftances au Comte de Guiche, lui conferva néanmoins toute fa vie un véritable attachement, & le lui témoigna chaque fois
qu'il en eut l'occafion.

La vie du Comte de Guiche eft un véritable roman, & fe réfume tout
entière dans la paffion indomptable que lui avoit infpirée Madame Henriette
d'Angleterre, Ducheffe d'Orléans & belle-fœur du Roi. Peut-être la vanité
ne fut-elle pas étrangère à ce fentiment quand il s'empara du Comte aux premiers temps de fa jeuneffe, mais il ne tarda pas à jeter en fon cœur des
racines fi profondes que bientôt la Cour, l'armée, le monde entier, ceffèrent
d'exifter à fes yeux, & qu'on peut dire de lui qu'il ne vécut & ne mourut que
pour Madame. Dans un temps où le goût des mémoires contemporains commençoit à fe répandre, une exiftence auffi romanefque ne pouvoit manquer

d'hiſtorien. Elle eſt racontée preſque toute entière dans les Œuvres de Madame de La Fayette, qui a écrit l'Hiſtoire de Madame Henriette.

Madame de Sévigné en parle dans ſes Lettres ; Madame de Motteville s'en eſt fort occupée dans ſes Mémoires, & enfin un auteur moderne, Madame Gay mère de la célèbre Delphine Gay, a écrit la vie du Comte de Guiche en trois volumes, publiés à Paris, l'an 1845.

Le Comte de Guiche étoit remarquable par la diſtinction de ſon eſprit & de ſes manières ; il avoit reçu une éducation qui pouvoit alors paſſer pour extraordinaire chez un gentilhomme, & parloit avec facilité, outre le latin, les principales langues de l'Europe, joignant à ces connoiſſances d'autres encore variées & étendues dans les ſciences. « C'étoit, dit Madame de La Fayette, le jeune homme le plus beau & le mieux fait, aimable de ſa perſonne, galant, hardi, brave, rempli de grandeur & d'élévation ; mais la vanité que tant de bonnes qualités lui donnoient & un air mépriſant répandu dans toutes ſes actions, terniſſoient un peu tout ce mérite. »

Il fit ſes premières armes au ſiége de Landrecies en 1655, puis au ſiége de Valenciennes en 1656, & continua à ſervir avec diſtinction pendant toute la guerre de Flandres.

Son mariage avec Mademoiselle de Béthune, fille du Duc de Sully (1658).

Le 23 janvier 1658, ſon père lui fit épouſer, pour ainſi dire malgré lui, *Marguerite-Louiſe-Suzanne de Béthune*, fille de *Maximilien-François, Duc de Sully* & de *Charlotte Séguier*, laquelle étoit fille du *Chancelier Séguier*. Mademoiſelle de Béthune n'avoit alors que treize ans, & ce mariage, pour lequel on n'avoit conſulté que les convenances de nom & de fortune, ainſi qu'il arrivoit ſouvent alors, ne fut pas célébré ſous d'heureuſes auſpices.

Quelques mois après, le Comte de Guiche retourna à l'armée, & ſous les ordres de M. de Turenne, il prit une part active au ſiége de Dunkerque.

Sa paſſion pour Madame Henriette d'Angleterre le fait éloigner de la Cour.

En 1659, il accompagna ſon père le Duc de Gramont dans ſon Ambaſſade à Madrid, & ce fut au retour d'Eſpagne qu'il laiſſa percer les premiers ſymptômes de ſa paſſion pour Madame. Ses imprudences ne tendoient à rien moins qu'à compromettre cette Princeſſe ; Monſieur le Duc d'Orléans s'en émut plutôt par orgueil que par affection pour Madame, qui lui étoit fort indifférente, & le Roi, à ſa demande, ordonna au Comte de Guiche de quitter la Cour. Le Duc de Gramont obtint pour lui un commandement en Lorraine. Il reçut du Roi, à cette occaſion, des inſtructions confidentielles & ſecrètes, dont il eut le bonheur de pouvoir s'acquitter à la grande ſatisfaction de Sa

Majefté, qui lui en donna d'éclatans témoignages, & au bout de quelques mois, le rappela près de lui. Il l'avoit quitté le 29 mai 1662. ( V. *Pièces & Documens. Annexe* N° 40, *pièce* I.)

Mais ne pouvant contenir le fentiment qu'il avoit au cœur, & qui, d'après les mémoires du temps, n'étoit pas fans retour, fes affiduités recommen-·cèrent & donnèrent lieu à beaucoup de propos. Se voyant furveillé dans fes mouvemens & épié dans fes entretiens, il eut la conftance de fimuler, pendant une année entière, une maladie de poitrine & une extinction de voix, grâces à laquelle il pouvoit s'entretenir fans fcandale, à voix baffe, avec Madame Henriette, dans le falon & en préfence du Roi.

Cependant le Maréchal de Gramont voyant la jaloufie de Monfieur excitée par fes favoris, préparer contre fon fils de nouveaux orages, il lui fit quitter la Cour avant qu'on ne fît un fecond appel à la févérité du Roi. Le Comte de Guiche retourna à l'armée de Lorraine, dont il étoit Lieutenant-Général, & bientôt après il eut l'honneur d'y recevoir la vifite du Roi, venu pour infpecter les troupes à la fin de la campagne. La prife de poffeffion de Marfal permettant au Comte de Guiche de quitter le commandement de la Lorraine, il demanda à Sa Majefté la permiffion d'aller fervir en Pologne, où le Roi Jean Cafimir fe trouvoit en guerre avec les Mofcovites. Il partit au mois de feptembre 1663, accompagné de fon jeune frère, le Comte de Louvigny, que le Maréchal lui avoit adjoint pour l'inftruire dans le métier des armes. (V. *Pièces & Documens. Annexe* N° 40, *pièce* II.)

Le Comte de Guiche reçut à la Cour de Pologne un fort brillant accueil, mais il ne s'y arrêta que le temps néceffaire pour y faluer la Reine & s'acquitter auprès de Sa Majefté des inftructions du Roi. Impatient de fe rendre à l'armée, il fe hâta de quitter Varfovie & rejoignit le Général Czarnewfki, au moment où celui-ci commençoit le fiége de Glutowfka. Jean Cafimir étoit accouru au fecours de fon Général ; après deux affauts affez malheureux où les Comtes de Guiche & de Louvigny firent des prodiges de valeur en combattant, non feulement comme fimples capitaines, mais comme foldats, le Roi tint confeil & invita le Comte à en faire partie. (V. *Relations de la guerre de Pologne; Gazette de* 1664, n° du 15 mars.) Il fut décidé de rejoindre l'armée de Lithuanie, pour livrer aux ennemis un combat décifif.

Sur ces entrefaites, le Comte de Guiche qui avoit écrit au Roi avant de quitter Varfovie, en reçut la lettre fuivante :

*Il quitte de nouveau la Cour pour aller fervir en Lorraine & de là en Pologne.*

*Lettre de Louis XIV au Comte de Guiche.*

MONSIEUR LE COMTE DE GUICHE,

« J'ai été bien aife de voir, par votre lettre, le foin que vous avez eu de
« faire mes complimens à la Reine de Pologne, & la manière dont elle les a
« reçus, qui ne pouvoit être plus obligeante.

« Le Sieur de Lionne m'a rendu compte auffi de ce que vous lui mar-
« quez du détail des affaires de ce pays-là, outre les nouvelles générales
« que vous m'en avez écrites. Cette ponctualité à m'informer ainfi de l'état
« des chofes, me fera toujours fort agréable, & particulièrement quand vous
« ferez à l'armée. Ne manquez donc pas alors de me faire favoir exactement
« tout ce qui fe paffera, & croyez que votre abfence ne fauroit diminuer
« l'affection que j'ai pour vous. »                    « LOUIS. »

*Paris, 7 décembre* 1663.

(*Œuvres de Louis XIV*, t. V, page 160, & Archives.)

Il reçoit un portrait
de Madame Henriette,
qui lui fauve la vie au
combat de la Defna.

Il reçut auffi à la même époque un paquet qui lui fut remis avec myftère
la veille du jour où l'armée Polonoife devoit tenter le paffage de la Defna. Il
étoit fermé de trois cachets fans armes & fans chiffres, & portoit pour fufcrip-
tion ces mots tracés par une main inconnue : « *A Monfieur le Comte de
Guiche, à l'armée de Sa Majefté le Roi de Pologne.* » C'étoit le portrait de
Madame Henriette d'Angleterre, Ducheffe d'Orléans. Cette circonftance
n'eût pas trouvé place dans ce récit, fans l'événement fingulier qui en fut la
fuite, & qui fut cité dans tous les mémoires du temps comme « un miracle
fait par l'amour, en faveur de la gloire. »

Le paffage de la Defna n'ayant pu s'effectuer fur la glace, à caufe d'un
dégel furvenu inopinément, on dut conftruire à la hâte des ponts de bateaux
& l'avant-garde des Mofcovites arriva à temps pour s'engager avec la cavalerie Polonaife. Il s'enfuivit une affaire très chaude où l'avantage refta aux
Polonais. Dans ce combat où le Comte de Guiche fe montra le digne foutien
de l'héroïfme françois, il ne fut pas moins heureux que brave, car il dut la vie
à ce portrait qu'il avoit reçu la veille. Une balle vint le frapper jufte fur la
boîte affez épaiffe qui renfermoit la miniature fufpendue à fon cou par une
chaîne d'or. Cette boîte, pofée fur fon cœur, lui fervit de bouclier ; le coup de

la balle s'amortit en brifant le deſſus du médaillon, & le portrait ne fut pas atteint. (V. *Hiſtoire du Comte de Guiche*, t. III, p. 145. — *Œuvres de Madame de La Fayette*, t. III, p. 148. — *Mémoires de Madame de Motteville*.)

Son retour à la Cour.

Le Comte de Guiche accomplit dans cette campagne pluſieurs actions d'éclat, dont la renommée fut telle que, malgré les proteſtations & les plaintes du Duc d'Orléans, le Roi l'invita à revenir à la Cour. On mit ſeulement à ſon retour deux conditions : la première étoit qu'il ne ſe trouveroit jamais dans les lieux où ſeroit Madame ; la ſeconde qu'il ne ſerviroit plus à la tête des Gardes-Françoiſes comme ſurvivancier, circonſtance qui eût néceſſairement créé des occaſions fréquentes de rencontre avec Monſieur & avec Madame. Cette dernière condition fut d'autant plus ſenſible au Maréchal de Gramont, qu'il avoit pour ſon fils Armand une affection extrême, & s'étoit toujours flatté de l'idée de voir paſſer ſur ſa tête cette charge de Colonel des Gardes, devenue la première du Royaume & de la Cour, depuis la ſuppreſſion de celle de Colonel-Général de l'Infanterie, éteinte avec le Duc d'Épernon. Il en conçut un tel dégoût qu'il préféra ſe démettre de ce commandement entre les mains du Roi, & la charge ſortit ainſi de la famille pour n'y rentrer qu'après l'intervalle d'une génération, en faveur du fils du Comte de Louvigny, ainſi que nous le verrons par la ſuite.

Exilé de nouveau de la Cour. il paſſe en Hollande.

Le Comte de Guiche, à peine revenu à la Cour, ne tarda pas à renouer en ſecret ſes anciennes relations. Ses rivaux le découvrirent & en conçurent une jalouſie extrême. L'un d'eux, le Marquis de Vardes, abuſant de la confiance qu'il devoit à une amitié d'enfance, s'en ſervit pour le perdre, & pour mieux y réuſſir il l'impliqua, à ſon inſu & par de fauſſes lettres, dans une intrigue dont le but étoit d'éloigner le Roi Louis XIV de Mademoiſelle de La Vallière. L'intrigue fut découverte, de Vardes convaincu de faux fut enfermé à la citadelle de Montpellier, mais en même temps le Comte de Guiche, dont l'enquête avoit dévoilé les rendez-vous ſecrets, reçut un nouvel ordre d'exil & partit pour la Hollande.

Il y prit du ſervice comme volontaire & fit la campagne de 1665 contre l'Évêque de Munſter, paſſa enſuite ſur la flotte de Ruyter, avec qui il ſe lia d'amitié (V. *Lettre de Ruyter. Annexe* N° 40, *pièce* III), monta un vaiſſeau & ſe ſignala en 1666 au fameux combat de Texel, qui fut livré le 11 juin contre les Anglois.

32

Il écrit des mémoires
fur les événemens con-
temporains.

Il mit à profit fon féjour en Hollande, pour rédiger des mémoires fur les
événemens dont il fut le témoin dans cette république, pendant les années
1665, 1666 & 1667. Ce livre, intitulé : « *Mémoires concernant les Provinces-
Unies* », fut juftement eftimé à l'époque où il parut, étant une relation fort
exacte des faits & une peinture originale & piquante des hommes, faite avec
toute la franchife & l'énergie d'un efprit indépendant. Il n'a pas été réimprimé,
& il en refte à peine aujourd'hui quelques exemplaires. On en trouve plufieurs extraits dans la notice qui précède les mémoires du Maréchal de Gramont réimprimés en 1826. (*Collection des Mémoires relatifs à l'Hiftoire de
France*, par MM. A. Petitot & Monmerqué. T. LVI.)

Nous avons placé parmi les pièces annexées un fragment d'une lettre
que le Comte de Guiche écrivit de La Haye à un de fes amis, & qui prouve
la tournure réfléchie & à la fois romanefque de fon efprit. (V. *Pièces &
Documens. Annexe* N° 40, *pièce* IV.)

Le Comte de Gui-
che tient les États de
Pau comme Vice-Roi
de Navarre (1668).

Au commencement de 1668, le Roi permit au Comte de Guiche d'exercer la charge de Vice-Roi de Navarre, qui appartenoit à fon père & dont il
avoit la furvivance. Le Parlement de Pau foulevoit alors des prétentions qui
étoient repouffées par la couronne ; il en réfulta de vives difcuffions, & les
chofes furent pouffées fi loin, que le Parlement adreffa au Roi des remontrances
auxquelles le Comte de Guiche répondit par un long Mémoire. Ces deux
pièces exiftent manufcrites à la Bibliothèque Impériale, & peuvent fervir à
faire connoître quelles étoient les prétentions oppofées des Parlemens & des
Gouverneurs.

Mort de Madame.

Madame étant morte en 1670, le Roi, à la prière du Maréchal de Gramont, confentit à ce que le Comte de Guiche revînt à la Cour l'année fuivante,
mais il ne fit qu'y paroître, ne pouvant [fupporter la vue des lieux qui lui
rappeloient à chaque pas une douleur à laquelle il devoit bientôt fuccomber.
Au printemps de 1672, trois armées furent dirigées contre la Hollande ; le
Roi en commandoit une en perfonne ; le Comte de Guiche fervit comme
Lieutenant-Général dans celle qui étoit fous les ordres du Prince de Condé.

Paffage du Rhin par
l'armée Françoife. —
Action d'éclat du Com-
te de Guiche.

Cette campagne fut célèbre par le paffage du Rhin, que l'armée Françoife
accomplit dans des conditions uniques dans l'hiftoire & qui la couvrirent de
gloire. Le héros de cette journée fut le Comte de Guiche, qui, le premier,
s'élança dans le fleuve, le traverfa à la nage avec plus de courage que de
prudence, & entraîna par fon exemple toute l'armée à fa fuite. L'audace

ayant été juftifiée par le fuccès, le Roi en témoigna une fatisfaction extrême; il combla d'éloges le Comte de Guiche, l'embraffa en préfence de toute l'armée, lui promit d'oublier le paffé & lui rendit entièrement fes bonnes grâces.

Le Comte de Guiche a laiffé dans fes Mémoires une relation du paffage du Rhin fort détaillée & fort curieufe, mais elle eft écrite à un point de vue exclufivement militaire, immédiatement après l'action, & pour l'information particulière de fon père, le Maréchal de Gramont. Il n'y fait aucune mention de fes fuccès perfonnels, & cette modeftie ajoute de la valeur à fon récit. Cette relation eft inférée en entier à la fin des Mémoires du Maréchal (édition de 1826, t. LVII, p. 105).

Plufieurs écrivains fe chargèrent d'illuftrer cet éclatant fait d'armes. On verra aux pièces annexées quelques extraits de ces récits contemporains. (V. *Pièces & Documens. Annexe* N° 40, *pièces* V & VI.)

Mais le plus précieux témoignage qui en foit demeuré à la famille eft, fans contredit, la lettre autographe que Louis XIV adreffa de Tolus, le foir même (12 juin 1672), au Maréchal de Gramont pour lui dire la diftinction qu'avoit méritée fon fils. « On ne peut pas, écrivoit le Roi, montrer plus de valeur ni de fageffe & de bonne conduite. » Cette lettre, toute entière de fa main, eft aux Archives de la Maifon, & nous en avons donné la copie aux pièces annexées. (V. *Pièces & Documens. Annexe* N° 35, *pièce* VIII.)

Le même jour, Louis de Bourbon, Prince de Condé, écrivoit de fon côté au Duc de Gramont pour le féliciter fur le fuccès de fon fils, & lui rendre compte de la journée. (V. *Pièces & Documens. Annexe* N° 35, *pièce* IX.)

Boileau voulut auffi confacrer dans fa célèbre épître la gloire de cette journée, & nous rappellerons ici ces vers affez connus :

> « Bientôt avec Gramont courent Mars & Bellone,
> « Le Rhin à leur afpect d'épouvante friffonne,
> « Quand pour nouvelle alarme à ces efprits glacés
> « Un bruit s'épand qu'Enghien & Condé font paffés,
> « Condé dont le nom feul fait tomber les murailles,
> « Force les efcadrons & gagne les batailles, &c., &c. »

A la fin de la campagne, le Comte de Guiche revint à la Cour & y fut en grand crédit; mais fon chagrin, qui ne le quittoit jamais, avoit altéré fon caractère & donné à fes manières quelque chofe d'étrange qui fefoit un pénible contraſte avec les allures d'une compagnie tout adonnée aux fêtes & au plaiſir. Il ſentit lui-même que ſa place n'étoit plus à Verſailles, & rejoignit l'armée commandée par le Maréchal de Turenne.

Bientôt ſa ſanté donna de ſérieuſes inquiétudes; une fièvre ardente s'empara de lui, & après quelques ſemaines de maladie, il mourut à Creutznach, près de Mayence, le 29 novembre 1673, dans les bras de ſon frère, le Comte de Louvigny, que M. de Turenne avoit fait prévenir, & qui vint à temps pour recevoir ſon dernier ſoupir. Il avoit alors trente-ſix ans.

Madame de Sévigné a décrit, dans une lettre fort connue que nous reproduiſons aux pièces annexées, l'effet que produiſit à Paris la nouvelle de la mort du Comte de Guiche, & la douleur dont fut accablé le Maréchal de Gramont. (V. *Pièces & Documens. Annexe N° 40, pièce* VII.)

Le Roi lui-même en reſſentit du chagrin, car il avoit aimé le Comte de Guiche depuis leur commune enfance. Il écrivit, à cette occaſion, au Maréchal une lettre qui eſt aux Archives, & dont on lira la copie aux Annexes. (V. *Pièces & Documens. Annexe* N° 35, *pièce* X.)

La Gazette du 8 décembre 1673 raconte la mort chrétienne & édifiante du Comte de Guiche, abjurant les erreurs de ſa jeuneſſe & implorant la miſéricorde divine. Celle du 24 ſuivant apprend l'arrivée & la deſcente de ſon corps dans le caveau de l'Égliſe des Capucines, ſous la chapelle de Saint-Antoine, où le Maréchal avoit fait préparer ſa ſépulture.

Le Comte de Guiche laiſſa, outre ſes Mémoires ſur les Provinces-Unies & ſa relation du paſſage du Rhin, une autre relation du ſiége de Weſel, qui fut eſtimée en ſon temps. (V. Marchand, *Dictionnaire hiſtorique*, t. I$^{er}$.)

La Comteſſe de Guiche, dont le mariage s'étoit pour ainſi dire accompli malgré les deux époux, avoit fort peu vécu avec ſon mari & n'en eut point d'enfans. Elle avoit été nommée Dame du Palais de la Reine en 1668. Elle ſe remaria au mois de février 1681 avec Henri de Daillon, Duc du Lude, Grand-Maître de l'Artillerie, & devint, en 1696, Dame d'Honneur de la Ducheſſe de Bourgogne.

Par la mort du Comte de Guiche, ſon frère, le Comte de Louvigny, devint l'héritier du Duché & de la Pairie de Gramont, & il ſuccéda en cette qualité à ſon père; nous en parlerons plus tard.

Nous avons placé aux Documens annexés le ſommaire de ceux qui, dans les Archives de la Maiſon, ſe rapportent au Comte de Guiche, & offrent quelque intérêt, ainfi que l'analyfe des lettres du Roi & de fes Miniftres, qui lui furent adreffées à l'occafion des charges & commandemens qu'il a occupés. (V. *Annexe* N° 41.)

CATHERINE-CHARLOTTE DE GRAMONT, fille cadette du Maréchal, naquit en 1639. Elle fut mariée, le 30 Mars 1660, à *Louis de Grimaldi, Souverain de Monaco.* Son contrat, qui eft du 28 avril 1659, eft aux Archives.

Charlotte de Gramont, Princeffe de Monaco (1639-1678).

Elle avoit aimé le Duc de Lauzun & pris envers lui des engagemens qu'il lui fallut rompre par ordre de fon père; mais elle ne put jamais vaincre l'éloignement qu'elle éprouvoit pour celui auquel on l'avoit unie malgré elle.

Liée d'une étroite amitié avec Madame Henriette d'Angleterre, première femme de Monfieur, elle devint furintendante de fa Maifon, charge de Cour qui fut créée pour elle à la demande de Madame, & ne refta pas étrangère aux relations de fon frère, le Comte de Guiche, avec cette Princeffe. Monfieur de Monaco paroiffoit peu à la Cour, & vivoit en fa Seigneurie de Monaco qui, pour lors, n'avoit pas encore le rang de Principauté.

Charlotte de Gramont mourut le 4 juin 1678, quelques mois avant fon père, & nous donnons aux Annexes la copie d'une lettre que la Reine écrivit au Maréchal de Gramont à cette trifte occafion. (V. *Pièces & Documens. Annexe* N° 35, *pièce* XI.)

Son Teftament eft aux Archives, daté du 10 mai 1670.

Elle n'avoit que trente-neuf ans, & laiffoit deux enfans, un fils & une fille. Le fils, appelé Duc de Valentinois, époufa en 1688 la fille du Duc d'Armagnac, Grand Écuyer de France, appelé communément M. Le Grand, lequel obtint, à cette occafion, pour Monfieur de Monaco, le rang de Prince étranger pour lui & fes enfans, à la Cour de France. La fille époufa en 1696 le Duc d'Uzès, & le mariage fe célébra chez la Ducheffe du Lude, veuve du Comte de Guiche & tante des époux.

Le Prince de Monaco fut Ambaffadeur du Roi à Rome après la difgrâce du Cardinal de Bouillon, & mourut en 1701.

HENRIETTE-CATHERINE DE GRAMONT étoit l'aînée des quatre enfans du Maréchal de Gramont; mais comme elle étoit née boiteufe & privée d'un œil, & que de plus elle étoit fort laide en un temps où la beauté étoit très recherchée, elle fut longtemps avant de fe marier. Son père la deftinoit au

Henriette Catherine de Gramont, Marquife de Raffetot (1637-1695).

couvent, mais elle ne voulut pas y confentir, & époufa, le 13 feptembre 1662, *Alexandre de Canouville, Marquis de Raffetot*, Lieutenant-Général, lequel mourut en 1682. (Le contrat eft aux Archives.) Après la mort de fon mari, la Marquife de Raffetot fe fit religieuse aux Filles du Saint-Sacrement à Paris, & y mourut le 25 mars 1695.

# CHAPITRE XV

*Antoine IV (Charles), second fils du Maréchal de Gramont, lui succède comme Duc de Gramont (1641-1720). — Ses premières campagnes. — Il épouse Mademoiselle de Castelnau (1668). — Défense de Bayonne (1674). — Écrit les Mémoires du Maréchal. — Chevalier de l'Ordre en 1689. — Son second mariage avec Mademoiselle de la Cour (1704). — Son Ambassade à Madrid (1704). — Princesse des Ursins. — Le Duc de Gramont reçoit la Toison d'or & revient en France (1705). — Il défend avec succès sa Souveraineté de Bidache contre le Parlement de Navarre (1710). — Sa mort (1720). — La Maréchale de Boufflers, sa fille. — Antoine V, Duc de Gramont, Maréchal de France (1672-1725). — Il épouse Mademoiselle de Noailles (1687). — Reçoit le titre de Duc de Guiche. — Colonel des Gardes-Françoises (1704). — Bataille de Ramillies (1706). — Bataille de Malplaquet (1709). — Mort de Louis XIV (1715). — Le Duc de Guiche entre au Conseil de Régence. — Il devient Duc de Gramont (1720). — Maréchal de France (1724). — Sa mort (1725). — Ses filles, la Duchesse de Gontaut & la Duchesse de Ruffec, d'abord Princesse de Bournonville.*

---

## XXVI.

NTOINE IV, CHARLES DE GRAMONT, Duc & PAIR DE FRANCE, PRINCE SOUVERAIN DE BIDACHE, COMTE DE GUICHE & DE LOUVIGNY, Vice-Roi de Navarre & de Béarn, & Gouverneur de Bayonne, Chevalier des Ordres du Roi & de la Toison d'or, Lieutenant-Général, &c., &c., &c., succéda à son père le Maréchal de Gramont, le 12 juillet 1678.

Il étoit alors connu sous le nom de *Comte de Louvigny*, qu'il portoit depuis son enfance & qu'il avoit conservé même après la mort de son frère aîné, le Comte de Guiche.

Le Comte de Louvigny, né en 1641, fut pour ainfi dire élevé à la Cour, & dès fon enfance admis dans l'intimité & la familiarité du Roi, dont il étoit le contemporain. D'un caractère plus facile & plus fouple que fon frère aîné, il fut profiter de cette circonftance & de la haute influence de fon père pour fe créer auprès du trône une pofition affurée, & acquérir une faveur qu'il conferva toute fa vie, malgré les intrigues de l'envie & de la jaloufie.

Il accompagne fon père à Madrid, comme Comte de Louvigny (1659).

Il débuta en 1659 par un voyage à Madrid où il accompagna, à l'âge de 18 ans, le Maréchal de Gramont dans fon Ambaffade pour demander la main de l'Infante. C'étoit, à ce qu'on raconte, le plus beau gentilhomme de la Cour de France, & dans un temps où les avantages perfonnels étoient fi fort appréciés, la tournure d'un cavalier n'étoit pas fans influence fur fa fortune & fa deftinée. Cela n'étoit pas non plus fans dangers, & le Maréchal, qui les connoiffoit, voulut à tout prix faire voyager fon fecond fils pendant les premières années de fa jeuneffe.

Ses premières campagnes en Lorraine & en Pologne.

En 1663, le Comte de Louvigny fuivit fon frère à l'armée de Lorraine, dont il avoit le commandement comme Lieutenant-Général, & l'accompagna en Pologne après la prife de Marfal. Il avoit alors vingt-deux ans, & fe diftingua par fon courage & fa vaillance pendant toute cette campagne, notamment au fiége de Glutowka & au paffage de la Defna.

Son mariage avec Mademoifelle de Caftelnau (1668).

Le 15 mai 1668, le Comte de Louvigny époufa CHARLOTTE DE CASTEL-NAU, née en 1648, fille de *Jacques, Marquis de Caftelnau*, Maréchal de France, & de *Marie Gérard*, dont il eut deux enfans :

*Charlotte de Gramont*, née en 1669.

*Antoine de Gramont*, né en 1672.

L'an 1672, le Comte de Louvigny fit la campagne de Hollande dans l'armée commandée par le Roi, & fe trouva le 12 juin à la journée de Tolhus, où fon frère, le Comte de Guiche, acquit tant de gloire en paffant le Rhin le premier à la tête de l'armée Françoife.

L'an 1673, il reçut du Roi la furvivance des Gouvernemens de fon père le Maréchal de Gramont, qui avoit été donnée au Comte de Guiche, & qui étoit devenue vacante par la mort fubite de ce dernier.

Il eft chargé par Louis XIV de la défenfe de Bayonne (1674).

L'an 1674, le Comte de Louvigny accompagna le Roi en Franche-Comté, & fut au fiége de Befançon, qui fe rendit le 15 mai, après huit jours de tranchée.

Au commencement de juin, comme l'armée venoit d'inveftir Dôle, le

Roi ayant été averti que le Prince d'Orange avoit formé le deffein d'attaquer Bayonne avec une flotte confidérable, cent bâtimens de tranfport & dix-huit mille hommes de débarquement, il chargea le Comte de Louvigny de partir en toute hâte, & de fe jeter dans la place pour en organifer la défenfe. A cette occafion, le Comte de Louvigny reçut, avec le titre de Lieutenant-Général, des pouvoirs illimités & l'autorifation de prendre, en la ville de Lyon, tout l'argent dont il pourroit avoir befoin pour cette expédition. Mais il ne fe fervit pas de ce crédit, paffa à Lyon fans s'y arrêter, & arriva à Bayonne fix jours après avoir quitté Dôle. Nous citerons ici quelques paffages de fa correfpondance.

« Le bruit du fiége de Bayonne s'étant répandu partout, & bien des gens étant informés que le Roi m'y avoit envoyé de Franche-Comté pour la défendre, il n'y eut fils de bon père & de bonne mère de toutes les provinces voifines qui ne voulût avoir fa part à la défenfe d'une place de cette confidération, qui étoit la clef du Royaume; de forte que, le huitième jour, j'eus plus de fept cents gentilshommes, tant du Béarn, de Guyenne que du Périgord, qui me vinrent trouver & ne me quittèrent jamais qu'au moment du départ de la flotte ennemie. Je fis venir les bandes béarnoifes, qui montoient à trois mille hommes; j'en tirai mille du pays de Labour, autant de la Baffe-Navarre, & plus de douze cents que je fis venir de nos terres; ce qui ne laiffa pas de faire un corps d'infanterie affez confidérable pour me garantir de quelques tentatives que j'avois à craindre de la part des ennemis. »
(V. *Mémoires du Maréchal de Gramont.*)

Ces préparatifs de défenfe donnèrent à penfer aux Efpagnols qui avoient promis à l'Amiral Tromp & au Comte de Horn les troupes, l'artillerie & les munitions, pour exécuter le fiége de Bayonne. Les Alcades de Saint-Sébaftien crurent prudent de refufer leur concours, & répondirent que ce qui eût été poffible par furprife, ne l'étant plus aujourd'hui, ils ne pouvoient rifquer fans chances de fuccès de fe mettre en guerre avec la France.

Sur ces entrefaites, le Maréchal de Gramont, à qui le Roi avoit mandé de Franche-Comté l'ordre qu'il avoit donné à fon fils de fe jeter dans Bayonne, & le péril imminent où fe trouvoit cette place, prit fon parti fur-le-champ, & malgré fa goutte qui étoit violente, malgré fon âge qui étoit de foixantedix ans, il fit mettre les chevaux à fon caroffe & arriva à Bayonne après treize jours de voyage. La nouvelle de l'arrivée du Maréchal de Gramont fut fue le

33

lendemain à Saint-Sébaſtien, & les Eſpagnols penſant qu'un homme de ſa
conſidération feroit prochainement fuivi de forces impoſantes, déclarèrent net
à l'Amiral Tromp & au Comte de Horn qu'ils ne les laiſſeroient débarquer à
aucun prix, ce que voyant ceux-ci renoncèrent à leurs projets, & appareillè-
rent pour regagner la Manche. Le Maréchal, qui avoit pris le commandement
à ſon arrivée, dépêcha auſſitôt ſon fils auprès du Roi, pour lui porter la nouvelle du départ des ennemis, & Sa Majeſté témoigna au Comte de Louvigny
toute ſa ſatisfaction pour le zèle & l'intelligence qu'il avoit montrés en cette
circonſtance.

Il écrit les Mémoires de ſon père.

Vers cette époque, le Comte de Louvigny profitant des loiſirs de la Cour,
écrivit les Mémoires de ſon père & les fit imprimer en deux volumes. Le premier comprend les campagnes du Maréchal, depuis 1621 juſqu'en 1648; le
ſecond, qui fut achevé cinq ans plus tard, traite des Ambaſſades de Francfort &
de Madrid. Les Mémoires du Maréchal ont été rédigés d'après des lettres, des
notes & des fragmens qu'il avoit laiſſés; le ſtyle n'en eſt pas très correct &
parfois un peu familier, mais la narration en eſt vive & animée, & très
empreinte de l'eſprit de l'époque. Ainſi que nous l'avons déjà dit au chapitre XIII, ce livre n'a pas été réimprimé, ſi ce n'eſt dans la Collection des
*Mémoires relatifs à l'Hiſtoire de France*, publiés par MM. Petitot &
Monmerqué en 1826, (t. LVI & LVII.)

Au mois de février de l'année 1677, le Roi partit pour aller faire les ſiéges
de Valenciennes & de Cambrai. Le Comte de Louvigny l'accompagna pendant cette campagne & la ſuivante, & ce fut au retour de Flandres qu'il apprit
la nouvelle de la mort du Maréchal, le 12 juillet 1678.

Le Comte de Lou-
vigny devient Duc de
Gramont par la mort
du Maréchal (1678).

Il avoit la ſurvivance des Gouvernemens de ſon père & lui ſuccéda en
toutes ſes charges au Royaume de France, comme il en hérita la Souveraineté de Bidache. La même année il prêta ferment le 8 octobre, pour ſiéger
comme Duc & Pair au Parlement de Paris.

L'an 1687, Antoine IV (Charles) Duc de Gramont, maria ſon fils âgé de
quinze ans avec Mademoiſelle *de Noailles*, fille d'*Anne-Jules, Duc de
Noailles*, & à cette occaſion le Roi donna au jeune époux le titre de *Duc de
Guiche*. Mademoiſelle de Noailles avoit ſeize ans. Le titre de Duc de Guiche
a été depuis lors l'apanage des fils aînés des Ducs de Gramont.

Le Duc de Gramont
reçoit le collier du
Saint-Eſprit (1689).

Le Duc de Gramont fut reçu Chevalier des Ordres du Roi le 20 janvier 1689, & prêta ferment entre les mains de S. M., ayant fait conſtater &

inférer à cette occafion, dans fes lettres de chevalerie, fa qualité de Souverain
de la Principauté de Bidache. (Les lettres font aux Archives.)

Le 17 décembre 1693, il maria fa fille Charlotte de Gramont avec le Duc
de Boufflers, Pair & Maréchal de France, & devint veuf quelques mois après,
ayant perdu la Ducheffe de Gramont qui mourut à Paris le 29 janvier 1694, à l'âge de quarante-fix ans, après une longue maladie.

Mort de la Ducheffe de Gramont (1694).

De 1694 à 1704, le Duc de Gramont vécut à la Cour & dans fes Gouvernemens de Béarn & de Navarre ainfi qu'à Bidache, jouiflant de la
confiance & de la faveur du Roi qui lui en donna de grands témoignages,
notamment en la perfonne de fon fils le Duc de Guiche, auquel il rendit,
comme nous le verrons plus tard, la charge de Colonel des Gardes-Françoifes.
Les liens de parenté qui l'uniffoient aux Noailles l'avoient rapproché du parti
de Madame de Maintenon, & cette circonftance, jointe à l'amitié perfonnelle
du Souverain, lui affuroit une pofition exceptionnelle, qui ne pouvoit manquer
d'exciter contre lui le dépit des envieux. Nous en voyons la preuve dans les
calomnies qu'ils cherchèrent à répandre fur fon compte à l'occafion de fon
fecond mariage, & que le Duc de Saint-Simon n'a pas manqué d'accueillir &
de raconter dans fes Mémoires, avec fa malveillance habituelle.

Le 18 avril 1704, le Duc de Gramont époufa, en fecondes noces, *Anne Baillet de Lacour*, fille de Nicolas Baillet de Lacour & de Marie de Godefroy. C'étoit une méfalliance qui caufa de grands foucis à fa famille. Depuis
plufieurs années, il entretenoit une liaifon avec cette demoifelle, qui avoit
fait partie de la Maifon de Madame de Livry, dont le fils étoit premier Maître
d'Hôtel du Roi. Elle y étoit en qualité de demoifelle de compagnie, & non
pas de femme de chambre comme dit Saint-Simon ; mais fa famille, quoique
honnête, n'avoit aucune nobleffe & étoit entièrement inconnue. Sans être
jolie, elle avoit beaucoup d'efprit & d'entendement. Le Duc de Gramont,
qui alloit très fouvent chez Madame de Livry, en devint éperdûment épris,
&, à la mort de cette dernière, l'époufa fecrètement. Il en eut un enfant qui
ne vécut que quelques jours. Sur ces entrefaites, le Duc de Gramont ayant
été nommé Ambaffadeur en Efpagne, il devint impoffible de cacher le
mariage plus longtemps, attendu que la nouvelle Ducheffe vouloit abfolument accompagner fon mari, & que celui-ci ne pouvoit l'emmener avec lui à
un autre titre que celui de fa femme. Il fe rendit à fes raifons d'autant plus
facilement qu'il en étoit fort amoureux, & qu'ayant déjà dépaffé fa foixante-

Second mariage du Duc de Gramont.

troifième année, elle le dominoit paffablement. En conféquence, il déclara
fon mariage, ce que le Roi défapprouva fort, difant au Duc de Gramont que
c'étoit le premier fujet de mécontentement qu'il lui eût donné; & comme il
avoit décidé de fe montrer fort févère en ces fortes de choses, il ne voulut pas
permettre que la nouvelle Ducheffe prît fon tabouret &' jouît des honneurs à
la Cour, c'eft-à-dire à Verfailles & aux réfidences royales. Auffi n'y parut-
elle jamais auffi longtemps qu'elle vécut, c'eft-à-dire pendant trente-trois ans;
elle habitoit Paris, & là elle jouiffoit de tous les honneurs & prérogatives de
fon rang, qui d'ailleurs avoit été reconnu. (V. *Mémoires du Duc de Luynes*,
t. I.)

      Pour achever de fuite ce qui concerne cette feconde Ducheffe de Gra-
mont, qui ne laiffa pas d'enfans, nous dirons que le Roi défendit au Duc de
Gramont de fe faire accompagner par elle à fon Ambaffade à Madrid, &
qu'elle demeura tout ce temps à Bayonne & à Bidache; mais comme il n'y
avoit contre elle d'autre grief que celui de fa naiffance, le Roi trouva bon
d'adoucir la rigueur de fes ordres en lui donnant un témoignage perfonnel de
fa bienveillance, tel qu'il avoit coutume de le faire pour les autres grandes
Dames de la Cour, & il lui accorda une penfion de douze mille livres, dont
elle a joui jufqu'à fa mort, qui furvint le 4 mars 1737, à l'âge de foixante-
douze ans. Elle avoit trouvé, lors de fon mariage, les affaires du Duc de Gramont fort dérangées & les avoit entièrement rétablies par fon entendement, qui
paffoit aux yeux de fa famille pour de l'avarice. Auffi, indépendamment des
biens patrimoniaux dont le Duc de Guiche hérita, grâce à elle, à la mort de
fon père, elle laiffa, en 1737, une fortune confidérable en rentes & en maifons. Malgré fon obfcure origine, & le déplaifir avec lequel la famille de fon
mari avoit accueilli cette union, fes qualités perfonnelles lui avoient acquis
peu à peu l'affection de fes nouveaux parens & alliés, & fon aptitude pour
les affaires lui donnoit une influence falutaire dont ils recueillirent les bons
effets.

Calomnies du Duc
de Saint-Simon, dans
fes Mémoires.      Saint-Simon n'a pas craint d'accufer le Duc de Gramont d'avoir voulu
faire de la déclaration de fon mariage une vile fpéculation de courtifan;
nous laiffons la honte de cette calomnie retomber fur celui qui a eu le malheur de l'inventer. Le récit fimple & exact des faits, tel que nous venons de
les expofer, eft l'entière vérité. Il nous faudra encore rectifier plufieurs affertions du même hiftorien au fujet du Duc de Gramont qu'il pourfuivoit d'une

haine implacable ; nous le ferons au fur & à mesure du récit, dussions-nous, à notre regret, l'allonger à cette fin ; mais il est important pour les familles que la vérité ne soit pas étouffée, & que les rancunes d'un homme n'aient pas le privilége de fausser l'histoire.

A ce sujet nous rappellerons qu'à l'époque dont nous parlons, c'est-à-dire en 1704, le Comte de Gramont, oncle du Duc de Gramont, vivoit encore & que son esprit caustique & quelquefois acéré ne se faisoit pas faute de tourner en ridicule les prétentions & la morgue de celui qu'on appeloit à la Cour le petit Duc, & auquel il avoit donné le sobriquet de Boudrillon. Saint-Simon n'étoit pas homme à oublier de semblables plaisanteries, & les Mémoires du petit Boudrillon se chargèrent de le venger ; cependant on se tromperoit si on n'attribuoit qu'à ces ressentimens d'amour-propre la méchanceté de ses récits.

Il y eut une cause plus grave que tout cela qui fit de Saint-Simon l'ennemi acharné & irréconciliable des Noailles & des Gramont, cause toute personnelle, intrigue de Cour dans laquelle le Duc de Noailles, s'étant joué du Duc de Saint-Simon, celui-ci en conçut une haine qu'il garda jusqu'au tombeau. Il en parle tout au long dans ses Mémoires, tournant les choses à sa manière & à sa louange, mais exposant ouvertement la tenacité de ses rancunes, qui survécurent, comme il le dit lui-même, au mariage de son fils avec la fille du Duc de Guiche, & à la réconciliation apparente dont cette union fut suivie.

Revenons maintenant à notre récit de l'an 1704. La Princesse des Ursins venoit d'être éloignée de la Cour de Madrid où elle avoit pendant longtemps dominé le Roi & la Reine. Philippe V, sur les instances de son grand'père s'étoit rendu à l'armée pour défendre ses États contre l'Archiduc Charles & le Roi de Portugal. La Reine violemment privée de sa favorite & de l'autorité qu'elle avoit jusqu'ici exercée sur son foible époux, étoit à la fois irritée & effrayée. Ce fut dans ces circonstances critiques, bien différentes de celles qui avoient accompagné l'Ambassade de son père le Maréchal, que le Duc de Gramont reçut du Roi la mission difficile de le représenter en Espagne. La Princesse des Ursins (Anne-Marie de la Trémouïlle, veuve du Prince de Chalais, & remariée à Rome au Duc de Bracciano , Prince Orsini) revenoit à petites journées en France, pour se rendre à Toulouse où on lui avoit permis de séjourner.

Le Duc de Gramont est nommé Ambassadeur en Espagne (1704).

Le Duc de Gramont fe rendant à fon pofte, eut l'ordre de fe rencontrer avec elle, pour adoucir en apparence les rigueurs de fa difgrâce & chercher à pénétrer les deffeins de cette favorite auffi habile qu'intrigante. Cette entrevue fuffit pour lui faire preffentir les difficultés de tout genre contre lefquelles il devoit bientôt avoir à lutter. Il ne tarda pas à les fentir de plus près.

Deux partis exiftoient à la Cour: l'un, celui de la Reine, étoit ouvertement hoftile au nouvel Ambaffadeur & fe recrutoit parmi les créatures de la favorite exilée; il avoit auffi fes foutiens à la Cour de France, & par d'habiles rapprochemens fe ménageoit la fympathie, finon encore l'appui, de Madame de Maintenon; l'autre, celui du Roi, avoit pour lui le peuple Efpagnol, la nation entière & tout ce qui fouffroit avec honte & chagrin ce qui s'appeloit à voix baffe le règne de la quenouille.

C'étoit pour l'Ambaffadeur d'une Cour où la quenouille tenoit auffi une bonne part de la Royauté, une fituation fort embarraffante; cependant le Duc de Gramont n'héfita pas à parler franchement à fon Souverain, & à prendre ouvertement le parti du Roi. Cette attitude déclarée ne tarda pas à lui attirer de grandes inimitiés; il les vit fans s'en préoccuper, mais il comprit bientôt par l'apathie du Roi, incapable de réfiftance, & l'activité des intrigues dans le camp de la Reine, que l'ancien état de chofes ne tarderoit pas à revenir.

Le 4 janvier 1705, la Princeffe des Urfins arrivoit en effet à Paris, invitée à ce voyage par Madame de Maintenon, & peu de temps après Louis XIV, cédant à fes inftances & aux intrigues qui s'ourdiffoient autour de lui, confentoit au retour de la Princeffe à Madrid.

On trouvera aux Annexes la dépêche du Roi, en date du 13 janvier 1705, par laquelle il annonce au Duc de Gramont le retour de la Princeffe. En même temps que cette lettre témoigne des bons fentimens du Souverain à l'égard de fon Ambaffadeur, elle laiffe percer un certain embarras de confcience vis-à-vis de fon repréfentant, qui a été chargé de défendre pendant une année une politique toute contraire, & allant au-devant des fufceptibilités légitimes que devoit foulever le retour de Madame des Urfins, le Roi l'engage à s'en ouvrir en toute franchife avec lui. (V. *Pièces & Documens. Annexe* N° 42, *pièce* I.)

Retour de Madame des Urfins. — Le Duc de Gramont demande fon rappel.

Quant au Duc de Gramont, il pouvoit d'autant moins héfiter à demander fon rappel qu'il avoit, peu de jours avant de recevoir la lettre du Roi, formellement défapprouvé dans fa correfpondance le retour de Madame des

Urfins. Une lettre qu'il écrivit le 15 janvier 1705 au Maréchal de Noailles & que nous reproduifons aux Annexes, montre jufqu'à quel point l'efprit de Louis XIV avoit été changé, & rapidement changé, par les influences féminines. Nous y voyons en effet que le 30 novembre 1704, c'eft-à-dire fix femaines avant d'annoncer au Duc de Gramont le retour de Madame des Urfins en Efpagne, le Roi lui écrivoit que ce retour feroit au contraire fort préjudiciable à fon fervice. Cette lettre eft également curieufe par les détails & les preuves qu'elle contient fur la foibleffe du caractère de Philippe V, lequel remit le 15 janvier au Duc de Gramont une lettre de fa main, contre le retour de Madame des Urfins, après avoir écrit dans un fens tout oppofé, fur les inftances de la Reine, & autorifé celle-ci à mander à Louis XIV que le Roi partageoit fon avis & attendoit la Princeffe avec impatience. (V. *Pièces* & *Documens*. *Annexe* N° 42, *pièce* II.)

Le Duc de Gramont dévoila toutes ces intrigues, & fit fon devoir jufqu'au bout avec une indépendance de caractère dont fa correfpondance fait foi. L'avenir d'ailleurs ne juftifia que trop fes prévifions, à l'égard de Madame des Urfins. Avant de quitter l'Efpagne il reçut le Collier de la Toifon d'or, qu'il dut plutôt aux bontés de fon Souverain qu'à celles de la Cour de Madrid où le parti des Urfins commençoit déjà à fe fentir le maître. Saint-Simon écrit que le Duc de Gramont, de retour à Verfailles, fut froidement reçu du Roi, comme un Ambaffadeur dont la miffion n'avoit pas été heureufe. Toute la correfpondance du Roi, tous les comptes rendus contemporains prouvent le contraire, & on peut même ajouter qu'il n'étoit guère poffible de faire davantage pour le Duc de Gramont, qu'on ne fit en cette circonftance.

En l'année 1710, le Duc de Gramont fut troublé dans fa Souveraineté de Bidache par les prétentions du Parlement de Pau, qui n'allèrent à rien moins que de déclarer la Principauté de Bidache comme faifant partie du Royaume de France où nul ne peut fe dire Souverain que le Roi. Il défendit fes droits preuves en main, ainfi que nous avons déjà eu l'occafion d'en parler au chapitre VI, & fa Souveraineté fut reconnue fans conteftation pour l'avenir.

A ce titre, il avoit le rang honorifique de Prince étranger, qui venoit immédiatement après celui des Ducs & Pairs, mais feulement à la Cour & par faveur du Roi, attendu que le Parlement ne reconnoiffoit pas ce qu'il n'avoit pas enregiftré ou vérifié, & les titres de Prince étoient de ce nombre,

Il défend avec fuc[...] fa Souveraineté at[...] quée & conteftée [...] le Parlement de P[...] (1710).

ne donnant par eux-mêmes droit à aucun rang, ce qui du reste n'avoit pour la Maison de Gramont aucune importance, son rang lui étant assuré par son Duché-Pairie avant tout autre qu'elle auroit pu avoir du chef de sa Souveraineté, & qu'elle ne faisoit pas valoir autrement que pour en constater les droits réguliers & l'indépendance souveraine.

Ordonnances & décrets souverains à Bidache.

Le Duc de Gramont fit plusieurs Ordonnances à Bidache pour la réformation de la justice, dont les plus importantes sont du 17 octobre 1678 & du 20 décembre 1682, qui règlent la forme des enquêtes & limitent le temps de l'arrestation préventive, ordonnant de remettre les prévenus en liberté sous caution, si après un certain temps la procédure à leur égard n'étoit pas terminée.

Il fit aussi promulguer, dans la Principauté, un règlement contre le mal de l'ivresse, & contre certaines associations qui se faisoient sous des invocations & des serments contraires à la religion & à la morale.

Vers la fin de sa vie, le Duc Antoine IV (Charles) se démit de son Duché-Pairie en faveur de son fils le Duc de Guiche. C'étoit une simple formalité pour permettre à son héritier de le remplacer aux séances du Parlement; le Roi l'autorisoit & conservoit d'ailleurs aux Ducs démissionnaires leur titre, leur rang & leurs prérogatives à la Cour.

L'an 1712, le Roi, sur sa demande, donna au Duc de Guiche la survivance de ses Gouvernemens, c'est-à-dire la Basse-Navarre, le Béarn, le pays de Bigorre, Bayonne & Saint-Jean-Pied-de-Port, qui rendoient un revenu moyen de cent cinquante à cent soixante mille livres.

Mort du Duc Antoine IV (1720).

Antoine IV (Charles), Duc de Gramont, mourut à Paris, le 25 octobre 1720, à l'âge de quatre-vingts ans, & fut enterré à l'Église de Saint-Roch.

Ses enfans.

Ainsi que nous l'avons dit plus haut, il ne laissa que deux enfans de sa première femme, Charlotte de Castelnau:

1° *Catherine-Charlotte*, née en 1669;

2° *Antoine*, né en 1672, & qui lui succéda.

La Maréchale Duchesse de Boufflers.

CATHERINE-CHARLOTTE DE GRAMONT avoit épousé, le 17 décembre 1693, *Louis-François*, DUC DE BOUFFLERS, Pair & Maréchal de France, Chevalier des Ordres du Roi, fils de *François II* du nom, *Marquis de Boufflers, Comte de Cagny, Vicomte de Ponche, Pair de Ponthieu* & de *Louise de Vergem*. Il est mort en 1711, à l'âge de soixante-huit ans. La *Maréchale de*

*Boufflers* furvécut à fon mari. Malgré fa grande fortune, le Maréchal de Boufflers laiffoit des affaires très embarraffées, ayant toujours beaucoup dépenfé pour fes charges & le fervice du Roi. Auffi Louis XIV exigea-t-il de la Maréchale, qui l'avoit refufée (chofe rare en ce temps), qu'elle acceptât une penfion de douze mille livres. Le 19 mai 1725, elle fut nommée Dame d'Honneur de la Reine (Marie Leczinska, femme de Louis XV), & fe démit volontairement de cette charge le 25 octobre 1735. Le Roi lui donna, à cette occafion, une penfion de vingt mille livres. Elle eft morte à Paris le 25 janvier 1739, à l'âge de foixante-neuf ans, ayant eu huit enfans, dont trois fils & cinq filles.

Les Archives de la Maifon contiennent un nombre fi confidérable de pièces, actes & documens fur le Duc Antoine IV & fes fucceffeurs, qu'il faut renoncer déformais à en faire mention, même par voie d'analyfe. Tous les Contrats de mariage & Teftamens y font dépofés, ainfi que les Brevets & Pouvoirs des Rois de France, & une correfpondance volumineufe comprenant jufqu'aux événemens de la vie privée.

On y trouve auffi les États des gardes du Roi, les Arrêtés pour le Cérémonial de la Cour, pour les Chaffes Royales, les Fêtes de Cour, &c., ainfi que tout ce qui concerne le Gouvernement de Bidache.

Note fûr les Archiv<br>de la Maifon.

## XXVII.

**ANTOINE V DE GRAMONT**, Prince Souverain de Bidache, Duc et Pair du Royaume, Maréchal de France, Chevalier des Ordres du Roi, Vice-Roi de Navarre & de Béarn, Gouverneur du pays de Bigorre, de Bayonne & de Saint-Jean-Pied-de-Port, Colonel des Gardes-Françoifes, &c., &c., fuccéda à fon père Antoine IV (Charles), le 25 octobre 1720, c'eft-à-dire qu'il devint alors *Duc de Gramont* & *Souverain de Bidache*.

Il fiégeoit déjà au Parlement comme Duc & Pair, fous le nom de *Duc de Guiche* depuis l'an 1712, époque où fon père s'étoit démis de la Pairie en fa faveur, fuivant l'ufage reçu & avec agrément du Roi, confervant d'ailleurs fon rang & fes honneurs à la Cour.

Antoine V eft né en 1672, la quatrième année du mariage de fon père avec Mademoifelle de Caftelnau.

Antoine V (167<br>1725). — Quatriè<br>Duc de Gramont.<br>Maréchal de France<br>D'abord, Duc de G<br>che.

34

Son mariage avec
Mademoifelle de
Noailles (1687).

Le 13 mars 1687, à l'âge de quinze ans, il époufa MARIE-CHRISTINE DE
NOAILLES, qui avoit alors feize ans, étant née en 1671. Elle étoit fille d'*Anne-
Jules, Duc de Noailles,* Pair & Maréchal de France, & de *Marie-Françoife
de Bournonville,* fille unique d'*Ambroife, Duc de Bournonville* & de
*Lucrèce-Françoife de la Vieuville.*

Le Duc & la Ducheffe de Noailles avoient un très grand nombre d'enfans; leur fils, le *Comte d'Ayen,* avoit époufé *Mademoifelle d'Aubigné,*
nièce de Madame de Maintenon; une de leurs filles, *Marie-Victoire-Sophie
-de Noailles,* née le 6 mai 1688, époufa, en 1707, le *Duc d'Antin,* &, étant
devenue veuve, fe remaria le 22 février 1723 avec *Louis-Alexandre de
Bourbon, Comte de Touloufe* & *Duc de Penthièvre ;* une autre fille du Duc

Alliances & paren-
tés entre les Gra-
mont, les Noailles &
les Bourbons d'Or-
léans.

de Noailles époufa le Vice-Amiral *Comte d'Eftrées.* Ces mariages & ces
alliances avoient confidérablement augmenté le crédit des Noailles & des
Gramont; mais en les rapprochant du Roi encore plus intimement & créant
des liens de parenté & des relations quotidiennes avec Madame de Maintenon
& le Comte de Touloufe ils excitèrent au plus haut degré la jaloufie des envieux.

Depuis cette époque, il a été d'ufage entre les deux familles de Gramont
& de Noailles de s'appeler coufins, bien que cinq générations fe foient déjà
interpofées entre les defcendans actuels & l'aïeul commun, le Maréchal
Anne-Jules, Duc de Noailles.

Ce même ufage fubfifta auffi entre la famille de Gramont & celle de
Bourbon-Orléans jufqu'au temps du Roi Louis-Philippe Ier, dont le Duc de
Noailles (Anne-Jules) étoit l'aïeul au quatrième degré, de même que pour
le Duc de Gramont, Antoine VIII, grand-père du Duc actuel.

Il eft créé Duc de Gui-
che (1687).

A l'occafion de fon mariage, Antoine de Gramont fut créé par le Roi
*Duc de Guiche,* & depuis lors ce titre a été porté par les fils aînés des Ducs
de Gramont. La création eft de février 1687. Il reçut auffi un Régiment d'Infanterie, dont il fut Colonel pendant fept ans, de 1687 à 1694.

Créé Brigadier en 1694, le Duc de Guiche fut nommé deux ans après,
en 1698, Meftre de Camp Général des Dragons, & Maréchal de Camp en
janvier 1702. Il fit en cette qualité la campagne de Flandres, & s'y diftingua
par des fervices qui le mirent en évidence. Le Roi lui en témoigna fa fatiffaction en lui accordant, à fon retour, une confifcation de vingt mille livres
de rente fur les biens des Hollandois en Poitou. Ces confifcations fe faifoient
à titre de repréfailles pour dommages de mer.

Au commencement de l'année 1703, Monfieur de Teffé, qui étoit
Colonel-Général des Dragons & Lieutenant-Général, ayant été nommé
Maréchal de France, il obtint de céder au Duc de Guiche fa charge de
Colonel-Général, & ce fut en cette qualité que le Duc de Guiche fit campagne cette même année, où il fe fignala particulièrement au fiége d'Eckeren,
le 30 juin. Il fut bientôt après obligé, par une cruelle maladie, de quitter
l'armée, & revint à Fontainebleau où, pendant plufieurs mois, il fut condamné à un repos abfolu. Oublié dans fa retraite, comme on l'eft ordinaire-
ment à la Cour quand on eft abfent ou éloigné, il en conçut quelque dépit &
le traduifit en paroles imprudentes, qui, répétées au Roi, faillirent provoquer
fon exil & fa difgrâce; mais l'incident, que des ennemis avoient cherché à
groffir, fut étouffé, grâce à l'influence de fes parens & à l'habileté de la
Ducheffe de Guiche qui, par fon caractère, fa douceur & fa piété, s'étoit fait
vis-à-vis de tous une pofition refpectée & fort confidérée.

L'an 1704, le Duc de Guiche fut nommé Lieutenant-Général & Colonel
des Gardes-Françoifes. C'étoit le rêve de fon ambition, & cette nomination
combloit tous les vœux de fon père, qui n'avoit pas vu, fans d'amers regrets,
cette charge créée pour le Maréchal de Gramont après la mort du Duc
d'Épernon, donnée en furvivance au Comte de Guiche, fortie de la famille
par la démiffion du Maréchal & cédée au Duc de La Feuillade. Depuis lors, le
Duc de Gramont en avoit plufieurs fois entretenu le Roi, & Sa Majefté avoit
daigné lui donner l'affurance qu'elle profiteroit de la première occafion pour
faire rentrer dans fa famille le commandement des Gardes-Françoifes.

Le Duc de Guiche
eft nommé Colonel
des Gardes-Françoifes
(1704).

Le Maréchal Duc de Boufflers, beau-frère du Duc de Guiche, avoit
fuccédé au Duc de La Feuillade, & il commandoit les Gardes-Françoifes
lorfque la mort du Duc de Duras, furvenue le 12 octobre 1704, laiffa vacante
la charge de Capitaine des Gardes de Sa Majefté. Le Roi profita de cette
circonftance pour offrir au Duc de Boufflers la fucceffion de Monfieur de
Duras, & en même temps donner au Duc de Guiche le Régiment des
Gardes-Françoifes. Monfieur de Saint-Simon, dans fes Mémoires, a imaginé
fur cette circonftance toute une intrigue de Cour, dont, fuivant lui, le
Maréchal de Boufflers auroit été victime; mais la vérité eft que tout avoit
été convenu en famille avant qu'on fe fût adreffé au Roi, qui déjà, quelque
temps auparavant, avoit déclaré au Duc de Boufflers qu'il ne pouvoit difpofer
de la furvivance des Gardes-Françoifes, parce qu'il avoit promis au Duc de

Gramont de faire rentrer cette charge dans fa famille. Ce fut alors que le Maréchal, voyant qu'il falloit renoncer à la furvivance pour les fiens du Régiment des Gardes-Françoifes, penfa férieufement à changer cette charge contre une autre dont il pût affurer la furvivance à fa famille, & s'en ouvrit aux Noailles & à fon beau-frère le Duc de Guiche ; de forte que tout fe fit au contentement général, ce qui ne pouvoit convenir à M. de Saint-Simon, lequel n'avoit certes pas été mis dans la confidence. Ce fut ainfi que rentra dans la famille de Gramont cette charge de Colonel des Gardes-Françoifes, qui étoit la première de la Cour, & qui n'en étoit fortie que par fuite des aventures du Comte de Guiche avec Madame Henriette d'Angleterre.

Le Roi accorda également au Duc de Guiche le privilége héréditaire d'entourer l'écuffon de fes armes des drapeaux des Gardes, favoir : huit drapeaux pour les huit compagnies.

Bataille de Ramillies (1706).

L'an 1706, le régiment des Gardes-Françoifes fit partie de l'armée du Maréchal de Villeroy dans les Pays-Bas, & le 23 mai il eut à fupporter pendant quatre heures de fuite les efforts combinés des armées du Duc de Marlborough & du Duc de Wurtemberg, près du village de Ramillies. Cette défenfe, qui eft reftée célèbre dans l'hiftoire, couvrit de gloire les Gardes-Françoifes & le Duc de Guiche ; il n'y eut qu'une voix parmi fes amis comme parmi fes ennemis pour exalter fa valeur, mais elle ne put empêcher la perte d'une bataille fort imprudemment engagée par le Maréchal de Villeroy, pour obéir à des invitations preffantes qui lui venoient de Verfailles.

Campagne de Flandres (1709).— Le Duc de Guiche bleffé à Malplaquet.

L'an 1709, le Duc de Guiche fit la campagne de Flandres avec fon beau-frère le Maréchal de Boufflers. L'armée étoit fous le commandement en chef du Maréchal de Villars ; le Prince Eugène de Savoie & le Duc de Marlborough commandoient les alliés. Les deux armées s'étant rencontrées le 9 feptembre, près du village de Malplaquet, il y eut le 10 des combats d'avant-garde affez férieux, dans l'un defquels le Duc de Guiche fut très grièvement bleffé. Malgré cette bleffure & les cruelles fouffrances qu'il en reffentoit, il ne quitta pas l'armée & prit part le lendemain à la bataille qui porte le nom du village de Malplaquet, près duquel elle fut livrée. Ce fut un des combats les plus fanglants de cette guerre ; après une lutte qui dura toute la journée, & pendant laquelle le Maréchal de Villars bleffé au genou fut mis hors de combat, l'armée du Roi fe retira en bon ordre, laiffant, il eft vrai, le champ de bataille aux ennemis, mais couvert de quinze mille des leurs, tant tués que bleffés.

Après cette campagne, le Duc de Guiche revint à la Cour, où le rappeloit fa charge de Colonel des Gardes-Françoifes; mais il fut affez longtemps fans pouvoir en faire le fervice, à caufe de fes bleffures qui exigeoient un repos abfolu.

L'année fuivante, 1710, il maria fon fils aîné, qui fut fait à cette occafion *Duc de Louvigny,* avec *Mademoifelle d'Aumont de Crevant d'Humières,* fille du *Duc d'Humières.*

L'an 1712, le Duc de Guiche reçut du Roi la furvivance de fon père pour les gouvernemens de Baffe-Navarre, Béarn, Bigorre, Bayonne & Saint-Jean-Pied-de-Port, & peu de temps après le Duc de Gramont fe démit en fa faveur de fa Pairie, tout en confervant fes titres, rang, honneurs & préroga-tives. Cette démiffion n'avoit d'autre effet que d'appeler le Duc de Guiche à fiéger au Parlement en lieu & place de fon père, & de lui donner à la Cour, parmi les Ducs & Pairs, le rang de préféance qui appartenoit au Duché-Pairie de Gramont, le père démis, prenant le pas fur le fils titulaire lorfqu'ils fe trouvoient enfemble. Nous avons déjà eu l'occafion de parler de ces règles de préféance qui étoient différentes pour la Cour & pour le Parlement, lequel rangeoit les Ducs & Pairs à fes féances, fuivant la date de l'enregiftrement de leur Duché, de telle forte qu'un Duc & Pair démis n'avoit plus de rang pour le Parlement, tandis qu'au contraire, à la Cour, il confervoit celui qu'il avoit avant fa démiffion. On attachoit d'ailleurs fort peu d'importance à l'enregif-trement des Duchés-Pairies au Parlement, & plufieurs Ducs & Pairs négli-geoient de s'y faire recevoir, fe fervant de ce prétexte pour fe difpenfer d'affifter aux féances qui, la plupart du temps, n'offroient qu'un intérêt médiocre, fur-tout depuis que le Parlement avoit été réduit à ne plus être qu'une Cour d'enregiftrement des volontés royales. Le rang des Ducs & Pairs à la Cour de France étoit déterminé par la date des lettres-patentes du Roi qui avoient érigé le Duché-Pairie.

Il devient Duc & Pair par la démiffio de fon père (1712).

Le Duc de Guiche, à peine en poffeffion de la Pairie par la démiffion de fon père, obtint du Roi de pouvoir s'en démettre, aux mêmes conditions que l'avoit fait ce dernier, en faveur de fon fils le Duc de Louvigny, qui fut reçu & prêta ferment en qualité de Duc & Pair le 6 avril 1713.

Il fe démet de f Pairie en faveur d fon fils le Duc de Lou vigny (1713).

On trouvera aux Annexes une lifte des Ducs & Pairs à l'époque de fa réception. (V. *Pièces & Documens. Annexe* N° 43.)

La même année, l'Empereur d'Allemagne ayant refufé d'accéder à la paix d'Utrecht, le Maréchal de Villars commanda l'armée françoise qui fut opposée à celle des Impériaux placée fous les ordres du Prince Eugène. Le Duc de Guiche fit en qualité de Lieutenant-Général cette dernière campagne du règne de Louis XIV & inveftit au mois de feptembre la place de Fribourg qui fut prife le 1er novembre. Bientôt après, la paix fe fignoit à Raftadt, le 6 mars 1714, & le Duc de Guiche revint à la Cour.

La fanté du Roi donnoit depuis quelque temps de férieufes inquiétudes, & fes forces diminuant de jour en jour annonçoient une fin prochaine. Elle arriva le 1er feptembre 1715 au Château de Verfailles. Le roi avoit foixante-dix-fept ans moins trois jours.

Louis XV, troifième fils du Duc de Bourgogne, alors âgé de cinq ans, fuccéda à fon grand-père, fous la tutelle de Philippe, Duc d'Orléans, premier Prince du fang, qui prit les rênes de l'État en qualité de Régent.

Auffitôt après la mort du Roi, le Régent s'occupa de la formation des divers Confeils avec lefquels il comptoit gouverner. Le Duc de Guiche fut nommé Préfident du Confeil de guerre, ayant toutefois au-deffus de lui le Maréchal de Villars, qui étoit le fecond Maréchal de France après le Duc de Villeroy, doyen des Maréchaux & chef du Confeil des finances. Le Duc de Guiche fut également nommé, quelque temps après, membre du Confeil de Régence.

Tous ces emplois ne lui permettant plus de s'acquitter régulièrement de fon fervice quotidien comme Colonel des Gardes-Françoifes, il fe démit de cette charge en faveur de fon fils le Duc de Louvigny, qui en fut invefti le 17 janvier 1717. Il obtint également pour Monfieur de Louvigny la furvivance des gouvernemens du Duc de Gramont, qui lui avoit été accordée en 1712, & ce dernier entra auffitôt en exercice avec le titre de Lieutenant-Général de Navarre, de Béarn & des ville, château & citadelle de Bayonne.

Le 25 octobre 1720, le Duc de Guiche prit le nom de Duc de Gramont, & fuccéda à fon père comme Souverain de Bidache. Le Duc de Louvigny, qui avoit déjà été reçu au Parlement comme Duc & Pair fous le nom de Louvigny, continua à le porter.

Le 2 février 1724, le Duc de Gramont fut élevé à la dignité de Maréchal de France, & il prêta ferment en cette qualité le 10 du même mois.

Il mourut le 16 feptembre 1725, âgé de cinquante-trois ans & huit mois.

De son mariage avec Marie-Christine de Noailles, il avoit eu cinq enfans :

1° *Antoine-Louis-Armand, Duc de Louvigny,* qui lui succéda comme Duc de Gramont, né en 1688;

2° *Louis, Comte de Gramont,* qui succéda à son frère, né en 1689;

3° *Louis-François, Chevalier de Gramont,* né en 1708; il étoit chevalier de Malte, & mourut le 11 octobre 1714, à l'âge de six ans & vingt-six jours.

4° *Marie-Adélaïde, Duchesse de Gontaut,* née en 1700;

5° *Catherine-Charlotte-Thérèse, Princesse de Bournonville,* puis Duchesse de Saint-Simon, née en 1707.

La Maréchale de Gramont survécut vingt-trois ans à son mari, & mourut à l'âge de soixante-dix-sept ans, le 14 février 1748. Elle s'étoit retirée du monde & de la Cour, & vivoit avec sa sœur, Madame de Beaumanoir, toutes deux occupées de bonnes œuvres & dans une grande piété. Le Roi lui avoit donné une pension de douze mille livres à la mort de son mari, ainsi qu'il étoit d'usage pour les veuves des Maréchaux.

MARIE-ADÉLAÏDE DE GRAMONT, l'aînée des filles du Maréchal de Gramont, fut mariée, le 30 décembre 1715, à *François-Armand de Gontaut-Biron, Duc de Gontaut,* Pair de France, Brigadier de Cavalerie, Mestre de Camp du Régiment Dauphin, fils de *Charles-Armand de Gontaut, Duc de Biron,* Pair & Maréchal de France, & de *Marie-Antoinette de Bautru.* Elle a été Dame du Palais de la Reine, & mourut à quarante ans, le 25 août 1740.

La Duchesse de Gontaut.

CATHERINE-CHARLOTTE-THÉRÈSE DE GRAMONT, seconde fille du Maréchal de Gramont, née en 1707, fut mariée à l'âge de douze ans, le 27 mars 1719, à *Philippe-Alexandre,* PRINCE DE BOURNONVILLE, Mestre de Camp d'un Régiment de Cavalerie. Le Prince de Bournonville, qui avoit alors vingt-deux ans, devint impotent & perclus aussitôt après son mariage, & mourut en 1727 sans avoir eu d'enfans. Le 26 mars de la même année, sa veuve, âgée de vingt ans, épousa en secondes noces *Jacques-Louis* de *Saint-Simon,* DUC DE RUFFEC, Pair de France, fils de *Louis, Duc de Saint-Simon* (l'auteur des Mémoires), & de *Geneviève-Françoise de Durfort.* Pendant la vie de

La Princesse de Bournonville, devenue en secondes noces Duchesse de Ruffec.

fon père, Jacques-Louis de Saint-Simon porta le titre de Duc de Ruffec, & fut reçu en cette qualité au Parlement lorfqu'il s'y préfenta par fuite de la démif-fion du Duc Louis. La Duchefſe de Ruffec furvécut à fon mari,& mourut le 21 mars 1755, âgée de quarante-huit ans, quelques jours après fon beau-père, le Duc de Saint-Simon. Elle fut enterrée à Saint-Sulpice auprès du Duc de Ruffec. Son mariage avoit eu principalement pour but de fervir de gage pour la réconciliation du Duc de Noailles & du Duc de Saint-Simon. Il n'en fut rien, & Saint-Simon ne put jamais pardonner aux parens de fa belle-fille leur puiffance & leur faveur. Il en conçut un dépit qui dura jufqu'à la fin de fes jours, & dont il foulagea fa vieilleffe en s'attaquant, dans fes Mémoires, non-feulement aux Noailles, mais à tout ce qui leur tenoit par des liens du fang ou de l'amitié. Les Gramont ont eu une large part dans fa malveillance pofthume; nous avons dit l'origine de cette inimitié; le mariage de fon fils avec une Gramont ne devoit rien y changer; d'ailleurs la haine de Saint-Simon ne s'ébruitoit pas au dehors; il léguoit fecrètement fes vengeances à l'hiftoire, & pendant qu'il recherchoit pour fon fils la fille du Duc de Gra-mont, il écrivoit, dans fes Mémoires, que le mariage fe faifoit malgré lui, & compofoit à ce fujet un récit plein d'artifices, infpiré par fes rancunes & fes jaloufies.

# CHAPITRE XVI

*Antoine VI (Louis Armand), fils aîné du Maréchal de Gramont, lui fuccède comme Duc de Gramont (1725-1741). — Il époufe Mademoifelle de Crevant d'Humières & reçoit le titre de Duc de Louvigny (1710). — Colonel des Gardes-Françoifes (1717). — Chevalier de l'Ordre en 1727.— Il fe diftingue au fiége de Philipfbourg & devient Lieutenant-Général (1734). — Sa mort (1741). — Son caractère, fa générofité, fa fortune. — Mort de la Ducheffe de Gramont, née de Crevant d'Humières (1742). — Sa defcendance de Duc d'Aumont. — Filles du Duc & de la Ducheffe de Gramont, la Ducheffe de Lefparre & la Comteffe de Brionne (1742). — Mort de la Comteffe de Brionne (1742). — Louis, Comte de Gramont, fecond fils du Maréchal de Gramont Antoine V, fuccède à fon frère comme Duc de Gramont (1741-1745). — Sa première campagne au Pays-Bas (1705). — Son mariage avec Mademoifelle de Gontaut-Biron (1720). — Chevalier de l'Ordre (1724). — Guerre d'Allemagne. — Lieutenant-Général (1738). — Colonel des Gardes-Françoifes (1741). — Bataille de Dettingen (1743). — Il eft tué à la Bataille de Fontenoy (1745). — La Ducheffe de Gramont, née Biron.— Sa mort (1756). — Sa fille la Comteffe de Rupelmonde. — Antoine VII (Antonin). Duc de Lefparre, fils aîné, fuccède à fon père comme Duc de Gramont (1745-1799) —Son mariage avec fa coufine, Mademoifelle de Gramont (1739). —Il eft nommé Colonel en 1740.—Sa maladie & fes extravagances.—Sa réception au Parlement (1749).—Mort de la Ducheffe de Gramont, née Gramont (1756). — Le Duc Antoine VII eft interdit. — Il époufe en fecondes noces Mademoifelle de Choifeul-Stainville (1759). —Le Duc de Lefparre, fils du Duc Antoine VII (1746 —1796). — Son mariage avec Mademoifelle de Noailles, fille du Duc de Noailles (1763). — Leur mort fans enfans (1796-1797).—Le Duc Antoine VII époufe en troifièmes noces Mademoifelle du Merle (1794). — Il meurt fans poftérité en 1799)— Fin de la Souveraineté de Bidache.*

---

## XXVIII.

**A**NTOINE VI, LOUIS-ARMAND, PRINCE SOUVERAIN DE BIDACHE, DUC DE GRAMONT, PAIR DE FRANCE, SIRE DE LESPARRE, COMTE DE GUICHE, DE LOUVIGNY & VICOMTE D'ASTER, fils aîné du Maréchal de Gramont, lui fuccéda le 16 feptembre 1725, comme chef de la Maifon & Prince Souverain de Bidache.

Il étoit né le 20 mars 1688 & porta le titre de Comte de Louvigny jufqu'à fon mariage, c'eft-à-dire jufqu'à l'âge de 22 ans.

35

Son mariage avec
Mademoiſelle d'Au-
mont de Crevant
d'Humières (1710).

Il eſt créé
Duc de Louvigny.

Il eſt nommé Colo-
nel des Gardes-Fran-
çoiſes (1717).

Il devient Duc de Gra-
mont (1725.)

Il reçoit le Collier de
l'Ordre (1727),

Il eſt nommé Lieute-
nànt-Général après le
ſiége de Philipſbourg
(1734).

Le 3 mars 1710, il épouſa Louise-Françoise d'Aumont de Crevant d'Humières, fille de *Louis-François d'Aumont, Duc d'Humières*, par ſa femme *Anne-Julie de Crevant d'Humières* qui lui apporta ce titre, ſuivant les lettres d'érection du mois d'août 1690, obtenues par le *Maréchal Duc de Crevant & d'Humières*, portant que le Duché paſſeroit à elle & à ſon mari, à la charge de prendre le nom & les armes d'Humières. A cette occaſion, le *Comte de Louvigny* fut créé *Duc de Louvigny* par le Roi.

Ce fut ſous ce titre qu'il ſiégea, trois ans plus tard, au Parlement, & y prêta ſerment comme Duc & Pair du Royaume, le 6 avril 1713, après que ſon père ſe fut démis de la Pairie en ſa faveur, ainſi que nous l'avons déjà vu au chapitre précédent.

Le 17 janvier 1717, le Duc de Louvigny, qui étoit déjà, depuis pluſieurs années, Brigadier des Armées du Roi & avoit pris part en cette qualité aux guerres d'Eſpagne & d'Allemagne, fut reçu Colonel des Gardes-Françoiſes par ſuite de la démiſſion de ſon père, le Duc de Guiche. Il eut en même temps la ſurvivance des Gouvernemens de Navarre & du pays de Béarn, & les adminiſtra en qualité de Lieutenant-Général juſqu'à la mort de ſon père, ainſi que les ville, château & citadelle de Bayonne.

Le 16 ſeptembre 1725, après la mort de ſon père le Maréchal, il prit le nom de Duc de Gramont, & tous les Gouvernemens dont il avoit la ſurvivance.

Le Duc de Gramont fut reçu Chevalier de l'Ordre le 2 février 1727; ſon frère, le Comte de Gramont, l'étoit déjà depuis trois ans, & nous en dirons la raiſon plus loin.

En avril 1728, il fut fait Maréchal de Camp, & en 1733 il reçut un commandement à l'armée d'Allemagne.

L'année ſuivante, les Gardes-Françoiſes faiſant partie du corps d'armée commandé par le Maréchal de Berwick, le Duc de Gramont commanda la diviſion où étoit ſon Régiment, & il ſe diſtingua particulièrement au ſiége de de Philipſbourg, où périt, d'un coup de canon, le Maréchal de Berwick. Philipſbourg ayant capitulé le 18 juillet, la campagne fut terminée par cet important ſuccès. Le Duc de Noailles, oncle du Duc de Gramont, fut fait Maréchal de France, & le Duc de Gramont Lieutenant-Général le 1er août 1734.

Il revint alors à la Cour où le rappeloit ſans ceſſe ſa charge de Colonel des Gardes-Françoiſes, qui comportoit un ſervice de tous les jours, très

honoré & très diſtingué, mais très aſſujétiſſant. Il vivoit d'ailleurs dans l'intimité du Roi, l'accompagnant partout dans ſes déplacemens, & les Mémoires
du temps racontent que ſouvent Louis XV alloit paſſer ou achever les ſoirées
dans l'appartement qu'occupoient, à Verſailles ou à Marly, le Duc & la
Ducheſſe de Gramont.

Le 1ᵉʳ mars 1739, il maria ſa fille aînée avec Monſieur de *Leſparre*, ſon
neveu, fils de ſon frère le *Comte de Gramont*, dont il ſera parlé plus tard, &
en faveur de ce mariage, le Roi accorda un brevet de Duc à Monſieur de
Leſparre.

Mariage de ſa fille aînée avec le Duc de Leſparre ſon neveu (1739).

Le 3 février 1740, il maria ſa ſeconde fille au *Comte de Brionne*, fils du
*Prince de Lambeſc*, de la Maiſon *de Lorraine*.

Mariage de ſa ſeconde fille Mademoiſelle de Guiche, avec le Comte de Brionne (1740). (Sa mort 1741).

Le Duc de Gramont Antoine VI (Louis-Armand) mourut à Paris le
16 mai 1741, & fut enterré, le 18 du même mois, dans l'Égliſe des Capucines, qui étoit Place Vendôme, & où la famille poſſédoit une chapelle.

Il avoit eu quatre enfans, ſavoir :

1° *Antoine, Comte de Guiche*, né le 20 octobre 1711, mort dans ſa
troiſième année ;

Ses enfans.

2° *Louis-Marie, Chevalier de Gramont*, né le 7 août 1713, mort
jeune ;

3° *Louiſe-Marie-Victoire*, Ducheſſe de Leſparre, devenue Ducheſſe
de Gramont, née le 26 juillet 1723 ;

4° *Louiſe-Charlotte*, Comteſſe de Brionne, née le 11 juillet 1725.

Le Maréchal de Gramont voyant que ſes deux petits-fils étoient morts
en bas âge & qu'il paraiſſoit à peu près certain que ſon fils aîné, le Duc de
Louvigny, n'auroit plus de poſtérité mâle, avoit fait un teſtament par lequel
il inſtituoit ſon ſecond fils Louis, Comte de Gramont, héritier de tous ſes
biens, meubles & immeubles, après la mort de ſon frère aîné, à la charge
que le dit Comte de Gramont donneroit aux deux filles de ſon frère 1,350,000
livres qu'elles devoient partager entre elles. Il avoit donné, par le dit teſtament, un an de temps au Duc de Louvigny, ſon fils aîné, pour accepter ou
rejeter cette diſpoſition ; & au cas qu'il n'y adhérât pas, il étoit dit qu'il ne
devoit avoir que ſa légitime. La diſpoſition avoit été acceptée.

Le Duc Antoine VI (Louis-Armand) jouiſſoit à la Cour de Louis XV
d'une grande conſidération ; il avoit beaucoup d'eſprit & de bonne conver-
ſation, très facile en affaires, faiſant une grande dépenſe & toujours égale. Sa

Son caractère.

vie privée lui avoit mérité l'eftime de tous ceux qui le connoiffoient, & on
cite de lui des traits qui témoignent de l'élévation & de la délicateffe de fon
caractère. Il étoit particulièrement aimé de fon Régiment des Gardes, dont
il foutenoit, aidoit & protégeoit les officiers. Le Duc de Luynes raconte ce
qui fuit dans fes Mémoires :

« *Vendredi* 19 *mai* 1741. *Marly.*

« Il y a quelques jours que l'on me contoit ce que fit le Duc de Gramont devant Philipfbourg en 1734. Il favoit que plufieurs officiers du Régiment des Gardes pouvoient être dans le cas d'avoir befoin d'argent ; il remit
pour cent mille livres de lettres de change à Monfieur de Champigny, Capitaine aux Gardes, & le pria de vouloir bien remettre de l'argent fur cette
fomme à tous ceux qui pourroient être dans le befoin, lui difant que fi cela ne
fuffifoit pas, il lui feroit remettre pareille fomme de cent mille livres; mais
en même temps il lui fit donner fa parole qu'il ne diroit jamais que cet argent
venoit de lui. Il s'étoit adreffé à Monfieur de Champigny, non-feulement
parce que Monfieur de Champigny lui étoit attaché, mais parce qu'il a beaucoup de bien, & qu'on pouvoit le croire en état de rendre des fervices à fes
amis. Monfieur de Champigny exécuta à la lettre la volonté de Monfieur de
Gramont, & donna plufieurs fommes d'argent aux officiers. Au retour de la
campagne, il vint trouver Monfieur le Duc de Gramont & lui demanda en
grâce de vouloir bien lui rendre fa parole, ne pouvant pas fouffrir d'avoir l'honneur d'une action fi généreufe fans l'avoir mérité. Monfieur de Gramont lui
répondit que non-feulement il ne lui rendoit point fa parole, mais qu'il ne le
verroit jamais s'il étoit capable de trahir fon fecret, & l'on n'en a rien fu
effectivement que depuis la mort de Monfieur de Gramont. »

        Le journal de M. le Duc de Luynes, publié en 1860, donne fur la for-
tune du Duc de Gramont les détails fuivans :
« On croit qu'il pouvoit avoir 100,000 écus de rente, tous frais faits, &
il avoit cependant pour près de 100,000 francs de charges, la coutume de
Bayonne dont il jouiffoit de moitié avec le Roi, eft un bien patrimonial &
confidérable. (Voir pour l'origine de ce bien, le chapitre IX, ceffion de la ville
& du château de Blaye, faite au Roi Charles VII par François de Gramont,

en 1442.) Le Gouvernement de Béarn & tous les Gouvernemens particuliers, font un objet d'environ 90,000 livres. Pour le régiment des Gardes, on n'en fait point la valeur; on dit 120,000 livres par an, peut-être eft-ce davantage. Il avoit outre cela la terre de Gramont, Lefparre & Séméac, & il ne dépenfoit pas fon revenu. Lorfqu'il a fait la folie de faire bâtir près de Meaux cette maifon qui n'eft pas encore finie, il dit qu'il avoit 120,000 livres pour la payer, d'argent comptant; il croyait qu'elle ne lui coûteroit pas plus cher. »

Ceci étoit écrit en mai 1741; la maifon de Meaux fut achevée par le frère du Duc, mais elle coûta trois & quatre fois plus que celui-ci ne l'avoit prévu. Parmi l'énumération des biens du Duc de Gramont, la Principauté de Bidache ne figure pas comme revenu, & la caufe en eft que, depuis longtemps déjà, il ne fe percevoit plus dans cette Souveraineté aucun impôt direct ni indirect au profit du Souverain, les Ducs de Gramont ayant coutume de ne tirer aucun bénéfice du territoire de Bidache & ne faifant pefer fur fes habitans d'autres charges que celles qui leur étoient perfonnelles & avantageufes pour les dépenfes publiques & néceffaires.

Nous trouvons encore dans le journal du Duc de Luynes l'anecdote fuivante : « Au facre du Roi il y a deux cérémonies; un jour celle du facre, & le lendemain S. M. reçoit le cordon de l'Ordre du Saint-Efprit. A chacune de ces cérémonies le manteau royal eft porté par un homme de condition , non titré, c'eft-à-dire qui n'eft pas Duc. M. le Comte de Gramont (le Comte Louis frère du Duc) & M. de Nefle furent les deux qui eurent cet honneur, lequel entraîne celui d'être fait chevalier de l'Ordre à la première promotion; auffi le furent-ils l'un & l'autre à la grande promotion de 1724. Le Duc de Gramont ne le fut que trois ans plus tard, en 1727. Étant un jour dans le cabinet du Roi en 1726, le Roi lui dit : — « Auriez-vous parié que votre frère eût été Chevalier de l'Ordre avant vous?»—«J'aurois pu parier, Sire, répondit-il, & j'aurois perdu, mais à beau jeu. »

*Anecdote au fujet du collier de l'Ordre.*

La Ducheffe de Gramont, née de Crevant d'Humières, ne furvécut à fon mari qu'un an & quelques mois. Elle mourut le 9 feptembre 1742, d'une fièvre maligne, âgée de cinquante & un ans & après quatre ou cinq jours de maladie. Le Roi lui avoit donné un appartement à Verfailles & une penfion de 10,000 livres. Elle légua à fa fille, la Ducheffe de Lefparre, des biens confidérables qui venoient de fon chef comme héritière de l'ancien Duché d'Humières. Elle étoit de la Maifon d'Aumont.

*Mort de la Ducheffe de Gramont fa femme (1742).*

Defcendance de la
Maifon d'Aumont de
Crevant d'Humières.

Antoine d'Aumont de Rochebaron, Duc d'Aumont, Pair & Maréchal de
France, avoit épousé en 1630 Catherine Scaron de Vaures; il en eut plufieurs
enfans, dont l'aîné fut Louis-Marie-Victor, Duc d'Aumont, premier Gentilhomme de la Chambre du Roi, né le 2 décembre 1632 & mort à Paris
le 19 mars 1704. Ce Duc d'Aumont (Louis-Marie-Victor) époufa en premières noces, le 21 novembre 1660, Madeleine Fare le Tellier dont il eut
cinq enfans, trois fils & deux filles. Deux des fils font morts jeunes & l'autre,
nommé Louis, a fuccédé à fon père comme Duc d'Aumont.

La Ducheffe d'Aumont, née le Tellier, étant morte le 22 juin 1668, le Duc
époufa en fecondes noces, le 28 novembre 1669, Françoife-Angélique de la
Mothe-Houdancourt, fille aînée de Philippe de la Mothe-Houdancourt, Duc
de Cardone, Maréchal de France, & de Louife de Prie.

De ce fecond mariage eft né un fils unique : Louis-François d'Aumont,
Duc d'Humières, Marquis de Chappes, Lieutenant-Général des armées du
Roi, mort à Paris le 6 novembre 1751. Il avoit époufé, le 15 mai 1690,
Anne-Louife-Julie de Crevant, fille unique & héritière de Louis de Grevant,
Duc d'Humières, Maréchal de France & Grand-Maître de l'Artillerie, & de
Louife-Antoinette-Thérèfe de la Châtre, à la charge de prendre le nom & les
armes d'Humières.

De ce mariage font nés :

1° Louis d'Aumont de Crevant d'Humières, mort en octobre 1708, âgé
de quatre ans;

2° Louife-Françoife d'Aumont de Crevant d'Humières qui, par la mort
de fon frère, devint l'héritière des domaines qui formoient le Duché d'Humières,
ainfi que des domaines qui venoient de la Mothe-Houdancourt du chef de fa
mère, c'eft-à-dire de la Sirie d'Humières en Artois, & du Comté de Mouchy
& autres terres en Picardie. Elle porta le tout à fon mari le Duc de Gramont,
Antoine VI Louis-Armand, & le légua à fa fille aînée Louife-Marie-Victoire
de Gramont, qui époufa le 1er mars 1739 fon coufin-germain le Duc de Lefparre, & devint Ducheffe de Gramont lorfque celui-ci fuccéda à fon père & à
fon oncle, en 1745.

C'eft pour ce motif qu'un nombre confidérable des papiers de la Mothe-
Houdancourt font dans les Archives de la Maifon de Gramont. Ces pièces qui
vont de 1592 à 1631, 1650, 1653, comprennent toute la fucceffion du Maréchal de la Mothe-Houdancourt, Duc de Cardone, bifaïeul de la Ducheffe de

Gramont Louife-Françoife d'Aumont de Crevant d'Humières, femme du Duc Antoine VI. Elles font très bien claffées & analyfées, comprenant : Brevets, Lettres-patentes, Contrats de mariage, Accords, Penfions, Érection de Duché-Pairie, Ordre de Malte, Teftamens, Fondations; le tout de la Mothe-Houdancourt. Plus un cahier de 58 lettres du Roi Louis XIV au Maréchal de la Mothe-Houdancourt de 1642 à 1652, pendant qu'il commandoit en Catalogne.

LOUISE-CHARLOTTE DE GRAMONT, appelée *Mademoifelle de Guiche*, née le 11 juillet 1725, feconde fille du Duc de Gramont, avoit époufé le 3 février 1740 CHARLES-LOUIS DE LORRAINE, COMTE DE BRIONNE, né en feptembre 1725, fils aîné de *Louis de Lorraine, Prince de Lambefc*, & de *Jeanne-Henriette-Marguerite de Durfort*.

La Comteffe de Brionne.

On lit à ce fujet dans le journal du Duc de Luynes, à la date du 31 décembre 1739. « Hier, M. le Duc de Gramont demanda l'agrément du Roi pour le mariage de fa feconde & dernière fille, Mademoifelle de Guiche, avec M. le Comte de Brionne, fils de M. le Prince de Lambefc. On donne à Mademoifelle de Guiche 15,000 livres de rente, comme à fa fœur Madame de Lefparre, & on donne à M. de Brionne 20,000 livres de rente; il a quatorze ans & Mademoifelle de Guiche quelques mois de plus. M. de Gramont les prend chez lui; ils y feront logés & nourris.» Plus loin, à la date du 3 janvier 1740 : « On attend l'agrément de M. le Duc de Lorraine, pour faire figner le contrat de mariage de Mademoifelle de Guiche avec M. le Comte de Brionne. M. le Comte de Gramont me dit hier que Madame de Lefparre & Mademoifelle de Guiche avoient à elles deux 1,393,000 livres de bien fubftitué, & que Monfieur fon frère avoit encore outre cela des biens libres, & qu'il doit épargner environ 80,000 livres par an fur fon revenu. »

Le Comte de Brionne jouiffoit à la Cour du rang accordé aux Princes Lorrains, & venoit immédiatement après les Ducs & Pairs. La Comteffe de Brionne y avoit le tabouret comme les Ducheffes. Nous voyons dans le journal du Duc de Luynes au 2 février 1740 : « Madame la Comteffe de Brionne a été préfentée aujourd'hui & a pris fon tabouret. » Plus loin, au 10 avril 1740 : « M. le Duc de Gramont remercia le Roi, vendredi dernier, 8 de ce mois, au fujet de la grâce qu'il vient d'accorder à fon gendre M. le Comte de Brionne. M. de Lambefc, fon père, s'eft démis en fa faveur du Gouvernement d'Anjou, qui vaut 60,000 livres de rente. »

La Comteſſe de Brionne mourut à Paris d'une fièvre maligne, après quelques jours de maladie, le 3 avril 1742, dans ſa dix-ſeptième année. Elle fut enterrée en l'Égliſe des Capucines, Place Vendôme, dans une chapelle appartenant au Duc de Gramont.

## XXIX.

**Louis, 6ᵉ Duc de Gramont(1741-1745)**

**D'abord Comte de Gramont.**

LOUIS DE GRAMONT, PRINCE SOUVERAIN DE BIDACHE, DUC & PAIR DE FRANCE, SIRE DE LESPARRE, COMTE DE GUICHE & LOUVIGNY & VICOMTE D'ASTER, ſecond fils du Maréchal Duc de Gramont Antoine V, ſuccéda à ſon frère le Duc Antoine VI (Louis-Armand), mort le 16 mai 1741, ſans deſcendance maſculine. Louis de Gramont étoit né le 29 mai 1689 ; il avoit donc cinquante-deux ans.

**Sa première campagne aux Pays-Bas (1705).**

Le 13 mai 1705, à l'âge de ſeize ans, il avoit été reçu Enſeigne dans la Compagnie Colonel-Générale des Gardes-Françoiſes, & prit part, en cette qualité, à la Guerre des Pays-Bas ſous les ordres de ſon père. Le 22 mai 1706, il eut un Régiment de Dragons après la mort de M. d'Aubigny, tué à la bataille de Ramillies.

Le 1ᵉʳ février 1719, il fut nommé Meſtre de Camp du Régiment de Bourbonnois & Brigadier des Armées du Roi. Il avoit alors trente ans & portoit le titre de Comte de Gramont.

**Son mariage avec Mademoiſelle de Gontaut-Biron (1720).**

Le 11 mars 1720, le Comte de Gramont épouſa GENEVIÈVE DE GONTAUT, fille de *Charles-Armand de Gontaut, Duc de Biron*, & de *Marie-Antoine de Bautru-Nogent*.

**Il eſt nommé Chevalier de l'Ordre (1724).**

En 1724, il fut nommé Chevalier des Ordres du Roi, du Saint-Eſprit & de Saint-Michel à la ſuite de la cérémonie du Sacre où il avoit été déſigné pour porter le Manteau Royal.

En 1733, la guerre s'étant de nouveau allumée entre le Roi (Louis XV) & l'Empereur d'Allemagne Charles VI, à l'occaſion de la couronne de Pologne, le Comte de Gramont partit pour l'armée, où il ne tarda pas à conquérir de nouveaux grades en récompenſe de ſa valeur & de ſes talens.

**Il eſt nommé Maréchal de Camp (1734).**

Le 7 mars 1734, il étoit nommé Maréchal de Camp, & au mois d'octobre 1735, Directeur Général de l'Infanterie. A la fin de l'année, la paix ayant été ſignée, il revint à la Cour où il jouſſoit d'une faveur particulière & vivoit

pour ainfi dire dans l'intimité du Roi. Il avoit, ainfi que la Comteffe de
Gramont, un logement à Verfailles, & le Roi lui avoit accordé la permiffion
de l'accompagner à la chaffe à tir, & d'y tirer avec fes propres fufils, ce qui
ne fe faifoit que pour les grandes Charges.

Le 24 février 1738, il fut promu au grade de Lieutenant-Général.

Il eft nommé Lieu-
tenant-Général(1738).

Le 16 mai 1741, le Comte de Gramont fuccéda à fon frère & devint Duc
de Gramont, ainfi qu'il a été dit ci-deffus. Le 19 du même mois, le Roi lui
conféra les mêmes Gouvernemens qu'avoit eus fon frère, favoir : ceux du
Royaume de Navarre, de la Principauté de Béarn, de fa ville, château &
citadelle de Bayonne. Le Gouvernement de Saint-Jean-Pied-de-Port, qu'a-
voit feu le Duc de Gramont, fut diftrait des autres & donné au Lieutenant-
Général Magon de Tiolage, Lieutenant-Colonel du Régiment des Gardes-
Françoifes, qu'il quitta à caufe de fon grand âge.

Il devient Duc de
Gramont par la mort
de fon frère (1741).

Peu de jours après, le nouveau Duc reçut de Sa Majefté le Régiment
des Gardes-Françoifes; mais cette fucceffion à toutes les charges laiffées
vacantes par la mort de fon frère fut à la Cour de France l'objet d'une oppofition d'autant plus vive, que le Cardinal Dubois étoit pour ainfi dire l'ennemi
perfonnel du Comte de Gramont. Ce fut en quelque forte le premier acte de
réfiftance ouverte contre l'influence jufqu'alors abfolue du Cardinal. On
affure que les inftances de Madame de Vintimille auprès du Roi ne furent pas
étrangères à cette nomination, non pas, ajoute un écrivain contemporain, que
Madame de Vintimille eût pour le Comte de Gramont une prédilection particulière; mais fon but étoit d'accoutumer le Roi à gouverner & à être le
maître, & la répugnance que le Cardinal avoit pour le Comte de Gramont
fut ce qui la décida en fa faveur. « D'ailleurs, écrit le Duc de Luynes, on ne
pouvoit pas la blâmer d'un mauvais choix, & elle difoit, pour juftifier les
plaintes que l'on fait de ce que toutes les places deviennent héréditaires par
l'abus des furvivances, que fi la proximité & la parenté ne doivent pas être
une raifon pour les obtenir, elle ne doivent pas en être une d'exclufion, quand
le mérite perfonnel donne le droit d'y prétendre. »

Il reçoit le Régiment
des Gardes-Françoifes
(1741).

Ce fut le 1er juin 1741 que le Duc Louis de Gramont fut reçu à Verfailles, par le Roi lui-même, comme Colonel-Général des Gardes-Françoifes.
C'étoit le jour de la Fête-Dieu, à trois heures de l'après-midi, en préfence de
toute la Cour. Le cérémonial de cette folennité, qui fe trouve détaillé dans
les Mémoires du Duc de Luynes, ne diffère pas fenfiblement de celui qu'on

obferve de nos jours pour la réception des Colonels devant leurs Régimens.

Le lendemain, la nouvelle Ducheffe de Gramont, qu'on appeloit Ducheffe de Gramont-Biron pour la diftinguer de fa belle-fœur, Ducheffe veuve,
fut reçue par le Roi.

Il y avoit alors à la Cour trois Ducheffes de Gramont, favoir : la Ducheffe de Gramont-Noailles, veuve du Maréchal, qui vécut jufqu'en 1742 ;
la Ducheffe de Gramont de Crevant d'Humières, veuve du Duc Antoine VI
(Louis-Armand), & la Ducheffe de Gramont-Biron, femme du Duc Louis.

De 1742 à 1745, il n'y en eut plus que deux : Humières & Biron.

De 1745 à 1748, trois : Humières, Biron & la Ducheffe de Gramont,
née Gramont, femme de fon coufin le Duc Antoine VII. On les diftinguoit
par le nom de leur famille.

Ayant ainfi réglé toutes les affaires de la fucceffion de fon frère & obtenu
du Roi en cette circonftance les plus grands témoignages de bienveillance &
d'amitié, le Duc de Gramont partit pour l'armée de Flandres où il avoit un
corps d'armée fous les ordres de fon oncle le Maréchal Duc de Noailles qui
commandoit en chef. Il en revint le 2 décembre 1742, mais il ne fit à la Cour
qu'un très court féjour, & repartit bientôt après pour aller rejoindre le Maréchal en Bavière, où ce dernier tenoit campagne contre l'armée Angloife commandée par le Roi d'Angleterre en perfonne.

Bataille de Dettin-
gen (1743). Le 27 juin 1743, les deux armées fe trouvoient en préfence fur la rive
droite du Mein, entre Afchaffenbourg & Dettingen, & un combat étoit devenu
néceffaire pour permettre aux Anglois de fe dégager, le Maréchal de Noailles
ayant réuffi à les couper dans toutes les directions. On s'attendoit dans le
camp François à une grande victoire, car les difpofitions du Maréchal avoient
été de l'aveu de tous, même de fes ennemis, admirablement prifes. Malheureufement un malentendu compromit tout le fuccès de la journée. Le Duc de
Gramont, dont la récente faveur avoit excité les jaloufies de la Cour, fut un
de ceux fur qui on fit pefer la plus grande part de la refponfabilité en cette
fâcheufe circonftance. Il eft de fait que le mouvement qu'il fit après avoir
dépaffé le village de Dettingen eut de funeftes conféquences, car il paralyfa
le feu de l'artillerie françoife en plaçant le Régiment des Gardes entre l'ennemi & les canons. On alla jufqu'à l'accufer d'avoir méconnu les ordres du
Maréchal, & d'avoir engagé l'affaire malgré la défenfe qu'il en avoit reçue. Il
a été toutefois démontré poftérieurement, & de l'aveu du Maréchal de Noailles

lui-même, que le Duc de Gramont, s'il avoit pouffé fa marche un peu trop en avant, n'avoit cependant reçu aucun ordre de l'arrêter & de ne pas attaquer. Quand le Maréchal l'envoya fur Dettingen, le Duc de Gramont lui dit en partant : « Mon oncle, j'irai jufqu'à ce que je trouve les ennemis, » & le Duc de Noailles lui répondit : « Prenez garde de rien faire mal à propos ; » mais il ne lui défendit en aucune façon d'aller, en effet, jufqu'à ce qu'il trouvât les ennemis. Et quand après le paffage du fleuve le Maréchal revint de l'autre côté du Mein retrouver le Duc de Gramont, il fe paffa plus d'une groffe heure d'intervalle entre ce moment & celui de l'attaque, de forte que fi le Maréchal avoit défapprouvé l'attaque, il eût été facile de retourner fur fes pas & de prendre pofition en deçà du ravin, d'autant plus qu'il n'y avoit alors qu'un fort petit corps de troupes qui fût de l'autre côté. Ces obfervations ont pour but de juftifier le Duc de Gramont contre les attaques par trop févères, pour ne pas dire injuftes, que le parti du Cardinal dirigea contre lui en cette occafion, efpérant ainfi le perdre dans l'efprit du Roi.

Ces intrigues de Cour ne réuffirent pas, car M. de Gramont étant revenu à Verfailles le 31 octobre de la même année, le Roi le reçut avec une diftinction toute particulière ; & abordant auffitôt le récit de la bataille de Dettingen, il l'affura, devant toute la Cour, de l'eftime qu'il avoit pour fes talens & fes fervices, malgré l'infuccès de cette journée.

Quelques femaines après, le 22 novembre, le Roi le faifoit infcrire, bien qu'il ne fût pas de fervice, fur la lifte de fon voyage à Choify, & l'admettoit dans fa plus grande intimité.

Vers la fin de l'année, la fanté du Duc de Gramont, alors âgé de cinquante-cinq ans, commença à s'altérer fenfiblement. Il fouffroit beaucoup de la goutte, & paffoit quelquefois des mois entiers fans pouvoir quitter le lit, ce qui étoit doublement pénible pour un homme d'un caractère actif, entreprenant & habitué depuis fon enfance à la vie des camps.

Sa fanté s'altère.

Au mois de janvier 1745, on apprit à Verfailles que le Roi d'Angleterre, la Reine de Hongrie, le Roi de Pologne, l'Électeur de Saxe & la Hollande avoient figné un Traité d'union contre le Roi de France & le Roi de Pruffe. La guerre éclate de nouveau, & le Maréchal de Saxe reçoit le commandement en chef des armées françoifes. Louis XV fe rend lui-même au milieu de fes troupes. Bien que fort fouffrant encore, le Duc de Gramont ne voulut céder à perfonne l'honneur de commander, dans cette nouvelle campagne, fes

Gardes-Françoifes, dont il étoit, comme on l'a vu plus haut, Colonel-Général.

Il eſt tué à la bataille de Fontenoy (1745).

Le 11 mai 1745, jour mémorable de la bataille de Fontenoy, il périt à la tête de ce beau Régiment, & put encore, avant de mourir, faluer la victoire de la France. Surmontant les vives douleurs de fa maladie, il s'étoit fait mettre fur fon cheval dès le matin. Au début de l'affaire, un boulet de canon l'atteignit à la jambe & le renverfa. Malgré cette horrible bleffure, il ne voulut pas quitter le champ de bataille; placé fur une litière, il y donnoit fes ordres de combat avec le fangfroid & le courage d'un héros, lorfqu'un fecond boulet vint achever fes jours.

Il reçoit à fa mort les honneurs de Maréchal de France.

Rendant hommage à une mort fi glorieufe, le Roi décida qu'il recevroit, à fes funérailles, les honneurs de Maréchal de France; c'eſt pourquoi Voltaire, dans fon poème fur la bataille de Fontenoy, lui donne cette dignité poſthume qu'il n'avoit pas eue de fon vivant :

> Gramont, que fignaloit fa noble impatience,
> Gramont dans l'Élyfée emporte la douleur
> D'ignorer en mourant fi fon maître eſt vainqueur.
> De quoi lui ferviront ces grands titres de gloire,
> Ce fceptre des guerriers, honneur de fa mémoire,
> Ce rang, ces dignités, vanités des héros,
> Que la mort avec eux précipite aux tombeaux?
>
> (*Poème de Fontenoy*, de Voltaire.)

C'eſt auffi en fouvenir de Fontenoy que les drapeaux des Gardes-Françoifes figurèrent déformais comme fupports dans les armes des Ducs de Gramont.

Le Roi donna le Gouvernement de Béarn au Duc de Lefparre, fils aîné du Duc Louis de Gramont, & appelé à lui fuccéder; & fur ce Gouvernement, 20,000 livres de penfion à la Ducheffe de Gramont, & 10,000 livres à Monfieur le Comte de Gramont d'After, fon fecond fils. Quant au Régiment des Gardes-Françoifes, il fut donné au Duc de Biron.

La Ducheffe de Gramont, fa femme, née Gontaut-Biron.
Sa mort 1756.

La Ducheffe de Gramont furvécut affez longtemps à fon mari, bien qu'elle fût atteinte d'une cruelle maladie qui la faifoit beaucoup fouffrir. Elle mourut le 15 janvier 1756 des fuites d'un cancer, & fut enterrée aux Carmélites de la rue de Grenelle à Paris, où s'étoit retirée fa fille, Madame de Rupelmonde. Elle avoit joui, pendant fon veuvage, de 46,000 livres de rente, & du revenu de fa dot, qui étoit d'un peu plus de 300,000 livres. Elle étoit fille du Maréchal Duc de Biron & de Mademoifelle de Nogent, & après la mort de fon mari, on l'appeloit à la Cour la Ducheffe de Gramont-Biron, pour la diftinguer de fa belle-fille.

De leur mariage étoient nés trois enfans :               Leurs enfans.

1° *Marie-Chrétienne-Chriftine* de Gramont, née en avril 1721 ;

2° *Antoine-Antonin*, né le 19 avril 1722 ;

3° *Antoine-Adrien-Charles*, né le 22 juillet 1726.

La Comteffe de Rupelmonde.

*Marie-Chrétienne-Chriftine*, connue d'abord fous le nom de *Mademoi-felle de Lefparre*, fut fiancée en 1731 & mariée en 1732, à l'âge de onze ans, à *Yves-Marie de Ligne, de Boulogne, de Lens, Comte de Rupelmonde*, né le 22 décembre 1707, Capitaine au Régiment d'Infanterie d'Alface, puis Colonel à la fuite de ce Régiment. Le Comte de Rupelmonde fut nommé le 20 février 1734 Colonel du Régiment d'Infanterie d'Angoumois, & tué en Allemagne l'an 1743 pendant la retraite du Marquis de Ségur, de l'Électorat Palatin. Il étoit fils de *Jean-Philippe-Eugène-François-Jofeph de Ligne, de Boulogne, Comte de Rupelmonde* en Flandres, Maréchal des Camps & Armées du Roi d'Efpagne, & de *Marie-Marguerite-Élifabeth d'Alègre*, fille d'*Yves, Marquis d'Alègre*, Maréchal de France, Chevalier des Ordres du Roi, Gouverneur de Metz & du pays Meffin, & de Jeanne-Françoife de Garrau de Caminade.

La Comteffe de Rupelmonde (Gramont) devint Dame du Palais par fuite de la démiffion de fa belle-mère, Madame de Rupelmonde (Alègre), en juin 1741. Elle jouiffoit à la Cour d'un certain crédit, & y vivoit dans l'intimité du Roi & de la Reine. Dix ans après, en 1751, Madame de Rupelmonde obtint du Roi la permiffion de fe retirer, & de céder fa charge de Dame du Palais à fa belle-fœur, la *Comteffe de Gramont* (née *du Fau*), femme du *Comte Antoine-Adrien-Charles*, dont il fera parlé ci-après. Elle quitta le monde en même temps que la Cour, & entra au couvent des Carmélites de la rue de Grenelle, où elle fit profeffion le 7 octobre de la même année. Ce fut la Reine en perfonne qui lui donna le voile en l'Églife du couvent, & elle prit le nom de fœur Thaïs, Félicité, de la Miféricorde. Elle eft morte dans ce même couvent en 1790. (V. *Pièces & Documens. Annexe N° 44.*)

De 1720 à 1745, la Principauté de Bidache fut adminiftrée par des Gouverneurs, *locum tenentes*, & les trois derniers Ducs Souverains dont nous     Principauté de Bidache, de 1720 à 1745

venons de parler, favoir, le Maréchal Antoine V, Antoine VI & fon frère le
Duc Louis, trouvèrent à peine le temps de vifiter une ou deux fois le château
de Bidache, jadis fi brillant, & déformais facrifié aux habitudes de luxe &
d'intrigues qui retenoient à la Cour de Verfailles la nobleffe de France. Tout
fe concentroit autour du Roi, & en dehors de ce cercle, il n'exiftoit pour
ainfi dire ni grandeur, ni mérite, ni fouvenirs. Tel étoit du moins le fentiment
de la Cour, & fi le pays dans les provinces proteftoit contre un ordre de
chofes auffi illégitime, fa proteftation fe faifoit encore en filence, & fon mécontentement croiffoit dans l'ombre, préparant la réaction terrible qui devoit,
quelques années plus tard, ébranler l'Europe entière.

## XXX.

**Antoine VII**
**(1745-1799) 7ᵉ Duc**
**de Gramont.**

ANTOINE VII, ANTONIN DE GRAMONT, Prince Souverain de
Bidache, Duc de Gramont & Pair de France, Comte d'Aure, Sire de
Lesparre, Comte de Guiche & de Louvigny, Baron de Villeneuve &
Erresty, de Cames, de Sames, de Lérin, de Saint-Pé, de Bardos,
d'Urt, de Jergouey & de Scos, fuccéda à fon père le 11 mai 1745.

Sa naiffance
(1722).
Il eft nommé Duc
de Lefparre (1736).

Il étoit né le 19 avril 1722, & par conféquent âgé de vingt-trois ans.

Il avoit d'abord porté le titre de *Comte de Guiche* jufqu'à l'âge de quatorze ans. En 1736, le Roi le nomma *Duc de Lefparre* par un Brevet Royal,
qui eft aux Archives de la Maifon.

Son mariage avec
fa coufine Mademoi-
felle de Gramont de
Crévant d'Humières
(1739).

Le 1ᵉʳ mars 1739, à dix-fept ans, il époufa fa coufine germaine, Marie-
Louise-Victoire de Gramont, de Crevant d'Humières, fille aînée & héritière
de feu *Antoine VI*, *Louis-Armand*, *Duc de Gramont*, fon oncle, dont il a
été parlé plus haut. Elle étoit auffi héritière, par fa mère, de l'ancien *Duché
d'Humières en Artois*, du *Comté de Mouchy*, & d'autres terres en Picardie.

Au moment de fon mariage, le Duc de Lefparre poffédoit une Compagnie des Gardes-Françoifes; le 19 mars 1740, cette Compagnie fut donnée à
fon frère le Comte de Gramont, & il fut nommé Colonel du Régiment de
Bourdonnois-Infanterie.

Il devient Duc de
Gramont par la mort
de fon père & eft
nommé Brigadier-Gé-
néral (1745).

Le 1ᵉʳ mai 1745, le Duc de Lefparre fut nommé Brigadier-Général, &
dix jours plus tard, il devint Duc de Gramont par la mort de fon père.

Le Roi lui donna, à cette occafion, le Gouvernement du Béarn, qu'avoit eu fon père, & affigna, fur ce Gouvernement, 20,000 livres de penfion à la Ducheffe de Gramont douairière, fa mère, ainfi que 10,000 livres à fon frère le Comte d'After, qui prit alors le nom de Comte de Gramont.

Au commencement de l'année 1746, le Duc de Gramont fit une très grave maladie, qui le conduifit aux portes du tombeau, & dont les fuites durèrent toute fa vie, bien qu'il foit parvenu à un âge très avancé. Il dut quitter le fervice, & fe démit de fon grade au mois de février. Le Régiment des Gardes-Françoifes fut donné au Duc de Biron.

Le 17 feptembre 1746, la Ducheffe accoucha d'un fils, *Louis-Antoine-Armand*, qui reçut le titre de *Comte de Guiche*, & fut plus tard *Duc de Lefparre*.

Deux ans après, jour pour jour, le 17 feptembre 1748, elle eut un fecond fils qui porta le nom de *Marquis d'Humières*, & qui ne vécut que deux ans, étant mort le 14 octobre 1750.

A partir de ce moment, le Duc de Gramont devint, pour fa famille, un fujet de tourment & d'inquiétude. D'une imagination ardente & maladive, il fe lança dans de folles dépenfes, & bien que fa fortune fût très confidérable, tant de fon côté que de celui de fa femme, il en fit un ufage fi déréglé que chacun prévoyoit fa ruine. Retiré de la Cour où il ne paraiffoit plus qu'à de rares intervalles & feulement par néceffité, il s'adonnoit à la mufique & aux repréfentations dramatiques, entouré d'artiftes qu'il entretenoit à grands frais, & négligeant tous les devoirs de fa charge & de fa pofition. Né fous les plus heureux aufpices, héritier de biens confidérables, jouiffant dès fon enfance de toute la confidération qui s'attachoit à fon nom & à la mémoire de fon père, uni à une femme riche, noble & douée de toutes les vertus comme de. toutes les qualités, Antoine-Antonin fut, par fon inconduite, l'auteur de fa propre ruine & de la ruine des fiens. Ne pouvant l'arrêter fur cette pente fatale, la Ducheffe dut faire inventorier & féparer fa fortune de la fienne pour la fauver d'un naufrage, hélas ! trop facile à prévoir. En 1749, le Duc vendoit à des architectes fon hôtel à Paris, qui étoit fitué rue Neuve-Saint-Auguftin, pour une fomme de 450 mille livres, & comme nous le voyons par les comptes de ce temps, il vouloit, par cette vente, s'acquitter envers la Ducheffe d'une dette de 200,000 livres, & employer à fes dépenfes habituelles les 250,000 livres reftant du prix de la vente; mais, comme l'écrit le Duc de Luynes dans fes Mémoires, la Ducheffe lui fit voir qu'il devoit encore 800,000 livres, & elle retint

Naiffance de fon fils aîné le Comte de Guiche, nommé plus tard Duc de Lefparre (1746).

Sa maladie & ses extravagances.

toute la fomme. Deux ans plus tard, toujours preffé par l'excès de fa dépenfe, il vendit encore au Duc de Penthièvre la maifon de Puteaux, conftruite jadis par fon grand-père le Maréchal de Gramont, & qui paffoit à jufte titre pour une des plus jolies réfidences d'été des environs de Paris. Le Maréchal l'avoit bâtie avec un foin & un luxe confidérables; elle étoit toute tapiffée de marbres rares & de glaces d'une grandeur inufitée à cette époqué. C'eft cette même maifon qui avoit été l'objet d'une querelle & d'un procès entre le Duc de Chaulnes & lé Duc de Gramont, qui occupèrent quelque temps la Cour à caufe de la vivacité avec laquelle l'affaire fut pourfuivie de part & d'autre. Il s'agiffoit d'une fervitude de voifinage, & le Duc de Chaulnes épuifa en vain toutes les voies judiciaires pour s'en délivrer. Le litige eft raconté tout au long dans les Mémoires du temps.

Il fe fait recevoir au
Parlement ( 1749).

En 1749, le Duc de Gramont, cédant enfin aux remontrances de toute fa famille, fe décida à procéder à une cérémonie confacrée par l'ufage, & que fon indifférence avoit négligée depuis la mort de fon père; il demanda à être reçu au Parlement & à y prendre place comme Duc & Pair. Sa réception eut lieu le 26 août en compagnie du Duc de Biron, & fes témoins furent le Duc de Gefvres & le Duc de Tallard. Auffitôt après, il retourna à fes habitudes, & on ne le revit plus qu'à de rares occafions, alors qu'il étoit appelé par fon rang à figurer dans quelque cérémonie officielle.

Il affifte à la récep-
tion du Prince de Sou-
bife.

Lifte des Ducs &
Pairs préfents (1752)

C'eft ainfi qu'en 1752, il affiftoit le 31 janvier à la réception au Parlement du Prince de Soubife , qui prenoit féance comme Duc de Rohan-Rohan, ce qui étoit le nom de fon Duché-Pairie.

Les détails de cette féance offrent de l'intérêt, parce qu'ils marquent le rang des Ducs & Pairs préfens alors au Parlement. Ils étoient ainfi placés : le Duc de Gefvres, le Duc de Sully, le Duc de Luynes, le Duc de Briffac, le Duc de Richelieu, le Duc de Rohan (Chabot), le Duc de Luxembourg, le Duc de Gramont, le Duc de Villeroy, le Duc de la Vallière, le Duc de Chaulnes, le Duc de Tallard, le Duc de Brancas, le Duc de Biron, le Duc d'Aiguillon, le Duc de Fleury & le Duc de Belle-Ifle.

Sur ces dix-fept Duchés-Pairies, il y en a aujourd'hui douze qui n'exiftent plus, favoir : ceux de Gefvres, Sully, Luxembourg, Villeroy, La Vallière, Chaulnes, Tallard, Brancas, Biron, Aiguillon, Fleury & Belle-Ifle ; le Duché de Briffac actuel n'eft pas non plus la continuation de l'ancien Duché-Pairie de Briffac, mais un nouveau Duché créé poftérieurement après l'extinction du premier ; en forte qu'il ne refte de nos jours que quatre Duchés-Pairies fur ces dix-fept , favoir : ceux de Luynes, de Richelieu, de Rohan-Chabot & de Gramont. (V. *Pièces & Documens. Annexe* N° 43.)

Le 11 janvier 1756, la Ducheffe de Gramont mourut des fuites d'une maladie qui la tenoit depuis longtemps alitée. C'étoit une femme accomplie, d'une conduite irréprochable & d'une grande piété. Elle n'avoit pas été heureufe avec fon mari, & depuis quelques années ils ne vivoient plus enfemble. Cependant, à la nouvelle du danger qui menaçoit les jours de fa femme, le Duc étoit revenu de la campagne & ils s'étoient réconciliés trois femaines auparavant.

Mort de fa femme, la Ducheffe de Gramont née Gramont (1756).

Son teftament.

La Ducheffe de Gramont avoit trente-trois ans. Nous extrayons de fon teftament les détails fuivans : Elle faifoit M. le Maréchal Duc de Noailles fon exécuteur teftamentaire, & tuteur du Comte de Guiche, fon fils unique, le fecond étant mort, comme nous l'avons dit, en 1750. Le Comte de Guiche étoit fon légataire univerfel & héritoit ainfi d'environ 180,000 livres par an, ainfi que de l'hôtel d'Humières, à Paris. S'il mouroit fans enfans, la moitié des meubles & immeubles étoit donnée au Duc de Gramont fon père, & l'autre moitié au Comte de Gramont fon oncle ; & fi le Duc de Gramont fe remarioit & n'époufoit pas une perfonne de condition & digne de fon rang, la donation en fa faveur étoit annulée, & fa moitié paffoit auffi au Comte de Gramont.

Elle donnoit à fon Intendant qui gouvernoit l'écurie, 1,200 livres de penfion viagère & 1,000 livres argent comptant ; à fon aumônier, 400 livres de rente viagère ; à fon concierge de Verfailles, 400 livres ; à fon maître d'hôtel qui étoit à elle depuis trois ans, trois carroffes & fept chevaux ; à fon cuifinier, 200 livres de rente viagère ; à une femme de charge, 500 livres viager ; à fa première femme de chambre, 2,000 livres argent comptant & toute fa garderobe, y compris la toilette d'argent ; à fa feconde femme de chambre, 300 livres de rente viagère ; à un ancien valet de chambre, 500 livres de rente viagère ; à un nouveau valet de chambre, 400 livres de rente viagère ; au fuiffe, 200 livres viager & à un poftillon 200 livres de rente viagère.

On trouve dans ce teftament la trace des préoccupations que lui caufoit la foibleffe de caractère de fon époux, & de l'affection qu'elle avoit pour fon beau-frère le Comte de Gramont, dont le caractère diftingué & élevé faifoit contrafte avec celui du Duc.

Quatre jours après la mort de la Ducheffe de Gramont, la Ducheffe douairière, née Biron, s'éteignit auffi à la fuite d'une longue maladie, le 15 janvier 1756.

Deux mois plus tard, le Duc de Gramont fut interdit & dut fe démettre du Gouvernement de Béarn, qui fut donné par le Roi à fon frère le Comte de Gramont en avril 1756.

Le 16 août 1759, le Duc Antoine-Antonin, alors âgé de 37 ans, époufa en fecondes noces BÉATRIX DE CHOISEUL-STAINVILLE, Chanoineffe de Remi-remont, fille de *François-Jofeph, Marquis de Stainville*, & de *Marie-Louife de Baffompière*. Elle étoit fœur du *Duc de Choifeul*, Miniftre de la Guerre & des Affaires Étrangères, & du *Maréchal de Stainville*, ci-devant Comman-dant du corps des Grenadiers de France.

Cette union mal affortie dura 34 ans. Il en naquit une fille qui mourut en bas âge.

Il a été mal parlé de cette Ducheffe de Gramont née Choifeul-Stainville, dans certains Mémoires du temps, & il eft convenable pour cette raifon d'en dire ici quelques mots véridiques. Elle avoit été placée dans fa jeuneffe à l'Ab-baye de Remiremont, & comme elle étoit fans fortune perfonnelle, elle y refta Chanoineffe jufqu'à l'âge de vingt-huit ans. Elle en fut tirée par fon frère le Duc de Choifeul, Miniftre du Roi, pour être mariée au Duc de Gramont.

La famille du Duc de Gramont vouloit par ce mariage l'éloigner de la compagnie interlope en laquelle il compromettoit fa fortune & fa confidération, & d'un autre côté le Duc de Choifeul y trouvoit une occafion de tirer fa fœur de l'exil où jufqu'alors elle avoit vécu.

A peine arrivée à la Cour, la nouvelle Ducheffe ne tarda pas à y briller par les qualités exceptionnelles de fon efprit, & elle acquit en peu de temps un grand afcendant fur le Duc de Choifeul fon frère. A cette époque de grandes intrigues &. de médifances fans égales, on s'émut dans les cercles ennemis de cette autorité nouvelle, d'autant plus que le Duc de Choifeul avoit entrepris la tâche ingrate & pour ainfi dire impoffible de réfifter aux caprices des favorites royales. On alla même jufqu'à accufer la Ducheffe d'exploiter dans fon intérêt la pofition de fon frère. Mais comme dit M. de Meil-han dans fes Mémoires, il eft difficile pour celui qui n'a pas vécu en ce temps & en ce milieu « de fe faire une idée jufte de la méchanceté des hommes, de l'art des calomniateurs & de la facilité avec laquelle on ajoute foi aux calomnies. »

Voici le portrait de la Duchesse de Gramont tel qu'il est tracé par cet auteur contemporain.

« La Duchesse de Gramont, par sa conduite mesurée, sa prévoyante sagesse, jointes à un certain ton, à de certaines manières, avoit sans se donner de mouvemens, un ascendant marqué dans la société ; jamais personne n'a joui d'une plus grande considération, & à la mort de son frère, elle n'a pas diminué, ce qui prouve qu'elle étoit indépendante des circonstances. Elle avoit un talent rare dans l'esprit pour exposer une affaire & la présenter sous le jour le plus favorable. Durant le ministère de son frère, elle savoit justifier sa conduite, la faire valoir, lui ramener par ses attentions & par des prévenances de la plus gracieuse simplicité, ceux que la légèreté de son caractère & ses propos, quelquefois indiscrets, aliénoient.

Ses récits étoient attachants, son style simple & naturel. Jamais elle ne montra de prétentions à l'esprit ; renfermée dans la sphère du sien, elle n'en franchissoit point les limites. N'allant pas à la Cour depuis le renvoi de son frère, les gens qui étoient dans la plus grande faveur lui rendoient néanmoins des devoirs empressés, & ambitionnoient son suffrage. Personne n'a été plus fidèle en amitié & plus dévoué à ses amis. On ne vantoit point son esprit, on ne citoit point ce qu'elle disoit ; mais on recouroit à son conseil, on étoit flatté de son approbation, & on avoit la plus grande confiance dans ses lumières. Sa discrétion reconnue lui procuroit une foule de confidences importantes, & personne dans Paris n'étoit aussi exactement instruit de ce qui se passoit de plus secret à la Cour. Sa chambre étoit un centre où tout aboutissoit depuis trente années, & jamais un homme d'une réputation équivoque n'y fut admis.

Lorsque la Révolution éclata, elle fut arrêtée & jetée en prison. La fierté de son caractère se soutint dans ces épreuves ; elle montra à sa mort le plus grand courage & un dévouement héroïque pour son amie la Duchesse du Châtelet. Interrogée au tribunal révolutionnaire, elle n'essaya pas de se justifier. « Il seroit inutile, dit-elle aux juges, que je parlasse de moi ; mais je dois à la vérité de dire que l'on ne peut rien imputer à Madame Du Châtelet, qui n'a jamais pris part aux affaires publiques, qui n'a jamais connu l'esprit de parti, ni participé à aucune intrigue. Il y a des gens aussi innocens qu'elle, mais il n'y en a pas que leur caractère, leur manière de vivre, rendent moins susceptibles d'accusation & de soupçon. »

Ajoutons à ce récit un trait qui prouve la force de son âme & l'élévation de fon caractère. Elle étoit au tribunal de Fouquier-Tinville.— N'as-tu pas, lui dit-on, envoyé de l'argent à des émigrés ?—« J'allois dire que non, répondit-elle, mais ma vie ne vaut pas un menfonge. — » (Mémoires de M. de Meilhan. Collection des Mémoires relatifs à la Révolution françoife, publiés en 1824 par les frères Baudouin.)

La Ducheffe de Gramont fut envoyée à la mort, & périt fur l'échafaud en avril 1794.

S'il faut en croire un récit qui eft mentionné dans plufieurs des écrits de ce temps, & notamment par La Harpe, fa trifte fin lui avoit été prédite par Cazotte d'une façon fort fingulière. Cazotte, qui avoit abjuré les erreurs de fa jeuneffe, avoit, malgré fa grande piété, confervé des relations fuivies avec fes anciens amis, tous plus ou moins célèbres dans le camp de la philofophie & de l'irréligion alors fort en vogue. D'Alembert, La Harpe, étoient du nombre, & fe trouvant un foir les uns & les autres avec des gens de Cour chez la Ducheffe de Gramont, la converfation vint à tomber fur l'avenir, que les uns difoient dans les mains de Dieu & les autres dans les caprices du hafard. Cazotte, feul, ne difoit rien ; mais fon regard fixe fembloit tendu vers un point éloigné, fe contractant comme par un effort pour percer d'épaiffes ténèbres. « Qu'eft-ce donc? Qu'avez-vous ? » lui difoit-on. — « Je vois, » répondoit-il. Ce fut alors un cri général, car on le tenoit pour illuminé, & bien des gens de l'affiftance, incrédules pour les chofes de la foi, étoient le contraire pour les fecondes vues, ainfi qu'il advient fréquemment dans les temps de doute. « Que voyez-vous ? dites-le. » Mais Cazotte ne difoit mot, &, en fin de compte, il demanda à ne plus être interrogé fur ce qu'il avoit vu.

Cependant les inftances ayant continué, il annonça les crimes fanglans des révolutionnaires, & comment il étoit temps pour ceux qui ne croyoient pas de revenir à Dieu, s'ils ne vouloient pas périr dans l'impénitence finale, car ils étoient tous deftinés à mourir de mort violente. « Tous, dit la Ducheffe de Gramont, comment, M. Cazotte, & moi auffi ? »—« Vous, Madame, répondit Cazotte, vous périrez fur l'échafaud de la main des méchans, mais au moins vous aurez le temps de vous reconnoître. Et de plus grandes Dames que vous périront alors de la même manière ; & moi, qui vous parle, je périrai auffi de cette mort. »

On peut fe faire une idée de l'effet que produifit cette prédiction terrible, lancée avec tout l'accent d'une infpiration furnaturelle, au milieu de cette

compagnie en majeure partie riante & légère; & comme vu fon rang & fa
pofition la Ducheffe de Gramont ne le cédoit à aucune des autres Dames de
la Cour, les efprits fe reportèrent naturellement vers la Reine, ce que voyant,
le Duc de Gramont, préfent, intervint pour arrêter les propos & rompre la
foirée, qui fe termina fur cette lugubre impreffion & fit grand bruit au dehors,
malgré le foin qu'on prit de l'étouffer.

La plupart des perfonnes préfentes à cette foirée tombèrent en effet victimes des fureurs révolutionnaires, & Cazotte lui-même périt fur l'échafaud
le 25 feptembre 1792.

Quant à La Harpe, qui en a donné le récit, il fut arrêté en 1794 malgré
fes proteftations patriotiques & fe convertit à la religion dans fa prifon.
Profcrit au 18 fructidor, il échappa à fes perfécuteurs en fe cachant, & vécut
jufqu'en 1803, écrivant fur des fujets religieux.

Bien que l'anecdote de la prophétie de Cazotte foit confidérée pour apo-
cryphe par un certain nombre de perfonnes, elle fit trop de bruit en fon
temps, & elle a été trop racontée dans les Mémoires pour ne pas la mentionner.

L'an 1763, le *Comte de Guiche* reçut du Roi le titre de *Duc de Lefparre*,
&, la même année, il époufa, le 24 juin, fa coufine, *Philippine-Louife-
Catherine de Noailles*, fille du *Duc de Noailles*. Le Duc & la Ducheffe de
Lefparre vivoient à Touloufe; ils n'eurent point d'enfans. Le Duc de Lefparre
mourut en 1790, à quarante-quatre ans, du vivant de fon père, & fa femme
un an plus tard à Paris en 1791. C'étoit au cœur de la Révolution & prefque
toute la nobleffe de France étoit dans l'exil ou dans les cachots. L'obfcurité
& l'oubli pouvoient feuls fauver de la mort ceux qui portoient un nom connu
& qui n'avoient pas émigré. C'eft ainfi que s'éteignit cette branche de la Maifon de Gramont.

Quant au vieux Duc Antoine-Antonin, alors âgé de foixante-quatorze
ans, il continuoit à vivre à peu près dans l'enfance, retiré à la campagne,
dépouillé de fes titres & de fes charges, oublié, inconnu, & ayant réuffi à
fauver quelques débris de fa fortune, grâce à la tutelle d'une troifième femme,
Mademoifelle Du Merle, qu'il avoit époufée en 1794, à foixante-onze ans.
Mademoifelle Du Merle étoit d'une bonne famille, & d'un âge déjà avancé
lorfqu'elle fe maria; elle fut, par fes foins & fa vigilance, empêcher la ruine
& peut-être la mort d'Antoine-Antonin, qui vécut avec elle en Normandie

*Mariage du Duc de Lefparre avec Mademoifelle de Noailles.*

*Il mourut fans enfans.*

*Troifième mariage d'Antoine VII avec Mademoifelle du Merle, après la mort de la Ducheffe de Gramont née de Choifeul.*

*(1794).*

Mort d'Antoine VII
(1799).

jufqu'en 1799. Il n'en eut point d'enfans, & lui laiffa tous fes biens, ainfi que ceux dont il avoit hérité de fon fils. Elle mourut fous l'Empire dans un âge avancé. C'eft à cette Dame que la famille doit d'avoir confervé plufieurs tableaux des ancêtres, ainfi que des documens intéreffans qu'elle eft parvenue à fouftraire au pillage des révolutionnaires. Quant à la fortune, elle fuivit le deftin de tant d'autres qui ont difparu alors, & il feroit inutile de retracer ici les actions coupables qui la détournèrent de fes héritiers légitimes; il vaut mieux laiffer au temps le foin d'en effacer le fouvenir.

On trouvera parmi les Documens annexés un état des fiefs & Domaines du Duc de Gramont dreffé en l'année 1774. (V. *Pièces & Documens. Annexe* N° 45.)

Fin de la Souveraineté
de Bidache (1793).

Malgré le défordre dans lequel avoit vécu le Duc Antoine-Antonin, la Principauté de Bidache, dont fon frère le Comte de Gramont furveilloit le Gouvernement, avoit été adminiftrée avec d'autant plus de régularité que fon éloignement la protégeoit contre les extravagances du Duc. La Souveraineté des Gramont s'éteignit par l'annexion de la Principauté au territoire de la République françoife. Elle avoit duré près de fix fiècles, depuis l'an 1205 jufqu'à la révolution de 1789. Les droits Régaliens des Souverains féculaires furent anéantis comme les droits féodaux des autres Seigneurs, & il ne refta comme fouvenir de la Souveraineté que les propriétés perfonnelles qui n'a- voient jamais été affermées. En 1794, l'État s'empara du Château de Bidache pour y établir un hôpital militaire; & en 1796, l'incendie réduifit en ruines l'antique réfidence de la famille.

Il nous faut maintenant retourner à l'an 1726 pour parler du Comte de Gramont, frère du Duc, dont la defcendance étoit appelée à remplacer, comme branche aînée, celle qui s'éteignoit en la perfonne d'Antoine-Antonin.

# CHAPITRE XVII

A NTOINE-ADRIEN-CHARLES DE GRAMONT, frère cadet du *Duc-Antoine-Antonin*, & fils du *Duc Louis de Gramont*, tué à Fontenoy, à la tête des Gardes-Françoises, étoit né le 22 juillet 1726. Il eut pour parrain *Adrien-Maurice, Duc de Noailles*, & pour Marraine sa Grand'Tante, *Catherine-Charlotte de Gramont*, veuve du *Maréchal Duc de Boufflers*.

Il reçut en naissant le titre de COMTE D'ASTER ou de GRAMONT D'ASTER, qu'il porta jusqu'à la mort de son père en 1745, après laquelle il prit le titre de COMTE DE GRAMONT.

Au mois de mars 1740, son frère, alors *Duc de Lesparre*, ayant été nommé Colonel, il le remplaça comme Capitaine d'une compagnie dans le

*Antoine-Adrien-Charles , [Comte de Gramont, second fils du Duc Louis (1726-1762).*

Régiment des Gardes-Françoifes, & prit part en cette qualité aux faits d'armes & aux campagnes où figurèrent les Gardes. Il avoit alors 14 ans, & déjà il avoit fu conquérir l'eftime & l'affection de fes chefs par fa valeur militaire & l'entente qu'il marquoit pour les chofes de la guerre.

L'an 1744, une vacance ayant eu lieu dans le Régiment des Gardes par la retraite de M. de Varennes, Lieutenant-Colonel, le Comte d'After fut nommé Major, avec l'agrément du Roi de vendre fa compagnie, ce qu'il fit pour 80,000 livres.

Colonel de Régiment de Hainaut (1745) à la bataille de Fontenoy.

Un an après, le 1er mai 1745 , il fut fait Colonel du Régiment de Hainaut-Infanterie. Il étoit auprès de fon père le Duc Louis à la bataille de Fontenoy, lorfqu'un boulet mit fin à fes jours, & on s'accordoit, tant à l'armée qu'à la Cour, à voir en lui le digne héritier des vertus guerrières de ce dernier. Son caractère formoit un contrafte frappant avec celui de fon frère aîné; autant le Duc de Lefparre étoit infouciant, frivole & déréglé, autant le Comte d'After étoit férieux & ordonné dans fa conduite, voué pour ainfi dire exclufivement aux devoirs de fa profeffion où il s'étoit acquis une jufte renommée de courage & de favoir. A la mort de fon père, il prit, ainfi que nous l'avons déjà dit, le nom de Comte de Gramont, & reçut du Roi 10,000 livres de rente annuelle à valoir fur le Gouvernement de Béarn donné à fon frère aîné.

Le 20 mars 1747, le Comte de Gramont fut nommé Brigadier général, & le 1er janvier 1748, Menin de Monfeigneur le Dauphin, ainfi que Colonel-Lieutenant du Régiment de ce Prince, dit Dauphin-Infanterie.

Son mariage avec Mademoifelle de Faoucq (1748).

La même année 15 mai 1748, il époufa MARIE-LOUISE-SOPHIE DE FAOUCQ, vulgairement de FAO, fille unique de *Guy Étienne-Alexandre de Faoucq, Marquis de Garnetot,* Meftre de Camp de Cavalerie & Sous-Lieutenant des Chevau-Légers de Bretagne, mort le 16 mai 1734, âgé de 37 ans, & de *Charlotte-Sophie de Sonning.* Elle étoit petite-fille de *Guy de Faoucq,* Confeiller au Parlement de Rouen en 1695, & de *Marie-Louife de Houllers.* Le contrat avoit été figné par le Roi à Verfailles , le 28 avril précédent, & Mademoifelle de Faoucq reçut de fa famille 35,000 livres de rente en dot. Quatre jours après le mariage, la Comteffe de Gramont fut fuivant l'ufage préfentée à la Cour par fa belle-mère la Ducheffe de Gramont, Douairière, née Biron.

La Comteffe de Gramont, Dame du Palais (1751).

Elle y plut par fon efprit & fes manières, bien qu'elle ne fût pas jolie, & en 1751 elle remplaça comme Dame du Palais fa belle-fœur la Comteffe de Rupelmonde, qui avoit pris le voile au couvent des Carmélites.

De ce mariage font nés :

1° Geneviève de Gramont, née le 28 janvier 1750;

2° Un fils né en 1752, mort en 1759, qui porta le nom de Comte d'Aster;

3° *Antoine - Louis - Marie* de Gramont, *Comte de Louvigny*, né le 17 août 1755, qui fuit;

4° *Antoine-François* de Gramont, *Comte de Gramont d'Aster*, né le 1er septembre 1758.

La charge de Menin qu'avoit le Comte de Gramont, & celle de Dame du Palais que rempliffoit la Comteffe, les retenoient à la Cour, & le Comte ne s'en éloignoit que pour fon fervice à l'armée. En 1756, fon frère aîné ayant été interdit, il reçut le Gouvernement de Béarn, & à partir de cette époque il alternoit fa réfidence entre Verfailles & Bayonne, remplaçant auffi fon frère dans le Gouvernement de la Principauté de Bidache. Il commandoit auffi toutes les troupes de la partie de la Guyenne qui étoit dans la Généralité d'Auch, le commandement fupérieur de toute la Guyenne étant alors donné à M. de Langeron, Lieutenant-Général.

Nommé Maréchal de Camp, le 1er mai 1758, le Comte de Gramont, alors âgé de 32 ans, fut atteint d'une maladie qui le conduifit lentement au tombeau, après quatre années de fouffrances continuelles, & il mourut à 36 ans, le 22 feptembre 1762, à Bayonne, qui étoit le fiége de fon commandement.

Sa perte fut vivement reffentie à la Cour, où il étoit fort apprécié, & ce fut un grand malheur pour la famille, car, depuis l'interdiction de fon frère, il en étoit devenu le véritable chef.

La Comteffe de Gramont lui furvécut longtemps, aimée & eftimée de tous ceux qui la connaiffoient. Elle émigra en Allemagne en 1792, & mourut à Brunfwick, le 2 novembre 1798, dans un âge très avancé.

Leurs deux fils font la fouche des deux branches de la Maifon de Gramont qui exiftent aujourd'hui, & nous y reviendrons ci-après.

Leur fille, *Geneviève de Gramont*, née le 28 janvier 1750, époufa le 26 janvier 1766, *Charles-Pierre-Hyacinthe*, *Comte d'Offun*, fils de *Pierre-Paul*, *Comte d'Offun*, Ambaffadeur du Roi à Naples & à Madrid, près du Roi d'Efpagne Charles III, Grand d'Efpagne de 1re claffe, avec tranfmiffion héréditaire par la ligne féminine, Chevalier de l'Ordre de la Toifon d'or, Miniftre d'État, Lieutenant-Général, auteur & fignataire du Pacte de famille

38

entre les Bourbons de France & les Bourbons d'Efpagne, & de *Louife-Thérèfe Hocquart de Montfermeil*. Les chefs de cette ancienne & illuftre maifon étoient Seigneurs de la vallée & de la ville d'Offun en Béarn au pied des Pyrénées, remarquable par fon induftrie, fon opulence & l'intelligence de fes habitans.

De ce mariage font nés :

La Ducheffe de La Force, née d'Offun.

1° *Sophie-Pauline d'Offun*, Grande d'Efpagne, mariée le 11 mai 1784 à *Louif-Jofeph-Nompar de Caumont , Duc de La Force*. Elle mourut veuve & fans enfans le 31 décembre 1845;

2° Un garçon mort en bas âge.

Le Comte d'Offun eft mort à Saint-Domingue en 1790.

La Comteffe d'Offun avoit été Dame de Madame, & la Reine Marie-Antoinette l'avoit nommée fa Dame d'atours en 1785. Elle eft morte à Paris en juillet 1794, victime de fon dévouement. La Reine ayant témoigné le défir de la revoir, elle n'avoit pas héfité à rentrer en France, bien qu'elle prévît le fort qui l'attendoit. Arrêtée après le 10 août de la même année, elle périt fur l'échafaud la veille du jour où une réaction fit ceffer, par la mort de Robefpierre, les nombreufes exécutions du Tribunal révolutionnaire.

Antoine-François, 2° Comte de Gramont d'After (1758-1795).

*Antoine-François de Gramont, Comte de Gramont d'After*, né le 1er septembre 1758, fecond fils du Comte de Gramont, *Antoine-Adrien*, eft la fouche de la branche cadette de la maifon de Gramont.

En 1782, c'eft-à-dire à vingt-quatre ans, il commandoit comme Colonel en fecond le Régiment de Royal-Dragons, & en 1788, il fut nommé Colonel-Commandant du Régiment du Roi dans la même arme.

Il avoit époufé, en 1781, *Gabrielle-Charlotte-Eugénie de Boifgelin*, & eft mort en émigration à Londres, au mois de mars 1795, à trente-fept ans. La Comteffe de Gramont, fa veûve, prit l'habit de religieufe, & fit profeffion dans l'Ordre des Dames du Sacré-Cœur.

De ce mariage font nés :

Ses enfans.

1° *Antoine-Louis-Raimond-Geneviève* de Gramont, *Comte de Gra-mont d'After* qui fuit, & continua la branche cadette ;

2° *Antoinette-Sainte-Eugénie-Cornélie* de Gramont, née le 10 feptem-bre 1788, qui prit le voile comme fa mère, & fe fit Religieufe dans l'Ordre des Dames du Sacré-Cœur, où elle fut élue Supérieure de la Maifon de Paris;

3° *Antoinette-Jeanne* de Gramont, née en 1792, qui prit le voile comme fa mère & fa fœur, & fe fit Religieufe dans le même Ordre des Dames du

Sacré-Cœur. Elle fut élue supérieure de la Maifon de l'ordre au Mans.

*Antoine-Louis-Raimond-Geneviève* de Gramont, *Comte de Gramont d'After*, fils d'*Antoine-François*, eft né le 4 mai 1787.

Revenu en France après la mort de fon père, il entra au fervice à l'âge de vingt-deux ans dans le 30ᵐᵉ Régiment de Dragons, fe diftingua à la bataille de Raab en 1809, & fut fait officier dans ce même Régiment, où il s'étoit engagé comme volontaire.

Le Général Comte de Grouchy l'attacha à fon État-Major, & il fit plufieurs campagnes en qualité de fon Aide de Camp. Grièvement bleffé par un bifcaïen à la bataille de la Mofkowa, près de la redoute de ce nom, où périrent tant de braves, il y reçut le grade de Lieutenant & la croix de la Légion d'honneur. Il fe fit également remarquer par fon courage & fon énergie pendant la défaftreufe retraite de 1812; mais les fuites de fa bleffure le forcèrent à quitter l'armée.

Lors des événemens de 1814, le Comte de Gramont d'After fut choifi pour porter à Louis XVIII la nouvelle du rétabliffement de fa Maifon fur le trône de France. Le Roi lui conféra à cette occafion le grade de Colonel, & le défigna pour faire partie de l'efcorte qui devoit l'accompagner à Paris. Il entra enfuite avec fon grade dans la Compagnie des Gardes-du-Corps, dite Compagnie de Gramont, dont fon oncle le Duc de Gramont étoit le chef.

En 1815, il fut chargé de préfider le collège électoral des Baffes-Pyrénées & fut nommé Député de ce Département à une majorité voifine de l'unanimité.

Il commanda fucceffivement les Légions des Baffes-Pyrénées & des Bouches-du-Rhône, fut nommé Chevalier de Saint-Louis en 1817 & élevé par ordonnance Royale du 6 mars 1819 à la dignité de Pair de France.

Nommé à la fin de l'année 1824 au commandement du 49ᵉ Régiment d'Infanterie de ligne, en garnifon à la Martinique, il rejoignit ce corps & peu de jours après fon arrivée mourut de la fièvre jaune, le 26 juillet 1825. Cette maladie contagieufe s'étant déclarée dans la portion de fon Régiment qui occupoit le Fort-Royal, il voulut donner l'exemple d'un courageux dévouement, s'y renferma avec fes foldats pour les faire foigner fous fes yeux & fuccomba peu de jours après, victime de fon zèle. Son éloge funèbre a été prononcé à la tribune de la Chambre des Pairs, dans la féance du 3 avril 1825, par fon oncle le Duc de Gramont.

Antoine Louis Raimond Geneviève, 3ᵉ Comte de Gramont d'After (1787-1795-1825).

Il eft nommé Pair de France (1819).

Sa mort (1825).

Il avoit épousé Mademoiselle *Amable de Catelan*, morte à Bagnères le 25 août 1841.

De ce mariage sont nés :

1° *Antoinette - Claire - Amélie - Gabrielle - Corisandre* de Gramont, mariée à *Roger-Gabéléon, Comte de Salmour* en Piémont, Sénateur du Royaume d'Italie, & décédée sans enfans ;

2° *Antoine-Eugène-Amable-Stanislas-Agénor* de Gramont, qui suit ;

3° *Thérèse* de Gramont, née le 23 juin 1815, mariée le 2 juillet 1835 à *Gustave, Marquis Dadvisard de Talairand*. Le Marquis & la Marquise Dadvisard habitent Toulouse & ont deux enfans :

Amable Dadvisart, né le 16 avril 1836 ;

Geneviève Dadvisart, née le 8 mars 1838 & mariée le 18 Avril 1859 à Oswald, Baron de Rascas de Châteauredon. Le Baron & la Baronne de Rascas de Châteauredon ont trois enfans, savoir :

Roger de Rascas de Châteauredon, né le 8 juillet 1860 ;

Yvonne de Rascas de Châteauredon, née le 16 février 1862 ;

Amable de Rascas de Châteauredon, né le 26 novembre 1866.

4° *Antoinette-Marie-Madeleine-Amable-Amélie* de Gramont, mariée le 17 mars 1840 à *Edmond-Jean-Guillaume, Comte Gravier de Vergennes*, second fils d'Alexandre-Anne-Jean, Marquis de Vergennes, & de Marie Quatresoux de la Motte de Chency, Marquise de Vergennes. De ce mariage sont nés :

Jeanne-Marie-Henriette de Vergennes, née à Paris, le 12 octobre 1841, mariée le 28 décembre 1866 à Henri-Jean Petit de Touteuille ;

Paul-Jean, Vicomte de Vergennes, né le 14 décembre 1852, Sous-Lieutenant au 6ᵉ Régiment de Chasseurs & mort devant l'ennemi pendant la guerre de 1870 ;

Pierre-Jean-Léopold-Gabriel de Vergennes, né le 13 septembre 1853 ;

*Antoine-Eugène-Amable-Stanislas-Agénor* de Gramont, déjà nommé, d'abord *Vicomte de Gramont d'Aster*, devint *Comte de Gramont d'Aster* & Pair de France à la mort de son père en 1825.

Il est né le 8 mars 1814, & a pris son siége à la Chambre des Pairs en 1839, à l'âge de 25 ans ; la loi de 1830, qui avoit aboli l'hérédité de la Pairie ayant réservé les droits de succession ouverts avant sa promulgation. Il a servi dans la diplomatie & a fait partie de diverses ambassades. En 1839, il

étoit Secrétaire d'Ambaffade à Londres, fous les ordres du Maréchal Sébaftiani. Il quitta le fervice au moment où il entra à la Chambre des Pairs, &
époufa en 1843 Mademoifelle *Coralie Durand* qui mourut peu de temps après
fon mariage, lui ayant donné un fils :

Antoine de Gramont, *Vicomte de Gramont d'After,* né le 3 décembre 1846.

Le Comte de Gramont d'After eft le chef de la feconde branche de la
Maifon de Gramont & le coufin iffu de germain du Duc de Gramont.

— Revenons maintenant à la branche aînée iffue du frère aîné du Comte
Antoine-François, dont nous venons de donner la defcendance.

## XXXI.

ANTOINE VIII, LOUIS-MARIE, Duc de Gramont, Prince de Bidache, Comte d'Aure & de Louvigny, Baron de Cames, de Saint-Pé, de Bardos
& d'Urt, &c., &c. ; Duc & Pair de France, Chevalier des Ordres du Roi,
Lieutenant-Général & Capitaine des Gardes-du-Corps du Roi de la Compagnie
dite de Gramont, fils aîné du *Comte de Gramont, Adrien-Charles,* fuccéda
comme chef de la Maifon à fon oncle le Duc de Gramont, *Antoine VII,
Antonin,* mort en 1799, lequel comme on l'a vu plus haut avoit furvécu à fon
fils le *Duc de Lefparre,* décédé fans enfans en 1796.

Antoine VIII Louis-Marie de Gramont, né le 17 août 1755, porta dès
fon enfance le nom & le titre de *Comte de Louvigny,* ce Comté fitué dans le
pays de Soûle étant un des fiefs de la Maifon. Son inftruction & fon éducation
furent confiées aux foins de M. François de Cacault, homme d'un efprit diftingué, qui devint plus tard Miniftre Plénipotentiaire de la République Françoife à Rome en 1800, & rendit d'éminens fervices lors des négociations du
Concordat.

A la mort de fon père en 1762, le *Comte de Louvigny* prit le nom de
*Comte de Gramont,* & plus tard, en 1779, il fut autorifé par le Roi à porter le
titre de *Duc de Guiche,* qu'il conferva jufqu'en 1799, où il devint *Duc de
Gramont.*

Entré au fervice en 1772, à l'âge de 17 ans, dans le Régiment Royal-Pié-

Son fils Antoine, Vi-
comte de Gramont
d'After (1846).

Antoine VIII, 8ᵉ Duc
de Gramont ( 1755-
1799-1836).

Il commence par
porter le titre de Com-
te de Louvigny.

Comte de Gramont
en 1762.

Duc de Guiche
en 1779.

mont, Cavalerie, il fut fait Capitaine dans le même régiment en avril 1774.

Colonel en 1778 &
Capitaine des Gardes-
du-Corps.

En décembre 1778, il fut nommé Colonel en second du Régiment de la Reine-Infanterie, & Capitaine des Gardes-du-Corps, en survivance de M. le Duc de Villeroy, le 25 juin 1779.

Préside les États du
Béarn en 1784.

Nommé Colonel-Commandant du Régiment des Dragons de la Reine, en 1784, le Duc de Guiche fut chargé la même année par le Roi d'aller présider les États de Béarn rassemblés à Pau, & il s'acquitta de cette mission de manière à mériter les éloges de son Souverain, & à laisser dans le pays d'honorables souvenirs.

Il fut reçu Chevalier de Saint-Louis en 1788. En 1789, il commandoit la Cornette des Gardes-du-Corps à Versailles, aux journées mémorables du cinq & six octobre. Cerné de tous côtés par une populace irritée & menaçante, il n'hésita pas, pour se porter à la défense du Palais, à descendre à cheval avec ses gardes ce grand escalier de Versailles, si connu pour son élévation, & qui fait face à la pièce d'eau dite des Suisses.

Maréchal de Camp
en 1793.

En 1791 & 1792 il commanda la Maison du Roi, réunie en émigration, y fut nommé Maréchal de Camp en 1793, & servit en cette qualité à l'armée de Condé en 1796. La Maison du Roi ayant été licenciée, il vécut quelque temps en Autriche, privé de sa fortune & pour ainsi dire sans ressources, comme la plupart des émigrés, & après la mort de Louis XVI & de Louis XVII, il fut appelé auprès du Roi Louis XVIII en qualité de Capitaine des Gardes.

Il ne quitta plus le Roi depuis ce jour jusqu'à sa mort, honoré de son estime & de son amitié la plus intime. Il étoit près de lui à Dillingen en 1796, au moment où l'on attenta à ses jours par un coup de feu qui l'atteignit à la tête. « Ah! Sire, s'écria le Duc de Guiche, une ligne plus bas & vous étiez perdu. » — « Eh! bien mon ami, reprit le Roi, une ligne plus bas & le Roi de France s'appeloit Charles X; » puis essuyant sa figure sur laquelle ruisseloit le sang de la blessure, le Roi ne pensoit qu'à rassurer ceux qu'avoit attirés autour de lui la détonation du pistolet & à recommander d'épargner l'assassin.

Duc de Gramont
en 1799.

Devenu Duc de Gramont par la mort de son oncle, Antoine VIII accompagna Louis XVIII à Mittau en Courlandes, où il rencontra Sa Majesté l'Empereur de Russie Paul Ier, alors Grand-Maître de l'Ordre de Saint-Jean-de-Jérusalem, qui lui conféra dans cet Ordre la dignité de Commandeur.

Sacrifiant à son dévouement & à sa fidélité au Roi toute autre considération, le Duc de Gramont ne profita pas de la loi qui autorifoit les émigrés à rentrer en France & par fuite dans une partie de leurs biens ; il partagea jufqu'à la fin l'exil des Princes, revint avec Louis XVIII en 1814 & reprit auprès de lui les mêmes fonctions de Capitaine des Gardes qu'il avoit précédemment exercées fous Louis XVI & qu'il continua fous Charles X, jufqu'à la feconde Révolution de 1830.

Son ancienneté dans le grade de Maréchal de Camp le fit comprendre en 1815 dans la première promotion de Lieutenant-Généraux, & il reprit à la Chambre des Pairs le rang que fes ancêtres y avoient occupé héréditairement comme Ducs & Pairs du Royaume. A cette occafion, il fe produifit une conteftation dans laquelle il finit par faire reconnoître la jufteffe de fes réclamations.

La couronne ayant rétabli l'ancienne Pairie pour en faire conformément à la nouvelle Charte un des trois pouvoirs de l'État, un décret Royal avoit appelé à la Chambre plufieurs nouveaux Pairs, & dans cette première création avoit placé en tête de la lifte les noms des repréfentans des anciens Duchés-Pairies, fuivant leur ordre primitif. Il en réfultoit que chacun d'eux étoit ainfi réputé de nouvelle création par la grâce du Roi régnant, ce qui étoit en contradiction manifefte avec tous les actes du Roi, car Louis XVIII pofant en principe la non-interruption de fes droits héréditaires, fe difoit officiellement dans la 19° année de fon règne.

Le Duc de Gramont ayant reçu ampliation du décret Royal qui l'appeloit à la Pairie, refufa de l'accepter, arguant que fi les droits héréditaires du Souverain n'avoient pas fubi d'interruption par le fait de la Révolution, les droits héréditaires femblables des Ducs & Pairs du Royaume avoient eu le même fort. En conféquence, il entendoit fe rendre à la Chambre des Pairs en vertu de ce droit & tenant à la main les lettres de 1643 qui avoient inftitué le Duché-Pairie de Gramont. Cette proteftation étoit fans réplique, les autres Ducs & Pairs, dont le nombre étoit fort reftreint, par fuite d'extinction, s'y affocièrent, & malgré le refus d'acceptation du décret Royal ils fiégèrent à la Chambre.

La même année, le Duc de Gramont fut nommé Gouverneur de la onzième Divifion Militaire, & reçut la Légion d'honneur qui avoit été confervée par Louis XVIII concurremment avec l'Ordre militaire de Saint-Louis.

Au premier Chapitre de l'Ordre du Saint-Efprit & de Saint-Michel, tenu par le Roi dans la chapelle du Château des Tuileries le 30 feptembre 1820,

Lieutenant-Général (1815). Il prend fon fiége à la Chambre des Pairs

Il eft nommé Gouverneur de la onzième divifion militaire.

Reçoit le collier du Saint-Efprit (1820).

le Duc de Gramont fut reçu Chevalier des Ordres dont il avoit été depuis longtemps déjà autorifé à porter les infignes.

Ambaffadeur à Londres, pour le couronnement de Georges IV (1821).

Au mois de juillet 1821, il fut choifi par le Roi pour affifter en qualité d'Ambaffadeur Extraordinaire au couronnement de Georges IV, Roi d'Angleterre, & il repréfenta dignement la France dans cette honorable miffion.

Mort de Louis XVIII.

Le 16 feptembre 1824, il étoit de fervice auprès du Roi Louis XVIII, quand la mort vint frapper ce Monarque éclairé qui s'étoit montré auffi fage dans la profpérité qu'il avoit été digne & réfigné dans l'adverfité.

Il y avoit quatre Compagnies des Gardes-du-Corps du Roi qui portoient le nom de leurs Capitaines, favoir : la Compagnie de Gramont commandée par le Duc de Gramont, celle de Noailles commandée par le Duc de Mouchy, dont le nom de famille eft Noailles, celle d'Havré commandée par le Duc d'Havré, qui eft le même nom que Cruffol, & la Compagnie de Luxembourg commandée par le Duc de Luxembourg, qui eft de la Maifon de Montmorency. Les Compagnies faifoient le fervice auprès du Roi par quartiers ou trimeftres, & pendant le quartier le Capitaine des Gardes habitoit la réfidence Royale & ne quittoit jamais le Roi, prenant toujours place près de lui. Les fimples gardes étoient officiers & les officiers de la Compagnie avoient des grades fupérieurs. Quand elles n'étoient pas de fervice, les Compagnies étoient cafernées dans les environs de Paris; la Compagnie de Gramont l'étoit à Saint-Germain-en-Laye, dans ces vaftes bâtimens qui fervent aujourd'hui aux Régimens de cavalerie, & le Duc de Gramont habitoit fur la place Royale un pavillon en face de la caferne qu'il avoit embelli & entouré d'une fuperbe collection de fleurs, dont il étoit grand connoiffeur & grand amateur. Bien que ce bâtiment appartînt en partie à l'État, il en conferva la jouiffance jufqu'à la fin de fa vie.

A la mort du Roi, il étoit d'ufage à la Cour de France que toutes les charges s'éteignoient avec le Souverain & devoient pour continuer être créées à nouveau par le Roi fuccédant. C'eft ce qui arriva pour le Duc de Gramont qui fut Capitaine des Gardes de S. M. Charles X comme il l'avoit été des Rois Louis XVI & Louis XVIII.

Après la Révolution de 1830, le Duc de Gramont, trop vieux pour reprendre le chemin de l'exil, rentra complétement dans la vie privée & il vécut encore fix ans, entouré de fa famille & de fes nombreux amis. C'étoit un homme d'un commerce fûr, fidèle & agréable, ferme & loyal dans fes principes, ne tranfigeant pas avec fes devoirs, mais indulgent pour les autres, & plein d'aménité dans fes rapports fociaux; un de ces caractères qui traverfent le temps fans fe créer des ennemis, & qui ne laiffent derrière eux que de bons fouvenirs.

Il mourut à Paris le 28 août 1836. Son corps fut tranfporté à Bidache, où il eft inhumé près de fes ancêtres, dans l'Églife de Bidache, l'ancienne Principauté de la Maifon de Gramont dont la Souveraineté avoit été médiatifée en 1789.

Sa mort (1836).

Il avoit époufé, le 11 juillet 1780, LOUISE-FRANÇOISE-GABRIELLE-AGLAÉ DE POLIGNAC, fille d'*Armand-Jules, Duc de Polignac*, & de *Martine de Polaftron* née à Paris le 7 mai 1768. Elle eft morte en exil le 3o mars 18o3, au Château d'*Holyrood* à *Edimbourg* en Écoffe, âgée de 35 ans, & fon corps fut dépofé dans le caveau de l'antique chapelle de cette réfidence des Stuarts, Rois d'Écoffe.

La Ducheffe de Guiche fa femme, née Polignac.

Elle avoit exprimé dans fon teftament le vœu d'être rendue à fa Patrie auffitôt que les circonftances permettroient que fon corps ne reftât plus dépofé en terre étrangère. En conféquence, le Duc de Gramont s'étant procuré une lettre du Secrétaire d'État, Miniftre de l'Intérieur, Sir Robert Peel, adreffée au Lord Prévôt de la ville d'Edinburgh, ce Magiftrat fit procéder à l'exhumation des reftes de la Ducheffe de Gramont, & les fit remettre, avec de grands égards, à la perfonne députée par le Duc de Gramont pour les recevoir.

Le 25 octobre 1825, Monfieur le Duc d'Hamilton, Gouverneur du Palais Royal d'Holyrood & allié de la Maifon de Gramont, fit convoquer pour cette cérémonie les Magiftrats de la ville, le Lord Avocat, le Lord Chief Baron & un grand nombre de perfonnages diftingués, & en leur préfence, Sir Henri Jardine, Officier du Roi de la Baguette blanche, accompagné de Sir Patrick Walker & de Monfieur Longmore, Huiffiers de la Cour, fit ouvrir le caveau Royal où avoit été dépofé le corps de la Ducheffe de Gramont, d'où il fut enlevé & placé dans un fecond cercueil en bois de chêne, recouvert en velours cramoifi & aux armes de la famille. Il fut auffitôt tranfporté jufqu'au port de Newhaven, où le Capitaine de Portzamparre, commandant un Sloop de guerre de la Marine Royale Françoife, envoyé par ordre du Roi, le reçut à fon bord & conduifit ce dépôt funéraire à Bayonne, pour de là remonter l'Adour & être rendu à la fépulture de famille, dans les caveaux de l'Églife Paroiffiale de Bidache.

La Ducheffe de Gramont, plus connue de fes contemporains fous le nom de Ducheffe de Guiche qu'elle avoit porté jufqu'en 1799, étoit réputée une des plus jolies femmes de fon temps. Quoique d'une taille au-deffous de la moyenne, elle attiroit les regards par le charme de fa phyfionomie & la nobleffe de fon maintien. Les fonctions de la Ducheffe de Polignac fa mère, Gouvernante des Enfans de France, & celles de fon père le Duc de Polignac, Premier Écuyer de la Reine, l'avoient retenue à la Cour depuis fon enfance ; la diftinction de fon efprit & de fes manières lui avoit gagné toùs les cœurs, & la Reine Marie-Antoinette l'honoroit d'une amitié toute particulière. Après la mort de cette infortunée Princeffe, elle reporta fur la famille Royale toute l'affection qu'elle avoit vouée à fa Souveraine, & fuivit partout les Princes dans leur exil. Appelée auprès de Madame de Provence, époufe de Louis XVIII, elle paffa plufieurs années dans l'intimité de cette Princeffe.

Miffion fecrète de la Ducheffe de Guiche auprès du Premier Conful.

A cette époque, Monfieur le Comte d'Artois (depuis Charles X) lui confia une miffion fecrète d'une grande importance. Il s'agiffoit en effet d'entrer en pourparlers avec le Premier Conful. N'écoutant que fon zèle & fon dévouement, la Ducheffe de Gramont fe rendit à Paris, eut plufieurs entrevues avec Fouché, Miniftre de la Police, & par l'influence de Madame Bonaparte (l'Impératrice Joféphine) qu'elle avoit connue avant la Révolution, obtint à la Malmaifon une audience du Premier Conful. Elle s'acquitta près de lui de fa miffion délicate, avec un courage, une fermeté & une préfence d'efprit qui lui firent honneur & que l'Empereur Napoléon fe plut à reconnoître quand il en parla à fes Miniftres. La Ducheffe de Gramont a laiffé de çe voyage un modefte récit qui eft digne d'intérêt & qui fait reffortir les qualités éminentes de fon caractère. Elle revint auffitôt après à Édimbourg auprès de la famille Royale, & à peine arrivée, y mourut fubitement à l'âge de 35 ans.

Le Duc de Gramont avoit réuni à fon retour en France les débris de la fortune de fes aïeux, dont la plus grande partie avoit difparu dans la tourmente révolutionnaire. Le château de Bidache, ou plutôt l'emplacement de fes ruines, le domaine qui lui étoit adjacent, les terres & forêts fituées dans les Hautes-Pyrénées, près de Bagnères-de-Bigorre, le vieux château d'After où Henri IV aimoit à fe rendre à cheval, le long du Gave des vallées, & enfin le Domaine de Guiche, lui avoient été reftitués comme héritage de fon oncle & de fon père. C'eft ainfi que la famille poffède encore le berceau de fes pères & l'antique domaine dont la tenue remonte aux temps les plus reculés de l'Hiftoire de France & d'Efpagne.

Le Duc & la Ducheffe de Gramont avoient eu trois enfans :

1° *Armandine-Léonie-Sophie-Corifandre* de Gramont ;

2° *Aglaé-Angélique-Gabrielle* de Gramont ;

3° *Antoine-Geneviève-Héraclius-Agénor* de Gramont, qui fuit.

Mefdemoifelles de Gramont fubirent le fort de leurs parens ; leur enfance & leur jeuneffe fe paffèrent dans l'exil, mais cette noble infortune ne les empêcha pas de contraƈter de bonne heure de belles alliances.

L'aînée d'entre elles, *Armandine-Léonie-Sophie-Corifandre*, née le 5 oƈtobre 1782, connue fous le nom de *Corifande*, époufa à Londres *Charles Bennet, Vifcount Offulfton, Comte de Tankerville, Pair d'Angleterre*.

De cette Maifon anciennement établie dans le Comté de Berks en Angleterre, étoit John Bennet, qui fut élu membre de la Chambre des Communes par ce Comté en 1433. Elle eft alliée aux principales familles des Royaumes-Unis de la Grande Bretagne, & un de fes rameaux a formé la Souche des Barons de Arlington en Middlefex, Vicomte Thetford en Norfolk.

Le Baron de Arlington, créé Comte de Arlington ou Harlington par Charles II en 1672, Chevalier de la Jarretière & Grand Chambellan du Roi, fut marié à Ifabelle, Princeffe de Naffau, dont il eut une fille unique nommée Ifabelle, mariée à Henri Fitz-Roy, fils naturel du Roi Charles II, créé par lui Duc de Grafton, & auquel elle apporta en mariage les titres & les biens de fa branche.

Charles Bennet, Lord Offulfton, Chef de fa famille, prit fon fiége à la Chambre des Pairs d'Angleterre en 1695, fut créé Comte de Tankerville par lettres-patentes du 19 oƈtobre 1714, & Chevalier de l'Ordre de Saint-André & du Chardon d'Écoffe. Il avoit époufé en juillet 1695 Mary Grey, fille & héritière de Ford, Lord Grey de Warks, Comte de Tankerville par fa femme, & il en eut plufieurs enfans qui occupèrent des places importantes dans l'État & à la Cour. L'un d'eux fut Lieutenant du Roi des ville & Comté de Newcaftle & du Comté de Northumberland où la famille poffède aujourd'hui un grand Domaine & a fixé fa principale réfidence au Château de Chillingham.

Ses armes font : De gueules à un bezant, entre trois demi-lions rampans, d'argent, & pour cimier une double échelle traverfant une couronne de lauriers. Les fupports, deux lions d'argent, portant chacun fur les épaules un bezant & fur la tête une couronne ducale, avec cette ancienne devife : « *Haud facile emergunt* », à laquelle la famille préfère quelquefois celle de leur arrièregrand-père, Ford Lord Grey, qui eft « *De bon vouloir fervir le Roy.* » Le tout enveloppé du manteau de Pair, furmonté d'une couronne de Comte fermée.

Du mariage de Corifande de Gramont & du Comte de Tankerville font nés :

1° Emma Bennet, mariée au Comte de Malmefbury, Pair d'Angleterre;

2° Henriette Bennet, morte jeune;

3° Charles Bennet, Membre de la Chambre des Communes, fous le nom du Vicomte Offulfton jufqu'à la mort de fon père, qui décéda le 25 juin 1859. Il eft aujourd'hui Comte de Tankerville & Pair d'Angleterre, & a époufé, le 29 janvier 1850, Lady Olivia Montagu, fille du Duc de Manchefter & née le 18 juillet 1830.

De ce mariage font iffus :

1° Charles, Lord Offulfton, né le 31 décembre 1850 ;

2° Honorable Georges-Montagu-Bennet, né le 30 mars 1852;

3° Honorable Frédérick-Augufte-Kerr-Bennet, né le 30 mai 1853 ;

4° Lady Corifande-Olivia Bennet, née le 23 juillet 1855;

5° Lady Ida-Louifa Bennet, née le 22 juin 1857.

La Comteffe de Tankerville (Douairière), née Gramont, eft morte le 23 janvier 1865.

Aglaé de Gramont, d'abord M° de Dawidoff, puis Maréchale Sébaftiani.

*Aglaé-Angélique-Gabrielle* de Gramont, feconde fille du Duc de Gramont Antoine VIII, époufa en premières noces, au mois d'octobre 1805, à Saint-Péterfbourg, le Général Ruffe *Alexandre Dawidoff*, fils du *Général Dawidoff* & de *Dame Samoïloff.*

De ce mariage font nés :

1° Catherine Dawidoff, mariée au Marquis de Gabriac, Pair de France, Ambaffadeur, puis Sénateur de l'Empire, décédé le 11 juin 1865.

2° Adèle Dawidoff, qui ne s'eft pas mariée;

3° Wladimir-Alexandre Dawidoff, Général en Ruffie, qui a fervi longtemps au Caucafe avec diftinction, & eft aujourd'hui Confeiller d'État & Maréchal de la Nobleffe.

Le Maréchal de France, Comte Sébaftiani.

Madame Dawidoff étant devenue veuve au commencement de la Reftauration, époufa en fecondes noces, en 1831, *Horace-François, Comte Sébaftiani della Porta*, né à Porta d'Ampugnani en Corfe, *Maréchal de France,* Grand'Croix de la Légion-d'Honneur, de l'Ordre de Léopold de Belgique, de l'Ordre Royal du Sauveur de Grèce, de l'Ordre Royal de Saint-Ferdinand & du Mérite de Naples, de l'Ordre du Croiſſant & du Saint-Sépulcre, Chevalier de la Couronne de Fer.

Le Comte Sébaſtiani fut un des perſonnages marquans du premier Empire, & ſon nom ſe rattache à toutes les phaſes de cette glorieuſe période. Brave juſqu'à la témérité, habile & généreux, il ſe diſtingua en maintes occaſions par la promptitude de ſes réſolutions & la juſteſſe de ſon jugement. Employé à la grande armée, lors de la repriſe des hoſtilités contre l'Autriche, en 1805, il contribua au ſuccès du combat de Güntzbourg, ſe ſignala à la bataille d'Auſterlitz, y fut grièvement bleſſé, & reçut le grade de Lieutenant-Général.

Chargé de pluſieurs miſſions diplomatiques, dont il s'acquitta avec autant d'habileté que de ſuccès, il fut rétablir dans le Levant l'influence Françoiſe & y placer les Chrétiens ſous une protection efficace. L'Empereur Napoléon I<sup>er</sup>, frappé de ſes talens, le nomma, en 1806, Ambaſſadeur auprès de la Porte-Ottomane, & il eut le mérite d'y ſauver la ville de Conſtantinople en y organiſant inſtantanément une défenſe pour ainſi dire improviſée contre les Anglois, dont la flotte avoit inopinément mouillé dans le Boſphore. Cette circonſtance, dont le ſouvenir eſt encore vivant en Orient, aſſura pour long-temps à la France une prépondérance marquée, & l'Empereur en témoigna ſa reconnoiſſance à ſon Ambaſſadeur d'une manière éclatante.

Le Général Comte Sébaſtiani ne tarda pas à reprendre la carrière des armes, & il figura dans les plus importantes opérations militaires des armées Françoiſes, en Eſpagne, en Allemagne & en Ruſſie. Après la fin du premier Empire, il vécut dans la retraite juſqu'à la Révolution de 1830.

En 1831 & 1832, il fut appelé ſucceſſivement aux Miniſtères des Affaires Étrangères & de la Marine par le Roi Louis-Philippe, puis nommé, en 1834, Ambaſſadeur de France auprès de S. M. le Roi de Naples. L'année ſuivante, il paſſa en la même qualité à Londres, où il repréſenta la France pendant pluſieurs années.

Ayant été nommé Maréchal de France, il revint à Paris, où il vécut dans la confiance & l'intimité du Roi juſqu'à la Révolution de 1848. Son âge avancé & les ſoins que réclamoit ſa ſanté compromiſe par les fatigues d'une vie ſi remplie & ſi active, le tinrent éloigné des affaires juſqu'à ſa mort, qui arriva le 20 juillet 1851.

La Maréchale Sébaſtiani étoit morte avant lui à Paris le 21 février 1842.

# CHAPITRE XVIII

## XXXII.

NTOINE IX , GENEVIÈVE - HERACLIUS - AGÉNOR DE GRAMONT, Duc de Gramont & Prince de Bidache, Comte d'Aure & de Louvigny, Baron de Cames, de Saint-Pé, de Bardos, d'Urt, de Sames, de Lérin & de Villeneuve-Erresty, de Jergouey & de Scos, Lieutenant-Général, Grand-Officier de la Légion-d'Honneur , Chevalier de Saint-Louis , Grand'Croix de l'Ordre Royal de Saint-Maurice & Saint-Lazare de Sardaigne, ſuccéda à ſon père le Duc Antoine VIII (Louis-Marie) le 28 août 1836, comme Chef du nom & des armes de la Maiſon de Gramont.

Il étoit né au Château de Verſailles, dans l'aile dite, aile des Princes, le 17 juin 1789, & fut baptifé en l'Églife Saint-Louis de Verfailles. Ses parrain & marraine furent Armand-Jules-Marie-Héraclius de Polignac fon oncle maternel, fils aîné du Duc de Polignac, & Geneviève de Gramont, Comteffe d'Offun, Dame des Atours de la Reine, fa tante du côté paternel. La Reine Marie-Antoinette, qui portoit à fa mère une grande amitié, voulut lui donner à fa naiffance le nom d'Agénor, par lequel il fut appelé & qu'il tranfmit à fes enfans en fouvenir de cette circonftance.

Trois femaines après, le Château de Verfailles étoit envahi par la populace de Paris & la famille Royale difperfée par l'émeute, un Garde-du-Corps de la Compagnie de Gramont, s'emparant de l'enfant au berceau, le fauvoit comme par miracle de la furéur populaire, pour le ramener à travers mille dangers auprès de fes parens. Il les fuivit en émigration, parcourant fucceffivement avec eux toutes les réfidences de l'exil. Parvenu en Ruffie, il fut incorporé, le 31 décembre 1798, dans le Régiment de Torride de nouvelle formation, dans l'armée, fous les ordres du Maréchal Souvaroff, où il reçut un brevet de Sous-Lieutenant, & fut porté en cette qualité comme faifant partie de l'État-Major du Maréchal. Il avoit alors à peine dix ans, auffi ce grade militaire n'étoit-il qu'une fiction par laquelle l'Empereur de Ruffie Paul Ier trouvoit le moyen délicat & généreux de venir en aide aux familles malheureufes ruinées par la Révolution & forcées de chercher un afile loin de leur patrie.

Vers la fin de 1799, il rejoignit à Mittau en Courlande fon père le Duc de Gramont, qui étoit auprès du Roi Louis XVIII, & le fuivit à Varfovie. Il porta à partir de ce jour & jufqu'en 1814 le titre de Comte de Gramont.

Entre au fervice d'Angleterre (1800). L'année d'après 1800, il fe rendit avec fon père à Édimbourg en Écoffe, auprès de M. le Comte d'Artois, & de là en Angleterre où il fut admis en qualité d'Enfeigne (Sous-Lieutenant), le 23 décembre 1802, dans le Régiment étranger au fervice de cette puiffance, commandé par le Colonel Baron de Rolles. Après avoir paffé deux ans aux Écoles, il fut nommé en 1804 Lieutenant dans le Régiment des Chaffeurs Britanniques, légion Allemande, & plus tard admis à paffer en perdant un grade le 11 janvier 1805, Cornet (Sous-Lieutenant) dans le Régiment Anglois de Dragons-légers, dont fon Alteffe le Prince de Galles étoit propriétaire. Lorfque ce Régiment devint le 10e de Huffards, fon effectif fut augmenté de deux efcadrons & le Comte de Gramont fut promu au grade de Lieutenant dans le même corps le 21 novembre 1806.

Il fit les campagnes de 1808 & 1809 en Portugal & en Efpagne, fe trouva aux combats de cavalerie de Sahagun, Valderas & Benavente, dans les plaines de Léon, aux batailles d'Aftorga, de Lugo & de la Corogne en Galice. Toute la Cavalerie ayant été embarquée fur la flotte envoyée d'Angleterre pour recevoir l'armée en retraite, il fut laiffé à terre avec un détachement de fon Régiment pour accompagner le Général en Chef Sir John Moore, & fe trouvoit auprès de lui lorsqu'un boulet de canon mit fin à fa glorieufe carrière. Le Comte de Gramont, après l'avoir fait tranfporter au quartier qu'il occupoit dans la ville, écrivit fous fa diftée, pendant plufieurs heures, le Rapport que cet Officier Général adreffa, avant de mourir, au Miniftère Anglois, dont le parti politique n'étoit pas le fien. Promu au grade de Capitaine dans le même corps, le 9 mars 1809, à la fuite de cette campagne, le Comte de Gramont, alors âgé de vingt ans, fut chargé, à fon retour en Angleterre, des remontes, de l'équitation & de l'inftruftion de plufieurs corps appartenant à différentes armes. Ce fut alors qu'il fe livra avec une ardeur & une perfévérance, au-deffus de fon âge, à l'étude des queftions chevalines, & qu'il acquit les connoiffances auffi profondes que variées qu'il devoit plus tard mettre au fervice de fon pays. Envoyé de nouveau en Efpagne, il fervit alternativement dans les États-Majors & dans le Corps dont il faifoit partie, & fe trouva au combat de cavalerie de Morales-del-Rey, aux batailles de Burgos, de Vittoria, d'Arauritz près Pampelune, de l'Adour en 1813, d'Orthez, de Vicq & de Touloufe en 1814.

Ayant une fois franchi les frontières des Pyrénées, le Comte de Gramont fe mit en relation avec les familles Royaliftes & les perfonnages les plus influens du pays, & parcourut ouvertement les Provinces Méridionales, ne diffimulant plus ni fon nom, ni le but de fes démarches. Bientôt, fur des ordres venus de Paris, fon fignalement fut envoyé aux autorités de la ville de Bayonne, & fa tête fut mife à prix pour la fomme de foixante mille francs. (Archives de la Mairie à Bayonne.) Il n'en continua pas moins fa propagande royalifte, allant fans ceffe d'une ville à l'autre, couchant dans les fermes & fur les routes, & chofe digne de remarque, il ne fe rencontra perfonne pour le trahir & le livrer. Se trouvant en rapport avec tous les chefs royaliftes de France, le Comte de Gramont eut furtout plufieurs conférences avec les émiffaires de Bordeaux, qui le députèrent auprès de Louis XVIII, en Angleterre, pour lui demander un Prince de fon fang qui put fe mettre

*Il fe met en rapport avec les chefs royaliftes du Midi, & fa tête eft mife à prix.*

*Sa miffionauprès de Louis XVIII à Hartwell.*

40

la tête du mouvement que l'on organifoit. Le Comte de Gramont ayant réuffi
à s'embarquer à travers mille dangers, fe rendit alors auprès du chef de la
famille des Bourbons à Hartwell, qui, après lui avoir témoigné combien il
regrettoit que fes infirmités ne lui permiffent pas de fe rendre lui-même aux
vœux des populations qui réclamoient la préfence d'un Prince François, lui
dit : « Je vous confie mon neveu, le Duc d'Angoulême, que j'aime comme
un fils, & qui a toute ma confiance. » A partir de ce jour, le Comte de
Gramont fe voua au fervice de ce Prince & lui confacra fa vie entière.

Il revient en France
avec le Duc d'Angou-
lême.

Pour détourner l'attention du Gourvernement Anglois, qui, traitant alors
de la paix à Châtillon avec l'Empereur Napoléon, paraiffoit vouloir s'oppofer
au départ du Duc d'Angoulême, le Comte de Gramont s'embarqua à Plymouth pendant que le Prince fe dirigeoit, déguifé, fur Falmouth, &, fous
un nom fuppofé, gagnoit le Port du Paffage en Efpagne, pour de là
entrer en France par les Pyrénées. Lord Keith, Gouverneur de Plymouth
& Commandant des forces navales Angloifes dans la Manche, étoit perfon-
nellement attaché aux Princes François & défireux de fervir leur caufe. En
conféquence, n'ayant pas de vaiffeaux difponibles dans le port, & fentant
toute l'urgence d'expédier le Comte de Gramont fans retard, il s'empreffa de
mettre à fa difpofition fon propre cutter ou yacht, à bord duquel il faifoit fes
tournées d'infpection dans la Manche pour le conduire à Saint-Jean-de-Luz
où fe trouvoit alors le Quartier-Général du Duc de Wellington, Commandant en chef de l'armée alliée ; mais l'ancien marin qui commandoit ce petit
navire de guerre & de plaifance, n'avoit pas, depuis longtemps, navigué
dans cette partie de l'Océan, & ne tenoit pas affez compte de l'influence des
courans rapides du Golfe de Gafcogne ; auffi eut-il beaucoup de peine à éviter d'être entraîné dans l'embouchure de la Gironde, & après avoir lutté plufieurs jours contre les flots & les vents, fut-il forcé de s'échouer à la côte,
entre l'embouchure de l'Adour & Saint-Jean-de-Luz. Le Comte de Gramont
attachoit beaucoup de prix à précéder de quelques jours l'arrivée du Duc
d'Angoulême en France ; dans ce but, il fe jeta auffitôt à la mer, muni des
dépêches qui lui avoient été confiées, atteignit la côte au milieu des poftes
ennemis, &, favorifé par une nuit obfcure, parvint à les traverfer fans être
découvert.

Il prend le titre de
Duc de Guiche (1814).

Jufqu'à cette époque, il n'avoit été connu que fous le nom de Comte de
Gramont ; mais, en rentrant en France, Sa Majefté Louis XVIII voulut

# DE LA MAISON DE GRAMONT 315

qu'il reprit un des titres qui appartenoient, avant la Révolution, aux fils aînés des Ducs de Gramont, & lui permit d'opter entre ceux de Duc de Lefparre & de Duc de Guiche. Il préféra le dernier qui avoit été porté par fon père, & dont la création étoit plus ancienne, & il fut depuis lors ainfi nommé jufqu'à la mort de fon père en 1836.

Dans les premiers jours de mars 1814, Son Alteffe Royale le Duc d'Angoulême chargea le Duc de Guiche de le précéder à Bordeaux, d'y annoncer fa prochaine arrivée, & de préparer les efprits au mouvement royalifte qui y avoit été organifé. A fon arrivée, le Duc de Guiche trouva les chofes fi avancées qu'il ne crut pas pouvoir différer le mouvement, & le 12 mars il fit proclamer comme Roi Sa Majefté Louis XVIII, arborant fur les tours de la cathédrale le premier drapeau blanc qui flotta en France à cette époque. La ville de Bordeaux ayant ainfi proclamé & reconnu le Gouvernement du Roi avant que l'armée Angloife ne l'eût occupée, fon chef, le Duc de Wellington, en conçut un mécontentement affez fort, & il ne ceffa par la fuite, de le manifefter par une certaine aigreur dans tous fes rapports avec le Duc d'Angoulême. L'ouvrage, publié fous fa direction, par le Colonel Gurwood, Officier attaché à fon État-Major & intitulé : « Ordre du jour & Correfpondance militaire du Duc de Wellington, » fe reffent encore de cette impreffion, & rend compte des événemens du 12 mars avec des préventions qui nuifent à l'exactitude du récit.

Ce même jour, 12 mars 1814, le Duc de Guiche fut nommé, par le Roi, Colonel d'État-Major & Premier Aide de Camp du Duc d'Angoulême. Plus tard, à fon arrivée à Paris, il reçut la charge de Premier-Écuyer du Prince, & , en cette qualité, il prêta entre fes mains le ferment perfonnel & particulier de la Maifon du Roi. Le 10 août 1814, il reçut la Croix de Saint-Louis, & le 31 janvier 1815, celle de la Légion d'Honneur.

*Il eft nommé Colonel, Premier Aide de Camp & Premier Écuyer du Duc d'Angoulême.*

Le Duc de Guiche fit, fous les ordres du Prince, la campagne du Midi en 1815, & fut promu au grade de Maréchal de Camp le 4 avril de la même année au paffage de la Drôme. Il partagea fa captivité au Pont-Saint-Efprit, & le fuivit dans fon exil, lorfqu'après la capitulation de Montélimart, il fut embarqué à Cette & fe rendit à Barcelone en Efpagne. Il accompagnoit le Prince au mois de juin de la même année lorfqu'il alla vifiter le Roi d'Efpagne Ferdinand VII dans fa Capitale de Madrid.

*Maréchal de Camp (1815).*

Rentré en France après les Cent-Jours, Monfieur le Duc d'Angoulême envoya le Duc de Guiche de Touloufe à Bordeaux pour y prendre, le 30 juillet 1815, le Commandement de la 11° Divifion Militaire en remplacement du Général Claufel, qui y commandoit alors au nom de l'Empereur Napoléon. En cette occafion, le Duc de Guiche déploya la plus grande énergie pour s'oppofer aux paffions réactionnaires ; il parvint à calmer les haines, à rapprocher les citoyens, & grâce à fes efforts, la ville de Bordeaux, pendant le temps qu'il y commandoit, n'eut à déplorer aucune de ces fcènes douloureufes qui ont ailleurs laiffé de fi triftes fouvenirs.

Le 8 feptembre 1815, il fut nommé, par le Roi, au Commandement de la 2ᵉ Brigade de Cavalerie légère de la Garde Royale, dans lequel il fut maintenu jufqu'au 10 décembre 1823. Cette Brigade comprenoit les Lanciers & les Huffards de la Garde.

Par Ordonnance du Roi du 18 mai 1820, il fut promu au grade de Commandeur de la Légion d'Honneur.

En 1823, il accompagna en Efpagne Son Alteffe Royale Mgr le Duc d'Angoulême, Généraliffime de l'armée, en qualité de Premier Aide de Camp & de Premier Écuyer, Chef de fa Maifon Militaire & Civile. Il fut envoyé par le Prince comme parlementaire à Cadix, chargé d'une miffion confidentielle auprès de Sa Majefté Ferdinand VII, alors détenu dans cette ville par les révolutionnaires Efpagnols. Il eut avec ce Souverain une longue conférence, l'informa des mefures formidables que M. le Duc d'Angoulême avoit prifes pour fa prochaine délivrance & ranima fes efprits abattus.

Grand-Officier de la Légion d'Honneur (1823.)

Le 3 feptembre 1823, au Quartier Général de Puerto-Santa-Maria près Cadix, le Duc de Guiche fut nommé Grand-Officier de la Légion d'Honneur, & Son Alteffe Royale le Prince de Carignan (depuis Charles-Albert, Roi de Sardaigne), qui avoit accompagné l'armée Françoife comme volontaire, & s'y étoit fait remarquer par fa vaillance & fon intrépidité, lui remit, de la part de Sa Majefté le Roi de Sardaigne, fon oncle, la Grand'Croix de l'Ordre Religieux & Militaire de Saint-Maurice & Saint-Lazare, en souvenir de cette campagne.

Lieutenant-Général (1823).

Au retour d'Efpagne, le 10 décembre 1823, le Roi, en récompenfe de fes fervices, nomma le Duc de Guiche Lieutenant-Général de fes armées, &, en 1828, Infpecteur-Général de Cavalerie au Camp d'inftruction de Lunéville.

Après la mort de Louis XVIII & l'avénement du Roi Charles X (16 feptembre 1824), M. le Duc d'Angoulême, devenu Fils de France & héritier direct de la couronne, porta le nom traditionnel de Mgr le Dauphin, & fa Maifon fut confidérablement augmentée. Préoccupé de la néceffité d'organifer, pour la Cavalerie, un meilleur fyftème de remonte indigène, ce Prince favorifoit l'élevage des chevaux, & comme moyen d'encourager une induftrie nationale alors fort en décadence, il avoit créé des Haras qu'il entretenoit à fes frais, & qui rendirent d'immenfes fervices au pays. Le Duc de Guiche, qui dirigeoit ces établiffemens, leur imprima un grand développement ; il fut le premier fondateur des Courfes Hippiques du Champ-de-Mars, où les chevaux des Haras de Meudon & de Saint-Cloud tinrent fi longtemps le premier rang. Il eft auffi l'auteur de plufieurs Mémoires fur l'élevage des chevaux & le perfectionnement des races, qui ont reçu, à l'époque où ils furent publiés, un accueil empreffé du public & des hommes verfés dans ce genre d'études. Plufieurs années après fa mort, en 1862, la Société d'Encouragement des Courfes de Paris, voulant honorer le fouvenir de fes travaux & du fuccès qui les avoit couronnés, a fondé un prix fous le nom de : « Prix de Guiche, » qui fe court tous les ans à Paris.

Le Duc de Guiche, n'ayant eu connoiffance des Ordonnances de juillet 1830 que le jour même de leur promulgation & par les journaux, fe rendit auffitôt à Saint-Cloud, près de Mgr le Dauphin, & ne le quitta plus qu'à Cherbourg. Au moment de s'embarquer pour l'Angleterre & de prendre pour la troifième fois la route de l'exil, ce malheureux Prince l'envoya à Paris & le chargea de régler fes affaires perfonnelles.

Auffitôt qu'il eut accompli cette miffion de confiance, le Duc de Guiche, enmenant avec lui la Ducheffe fa femme & fes cinq enfans, s'empreffa d'aller rejoindre le Prince à Édimbourg, bien décidé à lui confacrer fa vie entière & à partager fon infortune. C'eft ainfi qu'après un intervalle de feize ans, il fe retrouvoit exilé de nouveau à ce même château d'Holyrood où fa mère étoit morte en exil 27 ans plus tôt.

*Il accompagne Famille Royale exil, en Écoffe & Allemagne.*

En 1832, il fuivit Mgr le Dauphin à Prague, en Bohême, & y habita avec toute fa famille le château du Hradfchin, que l'Empereur d'Autriche avoit mis à la difpofition des Bourbons; mais, l'année d'après, quelques intrigues de Cour vinrent troubler la paix dans laquelle avoient jufqu'alors vécu la famille Royale exilée & tous les fidèles ferviteurs qui l'avoient fuivie. Le Duc de Guiche, dont l'avis n'avoit pas prévalu, dut quitter Mgr le Dauphin, auprès duquel fa préfence n'étoit plus, depuis la Révolution, qu'un hommage de dévouement & de reconnoiffance, & il rentra en France avec toute fa famille.

Son retour en France
(1833).

Les faveurs dont il avoit été comblé par Sa Majefté Louis XVIII, la confiance & l'amitié dont Mgr le Dauphin l'avoit fi longtemps honoré, ne lui permirent pas de fe rallier au nouveau Gouvernement. Son ferment perfonnel, dont il n'avoit jamais demandé à être relevé, n'en comportoit pas un nouveau ; en conféquence, il fut rayé, pour refus de ferment, des contrôles de l'armée, abandonnant ainfi une brillante carrière qui lui étoit chère, & qu'il avoit parcourue avec bonheur & fuccès. Ce qu'il perdit, par ces triftes circonftances, lui fut largement compenfé par l'eftime de fes compatriotes, qui, dans tous les rangs comme dans tous les partis, lui tinrent compte du défintéreffement & de la loyauté de fa conduite.

Revenu à Paris, en 1834, le Duc de Guiche y fit un court féjour & fe retira à Verfailles avec toute fa famille où il vécut quelques années, éloigné du monde, exclufivement voué à l'éducation de fes enfans.

Il devient Duc de Gramont (1836).

Le 28 août 1836, il devint, par la mort de fon Père, Duc de Gramont, Prince de Bidache & chef de fa Maifon. La Pairie avoit ceffé d'être héréditaire depuis la Révolution de Juillet 1830. L'Ordre du Saint-Efprit, fi ancien & fi illuftre, avoit été aboli par le Roi Louis-Philippe, il en conferva les infignes, & le Collier qu'avoient toujours porté depuis des fiècles les Ducs de Gramont fut dépofé comme Souvenir aux Archives de la Maifon.

Sa mort (1854).

Le Duc de Gramont revint à Paris en 1840. Il ne tarda pas à y éprouver les premières atteintes d'une cruelle maladie qui attrifta fes dernières années, & l'enleva à l'affection des fiens le 3 mars 1854.

L'hiftoire contemporaine offre peu d'exemples d'une vie auffi agitée que la fienne, & les viciffitudes de cette époque révolutionnaire traverfèrent fon exiftence en le foumettant aux plus dures épreuves. L'exil avec fes privations, la captivité, la profcription, furent le fort de fes premières années, & quand par un foudain revirement il atteignit le faîte des grandeurs, ce fut pour en defcendre bientôt après, victime de fon dévouement & de fon inébranlable fidélité. C'étoit à tout prendre le type d'un caractère vraiment chevalerefque. Sa phyfionomie belle & régulière, la diftinction de fes manières n'étoient furpaffées que par les qualités de fon cœur. L'expérience des hommes & des chofes, tout en donnant à fon efprit une certaine tendance à la mélancolie, l'avoient rendu auffi indulgent pour les autres qu'il étoit févère pour lui-même. On en jugera par le trait fuivant. N'ayant pas quitté la Cour ni Mgr le Dauphin pendant les trois journées de juillet 1830, & plus tard pendant le trifte voyage de Cherbourg, dernière étape des Bourbons vers l'exil, il avoit tout vu, tout obfervé autour de ces malheureux Princes, & réfumé dans un mémoire authentique fes fouvenirs encore pleins d'actualité. Là fe trouvoient au milieu des récits les plus émouvans, l'hiftoire de bien des défaillances, celle de quelques trahifons & la peinture triftement fidèle des ambitions prévoyantes s'agitant autour d'un trône ébranlé, pour s'en éloigner avant fa chute. Plus tard, voulant mettre en lieu fûr ces pages fecrètes de l'hiftoire du temps, il les avoit livrées à un homme qu'il croyoit digne de fa confiance. Un jour, il appela fes deux fils aînés : « Mes enfans, leur dit-il, j'ai remis à M*** un mémoire que j'ai écrit fur les derniers jours de la Révolution, & je voudrois le ravoir. Il eft fait fous l'empire des événemens que j'y ai retracés, & je crains d'y avoir porté des jugemens trop févères. Je ne voudrois pas perpétuer le fouvenir de bien des fautes, qui ont peut-être été effacées par le repentir ou par d'éminens fervices. Nous vivons dans un temps où il faut laiffer dormir le paffé & regarder vers l'avenir. Chargez-vous de me rapporter ce manufcrit, je ne défire pas qu'il foit connu. » Il lui fut rendu, non fans peine, & fon premier foin fut de le détruire. Le Duc de Gramont, Antoine IX, étoit le 24ᵉ Prince de Bidache, le 9ᵉ Duc de Gramont, & en lui finiffoit la 27ᵉ génération du nom de Gramont.

Il avoit époufé, le 23 juillet 1818, Anna-Quintina-Albertine-Ida d'Orsay, Comtesse d'Orsay, fille de Jean-François-Louis-Marie-Albert-Gaspard Grimod, Comte d'Orfay en France & Comte d'Empire en Allemagne, par lettres-patentes de l'Empereur Léopold II, Baron de Rupt en Franche-Comté & Lieutenant-Général des armées du Roi, & d'Éléonore, Baronne de Franquemont.

La Ducheffe de Gramont, née Comteffe d'Orfay (1818).

Le Comte d'Orfay étoit fils de Pierre-Gafpard-Marie Grimod, Comte d'Orfay en France & en Allemagne, Baron de Rupt, Seigneur d'Autrey, d'Attricourt, de Delain & autres lieux dans la Franche-Comté, & de Marie-Louife-Albertine-Amélie de Croy, née Princeffe de Croy-Molembois & du Saint-Empire. Son grand-père, Pierre Grimod de Dufort, Intendant des Poftes & Relais de France, avoit époufé Marie-Antoinette-Gabrielle-Félicité de Caulaincourt, laquelle fe maria en fecondes noces au Marquis de Pompi-

Le Général Comte d'Orfay, fon père.

gnan. La famille de d'Orſay eſt originaire des Grimoald, Ducs de Bénévent en Italie, dont pluſieurs branches s'établirent dans le Midi de la France, ſous le nom de Grimaud-Grimaldi, notamment dans le Lyonnois où ils apportèrent de grandes richeſſes & fondèrent la Souche des Grimod de Duſort, Comtes d'Orſay. (V. Extraits d'une grande bibliothèque, par Contant d'Orville. *Hiſtoire civile du Royaume de Naples*, par Gianone; et pour la généalogie, *Pièces & Documens. Annexe* Nº 48.)

Le Général Comte d'Orſay, père de la Ducheſſe de Gramont, né le 20 mai 1772, étoit auſſi remarquable par ſes qualités militaires que par la beauté preſque proverbiable dont la nature l'avoit doué. Il fit ſes premières armes dans l'armée Autrichienne, & fut admis comme Lieutenant dans le Régiment de ſon oncle le Prince de Hohenlohe Bartenſtein, ſon père ayant épouſé en ſecondes noces une Princeſſe de ce nom. Rentré en France au 15 fructidor, an VII (1ᵉʳ ſeptembre 1799), il fut arrêté comme émigré & condamné à la déportation. Enfermé proviſoirement dans les Priſons du Temple où il attendoit l'exécution de ſa ſentence, il échappa aux rigueurs du Tribunal révolutionnaire par la puiſſante intervention de Madame Bonaparte (l'Impératrice Joſéphine), qui obtint ſa délivrance & ſa grâce. Bientôt après, le Premier Conful frappé de ſon courage qui alloit juſqu'à la témérité, le fit appeler & lui annonça qu'il l'avoit déſigné pour l'emploi & le grade d'officier ſupérieur dans l'armée Françoiſe. A partir de ce jour, le Comte d'Orſay ne quitta plus l'Armée où il acquit ſucceſſivement tous ſes grades ſur le champ de bataille, juſqu'à celui de Maréchal de Camp. Il fit preſque toutes les campagnes de l'Empire, avec autant de bonheur que de diſtinction, mais non pas ſans y recevoir quelques graves bleſſures dont il ſouffrit toute ſa vie & qui furent cauſe de ſa mort prématurée. Nommé ſous la Reſtauration au commandement d'une Brigade de la Garde-Royale, il occupa ce poſte juſqu'à ce qu'il reçut le grade de Lieutenant-Général.

Il eſt mort en ſon château de Rupt en Franche-Comté, le 26 décembre 1843.

Il étoit Commandeur de Saint-Louis, de la Légion d'Honneur, de l'Ordre de Saint-Ferdinand d'Eſpagne, & décoré de l'Ordre de famille de Hohenlohe du chef de ſon père, qui avoit épouſé en ſecondes noces une Princeſſe de Hohenlohe-Bartenſtein..

Le Comte d'Orſay avoit eu deux enfans :

Gillion, Gafpard, Alfred d'Orfay, & Ida d'Orfay, Ducheffe de Gramont.

Le Comte Alfred d'Orfay, qui a laiffé un renom comme type d'élégance & de talent artiftique, étoit doué des qualités les plus heureufes. D'un efprit vif & pénétrant, d'une générofité fans égale, qui alloit jufqu'à la prodigalité, il défarmoit la critique par fes faillies & la bonté de fon cœur. Il eft né le 4 février 1801, & à peine âgé de feize ans, il entra au fervice dans les Gardes-du-Corps de la Compagnie de Luxembourg. Il quitta le fervice en 1827 pour époufer Lady Henrietta-Anna-Francifca Gardiner, fille du Comte de Bleffington en Angleterre. Après fon mariage, il vécut en Angleterre, où il devint l'ami du Prince Louis-Napoléon Bonaparte, qui réfidoit à Londres. Le Prince Louis, devenu Empereur, l'appela près de lui en 1849, & le nomma Surintendant des Beaux-Arts; mais il ne jouit pas longtemps de ce témoignage d'amitié de l'Empereur, & mourut le 4 août 1852, après une douloureufe maladie, à l'âge de cinquante-un ans. Il ne laiffa pas d'enfans, & fa veuve, la Comteffe d'Orfay, a époufé en fecondes noces Honble Spencer Cowper, fecond fils du Comte Cowper, Pair d'Angleterre.

*Le Comte Alfred d'Orfay, frère de la Ducheffe de Gramont.*

Le Comte Alfred d'Orfay étoit le dernier de la branche aînée de fa famille qui s'eft éteinte en fa perfonne. Son père avoit un frère du fecond mariage du grand-père avec la Princeffe de Hohenlohe-Bartenftein, lequel a continué la famille d'Orfay en Autriche.

Maximilien de Grimaud, Comte d'Orfay, Baron de Rupt & de Poyans, né le 2 juin 1789, fecond fils du Comte Pierre-Gafpard-Marie, ne rentra pas en France avec fon frère aîné, & s'établit en Autriche où il prit du fervice, & fut nommé Chambellan de l'Empereur. Il époufa, le 11 février 1813, Dominica, née Comteffe de Lodron-Laterano, qui étoit veuve du Comte François Zichy de Vâfonykeœ en Hongrie. La Comteffe Max d'Orfay eft morte le 10 décembre 1847, & fon mari, le Comte Max d'Orfay, eft mort le 28 février 1869.

*Seconde branche des Comtes d'Orfay en Autriche.*

De leur mariage font nés :

1° Emma, Comteffe d'Orfay, mariée au Comte Mathias de Wickenburg, née le 10 feptembre 1813;

2° Ida-Marie, née le 6 août 1816, mariée au Comte Jofeph Orfini de Rofenberg;

41

3° Dominica, née le 11 juin 1818, mariée au Comte Charles d'Attems, Chambellan de l'Empereur d'Autriche.

4° Alfred, Comte d'Orſay, né le 14 janvier 1824, marié à Jacqueline, Comteſſe de Wallis, dont il a deux enfans :

> *a.* — Le Comte Olivier d'Orſay, né en 1845, Officier de Cava-
> lerie en Autriche.
>
> *b.* — La Comteſſe Dominica, née en 1848.

5° Oſcar, Comte d'Orſay, né le 24 décembre 1824, marié à la Comteſſe Léontine Lilla de Nugent, morte en 1852, dont il a une fille, la Comteſſe Jeanne-Marie-Mathilde d'Orſay, mariée en 1864 au Prince Victor Odeſcalchi, Chambellan de l'Empereur & Major dans la Garde Hongroiſe ;

6° Anatole, Comte d'Orſay, né le 24 janvier 1826, prêtre à Kojeteiro, en Moravie ;

7° Émile, Comte d'Orſay, né le 28 février 1827, Chambellan de l'Empereur, Officier en non-activité, marié en 1856 à la Comteſſe Félicie Feſte-tich de Tolna, dont il a pluſieurs enfans.

Les enfans du Comte Max, que nous venons de nommer, ſont les couſins germains de la Ducheſſe de Gramont, née Comteſſe d'Orſay.

Les armes de la famille de d'Orſay ſont : d'azur à une faſce d'argent, accompagnée en chef d'un croiſſant d'argent, accoté de deux étoiles d'or, en pointe d'une carpe d'argent ſur une rivière de même.

La Ducheſſe de Gra-<br>mont, née Comteſſe<br>d'Orſay.

La Comteſſe Ida d'Orſay, Ducheſſe de Gramont, n'avoit, au moment de ſon mariage, que ſeize ans, étant née le 19 juin 1802, & portoit le nom de Ducheſſe de Guiche, ſous lequel elle a été connue juſqu'en 1836. Peu de femmes ont commencé la vie ſous de plus heureux auſpices ; le temps des épreuves paraiſſoit paſſé, & l'avenir s'ouvroit devant elle avec les chances les plus brillantes. Dans tout l'éclat de la jeuneſſe & de la beauté, elle jouiſſoit à la Cour & dans le monde d'une poſition exceptionnelle. Bientôt cependant ce bonheur éphémère s'évanouit, & il lui fallut connoître l'infortune. En 1830, elle quitta la France avec ſes enfans, après douze ans d'une exiſtence brillante, dont le ſouvenir eût arraché des larmes à plus d'une femme de ſon âge. Son cœur, plus élevé, comprit alors tout ce qu'il y avoit de noble & de ſublime dans la carrière de dévouement où ſon mari lui ſervit de guide. Partageant ſon exil comme elle avoit partagé ſa fortune, elle ſut en adoucir l'amertume par fa tendre follicitude, & fi le Duc de Guiche, jeune encore, put quelquefois regretter avec douleur la trifte inaction à laquelle le condamnoient les circonftances, du moins il fe vit toujours entouré, confolé par ces joies de la famille, qui font une bien large compenfation des honneurs perdus. Ainfi fe pafsèrent les années qui fuivirent 1830, en Écoffe, à Édimbourg, en Allemagne, à Prague, & plus tard, en France, pauvres d'événemens, riches de vertu & de dévouement; & quand une maladie précoce, frappant avant l'âge le Duc de Gramont, il entra dans cette trifte période de fouffrance qui le conduifit au tombeau, la Ducheffe, tout entière à fes devoirs d'époufe & de mère, s'oubliant elle-même au point d'inquiéter fa famille, vécut pour lui feul jufqu'au jour où elle lui ferma les yeux. Après la mort de fon mari, la Ducheffe de Gramont, dont la fanté étoit fort ébranlée, vint retrouver fon fils aîné, le Duc de Guiche, alors Miniftre de France à Turin, & paffa plufieurs mois auprès de lui en Italie. Elle revint enfuite à Paris, où elle a fixé fa réfidence, ainfi qu'en fa terre de Chambourcy, près de Saint-Germain-en-Laye.

De fon mariage font nés fix enfans, dont il fera parlé ci-après, favoir :

Enfans du Duc Antoine L

1° Antoine-Alfred-Agénor de Gramont, Comte de Gramont, puis Duc de Guiche, puis Duc de Gramont, né le 14 août 1819;

2° Antoine-Léon-Philibert-Augufte de Gramont, Comte de Gramont, Duc de Lefparre, né le 1er juillet 1820;

3° Antonia-Albertine-Corifandre de Gramont, née le 12 juillet 1821, morte le 5 octobre 1826, enterrée au Cimetière du Faubourg-Montmartre;

4° Antoine-Alfred-Anérius-Théophile de Gramont, Comte Alfred de Gramont, né le 2 juin 1823;

5° Antonia-Armandine-Aglaé-Ida de Gramont, née le 5 octobre 1826;

6° Antonia-Gabrielle-Léontine de Gramont, née le 2 mars 1829.

# CHAPITRE XIX

## XXXIII.

NTOINE X, ALFRED, AGÉNOR DE GRAMONT Duc de Gramont, Prince de Bidache, &c., &c., &c.; Grand'Croix de la Légion-d'Honneur, Grand Cordon de l'Ordre Pontifical de Pie IX, Grand'Croix de l'Ordre Auſtro-Hongrois de Saint-Étienne de Hongrie, de l'Ordre Royal de Saint-Maurice & Saint-Lazare de Sardaigne, de l'Ordre Royal de Saint-Janvier, de l'Ordre Royal de Frédéric, &c., ſuccéda à ſon père, comme Duc de Gramont, le 3 mars 1855.

Antoine X, Duc de Gramont (1819-1873)

D'abord Comte de Gramont.

Il eſt né le 14 août 1819, & porta à ſa naiſſance le nom de *Comte de Gramont.*

A l'âge de 11 ans, il quitta la France pour aller avec ſes parens à Édimbourg en Écoſſe (1830), d'où il les ſuivit à Prague en Bohême, & revint avec
eux à Paris en 1834.

Il prend le titre de
Duc de Guiche (1836).

En 1836, ſon Père étant devenu Duc de Gramont, il lui ſuccéda pour le
titre de *Duc de Guiche*, qu'il porta juſqu'en 1854.

Entré à l'École Polytechnique le 10 novembre 1837, il en ſortit deux ans
après à l'âge de 20 ans comme Officier d'artillerie. Il donna ſa démiſſion
en ſeptembre 1841 & fut élu Membre du Conſeil Général des Hautes-Pyrénées, où il ſiégea juſqu'à la Révolution de 1848. Se trouvant à Paris au
moment de la Révolution, le Duc de Guiche prit part aux luttes civiles dont
la capitale de la France fut alors le théâtre, & fut nommé à cette occaſion
Chevalier de la Légion-d'Honneur.

Il eſt nommé Miniſ-
tre plénipotentiaire
(1851).

Le 22 décembre 1851, il fut envoyé à la Cour Électorale de Heſſe en qualité de Miniſtre plénipotentiaire par le Prince Louis-Napoléon Bonaparte, &
le 5 mars 1852, en la même qualité près du Roi de Wurtemberg à Stuttgardt.
Ce fut pendant cette miſſion où il avoit pour collègue le Prince Gortſchakoff,
devenu depuis Chancelier de Ruſſie, que ſe fit la proclamation de l'Empire
par le vote ſolennel du Peuple François & la reconnoiſſance par l'Europe de
l'Empereur Napoléon III.

Envoyé extraordi-
naire à la Cour de
Sardaigne (1853).

Le 3 janvier 1853, le Duc de Guiche, promu à la première claſſe de ſon
grade, fut nommé Envoyé Extraordinaire & Miniſtre Plénipotentiaire à Turin,
auprès du Roi de Sardaigne Victor-Emmanuel, & le Roi de Wurtemberg lui
conféra le 27 février de la même année la Grand'Croix de l'Ordre Royal de
Frédéric. C'étoit peu de temps après la retraite du célèbre Marquis d'Azeglio;
le Comte de Cavour l'avoit remplacé comme Préſident du Conſeil, & le Général Dabormida étoit Miniſtre des Affaires Étrangères.

Il prend le titre de
Duc de Gramont
(1855).

Le 3 mars 1855, ayant eu le malheur de perdre ſon père, le *Duc de
Guiche* prit le titre de *Duc de Gramont* & devint Chef de ſa Maiſon.

Le 10 août de la même année, il fut nommé Officier de la Légion-d'Honneur. La politique de la Ruſſie en Orient avoit provoqué la réſiſtance armée
des Puiſſances Occidentales. La guerre de Crimée venoit d'éclater, & déjà un
traité d'alliance offenſive & défenſive avoit été ſigné le 10 avril 1854, entre la
France & l'Angleterre, le Duc de Gramont fut chargé de négocier avec le
Gouvernement Sarde ſon acceſſion à ce traité.

Les Conférences s'ouvrirent à cet effet à Turin, vers le milieu de l'année

1854, & le terminèrent par un acte d'accession & une convention militaire qui furent signés le 10 janvier 1855, par le Comte de Cavour pour les États Sardes, Sir James Hudson pour l'Angleterre, & le Duc de Gramont pour la France. A cette occasion, il reçut le 23 mars suivant le Grand-Cordon de l'Ordre militaire & religieux de Saint-Maurice & Saint-Lazare de Sardaigne.

Il signe le traité d'accession de la Sardaigne à l'alliance Anglo-Françoise (1855).

Le 3 juin 1857, il fut promu au grade de Commandeur dans l'Ordre de la Légion-d'Honneur, & le 16 août de la même année, nommé Ambassadeur de France à Rome. La mission du Duc de Gramont auprès du Saint-Siége a duré quatre ans, & s'est accomplie dans de tristes conditions. La guerre d'Italie, la perte pour le Saint-Siége d'une partie de son territoire, la révolution de Naples, l'annexion au Piémont de tous les États Italiens, se succédant avec une étonnante rapidité, furent, pour l'Ambassadeur de France auprès du Saint-Père, une source de difficultés presque insurmontables & d'épreuves souvent fort pénibles. Il ne fallut rien moins que la bonté toute paternelle du Très Saint-Père le Pape Pie IX pour en adoucir l'amertume.

Ambassadeur de France, à Rome (1857).

A cette occasion, nous remarquerons que le Duc de Gramont étoit le quatrième de sa Maison ayant été Ambassadeur à la Cour de Rome. Le premier étant Juan I de Gramont, en 1425, pour le Roi & la Reine de Navarre; le second, Roger de Gramont, pour le Roi Louis XII en 1498, & le troisième, Gabriel, Cardinal de Gramont, pour le Roi François Ier en 1531.

Pendant son séjour à Rome, le Duc de Gramont ayant réussi à amener un rapprochement entre le Roi de Naples & le Gouvernement Impérial, le Roi lui conféra, le 4 juillet 1859, à titre de remercîment pour ses bons offices, la Grand'Croix de l'Ordre de Saint-Janvier.

Le 28 juillet 1860, il fut promú au grade de Grand-Officier de la Légion-d'Honneur, & un an après, le 28 août 1861, nommé Ambassadeur à la Cour d'Autriche.

Ambassadeur de France, à Vienne (1861).

Grand'Croix de Pie IX

En s'éloignant de Rome où une grave maladie avoit fortement ébranlé sa santé, il eut la satisfaction de recevoir de Sa Sainteté le Pape Pie IX les témoignages les plus marquans d'estime & de bienveillance, & le Saint-Père lui conféra, le 30 septembre 1861, la Grand'Croix de son Ordre Pontifical de Pie IX.

Les premières années de la Mission du Duc de Gramont à la Cour d'Autriche furent assez calmes; mais la paix de l'Europe ne tarda pas à être de nouveau troublée par la guerre de Danemark, où l'Autriche eut le tort de s'engager de concert avec la Pruffe. Chacun fait les différends dont la poffeffion des Duchés du Nord fut la caufe entre les deux Puiffances fpoliatrices, & les conféquences mémorables de cette rivalité traditionnelle qui conduifit à la guerre de 1866. L'Ambaffade de France à Vienne fut activement mêlée aux négociations de la paix de Prague, & le 14 août 1866, le Duc de Gramont fut élevé à la dignité de Grand'Croix de la Légion-d'Honneur.

Grand'Croix de la Légion-d'Honneur (1866).

Dix jours après, le 24 du même mois, il fignoit, avec le Général Comte de Menfdorff, Miniftre des Affaires Étrangères de l'Empire d'Autriche, le traité par lequel la Vénétie étoit cédée à l'Empereur Napoléon, qui, de fon côté, la rétrocédoit au Roi d'Italie.

La guerre d'Allemagne avoit interrompu d'importantes négociations déjà fort avancées, qui fe pourfuivoient entre la France & l'Autriche, pour développer les relations commerciales des deux pays & définir les droits réciproques de leurs fujets dans chaque Empire. Auffitôt après la paix, le Duc de Gramont reprit l'œuvre commencée, & le 11 décembre 1866 il figna avec le Comte de Beuft, devenu Chancelier de l'Empire & Miniftre des Affaires Étrangères après la retraite du Comte de Menfdorff, cinq traités, favoir : un Traité de Commerce, un Traité de Navigation, une Convention confulaire, une Convention deftinée à règler les fucceffions & une Convention littéraire. A cette occafion, l'Empereur François-Jofeph lui conféra, le 20 décembre 1866, la Grand'Croix de l'Ordre de Saint-Étienne de Hongrie, qui eft le premier Ordre de la monarchie Auftro-Hongroife.

Traités avec l'Autriche. — Grand'Croix de Saint-Étienne de Hongrie.

Au mois de juin 1867, il fut chargé de repréfenter fon Souverain à Pefth, pour le couronnement de l'Empereur François-Jofeph & de l'Impératrice Élifabeth comme Roi & Reine de Hongrie.

Le 18 août de la même année il fe rendit à Salzbourg, pour affifter à l'entrevue des Empereurs & Impératrices de France & d'Autriche, & deux mois après il accompagna l'Empereur François-Jofeph dans fon voyage en France, à l'occafion de l'Expofition univerfelle. Depuis lors, il continua à réfider à Vienne jufqu'à l'année 1870 où l'Empereur l'appela le 15 mai au Miniftère des Affaires Étrangères. Ayant donné fa démiffion le 9 août de la même année, il fut forcé de s'expatrier à la Révolution du 4 feptembre & ne revint en France que deux ans après.

Le Duc actuel Antoine X eft le dixième Duc de Gramont, le vingt-cinquième Prince de Bidache & le trente-troifième chef de la Maifon de Gramont.

Il a époufé, le 27 décembre 1848, EMMA-MARY MAC-KINNON, fille de Son mariage. —<br>Ducheffe de Gram<br>(1848). *William-Alexander Mac-Kinnon*, Gentilhomme Écoffois, Chef du clan de Mac-Kinnon en Écoffe , & Membre du Parlement du Royaume-Uni de Grande-Bretagne & d'Irlande , décédé le 30 avril 1870, & de *Emma-Mary Palmer*, morte le 15 novembre 1835, laquelle étoit fille de Jofeph Palmer Efq", mort en 1815, & de Élifabeth Palmer, morte le 31 mai 1832.

La famille des *Mac-Kinnons* dont l'origine remonte aux temps reculés Origine & defcen<br>dance des Mac-Kinn de l'invafion de l'Écoffe par les Saxons du Nord, étoit établie dans l'île de Skye, où l'on voit encore aujourd'hui les reftes de fa première réfidence. Elle formoit alors un des clans de la Scotie, fous le nom de clan *Mac-Kinnon* ou *Mac-Fingon*, qui s'eft continué jufqu'à nos jours.

Kenneth Mac-Alpine, un des fondateurs de la Monarchie Écoffoife, eut une nombreufe poftérité, connue dans l'hiftoire fous le nom générique de *Siol Alpine*, ce qui fignifie fouche d'Alpine. Le Siol Alpine comprenoit, en effet, les clans des Mac-Gregors, des Grants, des Fingons ou Mac-Kinnons, des Mac-Nabs, des Mac-Fies, des Mac-Guarries & des Mac-Aulays. *Fingon*, l'auteur des Mac-Fingons, étoit fils de *Dongallus*, lequel étoit fils de *Gregor*, troifième fils du Roi *Alpine*. (Voir l'*Hiftoire des Clans d'Écoffe*, par Skene.)

Il exifte encore dans l'île d'Iona ou Icolmkill, au milieu de plufieurs tombes des anciens Rois d'Écoffe, une pierre tumulaire portant, à la date de 1400, le nom de *Lauchlan, chef des Mac-Kinnons*, & père d'un *Fingon*, Abbé du Monaftère (*Abbot Fingon*), lequel mourut en 1480, ainfi qu'il eft dit fur fon monument, parfaitement confervé dans l'enceinte du cloître. (Voir l'*Hiftoire d'Iona*, publiée par le Duc d'Argyle en 1871.)

En 1650, *Sir Lauchlane Mac-Kinnon of Strath,* chef du clan, étoit un des compagnons fidèles qui entouroient le Roi Charles II dans les guerres qu'il foutint contre Oliver Cromwell. Il fut créé Chevalier Banneret par le Roi, fur le champ de bataille, à Worcefter. Il avoit époufé une fille de *Mac-Lean of Mac-Lean*.

En 1745, fon fils *Lauchlan Mac-Kinnon, Laird of Strath and Ellagol* (dans la langue du pays, *Ellighuil*), donna refuge au prétendant Charles-Édouard Stuart, quand il vint à l'Ile de Skye, après la bataille de Culloden.

42

Malgré fon grand âge, il s'embarqua avec le Prince Charles, & ne le quitta qu'après l'avoir débarqué en fûreté fur la côte d'Écoffe. Mais en retournant chez lui, après avoir pris congé du Prince, il tomba dans une embufcade, fut pris par les Anglois & emmené à Londres, où il fut condamné à mort. La fentence toutefois ne fut pas exécutée, & il revint achever fes jours dans l'Ile de Skye. (V. *Pièces & Documens. Annexe* N° 46.)

Il avoit époufé une fille de *Mac-Donald of Clan Ranald*, dont il eut un fils qui fuit :

*Lauchlane More* Mac-Kinnon, fils unique du précédent, époufa une fille de *Mac-Lean Laird of Coll*, dont il eut deux fils, John & Donald ou Daniel.

*John* Mac-Kinnon, l'aîné, chef du clan, eut deux fils, favoir :

*John*, II° du nom, qui époufa une fille de *Mac-Leod of Mac-Leod*, dont il eut quatre filles & pas d'enfans mâles, & *Charles*, marié à une fille de *Mac-Leod of Ullinifh*. Charles Mac-Kinnon eut un fils, *John*, qui mourut fans poftérité.

En conféquence, le droit d'aîneffe & avec lui *chieftainfhip* du clan, paffa dans la defcendance de Donald-Daniel, fecond fils de Lauchlane More, que nous avons nommé plus haut.

*Donald-Daniel* Mac-Kinnon avoit eu un fils, *Daniel*, qui paffa en Amérque, & fut un des fondateurs & premiers colons de la Colonie d'Antigua.

Son fils *William* Mac-Kinnon époufa, à Antigua, *Mifs Yeamans*, fille du Lieutenant-Général Yeamans, Gouverneur d'Antigua, dont il eut un fils, *William*, 2° du nom, marié à *Louifa Vernon*, fille de Henry Vernon, Squire, Châtelain de Hilton Caftlè, dans le Comté de Stafford. William Mac-Kinnon ( 2° du nom ) devint chef du clan de Mac-Kinnon par la mort, fans poftérité, de fon coufin John. Il mourut en 1809, à Binfield, dans le Berkfhire, où exifte fon tombeau, laiffant, entre autres enfans, *William* ( 3° du nom ), fon fils aîné qui fuit, & *Henry*, qui fut tué en 1812 au fiége de Ciudad-Rodrigo, étant Major-Général.

*William Mac-Kinnon (3° du nom),* chef du clan après la mort de fon père, époufa Mifs Frye, & mourut en mer en revenant d'Antigua, laiffant deux fils, William-Alexander qui fuit, & Daniel, Colonel dans l'armée Angloife, qui mourut fans poftérité, ayant époufé Mifs Dent.

*William-Alexander Mac-Kinnon*, chef du clan, fils aîné du précédent, eft le père de la Ducheffe de Gramont.

Les armes de Mac-Kinnon font : Écartelé : au premier de finople à la hure de fanglier d'argent, enferrant de fes dents un pied de daim au naturel, qui eft de Mac-Kinnon ; au fecond d'azur au caftel d'argent à triple tourelle, maçonnée de fable, feneftrée & herfée de gueules, qui eft de Mac-Leod ; au troifième d'or à la galère de fable, ayant fes rames du même en fautoir ; au quatrième d'argent à la dextre coupée au naturel, enferrant une croix recroi-fettée de fable, ces deux derniers quartiers de Mac-Donald. L'écu fommé d'un heaume propre avec fes lambrequins de gueules & d'argent, portant pour cimier, fur un bourrelet aux couleurs propres, une hure de fanglier enferrant un pied de daim tout au naturel, & au-deffus la devife : « Audentes fortuna juvet. »

Le Duc & la Ducheffe de Gramont ont quatre enfans :

Enfans du Duc de Gramont.

1° *Antonia-Corifandre-Ida-Marie* de Gramont, née le 27 avril 1850, mariée le 7 janvier 1871 à *Gafton-George-Marie-Emmanuel, Comte de Brigode de Kemlandt* ;

2° *Antoine-Agénor* de Gramont, *Duc de Guiche*, né le 22 feptembre 1851, Officier de Cavalerie ;

3° *Antoine-Augufte-Alexandre-Alfred-Armand* de Gramont, *Comte Armand de Gramont*, né le 30 janvier 1854 ;

4° *Antoine-Albert-William-Alfred* de Gramont, *Comte Alfred de Gramont*, né le 24 feptembre 1856.

Frères & fœurs du Duc actuel :

ANTOINE-LÉON-PHILIBERT-AUGUSTE DE GRAMONT, DUC DE LESPARRE, Général de Divifion, fecond fils du Duc Antoine IX & frère du Duc actuel, eft né le 1er juillet 1820.

Le Duc de Lefpar-re, 2e fils du Duc Antoine IX.

Entré dans l'Armée en 1838, il a fervi avec diftinction dans la Cavalerie, & paffé fucceffivement par tous les grades jufqu'à celui de Général.

En 1854, il fit la campagne d'Orient en qualité d'Officier d'ordonnance du Maréchal de Saint-Arnaud, près duquel il fe trouvoit à la bataille de l'Alma, où il fut nommé Lieutenant-Colonel.

Colonel du 1er Régiment de Dragons le 14 mars 1859, & du 1er Régi-ment de Carabiniersle 11 août de la même année, il fut chargé, le 1er janvier 1866, de former & de commander le Régiment des Carabiniers de la Garde.

Nommé Général le 31 juillet 1867, il commanda, en 1870, la Brigade de Cuiraffiers de la 3ᵉ Divifion de Cavalerie de Réferve. Il prit part à la bataille de Rézonville, où il fut atteint d'un éclat d'obus, à celle de Saint-Privat & aux divers combats qui furent livrés autour de Metz.

Après la capitulation de Metz, il fut interné en Allemagne, revint en France à la paix, & reçut le Commandement de la Cavalerie du 4ᵉ Corps d'armée.

Le Général Duc de Lefparre eft Officier de la Légion-d'Honneur, Commandeur de l'Ordre de Saint-Maurice & Saint-Lazare de Sardaigne, Officier de l'Ordre du Medjidié, Chevalier de 2ᵉ claffe de l'Ordre de Sainte-Anne en Ruffie, & décoré de la Médaille de Crimée d'Angleterre.

Son mariage<br>& fes enfans.

Il a époufé, le 4 juin 1844, *Marie-Sophie de Ségur*, fille d'*Alexandre-Jofeph-Reine-Félicité, Vicomte de Ségur*, & de *Caroline Mathieu de Mauvières, Vicomteffe de Ségur*.

De ce mariage font nées :

1º *Antonine-Joféphine-Marie* de Gramont, née le 31 mars 1845, mariée le 29 mai 1866, à *Frédéric des Acres*, Vicomte *de l'Aigle ;*

2º *Anne-Antonine-Félicie-Aglaé* de Gramont, née le 11 juin 1848, mariée le 4 mai 1869 à *Étienne , Comte Defmier d'Archiac de Saint-Simon ;*

3º *Antonine-Marie-Joféphine-Ida* de Gramont, née le 27 avril 1859.

Le Comte de Gra-<br>mont, 3ᵉ fils du Duc de<br>Gramont, Antoine IX.

Antoine-Anérius-Théophile-Alfred de Gramont, Comte de Gramont, Général de Brigade, &c., &c., troifième fils du Duc de Gramont (Antoine IX), eft né le 2 juin 1823.

Entré en 1843 à l'École militaire de Saint-Cyr, avec le n° 3, il en fortit Officier dans l'armée de l'Infanterie & étoit Lieutenant au 14ᵉ Régiment d'Infanterie légère, à Paris en 1848, lors de l'infurrection du mois de juin. Il fut enfuite Officier d'ordonnance du Maréchal Comte de Caftellane qui commandoit à Lyon.

Capitaine le 3 mars 1852, il prit part avec fon régiment (19ᵉ de ligne), à la guerre d'Orient, affifta aux batailles de l'Alma & d'Inkermann, & fut grièvement bleffé par un coup de mitraille, le 18 juin 1855, à l'affaut de la Tour Malakoff. Forcé par cette bleffure de quitter fon régiment, il revint en France, Chevalier de la Légion-d'Honneur & fut nommé Chef de bataillon au 76ᵉ de ligne.

Le 4 décembre 1857, il paſſa ſur ſa demande au 1ᵉʳ Régiment étranger dans la province de Conſtantine, & après un ſéjour de près de deux ans en Algérie, il s'embarqua à Bougie, avec ſon bataillon, pour le conduire à Gênes & rejoindre le corps d'armée du Maréchal de Mac-Mahon, dont il fit partie pendant la guerre d'Italie.

Le 4 juin de la même année, le Comte de Gramont fut bleſſé d'un coup de feu à la hanche gauche, au moment où il pénétroit avec ſon bataillon dans le village de Magenta, & tranſporté après la bataille à Milan où il demeura juſqu'à ce que l'état de ſa bleſſure lui permît de revenir en France.

Nommé Lieutenant-Colonel du 97ᵉ de ligne après la campagne, il paſſa avec le même grade dans la Garde en 1861, & en ſortit comme Colonel du 47ᵉ Régiment d'Infanterie, le 5 mars 1864.

Son régiment ayant été déſigné en 1870 pour faire partie du corps d'armée du Général Douai, il quitta Chambéry le 23 juillet pour ſe rendre à Colmar, d'où ſa diviſion fut détachée pour renforcer le corps d'armée du Maréchal de Mac-Mahon, menacé par l'armée du Prince de Pruſſe, qui s'avançoit après la bataille de Wiſſembourg. Le Comte de Gramont arriva le 5 août avec ſon régiment à Reichſhoffen, & le lendemain un boulet pruſſien lui enleva le bras gauche pendant la bataille. Tranſporté à l'ambulance du village, il fut, quoique grièvement bleſſé, dirigé comme priſonnier de guerre à Munich où il reſta juſqu'à la ſignature de l'armiſtice, qui lui permit de rentrer en France le 18 mars 1871. Il rejoignit alors les débris de ſon régiment à Chambéry & fut promu Général de Brigade par nomination antidatée du 27 octobre 1870.

Le Général Comte de Gramont eſt Commandeur de la Légion-d'Honneur, Chevalier de l'Ordre du Médjidié de Turquie, de l'Ordre de Saint-Maurice & Saint-Lazare de Sardaigne, & décoré de la médaille d'Angleterre pour la guerre de Crimée.

Il a épouſé le 21 novembre 1848 *Louiſe-Cécile-Charlotte de Choiſeul Praſlin*, petite-fille du *Maréchal Comte Sébaſtiani*, qui étoit veuf en ſecondes noces d'*Aglaé-Angélique-Gabrielle de Gramont*, ſœur du Duc de Gramont (Antoine IX.)

De ce mariage eſt né un fils, *Antoine-Louis-Alfred-Xavier-Arnaud de Gramont*, né le 21 avril 1861.

ANTONIA-ARMANDINE-AGLAÉ-IDA DE GRAMONT, née le 5 octobre 1829, La Marquiſe du Prat deuxième fille du Duc Antoine IX, a époufé le 26 novembre 1850 Antoine-Théodore, *Marquis du Prat,* fils de Pierre-Jean-François, Marquis du Prat, & de Reine-Rofe Le Conte de Nonant de Raray., Marquife du Prat, fon époufe.

Le Marquis du Prat (Antoine-Théodore) eft mort le 11 janvier 1867, le dernier de fa race , fon frère le Comte François du Prat, étant mort le 19 août 1863 fans alliance. La Marquife du Prat eft morte à Chambourcy chez fa mère la Duchefle de Gramont, douairière, le 6 feptembre 1871.

Les armes des du Prat font : d'or à la fafce de fable, accompagnée de trois trèfles de finople, deux en chef & un en pointe. Devife : « *Spes mea Deus.* » Supports : Deux lions d'or, la tête contournée; cimier : un lion iffant.

ANTONIA-GABRIELLE-LÉONTINE DE GRAMONT, troifième fille du Duc Antoine IX & de la Duchefle de Gramont (née d'Orfay), née le 2 mars 1829, eft Dame d'honneur du Chapitre de Sainte-Anne, fous le nom de *Comtefje* *Léontine de Gramont.*

Ici s'arrêtent l'Hiftoire & la Généalogie de la Maifon de Gramont, depuis fon origine jufqu'à l'année 1873.

DEUXIÈME PARTIE

---

# PIÈCES & DOCUMENS

ANNEXÉS

# PIÈCES & DOCUMENS

---

## ANNEXE N° I,

### Chap. vii, p. 80.

*Paffages de l'ouvrage* GALLIA CHRISTIANA *& de* MARCA, *relatifs à l'affaire de l'Églife d'Arribehaute.*

« Ainerius in præfentia Odonis epifcopi & Gaftonis vicecomitis Bearnenfis fecit duellum pro ecclefia de Aribalda , vi&toriamque obtinuit. Hoc recenfetur in plurimis veteribus chartis fed temporis nota deftitutis.» *Gallia Chriftiana*, tome I, p. 1062.

« Mais, dans l'article précédent, il eft fait mention du prédécefleur d'Ainerius dans l'abbaye de Sordes en 1105, &, dans l'article fuivant, on parle de fon fuccefleur en 1119. C'eft pourquoi nous avons rapporté l'affaire d'Arribehaute, environ à l'an 1110. » (*Marca.*)

## ANNEXE N° II,

Chap. vii, p. 82.

*Charte de fondation du Prieuré d'Ourdios au Diocèse d'Acqs en l'an 1151.*
(Gallia Christiana, *tome I, p. 173*) *des Instrumenta.*

*Charta fundationis Xenodochii de Urduos Aquensis diœcesis factæ consilio*
*Ar. W. de Sort Episcopi Aquensis (1151 ex Schediis viri clariss. Oihenarti.)*

In nomine S. Trinitatis & individuæ unitatis. Perveniat in notitia tam futurorum quam præsentium, quod quidam latro, Arterius nomine, & socii ejus interfecerunt tres peregrinos Normaniæ, viros magnæ nobilitatis, sicut armigeri, qui cum eis erant, & multi alii nobis narraverunt. Hæc interfectio fuit facta in itinere beati Jacobi, à prædictis latronibus in illo loco qui dicitur Urduos; qui postea nutu divino à judice ejusdem terræ suspensi sunt. Divina vero pietas nullum expertem sui relinquens, revelavit hoc facinus per angelum suum Gabrielem cuidam sacerdoti nomine Remundus Porchet de Scendos, præcipiens ei ut extraheret peregrinos prædictos de lacu, in quo mortui ejecti fuerant, & traderet eos in eodem loco sepulturæ. Cui præcepto non renuens, libens implevit quod sibi jussum fuerat. Rursum prædictus sacerdos Remundus Porchet angelica annuntiatione tertio est admonitus, ut ædificaret domum in eo loco, ubi jam dicti peregrini sepulti fuerant, ad honorem Dei; qui cum non auderet ei resistere, cui cuncta obediunt, statim exhibuit se Aquensi episcopo scilicet Ar. W. (Arnaldo Willelmo) de Sort, narrans ei quæ & quanta per angelum sibi fuerant jussa. Unde prædictus isdem episcopus dedit ei consilium, ut quantocitius divino obediret præcepto. Quare jam sæpe dictus sacerdos fecit petitionem P. Vicecomiti Gavardan ac Bearnensium, ut daret sibi prædictum locum, in quo domum ad opus pauperum ad beatum Jacobum iter euntium (ædificaret), ut sic locus qui prius fuerat spelunca latronum, esset refugium pauperum, & habitatio peregrinorum. Cujus petitioni P. Vicecomes acquiescens, dedit bono animo, & bona voluntate totam terram de Urduos, ad faciendum ædificium & totam padoventiam (pascua), undecumque ipse dominium habebat, dedit & nemora, pascua, aquas, culta & inculta, Deo, pro anima sua & parentum suorum tam præteritorum quam futurorum, hoc donum fecit prædictus P. Vicecomes in Ecclesia B. Mariæ de Scendos, in presentia suæ curiæ, Remundo sacerdoti & omnibus futuris suis successoribus, ut habeant & possideant jam dictum donum, atque ab omni impedimento absolutum sine fine in perpetuum, amen. Anno incarnati verbi MCLI factum est donum mense Maii, feria VI, luna undecima, Epacta XIV, concurrente nona, indictione VII (XIV) Ludovico regnante rege Francorum. W. Comite Pictaviæ ac duce Vasconiæ, W. residente archiepiscopo in Auscitania sede, Ar. W. residente episcopo in cathedrali sede Aquensium, Ar. episcopo residente in cathedrali Olorentium. Testes hujus rei sunt : A. Bornio abbas Sorduensis, Martinus Sancii, P. Aureilla, *Bibia de Gramont*, P. de Luxo, A. Aragon de Garris, A. Arramon deu Lacu, & frater ejus, R. Ar. Fortaner Descot, & tota præsentia curiæ ipsius vicecomitis.

---

## ANNEXE N° III,

Chap. vii, p. 97.

*Traité conclu entre Gaston de Béarn & Arnaud-Guilhem 1ᵉʳ de Gramont, le Jeudi avant la Pentecôte de l'an 1253.*

### TRADUCTION.

Soit chose connue que, Nous, En Arnaud-Guilhem d'Agramont, avons fait convention & accords de bonne foi, sans mauvaise fraude, avec vous, En Gaston, par la grâce de Dieu, Vicomte de Béarn, de telle manière que nous suivissions & accomplissions votre volonté en toutes choses, à notre loyal pouvoir, & prenions la Seigneurie que vous veuilliez prendre, soit celle d'Angleterre, soit celle de Castille, à condition que vous nous ferez donner rente ou bienfait, à votre propre appréciation. Et Nous, En Gaston, promettons & accordons à vous, En Arnaud-Guilhem, que nous vous ferons bon Seigneur, droit & juste, à notre loyal pouvoir en toutes choses, & que nous ne ferons paix ou traité avec nul homme contre lequel, pour nous, serez entré en guerre, sans vous y comprendre. Et vous donnons & assignons mille sols de Morlaas de rente sur notre baillie de Sauveterre, que le Bayle, quel qu'il soit qui y sera, sera tenu de vous payer à chaque jour de Pâques. Et afin de garder, accomplir & tenir bonnement toutes ces choses & chacune d'elles, sans au-

cun empêchement de notre part, nous, En Arnaud-Guilhem, en avons fait
ferment fur les Saints Évangiles de Dieu touchés corporellement, avec cinq
chevaliers, favoir En Auger d'Agramont & En Bernard, nos frères, & En
Arnaud de Calana, & En Arnaud-Lup de Sent-Marti. Et Nous, En Gafton,
avons auffi juré la même convention, & promettons encore audit En Arnaud-
Guilhem que fi nul homme lui faifoit tort ou le moleftoit, & qu'il formât
plainte en notre main (qu'il en appelât à notre jurifdiction), nous lui donnerons
aide & fecours bonnement, comme à un des nôtres. Et pour plus grande
fermeté & en témoignage de vérité, avons partagé les préfentes par a. b. c.
& les avons fcellées de nos fceaux.

Ceci fut fait à Sauveterre le jeudi avant la Pentecôte, en préfence d'En Bernard de Jaces & d'En Vidal de Tolofa, & d'En Per-Bernard, fon frère, &
d'En Bernard de Tolofa, & d'En Per-W. Bru & d'En Colom de Banbio,
jurats de Sauveterre, & de Bernard de Campuguha qui, par commandement
de Nous, Gafton, a écrit les préfentes. An du Seigneur 1253.

N. B. La livre Morlaas valoit alors 60 francs 78 centimes de monnoie
actuelle, & le fou Morlaas valoit le vingtième de la livre. La puiffance de
l'argent étoit, en 1253, quatorze fois plus confidérable qu'en 1865. Les mille
fous Morlaas affignés par Gafton, fur le baillage de Sauveterre, repréfentoient
donc cinquante livres Morlaas, foit 42,546 francs de monnoie actuelle.

## ANNEXE N° IV,

Chap. VIII, p. 117.

*Récit de Garibay, concernant les querelles entre le fils du Seigneur de Gramont,
Arnaud-Raimond I & le Seigneur d'Afiayn, à la Cour de Navarre en l'année 1379.*

Il y eut une grande querelle entre Meffire Fillot de Gramont, fils de
Meffire Arnaud-Raimond de Gramont, Seigneur de Gramont, dans le canton
d'Ultrapuertos, & le Seigneur d'Afiayn. Meffire Fillot de Gramont prétendoit
que Don Ramir-Sanchez, Seigneur d'Afiayn, avoit dit & fait différentes chofes
contre la perfonne & même contre la vie du Roi Don Charles. C'eft pourquoi
l'on tint une affemblée à Pampelune dans le palais de l'Évêque où fe préfen-
tèrent l'accufateur & l'accufé, qui y vînt avec un fauf-conduit du Roi. Chacun

expofa fes griefs en préfence du Roi & de fa Cour ; & l'alcade du marché de Pampelune & toute l'affemblée les condamnèrent unanimement à prouver par le duel la vérité de leurs affertions, dans le délai fixé par le droit des armes. Au jour marqué pour le combat, tous deux fe rendirent au lieu défigné, qui étoit le Château de Pampelune. Là, en préfence du Roi, après avoir prononcé les fermens & rempli les formalités ordinaires, le Seigneur de Gramont créa fon fils chevalier. Mais il y eut tant de fpectateurs qui, s'intéref-fant à ces deux champions, fe portèrent pour médiateurs & interpofèrent leurs bons offices, qu'ils firent ceffer le combat & les obligèrent de s'aban-donner à la difcrétion du Roi. D'après fes ordres, Fillot de Gramont fut con-duit en prifon dans le Château de Saint-Jean-Pié-de-Port, & le Seigneur d'Afiayn dans celui de Tafalla, où il refta fix mois. Mais ennuyé de fa prifon, le Seigneur d'Afiayn forma le projet de s'évader, & pour fe rendre maître du Château, il gagna quatre foldats originaires de Picardie, en leur promettant une ample récompenfe. Ainfi ces mêmes hommes, qui étoient chargés de la garde de fa perfonne, entrant dans le complot s'emparèrent du commandant qui s'appeloit André de Han, le lièrent & l'enfermèrent dans une chambre, & fe rendirent maîtres du château. Le Seigneur d'Afiayn ne leur permit cepen-dant pas de mettre le commandant à mort. Le bruit de cet événement fe répandit bientôt dans Tafalla. On raffembla les habitans & le Château fut entouré & repris au bout de trois jours par la trahifon' dont un des quatre foldats ufa envers fes camarades. Don Ramir-Sanchez, Seigneur d'Afiayn, fut jeté en prifon ainfi que fes complices. En punition de ce crime & d'après les foupçons qu'on avoit fur fa conduite antérieure, il eut la tête tranchée au mois de janvier 1381 (le Père Alefon, qui rapporte auffi cet événement, prouve dans une note particulière qu'on doit le rapporter à l'an 1379, & non à l'an 1381), dans la ville même de Tafalla. Son château & fa tour d'Afiayn furent démolis & fes biens confifqués. Les Picards qui l'avoient aidé dans fon projet furent également décapités. Au bout de quelque temps Meffire Fillot de Gramont fut remis en liberté, après avoir paffé trois ans au Château de Saint-Jean, fuivant le rapport des hiftoriens. (Garibay, *Hiftoria de Navarra*, lib. XXVII, cap. xxxiii.)

## ANNEXE N° V,

Chap. viii, p. 117.

*Récit de Olhagaray, concernant les querelles entre le fils du Seigneur de Gramont, Arnaud-Raimond I & le Seigneur d'Afiayn, à la Cour de Navarre en l'année 1379.*

Et ce qui eſt remarquable pour l'*Hiſtoire de Béarn*, que ſous le même Seigneur (Gaſton Phœbus, 12° Comte de Foix & 4° Seigneur de Béarn, depuis 1344 juſqu'à 1390) vindrent les querelles entre Meſſire Fillot de Gramont, Seigneur de Gramont, au deçà des monts, & Dom Ramir Sanche d'Afiayn, pour choſes concernantes le ſervice de leur prince. Dom Ramir étoit accuſé par le Seigneur de Gramont d'avoir meſme attenté contre la perſonne du Roy.—Il falloit vuider ce différend par les armes, par l'ordonnance des juges deleguez par le Roy. Les parties ayant comparu au jour aſſigné pour combattre, telles furent les importunitez des parens & amys, d'une part & d'autre, que le duel ceſſa, & demeurèrent tous deux à la diſpoſition & bon plaiſir du Roy, lequel les fit mettre en priſon, l'un, à ſavoir le ſieur de Gramont au château de la ville de Saint-Jean-Pied-de-Port, l'autre, dans Tafalla, ce qui eſt adjouſté afin que nous ſachons d'où eſt venue dans le Béarn cette grande Maiſon de Gramont, qui depuis eut pluſieurs attaques avec celle de Beaumont ou de Luxe, iſſuées néantmoins toutes deux du ſang Royal, ce que teſmoignent les armoiries de ces deux Maiſons, & meſme auſſi le chef de la part Gramontoiſe, qui ſont les Mareſchaux du Royaume, & ne s'intitulent que de Navarre. (*Hiſtoire de Foix, Béarn & Navarre,* par M. Pierre Olhagaray, page 301.)

## ANNEXE N° VI,

Chap. ix p. 126.

*Décret de Henri IV, Roi d'Angleterre, concédant à Marie de Montaut-Mucidan & Jean de Gramont les biens qui feront pris aux rebelles dans la circonfcription de Blaye, &c., &c., en l'année 1409.*

Rymer
A. D. 1409.
An 10. H. 4.      *Rex Henricus IV omnibus ad quos &c., Salutem.*
Viag. 10.        *Sciatis quod*
H. 4. m. 4.

Cum Maria de Montaut Domina de Muffyden & de Blaye, Uxor dilecti & fidelis Ligei noftri Johannis, Domini de Gramont & de Cama & de Villa Caftro & Caftellania de Muffyden & de Pelegrue, à tempore mortis patris ipfius Mariæ, hucufque exhæredata exiftat.

Nos eâ confideratione, de gratiâ noftrâ fpeciali, conceffimus eifdem, Johanni & Mariæ, omnia Bona & Terras, quæ funt vel evenire poterunt de rebellibus infra terras & caftellaniam fuas de Blaye, feu alias terras fuas quafcumque infra Jurifdictionem & obedientiam noftras..... in cujus, &c.

Tefte Rege apud Manerium de Eltham duodecimo die Januarii.

*Per ipfum Regem.*

Et mandatum eft Senefcallo Regis Aquitaniæ ac Conftabulo Regis Burdegaliæ, & eorum locatenentibus nec non Cancellario ac aliis miniftris & officiariis Regis ibidem, quod ipfos, Johannem & Mariam, bona & terras rebellium prædictorum, infradictas terras & Caftellaniam de Blaye, feu alias terras fuas quafcumque infra Jurifdictionem & obedientiam Regis, habere permittant, juxta tenorem litterarum Regis prædictarum.

Tefte ut fupra.

*Per ipfum Regem. .*

*(Rymer ACTA PUBLICA, tom. VIII, p. 569, édition de Londres 1727 )*

## ANNEXE N° VII,

Chap. ix, p. 126.

*Confirmation d'actes royaux des Souverains d'Angleterre, en faveur de Jean de Gramont*
*& de son épouse Marie de Montaut-Mucidan.*

Ann. Dom.     *Rotulus Vasconiæ de annis 4, 5 & 6 Henrici V.*
1416                  *Anno 4 Henrici V.*

### MEMBRANÆ 13 & 12,

14. — De confirmatione cartarum regum Angliæ pro Johanne de Gramont & uxore hærede Augeri de Monte Alto ( de Montaut) Domino de
Muffidano (Mucidan) de castro de Blanque-forti cum pertinentiis ac etiam
de castro & castellania de Blania ( Blaye) in escambio pro castro de Blanque-
forti ac de loco & villa de Daubaterra.

Teste Rege ut supra.

### MEMBRANA 11.

17. — Pro Maria de Montaut, domina de Muyffidano uxore Johannis
Domini de Gramont, de castro & castellania de Blania, cum officiis gaugetti
& turragii ac portagii castri regii Burdegalæ, habendis, teste rege ut supra,
24 die januarii.

CATALOGUE DES ROLLES GASCONS A LONDRES (Paris), *1743, in-fol., part. 1,*
*p. 200, 201.*

Anno 1419     *Rotulus Normaniæ de anno 7 Henrici V. pars prima*

### MEMBRANA 22.

De potestate commissa Johanni Domino de Gramont ad puniendum
Radulfum nuper Burgensem villæ de Blaye (en Guienne).

## ANNEXE N° VIII,

Chap. ix, p. 126.

*Donation de Henri V, Roi d'Angleterre, en faveur de Jean I, Seigneur de Gramont,*
*du 14 juin 1422.*

14 juin      *Bureau des Finances de Bordeaux,*
1422          Regiftre E., fol. 133.

Henri V, Roi d'Angleterre, donne à fon amé & féal Jean, fire de Gramont, 8 livres fterling d'Angleterre de rente fur les profits de Durt, Aren-
chon, Sempey & Alleren, au Duché de Guyenne, le 14 juin 1422.

---

## ANNEXE N° IX,

Chap. ix, p. 130.

*Ade conftituant une dot à Marie de Gramont, époufe du Seigneur de Coarafe,*
*le 22 feptembre 1415*

22 feptembre
1415      *Cabinet de D. Villevieille.*

Noble Madame Garcie, veuve de Verdot de Gramont, Seigneur d'Aox
& d'Olaviés, Mgr Garcie de Gramont, fon fils, Seigneur des mêmes lieux, &
Guilhem Arnaud du Leu, comme Procureur fondé de noble Mgr Jean, Seigneur de Gramont, de Mucidan & de Blaye, par acte paffé en la ville d'Ollie
le 13 de feptembre 1415, en préfence d'honorable Jeanneton d'Oregner,
Écuyer d'écurie du Roi, & Garcie-Arnaud Galloz, Mgr Guirant de Cau-
pene, Seigneur de Labalut, Andreu, Seigneur d'Arifperede & d'Arche en
Soule & Pelon de la Xavie de Mauléon, chacun pour fa part, promettent
de payer à noble Baron Meffire-Ramond-Arnaud, Seigneur de Coarafe &
d'Afpet, 2,400 florins (le florin compté pour 9 fols) pour la dot de mariage
fait & célébré en face de la Sainte-Églife, entre ledit Seigneur de Coarafe,
d'une part, & Madame Marie de Gramont, fille de ladite Dame Garcie &
dudit feu Verdot de Gramont, & nomment exécuteurs defdites promeffes

44

noble Meffire Bernard, Seigneur de Gavafton, & Meffire Guilhem Arnaud, Seigneur de Merithent; ce qui fut accordé au château de Coarafe par-devant Guiraut de Sacaze, coadjuteur du notaire de Nay, le 22 feptembre 1415, en préfence de noble Baron Archambaud de Foix, Seigneur de Navailles, Auger de Doezoos, Georges de Portau, Écuyer de Mgr le Comte de Foix.

---

## ANNEXE N° X,

### Chap. ix, p. 131.

ANNALES DE ARAGON por Geronymo Çurita en Çaragoça. 1610, 7 vol. in-fol.

*Gratien de Gramont paffe en Aragon pour y foutenir le Comte d'Urgel.*

Le Comte d'Urgel, en confidération du fecours que lui offroit le Duc de Clarence (Thomas 2° fils de Henri IV, Roi d'Angleterre), lui abandonnoit fes droits au Royaume de Sicile. Outre cela, Don Antoine de Luxe convint avec Bafile de Gênes & avec Anglot & Gratien de Gramont, Capitaines de gens de guerre, qui étoient à Bordeaux à la folde du Roi d'Angleterre, qu'ils entre-roient en Arragon avec leurs Compagnies pour y faire la guerre.

On convint auffi de la paye qui leur feroit accordée. Mais comme il y avoit une grande méfintelligence entre ces différentes troupes, il fut dit qu'elles n'entreroient pas enfemble & qu'elles pafferoient les montagnes par des endroits différens. D'après le traité fait avec le Duc de Clarence, il devoit époufer une fœur du Comte d'Urgel, & celui-ci prendre le titre de Roi d'Ar-ragon.

Comme il y avoit une grande divifion entre les Compagnies que Don Antoine de Luxe avoit raffemblées en Gafcogne, pour venir avec elles au fecours du Comte d'Urgel, Bafile, qui étoit le principal Capitaine, s'en alla de fon côté avec fes troupes. Don Antoine & les Capitaines Gratien & Anglot qui commandoient les autres Compagnies prirent la route de Loharre, tandis que Bafile fuivit celle de Montaragon. Mais à l'entrée de la montagne ils eurent à combattre. (T. III, p. 83-85.)

## ANNEXE N° XI,

Chap. IX, p. 132.

ANNALES DE NAVARRA, T. IV, p. 432.

*Confiscation des biens du Comte de Cortez.*

En 1429 les Rois Don Juan & Blanche de Navarre confiſquèrent les propriétés de Geofroy de Navarre, Comte de Cortez (frère naturel de la Reine) pour avoir embraſſé le parti de la Caſtille. On prétexta que c'étoit pour payer la dot de ſa femme Thérèſe d'Arellano. Ses biens furent donnés à Pierre de Peralta & à trois autres.

D'après la notice communiquée par M. de Leſpine, Gratien de Gramont fut une de ces trois perſonnes, qui, conjointement avec Pierre de Peralta, eurent part aux biens confiſqués ſur Geofroy de Navarre, Comte de Cortez.

---

## ANNEXE N° XII,

Chap. IX, p. 134.

*Note communiquée par M. de Saint-Hilaire de Belvès ſur une main-levee de ſaiſie, donnée par François de Gramont, en 1435*

1435. François de Gramont, Seigneur de Gramont, Muſſidan, Blaye & Blanhac accorde à Gaillardet de Semene, fils de feu Jean de Semene, Chevalier, la main-levée de la ſaiſie des fiefs & biens deſdits de Semene, ſaiſis au préjudice dudit Jean par Dame Marie de Montaut, épouſe de noble & puiſſant homme Jean de Gramont, père & mère du dit François; leſquels biens étoient ſitués dans la juriſdiction de Blanhac.

---

## ANNEXE N° XIII,

Chap. IX, p. 136.

*Decret du 9 avril 1438 de Juan II, Roi de Navarre, & de la Reine Blanche, pour mettre fin aux guerres des Seigneurs de Gramont & des Seigneurs de Luxe.*

ANNALES DE NAVARRA. T. IV, p. 493.

Con eſte cebo ſe encendio tanto el fuego entre eſtos dos Bandos, que fue meneſter, que el Rey D. Juan el anno 1438 deſpues que volvio de Napoles y

la Reyna Dona Blanca lo procurafen extinguir con un decreto, que pondremos aqui por la mucha luz que da a efte punto obfcuro de nueftra hiftoria.

« Don Juan por la gracia de Dios Rey de Navarra, infante de Aragon,
y de Sicilia, Duque de Nemoux, de Gandia, de Momblac, Conde de Ribagorza, & Senor de la ciudad de Balaguer, & Dona Blanca, por la mifma gracia Reyna, y heredera proprietaria del dicho Reyno, duquefa de los dichos
ducados, condefa del dicho condado, y fenora de dicha ciudad de Balaguer,
a todos quantos las prefentes letras veràn & oiràn, Salud. Facemos faber que
à nueftra noticia es pervenido como los Senores de Agramont & de Luxa, no
obftante la paz por Nos entre ellos & los fus parciales, y linages declarada,
amparan, y requieren gentes de caballo & de pie de aquefte nueftro Reyno,
por fa ayudar & foccorrer de ellas à manera de Bandofidades la qual cofa es
en grant defervicio nueftro, & por efto Nos queriendo proveer fobre aquefto,
fegun pertenece, inhibimos, & defendemos por tenor de las prefentes ò copia
de ellas fecha en debida forma à todos & quales quiera perfonas de nueftro
Reyno, de qual quiera Eftado, dignidad, ò preeminencia que fean, que no fean
ofados, ni atrevidos de ir à los dichos Senores de Luxa y de Agramont, ni
falir de nueftro Reyno para caufa de las Dichas Bandofidades por fi, ni por
otros, ni les envien gentes algunas: & fi algunos fon idos, que tornen, fo pena
de fer incurridos, qualquiera que el contrario ficiere, en el cafo de la traycion,
& por tal que algunos no puedan alegar ignorancia de nueftra inhibicion,
mandamos que aquella fea pregonada & publicada por las ciudades & villas
de nueftro Reyno por los lugares acoftumbrados. Dada en nueftra villa de
Olite fo nueftro fello de chancillerià, noveno dia de abril, anno de nueftro Senor
1438. — Blanca. Por el Rey & por la Reyna en fu confejo. Simon de Leoz. »

(Halla fe efto decreto en la camara de comptos con el teftimonio al fin de
haverfe publicado en Olite, y otros lugares del Reyno.)

## ANNEXE N° XIV,

Chap. IX, p. 141.

*Décret de Charles VII, Roi de France, garantiſſant François de Gramont contre toutes les conſéquences des actes d'hoſtilité antérieurs à l'époque où il s'eſt rallié à ſon parti.*

TRÉSOR DES CHARTES, Regiſtre CIIIIˣˣ V (185) IXˣˣ V, pièce 288.

*Remiſſio pro Franciſco Domino de Grantmont.*

May 1453.—Charles (VII), par la grâce de Dieu, Roy de France, ſavoir faiſons à tous préſens & avenir, nous avoir reçue humble ſupplication de notre amé & féal Chèvalier, Conſeiller & Chambellan, François, Seigneur de Gramont, contenant que dès longtemps ſes prédéceſſeurs ont tenu le parti de nos anciens ennemis & adverſaires les Anglois, & lui-meſme juſques au tems que feuſmes en nos pays de Guienne & de Gaſcogne, pour le fait de la journée par nous entrepriſe contre nos dits ennemis devant la place de Tartaz audit pays en 1442 ; auquel tems ledit ſuppliant nous recognoiſſant ſon vrai Souverain, naturel Seigneur, ſe réduiſit libéralement en notre obéiſſance, enſemble partie de ſes terres & Seigneuries, & les autres les laiſſa & abandonna, pour demeurer en notre dite obéiſſance, ès mains de nos dits ennemis & adverſaires, en laquelle notre obéiſſance il a toujours depuis demouré en ſoy employant en notre ſervice, & à entencion de tous jours faire ; mais il doubte que à l'occaſion de ce que paravant ſa dicte reduction, il avoit tenu parti à nous contraire, aucune choſe lui en ſoit ou puiſſe être imputée ou demandée après ou au temps à venir, requerant humblement notre grâce ſur ce. Pour ce eſt-il que nous, conſidérées les choſes deſſus dites, bien recors que notre dit Conſeiller ſuppᵗ ſe réduiſit en notre dite obéiſſance libéralement ; pourquoy ne vouldrions que ce luy tournaſt à dommage ou charge ; à iceluy pour ces cauſes, avons quicté remis, pardonné & aboly & par la teneur de ces préſentes, de notre grâce eſpéciale, plaine puiſſance & auctorité royal remectons, quictons, pardonnons & aboliſſons tous ces crimes, maléfices, excès & autres déliz qu'il a ou peut avoir faiz, commis & perpetrez, & deſquels on lui pourroit donner charge ou faire queſtion à l'encontre de lui, du temps qu'il a tenu parti à nous contraire, pour quelque cauſe ne en quelque manière que ce ſoit, & iceux deliz ainſi avouez durant le temps deſſus dit, voulons être cenſez & réputez comme non avenus ; ſans ce que aucune chofe lui en foit ou puiffe être imputée ou demandée à la requefte de notre Procureur ne d'autres quelfconques ; & fur ce impofons filence per-pétuel à notre Procureur & à tous autres. Si donnons en mandement à nos amez & feaulx Confeillers, les gens de notre Parlement de Thouloufe, au Sénéchal des Lannes, &c., &c.

Donné à Lezignen au moys de may, l'an de grâce mil CCCC cinquante-trois, & de notre règne le XXXI°.

---

## ANNEXE N° XV,

Chap. x, p. 145.

*Mariage de Gafton de Foix, Vicomte de Caftelbon, avec Magdeleine de France, fœur du Roi Louis XI, 1462.*

Dom Vaiſſete, HISTOIRE DE LANGUEDOC, tome V, p. 24.

1462. — Louis XI avoit donné rendez-vous à Tours à Gafton IV, Comte de Foix, & il l'avoit prié d'y venir incognito. Le Comte obéit quoi qu'il eut lieu de fe défier du Roi à caufe de fon extrême attachement au feu Roi Charles VII. Il partit en habit déguifé, accompagné feulement d'un maître d'hôtel & de fix gentilshommes, & il prit, pour n'être pas reconnu, la route d'Auvergne. Le Roi lui fit beaucoup d'accueil, & le logea dans fon château de Montils auprès de Tours : ils convinrent du mariage de Gafton, Vicomte de Caftelbon, fils du Comte, avec Magdeleine, sœur du Roi. Le contrat fut paffé à Saint-Jean d'Angeli, où le Roi s'étoit rendu le 11 de février fuivant. Le Comte de Foix, qui étoit abfent, donna fa procuration à Triftan, évêque d'Aire, *Gratian d'Agramont ou de Gramont*, Seigneur de Lux, Auger de Voefquet ou du Bofquet, Chancelier de Foix, & Argnolet (ou Arnaud-Guil-laume), Seigneur de Gere, fes Ambaffadeurs, qui ftipulèrent en fon nom. Leur pouvoir eft daté de Lefcar, le 16 de janvier précédent.

## ANNEXE N° XVI,

Chap. x, p 146.

*Note sur les trois fils de Roger de Gramont, qui furent abbés de Sordes*

GALLIA CHRISTIANA, tome I, p. 1064.

1469. — Brunetus Fabius de Acrimonte, abbas Sorduenfis, ab anno circiter 1469 ad annum 1473.

1486. — Arnaldus Willelmus de Acrimonte (Gramont) commendam obtinuit 1486 & 1488, quo fublato è vivis, aut cedente, de capeffenda abbatia extitiffe videtur contentio inter Stephanum de Pomeriis & Yfpanum de La vie.

1505. — Johannes de Gramond, Sedis Apoftolicæ protonotarius, abbas Sorduenfis, anno 1505.

---

## ANNEXE N° XVII,

Chap. x, p. 147.

*Donations faites par le Roi de France Louis XI à Roger de Gramont.*

Bibl. de Saint-Germain-des-Près. *Table alphab. des dons des Rois, vérifiée en la Chambre des Comptes*, t. I, HA:

1474. — Le Roi Louis XI engagea à Roger de Gramont la Baronnie, terre & Seigneurie de Haftingues pour dix mille écus, l'an 1474.

*Ibid.*, t. II, M. O.

1474. — Le Roi Louis XI donna à Roger, Seigneur de Gramont, la haute juftice de la terre de Monthory au pays de Soule, en la Senéch⁽ᵉ⁾ des Lannes, en 1474.

*Ibid.*, t. I, C. A.

1479. — Le Roi Louis XI érigea en faveur de Roger, Seigneur de Gramont, la terre de Cames, en la Senech⁽ᵉ⁾ des Lannes, en Baronnie, avec haute juftice, l'an 1479.

## ANNEXÉ N° XVIII,

Chap. x, p. 159.

*Note relative à Antoine de Caſtelnau, fils de Suzanne de Gramont, & Évêque de Tarbes.*

GALLIA CHRISTIANA, t. I, p. 1240.

Antonius de Caſtro novo parentes habuit Ludovicum Dominum de Caſtelnau (en Turſans) & Suſannam de Gramont. Eorum ſtudio in litteris inſtitutus, primum Senator in magni Conſilii curia fuerat, poſtea libellorum ſupplicum magiſter, & Regis chriſtianiſſimi legatus in Angliam & Hiſpaniam. Succeſſit (anno 1534) Gabrielli de Gramont quem ſuſpicamus fuiſſe ipſius avunculum, eique tranſcripſiſſe Eſpiſcopatum Tarbienſem & fortaſſe Magiſtri libellorum ſupplicum officium; neque enim Gabriel eo fungi olim aſpernatus fuerat.

---

## ANNEXE N° XIX,

Chap. x, p. 160.

*Récit de la bataille de Ravenne & mort de François II de Gramont en 1512.*

HISTOIRE DU CHEVALIER BAYARD, par Théodore Godefroy. *Paris,* 1619, in-4°.

1512. — Quoi voyant les François pouſſèrent roidement & entrèrent dedans le foſſé : mais pour le paſſer y eut un meurtre merveilleux. Car oncques gens ne feirent plus de deffenſe que les Eſpagnols, qui encore n'ayant plus bras ne jambe entière mordoient leurs ennemis. Sur ceſte entrée y eut pluſieurs capitaines françois morts, comme le Baron de Grandmont, le Capitaine Maugiron, qui y feit d'armes le poſſible, & le Seigneur de Bardaſſan (p. 308).

En ceſte cruelle bataille feit le Royaume de France groſſe perte, car le nompareil en proueſſe qui feut au monde pour ſon aage y mourut. Ce feut le gentil Duc de Nemours dont tant que le monde aura durée ſera mémoire. Il y avoit quelque intelligence ſecrète pour le faire Roi de Naples, s'il euſt veſcu, & s'en feut trouvé pape Jules mauvais marchand ; mais il ne pleut pas à Dieu le laiſſer plus avant vivre. Je crois que les neux preux lui avoient fait cette requête, car s'il euſt-vêcu aage compétent les euſt tous paſſez. Le gentil Seigneur d'Alegre & ſon fils le Seigneur de Viverots y finirent leurs jours. Auſſi feirent le Capitaine la Crote, le Lieutenant du Seigneur de Humber-court, les Capitaines Molart, Jacob, Philippes de Friberg, Maugiron, le Baron de Grandmont, Bardaſſan & pluſieurs autres capitaines (p. 312).

## ANNEXE N° XX,

Chap. x, p. 156.

*Liſte des Seigneurs de Navarre & de Béarn qui étoient rangés ſous les bannières ennemies de Beaumont & de Gramont.*

*Montre faite à Bayonne le 17 août 1496, par Roger de Gramont, Gouverneur de Bayonne.*

| | |
|---|---|
| Jean de Belſunce. | Menoton d'Etchayde. |
| Gaſton de Berrayts. | Berdolet de Bizau. |
| Gratien de Gramont. | Bidot du Caſſe. |
| Le Chevalier de Gramont. | Jehannot d'Irybarre. |
| Fortaner d'Etchaus. | Laurent d'Embarre. |
| Peyrot de Beneſſes. | Petit Jean de Troyen. |
| François dè Salleneuve. | Jehan de Berzaute. |
| Antonin de Lalanne. | Bertrand d'Etcheverry. |
| Jehan de Ségur. | Johannot de Sabaloc. |
| Laurent de Montbrun. | Gaychet de Magnos. |
| Jeannot d'Albays. | Martin d'Urtubie. |
| Loys de Ladoux. | Johann de Chauvin. |
| Mathieu de Lagarde. | Menauton de la Salle. |
| Martin Daguerre. | Sans d'Arhauſette. |
| Arnaud-Guilhem du Fay. | Arnaud de Salle-Juſan. |
| Rollan de la Foſſe. | Bidot de Ceps. |
| Marticot de Lehet. | Raymonet de Préchat. |
| Pey d'Éliſſonde. | Bertrand Petit. |
| Fortic d'Aguerre. | Arnaud de Lamothe. |

45

Bernard d'Andoins.
Compagnon de Mellet.
Borthomieu de Sarro.
Martin de Lafeube.
Jeannot de Faget.
Joannet de Sallejufan.
Pierre de l'Abbadie.
Petriffant d'Efperbent.
Arnaud-Guilhem d'Arrofpide.
Arnaud-Guilhem de Brittos.
Johanneton d'Ehyrigouoyen.
Triffan de Nogués.
Johannot de Mendie.
Arnaud de Montfort.
Auger d'Audezeft.
Johannet de Larrafet.
Miquelot d'Irigoyen.

François de Lafoffe.
Joannot d'Embariers.
Pierre du Couffo.
Augerot d'Eliffalde.
Jeannot de Caftet.
Joanneton de Pémartin.
Arnaud Sans de Camont.
Andrion d'Etcheverry.
Fortuner de Camon.
Johannet de la Manon.
Chicoy de Lamothe.
Pyroton de Lanne.
Arnaud de Chante Merle.
Ammon de Laguarde.
Bernadon de Leftang.
Guillaume de L'abroffe.
Bernard de Peyrut.

*Rôle de ceux qui ont pris les cafaques, lances & banderoles à la montre de Beaumont de Lomagne.*

De Barbotan.
De Mons.
Le Vicomte de Trignan.
De Villeneuve.
De Bonas.
De Sabonnières.
De Peyrons,
De la Seube.
De Salanac.
De Puyminet.
De la Hitte Seignoret.
De Bières.

De Montbrun.
D'Afques.
De Coignax.
De Rivière.
De Laroque d'Homs.
De Baulat.
De Laroque de Taillis.
De Labarthe.
De Lahitte.
D'Efpeyres.
De Geffe.
De Lahitte Ducat.

De l'Artigole.

De Sagnens.

De Toffalet.

De l'Abbadie.

D'Omartin.

De Saint-Aubin.

De Chambau.

Du Barry.

De Lamothe Vieux.

De Lieux.

D'Aulon.

Le Baron de Saint-Lary.

De Grafat.

D'Aignan.

De Pont.

De Marceillan.

De Gachies.

De Bidouze.

De Gafton.

Capitaine Berard.

De Baillabats vieux.

De Lahitte Roc.

De Mafeilles.

De Villeneuve Allemand.

De Lamothe.

De Pont Pertufat.

De l'Eftengue.

De Saint-Jean Poutge.

De Bouillac ou Rouillac.

De Bueils.

De Botinel.

D'Aulon.

De Lavignole.

Fontanier.

Bigos.

De la Mothe jeune.

De Réjaumont.

De Mont.

De Baillabats jeune.

D'Albret.

De Bourdieu de Miradoux.

De Guierlas.

De Ville Fontan.

De Bordieu de Dunes.

De Lau vieux.

De Lau jeune.

De la Bruginères.

D'Abbadie.

De la Forcade.

De Caftet Pigon.

De Clavères.

De Caffagnau.

Labat.

Bordonié.

Rivals.

Pomiers.

Latappié.

Belin.

Saint-Guiraud jeune.

Jean Labat.

Bernard Buits.

Jean d'Ardenne.

Vidal de Rieux.

Jehan de Vivès.

Bernard Drouilhet.

## ANNEXE N° XXI,

Chap. x, p. 161.

*Notes relatives à Charles de Gramont, Archevêque de Bordeaux & Primat d'Aquitaine*
GALLIA CHRISTIANA, tome II, p. 848.

Carolus de Acromonte, Gabrielis frater natu major, nobiliffimâ familiâ Acromontanâ in regno Navarræ genitus, patre videlicet Rogerio, Acromon-tano dynafta, Senefcallo Aquitaniæ, Ludovici regis XII ad Summum Ponti-ficem legato, matre Leonorâ Benearnâ, paris nobilitatis fœminâ, clericali militiæ fe addixit : & poft adminiftratos epifcopatus Conforanenfem ac Adurenfem, ad Burdigalenfem pervenit metropolim an. 1530, quâ in urbe & provinciâ utramque poteftatem, fpiritualem ac temporalem exercuit; fimul enim geffit Aquitaniæ hodiernæ præfecturam per annos 25 fub proregibus Odeto Fuxio de Lautrec & Henrico de Lebreto, rege Navarræ.

Primo ejus epifcopatus anno, excepta eft Burdigalæ Eleonora Auftriaca Caroli V Imperatoris Soror Francifco I defponfata. Anno vero 1539 Carolus Auguftus ipfe ex Hifpania pergens in Belgium, per hanc urbem tranfiit.

Hujus Archiepifcopi munificentiæ debetur odeum ecclefiæ majoris, mirâ arte conftructum, ubi in fuperiori parte valvarum chori vifuntur ipfius infignia gentilitia. — Eodem Archiepifcopo fuadente, capitulum elegit in canonicum theologum Vincentium Cabart, qui primus in hac Ecclefia fuit admiffus. Obiit Carolus anno 1544, ejufque corpus Bidachium delatum eft, in diœcefi Aquenfi, ubi nobilis gentis Acrimontanæ commune eft conditorium.

GALLIA CHRISTIANA, tome I, p. 1065.

1528. — Carolus de Gramont provinciæ Aquitaniæ prorex, Epifcopus Adurenfis, ac deinde Archipræful Burdegalenfis, abbatiam Sorduenfem obti-nebat annis 1528, 1531 & 1544, quo anno defunctus eft.

OIHENART, p. 441.

Carolus Acrimontanus Gabrielis frater anno 1530, rexit Ecclefiam Burdigalenfem & Aquitaniæ infuper provinciam vicario nomine proregis ufque ad annum 1544.

OIHENART, p. 466.

Carolus Acrimontanus epifcopus fuit Adurenfis anno 1524.

## ANNEXE N° XXII,

Chap. x, p..163.

*Notes relatives à Gabriel de Gramont, Cardinal-Archevêque de Touloufe.*

Moréri, tome V, p. 327.

Gabriel de Gramont, Cardinal, Évêque de Tarbes, puis Archevêque de Bordeaux & de Touloufe, fils de Roger de Gramont & d'Eléonore de Béarn, eut, après un de fes frères nommé Charles, l'Évêché de Couferans, & réuffit très bien dans toutes les négociations qu'on lui confia. De l'Évêché de Couferans il paffa en celui de Tarbes en 1522, & c'eft fous ce nom qu'il a été très connu. Il fut très confidéré à la Cour du Roi François I, & fut un des Ambaffadeurs qu'on envoya, l'an 1526, en Efpagne, pour ménager la délivrance du Roi. Il y étoit encore l'année fuivante, & l'Empereur Charles-Quint l'y fit arrêter, lorsqu'il eut appris la ligue du même Roi François I avec Henri VIII, Roi d'Angleterre ; mais comme les Ambaffadeurs qu'il avoit lui-même dans les Cours de ces deux Princes furent arrêtés dans le même temps, il fe vit obligé de mettre en liberté l'Évêque de Tarbes. Celui-ci revint en France, & fut auffitôt renvoyé en Angleterre, avec ordre de négocier fecrètement la diffolution du mariage de Henri VIII & de Catherine d'Aragon, & de propofer celui de Marguerite d'Orléans, veuve de Charles, Duc d'Alençon. Elle étoit fœur du Roi, & fut mariée dans le mois de janvier 1527 avec Henri d'Albret, Roi de Navarre. Sanderus & quelques autres ont cru que le Cardinal Volfey avoit perfuadé à l'Évêque de Tarbes de faire cette propofition. Quoi qu'il en foit, le même prélat alla, peu de temps après, Ambaffadeur à Rome, où le Pape Clément VII lui donna le chapeau de Cardinal le 8 juin de l'an 1530. Enfuite, il propofa le mariage du Duc d'Orléans, fecond fils du Roi, avec Catherine de Médicis, nièce du Pape, & perfuada même à Clément de venir jufqu'à Marfeille, ce qu'il fit au mois d'octobre de l'an 1533. Le Cardinal de Gramont fe rendit, par fes fervices, de plus.en plus agréable au Roi, qui lui avoit donné l'Évêché de Poitiers en 1532, & qui lui donna depuis, en 1533, l'Archevêché de Touloufe. Il fut attaqué d'une fièvre lente, dont il mourut au château de Balma, près de Touloufe, le 26 mars de l'an 1534. Son corps fut porté à Bidache, où il fut enterré dans le tombeau de fa Maifon. Jean Bouchet & d'autres auteurs

358HISTOIRE & GÉNÉALOGIE

remarquent que le Roi témoigna un déplaifir extrême de la mort de ce Cardinal.

Rogerio Acrimontis Dynafta, Senefcallo Aquitaniæ, & Eleonora de Bearno genitus Gabriel, puer exaƈe ftudia excoluit, quibus in omni genere feliciter inftruƈtus, ad aulam accedens & Francifco I inter alios reges litteratorum æquo æftimatori probatus, facile infulis epifcopalibus dignus judicacatur : primo enim ecclefiæ Conferanenfi præpofitus per ceffionem Caroli germani, 27 Aprilis 1523, tum Tarbienfi per tranflationem Menaldi ad Conferanenfem XIV kal. Augufti 1524. Mox Burdegalenfis eleƈtus 14 julii 1529 & confirmatus â Summo Pontifice 24 feptembris anni ejufdem, Cardinalis fit S. Ceciliæ 8 junii 1530, & Piƈavienfis epifcopus 16 decemb. 1532. Ultimo tandem ad Tolofanam metropolim affumitur apud Tarafconem in cómitatu Regis degens, cujus nomine Jacobus du Four, abbas Cafæ-Dei poffeffionem nancifcitur 27 oƈob. 1633, eodemque anno more majorum folemniter 15 martii urbem fuam ingreditur. Hi autem honores merito tot exantlatis ab eo pro republica & Ecclefia gallicanâ laboribus debebantur. Diverfas enim legationes obivit ad fummum Pontificem, Carolum V Imperatorem & Henricum VIII Angliæ Regem ad quem miffus pro fœdere Britannico, ad Carolum vero pro libertate Francifci I regis & liberorum qui in Hifpania obfides detinebantur, ac comes afcitus eft Margaritæ reginæ Navarræ, ubi & memorabile illud paƈtum Madriti confecit. Exinde Francifci juffu in Italiam graviffimis de rebus profeƈtus, cum egregiam in colloquio pontificio Maffiliæ operam impendiffet, hoc munere ad propofitum perduƈo, Roma reverfus, colleƈtaque ex via & mole graviffimorum negotiorum ægritudine, ut afferit Bouchetus in annalibus Aquitaniæ, in domo archiepifcopali de Balma primo ab urbe lapide, animam Deo reddidit 26 martii al. 7 junii 1534. Jacet in ecclefia Caftri de Bidache apud Bearnenfes avorum fepulcrali Sacrario, diœcefis Baïonenfis.

Paulo poft Johànnis mortem, convenerunt canonici numero 24 ut archiepifcopum eligerent; ex quibus novem pro Bertrando de Goulart de Braffac canonico & facrifta S. Andreæ, nec non præfide in inquifitionum camera, fuffragia tulerunt; at plura faverunt Gabrieli de Acromonte qui die 14 julii anni 1529, fecundum priftinum morem, qui in ipfo defiit, eft electus. De hac electione dubitare poffemus, utpote facta poft concordata inter Leonem X & Francifcum I, quibus contraria videtur, nifi Hieronymus Lopefius ejus acta legiffet in Capituli Regiftris. At eam a Summo Pontifice refciffam lego; & quidem paulo poft, fcilicet an. 1530 Carolus, Gabrielis frater, Archiepifcopus Burdigalenfis occurrit. Forfitan Clemens VII, confentiente Rege, cui Gabriel ob felix ingenium & optimarum litterarum peritiam, erat in deliciis, ipfum archiepifcopatum libere abdicantem, eodem anno quo electus fuerat, ad Sacrum Cardinalium ordinem affumpfit, videlicet die 19 dec. ut docent Sammarthani & Lopefius, vel die Mercurii octavâ junii anni 1530, ut legitur apud Frifonem; fimulque Carolum fratrem ad archiepifcopales infulas, quas ipfe reliquerat, provexit.

Porro Gabriel Acromontanus, cum puer à naturâ feliciffime dotibus animi & fingulari ingenii acumine effet inftructus, inter liberos præcipue a parentibus delectus eft, qui in optimis litteris educaretur.

Plurimas obivit Legationes, & maxima quidem cum laude prudentiæ : Romæ apud Clementem VII qui ei fuam contulit purpuram : in Anglia ad Henricum Regem VIII prò fœdere inter Gallos & Anglos ineundo : in Hifpania ad Carolum V Imperatorem pro liberatione Francifci regis I ac filiorum, quam cum Margaritâ Navarræ Reginâ, Regis forore, procuravit. Præcipuus quoque auctor fuit conjugii inter Henricum Aurelianenfem ducem & Catharinam Medicæam, papæ neptem, contrahendi. Roma, ubi rerum & negotiorum Franciæ procuratione fumma cum laude perfunctus fuerat, reverfus, in caftro de Balma prope Tolofam exceffit e vita anno 1534, 26 maii, apud fuos Bearnenfes, in ecclefia caftri de Bidache, diœcefis Baïonenfis, majorum conditorio, juxta Acrimontanorum procerum offa tumulatus.

ANNALES DE LA VILLE DE TOULOUSE, par de La Faille, *Touloufe,* (1701, 2 vol. in-fol., tom. II, p. 92.)

1535. Le 15 mars, le Cardinal de Gramont, Archevêque de Touloufe, fit fa première entrée dans cette ville . . . . . . . Touloufe ne le garda pas longtemps. Il mourut trois femaines après. Il étoit de l'illuftre Maifon de Gramont, defcendue des anciens Rois de Navarre. Il fut premièrement évêque de Cauferan, puis de Tarbes, enfuite Archevêque de Bordeaux, & enfin, Archevêque de Touloufe. Son corps fut porté à Vidache, ancienne demeure des Seigneurs de Gramont, pour y être inhumé dans le tombeau de fes ancêtres.

---

## ANNEXE N° XXIII,

Chap. x, p. 163 & 165.

*Récits de la bataille de Noayn en 1521.*

### I

Favyn, HISTOIRE DE NAVARRE, p. 707.

1521. — Le Seigneur d'Afparrault (Lefparre), Général de l'Armée (à la bataille de Noayn, près Pampelune), y reçut tant de coups qu'il en perdit la vue, & fut pris prifonnier par François de Beaumont, frère ou coufin du Comte de Lerin, & avec lui le Seigneur de Tournon & plufieurs autres gens de bien. D. Pedro de Navarre, fils du Marefchal de Navarre, prifonnier, comme nous avons dit, au château de Simancas, en Efpagne, où il mourut. D. Arnauld de Gramont, D. Frédéric de Navarre & le refte de l'armée, fe fauvèrent par les montagnes en France.

### I I

Mayerne Turquet, HISTOIRE D'ESPAGNE, p. 1270

1521. — Arrivez que furent les armées près de Pampelone, le Seigneur d'Afperraut (Lefparre), accompagné de plufieurs Navarrois, fut d'avis de tourner vifage & hazarder la bataille, mais fort inconfidérément . . . . . En cette bataille, donnée près le bourg Noayn & port de la Riniega, moururent que François & Navarrois, près de cinq mille hommes, & entre iceux, Charles de Mauleon & D. Jean de Saraza, le capitaine S. Martin & Charles de Navafques ou de Noailles, le Général mefme de l'Armée françoife, bleffé par un homme d'armes de la compagnie du Comte d'Albe de Lifte, fe rendit à D. François de Beaumont. Le Seigneur de Tournon y fut auſſi pris D. Pedro de Navarre, fils du Mareſchal D. Pedro, priſonnier à Simanca, ſe ſauva en France avec D. Arnaud de Gramont, D. Frédéric de Navarre, & autres en grand nombre.

Garibay, dans ſon *Hiſtoire générale d'Eſpagne*, tom. III, page 524, dit la même choſe & preſque dans les mêmes termes, en citant auſſi Don Arnauld de Gramont.

---

## ANNEXE Nº XXIV,

### Chap x, p. 166.

### *Recit de la Bataille de Saint-Jean-de-Luz en 1523.*

Collection univerſelle des Mémoires de l'Hiſtoire de France (Mémoires de Blaiſe de Montluc, *tome XXII p. 24 & ſuivantes.*

1523. — Après la perte malheureuſe de ce beau Duché de Milan, toutes les forces revindrent en France, enſemble la Compagnie du Maréchal de Foix, en laquelle j'eus une place d'homme d'armes & un archier d'appointe- ment. Quelque temps après, l'Empereur Charles dreſſa une armée pour reprendre Fontarabie, à cauſe de quoi notre Compagnie & pluſieurs autres furent mandées ſe trouver à Bayonne près M. de Lautrec qui étoit Lieutenant du Roi en Guienne. Le dit Sieur de Lautrec, pour pouvoir faire tête à l'ennemi qui faiſoit mine de vouloir entreprendre quelque choſe ſur la frontière, fit dreſſer quatorze ou quinze enſeignes de gens de pied. J'avois toujours eu envie de me jetter parmi les gens de pied, ce qui me fit demander congé pour trois mois au Capitaine Sayas, lequel portoit le drapeau en l'abſence du Capi- taine Carbon, ſon frère, pour accepter l'enſeigne que le Capitaine La Clotte me préſenta; lequel mal-aiſément me l'octroya, après avoir auſſi envoyé vers le Capitaine Carbon pour l'obtenir. Soudain après, La Clotte fut commandé d'aller à Bayonne parce que les ennemis ſe renforçoient d'heure à autre. Quelques jours après, le Capitaine Carbon print les Compagnies de M. de Lautrec & de M. le Marèſchal, ſon frère, avec deux Compagnies de gens de pied, qui étoient celles de Megrin, Comenge & La Clotte, pour nous conduire, par les chemins des bois, droit à Saint-Jean-de-Luz, là où le camp de nos

ennemis eftoit. Or comme nous fufmes à demi-quart de lieue de Saint-Jean-
de-Luz fur le haut d'une petite montaigne, ayant déjà paffé une petite rivière
fur un pont de bois diftant d'un demi-quart de lieue de cette montaigne, au-
deffous de laquelle paffoit un ruiffeau de quinze ou vingt pas de large, profond
jufqu'à la ceinture, joignant lequel il y a une plaine qui s'eftend comme en
pente droit au dit ruiffeau, duquel on defcouvre Saint-Jean-de-Luz qui
eft un des plus beaux bourgs de France, fur les bords de la grand'mer, le
Capitaine Carbon, qui commandoit à la troupe, laiffa les deux cornettes fur
cette petite montaigne, l'une defquelles portoit le Capitaine Sayas, qui eftoit
la noftre, & le Capitaine Jeannot d'Andouïns, celle de M. de Lautrec, tous
deux en l'abfence, l'un du Capitaine Carbon, l'autre du Capitaine Artigue-
loube; & laiffa feulement vingt chevaux à chacune & nos deux Compagnies
de gens de pied, & print le refte des gens d'armes, enfemble le *Seigneur de
Gramont* qui depuis mourut au royaume de Naples, qui eftoit Lieutenant de
la Compagnie de M. de Lautrec.

Toute cette troupe paffa le ruiffeau, cheminant au long de la plaine droit
à Saint-Jean-de-Luz, ayant départi leurs gens en trois troupes, comme nous
pouvions aifément defcouvrir du haut de la montagne où nous eftions. Eftans
arrivez en la plaine, ils firent alte plus d'une heure, cependant qu'un trompette alla par deux fois fonner la fanfare aux ennemis. Mais comme il fe voulut retirer, ne penfant que perfonne fortift du camp des Efpagnols, les chevaux
qu'il avoit envoyés à la tefte de la plaine lui vindrent rapporter que tout le
camp des ennemis marchoit. Et foudain après nous commençafmes à defcouvrir trois de leurs efcadrons de gens de cheval qui marchoient les uns après
les autres. Le premier des leurs vint attaquer le premier des noftres. Auquel
lieu fe rompirent beaucoup de lances, plus des noftres toutefois que des leurs;
parce qu'en ce temps-là les Efpagnols ne portoient que des lances gaies,
longues & ferrées par les deux bouts. Pendant cette charge, le capitaine Carbon
retira les deux autres troupes pas à pas devers nous. Enfin la feconde des
ennemis fe joignit à la leur première, & rembarrèrent la noftre jufques à la
feconde que M. de Gramont menoit. Là il y eut un grand combat & force
gens portez par terre d'un cofté & d'autre ; entre lefquels furent les Seigneurs,
de Gramont duquel le cheval fut tué fous lui, de Luppé, guidon de M. de
Lautrec, de Poigreffi qui depuis s'eft fait huguenot, de la Faye de Xaintonge,
qui eft encore en vie, & plufieurs autres.

## ANNEXE N° XXV,

Chap. x, p. 168.

*Mort de Jean II. de Gramont, fous les murs de Naples en 1528*

Collection universelle des Memoires de France

*(Mémoires de Meffire Martin du Bellay.)* T. XVIII, p. 106.

1528. — Durant ce temps, environ la fin de juillet 1528, la mortalité fe renforça dans notre camp devant Naples, tellement qu'en moins de trente jours, de vingt-cinq mille hommes de pied n'en demeura pas quatre mille qui peuffent mettre la main aux armes; & de huit cents hommes d'armes n'en demeura pas. cent. Meſmement y mourut le Seigneur de Lautrec, le Comte de Vaudemont, le Prince de Navarre, nouvellement arrivé, le Seigneur de Tournon & fon frère, Meffire Claude d'Eftampes, Seigneur de la Ferté-Nabert, le Seigneur de Laval de Dauphiné, le *Baron de Gramont*, le Seigneur de Gruffy, le Seigneur de Moriac, &c., &c., & un nombre infini d'autres bons perfonnages & foldats & de gentilthommes qui y eftoient allés pour acquérir honneur & fans folde, & une légion d'autres que je laiffe, parce que ce papier ne fauroit fuffire à les nommer. Si le Roy eût fecouru le Seigneur de Lautrec d'hommes & d'argent, ainfi qu'il pouvoit faire, il fût demeuré poffeffeur du royaume de Naples; car notre armée fut ruinée par faute d'eftre rafraîchie.

---

## ANNEXE N° XXVI,

Chap. v, p. 55 & Chap. xi, p. 172.

### I

*Paſſage tiré de Oihenart, relatif à Menaud d'Aure, Vicomte d'Aſter.*

Oihenart, p. 513.

Menaldus Vicecomes Afterienſis, Joannis 5ⁱ frater, Uxor Clara Acrimontana, Joannis Acrimontani dynaftæ 1oror : quæ fratri fine liberis mortuo fucceffit. Liberi Antonius & Catharina, nupta Francifco Baroni Mauleonio. Obiit Menaldus anno 1534, fepultus Baneriis in Cœnobio Dominicanorum fratrum, a majoribus fuis inftituto.

## I I

*Note tirée des Archives de M. de Taillefer, relative à Claire de Gramont.*

ARCHIVES de M. de Taillefer.

1552. — Le 3 octobre 1552, procuration donnée par haute & puif-fante Dame, Madame Claire de Gramont, Dame de Gramont, Muffidan, &c., à Meffieurs Jean Chavane, recteur de Charente, Receveur Général de ladite Dame, & Bertrand de Maraval, fon juge à Muffidan, pour vendre à noble Meffire Bertrand de Lur, Chevalier Seigneur de Longa, Villamblard & Rof-tilhe, les moulins de la ville de Muffidan. (Expédition en forme, fignée Faucon.)

## III

*Contrat d'échange entre Claire de Gramont & Françoife de Polignac fa belle-fœur, relativement à fon douaire, tiré des Archives du Château de la Force.*

ARCHIVES DU CHATEAU DE LA FORCE.

1526. — Sachent tous. . . . . . . que comme ainfi foit que par le contrat de mariage paffé le 15 feptembre 1526 entre Meffire Jean de Gramont, Che-valier, Seigneur dudit lieu de Muffidan, Blagnac, &c., & Dame Françoife de Polignac, la châtellenie, terre, &c., de Muffidan, eût été par ledit de Gra-mont affignée & donnée à ladite Dame Françoife, fa femme, pour fon douaire & en jouir fa vie durant, advenant la mort de fon mari. Et comme foit advenu que Dame Claire de Gramont, fœur dudit Jean & Dame d'After lui auroit fuccédé, lefquels de Polignac & de Gramont auroient avifé pour plufieurs raifons que ladite Polignac fe départiroit dudit Muffidan. Les arbi-tres, Meffires François de la Tour, Vicomte de Turenne, François de Pom-padour & Antoine de Lafayette, difent que, comme Muffidan étoit place forte, & plus propre & commode pour la demeure de la Dame de Gramont, que n'étoit ledit Blagnac, on donneroit ce lieu ci à ladite de Polignac en échange pour Muffidan ; ce qui fut accepté par Charles de Gramont, Archevêque de Bordeaux, oncle de ladite Gramont, & Meffire Menaud d'Aure, Sr d'After.

## ANNEXE N° XXVII,

Chap. xi, p. 187.

### I

*Aĉte paffé par Hélène de Gramont, relatif à la terre & Seigneurie d'Olhaiby*
*avec le Seigneur d'Angos. — Tiré des Archives de D. Villevieille.*

1562. — Très honorée & puiffante Dame Hélène de Clermont, fondée de procuration de haut & puiffant Seigneur Meffire Antoine de Gramont, Chevalier de l'Ordre & Gentilhomme de la Chambre du Roi, Seigneur & Baron de Gramont, engage à Noble Jean de Caze major, Écuyer, Sgr d'Angos, pour la fomme de 3.000 liv., la terre & Seigneurie d'Olhaiby, en la Vicomté de Soulle.

### II

*Aĉte paffé par Hélène de Gramont relatif à la Seigneurie de Montaut, avec Meffire*
*Foucault d'Aubuffon, tiré des Archives de M. de Taillefer.*

1580. — Par aĉte paffé au château de Muffidan, le 7 janvier 1580, haute & puiffante Dame Hélaine de Clermont, Dame entre autres Seigneuries, de Muffidan, Hafte & les Angles, veuve de haut & puiffant Seigneur Meffire Antoine de Gramont, en fon vivant Chevalier de l'Ordre du Roi, Capitaine de 50 hommes d'armes, Seigneur dudit lieu de Gramont, Souverain de Bidache, habitante à préfent au château de Muffidan, vend à haut & puiffant Seigneur Meffire Foucault d'Aubuffon, Chevalier de l'Ordre du Roi, Capitaine de 50 hommes d'armes de fes ordonnances, Seigneur entre autres lieux de Beauregard & la Rue en Périgord, de Caftelnouvel en Limoufin, habitant pour le préfent au château de Beauregard, la terre & Jurifdiction de Montaut que ledit feu Seigneur de Gramont étoit accoutumé jouir qu'eft la moitié entièrement de ladite terre & jurifdiction de Montaut étant des dépendances dudit Muffidan, & confifte ès paroiffes de Montanihac, la Crence, Belefmes & Saint-Julhien, avec toutes les rentes & tous les autres droits, &c., & même certaines murailles anciennes appelées la Salle de Montaut, affifes en ladite paroiffe de Bellefmes, en toute juftice, haute, moyenne & baffe. Ladite vente faite pour la fomme de 8,000 liv. (Groffe en parchemin, fignée : Delarbre & de Cantelaude, notaires.)

---

## ANNEXE N° XXVIII,

Chap. xi, p. 190.

*Vers latins fur la mort du Duc de Joyeufe (d'Arques) et du Comte de Gramont (Philibert) tués au fiége de La Fère en 1580.*

Extrait du JOURNAL DE HENRI III, par Pierre de l'Eftoile.

Au commencement d'août le Seigneur de Gramont, Gafcon de grande valeur & efpérance, eut le bras emporté d'une moufquetade devant La Fère. On difoit à la Cour que c'étoit une mauvaife bête que La Fère de dévorer ainfi tant de jeunes Seigneurs.

> Quô ruitis juvenes quibus haud eft ultima vitam
>   Servare incolumem cura? Cavete Feram;
> Sævit & errantes paffim Fera peffima fiftit
>   Multiplici adverfos quos ferit, ore necat :
> Acrior in juvenes, quibus eft forma cutifque
>   Pulchrior, hæc rabidæ grata fit efca Feræ.
> Eft elegans testis jam d'Arquius effeque Martis,
>   Non eadem & Veneris faucius arma docet;
> Cui pila imberbes tranffigens, dentibus ore
>   Excuffis feptem, fœdat utrimque genas,
> Bombardæ valido læfus Grandmontius ictu,
>   Secedit moriens urbeque, & ore fimul, &c., &c.

## ANNEXE N° XXIX,

Chap. xi, p. 181 & xii, p. 199.

*LETTRES & EXTRAITS DE LETTRES DE HENRI IV A CORISANDRE, COMTESSE DE GRAMONT & AUTRES.*

### I

1573. — 6 mars.

*Orig. — Arch de famille de M. d'Efpalungue, Maire de Louvie-Juʒon.*

### Au Capitaine d'Efpalungue.

Capitaine d'Efpalungue, Vous avés peu entendre comme j'ay eftably Monsʳ de Gramont, mon Lieutenant-Général, auquel j'ay recommandé fe retirer en mes pays Souverains pour contenir mes fubjeƈts en paix & tranquillité, régler & compofer toutes chofes pour la confervation de mon Eftat & bien public. A quoy je veulx & entends qu'il foit affifté de ceulx qui me font fidèles & loyaux ferviteurs, du nombre defquels je vous ay toujours tenu comme des plus anciens, & qui, par ce moyen, doibt fervir d'exemple aux aultres. A cefte caufe, je vous ay bien voulu particulièrement efcrire la préfente pour vous prier, Capitaine Efpalungue, quand ledict fieur de Gramont ira par delà, vous rendre fouvent prez de luy, pour entendre à ce qui fera befoing pour mon fervice, recognoiffant l'auƈtorité que je luy ay donnée, avecque le refpeƈt que telle charge mérite. Et m'affeurant que le ferés ainfy, je ne vous en diray davantage, priant Dieu, Capitaine Efpalungue, vous avoir en fa fainƈte & digne garde. De Nieul (1), çe viᵉ mars 1573.

Voftre bon maiftre,

HENRY.

---

(1) C'eft en ce lieu, en face de la Rochelle, que le Roi de Navarre, obligé d'affifter au fiége de cette ville, étoit campé. D'Aubigné énumère tous les perfonnages de marque qui fe trouvoient à ce camp devant La Rochelle : « Monfieur le Duc d'Alençon, fon frère, le Rôy de Navarre, les princes de Condé & Dauphin, les Ducs de Guife, d'Aumale, Nevers, Longueville, Bouillon & Uzez, le Chevalier & le Marefchal de Coffé, Montluc, le Comte de Retz, la Chapelle aux Urfins, Chavigny & le Grand-Prieur de Champagne : tout cela vint loger à Nieul. » (T. II, l. I, ch. ix.)

## II

1585. — 7 décembre.

*Orig. autographe.— Bibliothèque de l'Arſenal, MſſΣ. Hiſtoire, n° 179, t. Iᵉʳ.*

### A Madame la Comteſſe de Gramont.

Il n'eſt rien de ſi vray qu'ils m'appreſtent tout ce qu'ils peuvent. Ils penſoient que j'allaſſe de Grenade vous voir; il y avoit au moulin de Montgaillart(1) cinquante arquebuſiers qui prirent mon laquais & le retinrent juſques à ce qu'ils euſſent ſceu que j'eſtois party de Grenade pour venir icy. Ne craignés rien, mon âme. Quand ceſte armée, qui eſt à Nogaro, m'aura monſtré ſon deſſein, je vous iray voir, & paſſeray ſur les ailes d'Amour, hors de la cognoiſſance de ces miſérables terriens, aprés avoir pourveu, avec l'aide de Dieu, à ce que ce vieux renard n'exécute ſon deſſein. Il eſt venu un homme, de la part de la Dame aux chameaux, me demander paſſeport pour paſſer cinq cens tonneaux de vin, ſans payer taxe, pour ſa bouche; & ainſy eſt eſcript en une patente. C'eſt ſe déclarer ivroigneſſe en parchemin. De peur qu'elle ne tombaſt de ſi hault que le dos de ſes beſtes, je le luy ay refuſé. C'eſt eſtre gargouille à toute oultrance; la Royne de Tarvaſſet n'en fit jamais tant. Si je me croyois, touſte ceſte feuille ſeroit remplye de bons contes; mais la crainte que j'ay que ceulx de Saint-Sever y participaſſent me fait finir en vous ſuppliant croire que je vous ſeray fidèle juſques au tombeau. Sur ceſte vérité, ma chère maiſtreſſe, je vous baiſe un million de fois les mains. Ce 7ᵉ, à dix heures du ſoir.

HENRY.

## III

1585. — 9 décembre.

*Orig. autographe. — Bibliothèque de l'Arſenal, MſſΣ. Hiſtoire, n° 179, t. Iᵉʳ.*

### A Madame la Comteſſe de Gramont.

Mon âme, Ce lacquais, qui me revint hyer, fut prins près Montgaillard. Mené à Mᵣ de Pouyanne, qui luy demanda s'il n'avoit point de lettre; il luy

(1) Village près de Saint-Sever, aujourd'hui du département des Landes.

dit que oui : une que vous m'efcriviés. Il la print & l'ouvrit, & la luy rendit
aprés. Le fieur du Pleffis eft arrivé & le refte de ma troupe de Nérac. Je
vous iray voir, de façon que je ne craindray la garnifon de Saint-Sever. Il y
a encore un homme qui vient de l'armée eftrangère à Cafteljalous, qui arri-
vera ce matin. Je vous porteray toutes nouvelles, & le pouvoir de faire
vuider les forts. Dimanche, il fe fit prés Moneurt une jolie charge, qui eft
certes digne d'eftre fceue. Le Gouverneur, avec trois cuiraces & dix arquebufiers à cheval, rencontra le lieutenant de la Brunetière, Gouverneur du Mas
d'Agenois, qui en avoit douze & aultant d'arquebufiers tous à cheval. Le
noftre, fe voyant foible & comme perdu, dict à fes compagnons : « Il les
fault tuer ou périr. » Il les charge de façon qu'il tue le chef & deux gendarmes
& en prend deux prifonniers, les met à vauderoute, gagne cinq grands chevaulx & tous ceux des arquebufiers, & n'eut qu'un bleffé des fiens. Je fais
anuit force dépefches. Demain, à midy, elles partiront & moy auffi, pour
vous aller manger les mains. Bonjour mon fouverain bien. Aimés petiot.
9ᵉ décembre.

Faites tenir, s'il vous plaift, la terre à Tach. Je luy mande de fe trouver
chez vous ; j'ay affaire à luy.

Il ne fe parle point du Marefchal (1).

H.

IV

1586. — 25 mai.

*Orig. autog. — Biblioth de l'Arfenal, Mff. Hiftoire, nᵒ 179, t. I.*

*A Madame la Comteffe de Gramont.*

La maladie commence tellement à prendre parmy nos troupes qu'elle
nous fera plus toft quicter la campaigne que les ennemiz. Je fuis fur le point
de vous recouvrer un cheval qui va l'entrepas, le plus beau que vous viftes
jamais & le meilleur, force panache d'efgrette. Bonyere (2) eft allé à Poictiers
pour acheter des cordes de luc (3). J'eus hier des nouvelles de la Court ;

---

(1) Matignon.

(2) Nicolas-Alexandre de Bonnyères devint fuperintendant de la mufique de la
chambre du Roi. Il eft infcrit, en cette qualité & aux gages de neuf cens livres, dans un
rôle des officiers de la Maifon du Roi Henri IV.

(3) Ainfi pour luth

47

M. de Guife y eft encore. Le prince de Parme ayant affiégé une ville, il a efté
contrainct, par les Anglois, de la quiéter. Le combat a efté grand. Il eft mort
deux mille cinq cens hommes : quinze cens Efpagnols naturels, d'où il y a
vingt & deux capitaines ; le refte, des Anglois. Je ne me porte guères bien, &
crains fort de tomber malade. Le Marefchal de Biron fait ce qu'il peut pour
affembler des forces. Il ne nous fera quiéter la campagne, s'il ne luy en vient
de France ou Gafcogne. Mon cœur, fouvenés-vous toujours de petiot (1).
Certes, fa fidélité eft un miracle. Il vous fouhaite mille fois le jour dans ces
allées de Lyranufe ; vous pouvés penfer s'il ne vous y baille pas Rofambeau
pour vous guarder d'ennuyer. Certes, il faudroit que le lieu fuft bien fauvage
où vous vous ennuyeriés enfemble. Ceulx que nous cherchions hier s'en font
allez; ils ne font encore efchapez. A Dieu, mon cœur, je te baife un million
de fois les mains. Aimés-moy plus que vous-mefmes. Ce xxv° de Lufignan.

HENRY.

V

1586. — 17 juin.

*Orig. autog. — Biblioth. de L'Arfenal, Mff. Hiftoire, n° 179, t. I.*

### A Madame la Comteffe de Gramont.

Il vient d'arriver un de vos laquais qui a efté prifonnier dix jours au
Brouage. L'on luy a retenu voftre lettre & de ma fœur. Toutes-fois, craignant la façon dont Saint-Luc s'eft affeuré que je m'en reffentirois, il me les
renvoye par un des fiens, qui ne doibt arriver que ce foir. Le vaiffeau où éftoit
venu ce porteur part dans une heure, qui me le faict renvoyer, ayant retenu
Efprit, pour des raifons dont vous oyrés bientoft parler. J'eus hier des nouvelles d'Allemagne : notre armée fera, le dernier jour de juillet, à l'ancien
calcul (2), à la place montre, qui eft en France. La charge de cheval de blé,
en Champagne & en Bourgongne, vaulx cinquante livres; à Paris, trente.
C'eft pitié de voir comme le peuple meurt de faim. Si avés befoing d'un
cheval de coche, il y en a un dans ma troupe tout comme les voftres, fort

---

(1) C'étoit le nom d'amitié que Madame de Gramont donnoit au Roi de Navarre.
(2) Le 21 juillet du calendrier Grégorien.

beau. J'arrivis arſoir de Maran, où j'étois allé pour pourvoir à la garde
d'iceluy. Ha! que je vous y ſouhaitay! C'eſt le lieu le plus ſelon voſtre
humeur que j'aye jamais veu. Pour ce ſeul reſpeᵉ, ſuis-je aprés à l'eſchan-
ger(1). C'eſt une iſle renfermée de marais boſcageux, où, de cent en cent pas,
il y a des canaulx pour aller chercher le bois par bateau. L'eau claire,
peu courante, les canaulx de toutes largeurs, les bateaux de toutes grandeurs. Parmi ces déſerts, mille jardins où l'on ne va que par bateau.
L'iſle a deux lieues de tour, ainſin environnée, paſſe une rivière par le pied
du chaſteau, au milieu du bourg, qui eſt auſſi logeable que Pau. Peu de
maiſons qui n'entre de ſa porte dans ſon petit bateau. Ceſte rivière s'eſtend
en deux bras qui portent, non-ſeulement grands bateaux, mais les navires de
cinquante tonneaux y viennent. Il n'y a que deux lieues juſques à la mer.
Certes, c'eſt un canal, non une rivière. Contremont vont les grands bateaux
juſques à Niort, où il y a douze lieues ; infinis moulins & meſtairies inſulées;
tant de ſortes d'oiſeaux qui chantent; de toute ſorte de ceulx de mer. Je vous
en envoye des plumes. De poiſſon, c'eſt une monſtruoſité que la quantité, la
grandeur & le prix; une grande carpe trois ſols, & cinq un brochet. C'eſt un
lieu de grand trafic & tout par bateaux. La terre trés pleine de bleds & trés
beaux. L'on y peut eſtre plaiſamment en paix, & ſeureument en guerre.
L'on s'y peut reſjouir avec ce que l'on aime, & plaindre une abſence. Ha !
qu'il y faiᵉt bon chanter ! Je pars jeudy pour aller à Pons, où je ſeray plus
prés de vous ; mais je n'y feray guères de ſéjour. Je crois que mes autres
laquais ſont morts; il n'en eſt revenu nul. Mon âme, tenez-moy en voſtre
bonne grâce; croyés ma fidélité eſtre blanche & hors de tache : il n'en fut
jamais ſa pareille. Si cela vous aporte du contentement, vivés heureuſe.
Voſtre eſclave vous adore violamment. Je te baiſe, mon cœur, un million de
fois les mains. Ce xvııᵉ juin.                              HENRY.

## V I

1586. — 25 juin.
*Orig. autog. — Biblioth. de l'Arſenal, Mſſ. Hiſtoire, nº 179, t. I.*

### A Madame la Comteſſe de Gramont.

Je m'eſtois acheminé dans ce lieu de Montgüyon, penſant faire quelqué
bel effeᵉt ſur nos ennemys. Il a faiᵉt un temps ſi enragé, qu'il a rompu tous

(1) C'eſt-à-dire à l'obtenir par échange.

nos deſſeins. Je m'en retourne annuićt coucher à Barbeſieux & demain à
Pons. Que vous me faites plaiſir d'aller à Pau ! Ha! ma chère maiſtreſſe,
combien achepterois-je m'y pouvoir trouver ! Un tel contentement eſt hors
de prix. Je vous envoye les copies des lettres que la Royne d'Angleterre
eſcrivit au Roy & Royne, ſa mère, ſur la paix de la Ligue. Vous y verrés
un brave lengage & un plaiſant ſtyle (1). Mon cœur, je ne la puis faire plus
longue, parce que je vois monter à cheval. Bonjour, ma vie, je te baiſe un
million de fois les mains. Ce xxvᵉ juin, de Montguyon.

HENRY.

(1) Voici la lettre à Henri III :

« Si vous ſentiſtes, mon bien-aymé frére, le doleur, l'ennuy & la faſcherie qu'en
mon âme je ſens, pour le périlleux eſtat en quy je voy que précipitemment vous vous
laiſſés conduire, je m'aſſeure que croiriés de n'avoir en ce monde créature de qui plus
ſeurement en pourriés faire compte ſans haſard. Mon Dieu ! eſt-il poſſible qu'un grand
Roy ſe ſomette ſans raiſon & contre honeur, en requirant paix de ſubjećts traîtres &
rebelles, & de ne leur faire du commencement trancher toute comodité de s'agrandir,
ou au pis aller, à ceſt' heur ici, contraindre, par force de prince, ſe ſoumećtre au joug
de leur mérite! Je m'eſtonne de vous veoir trahit en voſtre conſeil mesme, voire de la
plus proche qu'avés au monde, & qu'eſtes ſi aveugle, de n'en ſentir goute. Pardonés
mon amour qui me rend ſi audacieuſe vous parler ſi librement. Devant Dieu, je pro-
teſte que ne le fais à autre fin ſinon pour l'honeur de Roy & affećlion que vous porte.
Hélas! croiés-vous que le manteau de quoy ils couvrent de la Religion eſt ſi double
qu'on ne veoit que ce n'eſt pour ſe faire régner ſoubs voſtre nom, mais à leur dévotion?
& je prie Dieu qu'ils veulent finir là : je ne le croy; car rarement on veoit les princes
vivre qui ſont ſi ſubjugués; Dieu vous garde d'en faire preuve. Et encore, s'il vous
plaiſt de vous refveiller les eſprits royaulx, vous verrés que nous (s'il vous plaiſt d'uſer
de mon aide) leur fairons reſſentir avec la plus grande honte que jamais rebelles
eurent. N'en doubtés nullement, que ſi des bons ſubjećts vous viſſent virilement
prendre en main ceſte cauſe, & qu'ils ne ſoupeçonaſſent, comme pluſieurs font, que
vous eſtiés de la partye vous-meſmes, regardant des menées & le peu de ſoing qu'en
montrés avoir, ils vous aſſiſteroient en ſorte que, vifs ou morts, ils les vous amène-
roient; que vous ſerviroit en honeur perpétuel. Et quelques-uns qui vous parlent que
la guerre en France eſt un maſſacrer voſtre païs! Jàà Dieu ne plaiſe qu'un Roy ne haſardaſt
plus toſt ſa vie propre en une bataille que recepvoir le deſhoneur que de jour en jour
s'augmente! Il vauldroit mieux perdre 20,000 hommes que régner au plaiſir des
Rebelles. Vous finiriés bientoſt ceſt 'affaire, qu'on diſt que vous metaſtes la main &
non commenciés par une belle requeſte de paix, premier que luy faire ſe recognoiſtre.
Quy ſont ſi hardis à vous donner loy avecq des preſcriptions eſtranges & conditions
monſtreuſes, en partye pour vous conſtraindre manquer la parole par une trés indigne
cartelle. Jéſus! ayt-il jamais eſté veu qu'un prince fuſt jamais ſi eſpris par lacs de traiſ-
tres, ſans avoir ou courrage ou conſeil pour y reſpondre? Si une Royne, en ſeize jours,

## VII

1587. — 12 mars.

*Orig. autog. — Biblioth. de l'Arfenal, Mff. Hiftoire, n° 179, t. I.*

### A Madame la Comteffe de Gramont.

Plus je voys en avant & plus il femble que vous tachiés à me faire paroiftre combien peu je fuis, non-feulement en voftre bonne grâce, mais encores en voftre mémoire. Par ce laquais, vous avés efcript à voftre fils & non à moy. Si je ne m'en fuis rendu digne, j'y ay faiçt tout ce que j'ay peu. Les ennemis ont prins l'isle de Marans devant mon arrivée, de façon que je n'ay peu fecourir le chafteau, ce que j'y amenois de Gafcogne n'eftant arrivé. Vous oirrés dire bientoft que je l'auray reprins, s'il plaift à Dieu. Croyés que vous n'aurés jamais un plus fidèle ferviteur que voftre efclave, qui vous baife un million de fois les mains. Ce XII° mars.

HENRY.

---

fift une armée de 30,000 hommes marcher aux champs, pour chaftier les refveries de deux fols fufcités par autre prince & non pour leur particulier, que doibt un Roy de France faire contre tels qui longtemps y a fe font defcendre par droicte lignée (comme ils fongent) de Charlemaigne, précédente celle de Valois, & pour pallier mieulx leur faiçt, ils fe proteftent champions de la Religion catholique, de quy vous eftes, vous touchent pour n'eftre fi fidelle ferviteur de l'Églife qu'eulx! Pour l'amour de Dieu, ne dormés plus ce trop long fommeil! Aprenés de moy, voftre trés fidelle, que je ne failleray de vous affifter, fi vous ne fairés un abandon de vous mefmes. J'entends d'une intermiffion pour quelques jours : permeçlés ce temps pour vous fortifier, non pour vous ruiner, & prenés garde de ne venir en leurs conditions, qui vous produiront defhoneur & perte d'Eftat. J'ay efté fi mal traiçtée par ce gallant le Duc d'Aumale, que ne vous manderay gentilhomme exprés, mais j'ay choify ce moyen pour la meilleure voye, vous fupplyant m'efcrire librement ce que délibérerés faire non en attendant leur bon plaifir, mais voftre trés important befoing, priant le Créateur vous affifter de fa fainte grâce, & vous relever les efprits.

» Très bonne fœur & coufine, trés fidelle & affeurée,

« ÉLISABETH. »

# VIII

1587. — 8 décembre.

*Orig. autog. — Biblioth. de l'Arfenal, Mff. Hiftoire, n° 179, t. I.*

## A Madame la Comteffe de Gramont.

Monglas (1) vient d'arriver. Il me hafte plus que les autres, & avec des raifons qui font fort à craindre & qui ne fe doibvent efcrire. Ils vous feront dictes. Il n'y a eu nul combat depuis celuy d'auprés Montargis (2). Le Duc du Mayne s'eft retiré à fon Gouvernement, & Monsr d'Aumale (3) chez luy. Paris n'a voulu recevoir les Souiffes du Roy (4), n'y Monsr de Guise auffi, qui s'eft préfanté aux fauxbourgs. J'ay l'âme fort traverfée, & non fans caufe. Reguardés fi la rançon de Navailles pourroit eftre moderée par voftre faveur. Je vous fupplie, employés-vous-y pour l'amour de Tach & de moy. Ce por-

---

(1) Robert de Harlai, baron de Monglas, troifième fils de Robert de Harlai, Seigneur de Sanci, & de Jacqueline de Morvilliers, étoit, comme toute fa famille, très dévoué au roi de Navarre, qui venoit de l'envoyer pour preffer un nouveau fecours des étrangers. Sa femme fut gouvernante des enfans de France; & lui-même devint premier maître-d'hôtel du Roi Henri IV, en fuccédant à fon frère aîné, Nicolas de Harlai, Seigneur de Sanci. Il mourut en 1607.

(2) Le Duc de Guife, irrité du furnom de Prince des ténèbres, que lui donnoit le baron de Donaw, par allufion à la furprife nocturne de Vimory, atteignit en plein jour ce général, le 24 novembre 1587, à Auneau, en Beauce près de Chartres, & le défit complètement. Cette lettre prouve que la nouvelle du combat d'Auneau n'étoit pas encore connue en Gafcogne le 8 décembre.

(3) Charles de Lorraine, Duc d'Aumale, Grand Veneur de France, fils aîné de Claude de Lorraine, duc d'Aumale, & de Louife de Brézé, fille de Diane de Poitiers, étoit coufin germain des Ducs de Guife & de Mayenne. Il fut l'un des plus actifs partifans de la Ligue, fe trouva à tous les combats livrés aux proteftans & aux royaliftes par es coufins, fut accufé, en 1595, d'un traité avec les Efpagnols, & condamné à être écartelé comme criminel de lèfe-Majefté. Pour échapper à l'arrêt du Parlement, il fe retira en Flandre, où il paffa le refte de fes jours. Il mourut à Bruxelles en 1631.

(4) C'étoient des Suiffes des cantons catholiques à la folde du Roy. L'Eftoile rapporte ainfi le fait : « Le vendredi, 6 novembre, deux ou trois cens marchans de Paris affiftés du prévoft des marchans & efchevins de la ville allèrent prier la Royne, mère du Roy, d'engarder les quatre mil Suiffes qui venoient pour le Roy, de loger aux faux-bourgs de Paris, de peur de tumulte : à quoy elle s'accorda, & promit d'y faire tout ce qu'elle pourroit. » Cette démarche n'eut pourtant pas le réfultat qu'en attendoient les Parifiens, car l'Eftoile ajoute : « Nonobftant lefquelles promeffes, ne laiffèrent lefdicts Suiffes d'y venir loger les 8 & 9 de ce mois, au grand dommage & mefcontentement des Parifiens. » (Journal de Henri III.)

teur paſſe par Saint-Sever, & y repaſſera au retour. Tenez-moy en voſtre bonne grâce, comme celuy qui vous ſera fidèle eſclave juſqu'au tombeau.

*Du Mont* (1), *ce* viii<sup>e</sup> *décembre.* H.

J'ay deux petits ſangliers privés & deux faons de biche (2). Mandés-moy ſi les voulés (3). H.

## IX

1588. — 12 janvier.

*Orig. autog. — Biblioth. de l'Arſenal, Mſ. Hiſtoire, n° 179, t. I.*

### A Madame la Comteſſe de Gramont.

Hyer revint Pichery (4), qui m'apporta une courte lettre de vous & me diɛt que l'on luy en avoit priſe une aultre. Tout fut ouvert. Reguardés ce que vous me mandiés. Il me vint hyer un homme de Paris avec ample advis de tout. Le Roy y eſt arrivé fort applaudy du menu peuple, diſant tout hault que les ligueurs ne faiſoient que menacer, mais que le Roy avoit chaſſé les eſtrangers. La Royne mère n'a monſtré joye de ſon arrivée ; ains dit partout que ſans le Roy M<sup>r</sup> de Guyſe les euſt desfaiɛts. Il y a des particularitez que je ne puis eſcrire, pour avoir perdu le chiffre que j'avois avec vous. Guitry & Clervaut n'ont ſigné la capitulation, & ont reſpondu qu'ils aimoient mieux perdre leur bien que de manquer à ſervir leur maiſtre. Ils ſont à Genève ; je les auray au premier jour. La capitulation conſiſte en trois points : ceulx qui voudront obéir à l'édiɛt demeureront libres en leurs maiſons ; ceulx qui

---

(1) C'eſt-à-dire de Mont-de-Marſan.

(2) Ce goût de Coriſande pour admettre diverſes ſortes d'animaux juſque dans le cortége bizarre qu'elle ſe formoit, avoit été remarqué par « M. de Bellièvre, logé, dit d'Aubigné, près de ladite comteſſe, la voyant aller à la meſſe accompagnée ſeulement d'un mercure, d'un bouffon, d'un more, d'un laquais, d'un ſinge & d'un barbet.» (Mémoires de la vie de Théod. Agrippa d'Aubigné.)

(3) Cette dernière phraſe eſt écrite en poſt-ſcriptum, après le monogramme qui ſert de ſignature, lequel eſt répété après ce poſt-ſcriptum.

(4) Dans les journaux de dépenſes de la Maiſon du Roi de Navarre, Pichery figure parmi les quatorze grands laquais dont l'entretien eſt porté aux comptes de l'écurie. Ces grands laquais étoient des courriers de confiance chargés de porter les meſſages preſſés & ſecrets.

ne le voudront faire & promettront de ne porter plus les armes, jouiront de leur bien en pays eftranger; ceulx qui ne feront n'y l'un n'y l'autre, feront conduits hors de France en feureté. Tygnonville fera demain icy. Il ne vient encore nulle armée fur nos bras. Mon cœur, tenés-moy en voftre bonne grâce, & vous affeurés toujours de ma fidélité, qui fera inviolable. Je vous baife un million de fois les mains & à petite fœur (1).

*Ce* xii*e* *janvier.*                                    H.

## X

1588. — 14 janvier.

*Orig. autog. — Biblioth. de l'Arfenal, Mff. Hiftoire, n° 179, t. I*

### A Madame la Comteffe de Gramont.

Il ne fe faulve point de lacquais, ou pour le moins fort peu, qu'ils ne foient defvalifez ou les lettres ouvertes. Il eft arrivé fept ou huict gentilf-hommes, de ceux qui eftoient à l'armée eftrangère, qui affeurent (comme eft vray, car l'un eft Mr de Monlouet, frère des Rambouillets, qui eftoit un des defputez pour traiiter) qu'il n'y a pas dix gentilf-hommes qui ayent promis de ne porter les armes. M. de Bouillon n'a point promis. Bref, il ne s'eft rien perdu qui ne fe recouvre pour de l'argent. M. du Mayne a faict un acte de quoy il ne fera guère loué. Il a tué Sacremore, luy demandant récompenfe de fes fervices, à coup de poignard. L'on me mande que le voulant contenter, il craignit qu'eftant mal content, il ne defcouvrit fes fegrets, qu'il favoit tous, mefmes l'entreprife contre la perfonne du Roy, de quoy il eftoit chef de l'exé-cution..... Dieu les veult vaincre par eux-mefmes, car c'eftoit le plus utile ferviteur qu'ils euffent. Il fut enterré qu'il n'eftoit pas encore mort.

Sur ce mot, vient d'arriver Morlans & un laquais de mon coufin, qui ont efté dévalifez de lettres & d'habillement. Mr de Turenne fera icy demain. Il a prins, autour de Figeac, dix-huicts forts en trois jours. Je feray peut-eftre quelque chofe de meilleur bientoft, s'il plaift à Dieu. Le bruit de ma mort allant à Hajetmau a couru à Paris, & quelques prefcheurs, en leurs fermons, la mettoient pour un des bons heurs que Dieu leur avoit envoyés.

(1) Madame Catherine de Navarre fort amie de Corifande

Adieu, mon âme, je vous baife un million de fois les mains. De Montaul-
ban, ce xiv janvier.

Henry.

## X I

1588. — 22 janvier.
Orig. autog. — Biblioth. de l'Arfenal, Mff. Hiftoire, n° 179, t. I.

### A Madame le Comteffe de Gramont.

Depuis que le lacquais de ma fœur partit hyer, il m'eft venu advis de
l'extrémité en laquelle eft une ville du hault Languedoc, nommée Burgue-
roles, qui eft affiégée par le Grand-Prieur de Thouloufe, qui eft frère du feu
Duc de Joyeufe. Les Églifes de M^r de Montmorency m'ont fort preffé de leur
affifter de mes troupes, &, pour m'y convier, m'ont affeuré que l'ennemy eft
réfolu de donner pluftot une bataille que quitter le fiége. Mon debvoir & ce
mot de bataille m'ont faict promptement réfoudre à y aller. Je pars demain
avec trois cents chevaulx & deux mille harquebufiers, pour y aller en diligence;
faifant fuivre le refte des troupes après. Me joignant aux troupes qu'a là M^r de
Montmorency, nous ferons fix ou fept cents chevaulx & cinq mille hommes
de pied. Les ennemys font mefme nombre. Dieu nous aidera en l'endroict du
cadet comme il a faict de l'aifné (1). Je n'oublieray, par mesme commodité,
de faire parler au Comte de Quermaing. Envoyés-moy Licerace. Je vous
manderay par luy les extrêmes peines où je fuis. Je ne fçay comme je les puis
fupporter. Croyés que votre efclave vous fera fidèle jufques au tombeau. A
Dieu mon âme, je vous baife un million de fois les mains.

C'eft le xxii^e janvier. Henry.

## X I I

1588. — 20 février.
Orig. autog. — Biblioth. de l'Arfenal. Mff. Hiftoire, n° 179, t. I.

### A Madame le Comteffe de Gramont.

Dieu a beny mon labeur : j'ay prins Damafan fans perdre qu'un
homme. Je monte à cheval pour aller recognoiftre le mas d'Agenés; je ne

(1) Allufion à la bataille de Coutras.

fais fi je l'attaqueray. Mon coufin (1) prend le temps cependant d'aller à
Navarrens. Reguardés où il vous femble que le deviés voir, ou avec ma fœur
ou chez vous, car il fait eftat d'y paffer & de vous voir. Mon opinion eft que
ce doit être avec ma fœur. Il ira demain, qui eft dimanche, coucher à Hagetmau. Briquefyres vous aura dict le défir que j'ay d'eftre en voftre bonne
grâce; je continueray toute ma vie en ce défir. Sur cefte vérité, je baife, ma
chère maiftreffe, un million de fois vos blanches mains. De Cafteljalous,
ce xx°.

H.

## XIII

1588. — 23 février.

*Orig. autog. — Biblioth. de l'Arfenal, Mff. Hiftoire, n° 179, t. I.*

### A Madame la Comteffe de Gramont.

Vous ne trouvés point les chemins dangereux pour faire plaifir au moindre de vos amys; mais s'il me fault efcrire pour me donner du contentement,
les chemins font trop dangereux. Voilà les tefmoignages que j'ay de la part
qne je poffède en voftre bonne grâce. J'efcris la lettre à Méritein, que
demandés, & vous l'envoye toute ouverte. Je crois qu'il fe mefcontentera,
mais j'aime mieux voftre bonne grâce que la fienne. J'avois bloqué le mas
d'Agenés, mais je n'y avois mené l'artillerie, craignant que l'armée du Marefchal ne la fift lever de devant en diligence, le Grand-Prieur de Touloufe
eftant joinct avec l'armée de Languedoc, à luy. Je vais monter à cheval avec
trois cens chevaulx, & donneray jufqu'à la tefte de leur armée. Ce fera grand
cas, fi je n'en fais quelque chofe. Je finis croyant certainement que ne me
voulés point de bien. Il eft en vous de m'en donner telle impreffion qu'il vous
plaira. Je vous baife un million de fois les mains.

*Ce xxiii° febvrier.*            H.

---

(1) Le Comte de Soiffons, que le Roi de Navarre avoit amené avec lui en Gafcogne après la bataille de Coutras.

## XIV

1588. — 1ᵉʳ mars.

*Orig. autog. Biblioth. de l'Arſenal, Mſſ. Hiſtoire, n° 179, t. I.*

### A Madame la Comteſſe de Gramont.

J'ai receu une lettre de vous, ma maiſtreſſe, par laquelle vous me mandés que ne me voulés mal, mais que vous ne vous pouvés aſſeurer en choſe ſi mobile que moy. Ce m'a eſté un extreſme plaiſir de ſçavoir le premier, & vous avez grand tort de demeurer au doubte qu'eſtes. Quelle action des miennes avés vous cognu muable? je dis pour votre reguard. Voſtre ſoupçon tournoit, & vous penſiés que ce fut moy. J'ay demeuré toujours fixe en l'amour & ſervice que je vous ay voué : Dieu m'en eſt témoing. Vous avés opinion que l'homme de delà eſt piqué : auſſi eſt-il; mais c'eſt de force. Il fait gloire d'avoir atteint la perfection de diſſimuler : je luy rabats ceſte opinion tant que je puis. Il ne le fault eſtre qu'en affaires d'Eſtat; encores la faut-il bien accompagner de prudence. Hier, le Mareſchal & le Grand-Prieur vinrent nous préſenter la bataille, ſachant bien que j'avois congédié toutes mes troupes; ce fuſt au haut des vignes, du coſté d'Agen. Ils eſtoient cinq cens chevaulx & prés de trois mille hommes de pied. Aprés avoir eſté cinq heures à mettre leur ordre, qui fut aſſez confus, ils partirent, réſolus de nous jeter dans les foſſés de la ville, ce qu'ils devoient véritablement faire, car toute leur infanterie vint au combat. Nous les receumes à la muraille de ma vigne, qui eſt la plus loin, & nous retirâmes au pas, toujours eſcarmouchant, juſqu'à cinq cens pas de la ville, où eſtoit noſtre gros, qui pouvoit eſtre de trois cens arquebuſiers. L'on les ramena de là juſques où ils nous avoient aſſaillis. C'eſt la plus furieuſe eſcarmouche que j'aye jamais veue & du moindre effect; car il n'y a eu que trois ſoldats bleſſez, tous de ma garde, dont les deux n'eſt rien. Il y demeura deux des leurs, dont nous eûmes la deſpouille, & d'aultres qu'ils retirèrent à noſtre veue, & force bleſſez, que nous voyons amener. Mon âme, tenés-moy en voſtre bonne grâce, c'eſt ce que je déſire le plus au monde. Sur ceſte vérité, je vous baiſe un million de fois les mains.

*Ce premier mars.*        H.

## XV

1588. — 8 mars.

*Orig. autog. — Biblioth. de l'Arfenal, MſſXXX. Hiſtoire, nᵒ 179, t. I.*

### A Madame la Comteffe de Gramont.

Dieu fait quel regret ce m'eſt de partir d'icy fans vous aller baifer les mains ! Certes, mon cœur, j'en fuis au grabat. Vous trouverés eftrange ( & dirés que je ne me fuis point trompé ) ce que Licerace vous dira. Le Diable eſt déchaifné. Je fuis à plaindre, & eſt merveilles que je ne fuccombe fous le faix. Si je n'eftois Huguenot je me ferois Turc. Ha ! les violentes efpreuves par où l'on fonde ma cervelle ! Je ne puis faillir d'eftre bientoſt ou fou ou habile homme. Cefte année fera ma pierre de touche. C'eſt un mal bien douloureus que le domeftique ! Toutes les gehennes que peut recevoir un efprit font fans ceffe exercées fur le mien. Je dis toutes enfemble. Plaignés-moy, mon âme, & n'y portés point voſtre efpéce de torment. C'eſt celuy que j'apprehende le plus. Je pars vendredy, & voys à Cleirac. Je retiendray voſtre précepte de me taire. Croyés que rien qu'un manquement d'amitié ne me peut faire changer la réfolution que j'ay d'eftre éternellement à vous, non toujours efclave, mais oui bien fort ferf. Mon tout, aimés-moy. Voſtre bonne grâce eſt l'appui de mon efprit au choc des afflictions. Ne me refufés ce fouftien. Bon foir, mon âme ; je te baife les pieds un million de fois.

*De Nérac, ce viiiᵉ mars, à minuit.*　　　　　　H.

## XVI

1588. — 10 mars.

*Orig. autog. — Biblioth. de l'Arfenal, Mſſ. Hiſtoire, nᵒ 179.*

### A Madame la Comteffe de Gramont.

Pour achever de me peindre, il m'eſt arrivé l'un des plus extrêmes malheurs que je pouvois craindre, qui eſt la mort fubite de Mónfieur le Prince. Je le plains comme ce qu'il me devoit eftre, non comme ce qu'il m'eftoit. Je fuis afteure la feule bute où vifent toutes les perfidies de la meffe. Ils l'ont empoifonné, les traîtres ! Si eft-ce que Dieu demeurera le maiftre, & moÿ, par fa grâce, l'exécuteur. Ce pauvre Prince (non de cœur ), jeudy, ayant couru la bague, foupa fe portant bien. A minuiét lui print un vomiffement rès violent, qui lui dura jufques au matin. Tout le vendredy, il demeura au liét. Le foir, il foupa, & ayant bien dormi, il fe leva le famedy matin, dîna debout, & puis joua aux échecs. Il fe leva de fa chaife, fe met à promener par fa chambre, devifant avec l'un & l'autre. Tout d'un coup il dit : « Baillés-moy ma chaize, je fens une grande foibleffe. » Il n'y fut affis qu'il perdit la parole, & foudain après, il rendit l'âme, affis. Les marques de poifon fortirent foudain. Il n'eft pas croyable l'eftonnement que cela a porté en ce pays là. Je pars, dès l'aulbe du jour, pour y aller pourveoir en diligence. Je me vois en chemin d'avoir bien de la peine. Priés Dieu hardiment pour moi. Si j'en efchape, il faudra bien que ce foit luy qui m'ayt gardé. Jufques au tombeau, dont je fuis peut eftre plus prés que je ne penfe, je vous demeureray fidèle efclave. Bon foir, mon âme; je vous baife un million de fois les mains.

H.

## XVII

1588. — 13 mars

*Orig. autog. — Biblioth. de l'Arfenal, Mff. Hiftoire, n° 179, t. I.*

### A Madame la Comteffe de Gramont.

Il m'arriva hyer, l'un à midy, l'aultre au foir, deux courriers de Saint-Jean. Le premier rapportoit comme Belcaftel, page de Madame la Princeffe, & fon valet de chambre, s'en eftoient fuis, foudain après avoir veu mort leur maiftre ; avoient trouvé deux chevaulx valant deux cens efcus, à une hoftelerie du fauxbourc, que l'on y tenoit il y avoit quinze jours, & avoit chacun une malette pleine d'argent. Enquis, l'hofte dit que e'eftoit un nommé Brillant qui lui avoit baillé les chevaulx, & lui alloit dire tous les jours qu'ils fuffent bien traictez; que fi il bailloit aux aultres chevaulx quatre mefures d'avoine, qu'il leur en baillaft huiét, qu'il payeroit auffi au double. Ce Brillant eft un homme que Madame la Princeffe a mis en la Maifon, & luy faifoit tout gouverner. Il fut tout foudain prins. Confeffe avoir baillé mille efcus au page, &

lui avoir achepté ces chevaulx par le commandement de fa maiftreffe, pour aller en Italie. Le fecond confirme, & dit de plus que l'on avoit faiɕ efcrire une lettre, à ce Brillant, au valet de chambre qu'on fçavoit eftre à Poiɕiers, par où il luy mandoit eftre à deux cens pas de la porte, qu'il vouloit parler à luy. L'aultre fortit. Soudain l'embufcade qui étoit là, le print & fut mené à Saint-Jean. Il n'avoit encores efté ouy, mais bien, difoit-il à ceulx qui le menoient : « Ah ! que Madame eft méchante ! Que l'on prenne fon tailleur, je « diray tout fans gêne. » Ce qui fut faiɕ. Voilà ce que l'on en fçait jufques à cefte heure. Souvenés-vous de ce que je vous ay diɕ d'autres fois. Je ne me trompe guères en mes jugemens. C'eft une dangereufe befte qu'une mauvaife femme. Tous ces empoifonneurs font papiftes. Voilà les inftruɕions de la dame. J'ay defcouvert un tueur pour moy. Dieu me guardera, & je vous en manderay bientoft d'avantage. Le gouverneur & les capitaines de Taillebourg m'ont envoyé deux foldats & efcript qn'ils n'ouvriront leur place à perfonne qu'à moy. De quoy je fuis fort aife. Les ennemys les preffent, & ils font fi em- preffez à la vérification de ce faiɕ, qu'ils ne leur donnent nul empefchement. Ils ne laiffent fortir homme vivant de Saint-Jean que ceulx qu'ils m'envoyent. Mʳ de La Trimouille y eft, luy vingtiefme feulement. L'on m'efcript que fi je tardais beaucoup, il y pourroit avoir du mal & grand. Cela me fait hafter, de façon que je prendray vingt maiftres & m'y en iray jour & nuiɕ pour eftre de retour à Sainte-Foy à l'Affemblée. Mon âme, je me porte affez bien du corps, mais fort affligé de l'efprit. Aimés-moi & me le faites paroiftre, ce me fera une grande confolation pour moy. Je ne manqueray point à la fidélité que je vous ay vouée. Sur cefte vérité, je vous baife un million de fois les mains. *D'Aymet, ce* xiiiᵉ *mars.*

HENRY.

## XVIII

1588. — 15 mars

*Orig. autog. — Biblioth. de l'Arfenal, Mff. Hiftoire, nº 179, t. I.*

### A Madame la Comteffe de Gramont.

Jê vous efcrivis hyer tout ce que je fçavois. Il eft arrivé depuis des nou- velles de la Court. Le Duc d'Efpernon a querelle avec le Marefchal d'Aumont

& fon frère avec Grillon. Leur difpute eft fi violente, qu'on ne peut les accorder. L'autorité du Roy interviendra. Cependant la Ligue fe remue fort. Ce nous eft autant de loifir. Je feray jeudi à Saint-Jean, d'où je vous manderay toutes nouvelles. Lons a treuvé fur le valet de chambre des perles & des diamans qui ont efté reconnus. Je fais aujourd'huy douze lieues & tout en pays d'ennemy. Bon jour, mon âme, affeurés-vous de la fidélité de voftre efclave. Il ne vous manquera jamais. Il vous baife un million de fois les mains. Ce xvᵉ mars.

H.

## XIX

1588. — 17 mars.

*Orig. autog. — Biblioth. de l'Arfenal, Mff. Hiftoire, nᵒ 179, t. I*

*A Madame la Comteffe de Gramont.*

J'arrivay arfoir en ce lieu de Pons (1), où il m'arriva des nouvelles de Saint-Jean, par où les foubçons croiffent du cofté que les avez peu juger. Je voirray tout demain. J'appréhende fort la veue des fidèles ferviteurs de la maifon; car c'eft à la vérité le plus extrême deuil qui fe foit jamais veu. Les prefcheurs romains prefchent tout hault par les villes d'icy autour, qu'il n'y en a plus qu'un à avoir; canonniffent ce bel acte & celuy qui l'a faict, amoneftent tous bons catholiques de prendre exemple à une fi chreftienne entreprinfe. Et vous eftes de cefte religion! Certes, mon cœur, c'eft un beau fubject & noftre mitère, pour faire paroiftre voftre piété & voftre vertu. N'attendés pas à une aultre fois à jeter ce froc aux orties. Mais je vous dis vray. Les querelles de Monsʳ. d'Efpernon avec le Marefchal d'Aumont & Grillon troublent fort la Court, d'où je fçauray tous les jours des nouvelles & vous manderay. L'homme de qui vous a parlé Briquefyre m'a faict de méchans tours, que j'ay fceus & avérés depuis deux jours. Je finis là, allant monter à cheval. Je te baife, ma chère maiftreffe, un million de fois les mains. Ce xviiᵉ mars.

H.

(1) Pont-fur-Saigne, en Saintonge, alors aux réformés.

## XX

1588. — 21 mars.

*Orig. autog. — Biblioth. de l'Arfenal, Mff. Hiftoire, n° 179, t. I.*

### A Madame la Comteffe de Gramont.

Eftant arrivé à Taillebourg, je treuve que Laverdin avoit prins l'ifle de Marans, avec fon armée, qui eft de quatre ou cinq mille hommes; qu'il ne reftoit plus que le chafteau, qu'il battoit de deux pièces. Soudain je m'acheminay en ce lieu de la Rochelle, pour tafcher à les fecourir & affembler mes troupes, lefquelles j'eftime eftre affés fortes pour faire un grand échec à Laverdin. Je ne crains finon que le dict chafteau foit mal pourveu, & qu'il fe rende ne fçachant point de mes nouvelles. J'ay reprins un des forts, & fuis jour & nuit à faire faire des ponts, car l'eau eft haulte aux marais. Il fuft tué hyer deux Albanois, & prins deux qui vouloient recognoiftre noftre pont. Depuis que je fuis icy, je n'ay couché qu'une heure, eftant toufjours à cheval. Pour le faict de la procédure de la mort de feu Monsr le Prince, de plus en plus on defcouvre la méchanceté, & tout du cofté que vous peuftes juger par ma dernière. Mon âme, tenés-moy en voftre bonne garde & n'entrés jamais en doubte de ma fidélité. Que je fache fouvent de vos nouvelles. A Dieu, mon cœur. Voftre efclave vous baife un million de fois les mains. Ce xxıᵉ mars.

H.

## XXI

1588. — 21 octobre.

*Orig. autog. — Biblioth. de l'Arfenal, Mff. Hiftoire, n° 179, t. I.*

### A Madame la Comteffe de Gramont.

Dieu a plus faict que les hommes n'esperoient ni moy-mefmes, mais certes, comme vous verrés par la lettre que je vous efcrivis hyer, il nous envoya un temps terrible qui eftonnoit tout le monde. Mais d'aultre part il rendoit les plus braves de ceulx de dedans malades, & augmentoit l'eftonnement des foi-

blés de cœur, de façon qu'arſoir il m'inſpira, après l'avoir prié, de les envoyer
ſommer, à dix heures de nuit, contre tout ordre de guerre, ayant tiré la journée
cinquante coups de canon ſans effeƈt. Au premier ſon de trompette, ils parlè-
rent, & nouaſmes ſi bien le traiƈté, qu'à dix heures ils ſe ſont rendus, & ſuis
dedans, par la grâce ſpéciale de Dieu. C'eſt un lieu de grande importance &
fort. Dans mardy nous tenterons, ce croy-je le grand faiƈt. Celuy, dirai-je
comme David, qui m'a donné juſques icy viƈtoire ſur mes ennemys, me rendra
ceſt affaire facile. Ainſy ſoit-il par ſa grâce! Mon cœur, je ſuis plus homme de
bien que ne penſés. Voſtre dernière dépeſche me rapporta la diligence d'eſcrire
que j'avois perdue. Je lis tous les ſoirs voſtre lettre. Si je l'aime que dois-je
faire celle d'où elle vient? Jamais je n'ay eu une telle envie de vous voir que
·j'ay. Si les ennemys ne nous preſſent, après ceſte aſſemblée, je veux deſrober
un mois. Envoyés-moy Licerace, diſant qu'il va à Paris. Il y a tousjours mille
choſes qui ne ſe peuvent eſcrire. Dites la vérité : Que vous faiſoit Caſtille
devant que vous luy voüluſſiés mal ? Ah! mon âme, vous eſtes à moy. Faites,
pour Dieu! ce que voſtre lettre porte. Sera-t-il bien poſſible qu'avec un ſi doülx
couteau j'aye coupé le fillet de vos biſarreries ? Je le veulx croire. Je vous fais
une prière: que vous oubliés toutes haines qu'avés voulu à qui que ce ſoit des
miens. C'eſt un des premiers changemens que je veulx voir en vous. Ne craignés n'y croyés que rien puiſſe jamais eſbranler mon amour. J'en ay plus que
je n'en eus jamais. Bon ſoir, mon cœur, je m'envoy dormir, mon âme plus
légère de ſoin que je n'ay faiƈt depuis vingt jours. Je baiſe mes beaux yeux
par millions de fois. Ce xxiᵉ d'oƈtobre.

H.

## XXII

1588. — 3o novembre.

*Orig. autog. — Biblioth. de l'Arſenal, Mſſ. Hiſtoire, nᵒ 179, t. I.*

*A Madame la Comteſſe de Gramont.*

Renvoyés-moy Briqueſyres, & il s'en retournera avec tout ce qu'il vous
fault, hormis moy. Je ſuis fort affligé de la perte de mon petit, qui mourut
hier. A voſtre advis, ce que ce ſeroit d'un légitime ? Il commençoit à parler.
Je ne ſçay ſi c'eſt par acquit que vous m'avés eſcript pour Doyſit, c'eſt pourquoy je fais la réponſe que voirrés ſur voſtre lettre. Par celuy que je déſire

qui vienne, mandés-m'en voftre volonté. Les ennemys font devant Montaigu,
où ils feront bien mouillez, car il n'y a couvert à demy-lieue autour. L'affem-
blé fera achevée dans douze jours. Il m'arriva hyer force nouvelles de Blois,
je vous envoye un extraiɛt des plus véritables. Tout à cefte heure me vient
d'arriver un homme de Montaigu. Ils ont fait une très belle fortie, & tué force
ennemys. Je mande toutes mes troupes, & efpère, fi la diɛte place peut tenir
quinze jours, y faire quelque bon coup. Ce que je vous ai mandé de ne vouloir
mal à perfonne eft requis pour voftre contentement & le mien. Je parle afteure
à vous comme eftant mienne. Mon âme, j'ay une envie de vous voir eftrange.
Il y a icy un homme qui porte des lettres à ma fœur du Roy d'Efcoffe. Il me
preffe plus que jamais du mariage. Il s'offre de me venir fervir avec fix mille
hommes à fes defpens, & venir luy-mefmes offrir fon fervice. Il s'en va
infailliblement Roy d'Angleterre. Préparés ma fœur de loin à luy vouloir
du bien, luy remonftrant l'eftat aùquel nous fommes, & la grandeur de ce
prince avec fa vertu. Je ne luy en efcris point. Ne luy en parlés que comme
difcourant ; qu'il eft temps de la marier, & qu'il n'y a party que celuy-là.
Car, de nos parens, c'eft pitié. A Dieu, mon cœur, je te baife cent millions
de fois. Ce dernier novembre.

Henry.

## XXIII

1588. — 22 décembre.

*Orig. autogr. — Biblioth. de l'Arfenal. Mff. Histoire, n° 179, t. I.*

### A Madame la Comteffe de Gramont.

Vous me penfiés foulagé pour eftre retiré en nos garnifons. Vraiment fi
il fe refaifoit encore une Affemblée, je deviendrois fou. Tout eft achevé &
bien, Dieu mercy. Je m'en vois à Saint-Jean affembler nos troupes, pour
vifiter Monsʳ de Nevers, & peut-eftre luy faire un fignalé defplaifir, non en fa
perfonne, mais en fa charge. Vous en oyrés parler bientoft. Tout eft en la
main de Dieu, qui a toujours bény mes labeurs. Jẽ me porte bien par fa
grâce, n'ayant rien fur le cœur qu'un violent défir de vous voir. Je ne fçay
quand je feray fi heureus. S'il s'en préfente occafion, je lui monftreray qu'elle
eft bien cheue. Je ne vous prieray point de m'aimer ; vous l'avés faiɛt que

vous n'en aviés pas tant d'occafion. Il y a deux chofes de quoy je ne doub-
teray jamais : de vous, de voftre amour & de fa fidélité. J'attends Licerace;
les bons amys font rares. Vraiment j'achepterois bien cher trois heures de
parlement avec vous. Bon foir, mon âme, je voudrois eftre au coin de voftre
foyer, pour réchauffer voftre potage. Je vous baife un million de fois. C'eft le
xxii<sup>e</sup> décembre.

H.

## XXIV

1589. — 1<sup>er</sup> janvier.

*Orig. autog. — Biblioth. de l'Arfenal, Mff. Hiftoire, nº 179, t. I.*

### A Madame la Comteffe de Gramont.

Ne vous manderay-je jamais que prinfes de villes & forts ? Anuit fe font
rendus à moy Saint-Maixent & Maillefaye, & efpère, devant la fin de ce
mois que vous oirés parler de moy. Le Roy triomphe : il a faiĉt garoter en
prifon le Cardinal de Guife , puis monftrer fur la place , vingt-quatre
heures, le Préfident de Neuilly & le Prévoft des Marchands, pendus, & le
Segrétaire de feu Mons<sup>r</sup> de Guife & trois aultres. La Royne mère luy diĉt :
« Mon filz, oĉtroyés-moy une requefte que je vous veulx faire. — Selon que
« ce fera, Madame. — C'eft que vous me donniés Mons<sup>r</sup> de Nemours & le
« Prince de Genville. Ils font jeunes, ils vous fairont un jour fervice.— Je le
« veulx bien (diĉt-il), Madame. Je vous donne les corps, & en retiendray les
« teftes. » Il a envoyé à Lyon pour attraper le Duc du Mayne. L'on ne fçait
ce qu'il en eft réuffy. L'on fe bat à Orléans, & encores plus prés d'icy, à Poictiers, d'où je ne feray demain qu'à fept lieues. Si le Roy le vouloit, je les
mettrois bien d'accord. Je vous plains, s'il faiĉt tel temps où vous eftes qu'icy,
car il y a dix jours qu'il ne defgèle point. Je n'attends que l'heure de ouïr dire
que l'on aura envoyé eftrangler la feu Reyne de Navarre. Cela, avec la mort
de fa mère, me feroit bien chanter le cantique de Siméon. C'eft une trop longue lettre pour un homme de guerre. Bon foir, mon âme, je te baife cent
millions de fois. Aimés-moy comme vous en avez fubjeĉt. C'eft le premier de
l'an. Le pauvre Harambure eft borgne, & Fleurimont s'en va mourir.

H.

## XXV

1589 — Vers la mi-janvier.

*Orig. autog. — Biblioth. de l'Arfenal, Mff. Hiftoire, n° 179, t. I.*

### A Madame la Comteffe de Gramont.

Jere n'a peu eftre dépefché à caufe de ma maladie, d'où je m'en vois dehors, Dieu mercy. Vous oirés parler bientoft de moy à d'auffy bonnes enfeignes que Niort. Si vous voulés dire vray, cefte dame, qui eftoit venue, eftoit bien fafcheufe; je crois qu'elle vous a bien importuné. Je ne puis guères efcrire. Certes, mon cœur, j'ay veu les cieulx ouverts; mais je n'ay efté affez homme de bien pour y entrer. Dieu fe veut fervir de moy encore. En deux fois vingt-quatres heures, je fus réduict à eftre tourné avec les linceuls. Je vous euffe faict pitié. Si ma crife eut demeuré deux heures à venir, les vers auroient faict grand chère de moy. Sur ce point me vient d'arriver nouvelles de Blois. Il eftoit forty deux mille cinq cens hommes de Paris pour fecourir Orléans, menés par Saint-Pol. Les troupes du Roy les ont taillés en pièces, de façon que l'on croit qu'Orléans fera prins par le Roy dans douze jours. M' du Mayne ne s'efmeut guères. Il eft en Bourgogne. Je finis, parce que je me treuve mal. Bon jour, mon âme.

H.

## XXVI

1589. — 8 mars.

*Orig. autog. — Biblioth. de l'Arfenal, Mff. Hiftoire, n° 179, t. I.*

### A Madame la Comteffe de Gramont.

Mon cœur, Dieu me continue fes bénédictions. Depuis la prife de Chaf-telleraut, j'ay prins l'ifle Bouchart, paffage fur la Vienne & la Creufe, bonne ville & aifée à fortifier. Nous fommes à Montbafon, fix lieues près de Tours, où eft le Roy. Son armée eft logée jufques à deux lieues de la noftre fans que nous nous demandions rien; nos gens de guerre fe rencontrent & s'embraf-

fent au lieu de fe frapper, fans qu'il y ait trève n'y commandement exprés de ce
faire. Force de ceulx du Roy fe viennent rendre à nous; & des miens nul ne
veult changer de maiftre. Je crois que Sa Majefté fe fervira de moi : aultrement, il eft mal, & fa perte nous eft un préjugé doumageable. Je m'en revoys
à Chaftellerault prendre quelques maifons qui font la guerre. Dites à Caftille
qu'il fe hafte de fe mettre aux champs. C'eft à ce coup qu'il fault que tous mes
ferviteurs faffent merveilles. Car, par raifon naturelle, avril & may prépare-
ront la ruine d'un des partis; ce ne fera pas du mien, car c'eft celui de Dieu.
Mon âme, le plus grand regret que j'aye en l'âme, c'eft de me voir fi efloigné
de vous, & que je ne vous puis rendre témoignage que par efcript de l'amour
que j'ay & auray toute ma vie pour vous. Ce 8ᵉ mars, de Monbafon.

Je vous prie, envoyés-moy voftre fils.

HENRY.

## XXVII

1589. — 28 mars.

*Orig. autog. — Biblioth. de l'Arfenal, Mff. Hiftoire, nᵒ 179, t. I.*

### A Madame la Comteffe de Gramont.

Mon cœur, j'ay faict un voyage de huit jours vers le Berry, où je n'ay
efté inutile, ayant pris miraculeufement le chafteau d'Argenton, place plus
forte que Leytour, desfait une troupe de cinquante hommes choifis de la
Ligue, qui la venoient fecourir; reduict bien trois cens gentils-hommes
ligueurs, les uns à porter les armes avec moy, les aultres promis de ne bouger, & ont pris faulve-garde, les autres contrainéts ne bouger de chez eux, de
peur qu'on ne leurs pregne leurs maifons. J'ay prins auffy le Blanc en
Berry, & dix ou douze aultres forts. Cela s'appelle cent mille efcus de revenu.
Je me porte très bien, Dieu mercy, n'aimant rien comme vous au monde.
J'ai receu votre lettre; il n'a fallu guère de temps à la lire. Bon foir, mon
âme; je vous baife un million de fois. C'eft le xxviiiᵉ mars, de Chaftellerault.

H.

## XXVIII

1589. — 18 mai.

*Orig. autog. — Biblioth. de l'Arſenal, Mſſ. Hiſtoire, n° 179, t. I.*

### A Madame la Comteſſe de Gramont (1).

Mon âme, je vous eſcris de Blois, où il y a cinq mois que l'on me condamnoit hérétique & indigne de ſuccéder à la couronne, & j'en ſuis aſteure le principal pilier. Voyés les œuvres de Dieu, avers ceulx qui ſe ſont toujours fiés en luy ! Car y avoit-il rien qui euſt tant apparance de force qu'un arreſt des Eſtats? Cependant j'en appelois devant Celui qui peut tout (2), qui a reveu le procès, a caſſé les arrêts des hommes, m'a remis en mon droict, & crois que ce ſera aux deſpens de mes ennemys (3). Ceux qui ſe fient en Dieu & le ſervent ne ſont jamais confus (4). Je me porte très bien, Dieu mercy, vous jurant avec vérité que je n'aime n'y honore rien au monde comme vous (5), & vous garderay fidélité (6) juſques au tombeau. Je m'en voy à Boisjency, où je crois que vous oirés bientoſt parler de moy (7). Je fais eſtat de faire venir ma ſœur bientoſt. Réſolvés-vous de venir avec elle (8). Le Roy m'a parlé de la Dame d'Auvergne (9); je crois que je luy feray faire un mauvais ſault. Bonjour, mon cœur, je te baiſe un million de fois. Ce 18ᵉ may. Celuy qui eſt lié avec vous d'un lien indiſſoluble.

HENRY.

(1) L'original de cette lettre a cela de curieux, que la Comteſſe de Gramont a écrit dans les interlignes un petit commentaire à ſa façon, dicté par un mouvement de dépit. Les renvois ſuivans indiquent la place où ſe trouve dans la lettre chacune de ces remarques imprimées ici en notes.

(2) « Ainſy font bien d'autres. »

(3) « Tant mieux pour vous. »

(4) « Voilà pourquoy vous y devriés ſonger. »

(5) « Il n'y a rien qui n'y paroiſſe. »

(6) Coriſande a ajouté au commencement de ce mot : « L'in (l'infidélité), » puis elle fait ſuivre la phraſe, ainſi modifiée de cette remarque : « Je le croy. «

(7) « Je n'en doute point d'une ou d'autre façon. »

(8) « Ce ſera lorſque vous m'aurés donné la maiſon que m'avés promiſe près de Paris que je ſongeray d'en aller prendre la poſſeſſion & de vous en dire le grand mercy.»

(9) La Reine de Navarre, alors renfermée au château d'Uſſon

## XXIX

1589. — 21 mai.

*Orig. autog. — Biblioth. de l'Arfenal, Mff. Hiftoire, n° 179, t. 1*

*A Madame la Comteffe de Gramont.*

Vous entendrés de ce porteur l'heureux fuccés que Dieu nous a donné, au plus furieux combat que fe foit faiét de cefte guerre (1). Il vous dira auffi comme Mons' de Longueville, de la Noüe & aultres, ont triomphé prés de Paris. Si le Roy ufe de diligence, comme j'efpère qu'il fera, nous voirons bien toft les clochers Noftre-Dame de Paris. Je vous efcrivis, il n'y a que deux jours, par Petit-Jean. Dieu veuille que cefte femaine nous fefions encore quelque chofe d'auffi fignalé que l'aultre. Mon cœur, aimés-moy toujours comme voftre, car je vous aime comme mienne (2). Sur cefte vérité, je vous baife les mains. A Dieu, mon âme. C'eft le xxi° may. De Boijancy.

H.

## XXX

1589. — 24 juin.

*Orig. autog. — Biblioth. de l'Arfenal, Mff. Hiftoire n° 179, t. I.*

*A Madame la Comteffe de Gramont.*

Vraiment, j'appréhende de vous efcrire, car vos lettres me tefmoignent que n'y prenés pas beaucoup de plaifir. Dieu bénit de plus en plus mes labeurs, nous primes hier Pluviers, & crois qu'Eftampes fuivra de prés. Ce porteur vous contera fi bien comme tout va, que j'aurois peur de vous importuner par vous en efcrire le difcours. Péguilain, Lieutenant de voftre Fils, a

---

(1) Le combat livré devant Tours, le 8 & 9 mai, dans le faubourg de Saint-Sympho-rien, qu'attaquèrent les Ducs de Mayenne & d'Aumale, & que défendit, avec la plus brillante valeur, le Comte de Châtillon, fils de l'Amiral de Coligny.

(2) Ici, Corifande a ajouté : « Vous n'eftes à moy, ni moy à vous. »

envoyé vers M<sup>r</sup> d'Efpernon pour demander pour luy la compagnie. Je m'y
trouvay & en rompis le coup; pourvoyés-y, car le Roy fera fervir la dicte
compagnie de voftre Fils, ou ici, ou auprés du Marefchal. Choififfez. Voftre
homme n'eft encores venu pour le faict de l'Évefché. Quoy que me faffiés, fi
n'aimé-je, n'y honoré-je rien que vous au monde. Sur cefte vérité, je vous
baife les mains un million de fois. De Pluviers, ce xxiiii<sup>e</sup> juin.

HENRY.

## XXXI

1589 — 14 juillet.

*Orig. autog. — Biblioth. de l'Arfenal, Mff. Hiftoire, n° 179, t. I.*

*A Madame la Comteffe de Gramont.*

J'attends voftre Fils, qui n'eft loin. Toutesfois, ce qu'il a à faire eft le
plus dangeréux. Il s'accompagnera de quelques troupes qui me viennent.
Nous fommes devant Pontoife, que je croy que nous ne prendrons pas. L'on
l'a attaqué contre mon opinion; les plus vieus ont efté creus. J'ay peur qu'ils
revoyent. Hautefort fut tué hier, qui eft perte pour la Ligue. Les ennemys &
nous avons efté en bataille tout ce jourd'huy, pèle-mesle, la rivière entre deux.
Leurs troupes ne font pas éguales aux noftres, n'y en nombre, n'y en bonté.
L'Ifle-Adam s'eft rendu a moy, qui eft un pont fur la rivière d'Oife. J'y voy
loger demain. Il n'y a plus d'eau entre M<sup>r</sup> du Maine & moy : il eft à Saint-
Denis. Nous nous joindrons aux Souiffes dans fix jours. M<sup>r</sup> de Longueville
& de la Noüe les mènent. Bien que nous foyons jour & nuit à cheval, fi eft-
ce que nous treuvons cefte guerre bien plus doulce : l'efprit y eft plus content.
Devant hier, je fis voir mes troupes au Roy, paffant fur le pont de Poiffy. Je
luy monftray douze cens maiftres & quatre mille arquebufiers. Mon cœur,
j'enrage quand je vois que vous doubtés de moy, & de defpit je ne tache
point de vous ofter cette opinion. Vous avés tort, car je vous jure que jamais
je ne vous ay aimée plus que je fais; & aimerois mieulx mourir que de manquer à rien que je vous aye promis. Ayés cefte créance, & vivés affeurée de
ma foy. Bon foir mon âme, je vous baife un million de fois. Ce 14<sup>e</sup> juillet,
du camp à Pontoife.

H.

## XXXII

1589. — 9 feptembre

*Orig. autog. — Biblioth. de l'Arfenal, Mff. Hiftoire, n° 179, t. I.*

### A Madame la Comteffe de Gramont.

Mon cœur, c'eft merveille de quoy je vis au travail que j'ay. Dieu aye pitié de moy & me face miféricorde, béniffant mes labeurs, comme il fait en defpit de beaucoup de gens! Je me porte bien & mes affaires vont bien, au prix de ce que penfoient beaucoup de gens. J'ay prins Eu. Les ennemys, qui font forts, au double de moy, afteure, m'y penfoient attraper; ayant faict mon entreprinfe, je me fuis rapproché de Dieppe & les attends à un camp que je fortifie. Ce fera demain que je les verray, & efpère, avec l'ayde de mon Dieu, que, s'ils m'attaquent, ils s'en trouveront mauvais marchands. Ce porteur part par mer : le vent & mes affaires me font finir, en vous baifant un million de fois. Ce 9° feptembre, dans la tranchée à Arques.

H.

## XXXIII

1589. — Vers le 20 novembre.

*Orig. autog. — Biblioth. de l'Arfenal, Mff. Hiftoire, n° 179, t. I.*

### A Madame la Comteffe de Gramont.

Mon cœur, ne doubtés pas que je ne prenne bien garde à moy; mais ma principale affeurance eft en Dieu, qui me gardera par fa grâce. Voftre fils fera icy anhuy du tout guary. Nous fommes devant Vendofme, que j'efpère prendre demain, & veulx nettoyer les environs de Tours devant qu'y aller. Il n'eft pas croyable les menées qui fe font partout; je dis dedans nous-mefmes; le Diable eft defchaîné. Dieu fera fur tout, par conféquent mes affaires irontbien, car j'ay en luy toute ma confiance. Soyés tousjours affeurée de ma foy, ellé eft inviolable. Bonjour, mon âme, je m'en vais aux tranchées. Je te baife un million de fois. Nos reitres font entrez en Champagne, c'eft-à-dire les trois mille & cinq mille landfquenets, car la grande levée ne viendra qu'en

50

juin. Dans deux jours j'y envoie le Marefchal d'Aumont pour les employer en Lorraine, jufqu'à ce qu'ayant fait mes affaires à Tours je les puiffe aller joindre, qui fera à la my-décembre, & penfe vous pouvoir affeurer que dés la fin de janvier je feray dans Paris. A Dieu.

HENRY.

## XXXIV

1590. — 8 janvier.

*Orig. autog. — Biblioth. de l'Arfenal, Mff. Hiftoire, n° 179, t. I*

### A Madame la Comteffe de Gramont.

Mon âme, defpuis le partement de Licerace, j'ay pris les villes de Séez, Argentan & Falaife, où j'ay attrapé Briffac & tout ce qu'il avoit mené de fecours pour la Normandie. Je pars demain pour aller attaquer Lifieux en m'approchant du Duc de Mayenne, qui tient affiégé Pontoife. Mes troupes font creuës defpuis le defpart de Licerace de bien de fix cens gentils-hommes & deux mille hommes de pied; de façon que, par la grâce de Dieu, je ne crains rien de la Ligue. J'ay faict la cène an'huy que je ne penfois pas faire en Normandie il y a un an. Je vous defpefcheray dans trois jours un de mes laquais par mer, car je fuis fur le bord. Certes, je fais bien du chemin, & vay comme Dieu me conduict, car je ne fçay jamais ce que je doibs faire au bout; cependant mes faicts font des miracles : auffi font-ils conduicts du grand Maiftre. Je n'aime rien que vous, & en cette réfolution je mourray, fi ne me donnés occafion de changer. Je me porte très bien, Dieu mercy ; fort à votre fervice. A Dieu, mon cœur, je te baife un million de fois. De Falefe, ce viiie janvier.

H.

## XXXV.

1590. — 16 janvier.

*Orig. autog. — Biblioth. de l'Arfenal. Mff. Hiftoire, n° 179, t. Ier.*

### A Madame la Comteffe de Gramont.

Mon cœur, vous n'avés daigné m'efcrire par Byçofe. Penfés-vous qu'il vous fiefe bien d'ufer de ces froideurs? Je vous en laiffe à vous-mefme le juge-

ment. J'ay efté trés ayfe de fçavoir de luy le bon eftre auquel vous eftes. Dieu
vous y maintienne & me continue fes bénédiétions comme il a faiét jufques
icy. J'ay pris cefte place fans tirer le canon que par moquerie, où il avoit
mille foldats & cent gentils-hommes. C'eft la plus forte que j'aye réduiéte en
mon obéiffance, & la plus utile, car j'en tireray foixante mille efcuz. Je vis
bien à la huguenote, car j'entretiens dix mille étrangers & ma maifon, de ce
que j'acquiers chafcun jour. Et vous diray que Dieu me bénit tellement,
qu'il n'y a que peu ou point de maladie en mon armée, qui augmente de
jour à autre. Jamais je ne fus fi fain, jamais vous aimant plus que je fais.
Sur cette vérité, je te baife, mon âme, un million de fois. De Lifieux,
ce 16ᵉ janvier.

H.

XXXVI

1590. — 29 janvier.

*Orig. autog. — Biblioth. de l'Arfenal, Mff. Hiftoire, nº 179, t. I.*

*A Madame la Comteffe de Gramont.*

Mon cœur, j'ay achevé mes conqueftes jufques au bord de la mer. Dieu
béniffe mon retour comme il a faiét le venir. Il le fera par fa grâce, car je lui
rapporte tous les heurs qui m'arrivent. J'efpère que vous oirés bien toft parler de quelqu'une de mes faillies; Dieu m'y affifte par fa grâce! Le Légat,
l'Ambaffadeur d'Efpagne, le Duc de Mayenne, tous les chefs des ennemys,
font affemblez à Paris. Les oreilles me devroient bien corner, car ils parlent
bien de moy. Je receus hier de vos lettres par l'homme de Revignan; je fus
très ayfe de fçavoir voftre bon eftat. Pour moy, je me porte à fouhait, vous
aimant pluftoft trop qu'aultrement. J'ay failly à eftre tué trente fois à ce
bordel; Dieu eft ma garde. Bon foir, mon âme, je m'en vay plus dormir
cefte nuiét que je n'ay faiét defpuis huiét jours. Je te baife un million de fois.
Ce xxixᵉ janvier.

H.

## XXXVII

1590. — 5 avril.

*Orig. autog. — Arch. de Madame la Ducheſſe de Vicence, née Carbonel de Caniſy.*

### A Madame la Comteſſe de Gramont.

Mon âme, depuis que je vous eſcrivis, il eſt arrivé des nouvelles. Il plaît à Dieu d'eſtendre le bonheur dont il favoriſe mes affaires. Le propre jour que je combattois à Ivry, Randan fut tué en Auvergne, qui avoit plus de cinq cens gentils-hommes, & de l'infanterie en nombre. Il a laiſſé trois pièces d'artillerie qui ne feront faulte entre nos mains. C'eſt effeÂ de la juſtice de Dieu, qui témoigne évidemment à mes ennemys ce que doibvent attendre ceulx qui portent les armes contre leur devoir. Vique, avec des troupes, n'a eu meilleur fort en Baſſe-Normandie. Caniſy leur eſt tombé fus de telle furie qu'il les a couchez tous à plat. C'euſt eſté un triomphe complet, s'il ne l'avoit payé d'une feconde balafre en la bouche; ce qui n'empeſche ſon brave langaige, mais bien diſoit-il à la Noue de ne le plaindre point, puiſqu'il lui en reſtoit aſſez pour crier Vive le Roy, quand nous ferons dedans Paris. Voilà certes, mon âme, un brave ferviteur. Que ne m'aimés-vous autant ! Dieu me donnera-t-il auſſy viÂoire fur voſtre cœur ? Ce me fera la plus chère. Bonſoir, mon âme, je baiſe un million de fois vos blanches mains. Ce cinq avril.

H.

## XXXVIII

1590. — 14 mai.

*Orig. autog. — Biblioth. de l'Arſenal, Mſſ. Hiſtoire, n° 179, t. I.*

### A Madame la Comteſſe de Gramont.

Mon âme, Je le prie de trouver bon, ſi le malheur vouloit que M. de Turenne mouruſt, que je ne donne l'eſtat que demandés à voſtre filz. Ce n'eſt chose propre pour luy, & feroit le rendre inutile; car depuis qu'ils font à ceſte charge, elle eſt ſi cagnarde, que c'eſt la perte d'un jeune homme. Vous me l'avés donné; laiſſés-le moy nourrir à ma fantaiſie, & ne vous

donnés peine de luy. J'en auray tel foin, que vous cognoîtrés combien je
l'aime pour l'amour de vous. J'en ay parlé à la Baffe, & de vos aultres
affaires. Je fuis en colère quand vous croyés qu'il ne me fault que vouloir. Je
vous jure qu'eftant Roi de Navarre je n'ay point efprouvé les néceffitéz que je
fais depuis un an. Je fuis devant Paris, où Dieu m'affiftera. La prenant, je
pourray commencer à fentir les effects de la couronne. J'ay prins les ponts
Charenton & Saint-Maur à coups de canons, & pendu tout ce qui eftoit dedans.
Hier je prins le faux-bourg de Paris, de force, les ennemys y perdirent beaucoup & nous peu ; bien eft vray que M. de la Noue y fut bleffé, mais ce ne
fera rien. Je fis brusler tous leurs moulins, comme j'ay faict de tous les autres
coftez. Leur néceffité eft grande, & fault que dans douze jours ils foient
fecourus ; ou ils fe rendront. J'envoie quérir voftre fils, car je crois qu'il fe
fera quelque chofe de beau icy devant. Je retiens Caftille pour huit jours. Je
me porte très bien, Dieu mercy, & vous aime plus que vous ne faites moy.
Dieu me doint la paix : que je puiffe jouir de quelques années de repos.
Certes, je vieillis fort. Il n'eft pas croyable les gens que l'on met après moy
pour me tuer ; mais Dieu me gardera. Je fuis fort fidèlement fervy, & vous
diray que les ennemys me feront plus toft mal que peur. Sur cefte vérité, je
te baiferay, mon cœur, un million de fois les mains, la bouche & les yeux.
A Chelles, ce xiiii° may.

HENRY.

## XXXIX

1590. — 15 juillet.

*Orig. autog. — Biblioth. de l'Arfenal. Mff. Hiftoire, n° 179, t. I.*

### A Madame la Comteffe de Gramont.

Vous aurés bientoft de mes nouvelles par La Vye, pour qui j'ay faict en
voftre faveur chofe de quoy il eft content. Saint-Denys & Dammartin fe font
rendus, — Paris eft aux abois, de telle façon que cefte fepmaine il luy fault
une bataille ou des députez. Les Efpagnols fe joindront mardy prochain au
gros Duc (1) ; nous y oirrons s'il aura du fang au bout des ongles. Je meine

(1) Mayenne.

tous les jours voftre filz aux coups, & le fais tenir fort fubjeƈt auprés de moy;
je crois que j'y auray de l'honneur. Caftille enrage que fon régiment ne vient.
Je vis hyer des Dames qui venoient de Paris, qui me contèrent bien des nouvelles de leurs mifères. Je me porte trés bien, Dieu mercy, n'aimant rien au
monde comme vous ; c'eft chofe de quoy je m'affeure que ne doubterés
jamais. Sur cefte vérité je vous baife, mon âme, un million de fois ces beaux
yeux que je tiendray toute ma vie plus chers que chofe au monde.
Ce 15e juillet.

HNRYE

## X L

1590 — Vers la fin.

*Orig. autog. — Bibliothèque de l'Arfenal, Mff. Hiftoire, nᵒ 179, t. I.*

### A Madame la Comteffe de Gramont.

Mon cœur, Il n'eft rien furvenu de nouveau depuis le partement de
Maravat, finon que ce qui reftoit des Valons s'en font retournez en Flandre,
fans que le Duc du Maine ait eu pouvoir de les arrêter. Les Reiftres en ont
faiƈt de mefme, qui ont eftez prefque tous defvalifez par les leurs mefmes. Le
légat veult traiƈter afteure de la paix; il ne fe parle plus d'excomunication.
Croyés que je ne m'endormiray pas en fentinelle. Je me porte trés bien, Dieu
mercy, vous aimant comme le pourriés fouhaiter. Vous auriés pitié de moy,
fi me voyés, car je fuis accablé d'affaires, que j'en fuccombe foubs le faix.
Aimés-moy comme celuy qui ne ceffera jamais de volonté envers vous ; c'eft
affez diƈt, je baife un million de fois vos beaux yeux.

HENRY.

## X L I

1591. — Vers le mois de mars.

*Colleƈion alphabétique de l'Ifographie, publiée par MM. DE CHATEAUGIRON,*
*BÉRARD & TRÉMISOT.*

### A Madame la Comteffe de Gramont.

Madame, J'avois donné charge à Lareine de parler à vous, touchant ce
qu'à mon grand regret eftoit paffé entre ma fœur & moy. Tant s'en fault qu'il

vous ayt trouvée capable de me croire, que tous vos difcours ne tendoient qu'à
me blafmer, & fomenter ma fœur en ce qu'elle ne doibt pas (1). Je n'euffe
pas penfé cela de vous, à qui je ne diray que ce mot que toutes perfonnes qui
voudront brouiller ma fœur avec moy, je ne leur pardonneray jamais. Sur
cefte vérité, je vous baife les mains.

HENRY.

## XLII

1597. — 21 feptembre.

*Orig. autog. — Biblioth. de l'Arfenai, Hiftoire, MJJ., n° 179.*

### A Madame de Gramont.

Madame, J'ay bien recogneu que vous avés efté par delà, où vous vous
eftes employée pour mon fervice. Auffi je fçavois bien que voftre préfence y
eftoit très néceffaire. Depuis quinze jours en çà, les forces de France &
d'Efpagne fe font affrontées, & Dieu a voulu que ces bravaches s'en font
retournez avec honte. Le cardinal vint pour fecourir cefte place furieufement,
& il s'en eft retourné honteufement fans rien faire. Demain nous entrons dans
la place, & incontinent après je m'en remets aux champs avec mon armée,
pour employer ce refte de mois & le prochain. Si Dieu bénit mon labeur,
comme je l'efpère & l'en prie, nous aurons de quoy le braver. Je mande à
Gramont, puifqu'il n'eft plus néceffaire par delà, de venir me trouver, car il

---

(1) Le Roi ne cachoit plus fa nouvelle paffion. Gabrielle d'Eftrées, devenue
Madame de Liancourt, après avoir quitté le mari qui venoit de lui être donné pour
fauver les apparences, étoit venue, avec Madame de Sourdis, fa tante, au fiége de Chartres. Madame de Gramont, bien informée des nouvelles de la Cour, comprit que fon
empire fur le Roi étoit fini. « La douleur qu'elle avoit de fe voir abandonnée de ce
prince, dit M. de Thou, lui fit chercher les moyens de s'en venger. On avoit autrefois
parlé de faire époufer la Princeffe Catherine, fœur du Roi, au Comte de Soiffons. Elle
écrivit en fecret à ce Prince & à cette Princeffe, & ralluma, par des lettres féduifantes,
leur amour prefque éteint. » De Thou attribue même à l'effet de ces menées de Corifande l'accélération du fiége de Chartres. « On difoit de tous côtés, ajoute-t-il, que ce
mariage alloit fe faire à l'infu du Roi & même malgré lui. Ce prince fut alarmé de
cette démarche, & jugeant bien qu'elle ne fe faifoit que pour montrer le mépris qu'on
avoit pour lui, il fe perfuada qu'il falloit agir avec vigueur & faire un coup d'éclat, afin
de rétablir la réputation de fes armes. » (Liv. CI.)

peut tousjours apprendre prés de moy, & mon naturel eft de l'aimer. J'ay une extrême envie de faire un tour en Anjou & Bretagne, pour ranger ce Duc de Mercœur à la raifon. A Dieu, Madame, je vous baife les mains.

*Ce* xxi*e feptembre,* au Camp d'Amiens.

HENRY.

## XLIII

1597. — 22 feptembre.

*Imprimé. — Vie militaire & privée de Henri IV, p. 236*

### A Madame de Gramont.

Madame, J'ay commandé abfolument au Comte de Gramont, voftre fils, que je veulx que le s$^r$ Defchaux, mon confeiller & aumofnier ordinaire, foit receu dans ma ville de Bayonne en qualité d'évefque, & où je l'envoye; m'affeurant que le s$^r$ Defchaux s'acquittera bien et duement de fa charge, & pour voftre particulier qu'il vous fervira ez occafions que vous le vouldrés employer, nonobftant toutes les impreffions que l'on vous a voulu donner de luy au contraire; lefquelles je vous prie de vouloir effacer pour l'amour de moy: ce que me promettant, Dieu vous ayt, Madame, en fa fainéte garde.

*Ce* xxii*e feptembre,* devant à Amiens.

HENRY.

## XLIV

1607.

*Archives de M le Marquis de la Grange.*

### Au Comte de Gramont.

Mons$^r$ le Comte de Grandmont, le s$^r$ de Barrault, mon ambaffadeur en Efpagne, m'ayant faiét fçavoir l'inftance qui lui a efté faiéte par delà de la reftitution de ce qui refte des defbris des quatre gallions qui fe perdirent dernièrement en la cofte de Bayonne, & le Roy d'Efpagne m'en ayant depuis efcript, je vous fais cefte lettre, afin que lorfque ceux que le diét Roy aura députez pour retirer les diéts débris, foit de l'artillerie ou aultre équipage, iront par delà pour ceft effeét, leur faciés incontinent rendre & reftituer le tout, car c'eft chofe que je veux & en l'exécution de laquelle vous me ferés fervice très agréable. Je prie Dieu, Mons' le Comte de Grandmont, qu'il vous ayt en fa fainéte & digne garde.

Henry.

## XLV

1607.

*Archives de M. le Marquis de la Grange.*

*Au Comte de Gramont.*

Mons' lè Comte de Gramont, Je fuis pourfuivy & recherché de la part du Roy d'Efpagne de luy faire rendre & reftituer l'artillerie, munitions & équipage, & aultres chofes qui reftent du bien des galères qui ont faiét naufrage ès coftes de voftre gouvernement, & qui m'appartiennent, pour eftre les diéts biens arrivez fur les terres de mon obéïffance; & parce que avant que de condefcendre à la prière qui m'en a efté faiéte, je feray bien aife d'eftre particulièrement informé des chofes qui s'en retrouvent en eftat, je vous en efcris cefte lettre, afin que vous en faciés faire exaéte perquifition & m'en envoyés au plus toft un mémoire bien ample, fur lequel je vous feray fçavoir puis après mes intentions. Mais ce pendant mettés peine de defcouvrir fi aucune chofe en auroit efté diftraiéte ou efgarée & de la faire recouvrer. Pourvoyés auffi à ce ce que rien ne fe perde & dépériffe de ce qui refte, & vous me ferés fervice très agréable : priant Dieu, Mons' le Comte de Gramont, qu'il vous ayt en fa fainéte garde.

Henry.

---

## ANNEXE N° XXX,

Chap. xii, p. 209.

*Lifte des principaux documens relatifs à Antoine II Duc de Gramont, qui font dans les Archives, & n'ont pas été mentionnés dans le cours du récit.*

Du 7 décembre 1589, Tranfaétion entre Philibert de Montaut, tuteur d'Antoine II & de fa fœur Caterine de Gramont, enfans mineurs du Comte Philibert de Gramont, avec les habitans d'Urt.

51

Du 9 février 1592. Quittance confentie par la Comteffe de Gramont, Corifandre d'Andoïns, du revenu de la moitié de la grande coutume de Bayonne à elle appartenant.

Du 26 juin 1593. Arrêt entre le Comte de Gramont, Souverain de Bidache & Meffire de Gourgues, préfident de la Généralité de Guyenne, pour le rachat de la moitié de la grande coutume.

De 1593. Accord entre le Comte de Gramont Souverain de Bidache & les habitans de Saint-Jean-de-Luz & de Cap-breton.

Du 30 décembre 1598. Lettre du Roi Henri IV, portant confirmation du don de la moitié de la coutume de Bayonne au Comte de Gramont en continuation de la compenfation faite aux Seigneurs de Gramont par les Rois fes prédéceffeurs, pour la ceffion de la ville & fortereffe de Blaye.

De 1601. Rachat de l'autre moitié de la coutume de Bayonne par le Comte de Gramont (Antoine II), avec la dot de Loyse de Roquelaure fa première femme.

Du 24 novembre 1602. Tranfaction entre le Comte de Gramont & Madeleine de Bretagne, Douairière d'Andoïns.

Du 16 juillet 1605. Arrêt du Parlement de Dijon, qui adjuge les terres de Larray & de Chaftellier en Bourgogne au Comte de Gramont.

De 1607. Lettres de Henri IV, confirmant l'achat de la feconde moitié de la coutume de Bayonne fait par le Comte de Gramont en 1601.

Du 18 mars 1607. Arrêt du Parlement de Bordeaux enregiftrant une tranfaction du Comte de Gramont avec les habitans de Cap-breton.

Du 7 mars 1608. Autre arrêt du Parlement de Bordeaux contre les jurats & habitans de Saint-Jean-de-Luz, en faveur d'Antoine II, Comte de Gramont, de Toulongeon & de Guiche.

De 1609 & 1610. Divers accords entre le Comte de Gramont & les habitans de Cap-breton.

Du 2 mars 1617. Accord du Comte de Gramont avec les habitans d'Urt du Comté de Guiche. ·

Du 24 juillet 1617. Vente des terres de Seube, Lefcun, Mafpie, Juillac & le Léon par le Comte de Gramont & fa mère la Comteffe Douairière, Corifande d'Andoïns à Jean Bertrand de Sales Baron de Gabafton.

Du 22 octobre 1622. Acte par lequel Antoine II, Comte de Gramont & Souverain de Bidache, donne à fa fœur Caterine de Gramont, mariée à François Nompar de Caumont, Comte de La Force, la jouiffance de la terre de Seméacq en Bigorre & des paroiffes dépendantes.

De 1627. Liquidation des comptes & états relatifs aux redevances des fiefs avec divers dont le Sire de Boeïl.

Du 20 juillet 1630. Achat d'une maifon fife en la ville de Nay en Béarn, par le Comte de Gramont, de Jeanne de Montaut & de Céfar de Mefples, Sire d'Efquiules fon mari, moyennant la fomme de 1500 livres. Ce bien fut donné en dot à Marianne de la Salle Saint-Pé.

Du 7 feptembre 1632. Affièvement pour la Communauté, fait par Antoine II Souverain de Bidache, du bois du This & de Labarthe fur la Liée à rente de 13 livres par an pour le fief du This.

De 1641 & 1642. — États des droits de concage (mefurage du fel), à Bayonne & Saint-Jean-de-Luz, donnés en ferme par le Comte de Gramont. (Trois pièces).

Les autres documens & mémoires fe compofent de contrats, pièces de comptabilité, dénombremens, arrêts, fentences, &c., &c., relatifs au Gouvernement de Bidache & à l'Adminiftration des Domaines.

## ANNEXE N° XXXI,

### Chap. XIII, p. 213.

*Anecdote relative à la captivité du Maréchal de Gramont au Château de Gaëte (1631).*

Le Maréchal de Gramont racontoit lui-même l'aventure fuivante qui lui arriva au fiége de Mantoue, où étant alors Comte de Guiche & chargé d'un commandement par le Duc de Nevers, il fut grièvement bleffé & fait prifonnier par un certain Piétro Ferrari, Colonel Corse, qui le tint enfermé au Château de Gaëte.

« Il fut dix-huit mois dans la prifon de ce barbare, n'ayant que deux valets de chambre pour le fervir, dont l'un mourut de la pefte à fes côtés, au chevet de fon lit, & l'autre fe la penfoit journellement en lui donnant à manger. Au bout de fix mois que le Comte de Guiche commençoit à fe foutenir avec des béquilles, quelques officiers charitables de la garnifon repréfentèrent au Signor Pietro Ferrari qu'il y avoit de l'indignité, même de la cruauté à traiter de la forte un homme de la diftinction & de la qualité du Comte de Guiche, & que c'étoit violer le droit des gens : mais à cela il ne répondit jamais autre chofe que : « Signori, vo diro, è morto mio padre, me nefono confolato, è morta mia madre, me ne fono confolato : morirà y creperà cuefto beçco cornuto, me ne confolero; » c'eft-à-dire : « Meffieurs je vous dirai que mon père eft mort, & que je m'en fuis confolé; que ma mère eft morte & que je m'en fuis confolé : ce maraud crèvera, & je m'en confolerai. » Il n'y eut pas moyen d'en tirer autre chose, & la prifon n'en fut que plus dure pour effayer de faire venir plus tôt le quadrin de Bida-che (on entendoit par quadrin une monnoie de la Souveraineté de Bidache). A quoi le Duc de Gramont, père du Comte de Guiche, fit toujours la fourde oreille.

Mais comme Dieu ne peut fouffrir à la longue la cruauté & la barbarie des méchans, & que tôt ou tard il les châtie avec toute la févérité qu'ils ont méritée, un jour que Pietro Ferrari étoit dans fes humeurs gaillardes & fe promenoit dans fon jardin, il envoya dire au Comte de Guiche qu'il lui don-noit la permiffion pour la première fois d'y venir refpirer l'air avec lui. Lorf-qu'il y fut arrivé, il le gracieufa contre fa coutume; cependant en l'affurant toujours qu'il ne cefferoit d'être étroitement refferré, jufqu'à ce que les dix mille écus qu'il demandoit pour fa rançon fuffent arrivés.

Comme la converfation s'échauffoit, l'étranguillon prit tout d'un coup à Pietro Ferrari, & tomba fur la béquille du Comte de Guiche en fecouant le gigot & faifant des grimaces horribles, & agonifant. Ce fut dans cet inftant que le Comte de Guiche, au lieu de fonger à l'affifter lui rendit ces mêmes paroles : « Signore Pietro Ferrari, è morto il mio padre, me ne fon confolato; è morta la mia madre, me ne fon confolato; V. S. grandiffimo forfante, coyon, e becco cornuto, crepa e fe va al diabolo, me ne confolo. » Tous les officiers de la garnifon, qui le connoiffoient pour un tyran & le haïffoient à la mort, fe prirent tous à rire; & peu s'en fallut que le Comte de Guiche & eux ne l'achevaffent avec fes béquilles, tant ils avoient envie d'en être défaits.

Pietro Ferrari mourut quelques jours après. (*Mémoires du Maréchal de Gramont*, 1631.)

## ANNEXE N° XXXII,

Chap. xiii, p. 216.

*Lettres du Cardinal de Richelieu au Maréchal de Guiche, depuis Duc de Gramont*
*(Antoine III).*

### I

*Pour Monſieur le Maréchal de Guiche, Leutenant-Général*
*de l'armée du Roy en Champagne.*

*De Taraſcon, le 29 juillet 1642.*

Les teſmoignages que vous me rendez de la continuation de voſtre affection, & les ſoins que vous prenez d'enuoier ſçauoir des nouvelles de ma ſanté,
me touchent ſi ſenſiblement, que je ne ſçaurois aſſez vous en remercier, ny
vous faire cognoiſtre le reſſentiment que j'en ay.

Le Sʳ Deſonchis vous dira l'eſtat auquel il m'a trouvé, qui n'eſt pas
encores tel que je le puis déſirer, & que je ſçay que vous le ſouhaittez vous
meſme. — Néantmoins j'ay plus d'eſpérance que jamais d'une prompte &
parfaite guériſon de mes playes, les voyant diminuer à veue d'œil. Vous n'en
ferez donc point en peyne s'il vous plaiſt, me promettant de la bonté de Dieu
qu'il me redonnera une entière ſanté, lorſqu'il ſera temps.

Vous m'avez fait plaiſir de me mander ce qui ſe paſſe en voſtre frontière.
Meſdames de Bouillon n'ont garde de parler autrement qu'elles font ez l'état
auquel eſt Mʳ de Bouillon. Cependant vous ferez la guerre à l'œil & donne-
rez avis au Roy & à Meſſieurs les Surintendans d'eſtat qui ſont près de ſa
perſonne de tout ce que vous jugerez important afin qu'ils y pourvoient,
eſtant trop éloigné pour le pouvoir faire.

Aſſeurez-vous de mon affeſtion pour toujours.

LE CARDINAL DE RICHELIEU.

## II

*Pour Monfieur le Maréchal de Guiche, Lieutenant-Général*
*de l'armée du Roy en Champagne.*

*De Lantilly, près Lyon, le 13 feptembre 1642.*

Je ne puis laiffer retourner ce gentilhomme vers vous fans vous remercier
du foin que vous avez pris de l'enuoier fçavoir des nouvelles de ma fanté, &
vous affeurer par ces lignes qu'elle eft beaucoup meilleure qu'elle n'a point
encore efté; toutes les playes de mon bras eftant fermées, & ne me reftant plus
aucune incommodité que celle de la foibleffe qui eft grande principalement à
mon bras. Elle ne m'empêche pas néantmoins de me mettre en chemin po'.
gagner tout doucement Bourbon, où j'efpère me fortiffier.

Ce gentilhomme vous dira comme Parpignan eft à préfent es mains du
Roy & que M$^{rs}$. le Grand & de Thou font en l'autre monde, où je fouhaite
qu'ils foient heureux.

Je ne vous affeure point de nouveau de mon affeétion envers vous,
parce que vous voyez bien qu'elle n'eft pas capable de changement.

Le Cardinal de Richelieu.

---

## ANNEXE N° XXXIII,

### Chap. xiii, p. 220.

*Éreétion du Duché-Pairie de Gramont, par le Roi Louis XIV, en novembre 1648, pour*
*Antoine III Duc de Gramont, Souverain de Bidache, Maréchal de France, &c., &c.,*
*confirmant les lettres-patentes données auparavant en décembre 1643, pour la créa-*
*tion du dit Duché de Gramont, à fon père Antoine II, qui fut le premier Duc de*
*Gramont.*

### ÉRECTION DE DUCHÉ & PAIRRIE.
### GRAMONT.

Louis, par la grâce de Dieu Roy de France & de Navarre, à tous préfens & à venir, Salut. Il n'y a rien qui face dauantage efclatter la Maifon des
Roys que d'esleuer en honneur ceux qui ont bien mérité de leur couronne &
particullièrement les perfonnes qui ont adjoufté au luftre de leur naiffance

celuy de leurs vertus & bonnes actions; c'eſt pourquoy les Roys nos prédéceſſeurs pour laiſſer à la poſtérité des marques de leur juſtice & de leur grandeur, ont eſté ſoigneux, non ſeulement de recognoiſtre le mérite par les plus
hautes charges & par les emplois les plus importans; mais encore de relever
par des tiſtres & prérogatives les terres de ceux qui avoient employé leurs vies
& leurs biens pour la manutention de l'Eſtat, c'eſt ce qui nous a portéz à
jeter les yeux ſur la perſonne de noſtre très cher & très amé couſin Antoine de
Gramont, Con<sup>er</sup> en noz conſeils, Mareſchal de France, Gouverneur &
Noſtre Lieutenant-Général en Nauarre & Béarn, Lieutenant-Général en nos
armées des Flandres, & M<sup>tre</sup> de Camp du Régiment de nos Gardes-Françoiſes & conſidérant la nobleſſe de ſa Maiſon qui eſt auſſi ancienne que le
Royaume de Navarre, le nombre de Grands & excellens perſonnages qui en
ſont iſſus, les ſignaléz ſervices qu'jls ont rendus pour la deffenſe dudit Royaume
où jls ont toujours exercé les principales charges ſoït pour le Gouvernement
de l'Eſtat ou pour le commandement des armées, que pour auoir ſuiuy le
parti des Roys légitimes, jls ont perdu les grands biens qu'jls poſſédoient dans
la Haute Navarre & meſme à cauſe des alliances qu'jls avoient dans la Maiſon des Roys jls les ont toujours honoréz du tître de couſins & des plus hauts
employs de leur couronne, comme fiſt Jeanne d'Albret noſtre bis-ayeulle qui
dépoſa la régence de ſes Eſtats pendant ſon abſence à Antoine de Gramont,
Cheualier de l'ordre du Roy Charles IX<sup>e</sup>, bis-ayeul de noſtredit couſin, le fils
duquel fuſt tué en combattant valeureuſemént au ſiége de Laſère & le feu
S<sup>r</sup> Comte de Gramont, Gouuerneur & noſtre Lieutenant-Général de Nauarre
& de Béarn, Cheuallier de nos ordres, aiant continué de ſeruir les Rois noſtres
ayeul & père avec grande paſſion & fidélité, nous lui avons donné les aſſurances de l'éreċtion en Duché & Pairrie de ſa terre de Gramont par brevet du
dernier décembre 1643. Pour eſtre cette dignité tranſmiſe en la perſonne de
noſtredit couſin ſon fils, lequel a eu dans ſa jeuneſſe une telle inclination aux
armes, que durant que la France eſtoit tranquille il alla ſervir nos alliéz en
païs eſtranger où il receut des bleſſures honorables & depuis a paſſé par les
degréz des charges militaires en France, où aiant exercé huit ans celle de
Mareſchal de Camp, Général de la Cavallerie, de Lieutenant-Général en nos
armées & au Gouvernement de Normandie & de Maiſtre de Camp de nos
Gardes-Françoiſes, il fuſt promu à la charge de Mareſchal de France en
laquelle il a commandé diverſes fois nos armées en chef, & depuis ſoubz

l'autorité de noftre très cher & très amé coufin le Prince de Condé, aiant
donné des preuves de fon courage & de fa conduite dans les combatz de Fribourg, bataille de Nortlinguen, où il fuft bleffé & pris prifonnier dans les
grands fiéges qui ont depuis efté faicts en Flandres, Allemagne, Italie & Catalogne & par tout, il a commandé l'une des attaques, & nouvellement en la
fignalée bataille de Lens, commandant l'aisle gauche de noftre armée; il
rompift la droite de celle des ennemis compoffée des trouppes efpagnoles,
deffift la première & feconde ligne & tout ce qui s'oppofa à lui, ainfi que
nous en avons efté informéz par noftredit coufin le Prince de Condé & que
les ennemis mefmes l'ont publié, de forte qu'on lui peut juftement attribuer
beaucoup de part à cette victoire, & voulant recognoiftre tant de grands &
recommandables fervices que ledit S$^r$ Marefchal & fes anceftres nous ont
rendus & à cet Eftat, en luy laiffant des marques d'honneur qui paffent à fes
fucceffeurs. Pour ces caufes & autres à ce nous mouvant de l'avis de la Reine
Régente, noftre très honorée Dame & Mère, de noftre très cher & très amé
Oncle le Duc d'Orléans, des Princes de noftre fang, Officiers de noftre couronne, & autres notables de noftredit Confeil, & de noftre propre mouvement, grâce fpéciale, pleine puiffance & autorité Royale, nous avons créé &
érigé, créons & érigeons par ces préfentes fignées de noftre main, la terre &
le Comté de Gramont & ce qui en dépend en titre, nom & dignité de Duché
& Pairrie de France, & y avons joint uny & incorporé les Paroiffes de
*Jergouey* & *Scos,* la *Baronnie de Villeneuve* ou *Errefty,* fituéz en la Baffe-
Navarre, le *Comté de Guiche,* fitué dans le Duché de Guienne, la *Baronnie
de Came,* fcituée partie en Navarre & partie dans le Duché de Guienne, &
les *Baronnies de Sames, Lerin, Saint-Pé, Bardos & Urt,* fcituées dans le
Duché de Guienne. Voulons qu'jcelle Comté de Gramont avec les autres,
unies & incorporées foit dorefnavant dicte & appelée Duché de Gramont &
Pairrie de France, & que noftre dict coufin & fes fucceffeurs mafles, feigneurs d'jcelle puiffent porter le nom & tiftres de Duc de Gramont, Pair de
France, pour en jouir & ufer parluy, fes defcendans mafles en loyal mariage,
Seigneurs dudit Duché de Gramont, perpétuellement & à tousjours, en tiltre
& dignité de Duché & Pairrie de France, à tels & femblables honneurs,
autoritéz, Prérogatives, Prééminences, franchifes & libertéz que les autres
Ducs & Pairs de France ufent tant en juftice & jurifdiction, fcéance en nos
cours de Parlement, avec voix délibérative, qu'en tous autres droits quelcon-

ques, foit en affemblées de nobleffe, faicts de guerre, qu'autres lieux & actes
de féance d'honneur & de rang. Voulons & nous plaît que touttes les caufes
civilles & criminelles, perfonnelles, mixtes & réelles qui concerneront, tant
noftre dit coufin que le droit dudit Duché, foient traitées & jugées en noftre
Cour de Parlement de Paris en première inftance, & que les caufes & procès
d'entre les fujects & jufticiables dudit Duché reffortent nüement par appel
du juge d'jceluy en noftre dite Cour de Parlement & en tous cas fors & exceptés
les Royaux, dont la cognoiffance appartient à des juges pardevant lefquels ils
avoient accouftumé de reffortir. Voulons auffy que noftredit coufin fe
puiffe dire & réputer & fes defcendans masles en loyal mariage Ducz de
Gramont & Pairs de France, & tiennent ledit Duché en plein fief foubz une
feule foy & hommage de Nous & de Noftre Couronne, delaquelle Duché &
Pairrie noftredit coufin nous a fait dèz à préfent, ainfy qu'il eft accouftumé,
le ferment de fidélité auquel nous l'avons receu en ladite qualité de Duc de
Gramont & Pair de France, & comme tel nous voulons que touts fes vaffaux
& tenans fiefs, mouvans dudit Duché, recoignoiffent & luy facent & rendent
la foy & hommage, baillent leurs advans & defnombremens quand l'occafion
efcherra à noftre dit coufin & à fes fucceffeurs au mefme titre de Duc de
Gramont & Pair de France, fans toutefois que par le moyen de cette érection,
ny des édicts des années 1566, du mois de juillet 1579, de décembre 1581 &
de mars 1582, faicts fur l'Érection des Terres en Duché-Pairrie, Marquifatz
& Comtéz, l'on puiffe prétendre ors ny pour l'advenir à deffaut d'hoirs masles
de noftredit coufin & de fes defcendans, ledit Duché & Pairie eftre réuny &
incorporé à noftre Couronne & fans que nos fucceffeurs Roys, audit cas,
puiffent prétendre aucun droit de propriété & reverfion dudit Duché par le
moyen defdicts Édicts & autres chofes quelconques auxquelles nous avons
dérogé & dérogeons de noftre grâce fpéciale, par ces préfentes, en faveur de
noftredit coufin & fes fucceffeurs & aiant caufe, fans laquelle dérogation
noftredit coufin n'auroit voulu accepter noftredite grâce & libéralité, ny confentir à la préfente création & érection, à la charge auffi que ledit Duché & les
Terres, Comtés, Baronnies & Seigneuries qui y font unies & incorporées à
deffaut de fucceffeurs masles de noftredit coufin & fes defcendans, retourneront à leur première nature, titre & qualité. Donnons en mandement à nos
amis & féaux Conf[rs], les gens tenant noftre Cour de Parlement & Chambre de nos Comptes à Paris, & à tous autres nos jufticiers & officiers chacun

en droit foy comme à lui appartiendra que nos préfentes lettres de création
& érection, ils facent lire, publier & enregiftrer & du contenu en jcelles jouir
& ufer noftredit coufin le Maréchal de Gramont & fes fucceffeurs màsles en
loyal mariage, pleinement, paifiblement & perpétuellement, ceffant & faifant
ceffer tous troubles & empefchemens au contraire, nonobftant quelconques
édicts, ordonnances, deffenfes & lettres à ce contraires, par lefquelles on
pourroit prétendre le nombre de Ducz & Pairs eftre limité & préfix, auxquels
nous avons dérogé & dérogeons, mefmes à celles de l'an 1579, & aux dérogatoires des dérogatoires y contenus.

    Car tel eft noftre plaifir. Et affin que ce foit chofe ferme & ftable à touf-
jours, nous avons fait mettre noftre fceau à cefdites préfentes, fauf en autres
chofes noftre droit & l'autry en touttes.

    *Donné à Paris au mois de novembre, l'an de Grâce mil fix cents
quarante-huit, & de noftre règne le fixième.*

LOUIS.

---

ANNEXE N° XXXIV,

Chap. xiii, p. 228.

*Relation du voyage & de la réception de Monfieur le Marefchal de Gramont à Madrid.*

*De Madrid le 22 octobre 1659.*

    La Marefchal Duc de Gramont partit le 16 de ce mois d'Alerbendas à
quatre heures du matin, & il arriua à fept à Maudez, qui eft un petit village
efloigné de Madrid d'un quart de lieue, où il avoit fait préparer les habille-
mens & autres chofes néceffaires pour fon entrée, & où il trouva un Lieutenant-Général des poftes, un Lieutenant particulier, fix Maiftres Courriers &
huict Poftillons, qui lui avoient emmené de la part du Roy Catholique quarante chévaux, pour autant de Gentilz-hommes qui eftoient deftinez pour
l'accompagner; & comme cette entrée fe devoit faire fur des chevaux de pofte,
il jugea qu'eftant envoyé par un Roy jeune, & amoureux, il ne feroit pas à
propos qu'il entraft en Madrid d'autre façon que comme un courrier, & crût
avec beaucoup de raifon qu'il devoit faire au galop tout le chemin qu'il y a
dépuis la porte de la Ville jufqu'au Pallais. Ayant donc pris cette réfolution

qui eftoit conforme à l'équipage, auquel il fe trouvoit, & à l'affaire qu'il venoit traitter, il difpofa toute la trouppe luy-mefme afin qu'il ne peut y avoir aucune confufion. Il fit marcher à la tefte un Lieutenaut des poftes, & les fix Maiftres Courriers fuivis de huiɛt Poftillons, veftus de cafaques de fatin couleur de roze couvertes de paffement-d'argent, qui fonnoient inceffamment du cornet. Après venoit le Lieutenant-Général, derrière lequel alloit tout feul le Maref-chal Duc, paré d'un jufte-au-corps tout brodé d'or extrèmement riche, & de trois belles plumes blanches, fon cheval n'eftoit pas non plus fans ornement, car il eftoit couvert d'une houffe de velours brodé de mefme; fix pas après lui venoit toute la trouppe, qui ne lui faifoit affûrément point de honte, car il n'y avoit perfonne qui ne fût magnifiquement veftu. Elle eftoit compofée du Comte de Quincé, des Marquis de Noirmouftier, de Manicamp, & de Gontéry, du Chevalier de Charny, des Comtes de Toulongeon, de Guiche & de Lou-vigny, des Sieurs de Courcelles & de Magalotti, des Abbez de Feuquières, de Caftelan, de Villiers, de Bertaud & de Gordes, du Vicomte d'Urtabie & du Baron de S. Martin, du Marquis de Flammauville, des Sieurs de Chezieres, de Veffé & de Fromenteau, des Barons de Nantjac, de Beauvais & de la Rivière, des Sieurs du Voudy, de Varangeuille, du Vivier, Leffeuille, Bazin & Mandat, du Capitaine, du Lieutenant & de l'Enfeigne des Gardes du Marefchal-Duc, de fon Efcuyer & de quatorze Gentilz-hommes de fa fuitte. Mais comme le nombre des chevaux de pofte n'eftoit pas fuffifant pour tant de gens, il y en eut qui fe fervirent des leurs; il entra par la porte du Prado, qu'il traverfa d'un bout à l'autre, & paffa de là dans la Calle Mayor; il y avoit partout un grand nombre de caroffes, difpofez pourtant en tel ordre, qu'ils m'empefchoient pas fa courfe, & une quantité de monde fi prodigieufe, que les ruës qui font très larges & les balcons qui font à toutes les maifons jufques au quatriefme eftage, ne la pouvoient contenir. Il eft aifé néanmoins de s'imaginer beaucoup de monde, & on croit affez facilement que dans une ville comme Madrid, il doit y avoir quantité de caroffes. Mais il eft impoffible de concevoir & encore moins d'exprimer la joye & le raviffement de tout ce peu-ple. On n'entendoit de tous coftez que Vive, Vive, & mille autres acclamations qui tefmoignoient parfaitement l'allégreffe publique. On en fût mefme furpris, & bien qu'on fe fût attendu à eftre bien receu, l'imagination ne pouvoit pas aller à ce qu'on voyoit en effet, & on ne penfoit pas trouver des tranfports de joye fi véritables & fi extraordinaires, que ceux qui paroiffoient dans les

vifages & dans tous les mouvemens de tant de perfonnes. Il eft vray que la
manière dont on entra, leur fembla fort galante, & que la civilité du Marefchal-Duc acheva de leur gagner le cœur, car il alla prefque toujours le chapeau
à la main, pour refpondre à tant de civilitez qu'on luy faifoit de toutes parts.
Mais il femble qu'on s'arrête trop à une chofe qui ne fe peut rèpréfenter telle
qu'elle fût en effect. Il arriva enfin au Palais, il entra à cheval dans le vefti-
bule, & il rencontra au pied de l'efcalier l'Almirante de Caftille, que le Roy
Catholique y avoit envoyé pour le recevoir, accompagné de toùs les grands
d'Efpagne qui font à la Cour, fçavoir, le Marquis de Liche, le Comte de
Monte Rey, le Conneftable de Caftille, le Duc d'Arande, le Duc d'Aluë, le
Duc de Montalto, le Marquis d'Aytona, le Duc de Seffa, le Duc de Terra-
nova, le Duc de Medina de las Torres, le Prince d'Aftillano, le Marquis
de Alcanices, le Comte d'Aquilar, le Duc de Bejar, le Marquis de Leganez,
le Marquis de Sancta Crux, le Comte de Fuenfalida & le Marquis de Vel-
lada; mais il ne pouvoit prefque monter l'efcalier, pour la grande foule
qu'il y avoit. Tout le monde couroit, ceux qui l'avoient veu, le vouloient
encore voir, & bien qu'il fût entouré de tant de gens, hommes & femmes
le tiroient par le jufte-au-corps pour le faire tourner de leur cofté, & luy
bouchoient le paffage de toutes parts pour l'obliger à s'arrefter. Ce fut
donc avec beaucoup de peine qu'il parvint à l'appartement du Roy, qui l'attendoit à l'Audience dans un grand falon paré de très belles peintures; il
eftoit au bout fous un Daix, affis dans un fauteuil. A fa gauche fe mirent
tous les Grands d'Efpagne, qui font nommez cy-devant, & autour de luy
eftoit un nombre infini de Gens de qualité. Il fe leva quand il vit paroiftre le
Marefchal-Duc, & il le falüa du chapeau quand il fut à vingt pas de fa chaize.
Le Marefchal-Duc s'aprocha tout feul, luy expofa fa commiffion, & lui parla
affez longtemps. Après qu'il euft eu fa réponfe, il fe retira un peu à cofté
droict de la chaife du Roy, & fit figne à tous les Gentilz-hommes François de
s'approcher pour le venir falüer, l'ayant prié auparavant d'agréer qu'ils euffent cet honneur, ce qu'ils firent l'un après l'autre avec beaucoup d'ordre, le
Marefchal-Duc lui difant le nom & la qualité d'un chacun. Le Roy eut la
bonté & la patience d'attendre qu'ils lui euffent tous fait la révérence, & il
dit mefme au Marefchal-Duc, qui lui en faifoit excufe, qu'il n'en eftoit
point importuné, & qu'il eftoit bien aife de les voir. Pendant que cecy fe
paffa, la Reyne & l'Infante fe tinrent cachées derrière un treillis de bois,

qu'on avoit fait exprez pour cela dans une porte qui regardoit la chaîfe du Roy, d'où elles voyoient, fans être prefque veuës, tout ce qui fe faifoit. Le Marefchal-Duc fit encore quelque compliment au Roy, & il fe retira au mefme ordre qu'il eftoit venu, &, fuivy encore de l'Almirante & de tous les Grands d'Efpagne, il alla à l'appartement de la Reyne, qui eftoit affife fous un grand Dais, à fa gauche eftoit l'Infante, & enfuitte la Princeffe, fa fœur; Elles fe levèrent quand il parut. Il s'aprocha de la Reyne, & lui parla un moment le chapeau fur la tefte, quil ofta incontinent, & puis il continua toujours à découvert. Enfuite il falüa l'Infante, à laquelle il ne parla que tefte nuë, auffi bien qu'à la petite Princeffe. Il dit encore quelque chofe à la Reyne, & la pria de trouver bon que les Gentilz-hommes qui l'accompagnoient luy fiffent la révérence. Ce qui fe paffa comme chez le Roy. Après quoy il fe retira, & defcendit l'efcalier accompagné toujours de l'Almirante & de plufieurs Grands d'Efpagne, avec lefquels il fe mit dans un carroffe du Roy, qui le mena à une maifon qu'on luy avoit préparée, meublée des plus belles tapifferies de la Couronne, & fi grande que tous ceux qui l'ont fuivy y font magnifiquement logez. Ils le conduifirent jufques dans fon appartement, où ils le laiffèrent pour fe delaffer d'une journée qui luy avoit bien donné de la peine & bien de la fatigue : mais dans laquelle il avoit auffi receu tant d'honneur, qu'il eft impoffible qu'un particulier en puiffe jamais avoir de plus glorieufe. Le lendemain au matin il fut vifité par l'Almirante fuivy de plufieurs Grands d'Efpagne, qui le font venus voir tous, depuis, l'un après l'autre, en leur particulier, auffi bien que le Nonce du Pape, l'Ambaffadeur d'Allemagne & celui de Pologne, car pour les Gentilz-hommes de qualité, fa maifon en eft toujours toute pleine, & quand il va par la ville, le peuple a encore le mefme empreffement & la mefme curiofité pour le voir que quand il arriva. Le mefme jour, il fortit de fon logis dans un carroffe du Roy accompagné de fix autres remplis de Gentilz-hommes François extrèmement propres, & fuivis de fes Pages & valets de pied, fi galamment & fi richement veftus, qu'il n'y avoit rien qui attiraft davantage les yeux & la curiofité de toute forte de perfonnes.

Le 18, le Roy lui envoya, fur le foir, toute fa Mufique, qui chanta trois heures dans fa chambre. Le 19, il affifta à la Meffe du Roy, qui fut dite en cérémonie dans le Palais, où fe trouvèrent auffi le Nonce du Pape, l'Ambaffadeur d'Allemagne & celui de Pologne. De là il fut difner chez l'Almirante,

qui luy fit un feſtin magnifique, où tous les Grands d'Eſpagne eſtoient con-
viez & pluſieurs perſonnes de qualité, au nombre de quarante-cinq; il y avoit
preſque autant de Gentilz-hommes François, qui ſe mirent tous avec les Eſpa-
pagnols à la meſme table, qui eſtoit de quatre vingts ſix couverts. Après le
diſné, il y eut un concert de voix & d'inſtrumens, & la feſte finît ſur le ſoir
par une comédie.

Le 20, Don Fernando Ruys de Contera, Secrétaire d'Eſtat, vint apporter
au Mareſchal-Duc des Lettres du Roy Catholique, & l'aſſeurer, de ſa part,
qu'il conſentoit avec joye au Mariage du Roi & de l'Infante, & que S. M. C.
le luy diroit de ſa propre bouche, ce qu'elle fit le lendemain par un diſcours
ſi bien ſuivy & ſi obligeant, qu'on n'y ſçauroit rien ajouſter. Après une ſi
prompte & ſi favorable expédition, le Mareſchal-Duc prit congé du Roy Catholique & de la Reyne, qui luy dit qu'elle vouloit luy faire voir les Princes,
ſes Fils, qui eſtoient tous deux auprès d'Elle. Le Prince d'Eſpagne eſtant le
plus beau & le plus agréable qu'on ſçauroit voir, & l'Infant, qui n'a que dix
mois, paroiſſant auſſi parfaitement ſain ; Il prit auſſi congé de la Séréniſſime
Infante qui doit eſtre noſtre Reyne, & de la petite Infante, belle comme un
ange. Ces fonctions ſi honorables eſtant achevées, le Roy Catholique, par
ſurcroît de grâce, voulut que le Mareſchal-Duc aſſiſtaſt à une Comédie qu'il
fit jouër au Palais, afin qu'il euſt encore plus de loiſir d'y conſidérer l'Infante,
& d'y voir toutes les Dames, où l'on eut un ſoin particulier de faire placer
tous les Cavalliers François dans les endroits les plus honnorables & les
plus commodes. Le Mareſchal-Duc eſtant cependant aſſis derrière une jalouſie, les Grands eſtant toûjours debout quand ils ſont devant le Roy, dont
l'excez de bonté alla juſqu'au point de commander qu'on fiſt placer les Pages
du Mareſchal-Duc. Le ſoir, comme il fut retiré, S. M. C. lui envoya ſon
Garde-joyaux lui porter de ſa part un cordon de Diamans de très grand prix,
& dans peu de jours, après avoir viſité Aranjuez & l'Eſcurial, il s'en retournera en diligence trouver Sa Majeſté, glorieux & heureux tout enſemble de
pouvoir, ſans flatter ſon Maiſtre, l'aſſeurer qu'il doit poſſéder une Princeſſe
dont la bonté & la beauté ne cèdent en rien à l'eſclat & à la grandeur de ſa
Naiſſance. (Arnaud Colomiez, Imprimeur ordinaire du Roy & de l'Univer-
ſité, à Toloſe.)

# DE LA MAISON DE GRAMONT

## ANNEXE N° XXXV,

Chap. xiii & chap. xiv, p. 228 & 252

*Extraits de la Correspondance d'Antoine III, Duc de Gramont,*
*Pair & Maréchal de France.*

### I.

*Lettre du Roi Louis XIV au Maréchal de Gramont, de Bordeaux, le 27 août 1659.*

Cette lettre répondoit à une lettre du Maréchal qui avoit écrit au Roi pour le remercier de fes intentions à fon égard, au fujet de l'Ambaffade à Madrid, que le Cardinal de Mazarin avoit confidentiellement annoncée au Maréchal; elle a été dictée & fignée par le Roi. L'original eft aux Archives de la Famille, & appartient au Comte de Gramont d'After.

#### A mon Coufin le Duc de Gramont.

Mon coufin, je n'ai jamais doubté de l'affection que vous avez toujours eue pour ma perfonne & pour mon eftat, tant de fervices importans que vous m'avez rendus & que vous me rendez encor tous les jours, m'en font des preuves trop convainquantes pour le faire; auffi ai-je reçeu les nouveaux tefmoignages que vous m'en donnez par voftre lettre avec une joie très grande, & ç'a efté avec plaifir qu'elle m'a donné fujet de vous affeurer par celle-ci que de tous mes anciens ferviteurs, il n'y en a point de qui je faffe plus d'eftime, en qui j'aie une plus entière confiance qu'en vous. Quand les occafions s'en préfenteront je ferai ravi de vous en donner des marques plus folides; cependant je prie Dieu qu'il vous ait, mon Coufin, en fa fainte & digne garde; efcrit à Bordeaux le vint-feptiefme aouft mil fix cent cinquante neuf.

Louis.

## II.

*Lettre de la Reine-Mère Anne d'Autriche au Maréchal de Gramont, de Bordeaux*
*le 27 Août 1659.*

Cette lettre répondoit à un meffage que le Maréchal avoit adreffé à la
Reine-Mère au même temps & à la même occafion que la lettre précédente
écrite au Roi avant d'aller à Madrid.

Mon Coufin, je fuis fi perfuadée de l'affection que vous avez pour moi que
vous n'aviez pas befoin de m'en faire de nouvelles proteftations. Je ne laiffe
pas néanmoins de recevoir bien en gré le foin que vous avez pris de m'envoyer votre gentilhomme pour me faire des offres auffi obligeantes que les
vôtres, & vous puis affurer que lorfqu'il fe préfentera occafion de vous rendre office, vous connoîtrez que je fuis votre bonne coufine

ANNE.

*A Bordeaux, le 27 aouft* 1659.
Au dos : *A mon Coufin le Duc de Gramont.*


## III.

*Lettre de la Reine Anne d'Autriche au Maréchal de Gramont, de Bordeaux le 19 fep-*
*tembre 1659, au fujet de fon Ambaffade à Madrid.*

Mon Coufin, le choix que le Roi a fait de vous pour aller demander
l'Infante, ma nièce, ne pouvoit pas mieux fe rencontrer avec mon inclination.
J'ai vu avec plaifir que lui & ceux qui le confeillent favent difcerner ceux qui
font dignes de ces grands emplois, & de ces dernières confiances en mon
particulier & la prends toute entière en vous, & fur ce fondement, je vous
prie, dès que vous aurez vu ma nièce, de me faire favoir au vrai & fans me
flatter, comme elle eft faite, je ne m'en fie pas à ce que j'en ai vu, ni à ce que
l'on m'en a dit, mais je compterai fur ce que vous m'en ferez favoir après
vous avoir affuré que vous me tromperez bien plus agréablement fi, dans le
récit que vous m'en ferez, vous lui ôtez plutôt quelque chofe de fon agrément
& de fa bonne grâce, que fi vous lui en donnez plus qu'il n'y en a. Il ne me
refte plus qu'à vous fouhaiter un prompt & heureux voyage, & à vous affu-

rer d'une véritable & fincère affeftion pour tout ce qui vous regarde, dont vous devez attendre les effets toutes les fois qu'il fe préfentera occafion de vous témoigner que je fuis

Votre bonne Coufine,

ANNE.

*A Bordeaux*, ce 19 *feptembre* 1659.

Au dos eft écrit :

*A mon Coufin le Duc de Gramont.*

Cette lettre eft écrite tout entière de la main de la Reine. Elle eft dans cette partie des Archives qui appartient au Comte de Gramont d'After.

## I V

*Lettre du Roi Louis XIV au Maréchal de Gramont, de Bordeaux le 20 feptembre 1659.*

*A mon Coufin le Maréchal de Gramont.*

Mon Coufin, je n'ay pas voulu laiffer partir le Comte de Guiche d'auprès de moy fans vous donner encor de ma main de nouvelles affurances de la confiance que j'ay en voftre bonne conduite dans l'employ que je viens de vous donner auprès de mon frère le Roy d'Efpagne. J'ay faiɛt une fi advantageufe expérience dans le bien de mon fervice en tous ceux que vous avez eus, que j'ay tout lieu d'efpérer de voftre capacité & de voftre fageffe que vous vous acquiterez de celuy-cy auffi dignement que vous avez faiɛt de tous les autres ; en forte je prie Dieu qu'il vous tienne, mon Coufin, en fa ste & digne garde, efcrit à Bordeaux, le 21e de feptembre 1659.

LOUIS.

Cette lettre eft écrite tout entière de la main du Roi. Elle eft aux Archives, & fait partie de celles qui font au Comte de Gramont d'After.

## V

*Lettre du Maréchal de Gramont au Roi Louis XIV, écrite de Madrid*
*le 22 octobre 1659.*

Sire, Je m'estime le plus heureux de tous les hommes de pouvoir, sans flatter Votre Majesté, l'assurer qu'il n'y a rien de plus beau que l'Infante, & que le Roi d'Espagne l'a accordée pour femme à Votre Majesté avec des témoignages de joie & de paroles si obligeantes, qu'on n'y sauroit rien ajouter : dont je me réserve à rendre en peu de jours un compte plus exact à Votre Majesté, lorsque j'aurai l'honneur de lui présenter la lettre du Roi Catholique. Ceux qui ont l'honneur de connoître l'Infante font en admiration de la beauté & de la douceur de son esprit ; mais, à dire vrai, c'est de quoi je ne puis informer Votre Majesté, ses paroles dans les deux audiences que j'ai eues ayant été si mesurées, qu'elles n'ont point passé à la première, la demande de la santé de la Reine ; & à la seconde, des assurances d'être en toutes occasions soumise à ses volontés, sans qu'il m'ait été possible d'en tirer davantage : de quoi Votre Majesté ne s'étonnera pas, s'il lui plaît, puisque, excepté le Roi, son Père, elle n'entretint jamais homme si long temps.

Je suis avec un profond respect, &c.

*A Madrid, le 22 octobre* 1659.

## VI

*Réponse du Roi au Maréchal de Gramont, datée de Toulouse le 3 novembre 1659.*

Mon Cousin, vous devez croire que votre lettre m'a donné beaucoup de joye, puis que je suis persuadé que personne ne sçait mieux juger que vous des choses dont vous me parlez, & que d'ailleurs je ne doute nullement que tout ce que vous me dittes ne soit très sincère ; il me tarde seulement de sçavoir le reste que vous remettez de me dire à votre arrivée ; mais, en attendant le tesmoignage que rendent ceux qui approschent l'Infante, de son esprit & de sa douceur, & ce qu'il vous en a pareu à vous mesme dans le peu de temps que vous l'avez veüe, sont des choses qui me plaisent infiniment, & vous ne pouviez mieux faire voftre cour que de me les avoir eïcrites. J'efpère qu'elle ne fe defplairra pas en France, je m'affeure que vous croyez bien que j'ay affez deffiré que cellà foit, & une impaffience affez raifonnable de l'y voir. Je ne doute pas auffi que la voftre fur cella ne foit grande & que l'affection que vous avez pour moy ne vous faffe toujours faire tout ce qui pourra eftre de mon fervice & de ma fatisfaction, & fur ce je prie Dieu, mon Coufin, qu'il vous ait en fa fainête & digne garde.

Louis.

*A Tholofe, ce 3 9ᵇʳᵉ 1659.*

Cette lettre, écrite tout entière de la main du Roi, eft aux Archives de la famille.

## VII

*Lettre écrite par le Roi Louis XIV au Duc de Gramont, de Douay le 24 juillet 1667, à l'occafion de la prife de Courtray.*

### A mon Coufin le Mᵃˡ Duc de Gramont.

Ce que vous m'avez écrit fur la prife de Courtray m'a plus touché le cœur par la connaiffance que j'ai du vôtre que me feront les louanges les plus exquifes de l'hiftoire ; mais bien que j'efpère que cette conquête ne terminera pas notre campagne, vous n'avez pas befoin d'attendre de femblables occafions pour me faire votre cour par le moyen de vos lettres. Il suffit qu'elles foient de vous pour être agréablement reçues, & vous le croirez fans réplique fi vous jugez auffi fainement de l'affection & de l'eftime particulière que j'ai pour vous, que je fuis perfuadé de votre zèle pour mon fervice & de vos tendreffes pour ma perfonne.

Louis.

L'original eft aux Archives de la famille.

## VIII

*Lettre du Roi Louis XIV écrite au Maréchal de Gramont le 12 juin 1672, de Tolus*
*fur le bord du Rhin, pour le complimenter fur la manière dont le Comte de Guiche*
*fon fils a paffé le Rhin, le premier à la tête de la cavalerie.*

### A mon Coufin le Maréchal de Gramont.

Mon Coufin, ce qui s'eft paffé aujourd'hui à notre entrée dans le Betau eft mémorable par d'affez.beaux endroits; mais je vous affure qu'entre ceux qui me touchent le plus je puis mettre la diftinction que le Comte de Guiche a méritée. On ne peut pas montrer plus de valeur, ni de fageffe & de bonne conduite; je vous en donne part avec plaifir, afin que tandis qu'il femble que tout me rit en ces quartiers, vous puiffiez jouir de votre côté par plus d'une raifon de fuccès de mes entreprifes. Je prie Dieu, au refte, qu'il vous ait, mon Coufin, en fa fainte & digne garde. Au camp, fur le bord du Rhin, près de Tolus, le 12 juin 1672.

Louis.

Cette lettre eft aux Archivès de la famille.

## IX

*Lettre du Grand Condé au Maréchal de Gramont fur le paffage du Rhin par l'armée*
*françoife & l'action d'éclat du Comte de Guiche.*

### Du camp de Tolus dans l'Isle de Betau, ce 12 juin 1672.

Le Roy ayant voulu tenter le paffage du Rhin pour entrer dans l'Isle de Betau, c'eftoit à mon armée à entreprendre ce paffage; l'on a mis, pour cet effet, force pièces de canon fur le bord de la rivière. C'eftoit du cofté de l'aile droite que l'on devoit paffer; l'on y a cherché un guay, & l'on n'en a pas trouvé; mais Mr le Comte de Guiche m'eft venu dire que du cofté de l'aile gauche il en avoit faict recognoiftre un par quelque'uns de fes gentilhommes, j'y fuis venu, & le Comte de Guiche y a paffé luy mefme le premier à la tefte de la cavalerie, & a battu tout ce qui s'eft trouvé devant luy, avec un courage & une ardeur incroyable, n'ayant devant luy que fes gentils-hommes qui y ont auffi faict merveille; l'action a efté fi belle pour luy que le Roy la extrèmement louéé, non feulement fur fon courage, mais encore fur fa conduite & fur fa capacité. Il n'y a pas efté bleffé, & il fe porte très bien, & le Comte de Louvigny auffy. Pour ·moy j'y ai reçu une bleffure au poignet gauche, mais j'efpère en eftre bientoft guéry.

LOUIS DE BOURBON.

L'original eft aux Archives avec les autres lettres du Prince de Condé.

## X

*Lettre du Roi Louis XIV au Maréchal de Gramont, à l'occafion de la mort de fon fils le Comte de Guiche, datée de Saint-Germain-en-Laye, le 8 décembre 1673.*

Mon Coufin, je vous ai toujours reconnu trop fenfible à ce qui me touche pour ne vous témoigner pas combien je le fuis à la perte que vous venez de faire. Affurez-vous que perfonne n'y prend plus de part que moy, & qu'au refte j'en uferai à votre égard avec la même diftinction dans toutes les occafions qui s'offriront. Je prie Dieu feulement qu'il nous les donne plus favorables, & que cependant il vous aye, mon Coufin, en fa fainte & digne garde.

*A Saint-Germain-en-Laye, le* 8 *Décembre* 1673.

LOUIS.

Cette lettre autographe eft aux Archives de la famille, toute écrite de la main du Roi.

## XI

*Lettre de Marie-Thérèfe, Reine de France, au Maréchal de Gramont, à l'occafion de la mort de fa fille la Princeffe de Monaco, datée de Saint-Germain, le 18 juin 1678.*

Mon Coufin, ce n'eft pas avec peu de regret que je prends la plume (dans la main) pour vous écrire ces lignes, puifque c'eft pour vous faire mon compliment de condoléance fur la perte que vous avez éprouvée par la mort de votre fille la Princeffe de Monaco. Vous ne fauriez croire combien j'en ai eu du chagrin, puifque c'eft chofe qui vous touche, & comme je vous eftime, je prends une grande part à tout ce qui peut vous être fenfible & donner de l'affliction. Soyez certain de cela & de ce que je vous ai & aurai continuelle- ment en mon fouvenir, vous aimant beaucoup comme vous le méritez & pouvez le défirer. Je ne doute pas que vous aurez appris comme le Roi, mon Seigneur, eft revenu bien portant & couvert de gloire, car la paix qu'il fait eft très glorieufe ; mais je ne me raffurerai que lorfqu'elle fera toute faite. Je vous prie d'être perfuadé que vous m'avez ici pour tout ce que vous voudrez. Ce fera pour moi un grand plaifir de vous être agréable & de vous fervir. Vous pouvez en avoir toute affurance, car vous favez combien j'eftime votre perfonne, & il en fera toujours ainfi fans changement aucun. Dieu vous garde.

*De Saint-Germain,* 18 *juin* 1678.

MARIE THÉRÈSE.

Cette lettre eft écrite en efpagnol, & l'original tout entier de la main de la Reine eft aux Archives de la famille. La traduction ci-deffus eft littérale.

---

## ANNEXE N° XXXVI,

Chap. xiii, p. 229.

*Romance fait à Madrid en 1659, à l'occafion de l'Ambaffade du Maréchal-Duc de Gra- mont Antoine III, envoyé par Louis XIV, pour demander la main de l'Infante Dona Maria Terefa.*

Publié en 1660 à Paris par le Chevalier de Trigny, *Imprimerie de Pierre-le-Petit,* Imprimeur & Libraire ordinaire du Roy, rue Saint-Jacques à la Croix d'Or.

> Quadrilla de cien galanes,
> Va por la puerta de Alcala,
> Y por las calles de Madrid
> Con gran pompa y con brio paffa.
> Es el Duque de Agramonte
> Capo de efta tropa brava,

Tan cuerdo miniftro en la paz
Come fuerte en las armadas.

   Aunque fe via que es Frances
A fu lindo trage y cara,
Y a parece fer Efpañol
Al foffiego y la palabra.

   Va por la pofta correndo
Que de amor las Embaxadas,
Deven yr à toda prieffa
Y fi fe puede con alas.

   Por ver el tropel bizarro
Los feñores y las Damas
Salen luego à los balcones,
Y fe affoman à las ventanas.

   Por la rica plateria
Corre la quadrilla ufana,
Con la calle compitiendo
En oro, joyas, y plata.

   Por la puerta del fol tambien
Paffa el Duque grave y galan,
Que quien a un fol va bufcando
Por la del fol deve paffar.

   El Duque por fu Rey bufca
A la Infanta el fol de Efpana
Un fol que tuuo fu oriente
Donde el del cielo fe tapa.

   Que alli fe efconde el pianeta
Viendo fu luz afrentada,
Por los claros efplendores
De los ojos de la Infanta.

   Apeafe el favio Duque
Y llegado al Real alcaçar
Con fu admirable ayre y gratia
Affi à la Princefa habla.

   El Rey mi Senor famofo
Por la gloria de fus armas,
El mas ayrofo, y el mas bravo
De quantos ciñen la efpada.

   Vencido por tus virtudes
Bella Infanta, y por tu fama
A tu padre offrece la paz

Y la alma, y el reino a tus plantas.

Como al anoncio del dia
Se vermeja el cielo y la alua
Se buelue affi colorada
L'Infanta oyendo efta habla.

Mas el roficler no borra
Los lyrios de fu cara alba,
Que en fu pecho tienen rayzez
Y los fembra amor en fu alma.

A tu Rey con mi alma buelue
Dife la Infanta turbada,
Y fea nueftro amor cafto
La dulce prenda de la paz.

Se buelue el gloriofo Duque
Y paffando las montanas,
Lleva al pueblo el gozo y la paz
Y al Rey palabras de llama.

---

## ANNEXE N° XXXVII,

### Chap. xiii, p. 235.

*Lifte & analyfe de lettres écrites à Antoine III, Prince Souverain de Bidache, Duc de Gramont, Pair & Maréchal de France par les Rois de France Louis XIII & Louis XIV, le Sécretaire d'État Comte de Chavigny, & quelques autres perfonnages, &c., &c., &c.*

### LETTRES DE LOUIS XIII A ANTOINE III.

Du 24 feptembre 1641. Lettre du Roi Louis XIII au Maréchal Comte de Guiche, Général dans l'armée des Flandres, au fujet de la retenue d'un corps d'armée à Thionville.

Du 29 feptembre 1641, à Amiens. Lettre du Roi Louis XIII au Maréchal Comte de Guiche, lui annonçant l'arrivée du Marquis de *** (nom illifible) porteur de fes inftruétions.

Du 30 feptembre 1641, à Amiens. Lettre du Roi Louis XIII au Maréchal Comte de Guiche, pour le féliciter & lui exprimer fa fatisfaétion pour les fuccès obtenus par les armées fous fes ordres.

Du 30 feptembre 1641, à Amiens. Lettre du Roi Louis XIII au Maréchal Comte de Guiche, l'informant des congés donnés aux Sieurs de Lecques, & de Bourry, Officiers, & le priant de ne pas mettre obftacle à ce qu'ils en jouiffent.

Du 6 octobre 1641, à Amiens. Lettre du Roi Louis XIII au Maréchal Comte de Guiche, lui prefcrivant de caffer plufieurs régimens d'infanterie, à caufe de leur faibleffe numérique.

Du 7 octobre 1641, à Amiens. Lettre du Roi Louis XIII au Maréchal Comte de Guiche, lui annonçant l'envoi de foixante déferteurs fur lefquels il aura à ftatuer.

Du 7 octobre 1641, à Amiens. Lettre du Roi Louis XIII au Maréchal Comte de Guiche, au fujet des difpofitions à prendre pour faire marcher aux quartiers d'hiver les troupes qui font fous fon commandement.

Du 11 décembre 1641, à Saint-Germain. Lettre du Roi Louis XIII au Maréchal Comte de Guiche, fur le licenciement des Compagnies de chevaux-légers de la Reine & du Duc d'Orléans.

Du 17 décembre 1641, à Saint-Germain. Lettre du Roi Louis XIII au Maréchal Comte de Guiche, fur la réformation des Régimens Irlandais de Coulon & Linot.

Du 24 décembre 1641, à Saint-Germain. Lettre du Roi Louis XIII au Maréchal Comte de Guiche, fur la nomination du Sieur de Senlis à Lieutenant dans la Compagnie du Sieur de La Salle.

Du 11 juillet 1642, à Lyon. Lettre du Roi Louis XIII au Maréchal Comte de Guiche, l'invitant à lever l'interdiction encourue par le S$^r$ Lefcafault, afin qu'il puiffe remplir la charge de Sergent-Major.

Du 29 juillet 1642, à Fontainebleau. Lettre du Roi Louis XIII au Maréchal Comte de Guiche, lui prefcrivant de mettre cinq ou fix cents chevaux à la difpofition du Sieur Duhaillier, pour une affaire importante.

Du 29 feptembre 1642, à Foffigny. Lettre du Roi Louis XIII au Maréchal Comte de Guiche, lui prefcrivant de lui envoyer les noms & furnoms des officiers de l'armée qui fe font rendus coupables de peines difciplinaires, afin qu'il ftatue fur leur fort.

Du 9 octobre 1642, à Dormeillard. Lettre du Roi Louis XIII au Maréchal Comte de Guiche, lui recommandant de veiller à l'exécution de deux ordonnances fur le mode de paiement des officiers & fur le nombre autorifé.

Du 15 octobre 1642, à Fontainebleau. Lettre du Roi Louis XIII au Maréchal Comte de Guiche, lui enjoignant de prendre des mesures sévères contre le transport du sel par les gens de guerre, chose préjudiciable aux gabelles.

Du 14 octobre 1642, à Fontainebleau. Lettre du Roi Louis XIII au Maréchal Comte de Guiche, donnant l'ordre de faire raser Casteau en Cambrésis, d'une défense difficile & onéreuse ; l'Église pouvant être épargnée à certaines conditions.

Du 27 octobre 1642, à Saint-Germain. Lettre du Roi Louis XIII au Maréchal Comte de Guiche, ordonnant l'arrestation de plusieurs officiers dont les soldats ont commis des violences & exactions, & pour lesquels ils doivent répondre.

Du 30 octobre 1642, à Saint-Germain. Lettre du Roi Louis XIII au Maréchal Comte de Guiche, sur la désertion des soldats Suisses, & la nécessité de l'empêcher en veillant sévèrement à l'exécution d'une ordonnance qui s'y rapporte.

Du 31 octobre 1642, à Saint-Germain. Lettre du Roi Louis XIII au Maréchal Comte de Guiche, lui prescrivant de faire entrer aux quartiers d'hiver les troupes qui sont sous son commandement.

Du 11 novembre 1642, à Saint-Germain. Lettre du Roi Louis XIII au Maréchal Comte de Guiche, lui envoyant les rôles des commissaires ordonnés pour accompagner les troupes dans leurs quartiers d'hiver.

Du 11 novembre 1642, à Saint-Germain. Lettre du Roi Louis XIII au Maréchal Comte de Guiche, au sujet des Régimens qui doivent être réduits à 20 compagnies au lieu de 30.

Du 7 novembre 1642, à Saint-Germain. Lettre du Roi Louis XIII au Maréchal Comte de Guiche, au sujet du licenciement de la Compagnie de Gendarmes du Duc d'Orléans & de sa Compagnie de Chevau-Légers.

### LETTRES DE LOUIS XIV (au même).

Du 19 septembre 1652, à Compiègne. Lettre du Roi Louis XIV au Duc de Gramont, Pair & Maréchal de France, sur la conduite du Duc d'Orléans & du Prince de Condé, depuis l'éloignement du Cardinal Mazarin.

Du 6 avril 1669, à Paris. Lettre du Roi Louis XIV au Duc de Gramont, Pair & Maréchal de France, lui envoyant une commiſſion pour réunir les États-Généraux de Navarre & de Béarn.

Du 30 juillet 1689, à Verſailles. Lettre du Roi Louis XIV au Duc de Gramont, Pair & Maréchal de France, ſur la marche de certaines troupes.

## LETTRES DE DIVERS PERSONNAGES & ORDONNANCES ROYALES
### (au même).

Du 9 ſeptembre 1642. Lettre du Comte d'Harcourt au Maréchal Comte de Guiche ſur la priſe de Perpignan & l'envoi d'un Régiment de renfort.  -

Du 8 mars 1670, à Bordeaux. Lettre de Mʳ Dagueſſeau relative aux Députés des Vallées de Lavedan.

Du 17 juin 1670, à Agen. Lettre de Mʳ Dagueſſeau ſur les diſpoſitions à prendre aù ſujet du paiement du don gratuit dans les Diocèſes de Leſcar & d'Oleron.

Du 10 avril 1677, au Camp devant la citadelle de Cambray. Lettre du Marquis de Louvois au Maréchal de Gramont ſur les munitions de guerre à expédier à Bayonne.

Du 20 avril 1677, à Douai. Lettre du Marquis de Louvois au Maréchal de Gramont lui tranſmettant copie des ordres adreſſés par le Roi au Duc de Nouailles ſur les fortifications de Bayonne, & donnant ſon avis ſur la guerre probable avec l'Eſpagne.

Du 18 ſeptembre 1689, à Verſailles. Lettre du Miniſtre Seignelay au Maréchal Duc de Gramont ſur les coutumes de Bayonne.

Du 26 mars 1722, à Paris. Lettre du Duc de Gramont ſur la vente à l'étranger de marchandiſes prohibées en France, dont le produit lui revient pour une moitié, & l'autre moitié revenant à la Compagnie des Indes.

Du 1ᵉʳ avril 1766, à Paris. Lettre du Sieur de Lethigny au Duc de Gramont ſur la direction de la Route d'Orthez à Dax & ſur l'établiſſement d'une poſte à Puyo.

Du 11 mai 1766, à Paris. Lettre du Sieur Léthigny au Duc de Gramont ſur la direction de la route d'Orthez à Dax.

Du 27 mai 1766, à Paris. Lettre du Duc de Gramont en réponſe aux plaintes des habitans de Thil relativement au ſervice de la poſte.

Mémoire, non figné & non daté, fur les fcandales & défordres dans les Pays Bafques.

---

Du 30 octobre 1642, à Saint-Germain. Ordonnance du Roi aux Régimens Suiffes.

Du 1ᵉʳ novembre 1642, à Saint-Germain. État des Régimens de 30 Compagnies que le Roi veut être réduits à 20.

Du 11 mai 1662, à Saint-Germain. Ordonnance du Roi Louis XIV rappelant les difpofitions du traité conclu avec le Duc de Lorraine fur l'exemption des habitans des Duchés de Lorraine & de Bar, de toutes taxes & levées extraordinaires.

Du 15 mai 1670, à Douai. Ordre figné du Roi pour les troupes qui ont à marcher en Béarn.

Du 2 février 1678, à Saint Germain. Lettre du Roi aux habitans de Navarre & Pays de Béarn fur la convocation des États-Généraux & le pouvoir donné au Maréchal de Gramont pour repréfenter le Roi à cette occafion.

## *LETTRES DU COMTE DE CHAVIGNY (au même).*

Du 30 feptembre 1641, à Amiens. Lettre de Mʳ de Chavigny au Maréchal Comte de Guiche pour le féliciter fur l'heureufe iffue de l'affaire du Ludofin, où l'armée étoit commandée par le Comte de Guiche feul.

Du 3 juin 1642. Dépêche de Mʳ de Chavigny au Maréchal Comte de Guiche fur les opérations militaires de l'armée des Flandres, & fur un rapport inexact qui a été envoyé au Roi.

(*Sans date.*) Lettre de Mʳ de Chavigny au Maréchal Comte de Guiche, lui donnant des nouvelles du Cardinal, & l'affurant de fon dévouement.

(*Sans date.*) Invitation au Maréchal Comte de Guiche de faire remplir fur les rôles les noms des Lieutenans-Colonels des Régimens de Bourgogne & de Beauffe.

Du 8 juin 1642, à Arles. Lettre de Mʳ de Chavigny au Maréchal Comte de Guiche fur l'infuccès des opérations militaires en Champagne, & fur les fentimens que le Roi & le Cardinal lui confervent, malgré l'infuccès de la lutte.

Du 10 juin 1642, à Arles. Lettre de M^r de Chavigny à Madame la Maré-chale de Guiche fur le déplaifir qu'elle doit éprouver parce que les opérations militaires du Maréchal n'ont pas réuffi.

Du 16 juin 1642, à Tarafcon. Lettre de M^r de Chavigny au Maréchal Comte de Guiche au fujet de la défaite de fon armée de Champagne.

Du 27 juin 1642, à Montbrun. Lettre de M^r de Chavigny au Maréchal Comte de Guiche fur les opérations militaires & la fanté de Mg^r le Cardinal.

Du 21 juillet 1642, à Nogent, près Montargis. Lettre de M^r de Chavigny au Maréchal Comte de Guiche fur la capitulation de Perpignan, les difpofitions du Roi & la fanté du Cardinal.

Du 31 juillet 1642, à Fontainebleau. Lettre de M^r de Chavigny au Maréchal Comte de Guiche, pour lui tranfmettre une lettre du Cardinal, lui en donner des nouvelles, & annoncer fon arrivée à Fontainebleau.

Du 20 octobre 1642, à Paris. Lettre de M^r de Chavigny au Maréchal Comte de Guiche, lui exprimant le défir de le voir prochainement & auffitôt que Cafteau fera rafé; nouvelles de la fanté du Cardinal.

Du 13 février 1643, à Saint-Germain. Lettre de M^r de Chavigny au Maréchal Comte de Guiche lui annonçant que le Roi lui permet de fe démettre de la Lieutenance, & que S. M. a témoigné le défir de la donner à M^r d'Harcourt.

Du 2 avril 1643, à Paris. Lettre de M^r de Chavigny au Maréchal Comte de Guiche fur fa fanté & les événemens des Pays-Bas.

Du 1^er mars 1643, à Vincennes. Lettre de M^r de Chavigny au Maréchal Comte de Guiche fur le fiége d'Arras & les opérations militaires.

Du 22 avril 1643, à Saint-Germain. Lettre de M^r de Chavigny au Maréchal Comte de Guiche pour lui annoncer que M. Denoyer fe retire dans fa maifon de Dangu avec la permiffion du Roi.

Du 19 avril 1643, à Saint-Germain. Lettre de M^r de Chavigny au Maréchal Comte de Guiche fur la fanté du Roi, & les difpofitions que S. M. a prifes pour le cas où une régence deviendroit néceffaire.

Du 12 juillet 1651. Lettre de M^r de Chavigny au Maréchal Duc de Gramont fur les difficultés de la fituation, & fur les dangers qui peuvent réfulter par les menées des perfonnes de l'entourage de la Reine.

Du 26 juillet 1651. Lettre de M^r de Chavigny au Maréchal Duc de

Gramont l'informant qu'il étoit fur le point d'être arrêté & éloigné de la Cour par fuite des intrigues de certaines perfonnes.

Du 13 feptembre 1651. Lettre de M<sup>r</sup> de Chavigny au Maréchal Duc de Gramont fur les opérations militaires & les nouvelles de la Cour.

Du 20 feptembre 1651, à Paris. Lettre de M<sup>r</sup> de Chavigny au Maréchal Duc de Gramont. — Nouvelles de la Cour; départ pour Fontainebleau.

Du 26 juin 1652, à Paris. Lettre de M<sup>r</sup> de Chavigny au Maréchal Duc de Gramont. — Nouvelles de la Cour avec noms en chiffres & déchiffrés.

---

### ANNEXE N° XXXVIII,

Chap. xiv, p. 239.

*Analyfe des principaux documens des Archives relatifs à Henry de Gramont, Comte de Toulongeon, fils du Duc Antoine II, né en 1619 & mort en 1679.*

Du 29 janvier 1644. Commiffion de Henry de Gramont, Comte de Toulongeon, pour commander dans Bayonne & les pays circonvoifins, fignée par le Roi Louis XIV, mineur, en préfence de la Reyne régente Anne d'Autriche, fa mère, qui a figné également, & contrefignée par Phélipeaux, accompagnée des lettres de reconnoiffance pour exécution, de Bernard de Foix & de La Valette, Duc d'Efpernon, de La Valette & de Candale, Colonel Général de France & Gouverneur en Guyenne, fignées defdits Seigneurs.

Du 15 octobre 1644. Provifions femblables pour le Gouvernement de Bayonne.

Du 19 décembre 1645. Provifions femblables pour les Pays circonvoifins de Bayonne, pays & bailliage de Labour, Baronnie de Geffé, Seignans, Maraupré, Cap-breton, Pays du Boucage, Sordes, Haftingues, Bardos & Vicomté d'Orthes.

Du 9 juillet 1646. Brevet du Roy Louis XIV nommant Confeiller d'État en fon Confeil privé le Comte de Toulongeon.

Du 16 août 1646. Brevet de Maréchal de Camp des armées du Roy pour le Comte de Toulongeon, figné par le Roy & contrefigné Le Tellier.

Du 30 mars 1647. Brevet de penfion de mille livres, fur la marine, figné de la Reyne Régente « Anne » & contrefigné « De Lyonne. »

Du 25 avril 1651. Commiffion de Monfeigneur le Duc de Vendôme, Grand-Maître, Chef & Surintendant Général de la Navigation & du Commerce de France, pour déléguer aux côtes du Gouvᵗ de Bayonne avec un brevet de mille livres de penfion. Signé « Céfar de Vendôme » & contrefigné « La Boulaye. »

Du 10 juillet 1652. Pouvoir du Lieutenant Général en l'armée de Guyenne. Signé : « Louis, » contrefigné « Le Tellier. »

Du 3 novembre 1653. Atteftation canonique de la prife de tonfure, par Henry de Gramont, Comte de Toulongeon, frère du Maréchal de Gramont, le Duc Antoine III.

Du 8 juillet 1654. Lettres patentes pour la Capitainerie des Chaffe s du Pays & Comté de Bigorre au Comte de Toulongeon, fignées par Hercules de Rohan, Duc de Montbazon, Grand-Veneur de France.

Du 10 février 1658. Brevet de mille livres pour appointement de Meftre de Camp à Saint Jean de Pied de Port. Signé « Louis, » contrefigné « Le Tellier ».

Du 28 février 1658. Brevet de trois mille livres de penfion fur l'Évêché d'Olleron, en faveur d'Henry de Gramont, Comte de Toulongeon, clerc tonfuré du Diocèze d'Acqs. Signé « Louis, » contrefigné : « Le Tellier. »

Du 28 juin 1658. Brevet de trois mille livres, femblable au précédent, fur l'Évêché de Lefcar.

Du 30 feptembre 1658. Deux Bulles Pontificales du Pape Alexandre VII, relatives à la vacance du Siége épifcopal de Lefcar, & nommant l'Abbé Jean de Sallies au dit Évêché, à de certaines conditions ftipulées en faveur du Comte de Toulongeon.

Du 6 décembre 1658. Commiffion de Meftre de Camp appointé à la garnifon de S Jean de Pié de Port.

Du 16 février 1667. Provifion de Lieutenant Général pour le Roy dans le Royaume de Navarre & Pays de Béarn.

Du 18 juillet 1670. Commiffion du Roy pour la convocation & la tenue des États de Bigorre pour Henry de Gramont, Comte de Toulongeon, Lieutenant Général du Roy en Navarre & Béarn, Sénéchal & Gouverneur des Pays & Comté de Bigorre. Signé : Louis, contrefigné : De Lionne.

Du 29 août 1670. Renouvellement des pouvoirs de Lieutenant Général pour le Roy en Navarre & en Béarn, donnés en 1667 & actuellement expirés, renouvelés pour trois ans en faveur de Mʳ le Comte de Toulongeon comme délégué en l'abfence de Monfeigneur le Duc de Gramont (fon frère aîné), titulaire, & du Comte de Guiche (fon neveu), pourvu en furvivance du dit Gouvernement. Signé : Louis, contrefigné : De Lionne.

Du 29 février 1672. Arrêt du Roy en fon Confeil privé, Ordonnant qu'en l'abfence du Comte de Guiche (Armand de Gramont, fils aîné du Maréchal Antoine III), retenu près du Roy pour fon fervice, Mʳ le Comte de Toulongeon connoîtra des différends de fes fujets de la R. P. R. (Religion Proteftante Réformée) avec le Parlement de Pau. Signé : Louis, contre-figné : Arnauld.

Du 15 feptembre 1675. Teftament de Henry de Gramont, Comte de Toulongeon & Marquis de Séméac, en faveur de fa fœur la Marquife de Sᵗ Chaumont, Charlotte-Catherine de Gramont.

### *LETTRES DU ROY & D'AUTRES PERSONNAGES*

Du 22 décembre 1650. Lettre de Mʳ de La Vrillière au Comte de Tou-longeon lui annonçant la victoire remportée par le Maréchal du Pleffis-Praflin fur l'armée ennemie commandée par M. de Turenne.

Du 19 février 1651. Lettre du Roi Louis XIV fur les préparatifs que fait l'armée efpagnole pour une attaque.

Du 28 juillet 1651. Lettre de M. de La Vrillière fur l'affiftance à deman-der aux Jurats de Bayonne & de Sᵗ Jean de Luz.

Du 15 janvier 1652. Lettre de M. de La Vrillière pour tranfmettre deux dépêches du Roy fur les affaires d'Efpagne & le retour du Cardinal Ma-zarin.

Du 16 juillet 1653. Lettre du Roi Louis XIV au Cᵗᵉ de Toulongeon pour lui annoncer qu'il le charge de la Lieutenance de l'armée de Guyenne.

Du 5 octobre 1653, de Laon. Lettre du Roi Louis XIV pour informer le Comte de Toulongeon des franchifes accordées aux vaiffeaux de la Reine de Suède.

Du 5 avril 1659. Lettre de M. Leroy au fujet d'une penfion que doit fervir au Cᵗᵉ de Toulongeon l'Abbé de Sallies, nommé Évêque de Lefcar.

Du 11 mars 1663. Lettre du Roi Louis XIV au Comte de Toulongeon lui ordonnant de fe rendre auprès de fa perfonne pour faire régler le différend qu'il a avec le Comte de Troifvilles.

Du 6 juillet 1673. Du camp de Nez, près Vizet. Lettre du Roi Louis XIV au Comte de Toulongeon, fur le fiége & fur la prife de Maëftricht, lui recommandant de faire chanter un Te Deum & organifer des réjouiffances publiques à l'occafion de cette victoire.

---

## ANNEXE N° XXXIX,

Chap. xiv, p. 240.

*Extrait des Mémoires du Duc Louis de Saint-Simon. — Origine de la fortune de fon père.* CHAP. XIV.

« La naiffance & les biens ne vont pas toujours enfemble. — Diverfes aventures de guerre & de famille avoient ruiné notre branche, & laiffé mes derniers pères avec peu de fortune & d'éclat pour leur fervice militaire. Mon grand-père, qui avoit fuivi toutes les guerres de fon temps, & toujours paffionné royalifte, s'étoit retiré dans fes terres, où fon peu d'aifance l'engagea de fuivre la mode du temps, & de mettre fes deux aînés pages de Louis XIII, où les gens des plus grands noms fe mettoient alors.

« Le Roi étoit paffionné pour la chaffe, qui étoit fans meute & fans cette abondance de chiens, de piqueurs, de relais, de commodités, que le Roi, fon fils, y a apportées, & furtout fans routes dans les forêts. Mon père, qui remarqua l'impatience du Roi à relayer, imagina de lui tourner le cheval qu'il lui préfentoit, la tête à la croupe de celui qu'il quittoit. Par ce moyen, le Roi, qui étoit difpos, fautoit de l'un fur l'autre fans mettre pied à terre, & cela étoit fait en un moment. Cela lui plut; il demanda toujours ce même page à fon relais; il s'en informa, & peu à peu, il le prit en affection. Baradas, premier écuyer, s'étant rendu infupportable au Roi par fes hauteurs & fes humeurs arrogantes avec lui, il le chaffa & donna fa charge à mon père. Il eut après celle de premier gentilhomme de la Chambre du Roi à la mort de Blainville, qui étoit Chevalier de l'Ordre, & avoit été Ambaffadeur en Angleterre. »

## ANNEXE N° XL,

Chap. xiv, p. 247.

*Pièces & Documens relatifs au Comte de Guiche.*

### I

*Extrait de la Gaṛette du 29 may 1662.*

*Paris*, 29 *may*. — Le Comte de Guiche partit d'icy, pour aller en Lorraine commander les troupes du Roy en qualité de Lieutenant-Général, Sa Majefté lui ayant tefmoigné, par un fi confidérable employ, l'eftime qu'elle fait de fa perfonne.

### I.I

*Extrait de la Gaṛette de 1663, p. 866.*

« *Metẓ, le 4 feptembre* 1663. — Le Roi eft parti d'ici pour retourner à Paris après avoir vifité fon armée qui eftoit en très bon état & prête à faire le fiége de Marfal, fi le Prince ne l'euft prévenu par fon accomodement. Sa Majefté fit de grandes careffes à tous les officiers & affeura particulièrement le Comte de Guiche de la fatisfaction qu'elle avoit des fervices qu'il lui a rendus en qualité de Lieutenant-Général de fes armées, foit pendant le temps que les troupes ont été en garnifon en Lorraine, foit dans l'entreprife du fiége de Marfal. Auffi le Comte, pour fe mettre en eftat de lui en rendre de plus confidérables & de mériter davantage l'eftime de Sa Majefté & la manière dont elle l'a traité, l'a fuppliée d'agréer qu'il allât chercher des fujets de fe fignaler dans la Pologne. N'y ayant point de guerre à préfent plus fameufe que celle qui eft entre les Polonois & les Mofcovites, contre lefquels Sa Majefté polonoife a réfolu de marcher en perfonne. Ce que Sa Majefté a eû la bonté d'accorder à fes prières, & a trouvé bon que le Comte de Louvigny, fon frère, l'accompagnât en ce voyage. Le Maréchal de Gramont leur père, ayant défiré qu'il fuivît le Comte de Guiche pour l'inftruire dans le métier de la guerre, & fe rendre ainfi plus capable de fervir fon prince. »

# III

*Lettre de l'Amiral Ruyter au Comte de Guiche.*

MONSEIGNEUR,

Depuis l'année 1666, lorfque Voftre Excellence pouffée d'une générofité qui luy eft ordinaire & naturelle, & par un zèle & courage indicibles avec d'autre nobleffe de qualité & parens de V^re Ex^ce, fe trouva avec moy dans l'armée navalle de cet État, je n'ay pas non feulement gardé des fentimens de recognoiffance, mais auffy en ay parlé dans les occafions à Meffieurs les États, avec toute la réputation & avantages imaginables, ayant en mefme temps apprins avec joye que par l'incomparable Bonté de Sa Majefté très-chreftienne & en confidération de vos grands mérites, auroit efté conféré à V^re Ex^ce le Gouvernement de Bayonne de France, avec fes appendances & dépendances dont je vous en donne la bonne heure & vous y fouhaitte de cœur & affection & avec un fentiment particulier & défir de continuation d'amitié, toute forte de contentem^t & profpérité, à quoy s'eft juftement préfentée l'occafion de Pierre Moïnon de Hoyanbourgs de Saint-Jean-de-Lus, mon bon & vieux amy porteur des préfentes, & habitant du Gouvernement de V^re Ex^ce, lequel je luy recommande très affectueufem^t, & la prie qu'elle ayt pour aggréable luy faire reffentir les effets de fa bonté, faveur & grand crédit, pour l'amour de moy, en ce qu'il pourra demander de bouche à fon Ex^ce, car depuis longues années en çà, lorfque nous eftions enfemble à la pefche de la baleine en Gronlande, Je l'ay toujours trouvé homme d'honneur, comme Je ne doute nullement que V^re Ex^ce ne le trouve ainfy en touttes les occafions & à contres change où je pourray me revancher de cette courtoifie je m'y employeray avec ardeur & vous témoigneray que je fuis, Monfeigneur,

Voftre très humble & très affectionné
ferviteur,

MICHAEL AD : RUYTER.

*Amfterdam,*
*le 19 juillet* 1670.

# IV

*Fragment d'une lettre écrite de la Haye par le Comte de Guiche à un ami,*
*pendant fon féjour en Hollande en 1666.*

« Après avoir vécu dans la contrainte des cours, je me confole d'achever
ma vie dans la liberté d'une république, où s'il n'y a rien à efpérer, il n'y a du
moins rien à craindre.

Quand on eft jeune, il feroit honteux de ne pas entrer dans le monde
avec le deffein de faire fa fortune. Quand nous fommes fur le retour, la nature
nous rappelle à nous, & nous revenons des fentimens de l'ambition au défir
de notre repos.

Il eft doux de vivre dans un pays où les lois nous mettent à couvert des
volontés des hommes, & où pour être fûr de tout, il n'y ait qu'à être fûr de
foi-même. Ajoutez à cette douceur que les magiftrats font autorifés dans leur
adreffe pour le bien public, & peu diftingués en leurs perfonnes par des avantages particuliers. On n'y voit point de faftueufes grandeurs, qui gênent notre
liberté fans faire notre fortune. Ici, les foins de ceux qui gouvernent nous
mettent en repos, fans qu'ils penfent même à en adoucir le chagrin par le ref-
peet qu'on leur rend fort peu, mais qui exigent beaucoup ; moins ils font
févères dans les ordres de l'État, plus ils font impérieux avec les nations
étrangères ; parmi les citoyens & toutes fortes de particuliers, ils ufent de la
facilité qu'apporte une fortune égale. Le crédit n'étant donc point infolent, la
conduite n'eft jamais dure, fi les lois ne font rigoureufes, ou, pour mieux dire,
fi vous n'êtes coupable.

Pour les contributions, elles font véritablement grandes ; mais elles
regardent toujours le bien public & font communes à ceux qui les tirent,
comme à ceux fur qui elles font tirées ; elles laiffent à chacun la confolation de
ne contribuer que pour foi-même ; ainfi, on ne doit pas s'étonner de l'amour
du pays, puifque c'eft, à bien prendre, un véritable amour-propre. C'eft trop
dire du Gouvernement fans rien dire de celui qui paroît y avoir plus de part,
& lui faire juftice (Jean de Witt). Rien n'eft égal à fa fuffifance que fon défintéreffement & fa fermeté : les chofes fpirituelles font conduites avec la même
modération. La différence de religion qui excite ailleurs tant de troubles, ne
caufe pas la moindre altération dans les efprits ; chacun cherche le ciel par fes

voies, & ceux qu'on croit égarés, plus plains que haïs, attirent la compaffion de la charité & jamais les perfécutions d'un faux zèle; mais il n'y a rien dans ce monde qui ne laiffe quelque chofe à défirer ; nous voyons moins d'honnêtes gens que d'habiles : plus de bon fens pour les affaires que de délicateffe dans les converfations.

On voit en Hollande un certain ufage de pruderie quafi-généralement établie, & je ne fais quelle vieille tradition de continence, qui paffe de mère en fille comme une efpèce de religion. A la vérité on ne trouve pas à redire à la galanterie des filles, qu'on leur laiffe employer bonnement avec d'autres aides innocentes à leur procurer des époux. Les maris payent la fidélité de leurs femmes d'un grand affujétiffement. Si l'un d'eux, contre la coutume, affectoit l'empire de la maifon, la femme feróit plainte de tout le monde comme une malheureufe, & le mari décrié comme un homme de très méchant naturel.

Une miférable expérience me donne affez de difcernement pour bien démêler toutes ces chofes, & me fait regretter un temps où il eft bien plus doux de fentir que de connoître : quelquefois, je rappelle ce que j'ai été pour ramener ce que je fuis : du fouvenir des vieux fentimens, il fe forme quelque difpofition à la tendreffe, ou du moins un éloignement de l'indolence. Tyrannie heureufe que celle des paffions, qui font les plaifirs de notre vie! Fâcheux empire que celui de la raifon, s'il vous ôte les fentimens agréables, il nous tient en des inutilités ennuyeufes au lieu d'établir un véritable repos, &c., &c. »

V

*Récit du paffage du Rhin par l'armée françaife à Tolus, le 12 juin 1672.*
*Relation de la Gaxette du 3 juillet 1672.*

Le Roi, averti des forces que les ennemis avoient portées vers le pont de bâteaux qu'il faifoit conftruire fur le Rhin, le fut auffi de la néceffité de chercher un autre paffage pour fes troupes. Alors le Comte de Guiche vint lui dire qu'il avoit trouvé un gué vers Tolhuis; le Roi lui accorda auffitôt quatre efcadrons pour le foutenir dans cette entreprife périlleufe; mais le Comte fupplia le Roi de lui en laiffer faire l'effai feulement avec dix cuiraffiers, trois gentilshommes & pareil nombre de volontaires.

A peine le Comte de Guiche fe fut-il jeté le premier à la nage, que trois efcadrons ennemis entrèrent jufqu'aux fangles dans le Rhin pour s'oppofer à ce paffage; mais cette avant-garde de feize hommes, l'épée à la main, fit fi bonne contenance, qu'après une décharge les ennemis tournèrent bride. Alors, toujours guidés par le Comte de Guiche, plufieurs de nos efcadrons paffèrent le fleuve en protégeant la barque qui portoit le Prince de Condé, le Duc d'Enghien, le Duc de Bouillon.

Le Duc de Longueville, qui avoit fuivi le Comte de Guiche à la nage, fut tué; le Comte de Nogent fuccomba, le Prince de Condé fut grièvement bleffé, mais les ennemis culbutés furent mis en déroute. L'affaire qui en réfulta mit le comble à la gloire du Comte de Guiche; il y fit un grand nombre de prifonniers & battit tout ce qui fe préfenta devant lui.

## VI

*Extrait d'une lettre de Madame de Sévigné, t. II, p. 158.*

Si elle (cette entreprife) n'eût pas réuffi, le Comte de Guiche étoit criminel : il fe charge de reconnoître fi la rivière eft guéable; il dit qu'oui; elle ne l'eft pas. Des efcadrons paffent à la nage, fans fe déranger; il eft vrai qu'il paffe le premier. Cela ne s'eft jamais hafardé; cela réuffit. Il enveloppe des efcadrons & les force à fe rendre. Vous voyez bien que fon honneur & fa valeur ne font pas féparés, &c., &c.

## VII

*Lettre de Madame de Sévigné à Madame de Grignan, au fujet de la mort du Comte de Guiche.*

« *A Madame Grignan,*

*Paris, vendredi 8 décembre 1673.*

Il faut commencer, ma chère enfant, par la mort du Comte de Guiche : voilà de quoi il eft queftion préfentement. Ce pauvre garçon eft mort de maladie & de langueur dans l'armée de M' de Turenne; la nouvelle en vint mardi matin. Le père Bourdaloue l'a annoncée au Maréchal de Gramont, qui s'en douta, fachant l'extrémité de fon fils. Il fit fortir tout le monde de fa chambre ; il étoit dans un petit appartement qu'il a au-dehors des Capucines. Quand il fut feul avec ce père, il fe jeta à fon cou, difant qu'il devinoit bien ce qu'il avoit à lui dire ; que c'étoit le coup de fa mort ; qu'il le recevoit de Dieu, qu'il perdoit le véritable objet de toute fa tendreffe & de toute fon inclination naturelle ; que jamais il n'avoit eu de fenfible joie ou de violente douleur que par ce fils, qui avoit des chofes admirables. Il fe jeta fur un lit, n'en pouvant plus, mais fans pleurer ; car on ne pleure point dans cet état. Le père pleuroit & n'avoit encore rien dit. Enfin il lui parla de Dieu, comme vous favez qu'il en parle. Ils furent fix heures enfemble, & puis le père pour lui faire faire fon facrifice entier, le mena à l'églife de ces bonnes Capucines où l'on difoit vigiles pour ce cher fils. Le Maréchal y entra en tombant, en tremblant, plutôt traîné & pouffé que fur fes jambes ; fon vifage n'étoit plus connaiffable. M. le Duc le vit en cet état, &, en nous le contant chez Madame de Lafayette, il pleuroit.

Le pauvre Maréchal revint enfin dans fa petite chambre ; il eft comme un homme condamné. Le Roi lui a écrit, perfonne ne le voit. Madame de Monaco eft entièrement inconfolable ; Madame de Louvigny l'eft auffi, mais c'eft par la raifon qu'elle n'eft point affligée. N'admirez-vous point le bonheur de cette dernière ? La voilà dans un moment Ducheffe de Gramont. — La Chancelière eft tranfportée de joie. — La Comteffe de Guiche fait fort bien : elle pleure quand on lui conte les honnêtetés & les excufes que fon mari lui a faites en mourant. Elle dit :

« Il étoit aimable ; je l'aurois aimé paffionnément s'il m'avoit un peu « aimée : j'ai fouffert fes mépris avec douleur ; fa mort me touche & me fait « pitié ; j'efpérois toujours qu'il changeroit de fentiment pour moi. »

« Voilà qui eft vrai ; il n'y a point là de comédie.

« Pour le bon d'Hacqueville, il a eu le paquet d'aller à Frazé, à trente lieues d'ici, annoncer cette nouvelle à la Maréchale de Gramont, & lui porter une lettre de ce pauvre garçon, lequel a fait une grande amende honorable de fa vie paffée..... Enfin, il a fort bien fini la comédie, & laiffe une riche & heureufe veuve. La chancelière a été fi pénétrée du peu ou point de fatisfac- tion, dit-elle, que fa petite-fille a eue pendant ce mariage, qu'elle ne va fonger qu'à réparer ce malheur. »

## ANNEXE N° XLI,

### Chap. xiv, p. 253.

*Documens relatifs à Armand de Gramont, Comte de Guiche, fils aîné du Maréchal,*
*Duc de Gramont Antoine III.*

Du 29 avril 1657. Contrat de mariage d'Armand de Gramont, Comte de Guiche, avec Marguerite de Béthune, fille de François Maximilien de Béthune, Duc de Sully.

Du 5 mai 1659. Pouvoirs de Lieutenant Général du Roi en l'armée de Flandres, en l'abfence & fous l'autorité du Maréchal Vicomte de Turenne pour Mʳ le Comte de Guiche, avec fignature du Roi & le fceau pendant.

Du 25 avril 1662. Pouvoirs donnés par le Roi au Comté de Guiche pour commander à Nancy, conjointement avec le Sieur de Pradel.

### LETTRES DU ROI & DE SES MINISTRES & ORDONNANCES ADRESSÉES AU COMTE DE GUICHE

Du 3 mai 1662. Lettre du Roi Louis XIV au Comte de Guiche, lui prefcrivant d'envoyer des troupes de Cavalerie à Nomény, dans le but de contraindre les habitans à payer les cotifations.

Du 28 mai 1662. Lettre du Roi Louis XIV au Comte de Guiche fur le départ d'une compagnie de Chevau-Légers pour Nomény.

Du 29 mai 1662, à Paris. Lettre du Roi Louis XIV au Comte de Guiche fur certaines impofitions, dont on ne doit pas frapper les habitans des Duchés de Lorraine & de Bar.

Du 11 mai 1662, à Sᵗ Germain. Lettre du Roi Louis XIV au Comte de Guiche fur l'exemption des levées & des taxes, dont doivent jouir les habitans des Duchés de Lorraine & de Bar.

Du 4 juin 1662, à Paris. Lettre du Roi Louis XIV au Comte de Guiche lui annonçant l'envoi de Colbert à Bar, & lui-prefcrivant de mettre à fa difpofition les troupes dont il pourra avoir befoin pour l'exécution de fes ordres.

Du 4 juin 1662, à Paris. Lettre du Roi Louis XIV au Comte de Guiche

approuvant les difpofitions prifes pour l'envoi de foldats au fieur d'Haran-
court, & l'invitant à faire garder prifonniers ceux qui fe livreroient à des
levées fans autorifation.

Du 9 juin 1662, à Paris. Lettre du Roi Louis XIV au Comte de Guiche
le félicitant fur l'exactitude avec laquelle il fuit fes inftructions, & lui demandant de lui envoyer les prifonniers coupables d'avoir fait des levées extraordinaires.

Du 11 mai 1662, à St Germain. Ordonnance du Roi Louis XIV rappelant les difpofitions du Traité conclu avec le Duc de Lorraine fur l'exemption
des habitans des Duchés dè Lorraine & de Bar, de toutes taxes & levées
extraordinaires.

Du 14 juillet 1662, à St Germain. Lettre du Roi Louis XIV au Comte
de Guiche fur les difficultés qu'éprouve le fieur Colbert pour l'exécution de
fes ordres en Lorraine.

Du 24 juillet 1662, à St Germain. Lettre du Roi Louis XIV au Comte
de Guiche fur les excès commis en Lorraine envers Marie Regnaudin, par le
Sieur Lalannes, Sous-Lieutenant d'une Compagnie des Gardes-Françoifes.

Du 2 août 1662, à St Germain. Lettre de Mr Le Tellier au Comte de
Guiche approuvant, de la part du Roi, le furfis apporté à l'exécution des
ordres reçus, & l'invitant à ne rien entreprendre fans de nouvelles inftructions.

Du 27 feptembre 1662, à Paris. Lette du Roi Louis XIV au Comte de
Guiche fur la démolition des fortifications de Nancy & les mefures à prendre
pour que cette démolition s'achève promptement, malgré les entraves que
pourroient y apporter les habitans.

Du 18 octobre 1662, à Paris. Lettre du Roi Louis XIV au Comte de
Guiche le prévenant de l'arrivée en Lorraine du Duc de Lorraine & du
Prince Charles, & lui prefcrivant de les faire bien furveiller, de lui rendre
compte de ce qui fe paffe, & de lui demander des troupes, s'il en faut.

Du 26 octobre 1662, à Paris. Lettre du Roi Louis XIV au Comte de
Guiche fur les infractions commifes par le Duc de Lorraine aux claufes du
Traité relatif aux Duchés de Lorraine & de Bar & fur les mefures à prendre
en conféquence.

Du 3 novembre 1662, à Paris. Lettre du Roi Louis XIV au Comte de
Guiche au fujet de la décharge, pour les habitans de la ville de Pic, du logement d'une Compagnie de Chevau-légers.

56

Du 16 novembre 1662, à Paris. Lettre du Roi Louis XIV au Comte de Guiche lui tranfmettant une Ordonnance au fujet d'un concentrement de troupes aux environs de Nancy.

Du 16 novembre 1662, à Paris. Ordonnance du Roi fur le concentrement de troupes aux environs de Nancy & les difpofitions y relatives.

Du 16 novembre 1662, à Paris. Lettre du Roi Louis XIV au Comte de Guiche au fujet de l'arreftation, & après, de la mife en liberté du Sieur Lalannes, Sous-Lieutenant dans une Compagnie des Gardes-Françoifes.

Du 29 novembre 1662, à Paris. Lettre du Roi Louis XIV au Comte de Guiche fur les violations conftantes du Traité .conclu avec le Duc de Lorraine, relativement aux levées & exaétions dans le dit Duché, & fur. les moyens à employer (la force & le canon) pour faire refpeéter la volonté du Roi.

Du 26 décembre 1662, à Paris. Ordonnance du Roi aux habitans de Blinot, leur enjoignant de recevoir, loger & nourrir une. Compagnie de Chevau-légers.

Du 26 décembre 1662, à Paris. Lettre du Roi Louis XIV au Comte de Guiche, relativement à l'envoi d'une Compagnie de Chevau-légers à Blinot.

Du 5 mars 1663, à Paris. Lettre du Roi Louis XIV au Comte de Guiche l'informant de la conceffion de l'Abbaye de St Euve-les-Thoul à M. l'Abbé de Caftillan, & l'invitant à prêter main-forte au Sieur La Soumard, chargé de mettre le dit Abbé en poffeffion de l'Abbaye.

Du 16 mai 1663, à Paris. Lettre de M. Le Tellier au Comte de Guiche fur les fentimens du Roi envers le Comte, & fur les fiens propres.

Du 20 mai 1663, à Paris. Ordonnance du Roi aux habitans de Longeville, près Bar, les informant de l'envoi, dans cette ville, d'une Compagnie de Chevau-légers, & leur mandant de les recevoir, loger & nourrir.

Du 20 mai 1663, à Paris. Lettre du Roi Louis XIV au Comte de Guiche au fujet de l'envoi d'une Compagnie de Chevau-légers à Longeville.

Du 20 mai 1663, à Paris. Ordre du Roi à la Compagnie de Chevau-légers en garnifon à Someville de fe rendre à Longeville.

Du 23 juin 1663, à Paris. Lettre du Roi Louis XIV au Comte de Guiche l'informant de l'envoi du Sieur de Choify dans les Duchés de Lorraine & de Bar, en remplacement du Sieur Colbert, & lui prefcrivant de l'affifter de fes troupes, fi befoin eft.

Du 20 juillet 1663, à Paris. Lettre du Roi Louis XIV au Comte de Guiche fur l'envoi en Alface des troupes qui font dans les Duchés de Lorraine & Barrois.

Du 14 juillet 1663, à Paris. Lettre du Roi Louis XIV au Comte de Guiche fur les abus commis par un officier de la garnifon de Marfal & fur la punition à lui infliger.

Du 14 juillet 1663, à Paris. Lettre du Roi Louis XIV au Comte de Guiche pour lui prefcrire de faire occuper militairement la ville de Nomény jufqu'à ce que fes habitans ayent payé les contributions dont ils font redevables, & dont le Duc de Lorraine les avoit arbitrairement exemptés.

Du 21 juillet 1663, à Paris. Lettre du Roi Louis XIV au Comte de Guiche, lui difant qu'il peut ne pas diminuer le nombre des troupes en Lorraine, fi cette mefure contribue à empêcher les levées que le Duc de Lorraine y fait au mépris du Traité conclu.

Du 23 juillet 1663, à Paris. Lettre du Roi Louis XIV au Comte de Guiche fur le départ d'une partie des troupes en garnifon en Lorraine, & fur les difpofitions à prendre à cet effet.

Du 23 juillet 1663, à Paris. Lettre du Roi Louis XIV au Comte de Guiche lui rappelant les difpofitions de fa lettre du 21 juillet, & lui prefcrivant de faire rapprocher les troupes de Nancy.

Du 28 juillet 1663, à Paris. Lettre du Roi Louis XIV au Comte de Guiche prefcrivant l'infpection de l'artillerie, des équipages, affûts, &c., &c., qui devra fuivre le corps d'armée allant en Allemagne.

Du 29 mai 1668, à St Germain. Lettre du Roi Louis XIV au Comte de Guiche lui annonçant la conclufion de la paix par la médiation de l'Archevêque de Trébizonde, lui prefcrivant de la faire refpecter, de faire chanter un Te Deum à Pau, de fe rendre à la Cathédrale pour y affifter, & de préparer des réjouiffances publiques.

Du 30 juillet 1668, à St Germain. Lettre du Roi Louis XIV au Comte de Guiche fur les conteftations entre les catholiques & les proteftans dans la province de Béarn, & fur les mefures à prendre pour les faire ceffer.

Du 5 août 1668, à St Germain. Lettre du Roi Louis XIV au Comte de Guiche lui annonçant que la Reine eft heureufement accouchée d'un fecond fils, & prefcrivant que des actions de grâces foient rendues au Ciel pour cet heureux événement.

Du 21 feptembre 1668, à St Germain. Lettre du Roi Louis XIV au Comte de Guiche fur l'exécution d'un Règlement relatif aux Jurats de la Religion prétendue réformée du pays de Béarn.

Du 15 avril 1669. Mémoire adreffé par les trois États de Navarre à Mgr Armand de Gramont, Comte de Guiche, réfumant les vœux que ces Pays défirent exprimer au Roi par le Gouverneur.

Du 26 octobre 1668, à St Germain. Lettre du Roi Louis XIV au Comte de Guiche fur la prédication du Miniftre Proteftant Labarthe, & fur la punition qui lui a été infligée pour fes termes fcandaleux.

Du 27 février 1669, à Paris. Lettre du Roi Louis XIV au Comte de Guiche lui enjoignant de faire loger des foldats chez les perfonnes qui refufent de payer les cotifations.

Du 27 février 1669, à Paris. Lettre du Roi Louis XIV au Comte de Guiche fur l'élection des Jurats dans les villes de Béarn.

Du 23 juillet 1669, à St Germain. Lettre de Mr de Louvois au Comte de Guiche l'informant que S. M. a loué fa modération pour avoir fait mettre en liberté deux habitans d'Arneguy, arrêtés arbitrairement par le Sieur Dèze, ancien officier.

Du 17 novembre 1669, à St Germain. Lettre du Roi Louis XIV au Comte de Guiche fur des modifications à introduire dans un arrêt rendu par la Cour du Parlement de Pau relatif à fes fujets de la Religion réformée.

Du 9 janvier 1670, à Bordeaux. Lettre de Mr Dagueffeau, Intendant en Guyenne fur la recherche de la Nobleffe de Béarn.

Du 10 janvier 1670, à St Germain. Lettre du Roi Louis XIV au Comte de Guiche fur l'ordre envoyé à la Compagnie de Nouës de partir de Navarrins, de s'en aller à Brouages & de loger à Orthez en paffant.

Du 4 mars 1670, à St Germain. Lettre du Roi Louis XIV au Comte de Guiche fur la rébellion au bureau de la Recette de Béarn & la deftitution du Sieur Bartet.

Du 8 mars 1670, à Bordeaux. Lettre de Mr Dagueffeau relative aux Députés des Vallées de Lavedan.

Du 1er avril 1670, à St Germain. Lettre du Roi Louis XIV au Comte de Guiche fur le paiement du Don gratuit dans les Diocèfes d'Oleron, Lefcar & Béarn.

Du 15 mai 1670, à Douai. Lettre du Roi Louis XIV au Comte de Guiche fur la marche de quelques troupes en Béarn.

Du 17 juin 1670, à Agen. Lettre de Mʳ Dagueſſeau ſur les diſpoſitions à prendre au ſujet du paiement du Don gratuit dans les Diocèſes de Leſcar & d'Oleron.

Du 31 août 1870, à Sᵗ Germain. Lettre du Roi Louis XIV au Comte de Guiche l'invitant à faire arrêter quelques ſéditieux venus dans le royaume de Navarre & excitant le peuple contre les prêtres.

Du 24 ſeptembre 1670. Lettre du Roi Louis XIV au Comte de Guiche ſur la remiſe du Sieur Rourre, priſonnier, que 50 Dragons doivent amener au lieu où ſera fait ſon procès.

Du 19 ſeptembre 1670, à Sᵗ Germain. Lettre du Roi Louis XIV au Sieur du Fac ſur l'arreſtation & la remiſe du Sieur Rourre au Sieur Huchard.

Du 30 octobre 1670, à Sᵗ Germain. Lettre du Roi Louis XIV au Comte de Guiche au ſujet de l'envoi en Baſſe Navarre d'un Syndic chargé de la perception des décimes, & ſur les diſpoſitions à prendre à cet effet.

Du 14 décembre 1670, à Paris. Lettre du Roi Louis XIV au Comte de Guiche ſur la marche de quelques troupes en Navarre.

Du 27 janvier 1671, à Paris. Lettre du Roi Louis XIV au Comte de Guiche ſur une émeute qui a eu lieu dans le pays de Labour & ſur l'enrôlement des matelos pour l'armée Navale.

Du 15 décembre 1670, à Paris. Ordre du Roi au ſujet des troupes qui doivent marcher en Béarn.

Du 27 janvier 1671, à Paris. Lettre du Roi Louis XIV au Sieur Vannray, Commiſſaire de la Marine à Bayonne, au ſujet du dénombrement des Matelos, & les Ordres que lui donnera à ce ſujet le Comte de Guiche.

Du 28 janvier 1671, à Bordeaux. Lettre de Mʳ Dagueſſeau au Comte de Guiche au ſujet de l'enrôlement des Marins Baſques & des diſpoſitions relatives au rétabliſſement de l'ordre dans le Labourt.

Du 14 février 1671, à Bordeaux. Lettre de Mʳ Dagueſſeau au Comte de Guiche ſur l'inſulte qui a été faite au Chevalier de Lavedan, & demandant grâce pour le coupable.

Du 19 février 1671, à Verſailles. Lettre de Mʳ de Louvois au Comte de Guiche ſur le maître de poſte de Sᵗ Jean de Luz, qui a été maltraité & dévaliſé.

Du 21 février 1671, à Bordeaux. Lettre de Mʳ Dagueſſeau au Comte de Guiche ſur les émeutes qui ont eu lieu dans les Pays Baſques.

Du 28 février 1671, à Bordeaux. Lettre de M' Daguesseau au Comte de Guiche sur les émeutes qui ont eu lieu dans les Pays Basques.

Du 7 mars 1671, à St Germain. Lettre du Roi Louis XIV au Comte de Guiche sur la relation qu'il a faite de ce qui s'est passé en Labourt, & approuvant la conduite qu'il a tenue en cette circonstance.

Du 7 mars 1671, à St Germain. Lettre du Roi Louis XIV au Comte de Guiche sur les troubles qui ont eu lieu dans le pays de Labourt, & sur les dispositions à prendre pour ramener les rebelles à l'obéissance.

Du 18 mars 1671, à Bordeaux. Lettre de M' Daguesseau au Comte de Guiche lui annonçant sa prochaine arrivée auprès de lui, afin de conférer sur les Affaires des Pays Basques.

Du 27 juillet 1671, à St Germain. Lettre du Roi Louis XIV au Comte de Guiche lui demandant de faire remettre aux Sieurs Belot, du Hault & Colomme, trois lettres à leurs adresses respectives.

Du 8 juin 1671, à Tournay. Lettre du Roi Louis XIV au Comte de Guiche sur le paiement des décimes & des dons par les bénéficiaires de Basse Navarre.

Du 1er août 1671, à Versailles. Lettre du Roi Louis XIV au Comte de Guiche sur le paiement des décimes par les ecclésiastiques de la Basse Navarre.

Du 3 avril 1673, à St Germain. Lettre du Roi Louis XIV au Comte de Guiche l'informant de la nomination du Baron Desquirles à la charge d'Aide-de-Camp dans les Armées dont le Comte est Commandant.

Du 3 avril 1673, à St Germain. Lettre du Roi Louis XIV au Vicomte de Turenne l'informant de la nomination du Comte de Guiche à Lieutenant dans les armées sous ses ordres du Vicomte.

Du 3 avril 1673, à St Germain. Lettre du Roi Louis XIV au Comte de Guiche lui prescrivant de se rendre auprès du Vicomte de Turenne pour exercer la charge de Lieutenant-Général en l'absence du Vicomte.

## ANNEXE N° XLII,

Chap. xiv, p. 262.

### I

*Lettre de Louis XIV au Duc de Gramont, (Antoine IV, Charles) relative au retour de la Princeſſe des Urſins à la Cour de Madrid.*

N. B. — La ¦copie de cette lettre ſe trouve à la Bibl. Imp. du Louvre. Mſſ. F. 325. Tome XXI, lettre 4.

« *Versailles, le* 13 *janvier* 1705.

« Mon couſin, depuis que j'ai parlé à la Princeſſe des Urſins, il m'a paru néceſſaire de la renvoyer en Eſpagne, & d'accorder enfin cette grâce aux inſtances preſſantes du Roi mon petit-fils & de la Reine. J'ai jugé en même temps qu'il convenoit au bien de mon ſervice de vous charger de donner à la Reine une nouvelle qu'elle déſire avec autant d'empreſſement. Ainſi, je fais partir le courrier qui ſera chargé de cette dépêche, avant même que d'annoncer à la Princeſſe des Urſins ce que je veux faire pour elle. Je ne vous preſcris point ce que vous avez à dire ſur ce ſujet. Il vous donne aſſez de moyens par lui-même de faire connoître au Roi & à la Reine d'Eſpagne la tendreſſe que j'ai pour eux, & combien je déſire de contribuer à leur ſatisfaction.

« Je dirai encore à la Princeſſe des Urſins que vous m'avez toujours écrit en ſa faveur. Je ſuis perſuadé qu'elle connoît l'importance dont il eſt, pour le bien des affaires & pour elle-même, de bien vivre avec vous, & qu'elle n'oubliera rien pour maintenir cette bonne intelligence. Si vous en jugez autrement, je ferai bien aiſe que vous me mandiez, avec toute la vérité que je ſais que vous ne me déguiſez jamais, ce que vous en penſez, & même ſi vous croyez qu'il ne vous convienne pas de demeurer en Eſpagne après ſon retour.

« Cette ſincérité de votre part, confirmera ce que j'ai vu en toutes occaſions de votre zèle pour mon ſervice & de votre attachement particulier à ma perſonne. Vous devez croire auſſi que ces ſentiments me ſont toujours préſens, & que je ſeroi bien aiſe de vous faire connoître en toutes occaſions combien ils me ſont agréables.

« Je renverroi inceſſamment le courrier par qui j'ai reçu votre lettre du 1ᵉʳ de ce mois, & je vous feroi ſavoir par ſon retour mes intentions ſur ce qui regarde le ſiége de Gibraltar. Sur ce, &c. »

## II

*Lettre du Duc de Gramont au Maréchal Duc de Noailles, ſur les affaires d'Eſpagne & Madame des Urſins.*

N. B. — Bibl. Imp. du Louvre, Mſſ. F. 325, T. XXI, lettre 8.

15 *janvier* 1705.

« Vous me demandez, Monſieur, de la franchiſe & un développement de cœur au ſujet de Mᵐᵉ des Urſins. Je vais vous ſatisfaire ; car je vous honore & vous aime trop pour y manquer. Je commencerai par vous détailler quelle eſt ma ſituation à cet égard. Le Roi me mande par ſa lettre du 30 novembre dernier, qu'il a permis à Mᵐᵉ des Urſins de venir à la cour, mais que ſon retour ici ſeroit très contraire à ſon ſervice. Mʳ de Maulevrier, qui vient de quitter le Maréchal de Teſſé, ſort de me dire qu'il eſt vrai que Mʳ de Teſſé a donné des eſpérances à la Reine, du retour de Mᵐᵉ des Urſins auprès d'elle ; mais tout ce qu'il a fait à cet égard, il l'a fait par ordre. Si j'ajoutois une foi entière à ce qu'il m'a fait dire, la choſe ſeroit décidée ; mais comme mon ordre eſt contraire, & que vous voulez que je vous diſe préciſément ce que je penſe ſur ce retour, je vais le faire avec toute la vérité dont je ſuis capable.

« S'il étoit dans la nature de Mᵐᵉ des Urſins de pouvoir revenir ici avec un eſprit d'abandon & de dévouement entier aux volontés & aux intérêts du Roi, & que l'ambaſſadeur de Sa Majeſté, je ne dis pas moi, mais qui que ce pût être, & elle, ne fuſſent qu'un, & que tous deux agiſſent de concert ſur toutes choſes, ſans bricoles quelconques, & que, par ce moyen, la Reine d'Eſpagne ne ſe mêlant plus de rien que de ce que l'on voudroit, & qu'il pût paroître par là, aux Eſpagnols, que ce n'eſt plus la Reine & ſa faction qui gouvernent l'Eſpagne, qui eſt la choſe du monde qu'ils ont le plus en horreur, & la plus capable de leur faire prendre un parti extrême ; rien alors, ſelon moi, ne peut être meilleur que de faire revenir Mᵐᵉ des Urſins ; mais comme ce que je dis là n'eſt pas la choſe du monde la plus certaine, & que le

Roi d'Efpagne me l'a dit, & qu'il craint de retomber où il s'eft trouvé, le tout bien compenfé, je crois que c'eft coucher gros & rifquer beaucoup que de s'y commettre, & je dois vous dire que les trois quarts de l'Efpagne feront au défefpoir, que les factions renouvelleront de jambes, & que, de tous les Efpagnols, celui qui fera le plus fâché intérieurement fera le Roi d'Efpagne, de fe revoir tomber dans le temps paffé, qui eft fa bête.

« La Reine d'Efpagne le force d'écrire fur un autre ton, & il ne peut le lui refufer, parce qu'il eft doux & qu'il ne veut point de défordre; mais en même temps, il me charge par la voie fecrète d'écrire au Roi naturellement ce qu'il penfe, & il le lui confirme par la lettre ci-jointe, de fa main, que je vous envoie. ( Lettre du 15 janvier 1705. ) En un mot, Monfieur, le Roi ne fera jamais maître de ce pays-ci qu'en décidant fur tout par lui-même, qui eft tout ce que le Roi, fon petit-fils, défire, pour fe tirer de l'efclavage où il eft, d'avoir une efpèce de falve l'honor à l'égard de la reine; & les Efpagnols ne demandent autre chofe que d'être gouvernés par leur Roi. Je vous parlerois cent ans que je ne vous dirois pas autre chofe; c'eft ce que vous pouvez dire au Roi tête à tête, fans que cela aille au confeil, par les raifons que je vous ai déjà dites. Je vous mande la vérité toute nue, & comme fi j'étois prêt à paroître devant mon Dieu. C'eft enfuite au Roi, qui a meilleur efprit que tous, tant que nous fommes, de prendre fur cela le parti qui lui conviendra.

« . . . . . . . . . . . . . . . .

« Il faut que le Roi porte par une autorité abfolue le correctif néceffaire. Toute l'Efpagne parle comme moi, & eft à la veille de débonder fi le Gouvernement defpotique de la Reine fubfifte, & il n'eft ni petit ni grand qui n'en ait par deffus la tête, & le Roi d'Efpagne & tout ce que vous connoiffez ici d'honnêtes gens ne refpirent que les ordres abfolus du Roi pour s'y foumettre aveuglément. Mon honneur, ma confcience, mon zèle & ma fidélité intègre & incorruptible pour le bien du fervice de mon maître, m'obligent à lui parler de la forte; quiconque fera capable de lui parler autrement, le trompera avec indignité. L'Efpagne eft perdue fans reffource fi le Gouvernement refte comme il eft, & que le Roi, notre maître, n'en prenne pas feul le timon. Le Cardinal Porto-carrero, Mancera, Montalte, San Eftevan, Monterey, Montellano, & généralement tout ce qu'il y a de meilleur & de véritablement attaché à la monarchie, concertent tous le moyen d'en parler

57

au Roi & de lui en parler clairement. Que le Roi ne fe laiffe donc pas abufer par les difcours, & qu'il s'en tienne à la vérité que j'ai l'honneur de lui mander par vous. Le marquis de Montéléon, qui eft un homme plein d'honneur & d'efprit, part inceffamment pour vous aller confirmer de bouche ce que j'ai l'honneur de mander au Roi.

« De l'argent, nous en allons avoir, même confidérablement, & l'on vient de faire une affaire de quatorze millions de livres, qu'on n'imaginoit pas qui s'ofât jamais tenter, & que depuis Charles-Quint nul homme n'avoit eu la hardieffe de propofer. Nous aurons la plus belle cavalerie qu'on puiffe avoir; quant à l'infanterie, l'on ne perd pas un inftant à fonger aux moyens de la remettre; il y aura des fonds fixes & affectés pour la guerre, qui feront inaltérables ; & fi nous pouvons reprendre Gibraltar, on fera en état de faire une campagne heureufe. J'efpère pareillement venir à bout du commerce des Indes. Après cela, fi le Roi imagine que quelqu'un faffe mieux à ma place, je m'eftimerai très-heureux de me retirer, & je ne lui demande, pour toute récompenfe, que de me rapprocher de fa perfonne, d'avoir encore le plaifir, avant de mourir, de lui embraffer les genoux, & de fonger enfuite à finir comme un galant homme le doit faire.

« Tout ce que je vous demande là, Monfieur, eft d'une fi terrible conféquence pour le Roi d'Efpagne & pour moi, que je vous fupplie qu'il n'y ait que le Roi & vous, & M^me de Maintenon qui le fachent. J'ai raifon, Monfieur, de vous en parler de la forte. Tout ce qui regarde la Reine d'Efpagne lui revient dans l'inftant, je n'en puis douter; ainfi les précautions doivent renouveler de jambes. Depuis le retour de M^me des Urfins, vous ne fauriez avoir trop d'attention & trop de fecret fur ce que j'ai l'honneur de vous dire.

« Montéléon part, qui vous mettra bien nettement au fait de toutes ces petites bagatelles.

« Si le Roi favoit à fond la manière fidèle & pleine d'efprit dont le P. Daubenton le fert, & de laquelle j'ai toujours été témoin oculaire, il ne fe peut que Sa Majefté ne lui en fût un gré infini : je dois ce témoignage à la vérité & au zèle d'un fujet bien attaché par le cœur à fon maître. »

## ANNEXE N° XLIII,

Chap. xv, p. 269 & 289.

*Lifte des Ducs & Pairs à la Cour de Louis XIV en l'annee 1713, avec l'indication*
*des Duchés éteints ou renouvelés depuis cette époque jufqu'à nos jours.*

### FILS ET PETIT-FILS DE FRANCE.

Le Duc de Berry.
Le Duc d'Orléans.

### PRINCES DU SANG.

Le Duc de Bourbon.
Le Prince de Conti.

### PAIRIES ECCLÉSIASTIQUES.

Le Cardinal de Janfon, Évêque-Comte de Beauvais.
Le Cardinal de Noailles, Archevêque de Paris.
Archevêque-Duc de Reims.
Évêque-Duc de Laon.
Évêque-Duc de Langres.
Évêque-Comte de Châlons.
Évêque-Comte de Noyon.

### DUCHÉS-PAIRIES LAÏQUES.

(Les pairies qui font précédées d'un aftérifque font éteintes ou renouvelées.)

* Duc d'Uzès, créé en 1572. — Duché héréd., non pair. depuis 1565.
* Duc d'Elbeuf (de Lorraine), créé en 1581.
* Duc de Montbazon, créé 13 mars 1594; héréd. n. p., mai 1588.
Duc de La Tremoïlle, créé en août 1595 ; héréd. n. p., juillet 1553.
* Duc de Sully, 1606.
* Duc de La Force.
Duc de Luynes, 1611.
* Duc de Briffac, 1620.
Duc de Richelieu, 1631, août.

* Duc de Saint-Simon, 1635.
* Duc de La Rochefoucauld, 1637.

Duc de Gramont, créé en novembre 1648. — Héréd. depuis le 13 déc. 1643, démis en faveur de fon fils le Duc de Guiche.

Duc de Guiche, démis en faveur de fon fils le Duc de Louvigny.

* Duc de Louvigny.

Duc de Rohan-Chabot, créé en décembre 1648; héréd. n. p. 1645.

Duc de Mortemart, déc. 1650.

* Duc de Bouillon.
* Duc d'Albret, 1651.
* Duc de Luxemboug, 17 mars 1661.
* Duc d'Eftrées.
* Duc de la Meilleraye & Mazarin.
* Duc de Villeroy, Maréchal de France, démis en faveur de fon fils le Duc de Villeroy; il s'appeloit le Maréchal de Villeroy.
* Duc de Villeroy (le fils).
* Duc de Beauvilliers, démis en faveur de fon fils le Duc de Saint-Aignan.
* Duc de Saint-Aignan, fils du Duc de Beauvilliers.

Duc de Noailles.

* Duc de Fronfac.
* Duc de Béthune, 1672, démis en faveur de fon fils le Duc de Charoft.
* Duc de Charoft, fils du Duc de Béthune.
* Duc de Villars, Maréchal de France.
* Duc de Foix.

Duc de Valentinois.

* Duc de Trefmes.
* Duc de Coislin, Évêque de Metz.
* Duc de Berwick, Maréchal de France, 1710.
* Duc d'Antin, 1711.
* Duc de Chaulnes.
* Duc de Ventadour.

Duc d'Aumont, 1665, novembre.

* Duc de Boufflers.

Duc d'Harcourt.

Un grand nombre de ces pairies fe font éteintes & ont complètement difparu; d'autres ont été relevées, foit comme Duchés-Pairies, foit comme Duchés héréditaires non-pairies, en faveur de branches collatérales; nous allons les indiquer.

Duc d'Elbeuf. — Le dernier Duc appelé à la pairie, en 1814, eft mort en 1820.

Duc de Montbazon.— Louis XVIII, le 4 juin 1814, remit en poffeffion de ce Duché-Pairie Charles-Alain-Gabriel, Prince de Rohan-Guémené, qui mourut en 1836. Son frère, Louis-Victor-Mériadec, prit, à fa mort, le titre de Duc de Montbazon. Il eft mort fans enfans & a adopté fes neveux, Princes de Rohan-Rochefort. Il étoit devenu fujet autrichien, & les Princes de Rohan font établis en Autriche. Les Duchés françois de Montbazon & de Bouillon ont ainfi ceffé d'exifter.

Duc de Sully. — (Béthune.) Pairie éteinte en 1802.

Duc de La Force. — Cette ancienne pairie, éteinte avant 1789, fut relevée d'abord comme Duché héréditaire non-pairie en 1787, en faveur de la branche parente de Caumont, & enfuite appelée de nouveau à la pairie en 1814, le 4 juin.

Duc de Briffac. — Pairie éteinte en 1792 avec le Duc de Briffac, maffacré au château de Verfailles; le Duc de Coffé, iffu d'une branche collatérale, a été appelé à la pairie le 4 juin 1814, fous le titre de Briffac.

Duc de Saint-Simon. — Pairie éteinte. Le dernier Duc de Saint-Simon, iffu d'une branche collatérale, avoit obtenu le titre par un décret de l'Empereur, & eft mort fans poftérité mâle.

Duc de La Rochefoucauld. — Ce Duché-Pairie, créé en 1637, s'eft éteint en 1762. Il a été rétabli en avril 1769 pour la branche de La Rochefoucauld-Roye. Cette nouvelle ligne s'eft éteinte avec le Duc de La Rochefoucauld, maffacré à Gifors en 1792. Le Duc d'Eftiffac, appartenant à une autre branche, a été appelé à la Pairie fous le nom de Duc de La Rochefoucauld, le 4 juin 1814.

Duc de Louvigny. — Ce titre, qui n'étoit pas héréditaire, a ceffé d'être porté dans la Maifon de Gramont.

Duc de Bouillon. — Pairie éteinte avant 1789. Le titre de Duc de Bouillon a été porté par le Prince de Rohan en 1814, mais fans avoir été fanctionné en France.

Duc d'Albret. — Maiſon éteinte en 1806.

Duc de Luxembourg. — Ce Duché-Pairie étoit celui de la Maiſon de Montmorency, & datoit du 17 mars 1661. Il y a eu, dans cette maiſon, pluſieurs autres Duchés, ſavoir : ceux de Montmorency en 1758, Beaumont 1765, Laval 1783. Le dernier Duc de Montmorency eſt mort en 1862, ſans laiſſer de poſtérité mâle, & ſa deſcendance directe eſt éteinte. Un de ſes neveux, le Comte Adalbert de Périgord, a obtenu, en 1865, un décret Impérial pour relever & porter le titre de Duc de Montmorency.

Duc de Beauvilliers,  
Duc de Saint-Aignan, } Pairie éteinte en 1828.

Duc de Béthune,  
Duc de Charoſt, } Pairie éteinte en 1807.

Duc d'Antin. — Pairie éteinte en 1810.

Duc de Berwick. — Ce Duché-Pairie eſt repréſenté par le Duc de Fitz-James.

Les Duchés-Pairies d'Eſtrées, de Villeroy, de La Meilleraye & Mazarin, de Fronſac, de Villars, de Foix, de Treſmes, de Coiſlin, de Ventadour, de Chaulnes & de Boufflers étoient éteints avant 1789.

Il ne reſte donc aujourd'hui que douze anciens Duchés-Pairies ſur quarante & un Ducs & Pairs qui exiſtoient en 1713, ſavoir :

1. Duc d'Uzès.
2. Duc de La Trémoïlle.
3. Duc de Luynes & Duc de Chevreuſe.
4. Duc de Richelieu.
5. Duc de Gramont & Duc de Guiche.
6. Duc de Rohan-Chabot.
7. Duc de Mortemart.
8. Duc de Noailles et Duc d'Ayen.
9. Duc de Valentinois.
10. Duc d'Aumont.
11. Duc d'Harcourt.
12. Duc de Fitz-James. (Berwick.)

Parmi les titres de Duc qui exiſtoient en 1713, quatre ont été relevés après avoir été éteints, ſavoir :

Duc de Briſſac, 1814.

Duc de La Rochefoucauld, 1814.

Duc de La Force, 1814.

Duc de Montmorency, 1865.

Tous les autres Ducs François font de création poftérieure.

---

## ANNEXE N° XLIV,

### Chap. xv, p. 285.

*Extrait d'un paffage des Mémoires du Duc de Luynes, relatif à la prife de voile de la Comteffe de Rupelmonde née Gramont*

*Lundi* 28 *juin* 1751. — M^me de Rupelmonde Gramont étoit vendredi dernier chez moi & eut l'honneur d'y fouper avec la Reine. J'appris avant hier en arrivant à Paris que ce même jour elle s'étoit retirée aux Carmélites, rue de Grenelle, dans la réfolution d'y faire profeffion. La règle eft d'y être poftulante pendant trois mois & enfuite un an de noviciat. M^me de Rupelmonde a une fanté fort délicate; fon intention eft de faire du bien à cette maifon & d'y être reçue comme bienfaitrice; à ce titre elle peut avoir plufieurs adouciffemens à l'auftérité de la règle. Il y avoit fix ans que M^me de Rupelmonde défiroit d'entrer aux Carmélites; c'eft elle-même qui l'a mandé à M. l'Abbé de Saint-Cyr. Son directeur, qui eft un prêtre de Saint-Sulpice, homme fage & éclairé, retardoit depuis longtemps l'exécution de ce projet.

M^me de Rupelmonde jouiffoit de 20 à 25 mille livres de rente, depuis l'arrangement de fes affaires, & pouvoit efpérer d'en avoir jufqu'à 40 au moins; elle étoit logée & nourrie à l'Hôtel de Gramont, au milieu d'une famille qui avoit beaucoup d'amitié & d'attention pour elle; elle vivoit dans une grande retraite à Paris, & même à Verfailles, ne rempliffant par rapport au monde précifément que les devoirs de néceffité. Elle s'étoit même délivrée de la plus grande partie de ces devoirs, en obtenant pour M^me la Comteffe de Gramont fa place de Dame du Palais, & cette démarche n'a été faite, comme on le voit, que dans le deffein très formé de fe retirer au plus tôt. Elle avoit écrit trois jours auparavant à Madame la Ducheffe de Gramont (Biron), fa mère, à M^me de Rupelmonde (d'Alègre), fa belle-mère, & à quelques autres de fes plus proches parens; mais ces lettres n'ont été remises que famedi après fon arrivée aux Carmélites.

Tous fes parens ont été la voir auffitôt & lui ont fait des repréfentations fur fa fanté; elle a répondu avec force & piété qu'elle mettoit toute fa confiance en Dieu; que fi c'étoit fa volonté qu'elle accomplît fon facrifice, il lui en donneroit la force; que fi elle ne l'avoit pas elle retourneroit dans le monde. Elle n'étoit venue vendredi à Verfailles que pour rendre compte à la Reine de fon projet, dans le plus grand fecret. Elle fuivoit la Reine, lorfqu'elle fortit de chez moi, & lui parla avant qu'elle fe couchât. La Reine n'en a parlé que le dimanche à fon dîner à Compiègne.

*Mardi* 1ᵉʳ *juillet* 1751. — Il eft aifé de penfer que la retraite de Mᵐᵉ de Rupelmonde a été le fujet de la converfation à Compiègne. Le dimanche 27, après le grand couvert, on en parla dans la chambre de la Reine. Après fouper, Mᵐᵉ Adélaïde alla avec vivacité demander au Roi la permiffion de fe faire Carmélite; le Roi lui dit qu'il falloit attendre qu'elle eût vingt-cinq ans & qu'elle fût veuve.

---

## ANNEXE N° XLV,

Chap. xvi, p. 294.

*Domaines, fiefs & titres de la Maifon de Gramont, d'après l'état qui en fut dreffé en l'année 1774.*

### I

#### SOUVERAINETÉ DE BIDACHE.

Bidache fe difoit en vieil efpagnol Bidajon ou Vidajon, & le Seigneur de Gramont eft qualifié dans les actes & documens, Souverain de Bidache ou Prince Souverain de Bidache, & en latin Princeps Bidacci. Le territoire y eft dénommé tantôt Souveraineté de Bidache, tantôt Principauté de Bidache.

### I I

#### DUCHÉ-PAIRIE DE GRAMONT.

Le Duché-Pairie de Gramont, créé en 1648, comprend :

1° La Baronnie de Bergouey;

2° La Baronnie d'Efcos;

3° La Baronnie de Villenave ou Errefty, dite auffi Villenave-La-Moulary, où eft le Château de Gramont actuellement en ruines, avec les terres de Charritte & de Bifcay;

lefquelles trois Baronnies font fituées dans la Baffe-Navarre;

4° Le Comté de Guiche, fitué dans le Duché de Guyenne, dont il fut diftrait pour être inclus dans le Duché de Gramont, & plus tard créé Duché héréditaire, fans pairie, pour le fils aîné du Duc de Gramont;

5° La Baronnie de Cames, fituée partie en Navarre & partie dans le Duché de Guyenne;

6° La Baronnie de Sâmes;

7° La Baronnie de Leren ou Lerin;

8° La Baronnie de Saint-Pée ou Saint-Pé;

9° La Baronnie de Bardos;

10° La Baronnie d'Urt & Brifcous.

Ces cinq dernières Baronnies font toutes fituées dans le Duché de Guyenne & en ont été diftraites pour entrer dans le Duché de Gramont.


## III

Le Duc de Gramont poffède encore dans le pays de Béarn :

1° La Seigneurie d'Arthès, avec droit de moyenne & baffe Juftice dans le bourg d'Arthès & dans les paroiffes dépendantes, favoir : Arracq, Cagnès, Caubin, Pujet, Nhaux & Mefplède. Cette Seigneurie eft fituée à deux lieues de la ville d'Orthez;

2° La Seigneurie de la Baftide de Clairence avec droit de Juftice, haute, moyenne & baffe, avec les droits indépendans & la qualité de grand Bailli;

3° Les terres dites Ferreries, au nombre de fept Métaieries fituées auprès du bois de Mixe.


## IV

La Baronnie d'Andoïns ou d'Andouins dans le pays de Béarn, compofée des terres d'Andoïns & de Lucmendous. Elle eft entrée dans la Maifon de

58

Gramont en 1567, par le mariage de Philibert Comte de Gramont, avec Diane Corifande d'Andoïns, fille & héritière univerfelle de Paul d'Andoïns.


### V

La Comté de Louvigny, partie en Béarn, partie en Chaloffe :

Cette Comté a été créée en 1555 par le Roi de France Henri II, en faveur de Paul d'Andoïns, par lettres Royales & patentes, qui ont réuni les Baronnies de Hagetmau, Audignou (haut & bas) & Coudures à la Vicomté de Louvigny, fous le nom de Comté de Louvigny.

La Baronnie de Hagetmau comprenoit, avec le bourg de-Hagetmau, les paroiffes de Sainte-Colombe, La Baftide en Chaloffe, Tyres & Horfarieu.

La Vicomté de Louvigny comprenoit, avec le bourg de Louvigny & trois hameaux qui en dépendent, les paroiffes de : Beyrie, Fichous, Lonfon, Mielos, Seby, Mérac, Coubluc, Pouliac, Malhaufanne, Filhondé & Cabidos.

La Comté de Louvigny eft entrée dans la Maifon de Gramont en 1567, comme la Baronnie d'Andoïns, par le mariage de Philibert Comte de Gramont avec Diane Corifande d'Andoïns.


### VI

La Seigneurie & ville d'Haftingues fut acquife du Domaine Royal par Jean de Gramont, le 6 juillet 1525, en vertu d'une autorifation donnée par Louife de Savoie Régente du Royaume, pendant la captivité de fon fils François Ier; mais cette acquifition ne confère aucun droit feigneurial, hormis la propriété du fol & des appartenans. Cela fe dit poffèder à titre d'engagifte.


### VII

La Baronnie d'Arzac, en Chalofle, a été acquife le 9 juillet 1628 par le Comte de Gramont Antoine II, dit Antonin, qui fut le premier Duc en 1643, avec droit de Juftice, haute, moyenne & baffe & les droits indépendans.

## VIII

La Baronnie de Tilh a été acquife par le même Antoine-Antonin de Gramont en 1629. Elle eft compofée de la paroiffe de Tilh & des quartiers d'Arfague & de Saint-Girons. Mais ces quartiers ont des Seigneurs particuliers & ne dépendent de Tilh que pour le fpirituel, & le Duc de Gramont n'eft Seigneur Haut-Jufticier que pour Tilh.

## IX

Le Duc de Gramont poffède des droits confidérables fur la coutume de Bayonne & d'autrés fur la coutume de Saint-Jean-Pied-de-Port, mais il n'en réfulte aucun titre.

## X

Sirerie & Seigneurie de Lefparre:

Ce domaine confidérable a été acheté de M. le Duc de Foix le 27 avril 1672 par le Maréchal Duc de Gramont Antoine III.

Les Rois de France en ont fait plufieurs fois un Duché à brevet en faveur de fils des Ducs des Gramont.

## XI

Duché d'Humières & terre de la Mothe-Houdancourt :

La terre de Mouchy fut érigée en Duché en 1690, en faveur de Louis de Crevant d'Humières, Maréchal de France, & apportée dans la Maifon de Gramont par fa petite-fille unique héritière, Louife-Françoife de Crevant d'Humières, Ducheffe de Gramont, en 1710.

La terre de la Mothe-Houdancourt faifoit partie de la fucceffion du Maréchal & de la Maréchale de la Mothe-Houdancourt, bifaïeuls de Louife-Françoife de Crevant d'Humières, Ducheffe de Gramont, & fut achetée à la fucceffion par le Duc de Gramont en 1718.

## XII

### DANS LE PAYS DE BIGORRE

La Vicomté d'Afté ou After :

Cette Vicomté, qui eft un des plus anciens fiefs de la Maifon de Gramont, eft compofée des communautés d'Afté , Gerdes , Lies-devant , Lies-darré, Banios, Marfas & Hauban.

Le Duc de Gramont y exerce haute, moyenne & baffe Juftice, avec tous les droits qui y font attachés.

Il a des droits & redevances fur la paroiffe de Tranhouet & Eftupas, & les communautés de Campan, Baudéan, Frechendels, Trebons, d'Ordifan, Bagnères.

## XII

La Seigneurie de Séméac :

Cette Seigneurie, importante par fon revenu & le Château qu'y a fait bâtir Henry de Gramont, a été érigée en Marquifat en faveur de Henry Comte de Gramont & de Toulongeon, mais elle a été démembrée après lui. Elle comprenoit, avec d'autres dépendances, les Baronnies de Hiis & des Angles.

---

## ANNEXE N° XLVI,

### Chap. xix, p. 330.

*Séjour du Prétendant Charles-Édouard Stuart chez Sir Lauchlane Mac-Kinnon of Strath, Chef du clan de Mac-Kinnon dans l'Ile de Skye, en 1746.*

Après la bataille de Culloden où le Duc de Cumberland anéantit & difperfa les forces Écoffoifes réunies fous la bannière du Prétendant Charles-Édouard Stuart, ce malheureux Prince, dont la tête étoit mife à prix pour une fomme confidérable, fut obligé de fe retirer dans les îles du Nord & y mena cette vie errante qui eft devenue légendaire dans les Annales de l'Écoffe.

Le 8 mai 1746, plusieurs chefs de clans Écossois s'étoient réunis à Mort-
laig pour former une ligue de résistance contre les Anglois. Il avoit été
convenu de faire un dernier effort pour lever dans chaque clan autant d'hommes valides qu'il en pouvoit fournir pour la défense du Prince & celle du
Pays, & on avoit fixé à huitaine la réunion des forces dans diverses localités
d'où elles devoient converger vers un même point. Les clans suivans : Lo-
chiel, Glengary, Clanranald, Stewarts of Appin, Keppoch, Barisdale, *Mac-
Kinnons* & Mac-Leods, devoient s'assembler le jeudi 15 mai, à Auchnicarry
& dans les vallées de Lochaber.

Les autres clans avoient aussi leur rendez-vous, mais ce dernier effort de
résistance échoua devant la marche rapide & victorieuse des troupes du Duc
de Cumberland. Charles-Édouard, proscrit & poursuivi, fut réduit à errer
d'île en île, ne devant son salût qu'à la fidélité des Highlanders, qui le déro-
boient aux recherches de ses ennemis & de ceux qui cherchoient à s'en emparer pour gagner l'énorme somme d'argent promise en récompense.

Dans le cours de ses pérégrinations aventureuses, l'Ile de Skye servit
plus d'une fois de retraite au Prétendant qui, comme il le disoit lui-même,
savoit qu'une fois à Strath, dans le pays du chef des Mac-Kinnons, il étoit
en sûreté & ne seroit pas trahi.

Il y arriva vers le mois de juin 1746, accompagné de Malcolm Mac-Leod,
en qui il avoit mis toute sa confiance. Charles-Édouard avoit pris un dégui-
sement à l'aide duquel il espéroit passer pour le serviteur de Malcolm; mais à
peine eut-il mis le pied sur le territoire de Strath, qu'il fut reconnu par deux
Mac-Kinnons, qui le saluèrent en fondant en larmes.

Ce que voyant, le Prince les appela, se nomma & leur fit jurer le secret,
qu'ils gardèrent religieusement.

Étant arrivés à deux milles de la résidence de Sir Lauchlane Mac-Kinnon,
Laird of Strath, chef du clan, Malcolm fit observer au Prince qu'il feroit bien
de voir le vieux chef & de se confier en lui. « Non, dit Charles, je sais que
Mac-Kinnon est aussi honnête, bon & loyal qu'il est possible, mais il est trop
âgé pour pouvoir me servir en mes desseins. Conduisez-moi dans quelque
autre maison, pourvu que ce soit celle d'un gentilhomme. » ( *Jacobite me-
moirs.—Brown's, history of the Highlands, t. III, p.* 304 *& suiv.*).

Malcolm conduisit alors le Prince à Ellagol, ou plutôt, dans le langage
du pays, Ellighiul, près de Kilmaree, où demeuroit un certain John Mac-

Kinnon, qui avoit épousé sa sœur, & ils y restèrent deux jours sans que leur présence fût connue dans le pays. Ils se décidèrent alors à quitter l'île pour passer en Écosse, & John Mac-Kinnon fut chargé de se procurer un bateau. Mais ayant rencontré le vieux chef du clan, Sir Lauchlane Mac-Kinnon, il n'osa pas lui cacher son entreprise, & lui confia que le Prince Charles-Édouard étoit à Ellagol, attendant un bateau pour passer en Écosse.

Dès qu'il connut la présence du Prince sur son territoire, le chef se rendit auprès de lui, & après avoir fait hommage au Royal fugitif, il le conduisit dans une retraite voisine, où Lady Mac-Kinnon avoit fait préparer un repas composé de viandes froides & de vin. A partir de ce moment, le chef ne voulut laisser à aucun autre le soin de préparer le départ de son Royal hôte, & le vendredi 4 juillet 1746, entre huit & neuf heures du soir, le Prince s'embarqua pour l'Écosse, accompagné du chef & de John Mac-Kinnon.

Avant le départ, Malcolm Mac-Leod avoit pris congé du Prince, qui, les larmes aux yeux, ne se séparoit qu'à regret d'un si fidèle compagnon. La visite de Charles-Édouard à l'île de Skye ne tarda pas à s'ébruiter ainsi que les services que lui avoit rendus Malcolm, & ce dernier ayant avoué la part qu'il avoit prise à l'embarquement du Prince, il fut appréhendé & emmené à Londres, où il resta prisonnier jusqu'au 1er juillet 1747.

Après une traversée qui ne fut pas sans dangers de toutes sortes, les fugitifs débarquèrent à un endroit appelé Little Mallag, au sud de Loch Nevis in Moidart. Ils y restèrent trois jours cachés dans les montagnes qui entourent Loch Nevis, à cause de la présence d'un détachement de troupes qui parcouroit le pays & avoit failli les surprendre. Charles-Édouard ayant en vain fait appel à l'hospitalité du chef de Clanranald, il se dirigea avec ses compagnons vers la demeure de Mac-Donald of Morar, dont le château avoit été brûlé, mais qui habitoit une maison du voisinage.

Morar avoit été Lieutenant-Colonel dans le Régiment de Clanranald. Il reçut le Prince avec cordialité, & s'empressa de le conduire, ainsi que sa compagnie dans une retraite assurée; après quoi, sur la demande du prince, il se mit en quête du jeune Clanranald, que Charles-Édouard désiroit voir & entretenir. Il revint quelques heures après, déclarant qu'il n'avoit pu rejoindre Clanranald; mais la vérité étoit qu'il l'avoit vu, & que ce dernier, au lieu de répondre à l'appel du Prince, avoit tourné l'esprit de Morar & l'avoit rendu infidèle, ce dont Charles-Édouard & fes compagnons ne tardèrent pas à s'apercevoir. Auffi ils n'héfitèrent pas à s'éloigner, & le Prince réfolut d'aller à Borodale demander afile & protection au vieil Aeneas Mac-Donald.

Dans fa triftefse de la défection de Clanranald & de Morar, Charles-Édouard s'étoit écrié : « Au moins vous, Mac-Kinnon, j'efpère que vous n'allez pas m'abandonner, mais que vous m'aiderez à fortir de ces difficultés. » Le vieux chef croyant que le Prince s'adrefsoit à lui, répondit avec des larmes dans les yeux : « Je ne quitterai jamais Votre Altefse Royale dans les jours de danger ; mais, au contraire, avec la permiffion de Dieu, je ferai tout ce que je pourrai pour vous, & j'irai avec vous partout où vous m'ordonnerez d'aller. » — « Oh ! non, dit Charles, ce feroit trop, Monfieur, pour un homme de votre âge; je fuis profondément touché de votre fidélité à ma caufe, & de votre zèle pour mon fervice, mais les dangers & les fatigues qui m'attendent font au-defsus de vos forces : c'étoit à votre ami John Mac-Kinnon, qui eft jeune & vigoureux, que je me fuis adreffé. » — « Eh bien ! dit John, avec l'aide du Seigneur, j'accompagnerai Votre Altefse Royale dans le monde entier fi elle le défire. »

Charles prit alors congé du vieux chef des Mac-Kinnons, & accompagné de John Mac-Kinnon, il partit pour Borodale, où l'attendoit un meilleur accueil. Borodale, le Laird de l'endroit, fe voua tout entier à fon fervice, & réclama pour lui & les fiens le foin de veiller déformais à la fûreté du Prince. En conféquence, John Mac-Kinnon retourna à Ellagol; mais à peine fut-il arrivé chez lui, qu'il fut pris par une compagnie d'hommes d'armes, & envoyé à Londres ainfi que fon chef Sir Lauchlane Mac-Kinnon of Strath, qui avoit eté arrêté à Morar quelques heures après le départ de Charles-Édouard. Tous deux furent retenus prifonniers jufqu'en juillet 1747.

Charles-Édouard continua pendant quelque temps fes courfes aventureufes, toujours pourfuivi & traqué par les troupes du Duc de Cumberland, jufqu'à ce qu'ayant reçu avis de l'arrivée d'une flottille françoife, il revint à Borodale, & s'embarqua pour la France, à Locknanuagh, le 20 feptembre de la même année.

## ANNEXE Nº XLVIÍ,

*Alliances par mariages de la Maifon de Gramont, depuis fon origine jufqu'à nos jours.*

1100.    1. *Pons.* Brune de Comminges, fille 'de Roger II, Comte de
Comminges, époufe Geoffroi, Sire de Pons.

1120.    2. *Muret.* Bernard II, Comte de Comminges, époufe Diaz
de Muret, fille de Geoffroy, Seigneur de Muret & de
Samaran.

1139.    3. *Béǵiers.* Bernarde de Comminges, fille du Comte Bernard II, époufe Roger, Vicomte de Béziers.

1135.    4. *Touloufe.* Bernard III, Comte de Comminges, époufe
Laurence de Touloufe, fille de Raymond, Comte de
Touloufe & de Conftance de France, laquelle étoit
fœur du Roi de France Louis VII, dit le Jeune.

1150.    5. *Aure & Comminges.* Guy de Comminges, fils de Bernard III & de Laurence de Touloufe, époufe Bertrande d'Aure, Comteffe d'Aure, Vicomteffe de Larbouft, fille d'Odo II, Comte d'Aure.

1195.    6. *Lautrec.* Odo III, Vicomte d'Aure, époufe Béatrix de
Lautrec, fille de Sicard, Vicomte de Lautrec.

1220.    7. *Aftarac.* Sans-Garcie II, Vicomte d'Aure, fils d'Odo III,
époufe Blanche-fleur d'Aftarac, fille de Centulle II,
Comte d'Aftarac, & de Séguine, Comteffe d'Aftarac.

(¹)  1260.    8. *After & Aure.* Sans-Garcie-Arnaud I, Vicomte d'Aure,
fils de Sans-Garcie II, époufe Agnès, Vicomteffe &
héritière d'After.

1283..    9. *Lavedan.* Sans-Garcie-Arnaud Iᵉʳ, Vicomte d'Aure & d'After, époufe en fecondes noces Brunicende de Lavedan,
fille de Raimond Garcie, Vicomte de Lavedan.

1250.    10. *La Barthe.* Mathilde d'Aure, fille de Raimond, Vicomte
d'Aure & de Larbouft, époufe fon coufin Arnaud-
Guilhem, Vicomte de La.Barthe.

1280. 11. *De l'Iſle Jourdain*. Odo IV, Vicomte d'Aure, marié en 1280 à Alpaïs, fille de Jourdain VI, Seigneur de l'Iſle Jourdain & de Guillemette de Durfort.

(¹). 1302. 12. *Comminges*. Géraud I, Vicomte d'Aure, &c., &c., épouſe ſa parente Bérengère de Comminges, fille de Roger de Comminges & de Dame Griſe d'Eſpagne.

(¹). 1350. 13. *Eſpagne*. Géraud I, Vicomte d'Aure, &c., &c., épouſe en ſecondes noces Douce d'Eſpagne, fille d'Arnaud d'Eſpagne, Seigneur de Monteſpan, et de Marquiſe Dame de Séméac.

(¹). 1380. 14. *Caupène*. Jean d'Aure, Vicomte d'Aſter, épouſe Marie de Caupène.

(²). 1417. 15. *Aſter & Aure*. Sans-Garcie-Arnaud III, Vicomte d'Aure, petit-fils de Géraud I, épouſe ſa couſine Anne d'Aſter.

1449. 16. *Devèſe*. Annorête d'Aſter, fœur d'Anne & fille de Jean d'Aure, Vicomte d'Aſter, épouſe noble Pierre, Seigneur de Devèſe.

1363. 17. *Juſſan*. Sans-Garcie-Arnaud II, Vicomte d'Aure & de Larbouſt, &c.. &c., épouſe Bertrande de Juſſan, fille de Bertrand de Juſſan & de Sibille de Cardeillac.

(¹). 1400. 18. *Antin*. Menaud d'Aure, Vicomte de Larbouſt, ſecond fils du précédent, épouſe Marguerite d'Antin, fille de Comtebon, Seigneur d'Antin.

(¹). 1450. 19. *Caſtelbajac*. Bertrande d'Aure, Dame de Cardeillac, épouſe Pierre-Arnaud de Caſtelbajac.

1483. 20. *Foix & Béarn*. Jean I, Vicomte d'Aure & d'Aſter, épouſe, le 15 janvier, Jeanne de Foix & de Béarn, fille de Gaſton IV, Prince de Navarre, Comte de Foix, & de Éléonore, Reine de Navarre.

1517. 21. *Carmain*. Françoiſe d'Aure, fille des précédens, épouſe, le 2 février, Antoine de Carmain, Seigneur de Négrepeliſſe, Baron de Léonar.

(¹). 1498. 22. *Mauléon*. Marie d'Aure, fœur de Françoiſe, ci-deſſus mentionnée, épouſe le Seigneur de Mauléon.

59

(²). 1501.    23. *Espagne.* Marie d'Aure, la même, séparée de son premier mari, épouse, le 21 novembre, Charles d'Espagne, Baron de Ramefort.

1525.    24. *Aure & Gramont.* Menaud, Vicomte d'Aure & d'After, fils de Jean I d'Aure & de Jeanne de Foix, épouse, le 23 novembre, Claire de Gramont.

1466.    25. *Montlezun.* Blanchefleur d'Aure, fille de Menaud d'Aure & de Marguerite d'Antin, épouse Antoine de Montlezun, Seigneur de Saint-Lary.

(³). 1498.    26. *Espagne.* Madeleine d'Aure, petite-fille de Menaud d'Aure & de Marguerite d'Antin, épouse, le 29 janvier, Arnaud d'Espagne, Seigneur de Montespan.

1500.    27. *De la Motte.* Jeanne d'Aure, sœur de la précédente, épouse le Seigneur de la Motte.

(²). 1500.    28. *Castelbajac.* Blanchefleur d'Aure, sœur de la précédente, épouse Bernard, Seigneur de Castelbajac.

1498.    29. *Savignac.* Jean d'Aure, Vicomte de Larboust, frère de la précédente, épouse en premières noces Marie de Savignac, fille de Jean de Belcastel.

1520.    30. *De la Rivière.* Jean, le même que ci-dessus, épouse en troisièmes noces Isabeau de la Rivière, fille du Vicomte de la Rivière & de Labatut.

(²). 1523.    31. *Antin.* Savaric d'Aure, Baron de Larboust, fils du précédent, épouse Andrée d'Antin, fille d'Arnaud, Baron d'Antin, & de Jeanne d'Andoïns.

(²). 1520.    32. *Comminges.* Rose d'Aure, sœur du précédent, épouse Bernard de Comminges, Seigneur de Puyguilhem.

(²). 1532.    33. *Aspremont & Orthez.* Gaillard d'Aure, Vicomte de Larboust, épouse, le 15 janvier, Madeleine d'Aspremont, fille de Pierre d'Aspremont, Vicomte d'Orthez, & de Quitterie de Gramont.

1553.    34. *Lortez.* Jean d'Aure, Vicomte de Larboust, frère du précédent, épouse, le 4 février, Aubriette de Lortez.

1570.    35. *Astorg.* Isabeau d'Aure, fille du précédent, épouse Bernard d'Astorg, Seigneur de Montbartier.

(¹). 1310. 36. *Afpremont & Orte.* Arnauld-Guilhem III de Gramont, Souverain de Bidache, époufe Miramonde d'Afpremont & d'Orte.

(¹). 1350. 37. *Câmes.* Doffe ou Douce de Gramont, fille du précédent, mariée à fon coufin le Seigneur de Câmes.

1350. 38. *Gabafton.* Arnaud-Raimon I de Gramont époufe Marie de Gabafton, fille du Baron de Gabafton en Béarn.

1380. 39. *Bazillac.* Marie de Gramont, fille du précédent, époufe Vidan, Seigneur de Bazillac.

1370. 40. *Viéla.* Rofine de Gramont, fœur de Marie, époufe le Seigneur de Viéla en Armagnac.

1370. 41. *Marfan & Montgaillard.* Marguerite de Gramont, troifième fille d'Arnaud-Raimon I, époufe Pierre, Baron de Marfan, de Montgaillard, Saint-Loboc & autres lieux.

(²). 1380. 42. *Câmes & Sâmes.* Arnaud-Raimon II de Gramont, fils d'Arnaud-Raimon I, époufe Anne-Agnès, Dame de Câmes, Sâmes & autres lieux.

(¹). 1400. 43. *Béarn.* Jeanne de Gramont, fille d'Arnaud-Raimon II, époufe Bernard de Béarn.

1406. 44. *Montaut.* Jean I de Gramont, fils d'Arnaud-Raimon II, époufe Marie de Montaut, fille de Raimond de Montaut & de Marie d'Albret.

1380. 45. *Auns & Olhaïby.* Verdot de Gramont, deuxième fils d'Arnaud-Raimon I, époufe Garcie Dame d'Auns & d'Olhaïby.

1415. 46. *Coarafe & Afpet.* Marie de Gramont, fille de Verdot, époufe, le 22 feptembre, Noble Baron, Meffire Ramond Arnaud, Seigneur de Coarafe & d'Afpet.

(¹). 1429. 47. *Navarre.* Gratien de Gramont, fils de Verdot, époufe Marguerite, Princeffe de Navarre, fille de Charles III, Roi de Navarre.

1435. 48. *Montferrand.* François de Gramont, fils de Jean I, époufe, le 4 juin, Ifabeau de Montferrand.

1425. 49. *Efpagne.* Claire de Gramont, fille de Jean I, époufe Roger d'Efpagne, Sénéchal de Touloufe, Seigneur de Montefpan, &c., &c.

(²). 1439. 5o. *Navarre*. Gratien de Gramont, fils de Verdot, veuf de Marguerite de Navarre, époufe en fecondes noces Angleffe, Princeffe de Navarre, petite-fille du Roi Charles II, & coufine de Marguerite.

(²). 1445. 51. *Béarn*. Ifabeau de Gramont, fille de François, époufe Meffire Bernard de Béarn, Seigneur de Gerderetz.

(³). 1448. 52. *Béarn*. Marguerite de Gramont, autre fille de François, époufe Jean de Béarn, Seigneur de Gardereft, fils de fon beau-frère, Bernard de Béarn, & de fa première femme, Caterine de Vialar.

1460. 53. *Putz , Puch ou Peuch*. Ifabeau de Gramont, veuve de Bernard de Béarn, époufe en fecondes noces Meffire Aymeric de Putz.

1450. 54. *Poyanne*. Tonine de Gramont, feconde fille de François, époufe le Seigneur de Poyanne.

(¹). 1462. 55. *Andoïns*. Tonine de Gramont, devenue veuve du Seigneur de Poyanne, époufe en fecondes noces Arnaud d'Andoïns, fils de Jean d'Andoïns (le 26 juin).

(²). 1458. 56. *Caupène*. Anne de Gramont, quatrième fille de François, époufe Jean de Caupène, Seigneur d'Amond de Saint-Cricq & de Darricau.

(¹). 1451. 57. *Montpezat*. Marie de Gramont, cinquième fille de François, épouse Meffire Guillaume de Saint-Félix, Seigneur de Montpezat en Languedoc.

1457. 58. *Caftélia*. Catherine de Gramont, feptième fille de François, époufe Georges, Seigneur de Caftélia.

1448. 59. *Caftelpugeon*. Gratien de Gramont, veuf de Marguerite & d'Angleffe, Princeffe de Navarre, époufe en troifièmes noces Catherine de Caftelpugeon en Béarn.

(⁴). 1470. 6o. *Béarn*. Roger de Gramont, fils de Gratien, époufe fa coufine Éléonore de Béarn, fille de Bernard de Béarn & d'Ifabeau de Gramont, fille de François.

1455. 61. *Chaud*. Suzanne de Gramont, fille de Gratien, mariée au Vicomte de Chaud.

1455. 62. *Belʒunce*. Magdeleine de Gramont, feconde fille de Gratien, mariée au Seigneur de Belzunce.

» 63. *Garro*. Léonor de Gramont, troifième fille de Gratien, mariée à Jean de Garro, fils de Léonel, Seigneur de Garro.

1460. 64. *Andaux*. Ifabeau de Gramont, quatrième fille de Gratien, mariée à Joannet, Seigneur d'Andaux & de Mouneins.

(²). 1500. 65. *Andoïns*. François II de Gramont, fils aîné de Roger, époufe Catherine d'Andoïns.

1505. 66. *Lefcun*. Louis de Gramont, deuxième fils de Roger, époufe Magdelaine de Lefcun, Dame Vicomteffe de Caftillon, Lamarque & Sanfac (27 mars).

(³). 1503. 67. *Andoïns*. Hélène de Gramont, fille ainée de Roger, mariée à Jean, Seigneur d'Andoïns, fon coufin.

(¹). 1506. 68. *Caftelnau*. Suzanne de Gramont, deuxième fille de Roger, mariée à Louis, Seigneur de Caftelnau.

(³). 1510. 69. *Afpremont & Ortheʒ*. Quiterie de Gramont, troifième fille de Roger, mariée à Pierre d'Afpremont, Vicomte d'Orthez.

1511. 70. *Setchécoin & Saint-Pé*. Ifeur de Gramont, quatrième fille de Roger, mariée à Jean, Seigneur de Setchécoin & de Saint-Pé.

1507. 71. *Luxe*. Ifabeau de Gramont, cinquième fille de Roger, mariée à Jean, Seigneur de Luxe.

(¹). 1526. 72. *Polignac*. Jean II de Gramont, fils de François, époufe, le 15 feptembre, Françoife, Dame de Polignac.

1525. 73. *Aure & [Gramont*. Claire de Gramont, fille & héritière de François, époufe fon coufin Menaud d'Aure, le 23 novembre. (*Déjà mentionné*.)

(¹). 1549. 74. *Clermont, Traves & Toulongeon*. Antoine I de Gramont, fils de Claire de Gramont & de Menaud d'Aure & d'After, époufe, le 29 feptembre, Hélène de Clermont, Dame de Traves, de Toulongeon & de Saint-Chéron.

(²). 1550. 75. *Mauléon*. Catherine de Gramont, fille de Claire de Gramont & de Menaud d'Aure & d'After, mariée à François, Baron de Mauléon.

(⁴). 1567. 76. *Andoïns*. Philibert de Gramont, fils d'Antoine I, époufe, le 16 août, Diane Corifandre d'Andoïns, fille unique & héritière de Paul d'Andoïns, Vicomte de Louvigny, Baron de Lefcun, &c., &c.

(²). 1588. 77. *Clermont-Toulongeon*. Théophile-Roger › de Gramont, troifième fils d'Antoine I, époufe, le 8 juillet, Charlotte de Clermont, Dame de Toulongeon, coufine germaine de fa mère.

1572. 78. *Durfort-Duras*. Marguerite de Gramont, fille aînée d'Antoine I, mariée le 14 juin à Jean de Durfort, Baron de Duras.

(²). 1595. 79. *Montpezat-Des-Prez*. Claire-Suzanne de Gramont, deuxième fille d'Antoine I, mariée le 3 mars à Henri Des Prez, marquis de Montpezat & du Fou.

1591. 80. *Caumont-La-Force*. Caterine de Gramont, fille de Philibert de Gramont, mariée le 25 décembre à François Nompar de Caumont La Force, Comte de Lauzun, & plus tard Duc de La Force.

1601. 81. *Roquelaure*. Antoine II, Duc de Gramont, fils de Philibert de Gramont, époufe, le 1ᵉʳ feptembre, Louife de Roquelaure, fille d'Antoine, Duc de Roquelaure.

1618. 82. *Montmorency*. Antoine II, Duc de Gramont, époufe, le 16 mars en fecondes noces, Claude de Montmorency, fille aînée de Louis de Montmorency, Baron de Bouteville, &c., &c.

1634. 83. *Du Pleffis de Chivré*. Antoine III, Duc de Gramont, Pair & Maréchal de France, fils aîné du Duc Antoine II, époufe, le 26 novembre, Françoife Marguerite Du Pleffis de Chivré.

1660. 84. *Hamilton*. Philibert, Comte de Gramont, deuxième fils du Duc Antoine II, époufe Élifabeth Hamilton, fille de Georges Hamilton, fils du Comte d'Albecorne.

1640. 85. *Miolans & Saint-Chaumont*. Suzanne de Gramont, fille

aînée du Duc Antoine II, mariée à Henri Mitte de
Miolans, Comte de Miolans & Marquis de Saint-
Chaumont.

1647. 86. *Feuquières.* Anne-Louise de Gramont, deuxième fille du
Duc Antoine II, mariée le 26 juin à Isaac de Pas,
Marquis de Feuquières, &c., &c.

1648. 87. *Lons.* Françoise-Marguerite-Bayonne de Gramont, troisième fille du Duc Antoine II, mariée à Philippe,
Marquis de Lons en Béarn.

1658. 88. *Béthune-Sully.* Armand de Gramont, Comte de Guiche,
fils aîné du Maréchal Antoine III, épouse, le 23 janvier, Marguerite-Louise-Suzanne de Béthune, fille
du Duc de Sully.

(²). 1668. 89. *Castelnau.* Antoine IV, Charles, Duc de Gramont, d'abord
Comte de Louvigny, deuxième fils du Maréchal
Antoine III, épouse, le 15 mai, Charlotte de Castel-
nau, fille du Marquis de Castelnau, Maréchal de
France, &c., &c.

1660. 90. *Monaco-Grimaldi.* Catherine-Charlotte de Gramont,
fille cadette du Maréchal Antoine III, mariée le
30 mars à Louis de Grimaldi, Prince Souverain de
Monaco.

1662. 91. *Canouville-Raffetot.* Henriette-Catherine de Gramont,
fille aînée du Maréchal Antoine III, mariée le 13 septembre à Alexandre de Canouville, Marquis de Raffetot, &c., &c.

1694. 92. *Stafford ( Howard -).* Claude - Élizabeth - Charlotte de
Gramont, fille du Comte de Gramont & de la Com-
tesse née Hamilton, mariée le 6 avril à Henry Howard, Marquis de Stafford en Angleterre.

(¹). 1687. 93. *Noailles.* Antoine V, Duc de Gramont, Maréchal de France,
fils du Duc Antoine IV, épouse, le 13 mars, Marie-
Christine de Noailles, fille d'Anne-Jules, Duc de
Noailles.

1693. 94. *Boufflers.* Catherine-Charlotte de Gramont, fille du Duc

Antoine IV, mariée le 17 décembre à Louis-François, Duc de Boufflers, Pair & Maréchal de France.

(¹). 1715. 95. *Gontaut-Biron*. Marie-Adélaïde de Gramont, fille aînée du Maréchal Antoine V, mariée le 30 décembre à François-Armand de Gontaut-Biron, Duc de Gontaut, &c., &c.

1719. 96. *Bournonville*. Catherine-Charlotte-Thérèse de Gramont, seconde fille du Maréchal Antoine V, mariée le 27 mars à Philippe-Alexandre, Prince de Bournonville.

1727. 97. *Saint-Simon-Ruffec*. Catherine-Charlotte-Thérèse de Gramont, la même que ci-dessus, devenue veuve, mariée en secondes noces à Jacques-Louis de Saint-Simon, Duc de Ruffec, le 26 mars.

1710. 98. *Aumont de Crevant d'Humières*. Antoine VI, Duc de Gramont, &c., &c., fils aîné du Maréchal Antoine V, épouse le 3 mars Louise-Françoise d'Aumont, fille & héritière du Duc de Crevant d'Humières.

1739. 99. *Gramont de Crevant d'Humières*. Louise-Marie-Victoire de Gramont de Crevant d'Humières, fille aînée du Duc Antoine VI, mariée le 1er mars à son cousin le Duc de Lesparre, plus tard Duc de Gramont, Antoine VII.

1740. 100. *Brionne - Lorraine*. Louise-Charlotte de Gramont, deuxième fille du Duc Antoine VI, mariée le 3 février au Comte de Brionne, fils du Prince de Lambesc de la maison de Lorraine.

(²). 1720. 101. *Gontaut-Biron*. Louis de Gramont, second fils du Maréchal Antoine V, d'abord Comte de Gramont, puis Duc de Gramont & Prince Souverain de Bidache, par suite du décès sans enfans mâles de son frère le Duc Antoine VI, épouse, le 11 mars, Geneviève de Gontaut, fille de Charles-Armand de Gontaut, Duc de Biron.

1732. 102. *Rupelmonde*. Marie-Chrétienne-Christine de Gramont, fille aînée du Duc Louis, mariée à Yves-Marie de Ligne, Comte de Rupelmonde.

1739. 103. *Gramont de Crevant d'Humières*. Antoine VII, Duc de Gramont, &c., &c., fils aîné du Duc Louis, époufe, le 1ᵉʳ mars, fa coufine, déjà nommée, Marie-Louise Victoire de Gramont de Crevant d'Humières, fille du Duc Antoine VI.

1748. 104. *Faoucq-Garnetot*. Antoine-Adrien-Charles de Gramont, Comte de Gramont d'After, deuxième fils du Duc Louis, époufe, le 15 mai, Marie-Louife-Sophie de Faoucq, fille d'Alexandre de Faoucq, marquis de Garnetot.

1759. 105. *Choifeul-Stainville*. Antoine VII, Duc de Gramont, ci-def-fus nommé, époufe, le 16 août, en fecondes noces, Béa-trix de Choifeul-Stainville, fœur du Duc de Choifeul.

(*). 1763. 106. *Noailles*. Louis-Antoine-Armand de Gramont, Comte de Guiche, puis Duc de Lefparre, fils unique du Duc Antoine VII, époufe, le 24 juin, fa coufine Philip-pine-Louife-Catherine de Noailles, fille du Duc de Noailles.

1766. 107. *Offun*. Geneviève de Gramont, fille du Comte de Gramont, ci-deffus nommé, & de la Comteffe de Gramont, née Faoucq de Garnetot, mariée le 28 janvier à Charles-Pierre-Hyacinthe, Comte d'Offun, Grand d'Efpa-gne, &c., &c.

(*). 1780. 108. *Polignac*. Antoine VIII, Louis-Marie, Duc de Gramont, &c., &c., fils aîné du Comte de Gramont, Antoine-Adrien-Charles, d'abord Comte de Louvigny, puis Duc de Guiche, puis Duc de Gramont, époufe, le 11 juillet, Louife-Françoife-Gabrielle-Aglaé de Polignac, fille du Duc de Polignac.

1782. 109. *Boifgelin*. Antoine-François de Gramont, Comte de Gra-mont d'After, fecond fils du Comte Antoine-Adrien-Charles, époufe Gabrielle-Charlotte-Eugénie de Boifgelin.

1800. 110. *Catelan*. Antoine-Louis-Raimond-Geneviève de Gramont, Comte de Gramont d'After, fils du précédent, époufe

60

Mademoifelle Amable de Catelan, fille du Marquis de Catelan.

1833. 111. *Salmour.* Antoinette-Claire-Amélie-Gabrielle-Corifandre de Gramont, fille du précédent, mariée à Roger Gabéleon, Comte de Salmour en Piémont.

1835. 112. *Dadvifart de Talairand.* Thérèfe de Gramont, deuxième fille du Comte de Gramont d'After, ci-deffus nommé, mariée le 23 juillet à Guftave, Marquis Dadvifard de Talairand.

1840. 113. *Gravier de Vergennes.* Antoinette-Marie-Madeleine-Amable-Amélie de Gramont, troifième fille du Comte de Gramont d'After, ci-deffus nommé, mariée le 17 mars à Edmond-Jean-Guillaume, Comte Gravier de Vergennes.

1843. 114. *Durand.* Antoine-Eugène-Amable-Staniflas-Agénor de Gramont, Comte de Gramont d'After, fils du Comte de Gramont d'After, ci-deffus nommé, époufe Mademoifelle Coralie Durand.

1818. 115. *D'Orfay.* Antoine IX, Geneviève-Héraclius-Agénor, Duc de Gramont, &c., &c., fils du Duc Antoine VIII, époufe, le 23 juillet, Anna-Quintina-Albertine-Ida, Comteffe d'Orfay.

1806. 116. *Tankerville.* Armandine-Léonie-Sophie-Corifandre de Gramont, fille aînée du Duc Antoine VIII, époufe Charles Bennet, Comte de Tankerville, Pair d'Angleterre (le 28 juillet).

1805. 117. *Dawidoff.* Aglaé-Angélique-Gabrielle de Gramont, deuxième fille du Duc Antoine VIII, mariée à Alexandre de Dawidoff, Général en Ruffie.

1831. 118. *Sebaftiani della Porta.* Aglaé-Angélique-Gabrielle de Gramont, nommée ci-deffus, mariée en fecondes noces à Horace-François, Comte Sébaftiani della Porta, Maréchal de France.

1848. 119. *Mac-Kinnon.* Antoine X, Alfred-Agénor, Duc de Gramont, &c., &c., fils aîné du Duc Antoine IX, époufe,

le 27 décembre, Emma-Mary Mac-Kinnon, fille de
William-Alexander Mac-Kinnon, chef du clan de
Mac-Kinnon en Écoffe.

1844. 120. *Ségur*. Antoine-Léon-Philibert-Augufte de Gramont, Duc
de Lefparre, deuxième fils du Duc Antoine IX, époufe,
le 4 juin, Marie-Sophie de Ségur, fille du Vicomte
Alexandre de Ségur.

1848. 121. *Choifeul-Praflin*. Antoine-Anérius-Théophile-Alfred,
Comte de Gramont, troifième fils du Duc Antoine IX,
époufe, le 21 novembre, Louife-Cécile-Charlotte de
Choifeul-Praflin.

1850. 122. *Du Prat*. Antonia-Armandine-Aglaé-Ida de Gramont,
fille aînée du Duc Antoine IX, mariée le 26 novembre à Antoine-Théodore, Marquis du Prat.

1866. 123. *L'Aigle*. Antonine-Joféphine-Marie de Gramont, fille aînée
du Duc de Lefparre, ci-deffus nommé, mariée le 29
mai à Frédéric, Vicomte des Acres de l'Aigle.

1869. 124. *Archiac*. Anne-Antonine-Félicie-Aglaé de Gramont,
deuxième fille du Duc de Lefparre, mariée le 4 mai
à Étienne, Comte Dexmiers d'Archiac de Saint-
Simon.

1871. 125. *Brigode de Kemlandt*. Antonia-Corifandre-Ida-Marie de
Gramont, fille du Duc Antoine X, mariée le 7 janvier
à Gafton-Georges-Marie-Emmanuel, Comte de
Brigode de Kemlandt.

TABLES

# TABLE DES CHAPITRES

## CHAPITRE XVI

## CHAPITRE XVII

# TABLE DES PIÈCES ET DOCUMENS

## ANNEXÉS

*FIN*

*Paris.* — *De l'Jmprimerie cAlcan-Levy,* 61, *rue de Lafayette*

# TABLEAU GÉNÉALOGIQUE

DE LA DESCENDANCE DES MAISONS DE GRAMONT, D'ASTER ET DE COMMINGES, JUSQU'A LEUR FUSION EN LA PERSONNE D'ANTOINE Iᵉʳ, COMTE DE GRAMONT ET SOUVERAIN DE BIDACHE.

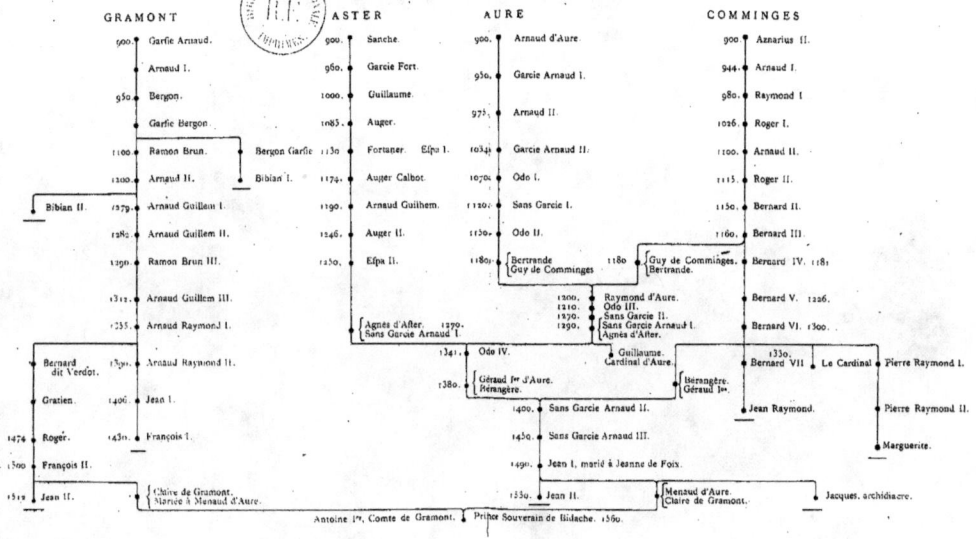

| GRAMONT | | ASTER | | AURE | | COMMINGES | |
|---|---|---|---|---|---|---|---|
| 900. | Garsie Arnaud. | 900. | Sanche. | 900. | Arnaud d'Aure. | 900. | Aznarius II. |
| | Arnaud I. | 960. | Garcie Fort. | 930. | Garcie Arnaud I. | 944. | Arnaud I. |
| 950. | Bergon. | 1000. | Guillaume. | 975. | Arnaud II. | 980. | Raymond I |
| | Garsie Bergon. | 1085. | Auger. | | | 1026. | Roger I. |
| 1100. | Ramon Brun. Bergon Garsie | 1130. | Fortaner.   Espa I. | 1034. | Garcie Arnaud II. | 1100. | Arnaud II. |
| 1200. | Arnaud II. Bibian I. | 1174. | Auger Calbot. | 1070. | Odo I. | 1115. | Roger II. |
| Bibian II. 1379. | Arnaud Guillem I. | 1190. | Arnaud Guilhem. | 1102. | Sans Garcie I. | 1150. | Bernard II. |
| 1382. | Arnaud Guillem II. | 1246. | Auger II. | 1130. | Odo II. | 1160. | Bernard III. |
| 1290. | Ramon Brun III. | 1350. | Espa II. | 1180. | Bertrande. Guy de Comminges | 1180 Guy de Comminges. Bertrande. | Bernard IV. 1181 |
| 1312. | Arnaud Guillem III. | | | 1300. 1210. 1370. 1390. | Raymond d'Aure. Odo III. Sans Garcie II. Sans Garcie Arnaud I. Agnès d'After. | | Bernard V. 1226. |
| 1355. | Arnaud Raymond I. | | Agnès d'After. 1390. Sans Garcie Arnaud I. | | | | Bernard VI. 1300. |
| Bernard dit Verdot. 1390. | Arnaud Raymond II. | | 1341. Odo IV. | | Guillaume, Cardinal d'Aure. | 1330. Bernard VII | Le Cardinal   Pierre Raymond I. |
| Gratien. 1406. | Jean I. | | 1380. Géraud Iᵉʳ d'Aure. Bérangère. | | Bérangère. Géraud Iᵉʳ. | | Pierre Raymond II. |
| 1474. Roger. 1430. | François I. | | | 1400. | Sans Garcie Arnaud II. | Jean Raymond. | |
| 1500. François II. | | | | 1450. | Sans Garcie Arnaud III. | | Marguerite. |
| | | | | 1490. | Jean I, marié à Jeanne de Foix. | | |
| 1512. Jean II. | | | Claire de Gramont. Mariée à Menaud d'Aure. | 1550. | Jean II. | Menaud d'Aure. Claire de Gramont. | Jacques, archidiacre. |

Antoine Iᵉʳ, Comte de Gramont. Prince Souverain de Bidache. 1560.

# TABLEAU

## DE LA PARENTÉ DE LA MAISON DE GRAMONT AVE

1360.

Pierre I. Duc de Bourbon.
Ifabeau de Valois.

Louis
de Bourbon.

Jeanne de Bourbon
Charles V, Roi de France.

Blanche de Bourbon
Pedro Roi de Caftille.

Marguerite de Bo
Arnaud Amanieu
Sire d'Albret.

Marguerite d'Albret
Gafton de Foix
Captal du Buch

Les Ducs de Bourbon.

Les Rois de France.

Les Rois de Caftille, d'Aragon et de Navarre.

# TABLEAU DE LA PARENTÉ[3]

## DES DUCS DE GRAMONT AVEC LA MAISON ROYALE DE NAVARRE (1483).

1434 {
Gaston IV, Comte de Foix.
marié à
Éléonore de Navarre.
}

De ce mariage font nés quatre fils et dix filles : Gaston, Prince de Viane ; Jean, Vicomte de Narbonne ; Pierre, Cardinal de Foix ; Jacques, mort non marié : Marie, mariée au Marquis de Montferrat ; Jeannette, mariée au Comte d'Armagnac : Marguerite, mariée au Duc de Bretagne ; Éléonore, morte non mariée, & Jeanne de Foix, mariée le 15 Janvier 1483 à Jean d'Aure, Vicomte d'Aster, dont le contrat eſt aux Archives.

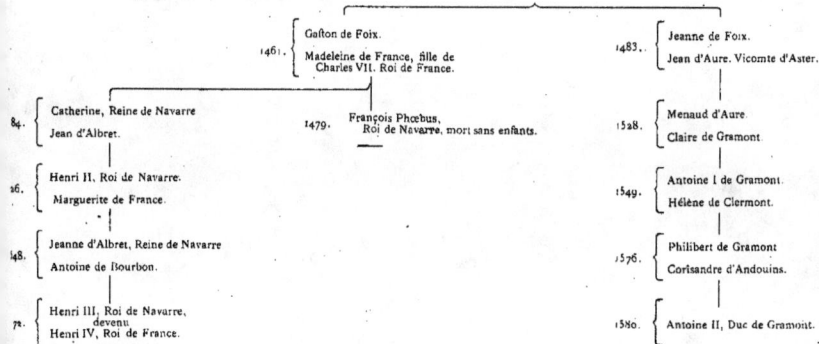

1461. {
Gaston de Foix.
Madeleine de France, fille de
Charles VII. Roi de France.
}

1483. {
Jeanne de Foix.
Jean d'Aure. Vicomte d'Aster.
}

84. {
Catherine, Reine de Navarre
Jean d'Albret.
}

1479. François Phœbus,
Roi de Navarre, mort sans enfants.

1528. {
Menaud d'Aure.
Claire de Gramont.
}

26. {
Henri II, Roi de Navarre.
Marguerite de France.
}

1549. {
Antoine I de Gramont.
Hélène de Clermont.
}

148. {
Jeanne d'Albret, Reine de Navarre
Antoine de Bourbon.
}

1576. {
Philibert de Gramont
Corisandre d'Andouins.
}

72. {
Henri III, Roi de Navarre,
devenu
Henri IV, Roi de France.
}

1580. { Antoine II, Duc de Gramont.

# TABLEAU 4.

## E LA PARENTÉ DES DUCS DE GRAMONT AVEC LA MAISON DE BOURBON-ORLÉANS.

1723.

Anne-Jules. Duc de Noailles. Pair & Maréchal de France,

marié en 1671 à

Françoife de Bournonville.

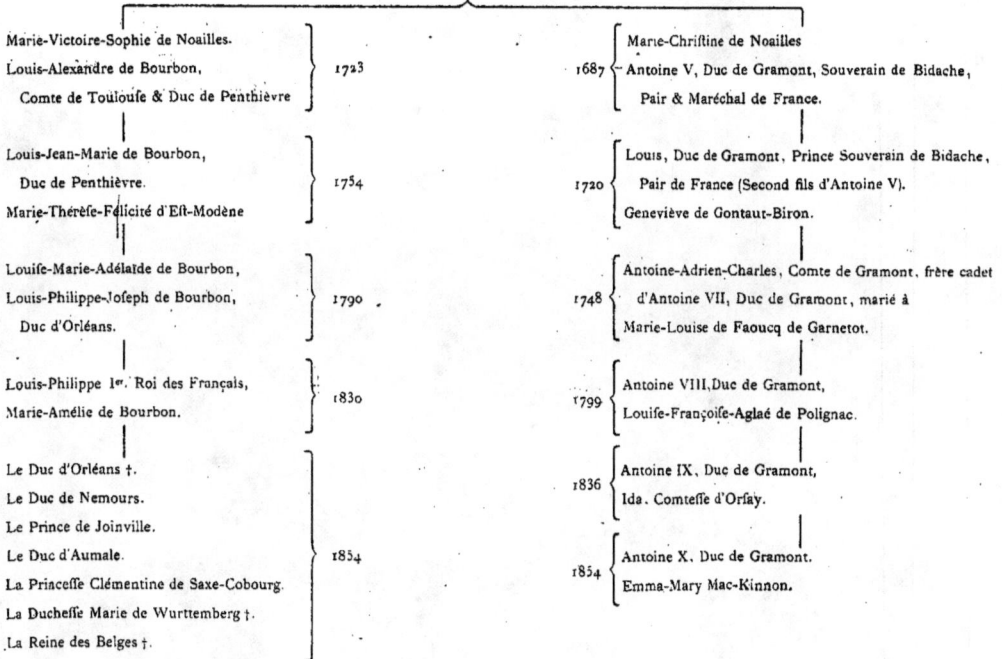

| | | |
|---|---|---|
| Marie-Victoire-Sophie de Noailles.<br>Louis-Alexandre de Bourbon,<br>Comte de Touloufe & Duc de Penthièvre | 1723 | 1687 — Marie-Chriftine de Noailles<br>Antoine V, Duc de Gramont, Souverain de Bidache,<br>Pair & Maréchal de France. |
| Louis-Jean-Marie de Bourbon,<br>Duc de Penthièvre.<br>Marie-Thérèfe-Félicité d'Eft-Modène | 1754 | 1720 — Louis, Duc de Gramont, Prince Souverain de Bidache,<br>Pair de France (Second fils d'Antoine V).<br>Geneviève de Gontaut-Biron. |
| Louife-Marie-Adélaïde de Bourbon,<br>Louis-Philippe-Jofeph de Bourbon,<br>Duc d'Orléans. | 1790 | 1748 — Antoine-Adrien-Charles, Comte de Gramont, frère cadet<br>d'Antoine VII, Duc de Gramont, marié à<br>Marie-Louife de Faoucq de Garnetot. |
| Louis-Philippe 1er. Roi des Français,<br>Marie-Amélie de Bourbon. | 1830 | 1799 — Antoine VIII, Duc de Gramont,<br>Louife-Françoife-Aglaé de Polignac. |
| Le Duc d'Orléans †.<br>Le Duc de Nemours.<br>Le Prince de Joinville.<br>Le Duc d'Aumale.<br>La Princeffe Clémentine de Saxe-Cobourg.<br>La Ducheffe Marie de Wurttemberg †.<br>La Reine des Belges †. | 1854 | 1836 — Antoine IX, Duc de Gramont,<br>Ida. Comteffe d'Orfay.<br><br>1854 — Antoine X. Duc de Gramont.<br>Emma-Mary Mac-Kinnon. |

# TABLEAU GÉNÉALOGIQUE

## DE LA MAISON D'ORSAY.

1600

Antoine Grimaud,

Capitaine Châtelain dans le Forez,

Baron de Riverie.

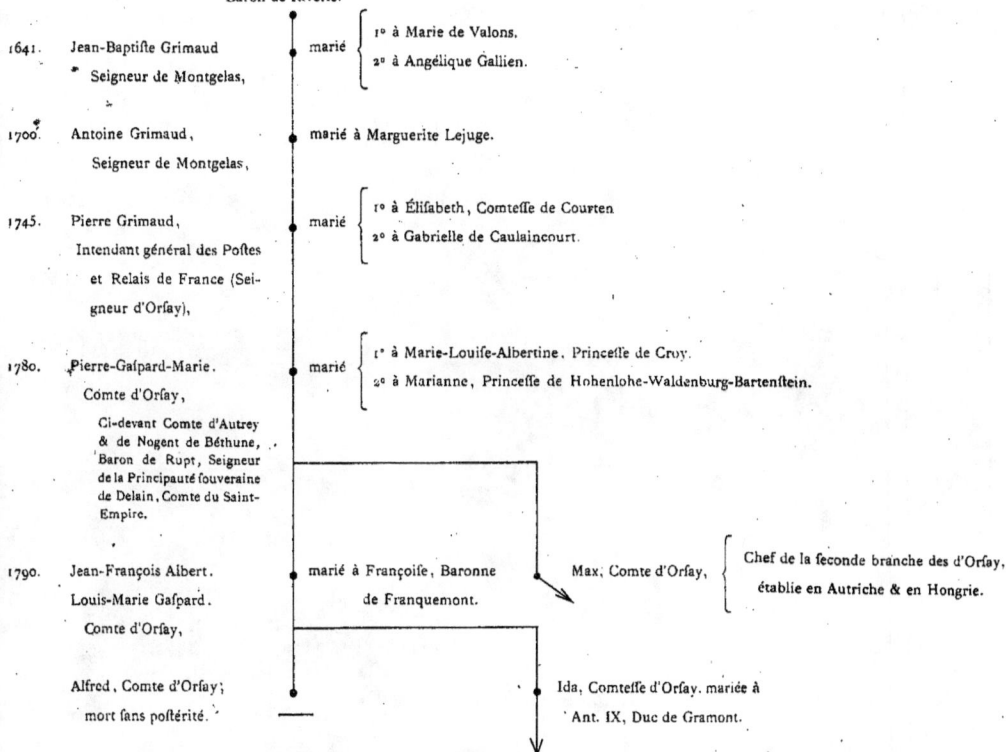

1641.  Jean-Baptiste Grimaud      marié  1° à Marie de Valons.
       Seigneur de Montgelas,             2° à Angélique Gallien.

1700.  Antoine Grimaud,           marié à Marguerite Lejuge.
       Seigneur de Montgelas,

1745.  Pierre Grimaud,            marié  1° à Élifabeth, Comteffe de Courten
       Intendant général des Poftes        2° à Gabrielle de Caulaincourt.
       et Relais de France (Sei-
       gneur d'Orfay),

1780.  Pierre-Gafpard-Marie.      marié  1° à Marie-Louife-Albertine, Princeffe de Croy.
       Comte d'Orfay,                     2° à Marianne, Princeffe de Hohenlohe-Waldenburg-Bartenftein.
       Ci-devant Comte d'Autrey
       & de Nogent de Béthune,
       Baron de Rupt, Seigneur
       de la Principauté fouveraine
       de Delain, Comte du Saint-
       Empire.

1790.  Jean-François Albert.      marié à Françoife, Baronne    Max, Comte d'Orfay,    Chef de la feconde branche des d'Orfay,
       Louis-Marie Gafpard.              de Franquemont.                                établie en Autriche & en Hongrie.
       Comte d'Orfay,

       Alfred, Comte d'Orfay;                                    Ida, Comteffe d'Orfay, mariée à
       mort fans poftérité.  ———                                 Ant. IX, Duc de Gramont.

# DESCENDANCE
## DES MACKINNONS DEPUIS 1600.

Il était à la bataille de Worcester, en 1650, auprès de Charles II, qui le créa Chevalier Banneret fur le champ de bataille.

Sir Lauchlane Mackinnon of Strath.
marié à
Lady Mackinnon, Mac Lean of Mac Lean

Il accompagna le Prétendant Charles-Édouard, lui donna refuge, fut pris (1645) & envoyé à la Tour de Londres.

Lauchlane Mackinnon. Laird of Strath.
marié à
N. Mac Donald of Clanranald.

Lauchlane More Mackinnon.
marié à
N. Mac Lean of Coll.

Il émigra en Amérique & fut un des fondateurs de la colonie d'Antigua.

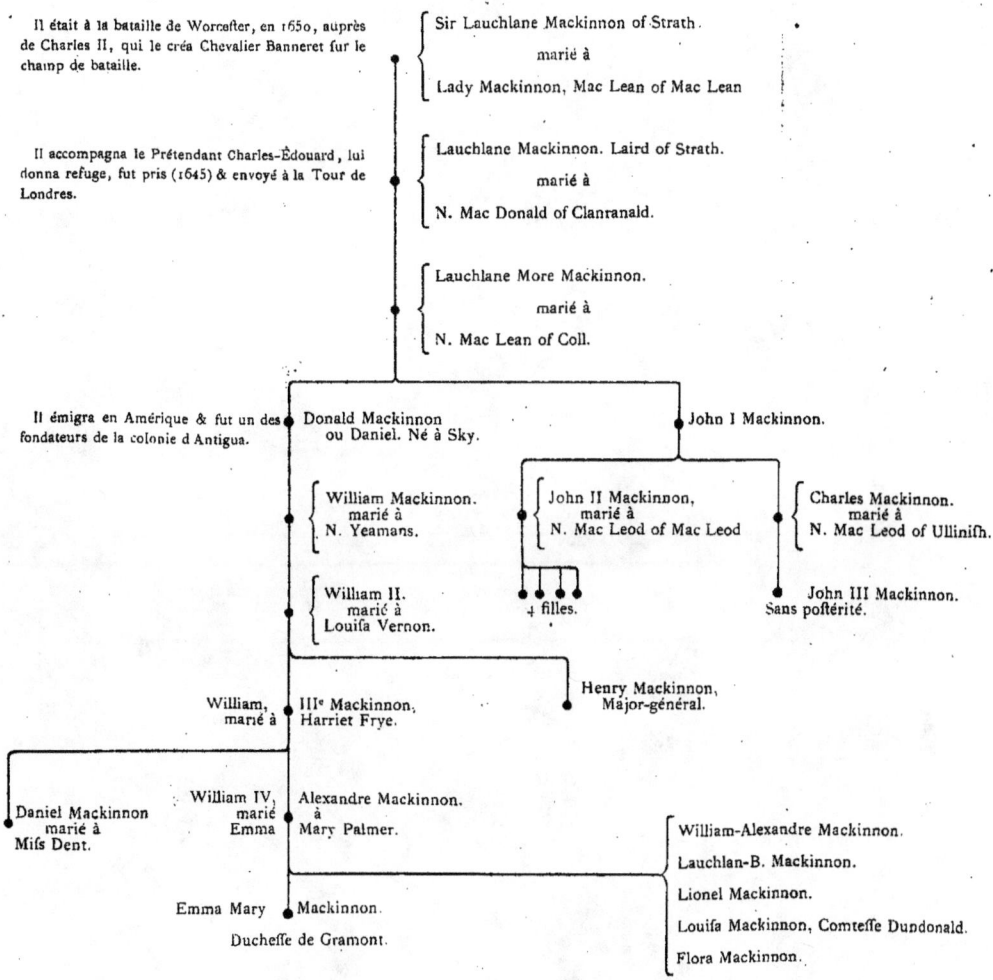

Donald Mackinnon
ou Daniel. Né à Sky.

John I Mackinnon.

William Mackinnon.
marié à
N. Yeamans.

John II Mackinnon,
marié à
N. Mac Leod of Mac Leod.

Charles Mackinnon.
marié à
N. Mac Leod of Ullinifh.

William II.
marié à
Louifa Vernon.

4 filles.

John III Mackinnon.
Sans poftérité.

Henry Mackinnon,
Major-général.

William,
marié à

IIIe Mackinnon,
Harriet Frye.

Daniel Mackinnon
marié à
Mifs Dent.

William IV,
marié à
Emma

Alexandre Mackinnon.
à
Mary Palmer.

William-Alexandre Mackinnon.

Lauchlan-B. Mackinnon.

Lionel Mackinnon.

Louifa Mackinnon, Comteffe Dundonald.

Flora Mackinnon.

Emma Mary Mackinnon.
Ducheffe de Gramont.